서울대학교 교육종합연구원 총서 2019-1

학습부진 심리상담

성격장애 기반 감별진단 및 처치

Harvey P. Mandel · Sander I. Marcus 공저

김동일 역

The Psychology of Underachievement

Differential Diagnosis and Differential Treatment

학지사

The Psychology of Underachievement:
Differential Diagnosis and Differential Treatment
by Harvey P. Mandel and Sander I. Marcus

역자 서문

다시 새롭게 바라본 학습부진

> 평범한 물방울에는 살아 움직이는 입자들이 가득 차 있었고, 해파리나 가장 원시적인 곤충과 같은 이상한 모양의 생명체들로 넘쳐 났다. 예전에는 일상적이고 주의를 끌지 않던 물방울이 현미경에 의한 새로운 시각 덕분에 우리의 호기심을 자극해 주는 복잡하고 풍부한 미생물의 세계로 탈바꿈하게 되었다.
>
> - 본문 중

이 책에서 가장 강렬한 메시지 중 하나는 평범하고 일상적이며 주의를 끌지 않았던 실체가 새로운 시각과 연구 모델에 의하여 호기심을 불러일으키는 매력적인 대상으로 변할 수 있다는 것입니다. 학습부진은 모든 교육체제에서 존재해 왔지만 그리 큰 관심을 받지 못한 것이 사실입니다. 그렇기에 학습부진에 대한 이렇게 호흡이 긴 글을 준비하고, 개념적인 복잡성을 이해하며 매혹적이고 호기심 충만한 현상으로 받아들일 수 있게 된 것은 이 분야의 전공자로서 커다란 축복이 아닐 수 없습니다.

자칫하면 교육적 사각지대에 놓일 수 있는 특별한 학습자를 학습부진이라는 새로운 렌즈로 바라본 이 책은 5부 15장으로 이루어져 있습니다. 제1부에서는 학습부진의 개념과 연구 결과에 대한 개관을 담았습니다. 제2부에서는 학습부진에 대한 감별진단(differential diagnosis)과 감별처치(differential treatment)의 기초가 되는 발달적 모델을 살펴보았습니다. 제3부에서는 감별진단 및 감별처치에 대한 연구를 다루었습니다. 제4부에서는 학습부진의 성격(장애) 유형에 대한 자세한 설명이 제시되며, 성인 부진의 유형에 대한 내용도 포함되어 있습니다. 제5부에서는 학습부진의 감별진단과 감별처치를 연계하여 결론을 제안하고 있습니다.

학습부진을 다시금 새롭게 바라보고 이를 교육과 상담에서 제대로 이해하고자 하는 교사와 상담자는 이 책에서 반복해서 전하는 강력한 메시지에 귀를 기울여 주기를 바랍니다.

이 책을 내놓기까지 많은 분의 도움이 있었습니다. 한국상담학회 연차대회의 한국아동·청소년상담학회 전문워크숍과 집단 프로그램에 직접 참여하고 함께 운영해 준 서울대학교 아동·청소년상담연구회 연구생들, 전체적으로 이 책을 깔끔하게 만들어 준 학지사 임직원분들께 진심으로 고마운 마음을 전합니다. 특히 워크숍에 참여하여 우리에게 귀한 배움의 기회를 제공해 준 현장 교사와 상담자들을 기억하고자 합니다. 마지막으로, 이 책을 읽고 깊은 통찰과 활용을 해 볼 독자 여러분께 깊은 감사를 드립니다.

2020년 관악산 연구실에서
오름 김동일

powered by WITH Lab.(Widen InTellectual Horizon):
Education and Counseling for Children-Adolescents with Diverse Needs

저자 서문

이 책에서는 학습부진으로 이끄는 다양한 성격 유형 간의 차이를 살펴봅니다. 학령기와 대학에서의 학습부진에 초점을 맞추고 있지만 이론, 특성, 연구, 치료적 양상은 성인기 직업생활에도 적용될 수 있습니다.

학습부진에 대한 우리의 관심은 1960년대 후반 대학원 시절로 거슬러 올라갑니다. 우리는 그때부터 부진아를 진단하고 상담하며, 연구를 계획하고 수행하며, 부진아를 돕기 위한 심리학과 교육학 분야에 종사하는 사람들을 훈련시켜 왔습니다.

우리는 실행 가능한 이론, 실험적이고 경험적인 연구, 전문가의 임상적 실제의 필요성에 대해 강조합니다. 이 책에서 우리의 목표는 넓은 범위의 관심사에 대하여 동일한 강조점을 두는 것입니다. 초기의 목표는 교육, 심리학, 정신의학 분야 전문가들의 유용한 관점을 종합하는 것이었으나, 다루기 힘들고 결론에 이르기 어려운 연구 특성 그리고 이론과 상담 기법의 효율성 및 일관성의 부족은 곧 우리의 목표를 확장하게 하는 추동력이 되었습니다. 우리의 새로운 목표는 성격과 학습부진 간의 관계에 대한 전반적인 관점을 제공하는 것이며, 이와 동시에 연구자, 이론가, 치료자, 교육자들의 특정한 관심사를 다루는 것입니다.

우리는 연구자들에게 종종 모순되기도 하지만 적어도 서술이 잘된 실행 가능한 방대한 양의 문헌을 제공해 왔다고 믿습니다. 잘 알려진 이론을 제시하고 채택하며, 덜 알려진 이론들을 명확하게 하고, 기존의 것에 새로운 개념들을 추가함에 있어서 우리가 연구와 임상적 실제를 잇는 이론적 모델을 제공해 왔기를 바랍니다.

우리의 모델은 치료자와 교육자들을 위하여 진단과 치료에 대한 이론과 실제의 주류에 알맞게 제안되었습니다. 우리는 치료자들이 학습부진에 대해 쉽게 인식하고 변별적인 접근에 대한 이유를 이해할 수 있도록 학습부진의 다양한 성격 유형의 예와 논의를 제시하였습니다.

이 책은 서론과 제5부의 결론 부분을 제외하고 연구(우리의 연구와 다른 이들의 연구 모두), 이론, 임상적 실제를 다루는 네 가지의 주요한 부분으로 나누어집니다. 우리는 감별처치에 대하여 명백한 입장을 취하지만 우리의 주요한 목표는 감별진단의 과정을 살펴보고, 이론적으로 논리적이며 실제 치료자들에게 유용하고 미래의 연구와 훈련을 촉진할 만한 종합적인 모델을 제공하는 데 있습니다.

Harvey P. Mandel · Sander I. Marcus

차례

제2부 감별진단 모델

제3부 감별진단 모형 관련 연구

제4부 학습부진의 성격(장애) 유형

제5부 결론

제1장
서론: 학습부진의 정의

1600년대 중반 현미경이 발명되던 당시, Anton van Leeuwenhoek는 현미경을 이용해서 물방울을 관찰하였다. 우리는 그가 처음에 어떤 기대를 가지고 현미경을 들여다봤는지는 알 수 없다. 어쩌면 그는 일종의 젤 같은 유동액이나 반투명체의 필라멘트 섬유 같은 것들을 기대했을지도 모르고, 어쩌면 아무 기대가 없었을지도 모른다. 하지만 그는 현미경을 통해 보이는 장면에 놀라지 않을 수 없었을 것이다. 평범한 물방울에는 살아 움직이는 입자들이 가득 차 있었고, 해파리나 가장 원시적인 곤충과 같은 이상한 모양의 생명체들로 넘쳐 났다. 예전에는 주의를 끌지 않던 물방울이 현미경에 의한 새로운 시각 덕분에 우리의 호기심을 자극해 주는 복잡하고 풍부한 미생물의 세계로 탈바꿈하게 되었다.

마찬가지로, 이 책에서 검토하고자 하는 주요 주제인 성격(장애)과 학습부진의 관계는 표면적으로 보면 van Leeuwenhoek가 발견하기 이전의 물방울처럼 평범한 것일 수 있다. 역사적으로 학습부진은 모든 교육 시스템 내에 존재했지만 그다지 큰 관심을 받지는 못했다. 심리학과 교육학 분야에서 검사가 활발히 만들어지기 이전에는 더욱 그러했다. 미국에서조차도, 1950년대와 1960년대 우주 개발 경쟁(space race)과 같은 국가 수준의 우선적인 사업의 한 꼭지로, 교육학과 심리학계에 대한 연방재정과 연구기관 지원에서 학습부진에 대한 검사와 치료를 주요 목표로 규정하였다.

우선, 우리는 학습부진을 정의해야 한다. 이것이 그렇게 어려울 것 같지는 않지만, 하나의 개념을 정의하기 이전에 반대되는 개념을 먼저 정의하게 되면 그 개념을 보다 잘 정의할 수 있다. 따라서 우리는 '성취란 무엇인가?'라는 질문을 먼저 하고자 한다.

'성취(achievement)'의 사전적 정의에는 '완수(accomplishment)'의 개념이 포함되어 있다. 예를 들면, 『American Heritage Dictionary』에서는 성취를 "완수하는 것, 즉 성공적으로 실시하거나 마치는 것, 노력, 기술, 연습, 인내를 통해서 애쓴 결과를 얻는 것"으로 정의하고 있다(『American Heritage Dictionary of the English Language』, 1973, pp. 10-11). Chaplin의 『심리학 사전(Dictionary of Psychology)』(1975, pp. 5-6)에서도 노력에 의한 성취와 획득의 개념을 강조하고 있으며, "교사나 표준화된 검사, 또는 그 둘의 조합에 의한 평가"로 "구체화된 수준"의 성공이나 획득으로 정의하고 있다. 다른 사전에서도 비슷한 정의를 하고 있다.

이러한 각각의 정의들은 의미의 명확성이나 함축성에서 볼 때, 난관을 극복하기 위해 확장된 외·내적인 에너지 개념을 포함한다. 장애물들을 극복해 나가려는 노력과 바라던 목표를 이루기 위한 투쟁과 인내의 개념을 포함하는 것이다. 이것은 일상에서 기대되는 정도의 평범한 성취를 의미하는 것이 아니라 '기대 이상'의 달성을 의미하는 것이다. 학문적 의미에서의 성취는 종종 일상적으로 기대되는 것, 즉 평균과 연관되어 있다. 때문에 심리학자들이 사용하는 완수의 개념이 어떤 면에서는 교육학자나 상담자가 말하는 성취와 비슷한 개념일 수 있다. 목표를 달성한 사람을 성취자 혹은 기대되는 바를 성취한 사람으로 부르는 것은 당연하지만, 고성취아 혹은 고성취아 역시 성취자로 표현될 수 있는 것이다.

성취의 정의에는 교사나 검사 등에 의한 '평가'가 포함된다. 즉, 성취에 대한 정의는 성취자에 대한 가치 판단이나 견해, 외적 기준에 의존하게 된다는 것이다.

그렇기 때문에 학습부진에 대한 정의 역시 다소 임의적으로 될 수밖에 없다. '성취'에서 '부진'으로 바뀌는 완수의 수준이 명확치 않은 것이다. 학년, 학교체계, 교사뿐만 아니라 학생에 따라서도 그 기준이 달라지게 되는 것이다. 또한 각 개인이 처한 환경과 상황의 영향도 받게 된다. 농부의 자녀로 태어나 장차 농부가 될 것으로 기대되는 학생과 사업체 경영이 꿈인 학생 모두 학교에서는 부진아로 취급될 수 있지만, 학생 개인적으로는 장래의 직업을 위한 나름의 준비를 해 나가고 있을 수도 있다.

'학습부진'의 개념이 가지고 있는 상대성의 문제는 예전부터 존재했던 것이기 때문에, 학습부진을 새롭고 이상적으로 다시 정의하거나 이전 정의를 비판하고자 하는 것은 아니다. 다만, 어떻게 학습부진을 정의하면 '성취'의 개념과 논리적으로 연계될 수 있을지를 언급하고자 하는 것이다. 사실, 심리학이나 교육학 분야에서 사용되고 있는 '학습부진'의 정의는 서로 다른 전제에 기반을 두고 있다. 예를 들면, 대부분의 연구에서는 부진아를 교사나 다른 학생의 주관적인 견해에 근거해 범주화하고 있다. 또 한편에서는 성적으로 대변되는 과거와 현재 간의 학업성취 차이에 바탕을 두고 있다. 근래에는 지능검사(예: IQ)와 표준화 성취도 검사[(예: Stanford Achievement Tests, Wide Range Achievement Test, Metropolitan Achievement Test)]로 대표되는 능력과 학업성취 결과 간의 불일치로 정의하기도 한다. 아마 지능지수와 성적 간의 불일치가 가장 보편적으로 쓰이는 기준일 것이다. 개념을 어떻게 정의하느냐에 따라서 학생의 범주화나 검사 결과 및 자료의 해석 등은 상당히 달라진다. 따라서 연구 결과 역시 달라질 수 있는 것이다. 하지만 모든 정의가 단점을 가지고 있기 때문에, 그중 어느 한 정의만을 인정하는 것은 문제가 될 수 있다.

주관적으로 학습부진을 정의하게 되면 개인적 편견으로 인한 실수와 오용의 문제를 가지게 된다. 게다가 이러한 정의는 비표준적이고 통계적으로도 신뢰할 수 없다. 반면에, 과거와 현재의 성적을 비교해서 부진아를 정의하는 것은 명확하고 논리적이다. 하지만 이 정의는 능력 요인(지능)을 고려하지 않고 있다. 예를 들어, 초등학교 수준에서는 학생의 적극적인 성격이 성적에 긍정적 영향을 미칠 수 있지만, 고등학교 수준에서는 능력이 더 중요한 요소가 된다. 고등학교에서 성적이 떨어지는 것은 부진아이기 때문이 아니라 고등학교 성적이 그 학생의 능력을 보다 정확하게 반영해 주기 때문이다. 두 가지 표준화된 검사, 즉 지능검사와 성취도 검사 간의 불일치에 근거하는 학습부진 정의는 성적과 같은 학업 수행 결과와 연계되어 있다. 물론 검사는 신뢰도와 객관성을 갖는 장점이 있지만(Kowitz, 1965), 측정오차도 무시할 수는 없다(Morrow, 1970). 능력과 수행 수준(예: 지능지수와 성적) 간의 차이는 가장 만족스러운 정의가 될 수 있지만, 이는 표준화된 검사와 성적이라는 척도의 내재적 한계로 인한 문제도 여전히 가지고 있다(Morrow, 1970).

이 마지막 정의는 통계적 절차를 이용해서 다듬어져 왔다. 즉, 회귀모델을 능력 측정과 성적(GPA)에 적용한 것이다(Banretti-Fuchs, 1972; Farquhar & Payne, 1964; Morrow, 1970). 예를 들면, 학습부진은 회기 분석을 통해 기대되는 수준의 성적보다 1 표준편차 이상 떨어질 때 정의되는 것이다. 이러한 방법은 표준화된 통계적 절차를 이용함과 동시에 개인의 다양성을 허용하는 방식으로 능력과 수행의 측정이 이루어진다는 장점을 갖고 있다. 따라서 부진아들 사이에서도 능력의 편차는 존재한다. 학년 평균 점수가 학습부진의 기준이 되지는 않는 것이다. 이러한 통계적인 고려를 함에도 불구하고, 학습부진 정의는 여전히 임의적일 수밖에 없다. 예를 들어, 왜 학습부진이 성적 평균 1 표준편차로(1.5 혹은 0.7 표준편차가 아니고) 정의되어야만 하는가 하는 문제가 여전히 남게 되기 때문이다.

한 연구에서, Dowdall과 Colangelo(1982)는 앞의 정의에서 차이를 기반으로 하여 부진아를 분류하는 것의 문제점을 강조한 바 있다. 이들은 한 고등학교 학습부진 영재들의 수행 및 능력 점수 프로파일을 만들어서 다양한 학습부진 정의로 이들을 분류했다. 어떤 정의를 사용하느냐에 따라 같은 학생이 성취아로 분류되기도 하고, 부진아로 분류되기도 하였다.

어쩌면 '고성취아'라는 용어는 논리적으로 가장 모순된 것 같다. 어떻게 자신의 실제적인 상한 수준 이상으로 성취할 수 있겠는가? 어떻게 능력이 없는 사람이 자신의 실제 능력을 넘어선 성취를 할 수 있겠는가? 상식적으로 능력이 없으면 성취할 수 없는 것이 당연하다. 그럼에도 불구하고 '고성취아'라는 용어는 일상적으로 사용되고 있으며, 널리 받아들여지고 있다.

학습부진과 소위 말하는 '고성취아'를 살펴보면, 사실 사람이 실제 능력 이상의 성취를 이루는 경우는 없다는 것을 알게 된다. 오히려 고성취아 자신이나 주변 사람들이 그 사람의 잠재력을 잘 모르고 있었을 수 있다. 또한 과수행이라는 것이 실제로는 대부분의 사람이 견뎌 내지 못하는 과업들을 참아 내는 것이라고 볼 때, 결국 성취했다는 것은 자신의 잠재력 수준까지 도달했다는 것을 의미할 수 있다.

'학습부진' '성취' '고성취'의 정의 모두에서 문제점과 모순을 발견하게 된다. 또한 우리의 정의에는 사전적 의미, 과학적 접근, 교육학의 관점, 일반적인 의미, 개인적 의미 등이 혼합된 채로 포함되어 있다. 따라서 이 책에서 사용하고 있는 정의는 여러 입장의 의견과 요구를 복합적으로 반영한 것이며, 해답을 찾지 못한 수많은 질문을 포함하고 있을 수 있다.

어쨌든, 우리는 일반적으로 사용되고 있는 성취란 개념, 즉 개인의 능력에 부합하고 합리적이고 적절한 내적 · 외적 기준에 따라 기대되는 수준을 성취하는 것의 개념을 채택하고자 한다. 따라서 학습부진은 개인의 능력과 적성검사 결과에서 나타난 "개인의 능력에 못 미치는 수행"(Chaplin, p. 556) 혹은 "기대 수준" (『American Heritage Dictionary on the English Language』, p. 1395) 이하의 수행으로 규정할 수 있다.

'왜 학습부진이 나타나는가?'라는 질문은 일종의 철학적 가정에서부터 출발해야만 한다. 사실, 철학적 (그리고 과학적으로 뒷받침할 수 없는) 가정이 없는 이론은 아무리 그 이론이 엄격하고 실증적이라 하더라도 구성될 수 없다고 우리는 믿는다. 심지어 '자료'의 개념 정의와 관련된 가정이 없다면, 즉 객관적으로 타당화가 불가능하다면 '엄격한 자료'를 수집할 수조차 없게 되는 것이다.

여기서의 주요 가정은 의학적 모델에 기초한다. 즉, 하나의 증상은 다양한 원인과 의미를 지니게 되며, 따라서 증상은 그 증상을 일으킨 질병과 같지 않다. 예를 들어, 지속적인 복통은 단순한 소화불량, 근육긴장, 궤양, 맹장염, 감기, 암, 혹은 다른 무수한 가능성에 의해서 야기될 수 있다. 누구나 복통을 질병으로 여기지는 않는다. 왜냐하면 어떤 특정 상황에서 그 증상이 나타나는 것 자체가 자동적으로 근골격 체계, 신경체계, 위장체계, 호르몬 체계 등의 문제 여부를 의미하지는 않기 때문이다.

일반적으로, 의학적 처치는 두 가지를 강조한다. 증상을 완화시키는 것과 증상을 유발시킨 근본적인 질병을 치료하는 것이다. 즉, 원인을 규명해야만 질병의 근원을 알고 감별처치가 가능해지게 된다. 암으로 인한 복통은 소화불량으로 인한 복통과는 다르게 취급된다. 의학 분야에서 진단을 중요시하는 것은 그것이 곧 처치로 연결되기 때문이다. 증상의 원인을 진단해야만 치료법이 선택되는 것이다. 이러한 원칙은 의학계에서는 매우 확고한 것이기 때문에 굳이 더 언급할 필요가 없을 것이다.

하지만 심리학에서는 이러한 가정이 보편적이지 않다. 심리적인 문제는 두드러진 증상들(알코올중독, 식욕부진, 공포증, 물론 학습부진까지)에 의해서 정의된다. 그리고 같은 증상을 보이는 모든 사람이 같은 원인을 가지고 있다고 가정한다. 따라

〈표 1-1〉 학습부진의 일반적 이유

	일시적 요인	지속적 요인
외적 요인	교사 부재, 부모의 질병	전학, 가족 갈등, 가족의 사망
내적 요인	학생의 질병, 영양 불균형	학습장애, 시청각장애, 성격

서 같은 증상을 보이는 사람들의 공통점을 발견해서 이론화하려는 연구가 이루어진다. 반면에, 우리의 견해는 학습부진과 같은 '증상'이 수많은 다른 원인(이유)의 결과일 수 있고 많은 다양한 해석의 가능성을 나타낼 수 있다는 의학적 입장과 동일하다. 우리가 이 책을 통해 다듬어 가고자 하는 주장이다.

일반적으로, 우리는 학습부진의 이유를 논리적으로 네 가지 주요 범주, 즉 일시적 요인, 지속적 요인, 내적 요인, 외적 요인으로 나눈다. 〈표 1-1〉에서는 이러한 요인들이 상호작용하는 바에 따라서 쌍으로 묶여 있다. 일시적 대 지속적 요인은 지속적 요인들이 일시적 요인보다 오래 지속된다는 점에서 구분되는데, 이는 시간 요소뿐 아니라 만성 여부와도 관련되는 문제이다. 내적 대 외적 요인은 물론 부진아와 관련해서 정의된다. 예를 들면, 외적 요인은 특정 학교체제 내에서의 학업 기준, 부모의 질병 등을 포함하며, 내적 요인은 지능, 특정 학습장애 여부와 유사한 요인이 해당된다. 이 책에서 중점을 두고 있는 성격 특성은 내적 범주에 해당된다.

〈표 1-1〉에 나타난 바와 같이, 이들 두 쌍의 요인들은 상호작용한다. 즉, 일시적 요인은 외적(예: 교사의 단기적 질병으로 인해 좋아하는 교사가 없는 경우) 혹은 내적(예: 학생이 감기에 걸려서 집중하기가 더 어려울 경우)일 수 있다.

지속적 요인들 역시 내적 혹은 외적일 수 있다. 외적이고 지속적인 요인들의 예를 들면, 학생이 전학을 가게 된 경우(결과적으로 학급 규모가 큰 교실로 이동하기 때문에 교사의 주의를 덜 받을 수 있다)나 새로운 학교에서 폭력 집단에 들어가게 되는 경우 등이 있다. 지속적인 내적 요인들에는 회복 불가한 청각 또는 시각 장애, 학업 수행과정에서 방해가 되는 특정 학습장애나 특정의 성격적 기질 등이 해당된다.

물론 실제로 모든 것이 다 잘 범주화되는 것은 아니다. 어떤 특정 요인은 일시적이면서도 지속적인 측면을 가질 수 있다. 예를 들면, 마리화나를 피워 본 경험은 그 경험이 일시적이고 우연적인 것이었다면 학년이 높아지면서 사라질 수도 있다. 하지만 마리화나의 사용이 광범위해지고, 일반화되고, 지속된다면, 수행에서의 문제 역시 보다 더 지속될 수 있다. 또한 어떤 요인은 시간의 경과에 따라 범주를 이동하게 될 수도 있다. 학습부진은 학생의 성취에 영향을 미치는 성격 요인과 가족 갈등이 겹쳐지면서 내적 요인과 외적 요인의 결합으로 나타날 수 있다.

이들 및 다른 요인과 차원을 다루기는 하겠지만, 이 책은 그중에서 성격의 내적-지속적 요인을 중점적으로 다룰 것이다. 여기서는 성격 스타일 구분을 통해 학습부진 유형을 구분할 것이다.

실제로 성격과 학습부진은 관련이 있는가? 그렇다면 그 특성은 무엇인가? 어떻게 다양한 관련 요인을 확인할 수 있겠는가? 부진아들의 다른 성격 유형은 무엇인가? 이러한 유형들은 어떻게 판단(혹은 진단)될 수 있는가? 이러한 과정은 효과적인 처치 전략을 세우는 데 어떤 의미가 있는가? 이러한 질문들에 대해서 앞으로 다루게 될 것이다.

제1부는 2개의 장으로 이루어져 있다. 제2장에서는 학습부진에 내포된 성격, 가족, 또래, 학교와 교사, 사회학 · 문화적 요인 등에 대한 연구 결과를 검토할 것이다. 또한 학습부진을 예언하고, 부진아를 구분하고자 하는 노력들에 대해서도 다룰 것이다. 제3장에서는 변화하는 학습부진의 유형에 초점을 둔 처치 연구에 대해서 정리할 것이다.

제2부에서는 학습부진에 대한 감별진단(differential diagnosis)과 감별처치(differential treatment)의 기초가 되는 발달적 모델의 세부 사항을 살펴볼 것이다. 진단면접(제4장), 부진아의 감별진단을 위한 개념화(제5장), 발달이론 모형, 즉 정상적 발달 및 일탈적 발달과 처치의 차별적 개념화(제6장)에 대한 부분도 포함되어 있다.

제3부에서는 우리의 모델을 이용한 연구 프로젝트 60개 정도를 정리할 것이다. 여기서는 성격 진단과 상관없이 이루어진 성취 수준에 관한 연구(제7장), 감별진단 연구의 결과(제8장), 감별처치 연구(제9장)를 다룰 것이다. 이 연구는 부진아의 임상적 경험을 토대로 이루어졌으며, 모델 수정에 도움이 되었다.

제4부에서는 부진아의 유형 중 가장 자주 나타나는 유형에 대한 자세한 설명이 이어진다. 각 장(10~14장)에서는 각 성격(장애) 유형에 대한 진단기준, 배경 정보, 대표적인 심리검사 결과, 면접상의 두드러진 특징, 가족 특성, 학교, 동료관계, 자

아개념 및 정서 관련 질적 특성, 미래에 대한 지각 등을 다루게 된다. 각 장에서는 성인 부진아들의 유형에 대한 내용도 포함되어 있다.

제5부에서 학습부진의 감별 진단과 처치를 연계시켜 간단히 살펴보고 마무리를 할 것이다. 참고문헌에는 대략 1927～1987년 사이에 발표된 것으로서 학습부진 과정에 영향을 주는 성격과 동기의 역할에 관한 1,000여 편의 연구물이 포함되어 있다.

독자들이 이러한 주제들의 복잡성에 익숙해지고 새로운 탐색의 분야, 복잡하지만 매혹적인 주제에 눈뜨게 되면서, van Leeuwenhoek이 이전에 그의 현미경을 통해서 경험했듯이, 역시 새로운 전망을 가지게 되기를 바란다.

제1부 학습부진 관련 연구

제1부에서는 1940년대부터 현재까지의 심리학의 이론적 배경을 살펴보고자 한다. 이론적 배경은 두 영역으로 나누어, 제2장에서는 학습부진에 관련된 심리적 · 사회적 변인을 정리하고, 제3장에서는 처치 관련 변인을 다룬다. 그리고 제1부에서 다루지 않은 이 책의 임상 모델은 제3부에서 다루고자 한다.

제2장

학업성취 관련 변인

수십 년 동안 교육자, 심리학자, 부모, 학생들은 학습부진 연구에 지속적으로 관심을 기울여 왔으며, Spence(1985)는 성취동기와 사회, 문화, 세대 차이에 관한 폭넓은 학습부진 연구 이론들을 정리했다.

이 장의 내용을 개관하고 구성하면서, 우리는 한동안 학습부진에 관한 연구가 왕성한 연구 기간을 거쳤으며, 또 한편으로는 상대적인 관심을 받지 못한 영역이었음을 알 수 있었다. 〈표 2-1〉에는 APA 심리학 초록들에 포함된 학습부진 관련 연구(1945~1985년)의 빈도가 나와 있는데, 이 연구는 학습장애를 제외한 학습부진에만 초점을 둔 것들이다. 즉, 이 간행물들은 성격, 동기, 가족, 또래, 학교 또는 문화 변인에 대해 살펴보고 있다.

〈표 2-1〉을 보면, 1965년과 1974년 사이에 학습부진 연구가 크게 증가했음을 알 수 있다. 이 기간은 미국이 우주 개발 와중이었고 베트남전쟁에 휘말릴 때였다. 당시, 성취에 대한 문제들이 중요해지면서 버려진 재능에 대한 쟁점들이 더욱 관심을 끌었다는 것은 있음직한 일이다.

1975년부터 1984년까지는 출판된 학습부진 연구의 수가 이전 10년간에 비해 절반 가까이 떨어졌다(1960년대 중반에서 1970년대 중반까지 444개인 데 비해 1970년대 중반부터 1980년대 중반까지는 204개). 한편, 같은 기간 동안 학습장애(LD) 연구는 급

〈표 2-1〉 학습부진에 대한 전문 간행물의 빈도(1945~1985년)

출간 연도	간행물 수
1945~1949	92
1950~1954	63
1955~1959	53
1960~1964	99
1965~1969	193
1970~1974	251
1975~1979	127
1980~1984	77

출처: Marcus (1986).

격히 증가했는데, 이는 학습부진 연구가 줄어든 현상을 설명해 준다. 또한 앞의 학습부진 연구 수의 변화에는 진단의 변화가 반영되어 있을 수 있다. 예로, LD 프로그램을 위한 연구 기금은 1970년대 중반과 1980년대 초에 걸쳐 늘어났고, 많은 학교위원회는 LD 특별교육 프로그램을 개발했다. 이러한 새로운 연구 영역으로부터 많은 가치 있는 발견이 나오게 되었는데, 과거에 성격 혹은 동기에 문제가 있다고 부당하게 낙인찍혔던 많은 학생이 특정 학습장애(LD)를 가진 것으로 더 정확하게 밝혀졌다. 그러나 특정 학습장애를 밝히고 이해하고 치유하기 위한 이러한 과학적이고 교육적인 성급한 노력들로 인하여 학습부진에서의 동기 및 성격의 쟁점들은 간과되어 왔다. 더 나아가, 많은 중산층 부모는 LD라는 표찰을 동기나 성격, 가족 또는 심리적 문제에 비해 받아들이기 힘들어한다.

이어지는 문헌의 개관은 성격, 가족, 또래 집단, 학교의 영향, 중다요인 연구 그리고 학습부진을 판별하고 예측하려는 노력에 대한 여섯 개의 주요 절로 이루어져 있다. 여섯 개의 주요 절은 각 영역의 모든 것을 다 포함하기보다 각 흐름을 대표하는 것들로, 첫 번째로 살펴볼 것은 성격 변인이다.

◆ 성격 변인과 학습부진

심리검사 결과

성격구조에 있어서 부진아들을 동질 집단으로 보는 많은 연구자는 임상 관찰과 여러 심리 도구로 부진아과 일반 아동을 변별해 왔다. 예컨대, 몇몇 연구자는 불안이 학습부진에서 중심 역할을 한다고 가정하고, 일반 아동과 부진아의 차이를 평가하기 위해 여러 가지 불안 척도를 활용했다. 그러나 어떤 연구자들은 불안이 학습부진을 부추긴다고 본 반면, 다른 연구자들은 불안이 성취를 촉진한다고 가정했다.

Sepie와 Keeling(1978)은 아동용 범불안 및 시험불안 척도(General and Test Anxiety Scales for Children)와 수학불안 척도를 사용하여 11～12세 아동 246명의 수학불안을 측정했다. 또 회귀방정식과 오티스 IQ(Otis IQ), 수학 성적으로 전체 표집을 부진아, 일반 성취아, 고성취아의 세 집단으로 나누었다. 그들은 부진아의 수학불안 척도가 눈에 띄게 높지만, 범불안 측정치는 나머지 두 집단과 변별할 수 없다는 것을 발견했다. Davids, Sidman과 Silverman(1968)은 초등학교 2학년 남자아이들 중 학업성취가 높은 집단과 부진아에게 Color-Word Test와 두 가지 불안(발표불안과 시험불안) 검사를 실시했다. 그 결과, 부진아는 일반 아동에 비해 발표 및 시험 불안을 더 보였다. Smith와 Winterbottom(1970)은 학사경고를 받은 대학생 49명에게 면접, 질문지, 자기보고를 실시하였으며, 그 결과 학사경고를 받은 학생이 그렇지 않은 학생보다 더 낮은 불안 수준을 보였을 뿐만 아니라 자신의 성적을 더욱 정확하게 예측하였음을 발견하였다.

한편, Wittmaier(1976)는 성취불안검사(Achievement Anxiety Test)를 학부 대학생 224명에게 실시하여 낮은 불안이 낮은 성취 수준과 관련된다는 것을 발견했다. 그의 결론에 의하면 부진 학생들은 그들이 성취를 이루든지 말든지 상관하지 않는다는 것이었다. Rosmarin(1966)은 배치고사에서 높은 점수를 받은 281명의 대학 남자 신입생들에게 지각된 스트레스 척도, MMPI, 적응 및 가치 척도 그리고 정서 형용사 체크리스트를 실시했다. 그리고 이 집단을 다시 일반 대학생과 학습부진 대학생으로 나눴다. Rosmarin은 실시한 검사들 가운데 불안과 스트레스 점수에 초점을 맞추었는데, 부진아들은 타인의 의견에 관심을 덜 보였으며, 사회 상황에 개의치 않고, 갈등과 책임을 더 많이 외재화하는 것으로 나타났다. 그러나 그는 부진 학생들이 일반적 성취 학생들에 비해 불안 수준이 낮다기보다 회피, 부인으로 스트레스와 불안을 없애 버린다고 결론 내렸다.

다른 연구자들 또한 불안에 초점을 맞추었는데, 불안은 에드워즈 개인선호 일람표(Edwards Personal Preference Schedule), 카텔 성격검사(Cattell Inventory of Personality), 주제통각검사(Thematic Apperception Test: TAT) 등과 같은 특별히 제작된 표준화 도구들로 측정된다. Simons와 Bibb(1974)는 초등학교 4~6학년의 남녀 집단(N=68)에게 시험불안과 성취욕구를 측정한 결과, 실패에 대한 두려움이 학습부진과 긴밀하게 연관된 것으로 나타났다. 여학생보다는 남학생 부진아들이 이러한 연관성이 두드러졌다. Propper과 Clark(1970)는 투사적이고 객관적인 성격검사를 유대인인 고등학교 3학년 남학생들에게 실시했다. 표집은 높은 성취와 낮은 성취를 이룬 두 집단으로 나누었다. 그들이 발견한 것은, 소외감이 담긴 불안이 부진아들에게 보다 특징적이라는 것이다. 한편, Ridding(1967)은 600명의 12세 아이들에게 있어서 불안[(카텔 고등학생 성격검사(Cattell High School Personality Questionnaire)와 특별히 만든 질문지로 측정한]과 학습과진 또는 학습부진이 무관하며, 외향성이 과진과 연관이 있다는 것을 발견했다.

몇몇 연구는 최대의 수행을 위해 필요한 최적의 불안 수준이 있다는 이론과 일치한다. McKenzie(1964)는 MMPI의 불안 척도를 사용하여 고성취아 및 부진아 집단 모두 보통 사람들보다 더 높은 불안 수준을 지니고 있음을 발견했다. 또한 그는 MMPI 학습부진 척도를 만드는 것을 시도하였으며, 이로부터 부진아들을 충동성, 장기목표의 부재, 타인에 대한 의존성 그리고 적대감으로 특징지을 수 있다고 결론 내렸다. Cohen(1963)은 56명의 유치원 아이들의 발달을 평가하기 위해 특별히 고안된 교사, 심리학자, 정신과 의사 평정을 실시한 결과, 초등학교 1학년에서는 과도한 불안이 학습부진과 연관이 있고, 적정 수준의 불안은 고성취와 연관됨을 발견했다. Reiter(1973)는 고성취아가 불안 수준이 높을 뿐만 아니라 탁월한 성취 수준 또한 더욱 높다는 것을 발견했다.

부진아들로부터 일반 성취아들을 구별하는 성격 특성을 묘사하기 위해, 많은 이가 표준화된 성격검사와 특별히 구안된 검사를 활용해 왔다. Bachtold(1969)는 초등학교 5학년 일반 성취아와 부진아들을 연구했다. 그는 아동용 성격검사(Children's Personality Questionnaire)를 활용하여 두 집단의 성격 특성 차이에 어느 정도 성차가 있음을 발견했다. 여학생의 경우 일반 성취아들이 부진아들에 비해 고지식하거나 자기신뢰, 자기통제를 나타낸 반면, 남학생의 경우는 일반 성취아들이 부진아에 비해 정서적으로 안정되고, 진지하며, 민감한 특징이 있었다. 개인지향검사(Personality Orientation Inventory: PIO)를 기반으로, LeMay와 Damm(1968)은 일반 성취아들이 부진아들에 비해 더 자아실현되어 있다는 것을 발견했다. 또한 McKenzie(1964)는 MMPI를 사용하여 부진아들이 더 충동적이고 장기목표가 부족하며, 다른 사람들의 방향에 의존하는 경향이 있음을 발견했다.

일반 성취아와 부진아 간의 또 다른 차이점이 에드워즈 성격검사(Edwards Personality Inventory)를 통해 연구되었다. Crootof(1963)는 에드워즈와 맥클리랜드 그림 이야기 검사(McClelland Pciture Story Test)를 사용하여 고등학교 남학생(똑똑한 부진아, 똑똑한 일반 성취아, 보통의 일반 성취아)들의 자기수용과 성취욕구(nAch)를 측정하였다. 그 결과, 사용한 검사도구에 따라 세 집단마다 성취욕구가 다른 것으로 나타났으나, 자기수용에는 아무런 차이가 없었다. Crootof(1963)는 똑똑하거나 보통의 일반 아동들은 똑똑한 부진아들에 비해 성취욕구가 더 높았으며, 이러한 성취욕구의 개념에 대한 충분한 설명이 필요한 것으로 결론 내렸다. Krug(1959)은 에드워즈 성격검사와 성취검사 및 고등학교의 순위를 사용하여, 대학생 1학년들의 성취 수준과 더 관련이 큰 것이 어떤 유형의 검사인지 결정하려 했다. 그 결과, 그는 학습부진 또는 과진과 관련하여 이 두 유형의 검사가 기능적으로 같은 것으로 결론지었다. Oakland(1967, 1969)는 에드워즈의 일부 척도가 과진, 학습부진인 고등학교 2학년들의 차이적성검사(Differential Aptitude Test) 점수와 GAP의 상관을 증진시킨다는 것을 발견했다. 그는 학습부진이 발생하는 원인이 이들의 부정적인 특성 때문이 아니라 긍정적인 특성(예: 효능감, 조직화, 권위와 전통에 대한 존중)이 없기 때문이라는 결론을 내렸다.

Norfleet(1968)은 고프 적응 체크리스트(Gough Adjective Check List)보다 캘리포니아 성격검사(California Psychological Inventory: CPI)의 몇몇 척도가 일반 아동들과 부진아들을 변별해 준다는 것을 발견했다. Stoner(1957)는 1,100명의 고등학생

들에게 CPI와 정신능력 · 성취검사를 실시하여, 다섯 개의 CPI 척도—지배성(냉담한, 내성적인, 조용한), 사회성(방어적인, 요구적인, 완고한), 지적 효능감(신중한, 혼란스러운, 게으른, 피상적인, 야망이 없는), 심리적 관심(무관심한, 신중한, 평온한, 겸손한), 유연성(통찰력 있는, 반항하는, 까다로운, 독단적인, 유머 감각이 있는, 형식을 따지지 않는)—가 부진아들에게 있어 독특한 방식으로 나타났다는 것을 발견했다. Werner(1966)는 아동용 성격 질문지를 87명의 12세 아이들에게 실시하였는데, 그 아이들 중 일부는 부진아였고 일부는 타고난 재능이 있는 아이들이었다. 여기서 어느 정도의 성차가 나타났는데, 유능한(talented) 여자아이들은 의존적이고 순응적인 성향을 나타낸 반면, 남자아이들은 예술가, 작가, 과학자를 닮는 경향이 있었다. 학습부진 남자아이들은 품행과 비행 문제가 있는 아이들과 비슷했으며, 학습부진 여자아이들은 더 조심성 없고, 흥분하기 쉬우며, 낙천적인 것으로 나타났다.

오랫동안 성취욕구를 중심 개념으로 간주해 온 연구는 TAT(McClelland, 1985b; Spence, 1985)에 의존해 왔다. 어떤 연구는 Crootof(1963, 앞에서 인용)와 Tamagini(1969)의 연구처럼, 성취욕구의 부재를 학습부진과 연결시켰다. Davids(1966) 또한 에드워즈를 사용하여, 일반 성취아들이 성취욕구 측정치가 높을 뿐만 아니라 자기확신, 우월감, 인내, 정돈됨, 내적 수용력(intraception)의 점수도 높다는 것을 발견했다. 하지만 Todd, Terrell과 Frank(1962)는 성취욕구가 남자 부진아와 연관이 있고 여자 부진아와는 그렇지 않다는 것을 발견했다. Shaw(1961b)는 에드워즈, 맥클리랜드 성취동기검사(McClelland Achievement Motivation Test) 그리고 프렌치 욕구성취 척도(French Need Achievement Scale)를 실시하여 몇몇 하위 집단을 제외하고는 일반 성취아들과 부진아들 사이에 욕구성취 척도에 차이가 없음을 발견했다.

일부 연구는 일반 아동과 부진아를 구별해 주는 심리사회적 적응(예: 자기통제, 사회화 기술, 독립 등)의 다양한 측면을 강조해 왔다. Horrall(1957)은 94명의 일반 대학생과 94명의 똑똑한 대학생의 성취 기록과 성격검사 결과를 살폈다. 그녀는 가장 잘 적응했다고 판단되는 학생들이 성취도도 높고 똑똑한 한편, 잘 적응하지 못하는 학생들은 성취가 낮지만 마찬가지로 똑똑하다는 것을 발견했다. Snider와 Linton(1964) 또한 고등학교 1학년과 2학년 일반 성취아, 부진아들의 CPI 점수를 비교한 결과, 부진아들이 더 잘 적응한다는 것을 발견했다. 특히 일반 성취아들은 사회적으로나 개인적으로 책임감을 나타내는 것으로 드러났다. MMPI 점수를 사용하여, Hoyt와 Norman(1954)은 '부적응' 및 '정상' 대학생들은 성취라는 측면에서 예견된 방향에서 눈에 띄게 다르다는 것을 발견했다.

Davids와 Sidman(1962)은 성취 및 부진 남자 고등학생들을 비교했다. 일반 성취아들은 부진아들에 비해, 자기통제가 충동성을 훨씬 능가하고, 더욱 미래 지향적이며, 순간의 만족에 대한 관심이 더 적고, 미래의 계획에 더 관심이 있었다. Lacher(1971, 1973) 또한 일반 대학생들이 학습부진 대학생들보다 더 큰 책임감과 사회의식을 보여 주는 집단이라는 것을 발견했다. Heck(1972)은 초등학교의 부진아, 일반 성취아, 고성취아들을 아동의 사회적 바람직성 척도(Children's Social Desirability Scale)를 비롯한 다른 척도들로 검사한 결과, 고성취아들이 인정욕구가 높음을 발견했다. Morgan(1952)은 사회 부적응의 여러 측면이 학습부진과 관련된다는 것을 발견했다. 하지만 그녀의 표집은 주로 기관에 있는 남자(대다수가 비행 청소년)였기 때문에 이 집단에서 사회 적응 문제를 발견하리라고 기대할 수 있다. Narayana(1964)는 보통, 학습부진, 과진으로 범주를 나누기 위해 네 변인(지적 능력, 언어 능력, 과거 수행 그리고 최근의 성취)에 대하여 중다회귀방정식을 사용하였다. 사용된 책임감 측정 방식은 참여 학생이 실험자가 요청한 어떤 약속을 지키는 것으로 하였다. 고성취아들은 부진아에 비하여 더 높은 책임감과 더 큰 호기심을 보였다. Riggs(1970)도 과진 대학생들이 부진 대학생에 비해 사회적 윤리의식이 보고하였다(그뿐만 아니라, 학점 성취에 대한 동기, 가족 의존 등도 높았다). 이 연구 결과에 따른 권고에서도 교육기관에서 학업 지원뿐만 아니라 학생의 태도와 문화적, 사회적 발달을 지원해야 한다고 하였다.

Romine과 Crowell(1981)은 부진 및 과진 대학생들이 기대되는 방향으로의 인내력, 작업 습관, 노력의 일관성, 진지함, 뛰어난 학업성취에 대한 욕구 그리고 비슷한 다른 특성에서 차이가 있음을 발견했다. 또한 이전에 논의되었던 Smith와 Winterbottom(1970)의 연구에서는 부진아들이 자신의 성적을 예측하는 데 비현실적으로 낙관적이었으며, 학습에 대한 긍정적인 동기가 부족하였고, 자신의 낮은 성취에 대한 원인을 개인 내적 요인보다 학업적 요인으로 돌리는 것으로 나타났다. MMPI 수정척도를 활용한 연구에서, Owens와 Johnson(1949)는 부진 대학생들이 일반 대학생에 비하여 사회적 경향(관심)이 높은 것으로 보고하였다.

이러한 현상에 가설로서, 부진 대학생들이 혼자 공부를 하는 것에 시간과 에너지를 쓰기보다는 또래들과 어울리고 더 적극적이고 집중하는 것으로 여겨졌다. Ringness(1965)는 똑똑한 초등학교 남학생들을 연구하여, 부진아들이 또래들의 인기에 더 관심이 많다는 것을 발견했다. 다른 쪽 극단에서, Lindgren과 Mello(1965)는 벨 적응검사(Bell Adjustment Inventory)와 문장완성검사를 브라질의 초등학교 4학년 학생들에게 실시한 결과, 고성취아들이 부진아들보다 더 건강하고 정서적으로 잘 적응한다는 사실을 입증하였다.

자아개념

많은 연구는 일반적 혹은 포괄적 자아개념을 살펴봄으로써 일반 성취아들과 부진아들을 변별하기 위한 시도를 해 왔다. 전형적으로 이러한 연구는 부진아들이 일반 성취아들보다 미성숙하거나 낮은 자아개념을 갖고 있다고 보고한다(Paschal, 1968). Bailey(1971)는 대학생들에게 다양한 자기평정을 하도록 한 결과, 일반적으로 일반 성취아들은 부진아들에 비해 자신에 대해 높이 평가했으며, 인식하고 있는 학문적 능력과 실제 학문적 능력 간의 차이가 작았고, 인식하고 있는 학문적 수행과 기대하는 학문적 수행 간에도 그 편차가 작았다. Machover Draw-A-Person 검사라는 자아개념 척도를 사용한 Bruck과 Bodwin(1962)은 부진아들이 일반 성취아들에 비해 미성숙한 자아개념을 가지고 있음을 발견했다. Kanoy, Johnson과 Kanoy(1980)는 인지적 성취반응 질문지(Intellectual Achievement Responsibility Questionnaire)와 피어스-해리스 아동용 자아개념 척도(Piers-Harris Children's Self-Concept Scale)를 성적이 우수한 초등학교 4학년 학생들에게 실시했다. 그 결과, 일반 성취아들은 부진아들보다 높은 자아개념을 보였다. Shaw, Edson과 Bell(1960)은 상담의 가장 중요한 목적이 부진아들의 성격 특성에 대한 통찰이라고 결론 내림으로써 치료 상담자들에게 영향을 주었다. Shaw와 Alves(1963)는 형용사 체크리스트(adjective checklist)를 사용하여, 부정적인 자아개념과 학습부진 사이의 연계성에 대한 강력한 근거를 찾아냈다. Tamagini(1969)는 맥클리랜드와 Draw-A-Person 검사를 초등학교 아동들에게 실시한 결과, 역시 같은 결론을 얻었다.

부진아들에게 기대되는 학습 수행과 실제 학습 수행 간의 큰 차이가 있다는 초기의 연구(Bailey, 1971; Tamagini, 1969)와는 달리, Cress(1975)는 초등학교 남학생 부진아 집단에서는 이러한 현상이 나타나지 않는다고 보고했다.

다른 연구는 자아개념의 구체적인 면들에 대해 연구하고 있다. Rogers, Smith와 Coleman(1978)은 자아개념을 정의하기 위해 사회비교이론을 도입하여, 같은 반 아동들과 비교한 자아개념에 대한 등수를 포함시켰다. 그들은 피어스-해리스 아동용 자아개념 척도를 사용하여, 학급 내에서 상대적인 성취 정도가 고려될 때에만 성취가 자아개념과 상관이 있음을 발견했다. Jhai와 Grewal(1983)은 고등학생을 대상으로 직업포부 척도(Occupational Aspirations Scale)를 사용하여 측정한 결과, 일반 성취아들은 부진아들에 비해 직업적인 포부가 크다는 것을 발견했다.

Bocknek(1959)는 실험 연구에서 외적 보상이 필요한 대학생들이 학습 부적응이 되기 쉽다는 결과를 발견했다. 이러한 외부 자극에 독립적인 학생들은 정상적일 확률이 컸다. 이와 유사하게, Haywood(1968)는 뛰어난 학습성취를 보이는 10세 학생들이 학업 과제에 있어 내적 요소에 의해 동기화되기 쉬운 반면, 부진 학생들은 외적 요소에 의해서 동기화되기 쉽다는 결론을 얻었다.

몇몇 연구는 자기보고식 측정방법을 사용하고 있다. Claes와 Salame(1975)는 중등학교의 부진아들이 자기평가에서 일반 성취아들과 인지적인 차이를 보이는 것을 발견했다. 특히 부진아들은 자기비판적이었으며, 자기평가에 있어 정확하지 못하고, 학업 수행에 있어 높은 기준을 내면화시키지 못했다. Matsunaga(1972)는 고등학생에게 몇 개의 자기보고식 척도[학습능력에 대한 자아개념(Self-Concept of Academic Ability), 학점 중요성 척도(Importance of Grades Scale), 아버지에 대한 태도(Attitudes Toward Father), 어머니에 대한 태도(Attitudes Toward Mother), 특성 체크리스트(Checklist of Trait Names), STS 청소년 척도(Youth Inventory) 그리고 캘리포니아 성격검사(California Psychological Inventory)]를 실시하였다. 이 연구에서 부진아에 비해 일반 성취아들이 능력에 대한 높은 자아개념, 학업에 대한 더 긍정적 태도, 교사에 대한 보다 긍정적 이미지, 관계에 대한 더 높은 관심, 자신감과 책임감, 타인의 요구에 대한 높은 관심을 가지고 있다. Specter(1971)는 고등학교 부진아들이 일반 성취아에 비해 교사에 대해 부정적이며, 가정과 갈등이 더욱 많으며, 또래와 가치가 더 많이 일치하는 것으로 나타났다고 보고했다. 마찬가지로, Lauer(1969)는 고등학교 부진아들은 일반 성취아들에 비해 교사에 대한 태도에서 더욱 부정적이라고 보고했다. Honer(1971) 역시 고등학교 부진아들에게서 부정적인 태도를 발견하였다.

몇몇 연구에서는 자아개념과 학습부진 간에 강한 상관이 나타나지 않았다. Reisel(1971)은 60항목의 Q분류(Q-소트)를 17명의 일반 고등학생과 17명의 학습부진 고등학생에게 배부하였다. 그는 특정한 성격 특성만으로 일반 성취아들과 부진아들을 변별할 수는 없으며, 다만 일반 성취아들의 자아개념이 여러 상황에서 더욱 안정적일 것으로 가설을 세울 수 있었다. Johnson(1967)은 일반적으로 자아개념에 대한 두 가지 측정방식인 형용사 체크리스트와 개인지향검사가 대학생들 중 일반 성취아와 부진아를 식별하지는 못하는 것을 알아냈지만, 일반 성취아들이 더욱 자유롭고, 외향적이며, 욕구가 넘치고 풍부하며, 자아실현 수준이 높다는 결론을 얻었다. Peters(1968)는 테네시 자아개념 척도(Tennessee Self-Concept Scale)를 사용하여 164명의 고등학교 3학년을 대상으로 연구한 결과, 자아개념과 학습부진 사이의 유의미한 관계를 얻지 못했다.

전인적인 발달 모델에 근거한 종단적 연구에서 Dullaert(1971)는 61명의 일반 및 부진 대학생을 비교한 결과, 신체적 · 정신적 발달 양식 간에 거의 차이가 없음을 발견했다. 그는 학습부진 개념의 타당성에 회의적이었다.

지능과 인지 양식

일반적으로 일반 성취아들과 부진아들 간의 지능 차이는 거의 없다고 알려져 있다. Kroft, Ratzlaff와 Perks(1986)는 우드콕-존슨 성취검사(Woodcook-Johnson Achievement Battery)를 사용하여 지적으로 보통, 중상, 최상의 범위에 해당하는 초등학교 1학년 학생들의 지능 범위를 얻었다. 그러나 아동들은 성장하기 때문에, 낮은 능력을 가진 소수 아동이 뛰어난 아동들 사이에 섞여 있을지도 모른다는 의문을 가질 수도 있다. Holt(1978)는 스탠포드-비네 지능검사(Stanford-Binet Intelligence Test)와 Guilford의 지능 모형(Structure of Intellect Model)을 사용하여, 일반 성취아들(8~11세)은 상징적 내용에서 높은 점수를 받고, 부진아들은 의미론적 내용에서 높은 점수를 받는 경향이 있다는 것을 발견했다.

몇몇 연구는 일반 성취아들과 비교되는 부진아들의 창의성에 주목하고 있는데, Liddicoat(1972)는 여자 단과대학 일반적 성취 학생과 부진 학생을 대상으로 창의성, 공부 습관, 성격과 동기, 읽기 능력 등의 다양한 검사를 실시했다. 그 결과, 부진 학생이 일반적 성취 학생에 비해 더욱 창의적일 뿐만 아니라, 실패에 대해 두려움을 더욱 많이 느끼고 있으며, 읽기 이해력이 떨어지고, 정서적으로 다소 불안정한 것으로 나타났다. 우연하게도, Liddicoat는 모든 학생이 대체적으로 학기가 끝날 시점에 그들이 얻고자 기대한 성적에 대해 정확히 파악하고 있다는 사실을 알게 되었다. Eisenman과 Platt(1968)은 고등학생들을 대상으로 한 연구에서 역시 부진아들이 일반 성취아들보다 더욱 창의적이라는 사실을 발견하였고, 그들은 부진아들을 무선적으로 표집할 때 학습능력이 뛰어난 학생들이 포함될 확률이 클 수 있음을 경고했다. 반대로, Edwards(1968)는 중학교 3학년의 일반 성취아들과 부진아들을 대상으로 한 연구에서 창의성에는 차이가 없으며, 뛰어난 학습능력을 가진 아동들이 확산적인 사고에서 다른 두 정상적인 집단보다 더욱 뛰어나다는 결과를 발견했다. 그는 교사들의 평가와 창의성 측정이 지능 측정보다 더욱 정확한 창의성의 지표라고 결론지었다.

일반 성취아들과 부진아들 간의 인지적 차이를 진단하는 몇몇 연구에서 표준화된 도구들을 사용하고 있다. Bush(1972), Bush와 Mattson(1973)은 상식에 대한 하위 척도를 포함하는 다양한 검사 중 해당 학년의 일반 성취아들과 부진아들 간의 차이를 나타내는 검사로는 단지 아동용 웩슬러 지능검사(Wechsler Intelligence Scale for Children: WISC)뿐임을 발견했다. 마찬가지로, Coleman과 Rasof(1963)도 학교에서 배운 내용이 큰 역할을 하게 되는 구체적인 정보에 대한 아동용 웩슬러 지능검사(WISC)의 하위 척도가 일반 성취아와 부진아를 변별할 확률이 높다는 결론을 내렸다.

Davids(1968)는 모호성에 대한 인지적 융통성과 인내력을 측정하기 위한 실험적 절차를 통해 고등학교 부진아들이 일반 성취아들보다 인지적 과업을 다루는 데 있어 더욱 충동적이고, 모호성에 대해 더욱 융통성이 없고, 인내력이 없음을 발견했다. Murakawa(1968)는 Grid, Objective Sorting, Number Strategy Test를 통해 다음과 같은 사실을 밝혀냈다. 즉, 5, 6학년, 중학교 1학년의 부진아들은 추상적인 사고력이 떨어지고, 시행착오를 통해 문제를 풀며, 개념화에 있어 구체적이고 개인적이며 경험적인 반면, 일반 성취아들은 추상적이고, 개인에 관여하지 않으며, 일반적이라는 것이다. 연관된 연구에서, Murakawa와 Pierce-Jones(1969)는 부진아들은 일반 성취아들에 비해 연역적 및 귀납적 추리, 숫자, 기억력이 낮다고 결론 내렸다. Blair(1972)는 60명의 초등학교 3학년 남학생을 대상으로 학습능력에 영향을 주는 강화 변인을 측정하였다. 그는 일반 성취아들은 사람이 있을 때, 실제 실행할 때, 구체적인 강화가 있을 때 학습이 더욱 잘 이루어지는 반면, 부진아들은 그 반대라는 것을 발견했다. Davey(1972)는 심리언어학적 접근을 통해 초등학교 4학년 남학생들에게 있어 개인의 인지 양식[특히 가설 검증(hypothesis testing)과 단서 선택(cue selection)]이 읽기 학습부진과 관련되어 있다고 결론 내렸다. 이러한 모든 연구를 종합해 볼 때, 일반 성취아들과 부진아들 간에 인지 양식은 차이가 있지만, 이러한 사실 하나만으로는 인지적 차이가 학습부진에 영향을 미친다거나 다른 요소들에 의해서 야기된다는 결론을 내리는 데에는 충분하지 않음을 알 수 있다.

주의집중과 주의산만

몇몇 연구는 부진아들이 교재에 주의집중을 하는 것에 문제가 있다는 가정하에 검사를 시행하고 있다. Mondani와 Tutko(1969)는 사회적 책임성 검사에서, 중학교 부진아들은 부적절한 자료들을 학습하는 경향이 있으며 따라서 학문적 성공에 필요한 자료들에는 초점을 맞추지 못한다는 것을 발견했다. Ricks와 Mirsky(1974)는 초등학교 2학년 학생들에게 WISC를 실시한 결과, 동일한 결론에 도달하였는데, 표집된 부진아들은 WISC 언어와 전체 IQ에서 낮은 점수를 받았고, 동작성 IQ에서는 낮은 점수를 받지 않았다. 이와 연관된 연구에서, Ricks(1974)는 부적절한 자극으로 인한 주의산만은 부진아들이 학문적으로 적절한 자료에 집중하는 것을 방해하고, 따라서 그러한 객관적인 주의산만 측정은 교사 보고와 상관이 있다고 주장했다.

또 다른 연구는 주의산만이 학습부진의 중요한 요소라는 것을 주목하고 있다. Baker와 Madell(1965)은 남자 대학생들을 대상으로 일반적 성취 학생들과 부진 학생들을 표집한 후, 실험적 상황에서 다양하게 주의산만한 상황을 만들고 여러 산수 문제를 풀게 하였다. Harrison(1976)은 200명의 부진아의 교사에게 학급 행동 체크리스트를 실시하도록 요청하였으며, 부진아들에게는 WISC와 Wide Range Achievement Test(WRAT)를 실시하였다. 그 결과, 대체로 주의산만 정도는 성취 점수와 반대로 나타남을 확인할 수 있었다.

정서적 요소

학습부진에 관련된 많은 정서적 요소 중 적개심은 가장 주목을 받아 오고 있다. 예를 들어, Bresee(1957)는 반구조화된 도구[문장완성검사, 개인 수필, 로젠즈와이그 그림좌절검사(Rosenzweig Picture-Frustration Test)]와 구조화된 도구(Sims SCI Occupational Rating Scale, Maslow Security-Insecurity Inventory, Gorden Personal Profile, Study of Values)를 사용하였다. 그는 고등학교 부진아들이 일반 성취아들에 비해 더욱 적개심이 많고, 직업적인 목적의식이 낮고, 이타주의와 타인 조망능력이 낮은 것으로 나타났다.

Shaw와 Brown(1957)은 부진아들과 일반 성취아들의 성격 차이를 연구했다. 그 결과, 학습부진이 다른 사람에 대한 적개심, 특히 권위적인 사람에 대한 적개심과 연관되어 있을지도 모른다는 결론을 얻었다. 관련 연구에서, Shaw와 Grubb(1958)은 고등학교 부진아들이 일반 성취아들에 비해 적개심에서 높은 점수를 얻은 것을 발견하였다. 그러나 Shaw와 Black(1960)은 21명의 일반 남학생과 21명의 부진 남학생에게 쿡 반항 척도(Cook Hostility Scale)와 로젠즈와이그 그림좌절검사를 시행한 결과, 이들 모두가 IQ 113 혹은 그 이상인 것으로 나타났다. 그들은 적개심과 학습부진 간의 연관성이 불분명한 것을 발견했다. 부진아들은 적개심을 많이 보였으나, 일반 성취아들은 부적절한 행동에 대하여 책임을 거부하는 경향을 보였다. 부진아들은 죄를 부인하지는 않지만, 그들의 통제를 벗어난 환경적 영향에 대해서는 책임감을 느끼지 않았다. Shaw와 Black은 일반 성취아들이 부진아들에 비해 더욱 순응적이며, 덜 창의적일 것으로 보고 있다.

Corlis(1963)는 70명의 학습부진 대학 신입생을 대상으로 그들 모두에게 MMPI와 개별적인 인터뷰를 시행하였다. 성적이 낮은 학생들에게서 나타나는 가장 공통적인 패턴은 주로 부모에 대한 수동 공격적인 적개심이었다. Weiner(1971) 역시 부진아들이 나타내는 적개심에 대한 수동 공격적 특성에 주목했다. Brown, Abeles와 Iscoe(1954)는 학습부진 대학생들의 출석 기록과 학습 습관 질문지를 살펴본 결과, 부진아들은 과제와 다른 기대들에 순응하기 싫어할 것이라는 결론을 내렸다. Anikeef(1954) 역시 학습부진과 결석 빈도 간의 유의미한 상관관계에 주목했다. Morrison(1967, 1969)은 65명의 초등학교 5학년 남학생에게 9개의 TAT 카드와 변형된 캘리포니아 성격검사(California Test of Personality)를 실시하였다. 그녀는 학습부진이 부모와 다른 어른에게 적개심을 가졌던 사춘기 이전 갈등과 연관된 수동 공격적 행동이라고 결론 내렸다. Capponi(1974)는 부진아들에게 있어 적개심, 불안, 만족감에 대한 거부, 죄의식, 영향에 대한 혐오 등의 요소를 우울과 연결시켰다.

Gerolamo(1976)는 초등학교 5, 6학년 부진 남학생을 대상으로 표현에 대한 정서적 억제를 측정하였다. 이들에게 벤-앤서니의 가족관계검사(Bene-Anthony Family Relations Test)를 실시한 결과, 부진아들은 일반 성취아들보다 부정적인 영향에 대한 진술을 거부하였다. 이로 미루어 보면, 부진아들은 실제로 더 많이 정서적 억제를 받을 것으로 추론된다.

Rotella(1985)는 뛰어난 운동선수와 부진한 운동선수들의 수많은 성격 특성을 목록화했다. 뛰어난 운동선수들은 완벽주의적 경향이 있으며, 자신의 높은 개인적인 기준을 수행하지 못했을 때 그들 자신에게 심하게 좌절하는 경향이 있었다. 게다가 그들은 운동 수행에 근거해서 자신과 자신의 가치를 판단하는 경향이 있었다. 그러나 부진한 운동선수들은 운동 성취에 대해 이러한 정서적인 영향을 거의 받지 않는다.

부진아 연구

많은 연구는 부진아들을 일반 성취아들과 직접적으로 비교하지 않고 연구하고 있다. 예를 들어, Dixon(1977)은 청소년기 여성들의 수학 성취를 측정하였다. 그녀는 부진아들은 관심이 자기 안으로 향해 있다기보다는 다른 곳으로 향해 있고, 사회에서 여성의 역할에 대해 자유롭지 않고 전통적인 경향이 높다는 것을 발견했다. Sanford(1952)는 열등감, 불충분한 학문적 자극, 가정에서의 관계의 어려움, 경제적 어려움, 학습에서의 불충분한 자극, 신체적 결손 등 학습부진의 여러 이유를 지적했다.

마찬가지로, 다른 학자들 또한 학습부진에 있어 대인관계 어려움과 성격의 역할을 강조한다. Fliegler(1957)는 심지어 부진아들을 부모의 갈등으로 인해 환경에 적응하지 못하는 아동들로 간주하며, 이러한 학생들과 그들 가정에 대한 상담을 강력하게 추천하고 있다. Sylvester(1949)는 사례 자료로 성격장애를 설명하고자 했다. Wilson, Soderquist, Zemke와 Swenson(1967)은 대학생들을 대상으로 연구한 결과, 학습부진이 기저하는 질병의 징후라는 결론을 내렸다.

몇몇 연구는 부진아들은 단순히 게으르거나 적절한 학업동기가 부족한 것이 아니라, 오히려 학습부진에 의해 동기화된다는 것을 이론화시켰다. Dudek와 Lester(1968)는 13~17세의 부진아 80명과 일반 성취아 23명에게 로르샤흐 검사(Rorschach Ink Blot Test)를 실시하였다. 그 결과, 부진아의 절반(일반 성취아의 17%에 반해)이 우울한 성격을 가진 강박 충동적 성격을 지니고 있었다. 정신분석 관점을 도입해서, Dudek와 Lester는 부진아들이 공격적인 충동 불안을 경험하며, 이에 학습부진과 수동성은 방어적인 반응을 형성한다고 결론 내렸다.

Grimes와 Wesley(1961)는 한 학생의 성격 특성은 학업성취를 촉진하거나 방해하는 교실 내의 구조를 포함한다고 하였다. 그들은 교사의 구조화된 혹은 비구조화된 지도 상황에서, 불안하거나 강박적인 혹은 불안하고 강박적인 성격을 가진 초등학생들의 읽기 기술 발달을 연구했다. 그들은 집단 간 읽기 성취에 있어서 유의미한 차이를 발견하였다. 불안 수준이 높은 학생들은 교사의 구조화된 지도 상황에서 읽기 수행을 유의미하게 잘한 반면, 비구조화된 상황에서는 부진하였다. 또한 강박적이고 불안 수준이 높은 학생들은 구조화된 지도 상황에서 부진하였다. Kifer(1975)는 2, 4, 6학년, 중학교 2학년을 대상으로 한 연구에서 이전의 학업성취가 특정 성격이 나타나는 데 강하게 영향을 주며, 이것들이 순차적으로 지속되는 성취에 영향을 준다고 보고했다. Kifer는 가족이 성취 패턴을 지지하는 데 결정적인 역할을 한다고 강조했다.

4개의 사례 연구에 근거하여, Hollon(1970)은 우울이 학습부진 역동에 그 뿌리를 두고 있다고 주장했다. 반대로, Strauss, Lahey와 Jacobsen(1982)은 103명의 7~12세를 대상으로 한 연구에서 성취와 우울 측정 간에는 유의미한 상관관계가 없음을 밝혔다. Hollon의 4개 사례가 학습부진 전체를 대표하지는 않았다. 자기애적 성격이론에서, Baker(1979)는 학습부진이 강도 높은 학업 성공을 가져올 수 있는 많은 학업 실패 경험을 회피함으로써 보호되는 과대자기(grandiose self)[1]라

1) 역자 주: Kohut의 '자기심리학' 개념의 일부. 완전한 자기를 창조하려는 시도로서 좋고 유쾌하고 완전한 것은 모두 자신의 내면에 속한 것으로, 나쁜 것은 모두 외부에 속해 있는 것으로 경험하면서 부모에게 끊임없는 찬탄과 인정과 반영을 요구하는 자기애적 구성물(『하인즈 코헛과 자기 심리학』, 앨런 시걸 저, 권명수 역, 한국심리치료연구소).

는 자기애적 과정에서 기인한다는 것을 이론화하였다.

많은 학자는 부진아들이 자아 발달의 문제로 인해 실패하는 것에 강하게 동기화되어 있다고 본다. Anderson(1954)은 부진아들은 동기가 부족한 것이 아니라 실패가 불가피하다는 전의식적인 부정적 태도를 가지기 쉽다고 진술하였다. 학습부진과 과진에 관한 문헌 연구를 통해, Cowan(1957)은 부진아들은 실제적으로 학문적인, 심지어는 사회적인 활동에서 위축되어 있다고 한다. 그들의 약한 자아통제성, 뚜렷한 목적의식의 결여, 지지적이지 않은 부모, 다른 연관된 문제들이 그 이유라고 보았다. 최근의 개관에서 Newan, Dember와 Krug(1973)는 학습부진의 주요 요인으로 자아 발달의 문제를 논의했다. Sherman, Zuckerman과 Sostek(1975, 1979)은 부진아를 신경증 문제로 인해 성인 세계와 그와 관련된 모든 책임을 받아들이지 않는 반성취자(antiachiever)로 보았다. Westman과 Bennett(1985)은 6~15세의 부진아 14명을 연구하기 위해 특별히 고안한 비율 척도를 사용했다. 그들은 피터팬 신드롬에 대하여 논의하였는데, 부진아들은 실패에 대해 실패가 성인에 대한 유아적 의존성을 영속화시키기 때문에 실패에 의해 동기화될지도 모른다고 하였다.

몇몇 연구는 민족적이거나 비교문화적인 요소에 주목한다. Brown(1973)은 차별화된 학급과 비교해서 개방적인 학급에서 흑인과 비흑인 부진아들 사이의 자아존중감과 불안을 연구했다. 그녀는 개방적인 학급 상황의 흑인 부진아들이 차별화된 상황의 흑인 부진아들보다 더욱 불안해하는 것을 발견했다. Hepner(1970)는 멕시코계 미국인 부진아들은 자아존중감에 유의미한 문제를 갖고 있지 않으며, 그들의 학습부진은 문화 차이와 더욱 관련이 있을 것이라고 추측했다.

요약

〈표 2-2〉는 부진아, 일반 성취아, 고성취아에 관한 성격 연구에서 발견한 것을 요약한 것이다.

부진아의 성격과 관련된 특성의 목록이 가장 이질적이며, 겉으로 보기에도 모순된 결합들로 이루어졌다는 것은 〈표 2-2〉를 보면 명확하다. 예를 들어, 부진아들은 몇몇 연구에서는 겸손하고 게으르다고 설명되는 반면, 다른 연구들에서는 불안하고, 의기소침하며, 정서적으로 억제되어 있다고 설명된다.

부진아의 성격 특성에 관한 연구 결과는 그 집단 안에서의 이질성에 의해서 혼동된다. 예를 들어, 학습부진의 한 표집에서는 불안이 우세한 반면, 다른 표집에서는 게으른 특성이 우세할 수 있다. 이러한 분명한 모순은 일반 성취아 집단이나 고성취아 집단에서는 분명하지 않다. 특히 고성취아 집단에서는 더욱 그렇다. 이 연구에서는 고성취아 집단의 성격 유형이 가장 동질적인 것으로, 부진아 집단이 가장 이질적인 것으로 나타났다. 따라서 겉으로 보기에 불일치하고 모순적인 일반적인 연구 문헌들의 결과들은 감별진단 모델을 사용함으로써 더욱 이해 가능한데, 우리는 그것을 제2부와 제3부에서 다룰 것이다.

〈표 2-2〉 부진아, 일반 성취아, 고성취아의 특성을 비교한 성격 연구 결과들

부진아	일반 성취아	고성취아
복종하는(submissive)	성취욕구 (nAch-motivated[a])	사회적으로 의식 있는 (socially aware)
방어적인(defensive)	긍정적 자기이미지 (positive self-imaging)	책임감 있는(responsible)
게으른(easygoing)	진지한 자세 (serious-minded)	성적에 대한 동기 (grade-motivated)
신중한(considerate)	책임감 있는(responsible)	가족 의존적인 (family dependent)
겸손한(unassuming)	지배적인(dominant)	승인 지향(approval-seeking)
반항적인(rebellious, touchy)	자신감 있는(self-confident)	내재적으로 불안한 (internally anxious)
외향적인(extroverted)	규율이 있는(disciplined)	매우 열심히 일하는 (very hardworking)
소외된(alienated)	미래 지향적인 (future-oriented)	일치하는(consistent)
수동 공격적인 (passive-aggressive)	독립적인(independent)	자기도입(self-starting)
애정이 억제된 (affective-inhibited)		조직화된(organized)
적대적인(hostile, resentful)		
포부가 낮은(low-aspiring)		
우울한(depressed)		
불안한(anxious)		
믿을 수 없는(distrustful)		
비관적인(pessimistic)		

[a] nAch = Need for achievement

다음 절에서는 가족 변인과 성취과정에 관한 연구 결과들을 살펴볼 것이다.

✹ 가족 변인과 학습부진

많은 연구는 가족이 부진아들에게 얼마나 영향을 끼치는지 고찰하고 있다. 우선, 형제자매 변인과 성취에 대해 살펴보려 한다. 이를테면, 형제자매 출생순서, 형제자매 수(즉, 가족의 규모), 형제자매의 나이 차 등이다. 그리고 핵가족에서 자라는 것과 확대가족에서 자라는 것의 영향과 같은 자녀양육과 학습부진 간의 관계에 관심을 기울일 것이다. 다음으로, 우리는 성별과 성취도에 대한 연구들을 종합할 것이다. 이는 특별한 부모 직업이나 직업적 변인들을 살펴본 다음에 이루어질 것이다. 또한 이 논의에서 중요한 부분은 가족관계에 대한 연구라고 할 수 있다. 마지막으로, 우리는 다문화 연구들과 성취과정에 대해 간략하게 살펴볼 것이다.

형제자매 변인

Dunn(1983)에 따르면 미국과 영국에서는 아이들의 거의 80%가 형제자매들과 함께 자란다. 따라서 형제자매의 성취 유형에 따른 영향을 살펴보는 것은 중요하며, 그러한 형제자매 간의 역할들은 부진아의 삶에 영향을 미칠 것이다.

20세기 초 형제자매에 대한 연구물들의 검토에서는 맏이에 대한 심리적 특징에 주로 강조를 두고 있다. 1960년대 초가 지나서 연구자들은 가족의 규모, 형제자매의 나이 차 그리고 성에 따른 영향에 초점을 두기 시작했다. 요즘 연구는 보다 더 기술적이며, 과정 중심적인 자료들로 이루어져 있다.

Galton(1874)에 따르면, 영국 왕립협회회원(Fellow of the Royal Society) 가운데는 첫째가 유난히 많이 눈에 띈다고 했다. 그의 통계에 따르면, 전체 99명의 구성원 가운데 48명이 독자이거나 맏이였다. 이후 많은 연구는 맏이가 나중에 태어난 아이보다 성취도 면에서 월등하다는 사실을 확인시켜 주었다(Zajonc, Marcus, & Marcus, 1979). 출생순서에 대한 수많은 관심은 Alfred Adler의 『Practice and Theory of Individual Psychology』(1951)로 인해 고취되었는데 출생순서에 대한 영향은 개인의 특정 성격 특성의 발달에 중요한 역할을 한다고 보고 있다.

그러나 점차 연구물들이 독자와 맏이가 지적으로 우월할 것이라는 가설에 의문을 제기하기 시작했다. Altus(1962)는 가족 가운데 둘째, 셋째, 넷째인 학생들 1,878명의 학교 성적을 조사했다. 맏이인 여학생들만이 언어적성 점수(Verbal Apitude Scores)에서 더 높은 점수를 받았다. 두 번째 연구에서 또한 Altus(1965)는 캘리포니아 대학교의 4,000명 이상의 신입생 중 55%가 첫째였다는 것을 알아냈다. 사실상, 그는 맏이가 대학에서 눈에 많이 띈다는 결론을 내렸다. 하지만 McGillivray(1964)는 형제 서열과 성취 수준 간에는 아무런 관련이 없다고 여겼다.

Lunneborg(1968)는 적절하게 표집된 맏이의 표본을 연구함으로써 이전 연구 설계를 개선시켰다. 그에 따르면, 전체 남녀 고등학생 5,401명의 표본에서 맏이인 남학생은 실시된 열두 가지 검사 모두에 걸쳐 우월했고, 맏이인 여학생은 우월 성향을 보여 주었다. 결론에서 그는 독자와 맏이를 한 집단으로 하여 일괄적으로 묶지 않으려고 유의했는데, 왜냐하면 그의 결론에서 독자는 우월 성향을 보여 주지 않은 것으로 나왔기 때문이다.

하지만 정확히 상반된 결과를 보여 주는 연구들도 많다. Steckel(1930)은 초등학교 1학년에서 고등학교 3학년에 걸쳐 2만 명의 일반 성취아에게 초점을 두었다. 그는 4개의 각각 다른 집단 지능검사에서 8번째 아이를 포함해서 출생순서에 따라 한결같이 지능이 증가한다는 것을 알아냈다. Koch(1954)는 주의 깊게 통제한 연구에서 시카고 소재 초등학교의 5～6학년 학생 360명을 중심으로 연구한 결과, 둘째가 맏이보다 월등하다는 것을 알아냈다.

Schacter(1963)는 1960대 초까지 연구들을 검토한 결과, 학자들 중 맏이가 많이 나타나는 것은 단지 맏이가 더 많이 대학에 입학했다는 것만을 의미한다는 결론을 내렸다. 그가 미니애폴리스 지역에 있는 651개 고등학교의 학생들을 조사했을 때, 출생순서가 아무런 효과가 없다는 것을 알아냈다. Bayer(1966)는 가족 규모와 사회경제적 요인을 통제함으로써, 나중에 태어난 아이들도 맏이로 태어난 아이들만큼 대학에 들어갈 수 있을 것이라는 것을 알았다.

McCall과 Johnson(1972)은 초등학교 2학년～고등학교 3학년의 시골과 도시 학생들 1,430명에게 검사를 실시했다. 그들은 지능과 출생순서 그리고 가족 규모 간에 어떤 유의미한 관계도 발견하지 못했다. 그들의 논문 개관에 따르면, 설계된 연구들에서 지능과 출생순서의 상관은 실질적으로 0이었다.

2,000여 개의 참고문헌이 포함된 형제자매 효과에 대한 논문에 제시된 탁월하

면서도 포괄적인 개요를 참고하길 바란다(Sutton-Smith & Rosenberg, 1970; Wagner, Schubert, & Schubert, 1979). '출생순서 효과: 여기도 아니고, 지금도 아니다!(Birth Order Effects: Not Here, Not Now!)'라는 적절한 제목의 논문에서 Schooler(1972)는 출생순서 연구에서 주요한 두 가지가 뒤섞인 변인들에 초점을 두었다. 즉, 출생률에 있어서 사회경제적 요인(가족 규모와 관련해서)과 장기간의 인구 경향이 그것이다. Sutton-Smith(1982)는 다음과 같은 결론을 내렸다. "출생순서가 상대적으로 심리적인 결과를 설명해 줄 아무런 힘이 없는데, 그러한 미비한 목표에 그렇게 수많은 연구가 강한 애착을 가져왔다는 것은 아무리 생각해도 모를 일이다." (p. 153)

또한 출생순서와 성취욕구 그리고 통제소(locus of control: LOC)[2] 간의 관련성에 초점을 둔 주요한 논문이 있다. 대다수의 연구에 따르면 첫째아는 나중에 태어난 아이보다 더 큰 성취도를 보인다. Sampson과 Hancock(1967)은 두 자녀 가정 출신의 고등학생 251명을 연구했다. 이러한 연구는 모든 가능한 피험자의 성, 성별에 따른 형제자매 간의 위치를 함께 담고 있다. 이것은 또한 독자(only-born)와 맏이(first-born)를 구분했다. 이러한 연구자들의 보고에 따르면, 첫째가 더 높은 성취욕구와 자립욕구(need for autonomy)을 지니고 있으며, 맏이인 남자 피험자는 둘째보다 성취도에 따라 잘 적응한다.

Adams와 Phillips(1972)는 사회경제, 인종 그리고 민족 집단을 포함해서 370명의 초등학교 4, 5학년 학생을 연구했다. 맏이가 지능, 수행 능력(performance) 그리고 동기 측정에서 나중에 태어난 아이보다 점수가 높았다. 그러나 동기 수준을 통제했을 때, 맏이와 나중에 태어난 아이 간의 모든 차이점이 없어졌다. Kanter(1970)의 6학년 학생들에 대한 연구도 역시 출생 효과에는 유의미한 차이가 없었다고 한다.

그러나 몇몇 연구자는 성취욕구 연구에서 출생순서 효과가 전혀 또는 거의 일관성이 없다는 것을 알았다. Wolkon과 Levinger(1965)는 49명의 부부, 72명의 이혼 희망자 그리고 102명의 정신질환으로 입원한 남녀 피험자의 3개 표본으로 연

---

2) 역자 주: 개인이 사건을 통제해서 영향을 미칠 수 있는 정도로, 높은 내적 통제소를 가진 사람은 사건이 자신의 행동으로부터 비롯된다고 생각하며, 내적 통제소가 낮은 사람은 사건이 다른 사람이나 운명, 우연으로부터 비롯된다고 생각한다(Jilian B. Rotter, 1954).

구를 실시하였다. 아마도 특수한 표본들이 사용되었기 때문에 출생순서에 있어서 어떠한 차이도 발견되지 않았다. Dolph(1966)는 세 자녀를 둔 가정의 중학교 3학년 학생 291명을 연구했다. 36가구의 가족 모두 참여했는데, 이 연구의 첫 부분에서는 지능지수(IQ)와 성취 점수에 있어서 어떠한 유의미한 차이도 발견되지 않았다. 다만, 몇 가지 경향이 발견되었는데, 두 번째 태어난 아이에서보다 맏이로 태어난 아이에서 더욱 일관성 있는 성취도가 관찰되었다.

출생순서, 자아존중감 그리고 성취도 간의 관계들에 초점을 둔 몇몇 연구 또한 일관되지 않은 결론을 보여 주었다. Falbo(1981)는 자아존중감 측정에서 나중에 태어난 대학생보다 맏이로 태어난 대학생의 점수가 더 높다는 것을 알았다. 이전 연구에서 Schwab과 Lundgren(1978)은 164명과 308명의 대학생 집단에서 유사한 결론을 발견했으며, 또한 성별 효과를 발견하였다. 그러나 Laitman(1975)은 전반적인 자아존중감에 있어서 맏이와 나중에 태어난 아이 간에는 아무런 차이가 없음을 밝혔다.

Crandall, Katkovsky와 Crandall(1965)은 923명의 초등학생과 고등학생을 대상으로 통제소(LOC)에 관한 연구를 실시하였다. 그들은 막내 학생들의 출생순서에 있어서 유의미한 차이를 발견하지 못했으나, 나중에 태어난 아이보다 더 높은 점수를 받은 맏이가 내적 통제소가 더 강하다는 것을 보여 주었다. 이러한 결과는 Falbo(1981)와 McDonald(1971)의 각각의 연구들에서 확인되었다.

이러한 연구들에서 성과를 평가하는 데 있어서의 문제점들 중 하나는 성취욕구, 자아존중감 그리고 통제소와 같은 성격 변인들의 연구에 사용된 광범위하면서도 전혀 별개의 도구들의 특성에 있다. 사실상, Sampson과 Hancock(1967)은 성취욕구를 측정할 시 두 개의 각각 다른 도구들을 사용했다. 그리고 각각의 도구들은 다른 결과를 낳았다. 일부 투사도구는 시간이 지나면서 불안정한 것으로 알려졌고, 신뢰도, 타당도 그리고 표준화에 있어 문제점들을 드러냈다. 그러나 이러한 많은 측정치에서 나온 발견들은 아직도 정기적으로 보고되고 있다.

동기의 특성이 개인이 성장함에 따라서 변할 것이라는 가정이 설득력 있어 보인다. 따라서 앞으로의 연구는 종단적인 접근들에 초점을 기울이고, 가족 내 연구 설계를 하여 여러 형제가 정해진 동일한 연령에 검사를 각각 받아서, 발달에 따른 변화 요인은 통제하는 것이 필요하다.

또 다른 변인인 형제자매의 수는 종종 가족 규모로서 언급된다. Anastasi(1956)는 가족 규모와 지적 능력 간의 관계에 대해 100여 가지 이상의 연구를 고찰했다. 그녀의 결론에 따르면, 만일 사회경제적 변인들이 각각의 자녀들을 위할 정도의 적절한 양육, 보호 그리고 애정을 충족시킬 역량이 된다면, 가족 규모가 아이들의 지적 능력을 반드시 제한하지 않는다는 결론을 내렸다. 또한 그녀는 가족 규모와 지능지수 간에 부적인 상관관계가 있다는 보고를 한 연구들이 많이 있지만, 그 상관의 정도는 가족의 사회경제적 지위가 증가함에 따라서 상당히 감소했다는 것(일부 사례는 통계적으로 유의미한 수준이 아니었음)을 발견하였으며, 최근의 보다 많은 연구가 이러한 결과를 지지해 주고 있다(Cicirelli, 1978; Kennet & Cropley, 1970; Wagner & Schubert, 1977).

Nuttall, Nuttall, Polit과 Hunter(1976)는 크고 작은 교외 지역의 가정 출신인 전체 553명의 남녀 학생을 연구했다. 그들은 지능지수를 통제했는데, 그들에 따르면 핵가족 출신의 남학생들은 대가족 출신의 남학생들보다 학업상 상당히 우수했다. 첫째로 태어난 여학생들 또한 첫째로 태어나지 않은 여학생들에 비해 유의미하게 더 높은 수준을 성취했다. 흥미롭게도, 지능지수가 통제되었을 때 가족 규모는 남학생과 여학생들 간의 성취와 아무런 관련이 없었다. 마지막으로, 형제자매 간의 터울은 성취도와 유의미한 관련이 있는 것으로 보였으나, 남학생인 경우에만 그러했다.

Schacter(1963)는 고등학생, 대학생 그리고 대학원생들을 연구했는데, 교육 수준이 증가할수록 가족 규모가 작아진다는 것을 알았다. 이러한 발견은 McGillivray (1964) 또는 Kunz와 Peterson(1977)에 의해서는 확인되지 않았지만, Wagner, Schubert와 Schubert(1979)에 의해서 알려졌다.

가족 규모와 사회경제적 지위(SES) 간의 관계성(relationship)을 보여 주는 결과들도 있기 때문에 사회경제적 지위와 가족 규모 그리고 학업성취도 간에 내적 관련성이 있다는 가설을 세울 수 있을 것이다. 즉, 사회경제적 지위가 감소함에 따라 가족 규모가 증가하고 학업성취도가 감소한다는 것이다. 사실상, 많은 연구가 가족 규모가 증가함에 따라서 지능지수가 일관적으로 감소한다는 것을 보여 주었으며, 이러한 발견이 수많은 서구 국가들에 걸쳐 받아들여졌다(Zajonc, Markus, & Markus, 1979).

Zajonc(1983)는 출생순서, 가족 규모 그리고 성취도 간의 관계성을 설명하기 위한 상호영향 모델(Confluence Model)[3)]을 제안했다. 이러한 모델은 출생순서 효과에 대한 연구에 사용된 첫 번째 공식 행동주의적 모델이다. Rogers(1984)의 설명에 따르면, 해당 모델은 심리학적인 이론과 수리학적인 도구를 겸비한 모델이며, IQ와 같이 측정 가능한 특성을 가진 어떠한 것들도 수많은 요인의 상호작용 결과라고 가정할 수 있다. 여기서 말하는 요인들에는 출생순서, 형제자매 수(가족 규모) 지적 능력 등이 포함된다. 많은 연구가 상호영향 모델을 활용하고 있으며, 이 모델의 타당성에 대한 문제는 계속해서 연구 중에 있다.

몇몇 학자들은 가족 규모, 성취도 그리고 성취욕구와 같은 인성적 특성 간의 관계성들에 관하여 연구하였다. 소년과 그들의 어머니들로 이루어진 427쌍과 367쌍 대한 두 개의 개별적인 연구에서 Rosen(1961)은 가족의 규모가 작을수록, 즉 중간 정도 규모의 가정 출신의 소년들이 보다 큰 가정 출신의 소년들보다 더 높은 성취욕구를 보인다는 것을 밝혔다. 또한 Rosen의 보고에 따르면, 가족 규모와 성취욕구 간의 관계성은 사회계급에 따라 다양했는데, 사회경제적 수준이 더 높을수록 유리했다고 한다. 따라서 결국 사회경제적 지위가 다시 매개변인이 되었음을 확인할 수 있었다. Masterson(1971) 또한 대학생들이 참여한 별개의 연구에서 이와 유사한 결론을 얻었다.

사회경제적 지위와 관련한 이러한 특별한 연구들이 주는 시사점들은 매우 중요하다. 사회현상학적인 관점에서 아동학대를 논의한 Pelton(1978)에 따르면, 아동학대가 원래 사회와 모든 문화 면에 있어서 똑같이 공통적으로 존재하는 것으로 인식되는 동안, 아동학대 빈도에 대한 연구들은 아동학대가 빈곤과 낮은 사회경제적 지위와 상관이 있다고 분명히 밝힌다는 점을 지적하고 있다. 따라서 Pelton은 '아동학대가 계급과는 관련이 없다.'는 미신이 정치가들, 정신건강 전문가 그리고 법률가들을 믿게 만들었다고 주장했다. 그의 주장에 따르면, 아동학대를 없애기 위한 기본적인 경제적 · 사회적 불평등을 다루는 제안이 아동학대를 병리학 혹은 질병으로 인식하는 것보다 덜 알려지게 되었다. 이와 같은 방식으로, 만일 연구자들이 낮은 사회경제적 지위와 부진아의 유의미한 관계성을 계속해서 지적할 수 있

3) 역자 주: 지적인 성장은 가족의 크기와 아이들의 출생 간격의 햇수와 관련된다는 학설(어린아이가 많으면 많을수록 가족의 지적인 수준은 저하된다고 함)(『신영한대사전』, 교학사).

다면, 교육전문가들이 적어도 부진아들에 대한 치료적 구제책의 일환으로서 이러한 사회적 불평등을 개선하기 위한 중대안을 제시하는 것임에 틀림없다. 예를 들어, 치료자가 학생 및 가족을 도와 직업, 자금경영 그리고 진로탐색 수준을 향상시키는 것을 의미할 것이다. 학습부진의 사회경제적인 측면이 이 책의 주안점은 아니지만, 이것은 학습부진의 문제를 전반적으로 이해하기 위해서 중요하며, 도외시되어서는 안 된다.

고등학교 3학년 남학생들의 연구에서 Watts(1966)는 고성취아들이 시골의 대가족 출신의 가정에서 나왔으며, 부진아들은 도시 대가족 출신이라는 것을 알았다. 이는 대가족이 시골과 도시 간의 사회적 요인들에 근거한 성취도와는 다른 관계성을 지니고 있을 가능성을 증가시켰다.

몇몇 연구는 성취 유형에 있어서 형제자매 간의 나이 효과를 고찰했다. 분명히 나이 차이가 많이 날수록, 나이 많은 형제자매와 특히 나이가 어린 형제자매들 간에 더 많은 이점을 갖고 있다. Koch(1954)는 5~6세의 나이 차이가 있는 두 자녀를 둔 384개의 시카고 지역 백인 가정의 표본에서 성별 효과를 발견했는데, 아이들이 각각 두서넛 살 나이 차이일 때만 그러했다. 또한 Wanger, Schubert와 Schubert(1979)에 따르면 18개월도 채 나지 않는 나이 차이에서는 두 아이 모두 능력이 낮았다. Breland(1974)는 30만여 명의 고등학교 장학금을 받는 이들에 대한 연구에서 나이 차이가 2년도 채 안 되는 형제일 경우 언어 활용도가 더 낮았다는 것을 확인했다. 이것은 나이가 3년 이상 차이가 있을 때는 일어나지 않았다.

모든 연구가 이러한 결과를 확증시킨 것은 아니다. Schoonover(1959)는 38~64개 초등학생 형제자매 쌍을 대상으로 지능지수와 성취도에 있어서 나이 차이와 평균차 간에 어떠한 유의미한 상관도 발견하지 못했다. 디트로이트의 중산층 가정 출신인 6학년 학생 80명을 대상으로 한 Cicirelli(1967)의 연구에서도 이와 같은 결과를 얻었다.

이러한 연구를 평가하는 데 있어서의 어려운 점들 중의 하나는 연구에 18개월에서 36개월에 이르기까지 다양한 간격의 나이 차이가 있는 집단들이 사용된다는 점이다. 각각의 다른 효과가 몇 살에 시작되며 몇 살에 끝나는지 정확히 결정해 줄 필요가 있는 연구가 더해져야 한다. 그러면 출생순서와 가족 규모에 대한 경우처럼 나이 차이가 아마도 지금 밝혀진 것보다 훨씬 더 복잡해질 것이다. 예를 들어,

이미 인용된 몇몇 연구에서는 이러한 영역에 있어 성별 효과를 보고했다(Cicirelli, 1967; Koch, 1954; Schoonover, 1959).

나이 차이와 성취동기 간의 관계성에 대해 초점을 둔 연구들은 상대적으로 거의 없다. Hornbostel과 McCall(1980)은 120명의 대학생을 연구했는데, 형제자매 간의 나이 차이가 적은 경우보다 많은 경우가 성취욕구에 있어서 점수가 더 높다는 것을 알았다. Elliott와 Elliott(1970) 또한 이와 일치하는 결과를 보고했다. 특이하게, 나이 차이가 많은 형제간인 경우, 위의 형제가 성취 지향적일 때 밑에 있는 형제는 더욱 성취욕에 대한 열망이 더 강한 듯했다. 그러나 Schoonover(1959)는 나이 차이와 성취욕구 간에는 아무런 상관이 없다고 한 반면, Rosen(1961)은 가족 규모, 부모의 나이, 서열상의 위치 그리고 사회경제적 변인과 같은 수많은 변인들과 관련해서 복잡한 상호작용 효과를 강조했다.

Tesser(1980)는 두 자녀를 둔 가정의 대학생 313명에 대한 연구에서 피험자들이 그들의 형제가 중요한 영역에서 자신들보다 우수하다고 보고했을 때 형제간의 동일시가 감소했고, 형제간의 마찰은 나이 차이가 적을수록 증가했다는 것을 알았다. 반면, 피험자들이 자신의 형제가 중요한 영역에서 자신들보다 못한다고 했을 때 동일시의 정도가 증가했으며, 마찰의 정도는 나이 차이가 적을수록 감소했다.

Schacter(1982)는 383명의 대학생을 연구했는데 그들에게 자신의 형제와 그들이 닮았다고 생각하는지 아니면 다르다고 생각하는지에 대해 물어보았다. 나이 차이가 비슷한 형제들은 자신들이 서로 상당히 다르다고 인지하고 있었는데, 가족에서 두 명의 형제 중 첫째가 다른 나머지 형제보다 더 이러한 생각을 하고 있었다.

전반적으로 연구가 출생순서, 나이 차이 그리고 학업성취도 간에 대해서 부정적이거나 애매모호한 결과를 낳았다. 미묘한 상호작용의 영향들이 수많은 변인 간에 일어났을 것이다. 그러나 이러한 것을 완전히 찾아내지는 못했다. 사회경제적 지위는 이 분야의 수많은 연구에서 중요한 변인이 되고 있다.

양육방식의 효과

Shaw(1964)는 아이들의 독립에 대한 훈련에 있어서, 64명의 일반 성취아와 51명의 부진아들을 대상으로 부모의 태도를 보고한 바 있다. 대개 일반 성취아의 부모가 자녀들에게 요구를 할 때는 이러한 요구들이 특성상 구체적인 경향이 있다는 것을 발견하였다. 또한 부모들은 자녀들이 스스로 의사결정하는 법을 배우기를 원했고, 보다 어른처럼 행동하기를 바랐다. 부진아의 경우, 이들의 부모는 아이들이 자신의 권리를 보호하는 능력이 향상되기를 바랐다.

Davids와 Hainsworth(1967)는 청소년기의 일반 성취아들과 부진아들을 대상으로 그들이 지각한 양육자의 태도에 대해서 연구하였다. 부진아의 경우는 자신의 어머니를 보다 통제적으로 지각하는 경향이 있었으며, 일반 성취아들 또한 부진아의 어머니에 대한 지각의 태도를 보였다. 하지만 부진아와 어머니 간에는 일반 성취아와 어머니 간의 지각 차이보다 훨씬 큰 차이가 있는 것으로 나타났다.

Haider(1971)는 초등학교 3~5학년에 해당하는 33명의 영재 학생 어머니를 대상으로, 그들의 자녀양육의 실제를 같은 학년에 해당하는 학습부진 영재(gifted underachievment) 학생의 어머니와 비교하였다. 영재 학생의 어머니는 학습부진 영재 학생의 어머니보다 유아기 욕구지연을 보다 일찌감치 시도하였다. 학습부진 영재 학생의 어머니는 자녀들을 사회화시키는 과정에서 덜 효율적인 편이었다. 예를 들면, 칭찬을 별로 사용하지 않으며, 논리적이지 못하고, 보다 구체적인 보상을 주는 것으로 보고하였으며, 일반적 성취 학생의 어머니는 그 반대인 것으로 나타났다. 더욱이 Haider는 일반적 성취 학생의 어머니가 부진 학생의 어머니보다 자녀들에 대해서 보다 기꺼이 통제력을 행사하는 것으로 보고하였다. 통제력의 증가는 권력의 독재적인 사용을 의미하는 것이 아니라 오히려 통제력을 보다 권위 있게 사용하는 것이다. 학습부진 영재 학생의 어머니는 실제에서 보다 허용적인 경향이 있으며, 아이들에게 자녀양육에 대한 입장을 심어 주고 관리하는 데 있어서 다소 불확실한 것으로 나타났다. 예를 들면, 학습부진 영재 학생의 어머니는 규칙을 요구하는 데 있어서도 엄격하지 않거나 혹은 적시에 벌칙을 주지 못하는 경향이 있었다.

그 밖의 다른 연구들 역시 일반 성취아들과 부진아들의 부모들 간에 나타나는 자녀양육의 실제에서의 차이를 보다 확실하게 보여 준다. Whiting(1970)은 일반 성취아들의 부모들은 자녀양육의 실제에 대한 부모 간의 일치 정도가 부진아들의 경우보다 유의미하게 높은 것으로 보고하였다.

Rehberg, Sinclair와 Schafer(1970)는 청소년들의 성취와 부모의 사회화 패턴 및 실제 간의 관계를 연구하기 위해서 1,400명의 남자 신입생들을 대상으로 종단적인 정보 조사를 실시하였다. 조사 결과에 따르면 중산층 가족의 피험자들은 노동자계층 가족의 피험자들보다 고등교육에 대한 기대에 따르는 성취 경향을 보고하였다. 또한 보다 민주적이고 참여적인 원칙에 바탕을 둔 부자관계가 독재적인 관계보다 성취도를 높이는 데 도움이 되는 것으로 나타났다. 결론적으로, 이러한 결과는 일정한 자녀양육의 실제는 자녀의 보다 높은 성취 패턴과 관련이 있음을 지지하는 것이다.

끝으로, Elliott(1967)는 확대가족이 성취과정에 영향을 미칠지도 모른다는 점을 강조하였다. 그녀는 초등학교 4학년과 5학년에 다니는 아들을 둔 481개의 가족을 대상으로 자료를 비교하였다. 확대가족과 핵가족 사이에 자녀들의 특별한 성취도 수준에서의 차이는 없는 것으로 보고하였다. 이러한 결과들이 반복 검증될 수 있다는 점을 가정하면, 핵가족에서 자랐느냐 혹은 확대가족에서 자랐느냐 하는 것은 다른 변인들이 같다고 했을 때 궁극적으로 성취에는 거의 혹은 아무런 관계가 없다고 볼 수 있다.

전체적으로 Elliott는 일반 성취아와 부진아의 부모가 보고한 자녀양육의 실제에서 명확한 차이점을 발견하였다. 부진아의 부모들 간에는 아이들에게 기대하는 행동규준에 있어서 서로 의견 일치가 이루어지지 않았으며, 일반 성취아의 부모보다 자녀양육 실제에서 별로 확실하지 않은 편이었다. 또한 부진아들의 부모들은 그때그때 규칙을 적용하는 데 그다지 완고하지 못한 편이었다. 반면, 일반 성취아의 부모는 사회화 과정에서도 보다 효율적이었는데, 그들은 칭찬을 보다 많이 사용했고, 합리적이었으며, 이유를 밝힘으로써 추론적인 태도로 대했고, 구체적인 물질의 보상을 하지 않는 편이었다.

성별 효과

이 장의 이전 절에서, 우리는 문헌에서 보고된 바 있는 남성과 여성의 성취 패턴 간의 차이를 정리하였다. 성취 연구의 다른 영역에서와 마찬가지로, 성별 효과에 대한 초기의 많은 연구는 성차에 중점을 두지 않았거나 혹은 단순히 여성 피험자들을 제외한 채로 남자만을 피험자로 연구를 실시하였다. 여기에서는 성차가 어떻게 같은 가족 구성원들에게 영향을 미치는지만을 볼 것이다.

Koch(1954)는 두서넛 살 차이가 있는 경우, 남자 형제가 있는 아이들의 경우는 언어성 검사나 수량검사에서 여자 형제가 있는 아이들보다 점수가 높게 나타나는 것을 발견하였다. Schoonover(1959)는 또한 남자 형제가 있는 남아 및 여아 모두 지능검사와 성취도 검사에서 여자 형제가 있는 경우보다 높은 점수를 나타냄을 확인하였다. 이러한 결과들은 Altus(1962)의 연구 결과에 의해서 보다 확고해졌다.

그러나 이러한 초기의 연구 결과들은 나중에 Sutton-Smith와 Rosenberg(1970)에 의해서 문제시되었다. 이러한 연구자에 의해서 남자 형제가 있는 맏이가 수량 검사에서 점수가 높았으며, 여동생이 있는 아이의 경우는 언어성 검사에서 점수가 높게 나타남이 밝혀졌다. 여자는 남자에 비해 더욱 많은 영향을 받는 경향이 있다. Rosenberg와 Sutton-Smith(1966)에 의하면 두 아이가 있는 가족, 즉 여자 형제가 있는 여자는 남자 형제가 있는 여자보다 점수가 높은 것으로 나타냈다. 세 아이가 있는 가족의 경우, 두 명의 남자 형제가 있는 여자아이가 남자 형제와 여자 형제가 한 명씩 있는 남자아이보다 높은 점수를 나타냈다. 또 다른 연구에서 Rosenberg와 Sutton-Smith(1969)는 여자의 경우 여자 형제들의 나이가 비슷할 때 보다 성취도 수준이 높은 것으로 나타났다. 남자의 경우는 나이 차가 클수록 수행 점수가 높은 것으로 나타났다.

성격 특성에 대한 성차 연구에서 Sampson과 Hancock(1967)이 밝힌 바에 따르면, 오빠 혹은 여동생이 있을 경우 두 성 모두 성취욕구가 높은 것으로 나타났다. Hornbostel과 McCall(1980)은 또한 맏이인 남자와 여아는 그들이 동성의 형제가 있을 경우 성취도 점수가 높은 것으로 나타났다. 두 번째 아이의 경우는 성이 다를 경우 성취도 점수가 높은 것으로 나타났다. Rosenfeld(1966)는 성별 간에 복잡한 상호작용이 있으며, 형제순위, 검사 문항 등의 영향이 있는 것으로 보고하였다.

Granlund와 Knowles(1969)는 학업성취와 아들이 아버지와 동일시하는 정도 간의 관계를 조사하였다. 이전의 학업성취도와 지능검사 결과를 이용해서, 48명의 남학생을 일반 성취아와 부진아로 분류하였다. 그 결과, 벨 적응검사의 남성성과 여성성 점수에서 일반 남학생과 부진 남학생 간에는 상당한 차이가 있음을 발견하였다. Granlund와 Knowles(1969)는 결론적으로 남자 성역할 동일시는 학업성취와 관련이 있다고 보았다.

통제소에 관한 문헌 연구에서, Bar-Tal(1978)은 여자들의 경우는 남자들의 경우보다 외적인 통제를 하는 것으로 나타났으며, 또한 긍정적인 결과를 행운에 귀인하는 것으로 나타났다. 이러한 의미에서 남자들은 자신의 능력을 여자들보다 높게 평가하였으며, 특히 성공적인 상황에 있을 때는 더욱 그러한 것으로 나타났다.

Bank(1972)는 부진 여학생들이 가족 속에서 경험하는 개인적인 어려움에 대해서 기술하였다. 이러한 여학생들의 경우 학교에서도 성취 지향적인 방식으로 기능하도록 지지받지 못하였으며, 또한 자신의 성취가 개인적 의미의 안정이나 여성성에 미칠 영향에 대해서도 우려하였다. 그들은 자립적인 자아실현보다는 복종이나 동조에 의해서 성취하도록 격려받게 되는데, 이러한 기대는 일반적인 청소년들의 자립을 위한 노력과는 상충하는 것이다. 부진아들의 이러한 역할기대는 가족의 기대로부터 비록 간접적이지만 어느 정도의 불복종과 독립적인 것을 허용하는 것이다.

Manley(1977)는 아버지의 온정적인 태도와 적대적인 태도가 자녀들의 성취에 미치는 역할에 관한 연구물들을 살펴보았다. 전반적으로 어머니의 따뜻함과 약간의 적대감은 딸의 높은 성취 패턴에 관련된 것으로 나타났다. 반대로, 아들의 경우는 어머니의 양육적이고 온정적인 애정의 정도가 높을수록 높은 성취 패턴을 보이는 것으로 나타났다.

모든 연구에서 유의미한 성차가 나타난 것은 아니다. Stockard와 Wood(1984)는 고등학교 졸업 예정인 287명의 남학생과 283명의 여학생들을 대상으로 그들의 학습사를 연구하였다. 연구 결과, 학업이나 지적 요인과 무관한 요인들에 기인하는 심리학이나 교육학 분야에서의 보편적인 믿음, 즉 고등학교 생활에서 여자가 남자보다 부진하다는 믿음에 관해서는 아무런 증거도 발견해 내지 못했다.

전반적으로 특정 성차는 성취과정과 관련해서 보고된 바 있다. 성별이 미치는 영향은 가족 내에서의 남성과 여성의 비율과 성의 위계에 따라서 매우 달랐으며, 남자 혹은 여자 형제가 동생이며 손위냐 혹은 맏이가 남아냐 여아냐 그리고 그들의 동생의 위치 등에 따라서도 달라진다.

사회경제적 요인

상당량의 많은 연구에서 사회적 지위와 성취 패턴의 관계에 대한 연구가 보고된 바 있다. 여기서는 몇 가지 연구만을 소개하려고 한다.

Douvan(1956)은 사회계층과 성공을 위한 노력의 관계에 대해서 연구하였다. 6학년과 중학교 1학년에 재학 중인 60명의 학생을 대상으로 한 최근의 연구에서 Broderick과 Sewell(1985)에 따르면 하류 혹은 중간 계층의 학생들은 자신의 미래의 성공을 비슷한 요인에 귀인시켰다. 그러나 중류층 학생들은 실패를 보다 불안정하고 외적인 요인들에 귀인시키는 경향이 나타났다. 결론적으로, 하류계층 학생들은 실패를 외적인 요인에 덜 귀인시키는 것으로 볼 수 있다. 그들이 실패했을 경우, 그들은 자아존중감에 보다 많은 상처를 받아서 괴로워하며, 이들은 내적인 요인들을 보다 크게 관련시켰다.

Bazemore와 Noblit(1978)은 241명의 소년 범죄자 집단과 284명의 중산층 고등학교 상급생들을 대상으로 연구하여 유사한 결과를 보고하였다. 즉, 사회계층은 학업과 관련된 자아개념에만 강력하게 관련된다는 것이다.

많은 연구자가 사회적 여건과 태도가 성취와 교육에 어떻게 영향을 미치는지를 중점적으로 살펴보았다(Larkin, 1980; Levine, 1983). 이러한 연구자들은 중산층 학생들의 경우 성취도에 있어서 점차적이지만 명확하게 낮아지는 경향을 발견하였는데, 이는 지연된 만족보다는 즉각적인 만족과 자기 자신과의 관계에 초점을 두었기 때문이며, 아울러 경제적인 요소와 직업윤리에서의 중요한 변화들과도 관련이 있다.

많은 연구에서 인종 요인이 학업성취에 미치는 영향에 대해서도 연구된 바 있다. 여기서는 후반부에서 몇몇 연구를 바탕으로 교사와 학교가 성취 패턴에 미치는 영향을 정리하고자 한다. Ruhland와 Feld(1977)는 197명의 흑인/백인 초등학교 학생들을 대상으로 그들의 성취동기의 발달을 연구하였다. 자율적인 성취동기 수준에서는 유의미한 차이를 보이지 않았다. 하지만 흑인 아이들은 사회적 성취동기에서는 유의미하게 낮은 점수를 보여 주었다. 결론적으로, 이러한 결과는 문화적인 빈곤 요인보다는 교육 기회의 박탈에 의한 것임을 보여 주는 것으로 볼 수 있다.

Frankel(1964)은 29명의 남학생을 대상으로, 어머니의 취업 여부와 성취 수준의 관계를 살펴보기 위해 지적인 정도에 따라 짝을 맺어서 성취 수준이 높은 학생과 낮은 학생들을 살펴보았다. 각 쌍에서, 한 학생은 부진 학생이었으며, 나머지 학생은 일반적 성취 학생이었다. Frankel은 29명의 일반적 성취 학생의 어머니가 직업을 가지고 있는 경우가 부진 학생의 경우보다 상당히 적다고 보고했다. 그러나

McGillivray(1964)가 실시한 보다 피험자가 많은 조사 연구(235명)에서는 중학교 1학년에 다니는 일반적 성취 학생과 부진 학생의 부모의 취업 혹은 외부 활동에 있어서 차이가 없는 것으로 나타났다. 인종, 사회경제적 위치, 성취 간의 관계는 이 장의 후반부에서 제시될 것이다.

Etaugh(1974)는 문헌 개관에서 어머니의 취업은 딸에게는 학업성취와 무관한 것으로 나타났으며, 아들에게는 어머니의 취업이 관련이 없거나 혹은 부적 상관이 있는 것으로 나타났다고 보고했다. 이러한 영역의 연구에서 사회경제적 변인들은 너무나 자주 통제가 되지 않는다는 것에 대한 비판과 질문들이 제기되었다. 더욱이 몇몇 연구에서는 서로 다른 결론들이 나오게 됨으로써 어떤 확실한 결론을 내리기는 더욱 어렵다. 사회경제적 변인들이 성취과정과 인지적 발달과정에 중요하지만 단순하지만은 않은 역할을 한다는 점은, 많은 연구자에 의해서 지적되었다(Alwin & Thornton, 1984; Marjoribanks, 1981).

가족관계

Campbell(1952)은 학업성취에서 가족환경의 역할에 대해 연구했다. 100명의 고등학생에 대한 이 연구에서, 그는 대부분의 부진아가 건강하지 못한 열악한 환경적 배경의 가정 출신임을 보고했다. 많은 후속 연구에서는 가정환경에 대한 더 구체적인 질문이 제기되었다. Brantley(1969)는 부모가 별거하고 이혼한 129명의 청소년을 연구했다. 학생들은 품행문제 또는 불안과 우울을 보였으며, 이는 학업에서의 성취를 가로막는 요인으로 작용하였다. 또한 전문적인 조력을 통해 해당 학생들 가운데 많은 수가 도움을 받았으며, 이에 따라 가정의 해체가 학업성취에 미치는 영향력이 줄어들었다.

부모가 별거하고 이혼한 경우 또한 아이들의 학업성취 수준의 변화에 결정적이다. Ryker, Rogers와 Beaujard(1971)는 이혼 가정의 아이들에게 있어 부정적인 성취 결과에 대한 결정적 시기는 6세에서 10세 사이라는 것을 발견했다. Levin, Van Loon과 Spitler(1978)는 별거와 이혼의 상처가 시간이 흐르면서 영향이 줄어들기 때문에, 이러한 별거 가정 아이들의 성취 패턴은 교육과정의 어떤 시점에서는 다시 회복된다는 것을 발견하였다.

한부모 가족이 아이들의 학업성취에 어떤 영향을 미쳤는지에 대한 연구들이 많이 진행되었다. Bales(1955)는 이 분야에 대한 이전의 연구들이 표집이 작고 제한되어 있음을 비판하면서, 자신의 연구에서는 표집 대상을 미국 남부 시골 마을과 소도시에 사는 4,725명의 아이로 하였다. 그의 보고에 따르면, 사회경제적 요인을 통제할 경우, 양부모 가정과 한부모 가정 사이에 학업 및 성취에 대한 기대 수준에서 차이가 없었다.

Rolick(1965)은 부부관계의 질과 아이들의 학교 숙제에 대한 부모들의 관심과 개입이 어떤 관련이 있는지를 연구했다. 그는 4,963개의 가정에 대한 자료를 세 그룹(파경, 유지되지만 불행한 결혼, 유지되고 행복한 결혼)으로 나누었다. 그는 부모가 행복한 결혼생활을 하는 학생들의 경우에만 아이 숙제에 대한 부모의 관심/개입과 아이의 학업성취 사이에 유의미한 관계가 있다는 것을 발견했다.

Kinball(1953)은 사례 연구방법을 통해 20명의 학습부진 남자 청소년에 대한 연구 결과를 보고했다. 그녀는 이 학생들이 아버지와의 관계가 메마르다는 사실을 발견하였다. Tibbetts(1955)는 부진 남자 고등학생들과 그 부모들이 보통의 경우보다 통계적으로 가족관계에 대한 만족을 덜 표현한다는 것을 발견했다. 나아가, 부진 학생들의 부모는 아들에 대한 기대에 있어서 부부간에 보다 큰 불일치를 보였다. 부진 학생들은 부모를 기쁘게 해 주고 싶은 마음이 덜했으며, 자신을 가족과 동일시하는 경향도 더 적은 것으로 나타났다.

Sperry, Staver, Reiner와 Ulrich(1958)는 7명의 부진아의 사례를 통해 학습부진에 영향을 주는 가족 유형에 대한 연구를 실시하였다. 연구자들은 이 학생들이 학업부진을 통해 가족에 대한 의존성을 유지한다고 결론 내렸다. 가족들이 집밖에서 보여 주는 이미지와 가족의 성공을 위해 희생하고 양보해야 하는 유형 간의 차이가 각 가족에서 학습부진의 문제를 보이는 아동의 학습부진과 관련이 있는 것으로 나타났다.

Morrow와 Wilson(1961)은 두 집단, 즉 고등학교 일반 남학생과 부진 남학생 가족의 부모관계를 연구하였다. 두 집단의 사회경제적 지위, 나이, 지능 등의 중요 변인들을 일치시켰다. 전체적으로, 결과는 다음과 같았다. 부진아들의 부모는 활동이나 아이디어, 비밀을 아이들과 덜 공유했다. 그리고 아들의 학업성취에 대해 덜 허용적이고, 덜 상냥하며, 덜 북돋아 주었다. 이러한 연구 결과는 Shaw와

Dutton(1962)에 의해 확증되었는데, 부진아의 부모들은 아이들의 성적인 관심을 억누르는 경향이 있었다.

관련 연구에서 Peppin(1963)은 고성취아의 부모들이 부진아의 부모들에 비해 아이들을 더 잘 이해하고 수용한다는 것을 보고했다. 하지만 그는 고성취아 부모들 사이의 유사성이 있다는 Tibbetts의 연구 결과를 확증해 주지는 못했다. Shaw와 White(1965)는 고성취아들은 동성의 부모와 동일시하는 경향이 있다고 하였다.

Almeida(1968)는 가족의 특성에 대한 비교 연구에서 성취의 세 수준에 초점을 맞추었다. 이 연구에는 3학년 남학생 180명과 그 가족들이 참여했다. 부진 남학생들은 보통 학생들이나 과진 학생들에 비해, 아버지의 부정(父情)을 더 낮게 평가했다. 세 성취 수준 모두에서, 부모에 대한 학생들의 애정 검사 결과, 부모들 간의 점수에는 높은 상관관계가 존재하였다.

Rubin(1968a, 1968b)은 투사적 가족화 기법을 사용하여 초등학교 1학년 일반 학생들과 부진 학생들에서 가족 역동을 탐색했다. 그녀는 부진 남학생들이 정서적으로 불안한 모습으로 가족화 안에 자기를 그려 넣는다고 결론을 내렸는데, 이는 그들이 겪고 있는 정서적 어려움을 나타낸다.

집단치료와 부모 집단토의를 기초로 하여, Gurman(1970)은 학습부진 고등학생들과 그 부모들이 서로를 어떻게 지각하는지에 대해 연구했다. 이 학생들은 사회경제적 배경이 높고, 오티스 IQ로 잰 지능이 평균 수준과 우수한 수준 사이의 범위에 있었다. 이들은 성격 유형이 다양했고, 이들 중 많은 수가 이미 지역사회 및 경찰과 어려움을 겪고 있었다. 가족들은 미국 3대 종파를 반영했다.

Gurman은 집단토의에서 제기된 주요 주제들을 요약했다. 해당 자료들이 통계 형태가 아니고 주제 형태로 주어졌음에도 불구하고, 그들은 자신의 명쾌함과 날카로움에 놀랐다. 대부분의 부진아와 그 부모들은 '좋은 성적'의 의미에 대해 그리고 얼마나 많은, 어떤 종류의 중요성을 성적에 부여할 것인지에 대해 의견을 달리했다. 부진아들은 부모들이 교육의 질이 의문스러울 때조차 좋은 성적 자체에 보다 큰 관심이 있다고 인식했다. 부모들은 자녀의 전인적인 발달에 관심이 있다고 생각했기 때문에, 자신의 자녀가 그러한 결론을 내린 데 대해 당황했다. 갈등, 왜곡, 불일치 그리고 혼란의 주된 영역에는 학생의 자기결정, 일관성의 요구, 의미 있는 성인 역할 모델 그리고 보다 개방적이고 신뢰할 만한 방식으로 서로를 더 잘 알 수 있도록 부자간에 보다 자주 만나고자 하는 요구 등이 포함되었다.

Whiting(1970)은 서로 다른 부모의 기대가 성취 수준에 어떤 영향을 주는지 연구했다. 절반은 학습부진 아들과 절반은 보통 아들인 중간계층 52개 가정의 표본에서 Whiting은 일반 성취아들의 부모가 부진아들의 부모에 비해, 아주 어릴 때부터 아들에 대해 우수함을 기대하기 시작한다는 것을 발견했다. 또한 부진아들의 부모는 일반 성취아들의 부모에 비해 아이들의 숙제에 더 개입했다.

대학교 3학년 부진 남학생들의 부모는 성격이나 정의되지 않은 미래 목표로 자신의 자녀를 묘사하는 것과는 대조적으로, 일반 남학생의 부모는 학업능력과 구체적인 목표로 자신의 자녀를 묘사했다(Shore & Lieman, 1965). 질문지와 면접을 사용하여, Buck과 Austrin(1971)은 100명의 빈곤한 중학교 2학년 아프리카계 미국인 학생의 어머니가 아들에 대해 어떤 태도를 취하는지 살펴보았다. 일반 성취아의 어머니는 부진아의 어머니에 비해 자신의 아이를 더 유능하고 덜 부정적으로 평가했다.

모든 연구가 이러한 결과를 입증하지는 않는다. Schmidt(1972)는 일반 성취아들과 부진아들의 부모 모두가 자신의 자녀에게 갖는 소망이나 기대에는 차이가 없음을 보고하였다.

고등학교 시절 성적이 좋았던 학습부진 대학생에 대한 연구에서 Teicher(1972)는 가족관계 유형을 발견했다. 이 학생들은 부모에 대한 미해결 감정을 다루는 데 있어 우울하고, 고립되어 있으며, 수동 공격적인 것으로 나타났다. 또한 학생들은 어머니는 강하고 지배적인 반면, 아버지는 수동적이고 부자관계에서 거리감이 있다고 보고했다.

이러한 지각은 이들이 미해결 감정을 완화하고, 미충족 욕구를 충족시키기 위한 수단으로서 여자친구와의 애착 형성을 시도하는 결과를 가져왔다. Hendin(1972)은 부진 학생의 세 사례를 묘사하면서 Drews와 Teahan(1957)과 마찬가지로, 이와 같은 가족 관련 주제들을 제시하였다.

Greenberg와 Davidson(1972)은 초등학교 5학년 흑인 일반 성취아 및 부진아 각 80명에 대한 하류계층 부모의 태도를 연구하면서, 부진아의 부모들이 교육에 대해 별로 중요하게 생각하지 않고, 자기 아이들의 욕구가 뭔지 잘 모르며, 조금은 비이성적으로 기강을 잡는다는 것을 발견했다. 또한 그들의 가정은 일반 성취아들의 부모가 하는 것과 비교해 볼 때 구조와 질서의식이 약하다고 보고되었다. 표집 전반에서 대부분의 부진아는 낮은 사회경제적 범주에 있었지만, 아버지가 계신지 안 계신지, 어머니가 직장에 다니는지 집에 계시는지, 형제가 몇 명인지, 학교를 몇 개나 다녔는지, 탁아소나 유치원에 다녔는지 안 다녔는지 등에 대해서는 일반 성취아들과 부진아들 사이에 차이가 없었다.

Baker(1975)는 학습부진에 기여하는 주요한 가족 역동 요인이 최소한 세 가지 있다는 것을 보여 주었다. 부진아들은 경쟁, 특히 동성 부모와의 경쟁을 견뎌 내지 못하는 가정에서 중요한 기능을 할 수 있다. 또한 부진은 원만하지 못한 부부관계를 유지하는 한 방법일 수 있다. 즉, 아동은 부모들이 서로 간의 갈등에 직접 초점을 맞추기 못하게 하는 데 '문제'가 된다. 또한 아동은 자식의 성취와 독립에 은밀한 위협을 느끼거나 노여워하는 부모의 기대에 부응하기 위해 학습부진이 될 수 있다. 이러한 경우 아동은 부모에 대한 애착을 연장하고 유지하기 위해 부진이 되고, 독립성을 증가시킴으로써 부모를 위협하지 않는다.

Sperry, Staver, Reiner와 Ulrich(1958)는 부진아의 가족에 대한 연구에서 부진아들이 지나치게 부인(denial)을 사용함을 밝혔다. 부진아들은 부진한 학업 수행과 가족관계 문제에 대한 스스로의 감정을 부인하는 경향이 있다.

부진아들을 둔 세 가족의 사례를 연구한 Thiel과 Thiel(1977)은 특정한 인지 및 정서적 차원에서 부자간에 두드러진 차이를 발견했다.

학습부진에 대한 연구자들이 학습부진 남성만큼 여성에게는 관심을 집중하지 않았다. 이는 여성보다는 남성에 있어 부진을 더 큰 문제로 여기는 사회적 편견과도 부분적으로 관련이 있을 것이다. 예컨대, Block(1978)은 어머니들이 아버지들과 마찬가지로, 자신의 딸보다 아들에게 성취와 경쟁을 보다 강조하는 것을 발견했다. 그러나 부모들이 아들과 딸을 늘 다르게 다루는 것은 아니다(Fagot, 1976). Fels Institute에서 수행한 유명한 일련의 종단 연구에서 Hoffman(1972)은 딸의 경우 어머니의 보호와 성취 간에 부적 상관이 있는 반면, 아들의 경우 정적 상관이 있음을 밝혔다. 다시 말해, 동일한 어머니의 행동이 아들과 딸의 성취 패턴에 차별적인 영향을 미치는 것으로 보인다. 이 연구를 지지하면서, Crandall, Katkovsky와 Crandall(1965)은 초등학교 2~4학년 여학생에 있어 어머니의 과보호가 학업 수행의 저하와 관련됨을 밝혔다.

Nuttall 등(1976)은 이를 더욱 지지하는 연구를 발표했다. 그들은 성취동기가 높은 여학생들이 그렇지 않은 여학생들에 비해 부모님이 자신을 더 잘 수용한다고 보고했음을 밝혔다. 전체적으로 일반 성취아들은 부진아들과 비교했을 때, 가족관계의 질에서 차이가 났다. 부진아들은 아버지들이 수동적이고 거리가 있다고 느꼈으며, 어머니는 지배적이고 강하다고 했다. 이는 여타의 현존하는 증상과 심리적 문제에 관한 전문 보고서들에서 나타나는 패턴이다. 일반 성취아의 부모들은 보다 다정하고, 자녀에 대해 만족해하며, 격려를 아끼지 않고, 아이들의 숙제에는 덜 간섭한다. 일반 성취아들의 가족은 활동, 생각, 신뢰를 보다 많이 공유하는 것으로 묘사되었다.

여러 연구를 살펴볼 때, 부모와 자식 간 관계의 질이 유사한 경우 아동의 성별에 따라 학업성취에 차별적인 효과를 미치는 것으로 보인다.

다문화가족 비교 연구

Caudill과 De Vos(1956)는 342개의 일본계 미국인 가족의 사례를 통해 문화적 가치가 각각의 가족에게 역할과 학업성취에 관해 어떠한 영향을 미치는지, 이러한 것들이 성격 조절과 적응에 있어 각 학생을 통해 어떻게 표현되었는지를 참신하게 기술했다. 일반적인 미국 중산층의 가치와 일본계 미국인에게 지지되는 가치 간의 유사성 또한 강조되었다.

87개의 멕시코계 미국인 가족과 39개의 영국계 미국인 가족의 연구에서 Evans와 Anderson(1973)은 이전의 전형적인 가족들에 비해 멕시코계 미국인 가족이 교육의 중요성을 강조하고, 그들의 자녀에게 학업 면에서 잘 해내기를 더욱 격려한다는 것을 발견했다. 이 연구에서는 멕시코계 미국인 학생이 낮은 성취를 보이는 데는 가난의 영향이 크고, 이러한 학생들은 점진적으로 그들 자신의 능력에 대해 자신감을 잃게 되었으며, 미래 지향적이라기보다는 현재에 중점을 두는 것으로 보였다.

Evans와 Anderson 연구의 입증에 힘입어, McGuigan(1976)은 후속 연구를 하게 되었는데, 그는 멕시코계 미국인과 백인 학생들과 그들의 가족을 대상으로 사회경제적 면과 가치 차원을 비교 연구하였다. 그는 문화적인 집단에 상관없이 사회경제적 지위와 성취 간의 관계를 발견했다. 예를 들어, 아동의 부모가 전문직이거나 준전문직일 때 그 아동은 일반 성취아일 가능성이 높았다. 이것은 멕시코계 미국인과 백인 표집 모두에서 그러했다. 또한 멕시코계 미국인 학생이 백인 학생에 비해 가치적인 면에서 교사와 비슷하다고 보고했다.

인도에서 일반 성취아와 부진아 가족을 비교한 Chopra(1967)는 일반 성취아의 아버지들이 부진아의 아버지에 비해 교육 수준이 높고, 직업 면에서도 지위가 높다는 것을 발견했다. 일반 성취아들은 직업적인 면에서 높은 동기를 갖고 있었고, 이미 교육적으로 높은 목적과 구체적인 직업 계획을 갖고 있었다. 일반 성취아들은 부진아에 비해 가정에서 높은 지적인 자극을 받고 있었다.

Danessino와 Layman(1969)은 이탈리아 및 아일랜드의 성취 및 부진 남자 대학생 120명을 조사했다. 그들의 연구에서 일반적 성취 학생들은 부진 학생들보다 원래 가족의 가치를 덜 받아들이는 것으로 나타났다. 종교적인 이념에 대해서는 유의미한 차이가 없었다.

Yabuki(1971)는 일본에서 6개의 학습부진 사례를 연구했다. 부진아 유형은 일반적으로 억압이 주요 방어기제인 전통적인 신경증적 특징으로 설명되었다. 가족 역할, 개인의 성격구조, 이 밖의 다른 생활 변인들은 모두 최종적인 학습부진 발생에 관련이 되어 있었다. 외적인 동기화보다 내적인 동기화에 비중을 두고서 신경증적으로 나타나는 부진아를 도와주려고 노력하여 심리 발달이 촉진되었다.

Su(1976)는 대만에서 252명의 남녀 일반적 성취 중학생과 부진 중학생을 대상으로 가족의 인식을 조사하였다. 낮은 성취를 보이는 학생들은 그들의 부모님이 그들을 거부하고, 무시한다기보다는 사랑하지 않고, 존중하지 않는다고 인식했다. 일반적 성취 학생들은 그들의 부모가 칭찬을 많이 하며, 벌을 덜 주는 것으로 인식했다.

Ziv, Rimon과 Doni(1977)는 의미론적으로 변별적인 기법을 이용해서, 이스라엘에서 평균적인 및 영재 부진 중학교 2학년 학생을 대상으로 부모 지각과 학생 자아개념 간의 관계를 연구했다. 134명의 학생과 그들의 부모가 참가하였다. 일반 성취아의 어머니가 그들의 자녀에 대해 성취 수준을 낮게 평가한 평균 성취 표본을 제외하고는 부모가 성취, 부진, 영재 아동을 평가하는 데에서는 유의미한 차이가 없었다.

Osuala(1981)는 아프리카에서 부진아 가족에서 흔히 볼 수 있는 다소 가벼운 역기능을 강조했다. 부진아에서 볼 수 있는 주요 특징들은 동기, 주의, 자아개념, 자아존중감의 결여이다. 학교와 가정 간의 접촉은 역시 중요하였다.

종합하면, 비교문화 연구는 앞서 제시된 많은 연구 결과를 확인해 왔다. 부모의 직업과 종교적 선호도를 포함한 사회경제적 요인은 성취와 관련이 있는 것으로 보인다. 부진아와 일반 성취아는 부모와 아동 간의 상호작용에 대해 다르게 인식한다는 점에서 특정한 관계 변인 또한 확인되고 있다. 높은 성취에 대한 특정한 문화적 요구는 몇몇 학생에게 이러한 요구를 다루기 위한 특정한 성격 방어의 발달을 포함하여 특정한 방식으로 영향을 미쳤다.

가족이 성취에 미치는 영향에 대한 연구 문헌을 검토한 결과, 학업성취에서의 차이는 서로 상호작용하는 다양한 요인과 관련되고, 이러한 상호작용은 요인 군집에 따라 서로 다른 영향을 미치는 것으로 보인다. 이러한 요인들 간의 상호작용을 통해 각각의 아동을 위한 각기 다른 환경이 형성된다. 출생순서, 가족 규모, 나이차, 형제의 성별, 자녀양육 방식, 가족관계 모두는 지적 능력과 학업성취에 영향을 미칠 수 있다. 이러한 변인들은 결코 따로 해석될 수 없다. 해당 아동에서 관찰된 성취는 기질, 성격, 인지 능력, 광범위한 문화적 영향과 더불어 이러한 구조적 요인 간의 복잡한 상호작용에 의존한다.

다음에서는 또래 변인과 성취과정에 관한 연구들을 살펴보겠다.

◆ 또래 집단 변인과 학습부진

잠복기와 청소년기 학생의 삶에 있어 또래가 주는 영향을 고려할 때, 부진아와 일반 성취아 또래 집단에 관한 연구가 상대적으로 적었다는 것은 놀라운 일이다. 이전 연구 중의 하나에서 Keisler(1955)는 70명의 남자 고등학생과 54명의 여자 고등학생 부진아와 일반 성취아를 대상으로 또래 평가의 유사성과 차별성을 연구하였다. 그는 일반 성취아와 부진아 집단 간의 평가에서 부진아들이 인기가 없고, 학교를 좋아하지 않으며, 인내력이 없는 것으로 평가된다는 것을 알았다.

Morrow와 Wilson(1961)은 98명의 고등학교 남학생을 일반 성취아와 부진아 집단으로 나누어 연구하였다. 그 결과, 부진아들은 학교에 대해 부정적인 태도를 가지고 있고, 권위적인 인물에 맞서며, 흥분 수준이 높은 활동을 충동적으로 추구하는 경향이 높은 또래 집단과 어울렸다. 이러한 특징들은 이 책의 뒤에서 논의되는 부진의 유형의 하나인 품행장애 유형과 유사하고, Morrow와 Wilson의 집단에서 한 유형의 부진이 우세했을 가능성이 있다.

일리노이주 샴페인의 샴페인 지역단위 학교 특수서비스 부서(The Department of Special Services of the Champaign Community Unit Schools, 1961)는 부모의 양육 태도, 학생들의 자아개념, 사회성숙도 검사에서 유의미한 차이가 없음에도 불구하고 고성취아들은 부진아들에 비해 자신이 또래에 의해 훨씬 더 잘 수용되는 것으로 인식한다고 보고했다.

Powell과 Jourard(1963)는 대학에서 일반적 성취 학생들은 또래에게 자기를 드러내는 반면, 부진 학생들은 부모에게 자기를 드러낸다고 보고했다. Powell과 Jourard는 이러한 연구 결과가 일반적 성취 학생에 있어 더 성숙한 발달 수준, 더 큰 또래와의 관련 및 가족으로부터 해방을 반영한다고 해석했다.

Teigland, Winkler, Munger와 Kranzler(1966)에 따르면 성별에 관계없이 초등학교 4학년 일반 성취아들은 부진아들에 비해 또래들로부터 더욱 빈번하게 선택되었다. 또한 부진아들은 일반 성취아들에 비해 잘 적응하지 못하였다.

Sugarman(1967)은 15세 남자 청소년 540명의 연구에서 청소년이 또래와 관련될수록 학교를 덜 우호적으로 평가하고, 학업성취와 만족지연 점수가 더 낮으며, 교사는 학생의 행동을 더 낮게 평가함을 밝혔다. 그러나 Pathak(1972)은 또래에게 인기 있는 청소년이 또래에게 무시당하고, 거부되는 학생이나 또래로부터 소외당하는 학생과 비교해 볼 때 학업성취 수준이 높은 것을 발견했다. Farls(1967)는 평균 지적 능력을 가진 중급 학년 학생들을 대상으로 한 연구에서 성취 및 부진 학생들 간에 친구로서 또래에게 수용되는 데 있어서는 유의미한 차이가 없는 것을 발견하였다. 이러한 연구 결과는 학생의 성별에 관계없이 나타났다.

Seiden(1969)은 132명의 남자 고등학생과 109명의 여자 고등학생을 대상으로 연구하였다. 그녀는 일반 성취아 집단이 부진아 집단에 비해 학생회에 더욱 관여하는 경향을 나타냄을 밝혔다. 또한 일반 성취아들과 부진아들은 그들이 관여하는 취미와 홍미 유형에 있어 각각 유의미하게 다른 것으로 나타났다.

종합하면, 일반 성취아와 부진아의 또래관계에 대한 연구는 상대적으로 부족하다. 일반 성취아들이 또래에 의해 잘 수용된다는 것에 관한 몇몇 일치하는 연구가 있긴 하지만, 모든 연구가 이러한 사실을 입증하는 것은 아니다. 또한 부진아들은 학생회 활동에 덜 참여하는 경향이 있으며, 일반 성취아들과 다른 유형의 취미에 관여한다.

학교 영향과 학습부진

교사 변인과 학생 학업성취 간의 관계에 영향을 미친다고 알려진 많은 차원이 있다. 이러한 차원들은 교사와 학생 요인 모두를 포함한다. 이 절에서는 이러한 주요한 요인 각각에 대해서 다루게 될 것이다.

Rosenthal과 Jacobson(1968)에 의해 이루어진 최초의 연구는 교사의 기대 역할에 초점을 맞추었다. 그들은 '자기충족 예언(self-fulfilling prophecy)'의 개념을 교사의 역할에 초점을 두어 학급환경에 영향을 미치는 것으로 소개했다. 그들의 연구 결과는 학생에 대한 교사의 인식에 있어 심리적 태도(psychological set)의 역할을 강조했다.

Rosenthal과 Jacobson의 최초의 연구 결과에 대한 재연구들이 수없이 많다. Brophy와 Good(1974)은 교사가 학생에게 학업성취 기대에 따라 다르게 의사소통하는 과정을 연구하였다. 그들은 학급 상호작용 분석방법을 사용하였는데, 그들의 결과는 자기충족 예언의 개념을 지지했다. Kester와 Lethworth(1972) 역시 이 개념을 지지하는 연구를 했다. 그들은 실제로 평균적인 능력을 가진 특정 학생이 뛰어난 지적 능력을 갖고 있다는 정보를 들은 교사가 해당 학생들과 긍정적인 상호작용을 하고, 더욱 많은 시간을 보내는 경향을 보였다고 보고했다. Larsen과 Ehly(1978)는 이러한 자기충족 예언의 상호작용적인 면을 강조해 왔다. 그들은 교사의 기대가 중요한 역할을 하지만, 이는 대개 확실한 증거가 있을 때에만 그러하다고 주장했다.

Good과 Brophy(1977)는 학생에 대한 교사의 학업기대와 상관관계가 있는 교사 행동이 수없이 많다고 보고했다. 이는 낮은 성취를 이룬 아동을 다루기 위해 더 짧은 시간을 기다리고, 낮은 성취를 이룬 아동을 자주 칭찬하지 않으며, 높은 성취를 이룬 아동보다 낮은 성취를 이룬 아동에게 덜 요구하면서 낮은 성취를 이룬 아동에게는 자주 반응을 요구하지 않고, 낮은 성취를 이룬 아동이 교사로부터 더 먼 곳에 앉는 것 등을 포함한다. Rothburt, Dalfen과 Barrett(1971)은 교사는 학업기대가 높은 학생들에게 더 많은 관심을 가진다고 보고했다. 게다가 교사는 낮은 기대를 가진 학생에 대해 낮은 지적 능력을 지녔다고 판단하는 경향이 있었다.

실제 학급 교사 행동에 관해서 자기성취에 대한 교사의 기대 개념을 최근에 개관한 연구들에서는 학생에 대한 교사의 기대 영향을 강조하고 있다(Brophey, 1983; Cooper, 1979; Good, 1980; West & Anderson, 1976). 일반적으로 개관한 연구들을 살펴보면 교사의 기대가 학생의 학업 수행에 중요한 역할을 수행하기는 하지만 이러한 기대가 학생 수행의 가장 중요한 원천이라는 최초의 예상보다는 약하다는 것을 알 수 있다.

좀 더 최근의 연구는 '교사 기대(teacher's expectancy)'와 '교사 편견(teacher's bias)'으로 알려진 개념을 중요하게 구분하고 있다. Dusek(1975)은 다소 익살스럽게 '교사 편견'을 교사 기대에 관해 연구하는 동안 교사에게 고의적으로 잘못된 정보를 준 결과로서 형성된 자기충족 예언이라고 정의했다. '교사 기대'는 학급 상호작용에 대해서 교사가 관찰한 것에서 유래된 기대감이다. Dusek은 교사 기대의 영향에 비해 보급되고 있는 교사 편견 개념이 더욱 명료하지 않다고 믿었다. Finn, Gaier, Peng과 Banks(1975)는 앞의 개념들에 동의했고, 교사 기대의 상황적인 속성에 대해서 지적했다.

Cooper(1979), Good, Cooper와 Blakey(1980)는 현존하는 학생의 차이를 유지시키는 각기 다른 학생들에 대한 교사의 다른 행동과 이러한 차이를 증가시키거나 고양시키는 교사 행동 간의 차이에 주목하였다. 이 연구자들은 교사가 학생의 차이를 보상하기보다 유지시키려는 경향이 있지만, 교사가 일상적으로 이러한 학생의 차이를 증가시킨다는 개념을 지지하는 연구 결과는 거의 없다고 진술했다.

교사의 기대는 학생의 수행에 영향을 미치지만, 다른 요인들도 존재한다. 대부분의 인용된 연구는 관찰된 상황에서 실시된 것이라기보다 연구실이나 실험적인 상황에서 실시된 것이다. Borko, Cone, Russo와 Shavelson(1979), Brophy와 Good(1974)은 자연적으로 일어나는 학급 상황에서 대부분의 교사는 학급 상호작용, 학교 기록, 이전 교사로부터 얻은 덜 형식적인 정보에 기초해서 그들의 학생에 대해 꽤 정확한 지각을 갖게 된다고 밝혔다.

몇몇 연구는 학기 중의 특정 시점, 학생의 호감도, 그 학생의 학교 기록에서 누적된 정보, 인종과 사회계층, 성역할 행동 등 교사 기대에 영향을 주는 구체적인 변인들에 대해 밝히고 있다(Brophey & Everston, 1978; Dusek & Joseph, 1983). 예를 들어, Good, Cooper와 Blakey(1980)는 학기 초에는 교사가 시도하는 학생과의 접촉이 높은 반면, 학기가 지나면서 학생이 시도하는 교사와의 접촉이 증가한다는 것을 발견했다. 그러므로 학기가 시작되고 초기에 수집된 관찰 자료는 이후에 수집된 관찰 자료와는 다를 것이다. 초기에 수집된 자료는 학생을 사회화하려는 교사의 시도를 반영하고, 행동적 · 학문적 기대를 명확히 하는 것일 수 있다. 이후의 자료는 교사의 자기충족 예언을 반영할 수 있다.

Braun(1976)은 학생이 신체적으로 호감도가 높을수록 학생에 대한 교사의 기대가 더 높다고 보고했다. Salvia, Algozinne과 Sheare(1977)는 84명의 초등학교 4~6학년 백인 학생의 연구에서 비슷한 결과를 얻었다. Dusek와 Joseph(1983) 역시 신체에 대한 호감도와 교사의 높은 기대 간의 관계는 학업 수행에 대한 기대뿐만 아니라 사회적 · 성격적 속성에까지 영향을 미친다고 보고했다.

Peterson(1966)은 능력이 있는 학습부진 고등학생들에 관한 자료 정보가 학생에 대한 교사의 흥미에 영향을 줄 수 있는지, 또 결과적으로 더욱 생산적인 관계와 증가된 학업 수행을 이끌어 낼 수 있는지를 알아보기 위해서 실험 설계를 이용하였다. 총 585명의 능력이 뛰어난 고등학생과 학업 수행이 낮은 고등학생이 통제집단과 실험집단으로 나누어졌다. 사전 · 사후 검사는 GPA와 자아개념 및 태도 척도를 포함했다. 실험집단의 교사에게는 부진 학생들에 대한 자세한 정보를 제공했지만, 통제집단의 교사에게는 어떤 정보도 제공하지 않았다. 사용된 검사에서는 교사에 대해 이러한 유형의 자료 정보가 별로 영향력을 미치지 못한다는 것을 보여 주면서, 어떠한 변화도 나타나지 않았다. Peterson은 능력 있는 고등학생들의 낮은 학업성취는 아마도 더욱 영구적인 성격 구조와 역동에 이유가 있을 것이라고 결론을 내렸다.

그러나 Dusek와 Joseph(1983)는 어떤 학생의 학교 자료에 포함된 정보와 학생의 수행에 대한 교사 기대 간에 유의미한 정적 상관관계가 있음을 보고했다. 또한 Willis(1970)는 교사가 학생의 자료에서 단순히 정보를 뽑아내서 거기 포함된 자료를 받아들이지 않는다는 것을 이미 이전에 발견했다. 교사는 선택적으로 신뢰할 만한 근거로부터 그들이 판단한 정보만을 받아들였다.

또한 학생들에 대한 사회경제적 그리고 인종적 변인들과 관련된 교사 기대치가 드러났다. Wong(1980)은 사회경제적 지위(SES)는 고등학교 교사의 기대에는 별 다른 영향을 주지 않지만, 초등학교 교사의 기대에는 영향을 준다고 밝혔다. 또한 초등학교와 고등학교 교사들이 백인 학생들보다 유색인종 학생들이 더 열등할 것이라고 생각하는 경향이 있음을 밝혔다. 이는 Prieto와 Zucker(1980), Guttman과 Bar-Tal(1982)에 의해 확인된 바 있다. 또한 이후의 연구에 따르면 교사들이 학생들을 잘 알려고 할 때 이러한 차이점이 줄어든다고 한다.

Benz, Pfeiffer와 Newman(1981)은 교사 기대치와 관련해서 학생의 성별, 학년 그리고 성취도를 살펴보았다. 교사들은 성취도가 높은 학생들을 남성적인 그리고 양성적인 특성으로 분류하려고 했다. 반면, 그들은 부진아들을 '여성적인' 그리고 '특성이 없는' 부류로 분류했다. 학업성취에 대해서 교사들은 양성적인 학생들을 더 긍정적으로 인식한다는 Bem(1974)의 주장을 지지해 주었다. 이것은 또한 일반적으로 여학생들이 고등학교를 마치기까지 점차 학업성취도가 감소한다는 의견과 일치한다. 점차 떨어지는 여성들의 학업성취도는 아마도 여성들이 특정한 기대에 부응하면서 살아갈지 모른다는 성향을 지지해 주는 관찰로써 활용되어 왔을 것이다. 다시 말해, 대부분의 여성은 낮은 수준의 정도를 수행할 것이라고 여기기 때문에 그들이 여성적으로 분류되는지 모른다. 그러나 McKay(1985)에 의한 보다 최근의 연구는 그렇지 않음을 밝혔다.

연구된 다른 영역은 학생의 이름, 학생과 같은 학교에서 같은 교사에게 배운 형제자매가 있는지의 여부를 포함한다. 이름들 중에는 더 호감을 사는 이름(예: David, Karen)도 있고, 호감을 사지 못하는 이름(예: Elmo, Bertha)도 있다는 몇몇 증거가 있다(Harari & McDavid, 1973). 그러나 실제 교사의 기대와 이것을 관련시킨 연구 결과는 이것과 늘 일치하게 나온 것은 아니다. Seaver(1973)는 또한 똑같은 학교에 다니는 형이 있다는 것은 초등학교의 경우 동생에 대한 교사들의 특정한 기대를 불러일으킬 수 있다는 것을 알았다. 그러나 이러한 변인들이 교사의 기대에 지속적으로 영향을 미치는지는 의문의 여지가 있다.

요약하면, 학생의 신체적인 매력도, 학생 생활기록부, 사회경제적 지위, 인종적 특성, 수업 행동 그리고 학업 수행을 종합한 것은 학생의 학업 수행에 대한 교사의 기대에 영향을 끼친다.

학생의 특성에 대한 최근의 많은 연구는 성취도와 교사의 기대치와 관련된 일반적인 학생의 특성들을 고찰하였다. Weiner 등(1971)은 성취동기에 대한 귀인이론(attributional theory)을 통해 학업의 성공과 실패에 관련된 네 가지 요인을 제시하고 있다. 즉, 학생의 능력, 학교 과제에 학생이 들이는 노력의 양, 결과에 미치는 운, 학업의 난이도가 그것이다. Bar-Tal(1979)과 Feshbach(1969)는 교사의 마음을 끌거나 불쾌감을 주는 학생들의 속성들을 연구하였는데, 일반적으로 교사들은 꼼꼼하고, 말을 잘 들으며, 단정한 학생들을 더 선호하는 경향이 있는 것으로 나타났다. 반면, 융통성 있고, 허술하며, 단정치 못한 학생 집단은 그다지 좋아하지 않았다. 그러나 이러한 연구들이 단지 교생실습 중의 초등학교 교사들을 토대로 이루어졌기 때문에 일반화하기는 어렵다.

Weiner(1976)는 열심히 공부하는 학생들은 학교 숙제를 잘했을 때 더 큰 보상을 받는다는 것을 발견하였다. 이런 학생들이 실패했을 때에는 그것을 그다지 부정적으로 다루지 않았다. 또한 Weiner에 따르면 이러한 학생들이 기대에 못 미치는 수행을 보였을 때에 교사들은 그들이 능력이 없어서가 아니라 단지 노력을 기울이지 않았기 때문이라고 판단했다. Prawat, Byers와 Anderson(1983)은 교사들이 학생들의 성취 수준에 부정적인 영향을 미친 것에 대해서도 책임으로 느끼지만, 학생들에게 긍정적인 동기를 부여한 것에 대해서 더 많은 책임과 긍정적인 반응을 한다는 것을 발견하였다. 또한 이 연구자들에 따르면 교사들은 노력을 하지 않으면서도 항상 좋은 결과를 얻는 학생들에게 상당히 부정적인 반응을 보이고 있다. 교사들은 능력이 부족해 보이던 학생의 잠재력을 자신이 발견하고 이를 촉진시켜 학생이 열심히 노력해서 좋은 성취를 얻을 수 있게 되었을 때 보람을 가장 많이 느끼는 것으로 나타났다.

많은 연구가 학생의 성공과 관련된 교사의 특성을 고찰했다. 성취 정도를 가장 많이 촉진시키는 교사들은 효과적인 학급 관리(Brophy & Everston, 1978)와 교과 지도에 힘쓰며 높은 열정(Rosenshine, 1970)을 지니고 있는 것으로 알려졌다. Shavelson과 Stern(1981), Borko, Cone, Russo와 Shavelson(1979)의 연구에서는 몇 가지 차이점(예: 전통적인 믿음 대 진보적인 믿음)에도 불구하고 공통적으로 모든 교사가 기초 학업기술을 중요한 것으로 인식하고 있는 것으로 나타났다.

Samph(1974)는 직접적 교사 행동에 대비되는 간접적 교사 행동이 6학년 부진아들의 언어 기술 발달에 보다 많은 긍정적인 변화를 낳는다는 것을 알았다.

Thomas와 Chess(1977)는 아동의 기질이 부모와 자녀 간의 관계에 영향을 미치는 것처럼 학생의 기질이 교사와 학생 간의 관계에도 영향을 끼칠 것이라고 가정했다. Gordon과 Thomas(1967)는 교사들이 새로운 것을 가르칠 때 반응을 늦게 하는 학생들과 지나치게 조심스러운 학생들을 실제보다 덜 똑똑한 것으로 평가하려는 경향이 있음을 알았다. 이러한 연구자들은 학생의 기질에 대한 부정확한 교사의 인식이 학생의 수행에 영향을 끼칠 것이라고 보았다.

Himmel-Rossi와 Merrifield(1977)는 교사들이 공격적이며 거친 학생들과 불안을 많이 느끼는 학생들에게 똑같은 태도를 갖는다는 것을 발견하였다. 즉, 두 유형의 학생들 모두에게 직접적이고 충고하는 식의 접근법을 사용하려는 경향이 있었지만, 또한 불안을 많이 느끼는 학생에게는 격려를 더 많이 하는 경향이 있었다. 이것은 교사들이 학생들의 다양한 욕구를 어떻게 인지하느냐를 근거로 해서 다양한 유형의 학생들에게 다르게 반응하려는 것으로 나타난다. Iddiols(1985)는 이러한 결과를 지지했는데, 학생들의 성격이나 특성과 관련해서 특히 그러했다. 이 내용은 4장에서 보다 자세하게 다루어질 것이다. Sprinthall(1964)은 교사와 고등학생들의 가치관의 관계에 대해 연구하였는데, 교사와 고성취아들은 부진아들과 마찬가지로 가치관이 유사하였다.

실험 연구에서 Brandt와 Haden(1974)은 교사의 성별과 학생의 성취도의 관계에 대해 연구했다. 남녀 대학생 각각 48명은 학생을 가르치라고 요구를 받았다. 각각의 시범수업 상황에서 교사는 사전에 그 학생이 고성취아인지 혹은 부진아인지에 대해 들었다. 그러고 나서 교사들의 태도를 분석하였다. 이 연구자들은 시범수업 전에 결정된 성취 수준이 교사의 태도를 결정한다는 것을 알았다. 더 나아가, 그들은 남자 교사들이 부진아를 가르치는 것을 더 선호하였고, 여자 교사들은 고성취아를 가르치는 것을 선호한다는 것을 알았다. 하지만 이 연구는 실습생들을 대상으로 한 실험 연구이기 때문에 해석에 주의를 기울여야 한다.

많은 연구는 학생들의 성취 유형에 영향을 끼치는 학교환경과 사회·문화적 요인들에 초점을 맞추고 있다. Schneider, Glasheen과 Hadley(1979)는 대입 준비 고등학교(college preparatory high school)를 세 개의 공립 고등학교와 비교했다. 그들은 대입 준비 고등학교는 인지적인 성취를 강조하는 반면, 공립 고등학교는 출석을 강조한다는 것을 알았다. 이러한 차이가 학생의 성취도에 영향을 끼치는 것으로 나타났다.

많은 연구가 능력에 따라 집단별로 나누거나 분류하는 것이 학생의 성취도에 미치는 영향을 평가했다. 우열반을 나누는 것에 대한 논쟁은 끊이지 않고 있는데, 성취도에 영향을 미치는 요인에 대한 논의는 다음의 두 가지로 구분되어 있다. 하나는 다양한 또래의 영향에 초점을 두는 것이고, 다른 하나는 집단의 수준에 맞는 교수의 영향에 초점을 두는 것이다. Rowan과 Miracle(1983)은 148명의 초등학교 4학년 도시 학생을 대상으로 한 연구에서 초기의 성취 격차가 능력별 반 편성에 의해 더 벌어진다는 것을 발견하였다.

학교 규모 혹은 학교 위치 또한 학생의 성취도에 영향을 미치는 것으로 나타났다. 이러한 연구들에는 재정 및 교육적 자원의 활용, 교사 대 학생 비율과 같은 변인들이 포함되어 있다. 영국의 초기 연구(Lynn, 1959)에 따르면, 전반적으로 대규모 학교 출신의 학생들이 소규모 학교 출신의 학생들보다 성취도가 조금 더 좀 높았다. Bidwell과 Kasarda(1975)는 교사 대 학생의 비율이 높으면 높을수록 성취도가 낮아지며, 교사의 자격기준이 높으면 높을수록 학생의 성취도가 높아지는 경향이 있음을 알았다. 항상 그런 것은 아니지만 학교의 규모가 크다는 것은 학급의 규모가 크다는 것을 의미할 수 있다.

많은 연구자는 중류층 문화의 확대로 인해 공립학교가 평균 수준의 학생들의 요구에 맞추다 보니 평범한 사람만을 양성하게 되는 점을 비판하였다(Dodge, 1984; Hogan & Schroeder, 1980; Kozuch & Garrison, 1980; Levine, 1980; Rosenbaum, 1980).

마지막으로, Heyneman과 Loxley(1983)는 다양한 사회경제적 요인들과 성취도 간의 관계에 초점을 둔 독특한 연구를 수행하였다. 연구에 따르면 13~14세의 학생들을 비교해 볼 때 고소득 국가의 학생들에 비해 저소득 국가의 학생들이 실제로 배우는 것이 적었다. 흥미로운 것은 저소득 국가의 경우 사회경제적 지위가 성취도에는 별 영향을 끼치지 않지만, 학교와 교사 변인들은 더 큰 영향을 미친다는 것이다.

다음의 목록은 성취도와 관련된 학교 관련 요인들을 종합한 것들이다.

① 교사의 자기충족 예언
② 교사 기대 대 교사 편견
③ 교사의 학급 관리 형태
④ 학생 성별에 따른 교사의 성별
⑤ 이전에 나이 든 형제가 학교에 다녔는지의 여부와 교사 기대
⑥ 학기 중의 특정 시점
⑦ 학교의 사회심리적 문화
⑧ 학교 규모와 학군
⑨ 능력별 반 편성
⑩ 교사와 학생의 비율
⑪ 학생 생활기록부
⑫ 학생의 특성: 인종, 사회경제적 지위, 신체적 매력, 성별, 기질, 이름
⑬ 교육에 대한 더 큰 문화적 태도와 가치
⑭ 더 큰 사회의 경제적 발전 수준

일반적으로 지금까지 연구는 다음과 같이 요약할 수 있다.

① 교사들은 저일반적 성취 학생과 고일반적 성취 학생들에게 다르게 반응한다.
② 교사들은 학업적 기대가 높은 학생들에게 더 긍정적인 반응을 한다.
③ 교사들은 신체적으로 매력이 있는 학생들에게 더 긍정적으로 반응한다.
④ 교사들은 학교에서 제공하는 개별 학생에 대한 모든 자료를 신뢰하는 것이 아니라 선택적으로 신뢰하기 때문에, 자료에 대해 교사가 갖는 신뢰도가 자료의 활용에 중요한 영향을 미친다.
⑤ 교사들은 학생들의 사회경제적 지위와 인종적 특성에 따라 다른 반응을 한다. 그러나 이러한 다양한 반응은 교사들이 학생들을 좀 더 많이 알게 되면서 변화될 수 있다.
⑥ 양성적인 특성을 지닌 학생들은 교사들로부터 더 긍정적으로 받아들여진다.
⑦ 순응적이고 단정한 학생들은 교사들로부터 더 긍정적으로 인식되는 경향이 크다. 순응적이지 않고 단정치 못한 학생들은 훨씬 부정적으로 인식된다.

⑧ 교사들은 새로운 상황에서 위험을 두려워하지 않고 신속히 반응하는 학생들에게는 더 긍정적인 반응을 보이는 경향이 있다. 교사들은 새로운 상황에 신속하게 대응하지 못하고 늦게 반응하는 학생들에게는 더 부정적인 반응을 보인다.

⑨ 교사의 열정이나 학급 관리 능력과 같은 특징들은 성취도와 정적 상관이 있다.

⑩ 교사들은 노력을 하지 않지만 성적이 잘 나오는 학생들보다 능력 수준과는 상관없이 끝까지 많은 노력을 하는 학생들을 더 좋아한다.

이러한 모든 결과는 몇 가지 주의를 기울이고 받아들일 필요가 있다. 첫째, 초등학교와 고등학교에서의 연구 결과가 일치하지 않는 경우가 많다는 것이다. 둘째, 실험 연구인지 관찰 연구인지에 따라 그리고 연구 시점에 따라 결과가 달라질 수 있다는 것이다.

중다요인 연구와 학습부진

많은 연구자가 성격, 가족, 또래 변인과 학습부진과 같이 한 차원에만 초점을 맞추기보다는 중다요인 접근을 취해 많은 변인을 동시에 연구했다. Fransen(1948)은 성격, 동기 등과 같은 특성들을 학습부진에 주요한 영향을 미치는 요인으로 강조하였으며, 지적 능력에 대해서는 그다지 강조점을 두지 않았다. Abrams(1949)와 Aguilera(1954)는 Fransen의 견해를 지지하였는데, 즉 부진에 대해서 심리적, 정신역동적, 신체적, 학교 관련 변인 등과 같은 다양한 원인을 강조하였다. 수많은 중다요인 연구 결과가 초등학교, 중학교, 고등학교, 대학교 수준에서 보고되었다.

Asbury(1974)는 취학 전 성취에 대한 연구 결과들을 종합하면서 결론적으로 대부분의 연구가 상호작용하는 개념들을 통합하지 못했다고 보았다. 즉, 대부분의 연구는 인지적 혹은 비인지적으로 기여하는 요인들에 대해서만 중점을 두고 이들 간의 상호작용에 대해서는 강조하지 않았다는 것이다.

Sutton(1961)은 초등학교 5학년생들을 대상으로 학습사(academic histories), 자기

보고, 성격검사, 행동관찰, 친구들과 교사들의 평가들을 연구하였다. 연구를 통해 부진이 기본적인 능력이나 동기 부족, 긍정적인 정서적 관여의 결여 등과 관련되어 있음이 밝혀졌다.

Norman, Clark와 Bessemer(1962)는 초등학교 6학년을 대상으로 성취 수준이 높은 집단과 부진 집단의 차이를 연구하였다. 이들 두 집단은 연령, 성, 언어, 성취도 검사, 지능검사 등에서 상당한 차이를 보였다.

Ruckhaber(1967)는 보통의 능력을 가지고 있지만 높은 성취를 보이는 초등학교 4학년 학생들과 낮은 성취를 보이는 4학년 학생들을 연구하였다. 높은 성취를 보이는 학생들은 성취에 대한 욕구, 학습참여도, 학습 습관, 학업에 대한 포부(aspiration) 및 기대, 자아개념, 또래 수용도에 있어서도 상당히 높은 점수를 보였다. 그들은 또한 자기 자신을 적응적으로 평가하였다. Ruckhaber는 복잡한 통계 분석을 통해 이러한 패턴이 성취 수준과 관련되어 있다는 것을 발견하였다. 결론적으로, 일반적 성취 집단에서 공통 요인이 더 많이 존재하지만, 부진 집단은 이질적인 요인이 더 많은 것으로 나타났다.

Helfenbein(1970)은 교사의 판단, 수학과 읽기 검사에서의 수행 결과, 교사의 판단과 검사 수행 편차의 조합이라는 세 가지 준거로 초등학교 5학년인 120명의 남학생과 99명의 여학생을 범주화하였다. 그는 연구에 표집된 부진아들이 상당히 이질적이고, 여학생보다는 남학생 부진아가 더 많으며, 교사의 판단만을 기준으로 한다면 훨씬 더 많은 남학생들이 부진아로 분류될 수 있음을 발견하였다. 일반적으로 부진아들은 불안검사에서 높은 점수를 받게 되는데, 특히 부진 여학생들의 경우 불안 점수가 가장 높게 나타났다. 그는 부진아들에게 정서적 문제를 덜어 주게 되면 부진을 개선할 수 있을 것이라고 하였다.

Janes(1971)는 168명의 초등학교 6학년 남학생과 여학생들을 대상으로, 교사, 부모, 학생들의 지각, 포부, 기대 등을 연구하였다. 그는 표본을 일반 성취아, 부진아, 고성취아 집단으로 분류하고 다시 낮은 능력, 평균 능력, 높은 능력 집단으로 하위 분류를 하였다. 이 학생들의 자기지각에서는 성별에 따른 유의미한 차이가 없는 것으로 나타났다. 그러나 부진아들의 경우는 포부, 기대, 동기 수준 면에서 일반적 성취 집단이나 고성취아 집단보다 낮은 것으로 나타났다. 또한 그는 부진아 집단과 고성취아 집단 간 차이가 일반적 성취 집단과 부진아 집단 간의 차이 혹은 일반적 성취 집단과 고성취아 집단 간의 차이보다 훨씬 큰 것을 발견하였다.

Hirsch와 Costello(1970)는 23명의 성취 및 부진 남아 및 여아를 대상으로 한 연구에서 투사검사, 성취도 검사, 학업 수행을 이용하였다. 부진아들의 가장 두드러진 특징은 자아개념 점수와 정신건강 전문가가 평가한 대인관계 점수에서 나타났다.

Gordon(1976)은 인종이나 사회계층이 학습부진에 미치는 영향을 검토해 보았다. 피험자는 시카고 지역의 초등학교 5~6학년 흑인과 백인 학생 1,102명이었으며, 이들 대부분은 중류층 혹은 하류층 출신이었다. IQ를 통제한 결과, 과진과 부진이 인종 및 사회계층 모두와 관련됨을 발견하였다.

또한 이러한 중다요인 연구가 중학교나 고등학교 학생들을 대상으로도 이루어졌다. Carwise(1968)는 흑인 중학생들을 대상으로 고성취아와 부진아들의 포부, 태도, 성취 등을 연구하였다. 그는 이들 각 집단을 다시 낮은 능력, 평균 능력, 높은 능력 집단으로 분류하였다. 그는 고성취아들이 가장 좋은 점수를 나타냈으며, 능력 수준에 따라서 상당한 태도의 차이가 있음을 보고하였다. 사회경제적 수준이 낮은 흑인 학생들도 미국 주류 문화에 속하는 학생들과 비슷한 수준의 교육적 포부를 갖고 있었다. 고성취아들의 경우는 높은 학문적 포부와 보다 긍정적인 태도를 갖고 있는 경향이 있었다. 일반적으로 학교에 대해 보이는 학생들의 태도가 부모들의 태도보다 학업성취에 더욱 많은 영향을 미치기는 하지만, 부모의 태도 역시 마찬가지 결과를 보였다.

Abicht(1976)는 흑인 학생들에게 다소 미묘하기는 하지만 환경적인 요인들이 미치는 영향에 대해 언급하였다. 그녀는 자주 논의되는 변인들로서 성취동기, 기대, 만족지연의 문제, 언어와 방언 간의 차이, 자립의 문제, 훈육의 문제 등을 강조하였다. 그녀는 특히 흑인 아동들에게 있어서 사회경제적 요인이나 인종적 요인들은 그들의 학업적 차이를 영구적으로 만드는 요인이라고 지적하였다. 주로 백인 아동들을 대상으로 표준화된 지능검사를 사용하는 문제, 학교에서 지속적으로 백인 중산층의 가치와 역할 모델만을 강조하는 것, 백인들이 가지고 있는 '해체된' 흑인 가족 특성에 대한 고정된 생각 등은 사회경제적 요인들이 어떻게 흑인 학생들의 학습부진을 유지시키는지를 보여 주는 것들이다.

Murray와 Jackson(1982)은 조건화된 실패모델(conditioned failure model)을 통해

서 흑인 학생들의 학습부진을 이해하고자 하였다. 이 모델은 다섯 개의 주요 영역으로 구성되어 있다.

① (흑인 학생들의 능력에 대한) 사회적 추론
② (흑인 학생들의 수행에 대한) 기대
③ (실제 수행에 대한) 인과관계 판단
④ (성취에 대한 평가절하) 정서
⑤ (흑인 학생들의 수행에 미치는) 행동적 효과

이러한 연구자들은 흑인 학생들이 대개 학업성취에 대해서 기대를 받지 않기 때문에 그들이 높은 성취를 보였을 때 교사들은 그것을 능력에 귀인하기보다는 다른 요인들 때문인 것으로 인식한다고 가정했다. 반면, 교사들은 흑인 학생들의 낮은 학업성취를 능력 때문인 것으로 지각하는 경향이 있었다. 결과적으로 이러한 기대를 가진 교사가 높은 성취를 보이는 흑인 학생들을 대할 때는 성취에 대한 평가절하나 긴장이 나타나게 되는 것이다. 흑인 학생들은 학업적 성공에 대해서도 교사로부터 보상받지 못할 가능성이 크며, 이러한 교사의 기대로 인해 학습부진이 나타나는 악순환을 낳게 된다.

Thornton(1975)은 44명의 중학교 1학년 일반 성취아와 부진아를 대상으로 학생과 교사, 부모의 태도를 조사하였다. 부진아들은 학교에 대한 태도 측면에서 일반 성취아나 혹은 교육가능 지적장애아들과 차이를 보이지 않았다. 그러나 교사들은 이 세 집단에 대해 서로 다른 태도 차이를 보고하였다. 또한 이 세 집단 간에는 부모들의 학교에 대한 태도에서도 차이가 발견되지 않았다.

중학생의 성격 요인 연구에서 Behrens와 Vernon(1978)은 292명의 캐나다 중학교 1학년 학생을 대상으로 고성취아와 부진아들을 구분하기 위해서 적성검사, 성취도 검사, 성격검사 등을 실시하였다. 이들은 능력과 성격 요인들이 성차를 포함해서 상당한 상관이 있음을 발견하였다. 또한 그들은 수학과 영어 성취준거의 예측변인으로서 지능과 성격 변인 간 다중 상관을 사용하였다. 그들은 성격 변인의 베타 값이 작고 일관적이지 않음을 밝혔다.

Sontakey(1975)는 질문지, 교사의 평가, 면접을 이용해서 11~16세의 남학생들을 대상으로 일반 성취아와 부진아들의 학습 습관, 정서적 적응, 자아개념, 만족 수준, 신체적 건강 정도 등을 조사하였다. 일반 성취아들은 보다 효과적인 학습 습관을 가지고 있으며, 정서적 적응도 보다 높은 것으로 나타났으나, 부진아들은 자아개념도 명확하지 않았으며 자신들의 학습 진도에 대해서 그다지 만족스러워하지 않는 것으로 보고하였다. 일반 성취아들은 또한 협조적이고 사교적인 것으로 평가된 반면, 부진아들의 경우는 건강검사 결과도 나쁜 것으로 나타났다.

Compton(1982)은 초기 청소년기 영재아에 관한 글에서 이 연령 집단에서 나타날 수 있는 학습부진의 수많은 원인을 강조하였는데, 그 원인에는 두뇌의 성장, 영양상태, 친구들의 영향, 가족문제, 교육과정의 지루함, 소진 등이 포함된다.

가장 먼저 이루어진 중다요인 연구의 하나인 Ratchick(1953)의 연구는 고등학교 수준에서의 학습부진은 학교, 환경, 성격 특성 때문임을 가정하였다. 그는 IQ를 기준으로 26명의 학생을 두 개의 집단으로 구분하였다. 한 집단은 부진아 집단이었으며, 두 번째 집단은 일반 성취아 집단이었다. 읽기 기술과 학업성취, 직업적 선호도, 성격 특성들을 측정하였고, 다양한 검사를 통해 이 두 집단 간의 차이를 발견하고자 하였다. 하지만 단 한 가지 요인만이 지속적으로 이 모든 부진아들과 관련된 것은 아니었다. 다시 말해서, 어떤 변인들은 부진아와 일반 성취아를 구별해주지만, 부진아 집단 내에서조차도 다양성이 존재한다는 것이다.

Kemp(1955)는 50명의 영국 중학생을 표집하여 42가지의 환경적 변인과 학생 변인 간의 관계를 연구하였다. 학급 규모가 작고, 동기 수준이 높으며, 지능이 높고, 사회경제적 지위가 보다 높은 경우는 복합적으로 성취 수준 역시 높을 것임을 예언하게 된다.

Reed(1955)는 명문 사립 고등학교 학생들을 대상으로 학습부진 및 과진과 관련된 특성들을 밝히고자 하였다. 지능, 읽기 기술, 직업적 선호도, 정신건강 검사, 학생과 교사의 평가 등을 사용하였다. 연구 결과, 고성취아들의 경우 남학생과 여학생의 비율이 1:2였으며, 부진아의 경우는 그 반대였다. 고성취아들은 심리적인 부담을 민감하게 지각하고 있었으며, 교사들은 그들의 학교 활동을 높이 평가했다. 반면에, 부진아들의 경우는 그 반대인 것으로 나타났다. 결국 일반 성취아들은 성취 수준 면에서 양극단의 특성을 보이는 집단 사이에 있게 되는 것이다. Sarnoff와 Raphael(1955)은 실패하고 있는 대학교 신입생 5명을 대상으로 한 사례 연구에서 유사한 결과를 보고하였다. 이러한 학생들은 자신이 정한 목표에 대해서도 동기 수준이 낮았으며, 인생에 대한 태도나 전반적인 조망 능력이 미성숙한 편이었다. 또한 학습 습관 역시 대학 수준에 있는 학생들에 비해서 나쁜 편이었다.

Phelps(1957)는 200명의 고등학교 학생을 대상으로 다양한 영역에 대한 유사한 연구 결과를 보고하였다. 이 연구에서는 점수 수준과 성별을 고려해서 각각 100명씩 두 집단으로 구분하였다. 부진아들은 대가족 출신이 많고, 학교 활동 참가율이 낮으며, 결석이 잦은 특징을 보였지만 개인적인 문제는 거의 없는 것으로 나타났다.

Jackson과 Clark(1958)은 120명의 부진 학생들을 연구하였는데, 이들을 보통의 통제집단과 비교하였다. 이들 120명의 부진아들은 도둑질하다가 현장에서 들킨 경험이 있으며, 이들 두 집단은 지적 능력 면에서 동등했다. 통제집단과 비교했을 때, 반사회적 집단의 경우 일반 성취아들보다 부진아의 수가 상당히 더 많은 것으로 나타났다. 또한 그들은 성격적으로도 부적응적인 면이 훨씬 많았으며, 대도시 출신이 많았다. 그리고 여자보다는 남성의 경우 이러한 경향성이 더 크게 나타났다. 이 연구는 도벽과 같은 특정한 행동을 밝힌 몇 안 되는 초기 연구의 하나이며, 나중에 집단 내에서 부진아들의 특성들을 조사한 것이다. 이 집단의 부진아들은 문헌에서 보고된 다른 부진아 집단보다 더 동질적일 가능성이 높다.

고등학교 1학년과 2학년인 224명의 일반 성취아와 부진아들을 대상으로 한 연구에서 Chapman(1959)은 이전의 몇몇 연구 결과를 확인하였다. 부진아들은 남자가 많았고, 학업 성적이 나쁜 편이었고, 학습 습관 역시 좋지 못했으며, 공부에 대한 흥미가 별로 없는 편이었다. 더욱이 이들은 공부와 관련 없는 취미 활동에 많은 시간을 할애하였으며, 특히 개별적인 교습을 별로 받지 않았으며, 부모들이 전문직을 갖고 있거나 자기 사업을 하는 경우가 적었다. 또한 부진아들이 자신의 성격에 대해 내리는 평가는 교사의 그것과 더 많이 일치하였다.

Easton(1959)은 앞과 같은 결과들을 지적으로 우수한 능력을 지닌 고등학교 일반적 성취 학생 20명과 고등학교 부진 학생 20명을 대상으로 한 연구에서 지지하였다. 그녀는 부진 학생들이 부모와의 관계에서 만족도가 낮았으며, 보다 자기중심적이며, 성취동기가 낮다는 것을 발견하였다.

Frankel(1960)은 50명의 높은 성취를 보이는 남학생을 50명의 부진 남학생과 비교 연구하였다. 부진아 부모는 사회경제적 수준이 낮은 직업군에 많이 속해 있었으며, 수학이나 언어적 태도 측면에서도 낮은 점수를 보였다. 부진아들은 기계적이거나 예술적인 영역에 흥미를 많이 보이는 반면, 일반 성취아들은 수학이나 과학에 높은 흥미를 보였다. 부진아들은 학교에 대해서 더 부정적인 태도를 보였으며, 운동이나 사교적 활동에 보다 많은 시간을 보냈다. Carter(1961)의 연구에서도 유사한 결과가 나왔는데, 일반 성취아들은 학교에서 행복감을 더 많이 보고하였으며, 보다 자기확신적이었으며, 지적으로도 호기심이 많았고, 학습 습관 역시 더 좋은 것으로 나타났다.

Forrest(1966)는 학습부진 고등학생들의 대학에서의 유급률을 조사하기 위해 그들의 학습사를 추적했다. 이 연구는 총 45명의 남학생을 대상으로 하였으며, 고등학교 및 대학교의 GPAs, 능력 및 직업 검사, 학교와 가정의 배경 정보를 활용했다. 대학에서의 1～3학기에는 유급률에 큰 차이를 보이지 않았으나 2년 뒤에는 일반적 성취 학생들에 비해 부진 학생들이 훨씬 더 많이 유급되는 것을 발견하였다. 또한 Forrest는 부진 고등학생들은 대학에 가서도 부진이 계속된다는 것을 발견했다. 부진 학생들은 하나의 직업척도(Real Estate Salesman Scale)에서 유의미하게 높은 점수가 나오는 경향이 있었고, 일반적 성취 학생들은 Physical Science Teacher Scale 점수가 의미 있게 높았다. 고등학교 졸업 시의 학급 규모에서 부진아와 일반 성취아 사이에 차이가 났으며, 부진아 중에서도 유급되지 않고 대학에 남아 있는 부진 대학생들은 학급의 크기가 작은 고등학교 출신이 많았다.

De Leon(1970)은 고등학생들의 학습부진과 개인적 · 사회적 난관이 어떤 관련이 있는지 연구했다. 그녀의 결론에 의하면 부진 학생들의 적응문제 유형은 일반적 성취 고등학생들의 그것과 다르지 않았다. 하지만 적응문제의 수가 달랐다. 부진 고등학생들은 자아개념이 성취 고등학생들보다 떨어지고 가족 및 또래 관계에 대해 더 불만족스러워했다. 그녀는 이러한 요인들이 학습부진의 원인이 된다고 주장했다.

Bender와 Ruiz(1974) 또한 인종 및 사회계층이 부진과 어떤 관련이 있는지 연구했다. 176명의 하류층 및 중산층 멕시코계 및 영국계 미국인 초등학교 2학년 학생들이 연구에 참여했다. 성취 수준을 고려할 때, 학업에 대한 포부 그리고 자신의 환경과 사회계층을 효과적으로 통제할 수 있는 스스로의 능력에 대한 믿음의 강도가 결정적인 요인이었다.

Dhaliwal과 Saini(1975)는 공부 습관, 동기의 유형과 수준, 개인적 적응 수준 그리고 안전감에서 고성취 고등학생들이 부진 고등학생들과 다르다는 결론을 내렸다.

Gadzella와 Fournet(1976)은 수업 중의 학습, 공부 습관과 공부에 대한 태도, 또래와의 관계, 교사와 학생 간의 관계 그리고 육체적 · 정서적 욕구 등에 있어서 일반 성취아들과 부진아들 사이에 공통점과 차이점을 조사했다. 그들은 이 다섯 가지 전 영역에 걸쳐 유의미한 상호작용 효과를 밝혔다.

Schaefer(1977)는 낮은 동기에 대해 자주 제기되는 질문에 초점을 맞추어 내적 · 외적 동기의 구인을 고려할 필요가 있다고 강조했다. 학습부진에 대해 가장 효과적인 치료적 접근은 보통 내적 · 외적 동기 요인에 대한 초점을 통합하고, 부모, 교사, 부진 학생들을 다 참여시키는 것이다.

Fitzpatrick(1978)은 고등학교 1학년 성취 및 부진 여학생들의 학습사를 연구했다. 부진 학생들은 초등학교 6학년 때 GPA가 눈에 띄게 떨어지기 시작했다. 또한 일반적 성취 학생들과 달리, 타율성과 태도 요인이 수학 성적뿐만 아니라 고등학교 성적과도 관련되어 있는 것을 발견하였다. 부진 집단의 여학생들과 비교했을 때, 일반적 성취 집단의 여학생들은 덜 타율적이고 자신의 삶에 대해 보다 큰 통제감을 느끼고 있었다.

Agarwal(1977a, 1977b)은 인도의 고등학교에서 180명의 부진아와 220명의 고성취아를 연구했다. 표본은 다시 시골과 도시 지역 출신으로 세분되었다. Agarwal은 사회경제적 지위와 가족 및 개인의 가치, 성격 요인과 성적에 초점을 맞추었다. 학생의 성격과 가치, 사회경제적 지위 및 부모의 가치는 부진아와 고성취아 집단 사이에 유의미한 차이가 있었고 시골과 도시 학생 사이에서도 차이가 나타났다. Saxena(1978) 또한 인도 고등학교에서 530명의 부진아 및 고성취아를 연구했는데, 부진아들이 가정, 건강, 학교 영역에서 적응 정도가 낮은 것으로 나타났다. 또한 Srivastava(1977)는 인도에서 같은 연구 결과를 보고했다. Srivastava는 공부 습관, 적응, 읽기, 동기, 가정 및 학교 문제, 사회경제적 요인, 놀이 변인들에 초점을 맞추었다.

Topol과 Reznikoff(1979)는 성공에 대한 두려움과 교육 및 진로 목표 그리고 여성 역할의 개념화에 초점을 두고 각각 16명의 학습부진 및 과진 여고생들을 연구했다. 부진 여학생들은 훨씬 낮은 교육목표와 시대에 뒤떨어진 진로 포부를 나타냈다. 또한 이들은 진로목표를 실현하기 위해 별로 노력하지 않았다.

Pirozzo(1982)는 학습부진 영재아들이 겪는 특별한 어려움에 주목하여, 이들의 심리적 · 가정적 · 문화적 특성을 요약했다. 그의 결론에 따르면 학생 개인이 적응에 어려움을 겪고 있거나 학교에서 영재들을 위한 학업 프로그램을 마련하지 못하고 있어 영재아들의 학습부진이 발생한다는 것이다. 그는 이 두 가지 원인을 다 고려하는 치료 프로그램을 제안했다.

대학 수준에서 이루어진 몇 개의 중다요인 연구도 있다. 지능검사, 성취검사 또는 고등학교 GPA를 요인으로 한 연구들이 학업성취를 제대로 설명하지 못한다는 점에 착안한 Borow(1946a, 1946b)는 학교와 진로에 대한 동기에 초점을 맞출 것을 제안했다. 그는 시간 관리, 공부 습관, 과외 활동, 취업, 건강 등이 지능보다 훨씬 강력한 매개요인라고 주장했다.

Diener(1957)는 74명의 과진 대학생과 64명의 부진 대학생의 적성, GPA, 읽기 기술, 언어 표현, 고등학교 GPA, 나이, 주당 공부 시간, 과외 활동, 학교 출석, 주거 유형을 비교했는데, 이들 변인의 대부분에서 두 집단 사이에 유의미한 차이가 없었다. 부진 대학생들의 직업 흥미가 예술 쪽으로 치우친 경향이 있는 한편, 과진 대학생 집단은 공부 습관이 보다 효율적이고 조직적이었다.

Nagaraja(1972)는 학습부진 대학생들의 개인사 네 사례를 통해 사회, 가족, 문화, 개인, 지능 등의 측면에서 학습부진의 원인을 연구했다. 결론은 가족에 반항하는 것이 주된 원인이라는 것이었다.

Lowman과 Spuck(1975)은 하류층 멕시코계 미국인 대학교 1학년 학생을 대상으로 기존과는 다른 학업성취 예측변인을 연구했다. 연구를 통해 SAT 점수와 고등학교 GPA보다는 가족의 수입, 영어 구사 능력, 고등학교에서의 학습부진, 일반 전형에서의 대학 실패 경험 등이 대학에서의 성공에 대한 보다 나은 예측변인임이 밝혀졌다.

Robyak와 Downey(1979)는 27명의 학습부진 대학생과 38명의 일반 대학생의 학업 기술과 성격 변인이 어떻게 다른지 고찰하였다. 일반적 성취 학생 집단은 부진 학생 집단에 비해 학업 기술을 훨씬 잘 알고 있기는 했지만 실제로 그 기술을 더 많이 사용하지는 않고 있었다. 때문에 연구자들은 집단 간 차이를 성격 차이 때문인 것으로 설명하였다.

Mehdi(1965a, 1965b)는 학습부진의 원인과 관련된 요인들의 목록을 만들었는데, 그 목록에는 환경, 성, 사회적 · 윤리적 요인, 가족관계, 성격, 자아개념의 어려움 등과 같은 것들이 포함되어 있다. Attwell(1968)은 학교 또는 학급 차원의 우열반 등 학교 관련 변인을 보탰다.

Brower(1967)는 학습부진이 발달 단계상의 결과일 뿐 정신병리적인 것으로 봐서는 안 된다고 주장했다. 이 단계는 회상 과제를 수행할 때의 불일치, 시험불안, 실패의 지식화, 지식화의 실패, 자아수축을 포함한다. Brower는 치료자가 각 단계를 다른 방식으로 다룸으로써 부진이 되는 것을 막을 수 있다고 제안했다.

부진의 원인이 되는 요인들에 대해 광범위하게 개관하면서, Zilli(1971)는 학습부진을 설명할 수 있는 단일 요인은 없다고 보고했다. 그녀는 부진과 관련된 요인들을 다음과 같이 정리했다.

① 동기의 부족
② 또래 수용에 대한 욕구
③ 학교 당국의 지나친 권위주의
④ 교수 기술과 태도의 부족
⑤ 부진아의 성격 특성
⑥ 부모의 과보호
⑦ 부모의 권위주의
⑧ 부모의 방임
⑨ 대가족

이 목록은 다양한 원인론적 요인을 제안한다. 그리고 지금까지 우리의 임상 및 연구 경험에 따르면 부진 학생들은 각각의 조건에서 서로 다르게 반응한다. 예컨대, 어떤 유형의 부진 학생들은 권위주의적인 학교구조에 대해 부정적이고 극심하게 반응하는 반면, 또 다른 유형의 부진 학생들은 그렇지 않다. 나중에 각각의 부진아 유형에 대해 깊이 있게 서술할 것이다.

이 분야의 연구를 강도 높게 비판한 개관 논문에서 Ghosh(1972)는 지적인 면이 아닌 불안, 신경증, 성취욕구, 내·외향성, 환경, 생물학적 변인 등 학습부진의 원인론적 요인에 대해 논의했다. 그는 개념화, 설계, 방법론에 있어 연구의 어려움이 이 연구 영역의 걸림돌이 되어 왔다고 약술했다.

Mohan(1974)은 가장 많이 인용되는 학습부진의 원인을 요약했는데, Mitchell과 Piatkowska(1974a)가 같은 해에 출판한 연구 논문이 이를 검증해 주었다. Mohan의 목록은 다음과 같다.

① 흥미
② 동기
③ 성격 변인
④ 공부 습관
⑤ 학교 변인
⑥ 가정 및 가족 변인
⑦ 또래 집단 변인
⑧ 사회경제적 변인

Lowenstein(1976a, 1976b)의 목록에는 다음이 포함된다.

① 경쟁에 대한 지나친 강조
② 일관성이 없거나 상충되는 행동기준
③ 강박적인 성격 특성
④ 교육에 대한 부정적 태도
⑤ 충동성
⑥ 끝까지 해내려는 인내력의 부족
⑦ 기질적 특성

학습과정에 영향을 주는 변인들의 상호작용에 대해 가장 포괄적으로 개관한 논문 가운데 하나는 Cronbach와 Snow(1977)의 고전적 연구이다. 적성, 학습 속도, 교

수 유형 및 내용, 성격 변인, 인지적 기술 · 구조 · 유형 등과 같은 변인들 사이의 상호작용에 초점을 둔 연구들을 모두 개념적으로나 통계적으로 개관하고 평가했다. Cronbach와 Snow의 통합적 연구는 변인들 사이의 상호작용 및 학습과 성취에 끼치는 영향을 강조했으며 이 분야의 상호작용 연구를 위해 구체적인 제안을 했다.

학습부진 영재아에 대한 연구 결과와 치료 프로그램을 개관하면서, Dowdall과 Colangelo(1982)는 정의, 판별, 특성, 원인론이 연구물마다 제각각인 것을 비판했다. 이러한 혼란은 부진 영재아를 위한 치료 프로그램에 그대로 스며들었다. 저자들은 조기 판별, 가족의 개입, 프로그램과 기금의 장기적인 운영을 제안했다.

◆ 학습부진의 판별과 예언

몇몇 연구자가 부진아나 고성취아 등 특수일반 성취아를 판별하는 방법을 개관하였다. Farquhar와 Payne(1964)은 몇 가지 예외는 있지만 특수일반 성취아를 판별하기 위해 사용되는 방법이 많을 뿐만 아니라 그 방법들 사이에 일치점이 거의 없다는 결론을 내렸다. 그들은 너무나 다양하고 비교조차 불가능한 판별 기법이 주어진다면, 이렇게 일관성 없는 연구 결과로부터 일반화하기란 불가능하다는 점을 강조하였다. 그들은 Dubois 또는 Farquhar와 Payne의 특수성취아 판별방법을 사용할 것을 제안하였는데, 두 방법 모두 성취와 적성 측정을 이용한 선형 회귀분석 예측모델(linear regression prediction model)을 활용하고 있다.

Edgington(1964)은 회귀분석 방법과 Goodenough의 추정의 표준오차를 사용해서 부진아와 고성취아를 판별하려고 시도했다. 그는 정상분포표에 의한 두 가지 측정방법, 즉 교육 성취에서 얻어진 편차와 평가된 교육 성취의 도입을 제안함으로써 이러한 방법을 확장시켰다. 그는 특수성취아를 판별하는 데 있어 회귀분석을 사용하는 가장 큰 장점을 비모수적인 접근으로 보았다.

수많은 연구자가 일반 성취아와 부진아를 구별하기 위한 심리측정 도구를 개발하기 위해 시도하고 있다. 그들의 목표는 이러한 측정도구가 성취 유형을 예견하는 것이다. McQuarry와 Truax(1955)는 MMPI에서 뽑은 24항목으로 구성된 학습부진 척도를 개발하여 대학 신입생 중 부진 학생과 과진 학생을 변별하는 데 성공했다.

De Sena(1964)는 McQuarry의 초기 연구에서 제3의 집단인 일반 성취아 집단을 덧붙였다. 비록 덧붙인 일반 성취아 집단에서 동일한 정도를 예측하지는 못했지만, 그 역시 이 척도를 사용해서 중요한 결과를 도출했다고 보고했다.

MMPI에서 새로운 부진아-일반 성취아-고성취아 척도를 도출하기보다, McKenzie(1961)는 성취를 유형화하기 위해 MMPI 본래의 타당성 및 임상 척도를 사용하였다. 그는 성취 수준에 따라 MMPI 타당성 및 임상 척도에 차이가 있으나, 이러한 차이는 너무나 근소해 예측을 하는 데 의미가 없다고 보고했다. MMPI에 의해 병리적이 아니라고 정의된 평균 집단으로 일반 성취아들을 구성하고 부진아들과 비교한 결과, 그는 부진아들이 반사회성(4번)과 강박증(7번) 임상 척도에서는 더 높은 점수를, L과 K 타당성 척도에서는 더 낮은 점수를 받았음을 밝혔다. 평균 집단으로 선정된 일반 성취아들과 고성취아들을 비교한 결과, 고성취아들은 우울(2번), 여성성-남성성(5번), 강박증(7번) 척도에서는 높은 점수를, 경조증(9번) 척도에서는 낮은 점수를 받았음을 밝혔다.

McKenzie는 경험에 입각하여 학습부진(Underachievement: Ua) 척도를 연구했다. 그러나 부진아와 일반 성취아를 적절하게 변별하지 못했다. 그는 부진아들과 고성취아들 모두 불안한 경향이 높지만, 부진아들이 그것을 외현화하는 경향이 있는 반면, 고성취아들은 내면화하는 경향이 있다고 결론지었다. 부진아들은 또한 충동적이며 장래 계획을 세우는 면에서 부족한 것으로 묘사되었다.

Waters(1959, 1964)는 학습부진 및 과진 척도에서 강제 선택 문항을 구성했다. 그녀가 조사한 주요 학습 습관 변인은 집중, 또래, 흥미 영역, 동기 수준, 가족관계, 공부 습관, 시간 관리 등을 포함한다. 요인분석을 사용해 그녀는 하나의 일반 요인과 학업 기술, 적응, 동기, 배경, 지향성의 5개 집단 요인을 가진 척도를 만들었다.

몇몇 연구자는 학습부진을 예측하기 위해서 직업 척도를 사용해 왔다. McArthur (1965)는 성취를 분류하기 위해서 Strong Vocational Interest Blank(SVIB)에서 나온 연구물을 사용했다. 그는 1938년에서 1960년까지의 자료를 사용해 성공했다고 보고했다. 부진아들은 사회적 충동성에서 유의미하게 높은 점수를 나타낸 반면, 일반 성취아와 고성취아들은 양심적 인내력에서 높은 점수를 나타냈다. Morgan(1975)은 학습부진을 예측하는 능력을 연구하기 위해서 에드워즈 개인선호 스케줄(Edwards Personal Preference Schedule: EPPS)에서 나온 성취 척도를 사용하였다. 그는 이 척도가 유의미하게 변별하지 못함을 밝혔다.

Duff와 Siegel(1960)은 대학 신입생 1,454명의 성취 수준을 예측하기 위해서 대학 입학 점수 및 GPA와 함께 Biographical Inventory for Students(BIS)를 사용했다. BIS의 10개 전기적인 하위 척도 중 5개는 성취 척도와 유의미하게 상관관계가 있었다. 자서전을 활용한 검사를 사용해 Reck(1968)은 부진아와 고성취아를 변별했다. 그러고 나서 그는 척도가 대학에서의 성취를 예측할 수 있는지의 여부를 조사하였다. 자서전을 활용한 검사는 대학교 2학년 학생들 180명의 예측성을 유의미하게 증가시켰다.

Dana와 Baker(1961)는 성취를 예측하기 위해 고등학교 수준의 GPA와 함께 벨 적응검사를 결합해 사용하였다. 새로운 3개의 벨 척도를 사용해 그들은 낮거나, 중간 정도이거나, 높은 성취를 예측할 수 있었다.

Flaugher와 Rock(1969)은 고성취아와 부진아를 판별하기 위해 중다 매개 접근을 사용하였다. 표본은 대학생이었다. 예측변인은 고등학교 때 학급 석차와 SAT였다. 기준은 대학교 1학년 GPA 점수였다. 매개변인은 배경 자료, 특히 가족 요인들로 구성되었다. 그들은 고성취아들은 평균적인 적성을 가지고 있으나, 대다수가 교육 수준이 높은 아버지를 가지고 있다고 밝혔다. 반면, 부진아들은 대다수가 작은 마을 출신의 가족을 가지고 있었으며, 전체적으로 과외 활동에 더 큰 관심을 가지고 있었다.

Riedel, Grossman과 Burger(1971)는 Special Incomplete Sentences Test(SIST)를 사용하였다. 이 검사는 부진아를 연구하기 위해 개발된 것이었다. 그들은 65명의 부진 고등학생, 106명의 성취 고등학생, 33명의 과진 고등학생을 대상으로 SIST를 타당화했고, 결과에 요인분석을 사용했으며, 불안 검사도구와의 관계를 연구하기 위해 Personal Reaction Schedule을 실시했다. SIST는 성취 수준을 변별할 수 있었다. 일반 성취아와 부진아 간에 구체적인 차이가 있었지만, 고성취아와 일반 성취아 간에는 차이가 거의 없었다.

Felton(1973a, 1976b)은 이전의 24개 항목의 척도에서 11개로 항목을 개정해서 Low Achievement Scale(LAS)을 만들었다. 이 척도는 대학에서 학업 면에서 우수한 학생과 중퇴하는 학생을 변별하고자 고안된 것이다. LAS는 음주 습관, 내향적 경향성, 개인적 적응에 초점을 둔 항목들로 구성되어 있다. 이 척도를 사용해

Felton은 60명의 두 일반적 성취 집단을 통계적으로 변별할 수 있었지만, 성차는 유의미하지 않았다. Felton은 이 척도를 사용해 잠재적인 부진을 조기에 발견하는 것이 중요함을 강조했다.

Kahler(1973)는 Kahler Transactional Analysis Script Checklist(KTASC)를 구성하는 데 있어 교류분석을 사용하였다. 그녀는 부진아들이 그들의 부모에게 영향을 받았고, 부적절하고 혼란스러운 감정을 포함한 정서적인 요소뿐만 아니라 '너는 멍청해.' '성공하지 못해.' '너 혼자서만 생각하지 마.' 등과 같은 생각을 내재화한다고 믿었다. KTASC는 '멍청함'의 차원을 조사하기 위해 고안되었다. 대상은 55명의 신입생과 60명의 대학교 4학년 남학생이었다. 다른 연구자들이 긍정적인 결과를 도출한 점을 고려해 그녀 역시 MMPI를 사용하였다.

Kahler는 KTASC가 3개의 준거로 신입생 부진아를 통계적으로 판별할 수 있고, 2개의 준거로 4학년 부진아를 판별할 수 있음을 발견하였다. 그러나 MMPI는 효과적인 예측 지표가 아니었다. Kahler는 KTASC를 두 가지 형식으로 만들었다. 한 가지는 신입생을 위한 것이고 다른 한 가지는 4학년을 위한 것이었는데, 각각은 학습부진을 예측하였다. 그녀는 본래의 KTASC 형식처럼 새로운 척도도 항목 내용에 있어 이질적이었다고 보고하였는데, 이는 4장에서 개관할 연구 경향을 지지하는 것이다.

Sinha(1972)는 Nafde Non-Verval Test of Intelligence, Tayler Manifest Anxiety Test(MAT), Eysenck Personality Inventory(EPI)를 사용해 200명의 13세 부진아와 200명의 13세 일반 성취아를 성공적으로 변별해 냈다.

Diener와 Maroney(1974)는 소수인종을 판별하고 분류하는 구체적인 표준화 검사를 사용할 때 일어날 잠재되어 있는 오류에 대해 경고했다. 그들은 Quick Test와 Wechsler Adult Intelligence Scale에서 흑인 학습부진 청소년의 점수를 비교한 결과, IQ 범위의 하단에서 두 검사 간 일치도에 차이가 있음을 보고했다. 이러한 검사 간 차이는 어떤 학생이 어느 검사를 택하느냐에 따라 부진아로 분류되는 결과를 낳을 수 있다. 몇몇 연구자는 그런 검사들을 사용하는 것에 대해 논쟁하였다. 인도에서 부진아들에 관심을 가진 Dhaliwal과 Sharma(1975)는 그러한 결과로부터 일반화하는 것에 대해 주의해야 한다고 주장했다. 소수집단에 초점을 맞추지는 않았지만, 동일한 우려가 Hale(1979)에 의해 발표되었다. 그는 개별 학생들을 분류하기 위해 집단 통계로부터 추출한 통계 방정식 때문에 학급 행동에 문제가 있어 교사로부터 의뢰된 초등학교 2학년~고등학교 2학년 학생 206명을 극적으로 잘못 분류하였다고 결론 내렸다.

Golicz(1982)는 학생의 태도가 학업 수행을 결정할 것이라고 가정했다. 그녀는 에스테스 태도검사(Estes Attitude Test: EAT)를 우수한 학생들에게 사용하여 교과에 대한 학생들의 태도는 학습부진 영재의 진단과 판별에서 타당화된다는 것을 발견했다.

연구자들은 학생들의 문제의 범위를 분류하는 더욱 정확한 방법이 나타날 것이라는 희망으로 그들의 접근 방식을 끊임없이 수정하고 정제하고 있다. 예를 들어, McDermott(1980)은 정신지체아, 부진아, 고성취아, 사회적 부적응아, 학습장애아, 다른 문제를 가진 아동들을 변별적으로 판별하기 위한 컴퓨터 프로그램을 개발하고 있다.

학업 수행을 예측하기 위한 초기의 우수한 개관에서, Lavin(1965)은 300개의 출판된 연구를 요약했다. 그는 연구들이 성격 변인, 지적 기능 그리고 사회학적인 요인(예: 사회경제적 요인, 인구학적 요인, 교사-학생 관계, 또래관계 등) 등 가능한 다양한 지표를 사용했다고 지적했다. Lavin은 각각의 예측 지표들의 결점에 대해 명확하게 드러냈으며, 사회학적인 변인과 상호작용하는 심리적인 변인들(예: 성격)을 결합하는 연구의 필요성에 대해 강조했다.

종합하면, 다양한 접근이 부진을 판별하기 위해 사용되어 오고 있다. 이러한 접근들의 많은 단점이 비판받아 오고 있고, 여기서 개관되었다. 게다가 부진을 판별하고 예측하기 위한 도구와 척도를 만들어 낸 많은 연구가 나오고 있다. 이는 〈표 2-3〉에 요약되어 있다.

이 표를 보면 척도의 대부분이 학습의 연속선상에서 양극단을 나타내는 집단들인 부진아와 고성취아를 변별할 수 있었다는 것을 명확히 알 수 있다. 그러나 3개 일반적 성취 집단을 모두 변별하고자 할 때에는 잘 변별할 수 없었다. 보다 최근에 Lowenstein(1982)은 학습부진을 감별하기 위해 정보의 유형과 출처를 결합한 Luwenstein Underachievement Multiphasic Diagnositic Inventory(LUMDI)에 대한 증거를 제시했다.

Marcus와 Friedland(1987)는 Developmental Personality Inventory(DPI) (Friedland

〈표 2-3〉 학습부진을 판별하고 예측하는 척도

저자/연구자	척도명	변별예측
McQuary & Truax (1955)	UA scale (MMPI)	UA vs. OA
Duff & Siegel (1960)	Biographic inventory	UA vs. OA
Dana & Baker (1961)	Bell Adjustment Inventory	Lo-Med-Hi Ach.
De Sena (1964)	UA scale (MMPI)	UA vs. OA
McKenzie (1961)	MMPI Scales	No prediciton
Water (1964)	Academic Habits Checklist (6 factors)	UA vs. OA
McArthur (1965)	SVIB	UA/OA/NDA
Morgan (1975)	EPPS (nAch Scale)	No prediciton
Reck (1968)	Biographic inventory	UA vs. OA
Flaugher & Rock (1969)	Multiple Moderators	UA vs. OA
Reidel et al. (1971)	Special Incomplete Sentences Test	UA vs. OA
Felton (1973)	Low Achievement Scale	UA vs. OA
Kahler (1973)	Transactional Analysis Script Checklist	UA vs. NDA
Sinha (1972)	Combination of tests (MAS; EPI; Non-Verbal IQ)	UA vs. AA
McDermott (1980)	Computer combination	UA vs. OA vs., MR vs. LD vs. Soc. Mal. vs. other
Golicz (1982)	Estes Attitude Scale (attitude to school)	UA vs. OA

주: UA = 학습부진, OA = 과진, MMPI = Minnesota Multiphasic Personality Inventory, SVIB = Strong Vocational Interest Blank, NDA = 일반 성취아(nondiscrepant achiever), EPPS = Edwards Personal Preference Survey, nAch = 성취욕구, MAS = Manifest Anxiety Scale, EPI = Eysenck Personality Inventory, AA = 평균 성취아, MR = 지적장애, LD = 학습장애, Soc. Mal. = 사회 부적응

& Marcus, 1986a)와 파생적인 검사인 Motivational Analysis Inventory(MAI) (Friedland & Marcus, 1986b)를 개발하였다. 두 검사도구 모두가 DSM-III(American Psychiatric Association, 1980)에 근거해 학습부진의 다양한 종류를 변별하고자 만들어졌지만, Marcus와 Friedland는 그들의 표본을 변별적으로 진단하지 못했다. 그들은 공부 기술과 일하는 습관과 연관된 MAI 척도가 GPA와 유의미한 상관관계가 있다는 것을 발견했다. 반면, 자아개념, 정서, 다른 사람과의 관계와 연관된 MAI 척도는 GPA와 상관관계가 없었다. 그들은 초등학교에서 대학교까지 학생들이 성숙해지

면서 자아존중감과 다른 정서적인 요인들은 일관성 있고, 효과적인 공부 습관보다는 성취와 유의미하게 연관되어 있지 않다고 결론 내렸다.

제시된 모든 연구는 학습부진의 원인에 대한 특정한 변인의 본질과 기여를 밝히고자 하였다. 이는 성격, 가족, 동료, 학교, 더 넓은 의미에서 사회경제적 · 문화적 변인을 포함한다. 다음 장에서는 부진 양식을 변화시키기 위한 시도에 대한 연구를 개관할 것이다.

제3장
부진아에 대한 처치

첫 번째 절에서 우리는 단일처치를 제공받은 실험집단을 무처치 통제집단과 비교하는 처치 연구에 초점을 둘 것이다. 이러한 단일처치 접근들 중에는 일차원적인 것들도 있고, 많은 처치 요소를 포함하는 연구도 있다. 그러나 여러 가지 요소를 포함한 연구라도 단 한 가지 접근에 초점을 둔다.

두 번째 절에서 우리는 다양한 처치집단을 서로 비교하고, 무처치 통제집단과 비교한 연구들을 살펴보게 될 것이다. 예를 들어, 행동주의적 접근은 내담자 중심의 접근을 비롯해 통제집단과 함께 비교될 것이다.

세 번째 절에서는 여러 다양한 연구 결과를 요약 정리할 것인데, 이것들 모두를 전통적인 처치로 여길 수 있는 연구에 대한 것은 아니다. 부진아들이 자신보다 어린 부진아들에게 여름캠프, 편지, 생존훈련, 인간관계 훈련, 강의와 같은 다양한 방법을 통해 치료자 혹은 교사로서의 역할을 한 처치들이 이에 포함된다.

네 번째 절에서 우리는 부진아들을 대상으로 부모, 교사, 우수한 성취를 보인 또래들, 또는 상급 학년의 부진아들이 처치를 제공한 연구들을 요약할 것이다.

다섯 번째 절에서는 치료기법 연구들 또는 교수법을 활용한 접근들의 결과를 보여 줄 것이다.

여섯 번째 절에서는 부진아에 대한 다양한 진단과 그에 따르는 다양한 처치에 대한 구체적 연구들을 간략하게 살펴볼 것이다. 마지막으로, 결론에서는 주요 경향들의 개관으로 이 장을 마무리하고자 한다.

◈ 단일처치 연구들의 결과

많은 연구가 학습부진 초등학생 연구에 초점을 모으고 있다. Silverman(1976)은 6학년 학생들 중 부진아 1/3을 대상으로 행동주의적 접근을 사용했다. 30분간 8회기로 이루어진 이 프로그램에 대한 연구 결과에 따르면, 대다수의 부진아가 프로그램으로부터 도움을 받았다고 보고하였다.

140명의 초등학교 부진아의 처치 연구에서 Kilmann, Henry, Scarbro와 Laughlin (1979)은 15주 동안 일주일에 한 번씩 부진아(4~6학년)들을 대상으로 집단상담을 실시했다. 통제집단은 4~6학년 부진아 77명으로 구성되었다. 집단상담을 실시한 후, 읽기와 성격 특성(에너지의 증가, 온화함, 정서적 안정성 그리고 실험집단원들 안에서의 위험 감수)에서 실험집단과 통제집단 학생들 사이에 유의한 차이가 나타났다.

Schaefer(1968)는 288명의 부진 초등 학생을 대상으로 연구를 실시했으며, 이들은 실험집단과 통제집단으로 배치되었다. 상담을 받은 실험집단 부진아들의 성적이 통제집단 부진아들보다 유의하게 향상되었다.

Moulin(1971)은 부진 초등학생 24명 중 12명에게는 내담자 중심의 치료를 실시하고, 나머지 12명은 통제집단으로 분류하였다. 상담을 받은 부진아들은 몇 가지 언어와 비언어 지능 측정 부분에서 유의한 증가를 보였지만, 각각 집단의 성적에서는 유의한 증가를 보이지 않았다.

Harris와 Trotta(1962)는 사춘기 아이들을 위한 집단 프로그램에서 복합적인 결과를 보여 주었다. 일부는 상당한 성적의 증가를, 일부는 보다 작은 증가를 보였으며, 또 다른 일부는 어떠한 변화도 일어나지 않았다.

Thoma(1964)는 고등학교 여학생들을 대상으로 한 30회기 집단심리치료의 효과를 보여 주었다. 결과측정치에는 향상에 대한 교사의 평정, 자기평정, 집단원들 간의 평정 그리고 성적이 포함된다. 모든 측정치는 치료과정에 대해 긍정적인 변화 요인으로 작용했지만, 처치기간의 길이는 반대의 요인으로서 작용한 것으로 보인다.

잘 통제된 대규모 연구에서 Laxer, Kennedy, Quarter와 Isnor(1966)는 260명의 초등학교 4학년~고등학교 2학년 부진아들에게 실시한 장기간의 집단상담 효과를 연구했다. 그들은 불안에 대한 사전-사후 측정치와 자아개념, 성격 특성 그리고 상담에 대한 태도를 사용하여 연구했다. 학업성취도, 학년, 나이, 성별을 고려하여 처치집단과 실험집단을 구분하였다. 성적을 포함한 모든 측정치에서 상담을 받은 실험집단과 상담을 받지 않는 통제집단 간의 차이는 발견되지 않았다.

Rotheram(1982)은 다양한 문제를 보인 초등학교 4, 5, 6학년 학생들 101명의 행동 방식과 성취도를 변화시키기 위해 사회적 기술훈련을 사용했다. 이 집단은 부진 학생 17명과 행동상의 부적응을 보이는 학생 40명, 복합적인 문제를 가진 학생 29명 그리고 예외적으로 분류된 학생 15명이 있었다. 사회적 기술훈련은 12회기에 걸쳐 1시간씩 이루어졌다. 이 부진 학생들은 사회 관계 점수에서, 예외적인 학생들은 사회적 학업기술 점수에서 증가를 보였다.

일부 연구는 중학생 부진아들을 대상으로 실시되었는데, Hawkins와 Horowitz(1971)는 중학교 1학년 일반적 성취 남학생 85명과 부진 남학생 76명 간의 신체 이미지에서의 차이를 연구했다. 그 결과, 연구진들은 부진 학생이 일반적 성취 학생에 비해 낮은 장벽 점수(barrier scores)를 보였다고 밝혔다. 이후 그들은 치료 중심의 합숙 학교 프로그램에 등록을 하였으나, 부진 학생들의 치료 결과는 유의하지 않았다.

Drevlow와 Krueger(1972)는 24명의 중학교 2학년 부진아들에게 행동수정 접근법을 사용했으나, 학업성취도에 대한 유의한 증가가 보고되지 않았다.

Arulsigamoni(1973)는 사회경제적으로 낮은 학교군의 중학교 1~3학년 부진아의 103명에 대한 자아개념과 학업성취도 간의 관계를 조사했다. 성취 수준과 자아개념 수준의 증가는 상담과 상관이 있었다.

많은 연구가 고등학생 부진아들에 초점을 두었다. Finney와 Van Dalsem(1969)은 154명의 부진 고등학생들을 대상으로 실시한 4회기 집단상담의 영향을 연구했다. 통제집단은 85명의 부진아로 구성되었고, 치료집단은 69명의 부진아로 구성되었다. 치료 말기에 캘리포니아 성격검사(California Personality Inventory)에서 두 집단 간에 몇 가지 개인차가 보이긴 했지만, 두 집단 간의 학업성취에 있어 아무런 차이도 보이지 않았다.

Powers(1971)는 중학교 2학년 부진아 48명(남학생 24명, 여학생 24명)에게 특정 상담 접근인 Vistherapy(힘-지지 집단심리치료)를 사용하였다. 이 처치는 시작과 종결에 이르기까지 16개의 구체적인 단계를 거쳤는데, 1시간으로 구성된 상담 25회기가 1년에 걸쳐 제공되었다. 이렇게 상담을 받은 집단은 성적과 태도 향상에 있어 유의한 증가를 나타내었다.

Brusnahan(1969)은 중학교 3학년 부진아 21명의 통제집단과 21명의 실험집단을 대상으로 연구를 실시했다. 이 프로그램은 35분씩 6개월간 소집단상담으로 이루어졌다. Brusnahan은 상담 프로그램이 미네소타 상담척도(Minnesota Counseling Inventory)를 제외하고, 성적 또는 변화를 측정하기 위해 사용된 대부분의 도구에서 유의한 차이를 낳지 못한다는 것을 알았다. 그는 학업상의 부진이 다면적인 문제를 가린다고 결론지었다.

Dinger(1974)는 고등학교 1학년의 부진아(통제집단 50명, 실험집단 50명의 총 100명)들의 성적에 대한 개인 강화와 목표 중심의 상담에 대한 효과성 연구를 실시하였다. 그녀는 상담을 받은 집단이 유의한 긍정적 결과를 보임을 발견했다.

Lowenstein(1982)은 5~10세의 처치에 대한 9~18세 부진아들 65명의 후속 연구를 실시했다. 일반적으로 11~15세에 눈에 띄는 부진을 보였고, 대부분의 부진아가 2~3세 정도 낮은 정신연령을 보였다. 치료를 받고 성취 수준의 향상을 보인 부진아들은 이후에도 자신의 향상을 유지하려는 경향이 있었다. 이러한 치료의 지침은 부진의 원인과 특성에 대한 진단 정보를 제공하기 위해 고안된 척도(Lowenstein Underachievement Multiphasic Diagnostic Inventory: LUMDI)를 근거로 한 행동주의적 접근과 절충적 접근에 기초한 것이었다.

많은 연구자는 대학에서의 부진아들에 초점을 기울였다. Winborn과 Schmidt(1962)는 135명의 대학 신입생들을 대상으로 단기 집단상담 효과를 연구했다. 처치를 받지 않았던 사람들이 단기 집단상담을 받았던 사람들에 비해 유의한 성적 향상을 보였다. Winborn과 Schmidt는 이러한 결과를 상담과정이 긍정적인 효과가 있는 동시에 성적에는 부정적인 영향을 미쳤기 때문일 것이라고 추측하였다.

Dickenson과 Truax(1966)는 48명의 부진 대학생을 대상으로 집단상담의 영향에 관해 연구했다(통제집단 24명, 상담을 받은 실험집단 24명). 그들은 이러한 학생들이 본래 신경증이었다고 기술했으며, 실험집단의 성적이 유의하게 증가했다고 보고했다. 더 나아가, 치료 결과에서 가장 큰 효과를 보였던 신경증 학생들은 성적에서도 가장 큰 증가를 보였다. 이것은 지적 잠재력과 학업 수행 간에 단순히 통계적 차이를 보인다는 것을 증명하기보다는 개인의 특성으로 인해 부진이 발생함을 설명하려고 시도했던 연구들 중의 하나임을 보이는 것이다.

Hill과 Grieneeks(1966)는 부진아들을 통제집단과 비교했을 때, 남녀 부진아의 사전-사후 집단상담에서 성적에 있어 유의한 차이를 찾아내지 못했다.

Thelen과 Harris(1968)는 부진 대학생 69명으로 이루어진 세 집단에 대한 연구를 실시했다. 집단치료를 제의했을 때 38명은 응하지 않았고, 13명은 집단치료에 참여하길 원했으나 집단치료를 받지 못했다. 그리고 19명이 참여하는 데 동의하고 집단치료에 참여했다. 처치집단은 치료를 마쳤을 때 성적에서 유의한 증가를 보였다. 처치에 대한 동기를 부여받았으나 처치를 받지 못한 집단은 유의한 성적의 증가를 보이지 않았다. 이러한 결과는 부진아들을 위한 집단상담의 가치를 높여 주는 것으로 해석될 수 있다.

Rand(1970b)는 부진에 대한 정보에 초점을 둔 교육 처치적 집단상담을 활용했다. 55명의 부진 대학생에게 혼합 처치를 실시하고, 69명의 부진 대학생에게는 실시하지 않았다. 한 학기 동안 집단상담을 실시한 결과, 처치 종결 시점과 추수 작업에서 실험집단이 성적에 대한 유의한 긍정적 효과를 보여 주었다. Thommes(1970)는 또한 부진 신입생들을 대상으로 혼합 처치를 적용했다. 실험집단원 대다수(23명)는 매주 만나는 집단상담과 장기상담에 등록한 남학생들이었고, 통제집단의 학생들은 집단상담도, 장기상담도 받지 않았다. 연구 결과, 한 학기 과정에 걸쳐 실험집단은 성적과 자기결정성 그리고 학업성취도에서 유의한 증가를 보였다.

그러나 Trotter(1971)는 대학 신입생들과의 유사 연구에서 처치를 받지 않은 통제집단과 부진 대학생 집단치료를 받은 실험집단 간에 어떠한 유의한 차이도 없었다고 보고한다. 이 연구에서는 집단치료는 처치받는 피험자들의 기분을 향상시켜 주었다는 점에서 의의를 가지나 그들의 부진을 해소하지는 못했다.

Friedman(1971)은 46명의 대학생 집단에서의 성취동기와 학업성취 수준 간의 관계에 따른 결과를 연구했다. 실제 성취와 성취욕구 수준이 높은 학생들이 더 긍정적인 치료 결과를 보여 주었다. 그러나 결과는 본래의 예언을 지지해 주지 못했다. 흥미롭게도 그녀는 개인 요인들이 두 학생 집단들의 차이를 구별하지 못한다는 것 또한 밝혀냈다.

Rand(1970a)는 부진 대학생들에 대해 합리-정서 집단치료의 활용을 추천했다. 이 접근은 강의 자료(course material), 학년, 교사, 수업 습관 등에 대한 비합리적 신념을 직면시키는 기법을 학생들에게 가르치기 위해 고안된 것이다. 각각의 학생들은 집단치료를 통해 동료 집단원들 간의 비합리적 신념을 관찰하게 되며, 집단원들은 돌아가며 자기발견을 촉진하게 되었다. 이 접근의 초점은 '지금-여기'에 있다.

Werner(1972)는 부진 대학 신입생들에게 기억력의 정도와 태도에 대한 집단상담의 효과를 조사했다. 집단치료는 리더가 없는 구조였고, 10회기에 걸쳐 2시간씩 '성장의 문제'에 초점을 두어 진행되었다. 상담은 받은 집단원의 기억력은 상담을 받지 않은 통제집단원에 비해 상당히 높았다.

Martin(1952)은 부진아들의 학업 수행에 대한 인터뷰 과정의 효과를 연구했고, 그 결과 학업 수행의 변화를 가져오진 못했지만 인터뷰 과정은 사기를 진작시켜 준다는 것(지속적인 참여가 증가했다는 사실이 밝혀짐)을 알았다. 또한 Martin에 따르면 대부분 종종 인용되는 평점(성적)이 좋지 않은 이유 네 가지는 낮은 동기, 좋지 못한 학습 습관, 취업에 대한 압력 그리고 서투른 대인관계이다.

Bhatnagar(1976)는 20명의 영리한 부진아의 성취 유형을 바꾸어 주는 개인상담의 효과에 대해 발표했는데, 앞과 유사한 결과를 보였다. 부진의 원인과 관련된 것으로 보이는 주요한 요인들은 동기, 자신감 부족, 신체적 문제(시력, 말하기), 가족과 사회경제적 문제들 그리고 공부 습관이었다.

몇 가지 처치 연구는 부모의 개입, 즉 가족 또는 부모치료를 통해 학습부진 유형을 변화시키고자 하였다. Southworth(1966)는 초등학교 학생들의 학급 행동, 성적, 자아개념과 관련해서 이들의 아버지와 어머니들과의 집단상담의 효과를 조사했다. 집단 회기에 아버지들은 대략 40%, 어머니들은 75% 정도 출석했다. Southworth는 처치 이후 어떠한 측정치에서도 유의한 차이점들을 찾아낼 수 없었다.

Cubbedge와 Hall(1964)은 학생 집단상담과 부모 집단상담을 각각 실시한 결과, 중학교 1학년 부진아들의 표준화 성취검사에서 유의한 긍정적 향상이 있음을 발견했다. 실험집단은 부진아와 부모로 구성되었는데, 이들을 구분하여 각각 14주 동안 매주 만남을 가졌다. 이에 맞춰 부진아들과 그들의 부모들의 통제집단은 무처치 통제집단이었다. 성취도 측정에서는 실험집단의 유의한 차이가 확인되었으나 성적의 변화는 관찰되지 않았다. 다른 성격검사에서 실험집단을 지지하는 변화들도 있었다.

Wechsler(1971)는 초등학교 4학년과 5학년의 부진 남학생들의 어머니를 대상으로 하는 참만남(encounter) 집단상담이 미치는 영향을 연구하였다. 상담에서 중점을 둔 것은 엄마의 태도였다. 그녀는 엄마의 태도와 그 아들의 자기수용과 엄마의 수용 평정 모두에서 상당한 변화가 있음을 발견하였다. 성취도 측정도구는 사용하지 않았다. 유사한 결과가 Esterson, Feldman, Krigsman과 Warshaw(1975)의 연구, 즉 초등학교 3학년과 6학년 부진아와 그들의 가족을 대상으로 한 연구에서도 보고되었다.

McGuire와 Lyons(1985)는 17개 가족을 상대로 가족단위 중재(transcontextual family intervention)를 실시한 결과, 유의한 성적 향상을 보고하였다. 프로그램에서 중점을 둔 것은 부진아들이나 부모의 동기가 아니라 오히려 프로그램에 얼마나 잘 참여하느냐는 것이었다. 연구자들은 참여했던 가족의 80% 이상이 성적과 학급 행동에서 큰 변화가 있었던 것으로 보고하였다.

몇몇 보고된 연구들 중에는 단일사례 연구로 부진의 몇 가지 유형에 대해서 자세히 기술하고 있다. 예를 들면, 공격적인 15세 부진 남학생에게 현실치료를 사용한 Margolis, Muhlfelder와 Brannigan(1977)의 연구가 있다. Kintzi(1976)는 14세 부진 남학생을 대상으로 그의 행동문제에 대한 발달 이력과 함께 치료과정을 자세하게 기술하였다. Kintzi의 치료가 성공했던 것은 부모의 노력, 학교 교사 그리고 치료자들 모두의 협조가 함께 이루어졌기 때문이다. Noland, Arnold와 Clement(1980)는 공격적인 부진아인 두 명의 초등학교 6학년 흑인 여학생에게 자기강화 기법을 사용하였는데, 결과는 긍정적이지만 비일관적으로 나타났다. 마찬가지로, Salend와 Henry(1981)는 8세의 초등학교 2학년 부진 남학생들에게 학급에서 반응에 따른 반응대가 토큰 시스템을 실시하였다. 그 결과, 목표로 삼았던 문제행동들이 상당히 감소하였다. Lowenstein(1983)은 12세 부진 남학생들에 대해 '부모와 학교 교사들의 기대' 측면에서 논의하였다. 그녀는 행동주의적 원칙과 심리치료, 구조적 환경의 변화 등을 포함하는 통합적 접근의 처치를 실시하였다. 10년 후에, Lowenstein은 추수 연구에서 피험자들이 자신의 지적 잠재력에 상응하는 수준만큼의 성취를 하고 있는 것으로 보고하였다.

일부 연구는 부진의 특정한 집단만을 대상으로 연구를 실시하였다. 예를 들면, Grover과 Tessier(1978)는 '학업적 좌절 증후군(academic frustration syndrome)'을 가진, 즉 불안이 높아지고 쇠약해지면서 내외통제검사에서 극단의 점수를 보였던 7명의 의대생을 치료하였다. 이러한 문제가 있는 학생들과 아무런 증상을 보이지 않는 의대생 간에는 아무런 차이가 없는 것으로 나타났다. 치료는 귀인치료(attribution therapy)와 체계적 둔감법을 함께 사용하였다. 6명의 사례에서 향상되는 결과를 보고하였다.

Morgan(1971)은 84명의 문화 실조된 부진 중학생들을 대상으로 행동치료의 영향을 연구하였다. 실험집단은 9회기의 행동치료를 받았고, 통제집단은 아무런 치료도 받지 않았다. 결과에 따르면 실험집단은 학업성취나 학습 습관, 태도, 자아존중감이 상당히 높아졌으며, 이러한 결과는 다음 학년에서도 지속적으로 유지된 것으로 나타났다.

Wittmer와 Ferinden(1971)은 6명의 문화적으로 결핍된 흑인 부진 중학생을 흑인 부진아 통제집단과 대조하여, 12회의 집단상담 회기가 미치는 영향에 대해 측정하였다. 그 결과, 이 두 집단 간의 성적이나 학생들의 태도에서 아무런 차이도 발견되지 않았다. 실험집단 학생들에 대한 교사의 태도 평가가 긍정적인 방향으로 이루어졌다.

Chadwick과 Day(1971)는 25명의 부진 흑인 멕시코계 미국인 학생(8~12세)의 성취도를 변화시키기 위해 체계적 강화법을 사용하였다. 학교 과제 시간과 학업 성취의 향상, 과제의 정확성 등을 측정하였다. 결과는 긍정적이었으며 행동치료가 유의한 영향을 주는 것으로 나타났는데, 이러한 결과들은 작업에 집중하는 시간을 제외하고는 지속적으로 유지되었다.

Felton(1972, 1973b)은 15명의 흑인 남녀 부진 대학생을 9명의 흑인 부진 여대생 통제집단과 대조하여, 읽기교육과 쓰기교육, 공부방법, 문제해결 훈련, 집단치료 등을 함께 썼을 때의 효과를 연구하였다. 그는 처치 피험자들의 IQ가 향상됨을 보고하였다.

150명의 부진 대학교 1학년생의 실험집단을 대상으로 전통적인 상담, 개인지도, 멘토링 등을 복합적으로 사용하였다(Olber, Francis, & Wishengrad, 1977). 통제집단은 150명의 문화적으로 혜택을 받지 못하는 학생들이었다. 실험집단은 모든 성적이나 개인적 성장, 학생과 교사의 평정 부분에서 우위를 나타냈다.

소수의 연구만이 장기간에 걸쳐 부진아들을 연구하였다. 대부분은 처치 전과 종결 후에 측정을 실시하였다. 몇몇 연구에서는 추수 연구를 하였는데, 대개는 종결 후 3~6개월 사이에 연구가 이루어졌다. 이후 연구들에서 부진아들의 장기적인 발달과정을 살펴보려는 시도를 하였다.

Jackson, Cleveland와 Merenda(1975)는 일찍이 부진아를 판명하여 이들에게 조기 심리적 개입을 했을 때 나타나는 결과를 검토하였다. 그들은 117명의 초등학교 4학년 부진아의 성적과 6년 후의 자료를 보충하여 연구하였다. 이 처치집단 학생들은 주로 부모와 교사 중심으로 4~6학년 동안 심리적 개입을 하였으며, 고등학교 졸업 시점에서는 학급 등수에서나 표준화된 성취도 검사에서 유의한 우위를 보였다.

Smith(1971)는 영리한 50명의 일반적 성취 남자 대학생과 50명의 부진 남자 대학생을 5년간 연구하였다. 그는 머리가 좋으면서도 학습이 부진했던 많은 학생이 초기에 수강신청 지도를 받으면서 개선되었다고 보고한다. Fearn(1982)은 샌디에이고에서 6학년, 중학교 2학년, 고등학교 1학년들을 중점으로 학습부진 영재아들에 관한 처치 프로그램을 발표하였다. 학생들의 프로그램이 기초학습 기능 위주가 되었을 때, 성취도 향상 수준이 최상으로 된다는 것이다.

Valine(1976)은 54명의 대학교 1학년 부진 학생들의 대학교 과정을 연구하면서 졸업을 하는 학생과 중도 탈락하게 되는 학생들 간의 차이를 측정하였다. 4학년까지 계속 진학하는 학생들의 경우는 자아개념에 대한 평가가 더 높아지는 경향이 있었는데 이는 자신에 대해서 보다 긍정적인 견해를 반영하는 것이다.

종합해 보면, 초등학교, 중학교, 고등학교, 대학교 수준을 대상으로 한 많은 단일처치 연구는 동일한 정도의 긍정적 혹은 부정적 결과를 보고하였다. 단, 대학교 수준에서는 긍정적인 결과가 나왔다는 점을 미루어 보아 약간의 도움이 된 것으로 보인다. 이것은 처치 때문이라기보다는 점차 내담자 표집이 작아진 것과 관련이 있는데, 특히 내담자의 지적 역량과 관련된다. 하지만 많은 성과 연구는 서로 비교될 수가 없다. 왜냐하면 참여자에 대한 자세한 기술이 없고, 서로 관련 없는 도구들을 사용하였으며, 처치 기간이 단기인 경우와 장기인 경우가 서로 다르기 때문이다. 게다가 처치 방식이 너무 간략하게만 기술되어 있어, 종종 대부분의 이론적 입장을 간단히 언급하는 정도이다. 따라서 연구에서 밝힌 접근이 제대로 이루어졌는지를 확언하기란 사실상 쉽지 않다. 무엇보다도 부진에 대한 단일처치 접근이나 성적상의 변화 등에 있어서도 결과가 혼재되어 있으며 일관성이 없기 때문이다. 많은 연구 결과, 성취도의 변화는 나타나지 않지만 성격에는 변화가 있는 것으로 보고되었다.

부진아들의 학업 성적을 추적한 종단 연구는 거의 없었다. 하지만 장기 추수 연구 결과에 따르면 초기의 다양한 처치 개입이 효과가 있는 것이 분명하다. 초기 부진 발생이 장기적으로 부정적인 영향을 미친다는 것 또한 확실하다.

◆ 다양한 처치 간의 비교연구

일부 연구자는 어떤 접근이 보다 효과적인지를 결정하기 위해서 (통합적 접근 혹은 정형화된 접근들을 포함하여) 서로 다른 처치 접근을 비교하였다. 이러한 연구에서 가정하는 바는 하나의 접근(혹은 통합적 접근)이 부진아를 위한 처치방법으로 분명하게 선택될 수 있을 것이라는 것이다. 이는 부진아들이 동질집단으로 구성되어 있음을 가정하는 것인데, 불행하게도 이러한 연구는 이런 가정에 대해서 좀처럼 의문을 갖지도 않으며 언급조차도 하지 않는다.

Rosentover(1974)는 남녀 학습장애 대학생들을 대상으로 두 가지의 처치 접근법의 효과를 비교하였다. 118명의 초등학교 2, 3, 4학년 학생을 합리적-반성적 집단치료(10회기)와 진로정보활동 집단(10회기), 혹은 무처치 통제집단에 할당하였다. Rosentover는 처치 이후에 아무런 성적 차이도 발견하지 못했다.

Hanley(1971)는 고등학교 1학년과 2학년에 다니는 36명의 부진아들에게 개인상담과 집단상담을 실시함으로써 성취 패턴을 바꾸려고 하였다. 두 명의 상담자가 참여하였으며, 3개의 연구집단, 즉 개인상담 집단, 집단상담 집단, 통제집단으로 나누었다. 각 처치 피험자들은 6회의 상담 회기에 참여하여야 했다. Hanley는 개인상담이나 집단상담이 부진아들의 직업성숙도, 학업성취도 등을 변화시키는 데 아무런 기여를 하지 못한다는 것을 발견하였다. 그는 특히 여자 부진아들의 경우 직업성숙도 면에서 좀 더 높은 점수를 보였으나, 남자 부진아들과 비교했을 때 평균 성적이나 자아개념은 낮은 것으로 밝혀졌다. 6회기가 바람직한 변화를 기대하기에는 충분하지 않았을 수도 있다.

Chestnut(1965)은 부진 남자 대학생 연구에서 두 개의 집단상담 접근법을 통제집단과 대조하여 적용하였는데, 상담자 중심, 집단 중심, 무처치 통제집단이 구조화된 집단의 분류이다. 상담자 중심으로 구성된 집단의 구성원은 상담 종결 시점에서 성적의 큰 변화를 나타내었다. 그러나 이는 3개월 이후에는 상담자 중심 집단과 집단 중심 집단 간에 더 이상 아무런 차이도 나타나지 않았다. 이러한 결과는 부진 대학생들에서 나타나는 성취도의 변화율은 집단구조가 미치는 방식에 따라서 일시적으로만 영향을 받는 것으로 보인다.

Semke(1968)는 163명의 부진 1학년 대학생들을 사례연구 중심의 상담집단과 비구조화되고 비지시적인 상담집단, 무처치 통제집단에 무선 할당하였다. 집단토의는 학생들의 사례 중심으로 이루어졌다. 자아개념상에서는 약간의 긍정적인 변화가 있었지만, 사용된 처치 기법에 따른 유의한 학업성취에서의 변화는 없었다.

Hoopes(1969)는 구조화된 목표 지향적인 집단, 집단상담, 무처치 통제집단으로 나누어 연구하였다. 목표 중심 접근에서는 학교생활의 지표로서 수행 및 행동준거를 명세화하였다. 그러나 27명의 부진아가 프로그램에서 중도 탈락하였으며, 따라서 지속적으로 참여하게 된 피험자의 분포가 무선적이지 못했다. 흥미롭게도, 이렇게 프로그램상 탈락되는 부분에 대한 언급은 주요 연구문제로서 다루지 않으면서, 상담자들이 부진아들을 처치와 연구 프로그램에 계속 참여시키는 문제에 대해서만 고민해 왔다.

Sims와 Sims(1973)는 48명의 학습부진 중학교 2학년 남학생을 대상으로 리더가 있는 경우와 그렇지 않은 경우를 조사하였다. 학생들은 리더가 있는 집단과 리더가 없는 집단에 할당되었다. 집단상담은 회당 50분으로 12주 동안 일주일에 두 번씩 진행되었다. 리더가 없이 진행된 두 번째 집단에서는 리더가 집단 전체와 의사소통하지만 회기 동안에는 참가하지 않는다. 연구자들은 어른이 없을 때 불안한 부진아들이 훨씬 수월하게 자신을 표현할 것이라고 생각했다. 특히 부진아들이 부모와 겪는 부정적인 경험들을 고려하면 더욱 그렇다는 가설을 세웠는데, 이러한 가설이 지지되었다. 두 번째 집단에서는 참여자들이 학교를 포함한 다양한 화제에 대해서 더 많이 말하는 편이었다.

몇몇 연구자는 부진아들의 특정 성격 특성을 바꾸려는 시도를 하였다. Klein, Quarter와 Laxer(1969)는 성취욕구와 위험감수 훈련을 활용하였다. 그들은 60명의 중학교 1~2학년 부진 학생을 성취욕구 훈련, 위험감수 훈련 혹은 두 가지 모두를 하는 세 집단 중 하나의 집단에 할당하였다. 이들 간에는 성적이나 다른 종속변수 검사 결과, 아무런 차이도 나타나지 않았다. 이러한 훈련들은 학업성취도를 변화시키는 데 아무런 영향을 미치지 않는 것으로 결론지어졌다.

Zani(1969)는 상담자 중심의 집단상담을 단기집중 코스와 장기 코스로 나누어서 효과를 검증하고자 48명의 학습부진 고등학생을 대상으로 연구를 실시하였다. 학생들은 무선적으로 집중적인 소규모 집단상담과 장기 소규모 집단상담 혹은 통제집단에 할당되었다. 집중적 처치는 소규모(4명) 집단상담으로 이루어지며 매일 55분씩 11일 동안 이루어졌다. 이러한 접근은 단기집중치료라고 볼 수 있다. 장기화된 접근의 경우는 4명으로 소규모 집단이지만, 일주일에 55분씩 11주 동안 이루어진다. 통제집단원은 교사와 만나기만 한다.

Zani는 다양한 방법을 이용하여 시간의 경과에 따른 변화를 확인하였다. 성적이나 혹은 교사의 학생 특성에 대한 평가, 캘리포니아 성격검사 등을 실시하였다. 그는 실험집단의 성격에 대한 판단이나 자기에 대한 신뢰, 위축 경향, 학교관계에 대해서, 처치 전과 처치 후 검사 결과가 통제집단에 비해 유의한 차이가 있는 것으로 나타났다. 집중처치 집단에서의 평균이 가장 높게 나타났으며, 장기처치 집단은 중간 정도, 무처치 통제집단에서는 낮게 나타났다. 따라서 집중적 강화 집단이 이러한 부진아 집단에서는 가장 큰 변화가 있는 것으로 나타났다.

또한 지시적 혹은 비지시적 집단상담에 대해서도 비교가 이루어졌다. Castelyns(1967)는 36명의 남녀 중학교 1~2학년 부진아를 Zani가 사용했던 두 접근법 중 하나의 집단에, 세 번째 집단으로 1회기의 동기 촉진적인 통제집단에 할당하였다. 그는 학업성취도나 다른 변수에서도 별다른 차이를 발견하지 못하였다.

Baymur와 Patterson(1960)은 고등학교 부진아들을 대상으로 개인상담과 집단상담의 효과를 비교하였다. 32명의 피험자를 개인상담, 집단상담, 1회기의 동기 수준 경험, 무처치 통제집단 등 네 집단 중 하나로 할당하였다. 앞의 두 집단에서 성적과 적응도 점수에서 유의한 차이가 나타났다.

Von Klock(1966)은 중학교 1, 2학년의 남자 부진아들을 대상으로 개인상담과 집단상담의 효과를 비교하였다. 처치집단은 일주일에 한 번씩 두 학기 동안 만났다. 두 처치집단과 무처치 통제집단 간에 성적, 행동평가, Q-소트 검사에서 아무런 통계적 차이는 나타나지 않았다. 그러나 von Klock은 처치집단과 무처치 통제집단을 묶어서 비교하였는데, 이때는 처치하는 동안뿐만 아니라 추수 연구에서도 성적의 변화가 있는 것으로 나타났다. 더욱이 개인상담을 받은 부진아들은 지속적으로 추수 연구에서도 성적이 향상되었으며, 집단상담을 받은 경우에는 그렇지 않은 것으로 나타났다. 결론적으로 개인상담이 중고등학교 학생들의 성적 변화에 있어서 효과적인 방법이라고 볼 수 있다.

Lichter(1966)는 개인상담과 집단상담을 비교를 하였을 뿐만 아니라, 부진 남자 대학생 60명과도 비교를 하였다. 각각의 참석 대상자들은 일주일에 한 번씩 총 10회기 과정을 수료했다. 집단과 개인의 치료과정은 미리 설정된 것이 아니라 참석자들의 욕구를 최대로 충족시키는 방향으로 적용되었다. Lichter는 두 처치집단에서 유의한 성적 증가가 나타났고 무처치 통제집단에서는 증가가 없었음을 밝혀냈다. 흥미롭게도, 이 같은 학생들은 성취 행위가 변함에도 불구하고 성격적인 측면은 정적인 상태를 유지하고 있다는 가능성을 지적하면서, 자아개념 등급에 있어서 어떤 중대한 변화를 보여 주지 못하고 있다. 많은 다른 연구는 성적에 있어 유사한 변화 없이 성격 평가의 변화들을 보고하고 있다. 이 같은 유형의 연구에 있어서 한 가지 중요한 문제점은 치료적 접근의 세부 연구 결과들이 확실하게 서술되고, 반복 연구를 실시하기가 어렵다는 것이다.

부진아 개인상담, 집단상담 그리고 이들 조합(집단상담 후 개인상담) 사이에는 약간의 차이가 있다. Goebel(1967)은 36명의 부진 고등학교 1학년생을 개인상담(8명), 집단상담(8명), 집단상담 후 개인상담(8명) 그리고 무처치 통제(12명)로 구분했다. 학교상담자는 경험이 있고 현장에 근무 중인 상담자들로서 모든 치료법을 제공했다. 치료 시간은 3~4시간 정도이며, 통합적인 치료 대상 집단은 두 회기의 집단상담을 받은 후 두 회기의 개인상담을 받았다. 모든 측정에 있어서 모든 집단에서 유의한 차이는 없었다. 그러나 이것은 상담 프로그램의 본질에 영향을 미치는 것은 아니다.

이 같은 치료 통합 주제에 대한 변화는 Keppers와 Caplan(1962)에 의해서 보고되었다. 그들은 28명의 부진 고등학교 1학년 남학생과 같이 일하면서, 부진 학생 집단, 부모 집단, 부모와 부진아 자녀 집단 그리고 무처치 통제집단을 만들어 냈다. 상담은 12주에 걸쳐 일주일에 한 번씩 수행했으며, 각각의 회기는 1시간 정도 소요되었다. 자아와 이상적인 Q-소트 사이의 일치 증대는 두 번째 집단에 있는 부진 학생들에게서 일어났다. 왜냐하면 그 학생들의 부모들만이 오로지 상담을 받았기 때문이다. 성취 척도는 사용되지 않았다.

Ignas(1969)는 48명의 부진 중학교 1, 2, 3학년을 대상으로 ① 개인상담, ② 집단상담(학생만), ③ 집단상담(부모와 학생), ④ 집단지도 활동들 그리고 ⑤ 무처치 통제 상황과 같은 연구 접근을 시도했다. 그는 집단 3과 4가 다른 어떤 것보다도 더 높은 학업성취를 보였다는 것을 알아냈다. 게다가 실험집단 3과 4에 있는 학생들은 고등학교 성격 질문지에 있어서 유의한 변화를 나타냈다. 집단 2와 4의 대상자들은 집단 1과 3의 대상자들보다도 프로그램 과정에 있어서 더 높은 학교 출석률을 보여 주고 있다. 제한된 샘플 크기와 중학생 대상으로 이루어졌지만, 이 같은 결과들은 성취와 여러 척도에 대한 다른 처치 효과를 지지해 주고 있다.

Perkins(1970) 그리고 Perkins와 Wicas(1971)는 120명의 부진 중학교 3학년 남학생들과 그들의 어머니들에 대한 다양한 상담구조를 개발하였다. 집단들은 ① 집단상담(아들만, 6명), ② 집단상담(어머니와 아들을 분리함, 6명+6명), ③ 집단상담(어머니만, 6명) 그리고 ④ 무처치 통제(어머니와 아들, 6명+6명)로 구분되었다. 연구에 들어가기 전에, 상담자들은 감정이입 역할 프로그램, 처치과정에서의 진실성과 따뜻한 분위기 그리고 상담에 대한 다른 기본적인 측면에 대해서 40시간 정도의 상담 오리엔테이션 프로그램 과정을 수료하였다. 상담은 각각의 집단에 있어서 일주일에 1시간씩 총 12회기로 이루어졌다. 두 연구는 모든 연구집단에 있어서 확연하고 동등한 수준의 성적 향상을 보고하고 있다. 집단 2와 3의 경우, 학생들의 자기수용 척도에 있어 매우 확실하고 동등한 증가 현상이 있었다. 상담을 한 지 5개월 후, 성적 향상은 집단 3에서도 지속되었다.

처치 접근의 하나로서 행동주의 기법을 사용하는 몇 가지 연구가 있었다. Gourley(1971)는 개인상담, 집단상담, 언어적 강화의 영향에 대해 48명의 중학교

3학년 학생과 48명의 고등학교 2학년 부진 학생의 성취 패턴을 비교하였다. 이들은 4개의 집단으로 분류되었는데, ① 비지시적 개인상담, ② 집단상담, ③ 언어적 강화요법, ④ 통제 집단이었다. 처치는 18주 이상 실시되었다. Gourley는 어떤 집단에 있어서도 유의한 성적 향상을 발견하지 못했고, 남학생과 여학생 간의 학업성취 차이도 인지하지 못했다. 그녀는 학습 습관 척도에 있어서 중학교 3학년 학생의 유의한 성별 차이를 발견하였고, 고등학교 2학년의 학습 습관과 태도 척도에 있어서 유의한 성차를 발견했다. 그녀는 단기이면서 비지시적인 개인상담, 집단상담 그리고 언어적 강화요법은 학업성취에 있어서 어떤 유의한 변화를 일으키지 못했다는 결론에 이르렀다. 비록 단기 내담자 중심의 개인상담이 학습 습관과 태도에서 향상을 나타내었음에도 불구하고 말이다.

Bouchillon(1971)은 35명의 부진 대학생을 ① 내담자 중심 개인상담(6명), ② 집단상담(6명), ③ 개인 강화요법(6명), ④ 집단 강화요법(6명) 또는 ⑤ 무처치 통제(11명) 등의 집단에 배정하여 연구하였다. 그는 사전-사후 학업성취도 검사를 이용하지 않았으며 자아개념 변화에 대해 연구하였다. 집단 1과 2는 자아개념에 있어서 유의한 증대를 보여 주었다. 반면에, 집단 3과 4는 그렇지 못했지만, 내담자 중심 개인상담에서는 많은 증가가 일어났다. 어쨌든, 학업성취에서는 어떤 변화가 있었는지 알려지지 않았다.

Andrews(1971)는 32명의 고등학교 부진 남학생들의 연구에 있어서 행동주의적 접근과 내담자 중심의 접근을 비교하였다. 행동주의적 접근은 내담자 중심 접근에 비교하였을 때 불안에 있어서 유의한 수준의 감소를 보였다. 그러나 두 집단 모두 학업성취의 증가를 보이진 않았다.

Hussain(1971)은 부진에 대한 다양한 행동주의적이고 전통적인 관점 중심의 집단치료 방법의 결과에 대해서 연구하였다. 그녀의 연구 대상자들은 독서에 있어서 심각하게 낮은 등급에 있는 초등학교 4학년, 5학년의 학생들이다. 그녀는 8개의 과목을 고정비율 언어 및 토큰강화 집단, 독서 연습 집단, 행동수정(작업완성) 집단, 전통적인 집단치료 그리고 무처치 통제집단에 적용하였다. 그녀는 독서 성취 또는 학업성취에 있어서 어떤 집단 간 차이점도 발견하지 못했다.

Sawyer(1974)는 44명의 중학교 1학년 부진아의 성취와 자아개념에 있어서 어떤 차별적인 효과를 발견할 수 있는 일련의 처치방법을 비교하였다. 그녀는 대상을

① 통제(무처치), ② 토큰강화 그리고 ③ 모델링 집단으로 구분하였다. 집단 2의 집단원들은 교사로부터 직접적인 강화와 두 과목의 일부분으로서 상담자로부터 부수적 강화(자유시간 및 사탕)를 받았다. 집단 3의 집단원들은 성취에 대한 비디오를 5분씩 끊어 시청하고 시청 후 25분씩 토론을 하였다. 전 연구 결과에서와 마찬가지로, 유의한 집단 차이가 발견되지 않았다. 그러나 집단 2(토큰강화)에서는 약간의 자아개념 변화가 발생하였다.

Lowe와 McLaughlin(1974)은 30명으로 이루어진 4학년 남학생을 가르치는 고등학교 교생들이 실시하는 두 개의 행동주의적 접근(언어 강화와 호손 조건 통제)을 비교하였다. 언어 강화 집단은 호손(Hawthorne) 통제집단과 무처치 통제집단과의 비교에서보다 유의한 향상을 보여 주었다.

Hawkins(1974)는 9세, 10세, 11세의 남자 품행장애 부진아들의 부적응적인 학급 행동에 대한 다양한 행동주의적 접근의 효과를 연구하였다. Hawkins는 학생들을 긍정적 강화, 보상 또는 기초선(무처치) 집단으로 분류하였다. 보상 집단은 학급 행동과 학업성취에 있어서 가장 유의한 긍정적 변화를 보여 주었다. 두 개의 행동주의적 접근 모두 유의한 긍정적 결과를 생성하였다. 이 연구는 품행장애 부진아들로 대상을 제한하여 성격 특성을 통제한 부진 사례의 몇 안 되는 연구 중의 하나이다. 연구 결과는 학급 행동과 학업 수행에서 모두 유의한 변화를 나타냈다.

Mitchell, Hall과 Piatkowska(1975b)는 94명의 똑똑한 부진 남자 대학생을 대상으로 행동주의적 접근을 사용하였다. 이들은 시험과 학교 불안 척도 점수는 매우 높으나, 학습 습관과 특정 학업기술에서는 매우 낮은 수준의 점수를 보이는 학생들이다. 이들은 모두 학업과 직업 목표 설정에 대한 소규모 구조화 집단 프로그램에 참가하였다. 94명의 학생은 둔감법, 이완훈련, 재교육훈련 또는 다양한 통제집단으로 분류되었다. 시험과 학교 불안 그리고 학습 습관과 기술에 대한 상담을 받는 학생들 중 93%가 프로그램의 후반부에서는 탈락(fail)에서 통과(pass)로 개선되었으며 73%의 학생이 이 같은 성취를 2년 동안 유지하였다.

Cheuvront(1975)는 80명의 부진 중고생들을 행동수정 훈련 집단, 플래시보 집단(즉, 훈련 없이 집단 진행), 무처치 통제집단에 배정하였다. 모든 집단에서 학업성취의 유의한 증가가 나타났다.

McLaughlin(1977)은 80명의 초등학교 6학년~중학교 3학년 학생들을 행동수정

집단, 행동수정+상담 집단, 학생들에게 부가적으로 출석을 요청한 플래시보 집단, 또는 무처치 통제집단에 배정하였다. 교사들과 부모들은 바라는 행위를 증대시키고 바라지 않는 행위를 감소시키기 위한 행동주의적 기술에 대한 4시간의 상담자 훈련을 받았다. 두 개의 처치 접근은 성취에 있어서 자아개념 및 태도에서 변화를 야기했다. 그러나 오로지 융합된 행위와 상담 접근은 학업성취에서 유의한 변화를 나타내었으며, 이 변화는 5개월 후에도 관찰되었다.

Decker(1978)는 시험불안 처치에 있어서 두 개의 행동주의적 접근을 비교하였다. 첫 번째 집단 참가자들은 cue-controlled relaxation(CCR) 훈련을 받았다. 이들은 용기를 내서 학습과 시험을 임하도록 고무되었다. 그들은 또 특별한 훈련과정을 이용하는 인식 재구성(cognitive restructuring: CR)의 도움을 받았다. 두 번째 집단은 통합적 목표설정(구조화되고 학습 습관에 초점이 맞추어진), 자각 향상시키기, 의사결정, 학과에 대한 긍정적 태도 고취를 위한 통합적 학업기술과 상담(SS+C) 접근이 시도되었다. 무처치 통제집단도 설정되었다. 두 처치집단은 일련의 자기보고에서 유의한 긍정적 변화를 보여 주었다. 그리고 이 같은 변화들은 후속 평가에서도 유지되었다. 유의한 결과를 나타내지 못한 한 가지 척도는 학업성취도이다.

학습부진 잠재연령기 아동들의 변화를 위한 행동주의적 접근을 다룬 또 다른 연구는 Cohen(1978)에 의해서 보고되었다. 7명을 대상으로 실시한 그의 연구는 자기조절 토큰강화법의 융합이 행동에 있어서 중요한 변화를 일으키지만, 성취 단계에서는 변화를 일으키지 않는다는 것을 발견하였다.

Zeeman(1982)은 다른 처치 조건 아래에서 이루어지는 사회적으로 소외된 학습부진 고등학생에 대한 연구를 하였다. 이 연구의 집단은 ① 정신분석 과정(인성 및 인간 발전), ② 개인 지도 계획(초등학생 가르치기), ③ 집단 1과 2의 조합 그리고 ④ 무처치 통제집단으로 구성되었다. 그는 모든 처치집단이 자아개념 점수에 있어서 유의한 증가를 보여 주었고, 집단 1에서의 증가가 가장 컸다고 보고했다. 집단 2의 집단원들은 통제집단원들보다 더 나은 학업 향상을 보여 주었던 반면, 집단 3의 집단원들은 그들의 학교 행동에 있어 일반적인 향상을 보여 주었다. 저자는 각 접근의 차별적인 기여를 강조함으로써 결론을 지었다.

부진아에 대한 참만남 집단(encounter group)과 관련 집단상담 접근 사이에 대한 비교 관련 자료가 보고되었다. Myrick과 Haight(1972)는 429명의 남녀 고등학교 부진아들(남녀 비율 3:1)을 성장 집단상담, 개인상담 그리고 무처치 통제집단으로 구분하였다. 성장 집단상담은 학교와 교사에 대한 만족과 같은 학교에 연관된 주제들과 미래에 대한 관심에 초점을 두었다. 상담 기간은 총 4주 동안에 일주일에 한 번씩 이루어졌다. 학업성취에서 세 집단 간에 어떠한 큰 차이도 나타나지 않았다. 그럼에도 불구하고 두 처치집단에서 교사의 평가는 유의한 향상을 나타냈다.

Stone(1972)은 부진 1학년 대학생의 학업기술 집단을 구조화하려는 시도를 하였다. 그러나 상담에 대한 그들의 부정적인 태도 때문에 부진 학생을 선발하는데 있어서 많은 어려움이 있었다. 그러나 결국은 상당한 흥미를 가진 학생들을 발견하였고, 남녀 부진 학생들을 ① 집단상담, ② 참만남 집단(encounter group marathon)으로 배정하였다. 집단 1은 6회기의 2시간 집단상담으로 이루어졌다. 집단 2(encounter group)은 한 회기의 6시간 동안 만나고 다시는 만나지 않는 것으로 설정했다. 집단 3은 무처치 통제집단이었다. 연구 결과, 학업성취에 대한 어떠한 유의한 집단 차이도 발견되지 않았다. 그럼에도 불구하고 상담을 받은 집단원들의 자아개념 점수에서 유의한 증가가 나타났다. 참만남(encounter) 집단의 치료 시간은 집단원들의 집단치료 경험의 절반에 해당하는 시간이었다. 그러나 더 긴 참만남(encounter) 집단 경험의 가치 또는 많은 회기의 참만남(encounter) 집단 경험의 가치는 앞으로 연구될 예정이다.

또 다른 영역의 비교 연구 조사는 상담(내적 요소에 초점을 맞춤)과 환경 조절(외적 요소에 초점을 맞춤) 사이에서 차별적인 효과를 관찰하는 것이다. Eller(1971)는 42명으로 구성된 부진 고등학생을 구별하여 그들을 무작위로 상담집단, 환경 조절 집단 또는 무처치집단에 배정하였다. 학생들은 그들이 성취, 사회경제적 척도 그리고 자아개념 척도에 비교된다는 것을 알도록 검사되었다. 상담집단은 주 단위의 비지시적인 집단에 한 학기 동안 지속적으로 참여하였다. 환경 조절 집단에 속한 학생들에게는 자가해결 부진 체크리스트를 완성하는 환경 해결 프로그램을 실시하였다. 이 같은 환경 조절은 독서학습, 개인적인 교습, 교사와의 회의, 시간표와 수업 계획을 변경하는 것, 학습 습관 재수정 그리고 부모 참여를 포함한다. Eller는 학업성취도 변화에 있어서 세 집단 사이에 어떤 유의한 차이도 발견하지 못했다. 그럼에도 불구하고 상담집단은 자아개념에 있어서 유의한 증가를 보여 주었다.

다양한 상담 접근과 독서교육(각각 거의 14시간 지속됨)을 사용한 Teigland, Winkler, Munger와 Kranzler(1965)는 121명의 부진 초등학생의 학업성취에서의 유의한 변화를 보고하지 못했다.

Eckhardt(1975)는 부진아의 학업성취 또는 자아개념에서의 처치와 어떤 관찰할 수 있는 변화 사이의 시간을 고려한 고학년 초등학생들에 대한 연구를 체계화했다. 그녀는 집단을 ① 64회기 집단상담, ② 무처치 통제집단 그리고 ③ 학습장애 집단으로 분류하였다. 그녀는 집단 ① 또는 ③의 구성원들의 학업성취에 있어 어떤 유의한 변화를 발견하지 못했다. 통제집단은 사실상 유의한 증가를 보였으나, 세 달 동안 세 집단 각각의 평가에서는 어떤 변화도 보여 주지 못했다. 이 연구에서는 어떤 자아개념의 변화도 얻어지지 않았다.

Barcai, Umbarger, Thomas와 Chamberlain(1973)은 사회경제적으로 낮은 계층의 초등학교 4, 5학년 부진아 62명을 집단상담, 집단 보충학습, 예술 활동 집단에 나누어 참여시켰다. 학급환경 요소와 처치 접근과 연관한 변별적인 효과(학업성취의 변화를 포함해서)가 나타났다. 이 결과는 후에 Barcai와 Dreman(1976)에 의해 보고되었다.

Doyle(1978)은 66명의 중학교 3학년 부진 학생을 대상으로 성취 수준의 변화를 보기 위해 소규모의 집단상담과 교사가 직접 중재한 것을 비교하였다. 소규모 집단상담은 30회기를 시행했으며, 한 회기는 50분으로 구성되었다. 비구조화 집단이었으며, 상담의 초점은 현재 학생들의 관심이었다. 교사 개입을 시도한 집단은 교사가 직접 이끌었다는 점만 제외하면 첫 번째 집단에서와 비슷하게 150회의 회기에 참여했다. 양쪽 처치집단은 모두 자아존중감 측정과 성적에서 유의한 증가를 보였다. 또한 양쪽 집단의 학생들은 무처치 통제집단의 학생에 비해 유의하게 높은 점수로 중학교 3학년을 졸업하였다.

Valine(1974)은 초등학교 1학년 부진 학생들을 즉시적인 비디오 피드백을 받는 집단, 지연된 비디오 피드백을 받는 집단, 비디오 피드백을 받지 않은 집단, 무처치 통제집단으로 배치하고 비디오를 보여 주었다. 대략 2/3가 비디오 피드백이 집단 토의를 활성화시키는 데 도움이 된다고 보고했다. 학업 수행에 관한 측정은 사용되지 않았다.

Sharma(1975)는 합리-정서 집단 접근의 효과성을 측정하기 위해 불안을 느끼는 84명의 부진 고등학생을 대상으로 하여 합리-정서 집단, 합리적 사고 집단, 학업기술 집단, 무처치 통제집단으로 할당하여 연구하였다. 연구 가설은 불안을 심하게 느끼는 부진아들이 그들과 학교에 대해 비합리적인 신념들을 무비판적으로 받아들일 것이며, 이러한 신념들은 효과적인 학업 수행을 방해할 것이라고 설정되었다. 예상한 대로, 합리-정서 집단상담을 한 표본의 불안을 느끼는 부진아는 '비합리적인' 신념에서 유의한 감소를 보였다. 5개월 후의 추수 작업에서 이 학생은 유의하게 높은 성적을 보였다. 따라서 부진아의 구체적인 유형을 판별하는 것(불안을 심하게 느끼는 부진아의 사례)과 이러한 학생들의 개인적인 욕구나 특징들을 반영하는 접근을 허용하는 것은 성격 특성과 성취에 있어 중요한 변화를 갖고 온다. 우리는 제9장에서 우리가 직접 실시한 연구와 비슷한 연구물들을 살펴볼 것이다.

Rodick과 Henggeler(1980)는 대도시 중심부의 중학교 1학년 저성취 흑인 학생 56명을 대상으로 연구했다. 사용된 접근은 읽기 기술에 대한 동기부여, 부모와 함께 가정환경을 재구조화하는 것, 표준적인 읽기 접근 그리고 무처치 통제집단이었다. 처음의 두 집단의 학생들은 학업 기술과 성취동기에 있어 유의한 증가를 보였다.

대부분의 연구는 개입을 통해 학업 수준의 변화를 보이려고 시도하고 있다. 한 연구는 부진아와 고성취아의 스트레스 수준에 따라 문제해결 기술이 어떻게 달라지는지를 연구하였다. Rollins와 Calder(1975)는 12명의 부진 남아와 10명의 고성취아 고등학교 1학년 남학생들을 대상으로 연구했다. 그들은 부진 집단과 과진 집단으로 나누어 연구를 실시하였는데, 학생과 부모들은 성공 혹은 실패 스트레스 상황에 노출되었다. 스트레스 수준이 높아졌을 때, 부진아들은 문제 해결의 유연성이 떨어지는 경향을 보였다. 반면, 고성취아들은 이러한 능력이 증가되는 경향을 보였다. Rollins와 Calder에 의하면, 부진아들은 개인적으로 더 불편감을 느끼고 있기 때문에 적절성 지각에도 차이가 난다.

Gerler, Kenny와 Anderson(1985)은 초등학교 3, 4학년 부진아들을 대상으로 중다양식 접근의 집단상담을 적용하였다. 중다양식 접근은 개인과 집단 처치를 결합하며, 행동적이고, 정서적이고, 감각적이고, 인지적이고, 대인관계 차원의 중요성을 강조했다. 24명의 부진아가 이 다양한 형태의 접근법을 경험했고, 24명의 짝지어진 다른 부진아는 무처치 통제집단에 참가했다. 학생들의 성적과 학습 행동의 지각은 중다양식 접근 집단에서 유의하게 증가하였다. 다양한 형태의 접근에서 각각의 요소는 변별적으로 다양한 유형의 부진 학생에게 영향을 주었을 것이라고 가정할 수 있다. 이 절에서 확인할 수 있는 것은 어떤 단일한 처치만이 효과있다고 단정하기 어렵다는 것이다.

◆ 다양한 프로그램의 성과

일부 연구는 비전통적인 접근법을 사용해서 성취 유형을 바꾸려고 시도하고 있다. 예를 들어, Nemecek(1972)은 39명의 부진 대학생을 대상으로 학습 패턴을 바꾸기 위한 도구로써 자아실현과 성취라는 주제에 초점을 맞추어 잠재력 향상 세미나를 사용하였으나, 성적의 변화가 없었다. Stimpson과 Pedersen(1970)은 부진 고등학생들을 대상으로 자아존중감을 높이기 위해 생존훈련을 사용하였다. 8명은 자기평가와 부모와 또래에 대한 평가에서 유의한 변화를 보였다. 이 연구에서 성적은 사용되지 않았다.

Biggs와 Felton(1973)은 79명의 부진 남녀 대학생을 대상으로 성취동기 과정을 적용하여 불안 패턴을 바꾸려고 시도했고, 성취검사는 사용되지 않았다. 여자 대학생들은 이 과정의 결과로 불안 점수가 유의하게 낮아졌지만, 남자 대학생들은 그렇지 않았다. 또한 불안 수준이 높은 부진 학생들에게는 불안이 감소되었지만, 불안 수준이 낮은 부진 학생들에게는 변화가 관찰되지 않았다.

McCurdy, Ciucevich와 Walker(1977)는 행동문제를 가진 12명의 중학교 1학년 부진 학생을 대상으로 인간관계 훈련 프로그램을 시행하였다. 9명만이 과정을 이수하였지만, 그들의 자아존중감에는 긍정적인 변화를 보였다. 성적은 사용되지 않았다. Rocks(1985)는 30명의 교사와 60명의 부진 고등학생을 대상으로 대인관계 기술훈련을 시행한 결과, 성적에서 유의한 변화가 없었고, 학생들의 출석이나 태도 또한 바꾸지 못했다고 보고했다. Duclos(1976) 역시 36명의 부진 신입 여대생을 대상으로 체계적인 인간관계 훈련을 시행했다. 프로그램의 결과, 학업성취에는 변화가 없었다. 30시간의 구조화된 사회화가 캐나다의 학습부진 남자 고등학생 28명을 대상으로 시행되었다(Claes, 1976). 자기평가에서 긍정적인 증가가 실험집단에서 보고되었고, 개인적인 목적을 현실적으로 계획하는 학생들의 자발성 또한 증가시켰다. 성적은 사용되지 않았다.

Rawson(1973)은 24명의 부진과 행동문제를 가진 학생들을 대상으로 여름캠프 교육 경험(학업 치료교육을 포함해서)을 조직했다. 프로그램은 교사에 의해 운영되었다. 성공적인 활동을 위해 필요한 요소인 집단 의존 활동이 모든 집단원에게 강조되었다. 성적, 그리고 또래와 교사에 대한 태도가 유의하게 증가되었다. 부진아에 대한 학문적 격려 역시 대학 수준에서 사용되어 오고 있다(MacGuire & Noble, 1973). 사전-사후 성적에서 실험집단과 통제집단 간에 차이는 없었다.

Darrell과 Wheeler(1984)는 예술치료는 12명의 중학교 2학년 부진 학생을 대상으로 한 연구에서 태도와 자기지각을 바꾸는 효과적인 방법이었다고 보고했다.

단회상담 역시 성취 유형을 바꾸기 위하여 사용되었다(Long, 1967). 이 회기는 학업성취, 특정한 문제에 대한 판별, 학업 수행에서 개인적으로 어려움을 겪는 부분에 대한 잠재적인 영향력에 대한 논의와 관련된 학생의 능력에 대한 피드백과 관련된 정보의 원천에 의뢰하는 것을 포함한다. 유의한 결과는 보고되지 않았고, 장기간의 상담이 추천되었다.

Thompson, Griebstein과 Kuhlenschmidt(1980)는 불안을 느끼는 19명의 부진 신입 여대생을 대상으로 바이오피드백과 완화 훈련을 시행하였다. 실험집단의 성적에서 긍정적인 변화가 있었고, 부진아의 특정한 유형에 대해 그러한 접근이 가치가 있음을 보여 주었다.

요약하자면, 비전통적인 접근은 부진아들에게 광범위하게 사용되어 왔다. 이것은 인간의 잠재성 세미나, 생존훈련, 동기 과정과 고양, 인간관계 훈련, 여름캠프, 예술치료, 단회상담, 자기제어와 완화 훈련 등을 포함한다. 연구 대상의 나이가 너무나 다양하고, 각각의 접근에 대한 연구물이 너무나 적기 때문에 결과를 평가하기는 어렵다. 또한 모든 연구가 변화를 측정하기 위해 실제적인 성적을 사용하지도 않았으며, 사용된 도구 또한 너무나 다양했다. 일반적으로, 이러한 비전통적인 방법을 사용한 연구 결과는 전통적인 방법을 사용한 결과에 비해서 아직까지는 설득적이지 않다.

✹ 교사, 부모, 또래인 부진아 치료자의 역할 효과연구

어떤 학자들은 부진아의 성취 패턴을 변화시키기 위해 교사, 부모, 또래들의 도움을 받았다. Birr(1969)는 60명의 중학교 부진 학생의 부모와 교사를 활용하였다. 7회기의 집단 모임을 통해 30명의 부진 학생의 부모들에게 자녀의 자아개념 능력을 높이기 위한 방법이 제공되었다. 50명의 교사는 두 번째 30명의 부진 학생의 자아개념을 촉진시키도록 요구받았고, 통제집단은 부모교육이나 교사 개입 모두 받지 않는 다른 30명의 부진아로 구성되었다. 처치 후 학업성취에서는 유의한 차이가 없었다.

Horowitz(1967)는 36명의 부진과 행동문제를 가진 남자 초등학생(2~4학년)을 대상으로 그들의 부모들에게 행동주의적 처치 접근을 훈련시켰다. 훈련받은 부모들은 과잉 행동이 있는 위축된 아동들에게 긍정적인 영향을 주었으나, 행동문제를 보이지 않는 부진아의 경우에는 부모의 개입이 없었을 때 오히려 더욱 잘 수행하였다. Enzer(1975)는 2명의 부진 아동을 대상으로 한 행동주의적 접근 연구에서 치료자로서 부모를 개입시키는 비슷한 방법을 사용하였다.

많은 연구는 또래상담을 도입하였다. Vriend(1969)는 대도시 중심부의 고등학교 2학년 부진 학생 48명을 대상으로 연구한 결과, 또래 학습 집단은 성적, 사회 기술, 기대를 유의하게 향상시킨다는 것을 발견했다. 그러나 Bridges(1972)는 52명의 학습부진 대학 신입생을 대상으로 연구한 결과, 또래가 촉진하는 소집단에서는 유의한 성적 향상이 없었다는 것을 발견했다. Pigott, Fantuzzo, Heggie와 Clement(1984)는 모델로써 또래를 이용한 비슷한 연구를 하였는데, 그들은 학생들에 의해 시행된 집단 강화 프로그램(group-oriented contingency program)을 도입하였다. 이 연구 결과, 학생들의 수학 성취에서는 유의한 증가를 보였지만, 추수 자료에서는 별로 효과가 없었다. 수학에서의 학업성취 점수는 기초선보다는 높았지만, 지속적인 증진은 보이지 못했다. Bost(1984) 역시 67명의 학습부진 대학 신입생을 시간 관리 또래상담에 참여시킨 결과, 유의한 학업성취를 보였다고 보고했다. Wolfe, Fantuzzo와 Wolter(1984)는 15명의 초등학교 5, 6학년 부진 학생의 산수 점수에서 상호 또래 관리와 집단 작업(group contingency)에서 성공적인 결과를 보고했다.

많은 연구자는 부진아의 도우미로 다른 부진아들을 기용했다. Erickson과 Cromack(1972)은 12명의 학습부진 중학교 1학년 남학생에게 같은 수의 초등학교 3학년 부진 남학생들을 가르치게 했는데, 변화는 짝지어진 교우에 따라 비교되었다. 가르친 학생과 가르침을 받은 학생 모두가 유의한 학업 증가를 보였다. 비슷한 연구 결과가 고등학교 1학년 부진 학생을 대상으로 Allen과 Feldman(1973)이 실시한 개별 교수 연구에서도 나타났다. Bar-Eli와 Raviv(1982)는 수학을 잘 하지 못하는 초등학교 5~6학년 부진 남학생이 같은 수의 역시 수학을 잘 하지 못하는 2학년 학생을 가르치도록 조직하였다. 양쪽 집단 모두 4개월이 지난 후 유의한 학업 증가를 보였고, 5~6학년 교사 역할을 한 학생 또한 전체 학업에서 유의한 증가를 나타내었다.

다른 연구자들은 정신건강과 행동 문제로 곤란을 겪고 있다고 판별된 어린 학생들에 대한 부진아의 영향을 연구하고 있다. McWilliams와 Finkel(1973)은 23명의 초등학교 1~3학년 문제 학생에게 도움을 주는 데 15명의 부진 고등학생을 기용하였고 초등학생들에게 긍정적인 결과가 나타났다. Tefft와 Kloba(1981)는 16명의 부진 고등학생을 20명의 과잉 행동 혹은 수줍음을 많이 느끼는 초등학생과 짝지어 주는 비슷한 연구를 시행하였다.

요약하면, 비전문적인 치료자를 기용한 상담 프로그램과 접근들은 부진 학생들의 학업 증가에 유의한 증가를 보인다. 모든 연구가 이러한 결과를 뒷받침해 주지는 않지만 말이다. 변화의 시행자로서 부모나 교사를 이용한 연구는 문헌에서 찾아보기 힘들며, 그 결과 또한 뚜렷하지 않다.

● 튜터링 혹은 학습기술 훈련

Olsen(1969)은 60명의 2~4학년 초등학생을 대상으로 심화 튜터링 프로그램을 시행해서 자아개념, 성취, 지능의 변화를 연구하였다. 30명의 학생이 참가하였고, 30명의 다른 학생은 무처치 통제집단으로 할당되었다. 측정도구는 쿠퍼스미스 자아존중감검사(Coopersmith Self-Esteem Inventory), 캘리포니아 성취검사(California Achievement Test), California Short-Form Test of Mental Maturity였다. 검사는 모든 프로그램의 사전과 사후에 시행되었다. 전체적으로, Olsen은 프로그램의 시행으로 인하여 실험집단과 무처치 통제집단 간에 자아개념, 성취 점수, 지능에 변화가 없었다는 것을 발견했다. Olsen은 실험집단에서 특정한 학년 수준에서 약간의 차이를 보고했다. 예를 들어, 실험집단의 4학년은 통제집단 학생보다 사회 자아개념이 높은 것으로 나타난 반면, 2학년 수준의 개인지도를 받은 학생들은 언어 성취 점수에서 유의하게 높게 나타났다. 3학년 실험집단 구성원들은 무처치 통제집단의 구성원에 비해 산수 성취에서 높은 점수를 보였다. 또한 교사는 개인지도를 받은 학생들을 자신감, 자기태도, 자기가치감에 있어 긍정적으로 평가했으며, 공부 습관, 학업 수행, 읽기에서도 발전을 보였다고 평가했다.

Shaver와 Nuhn(1971)은 초등학교 4학년, 중학교 1학년, 고등학교 1학년 부진 학생의 읽기, 쓰기의 개인지도 영향을 연구하였다. 부진은 교육진전도 검사(Sequential Tests of Educational Progress: STEP)와 심리성숙척도(California Test of Mental Maturity)를 사용해서 통계적으로 정의되었다. 개인지도의 효과는 통제집단과 비교해서 3개 학년 모두에서 유의한 증가를 보였을 뿐만 아니라, 이러한 결과는 2년 후의 추수 작업에서 개인지도를 받은 중학교 1학년과 고등학교 1학년 학생에게 지속되는 것으로 보고되었다.

Haggerty(1971)는 더 어린 학생들의 멘토로서 부진아들이 참여하는 처치에 대해 비교해 보았다. 대상은 고등학교 1, 2학년 부진 남학생들이었으며, 각각은 집단상담, 개별멘토, 무처치 통제집단으로 할당되었다. 상담을 한 집단은 매주 만났으며, 학교, 친구, 미래 목표, 교사, 부모, 다른 사람과의 문제에 초점을 두고 있었다. 개별멘토를 하는 집단은 주 2회 만났는데, 초등학생의 멘토 역할을 맡은 부진 고등학생들은 학업성취, 자아개념에서 유의한 증가를 보이며 가장 발전된 모습을 보였다. 상담을 받은 집단은 자기수용에서는 유의한 증가를 보였지만 자아개념이나 학업성취에서는 그렇지 않았다. 게다가 학교에 대한 그들의 태도는 처치 기간 동안 더욱 나빠졌다.

Pigott, Fantuzzo와 Clement(1986)는 12명의 부진 초등학교 5학년 학생을 대상으로 수학교과에서 집단 강화와 결합된 또래교수의 효과를 연구하였다. 프로그램 실시 후, 또래교수를 받은 학생들의 수학 성적은 또래교수를 받지 않은 학생들의 점수와 같았다. 이러한 학업 결과는 12주 후의 추수 작업에서도 유지되었다. 프로그램이 끝난 후에도 또래교수를 받은 학생들은 다른 또래교수를 받은 학생들과 친밀도가 증가했다고 보고했다.

이러한 연구는 부진아를 튜터링하거나 부진아가 튜터로 참여하는 것이 부진아의 학업 수행과 특정 사회 특성에 긍정적인 영향을 끼친다는 점을 지지해 주고 있으며, 이에 따른 변화는 훈련 기간을 지나서도 지속될 것이다. 그러나 이러한 연구는 어떠한 부진아들이 어떠한 접근에서 최대한의 성과를 거두고, 어떠한 유형이 이러한 성과를 유지하려는지에 대해서는 탐색하지 않았다.

많은 연구자가 학습기술 훈련과 학습부진을 고찰했다. Foreman(1969)은 45명의 똑똑한 부진 대학생(Quick Word Test와 성적에 의해 판별된)을 대상으로 학습기술 체제인 Robinson의 SQ3R(Survey, Question, Read, Recite, and Review)을 적용하여 연구를 실시하였다. 그 결과, 혼합된 학습기술과 자기강화 프로그램이 Nelson-Denny Reading Test, Survey of Study Habits and Attitudes, Test of Information About the Library 그리고 Study Habits Checklist를 포함한 결과 측정에서 엄청난 증가를 낳았다. 오로지 학습기술 프로그램만을 받았던 부진아들 또한 성과를 보여 주었다. 그러나 이들은 혼합된 프로그램에 참여한 사람들보다는 높은 성과를 보여주지 못했다. 무처치 통제집단에 속한 부진아들은 시간이 지나도 변화를 보여 주지 못했다. Foreman이 추측컨대, 유의한 학업성취 결과와 포함하여 긍정적인 결과들은 아마도 처치의 혼합과 표본의 동기 수준이 눈에 띌 정도로 높았다는 것에 기인한 것이었을지 모른다. 왜냐하면 그녀의 결과들은 이전에 보고된 연구들보다 더 긍정적이었기 때문이다.

McQuaid(1971)는 108명의 중학교 2학년 부진아와 함께 학습기술 프로그램을 평가하고 개발했다. 이들은 Otis Quick-Scoring Mental Ability Test(Beta)와 Iowa Tests of Basic Skills의 사용을 통해 판명된 학생들이다. 사전-사후검사에는 교육 진전도에 대한 연속적인 검사들과 듣기검사, 태도 변별 검사, Clerical Speed와 정확도 검사 그리고 연구를 위해 특별히 구성된 성취도 검사들이 있다. 게다가 교사와 학생의 평가가 수집되었다. 54명의 부진아가 두 집단으로 이루어졌는데, 한 집단은 학습기술 처치집단으로, 다른 집단은 무처치 통제집단으로 설계되었다. 연구 결과에 따르면, 실험집단은 시각 자료(graphic aids), 신문, 읽기 그리고 독서 기술에서 긍정적인 증가를 보였다. 듣기 능력에서는 적은 증가를 보였고, 알파벳 능력에서는 유의한 차이가 없었다. 그리고 각각 두 집단 간에도 유의한 차이가 없었다.

집단 강화 상담 기술을 사용함으로써 Altmann, Conklin과 Hughes(1972)는 중학교 3학년 부진아들에게 학습기술 훈련을 실시했다. 본래 74명의 학생과 접촉을 했는데, 그중 44명이 이 연구에 자발적으로 하겠다고 지원을 했고, 30명은 비자발적이었다. 성취도 검사인 경우, 자발적으로 지원했던 부진아들에게는 프로그램이 분명히 효과적이었다. 학습기술 상담 대신에 학습 안내를 받았던 비자발적인 부진아들 역시 성취도에 있어 증가를 보였다. 이러한 결과는 아마도 두 피험자 집단의 동기 수준 차이로 인해 생겼을 것이다.

Elder(1974)는 SAT 점수와 GPA 점수로 판별된 부진 대학 신입생(391명) 두 집단을 연구했다. 50명의 처치집단은 치료적 읽기와 학습방법 과정에 등록해서 수료한 학생들로 구성되었다. 반면, 통제집단은 특별한 처치를 받지 않았던 315명의 부진 학생들로 이루어졌다. 실험집단의 학생들이 예상했던 것보다 상당히 유의할 정도로 GPA에서 높은 점수를 얻었다. Elder는 각각의 집단에서 어떠한 판별도 하지 못했다.

Robin, Martello, Foxx와 Archable(1977)은 부진 대학생들의 노트 필기 능력을 향상시키기 위한 체계적인 행동 절차를 활용했다. 12명의 부진 학생은 두 개의 처치집단으로 나누어졌는데, 모두 동일한 필기 능력 향상훈련을 받았으며, 나머지 6명의 부진 학생은 무처치 통제집단으로 할당되었다. 처치로는 "모델링, 집중력 훈련, 실습, 촉진, 행동조형(보상), 페이딩(개입, 철회), 긍정적인 피드백"(Robin, Martello, Foxx, & Archable, 1977)이 있었다. 처치를 받은 피험자들은 필기 능력에서 유의한 증가를 보였다.

Crittenden, Kaplan과 Heim(1984)은 초등학교에서 고등학교에 걸쳐 16명의 부진아의 학업 수행을 향상시키기 위한 학습기술 작문훈련을 프로그램과 시행했다. 측정도구로는 학습기술척도(Cornell Learning and Study Skills Inventory), 피어스-해리스 아동용 자아개념 척도(Piers-Harris Children's Self Concept Scale), Picture Story Language Test 그리고 개인정보와 지적 수준에 대한 정보와 관련된 질문지들이 있다. 학습을 받았던 작문 능력에서 주목할 만한 향상이 있었다. 그러나 학습하지 않았던 영역에서는 어떠한 향상도 볼 수 없었다. 대체로 남학생들이 학습기술 프로그램에서 더 많은 점수를 얻었고, 여학생들은 작문에서 더 많은 향상을 보였다. 그리고 더 어린 피험자들은 가장 급속한 능력 향상을 보였다. 일반적으로 학회지에 실린 수많은 연구들처럼 아쉽게도 집단 내적인 차이에 대한 정보는 제공되지 않았다.

부진아들의 학습기술을 향상시키기 위한 프로그램들은 특히 다른 접근들과 함께 쓰일 때 긍정적인 결과를 낳는다고 한다. 그러나 인용된 어떠한 연구들도 부진아들 간의 유사점과 차이점을 주의 깊게 살펴보지 않고 있으며, 다양한 유형의 부진아들에 대한 다양한 학습기술의 잠재적 영향력도 고찰하지 못하고 있다.

◆ 부진아에 대한 감별 진단 및 처치

부진아들이 감별 진단과 처치를 필요로 하는 이질집단이라고 여겼던 연구는 거의 없었다. 부진아에 대한 동질적인 개념을 갖고 출발했던 몇몇 연구자마저 모든 설명 가능한 표집들의 이질성을 분명히 제안하는 연구 결과들을 토대로 자신들의 관점을 수정했다. 이러한 연구들을 이 절에서 요약 정리하고자 한다.

Gilbreath(1967)는 부진 대학생들의 의존성에 대한 쟁점을 고찰하면서 비교 집단상담을 보고했다. 집단들은 두 가지 유형으로 이루어졌는데, 리더 구조화(LS)와 집단 구조화(GS)가 그것이다. 96명의 부진 남학생은 두 가지 집단 접근으로 나뉘었다. 부진 학생들은 의존성 대 독립성의 정도에 따라서 범주화되었다. Gilbreath에 따르면, 부진 학생들은 의존성이 높을 때 리더가 이끄는 구조화 집단인 경우 학업성취에 있어 유의한 변화를 보였다. 반대로 독립성이 높은 부진 집단인 경우, 집단으로 구조화된 경우에 학업성취에서 유의한 증가를 보였다는 것을 알았다. 달리 말해, 부진 집단 내에서 차별적 처치를 함으로써 Gilbreath는 다양한 처치 접근에 따른 효과성을 밝혀낼 수 있었다.

이와 똑같은 80명의 부진아를 3년간 추후 연구한 Chestnut과 Gilbreath(1969)는 LS, GS 그리고 통제집단들의 학업성취에 있어 아무런 차이점을 발견할 수 없었다. 그러나 흥미롭게도, 이 연구자들은 계속적으로 학업성취의 유의한 차이를 지니는 특정한 하나의 하위집단을 발견하였다. 즉, 3년이 지나서조차 LS상담을 받는 고의존 부진아들은 GS상담을 받은 고의존 부진아들보다 더 높은 학업성취를 나타내었다. 또한 이 연구자들은 자신의 연구를 거듭하면서 초기의 결과를 확신했다

(Gilbreath, 1968).

Gilbreath(1971)는 상담을 받았을 때 아무런 반응이 없었던 비교집단과 동기가 높은 부진 남자 대학생 집단을 비교하였다. 그에 따르면 상담이 없이도 동기가 높은 집단은 학업성취에 있어 유의한 증가를 보였으며, 이러한 증가는 두 학기에 걸쳐 지속되었고, 변화과정과 부진에서의 동기의 역할을 부각시킨 셈이다.

Allen(1975)은 부진아들의 유형을 감별해 주는 다양한 행동 범주를 검사하기 위해 학생행동검사(Student Behavior Inventory: SBI)를 만들었다. 연구 초기 단계에서 교사들이 SBI를 사용하여 부진아 518명의 행동을 평정하였다. 그러고 나서 그는 초등학생에서 고등학생에 걸쳐 4,089명의 학생들에게 이를 시행함으로써 SBI를 더욱 정교화하였는데, 여기서 차이를 나타내 주는 네 가지 요인을 알아냈다. 즉, 공격성, 고립, 불안 그리고 활동성이 그것이다. Allen는 이러한 요인들을 분석하여 그것들이 뚜렷하면서도 차별적인 행동을 보여 줌을 발견하였다. 초등학교 6학년에서 유의하게 감소하는 모든 요인의 평균을 제외하고, 각 요인의 평균점수는 4학년에서 중학교 2학년 사이에 유의하게 증가하였다. 네 가지 요인 모두에서 높은 점수를 얻은 집단은 부진 집단이었다. 성별은 4, 5학년 학생들의 평균점수에 영향을 미치지 않았으나, 부진 집단과 일반적 성취 집단의 초등학교 6학년~중학교 2학년 학생들의 평균점수에는 모두 영향을 미친 것으로 나타났다. 부진을 가장 잘 예측하는 요인은 고립이었다. Allen의 네 가지 요인은 DSM-III의 네 가지 부진 감별진단과 연관성을 가지며, 자세한 내용은 제10장에서 제14장까지에서 다뤄질 것이다.

Krouse와 Krouse(1981)는 부진 학생을 위한 중다유형이론(multimodal theory)을 제안하였다. 그들은 부진이 학업성취를 방해하는 학업기술 결함(낮은 자기통제 및 자기훈련), (시간 관리에 영향을 미치는) 자기모니터링 기술 그리고 (성격 특성을 포함하는) 정서적 요인들 간의 복잡한 상호작용의 결과로 이해되어야 한다고 주장하였다. 동일한 모델은 아니지만, Ludwig(1981) 또한 부진 학생들에 대한 차별적인 설명과 감별진단을 제안하였다.

중학교 수준에서 부진과 우울의 관계를 살펴본 Seagull과 Weinshank(1984)의 연구에서 그들은 교사들에게 평정척도를 활용하여 우울감을 가지고 있다고 생각되는 부진 학생들을 선정하도록 하였다. 선정된 16명의 부진 학생을 기준으로 통제집단도 구성되었다. 연구자들은 우울감을 가지고 있는 부진 학생들이 일반적 성취 학생들에 비해 현저하게 높은 결석 및 지각률을 보인 것을 발견하였다. 또한 교사들은 실험집단의 학생들이 통제집단의 학생들보다 더 과제를 회피하고, 더 불안하고, 내성적이라고 보고하였다. 우울감이 있는 부진 학생들의 부모는 일반적 성취 학생들의 부모보다 자녀의 사회적 미숙함을 더 낮게 평가하였으며, 임상 전문가들은 우울감이 있는 부진 학생들이 일반적 성취 학생들에 비해 전반적인 감정(affect)이 별로 없다고 보고하였다. 우울감이 있는 부진 학생들의 부모들은 정규교육을 오랜 시간 받지 못하였으며, 자녀양육 과정에서 체벌을 사용할 확률이 높았다.

지난 20년간 부진 처치 관련 동향 및 주요 연구 결과를 종합하는 연구가 몇 차례 이루어져 왔다. Gurman(1969)은 인지치료, 목표 지향 치료 그리고 문제 해결과 같은 행동적 접근을 다루는 연구들이 더 많이 이루어져야 한다고 결론지으며, 전통적인 관점의 치료들과도 비교될 필요가 있다고 주장하였다. 그의 주장은 오늘날 전문 영역에 이러한 행동 및 인지 접근에 대한 긍정적인 연구가 증가하는 데 영향을 미쳤다.

또한 Gurman은 리더가 구성한 집단치료가 부진의 패턴을 변화시키는 데 효과적이었다고 주장하였다. 그는 관련 변수들을 구체적으로 기술하지 않은 부진 연구들을 비판하며, 특정 상담자 변인을 성취 변화에 영향을 미치는 변수로 보고하였다. 이와 더불어 Gurman은 부진 학생들의 학업성취 양상을 변화시키는 데 단기 상담의 효과가 저조함을 보고하였고, 연구 결과에 직접적인 영향을 미치는 부진의 다양한 정의방법과 개인 및 집단 치료의 적절한 결과 비교가 이루어지지 않았음을 비판하였다.

Bednar와 Weinberg(1970)는 대학 수준에서 얻어진 치료 결과에 집중하였다. 그들은 가장 효과적인 치료 접근은 구조적이고, 장기적이며, 학업적인 동시에 역학적인 치료로 높은 수준의 공감, 따뜻함, 진정성이 있는 것이라고 주장하였다. 그들은 또한 치료 효과를 극대화시키기 위해서는 상담을 제공한 23명의 부진 학생들의 특별한 요구에 부합하는 기술을 접목시켜야 한다는 것을 발견하였다.

Mitchell과 Piatkowska(1974a, 1974b)도 대학 수준(31명의 대학생)에서의 집단치료 효과를 살펴보았다. 그들은 상담자의 경험, 제공된 상담의 종류, 치료 구성 및 제공 시간, 치료목표 그리고 변하고자 하는 내담자의 의지와 치료에 대한 동기 수준과 같은 학업성취 관련 변수들을 알아보고자 하였다. 그들은 학업성취에 영향을 미치는 소수 변수들을 발견하였다.

Lowenstein(179, 1983a)은 부진 학생들을 대상으로 한 성공적인 프로그램은 몇 가지 접근을 종합하여 한번에 제공하는 특징이 있다고 결론지었다. 그녀는 부진 조기 판별 및 평가, 체계적 중재의 적용, 학부모 상담, 치료 접근과 함께 제공되는 개별 과외 그리고 부진 학생들과의 긍정적인 라포 유지를 위한 교사훈련 등의 중요성을 강조하였다.

Wilson(1986)은 상담자 개입이 초 · 중 · 고등학생 부진 집단의 성적에 미치는 영향을 살펴본 19편의 연구를 살펴보았다. 그 결과, Gurman과 마찬가지로 직접적이고 행동주의 기반 장기집단 프로그램이 학생들의 높은 성적과 관련이 있음을 발견하였다.

◆ 학습부진: 선행 연구들의 비판적 개관

선행 연구들에 대한 개관에서 확정적인 결론을 제시하기 어려운 이유는 다음과 같다.

① 부진의 다양한 정의
② 부진의 다양한 진단방법 및 분류기준
③ 다양한 개념을 활용하여 부진을 이해하고자 하며, 성격 특성을 측정하는 방법 또한 매우 다양하여 비교가 불가능함
④ (최근까지) 남성에게만 집중된 부진 연구
⑤ 부진아, 일반 성취아, 고성취아에 대한 불분명한 분류기준
⑥ 어머니-자녀에 집중된 가족관계 연구(특히 1960년대부터 1970년대에 이루어진 연구)
⑦ 부진 연구에서 연령 차이에 대한 부족한 고려(즉, 초등학생부터 대학생까지 존재할 수 있는 발달적 차이에 대한 고려가 이루어지지 않음)
⑧ 부진이 동질집단이라는 추측에 대한 근거 부족

⑨ 사회경제적 변인과 성취 행동 간의 혼재 효과

⑩ 일부 실험 연구에서 사용된 특정 접근의 불분명한 설명

⑪ 상담의 결과로 긍정적인 학업성취의 변화가 유지되지 않은 경우

⑫ 성취 행동의 변화에 따라 나타날 수 있는 성격 변화에 대한 근거 부족

이와 같이 다양한 어려움에도 불구하고 선행 연구들을 통해 주요 동향을 살펴볼 수 있다. 연구는 일관되지 않은 결과들을 설명하고 통합하는 데 단일한 학습부진 성격 유형이 존재하지 않는다는 우리의 가설이 적합하다는 것을 보여 준다. 제2부와 제3부에 소개된 이론과 연구를 정확하게 이해한 독자들이 제1부를 다시 읽는다면 이와 같은 다양한 결과를 종합할 수 있는 새로운 방법이 보일 것이다.

제2부

감별진단 모델

제2부에서는 우리의 연구와 임상 모델이 기반으로 하는 개념적 · 실제적 가정, 이론, 원리들을 제시하고 있다. 이 모델의 연구와 임상적 정확성이 진단면접과정과 절차에 기반을 두고 있기 때문에, 제4장에서는 면접 절차와 원리에 대하여 다룬다. 제5장에서는 감별진단 모델을 이해하는 이론적 틀(framework)을 제시한다. 이어 제6장에서는 우리의 임상 모델인 발달이론 모형(Developmental Theory Model), 즉 특정한 진단적 분류와 성격 발달 및 감별처치를 연계하는 것을 설명한다.

특히 제2부에서는 면접, 진단, 모델 개발에 대하여 독자들의 보다 깊은 이해를 도와서 이론적 기초를 잘 닦을 수 있도록 다양한 관련 자료를 제시한다.

제4장
진단면접

진단면접에 대한 이론, 철학, 개념 그리고 기술들은 심리학적 처치의 시작과 사실상 모든 심리치료 접근들의 과정에 걸쳐서 방대하고 상세한 문헌들을 만들어 내고 있다. 이 장에서 우리의 목표는 포괄적인 개요를 제공하는 것도 아니고 진단면접의 주된 흐름과 철저하게 다른 접근방법을 제시하는 것도 아니다. 그러나 우리는 특별한 설명이 필요한 면접 기술들을 다루고자 한다.

여기에서 추천하는 진단면접은 반구조화되고, 테이프에 녹음된 것(항상 내담자의 동의와 함께)이다. 테이프에 녹음하는 것의 가치는 중요하다. 그래서 다른 치료자들은 스스로 진단적 판단을 내릴 수 있다. 특히 만약 진단 결과가 연구 목적을 위해 사용되거나 해당 내담자와 관련하여 교육적 또는 임상적 결정을 위해 사용된다면 이러한 테이프 녹음은 중요해진다. 면접의 목적과 상황에 따라서 시간은 20분에서 한 시간 이상까지 길어질 수 있다. 일반적으로 우리는 30~45분이면 충분한 것으로 생각하고 있다. 만약 내담자에 관한 더 완벽한 그림을 얻기 위해서나 다른 임상적 이유로 인해서 시간이 더 필요하다면, 언제나 추가적인 시간은 더 주어질 수 있다.

면접 자료는 다양한 출처로부터 얻어질 수 있다. 한 가지는 내담자에 의해서 제공되는 확실한 정보이다. 그러나 이것은 내담자들의 정보가 충분히 정확하지 않으며, 내담자들이 의도적으로 사실을 알려 주지 않거나 왜곡하기 때문에 때때로 신뢰할 수 없기도 하다. 우리는 면접자의 역할은 최소한 진단면접의 목적을 위해서 유도된 정보와 같은 사실이나 거짓에 대해 판단을 내리지 않는 것이라고 생각한다. 사실, 만약 내담자가 제공한 특정 정보가 나중에 거짓이라고 발견된다면, 새로 제공된 정보가 어떻게 전체적인 그림을 바꾸는지에 대해 집중하기보다는, 왜 내담자가 특정 정보를 왜곡하려 했고, 이와 같은 사실이 내담자에 대해 어떠한 진단적인 의미를 내포하고 있는지에 대해 더욱 관심을 가져야 한다.

그러나 이끌어 낸 정보에 있어서도 진단면접자는 자기 자신, 가족, 학교, 우정 그리고 미래에 관한 내담자의 인식에 관심을 갖는다. 이러한 관점은 내담자의 인식에 포함된 정보들이 나중에 진실이든 거짓이든 간에 내담자가 면접자에게 말하려고 하는 것에 대한 정확하고 완전한 그림을 형성한다. 또한 이 인식은 다양한 방식으로 설명될 수 있다. 예를 들어, 내담자들이 자신의 상황을 인식하는 방식을 이야기할 수 있다. 그러나 그 이야기는 그 내담자가 세상을 인식하는 실제적인 방식이 아니라, 오히려 내담자들이 면접자가 어떠한 방식으로 세상을 인식하기를 원하는지를 나타낼 수 있다.

면접 데이터에서 세 번째로 중요한 출처는 면접 동안에 일어나는 관계에 대한 면접자의 관찰이다. 많은 면접자는 면접 이외에 내담자가 대인관계에 대해서 우려하는 중요한 대인관계 문제와 유형들을 보고서로부터 평가한다. 우리는 면접자가 가지고 있는 가장 강력한 자료의 일부는 면접 그 자체에서 진행되는 것이라고 믿는다. 면접자와 내담자 간의 관계는 항상 분명한 것이 아니라 테이프와 토론을 통해서 면접의 세부적으로 검토하여 종종 추론될 수 있으며, 이러한 관계는 면접자와 내담자가 같은 방에 들어가는 순간 시작해서 최소한 면접이 끝나고 내담자가 자리를 떠날 때까지 지속된다고 여겨진다.

시간이 제한된 공식화된 과정이 어떻게 오랜 기간 형성된 가족, 친구 또는 직장 동료 관계와 같은 맥락처럼 관계라고 생각될 수 있는지와 같은 질문들이 생겨날 수 있다. 결국 면접자와 내담자 간의 관계에 대한 역사는 없는 것이다. 아마도 둘 사이에서 공통의 관심사라고 할 만한 것이 거의 없으며, 최소한 내담자들은 자신이 왜 이 관계에 들어가야 하는지에 대한 뚜렷한 이유를 알지 못할 것이다. 우리는 이 질문에 다양한 방식으로 답할 수 있다.

면접 기술에 대한 많은 가이드와 방법은 내담자와의 관계 형성에 대한 필요성을 말한다. 보통, 면접자 역할에서 특정한 태도(사람으로서 내담자에 대해서 기꺼이 들으려 하고 받아들이려 하는 태도 등)를 통해서 이러한 관계가 성취될 수 있다. 이러한 종류의 관점은 만약 면접자가 특정한 방식으로 자신에 대해서 나타내려 하지 않는다면, 내담자와의 관계는 형성되지 않을 것이다. 만약 면접자가 원하는 것들이 내담자의 실제적인 정보라면, 이러한 방법들이 어느 정도 맞을 것이다. 그러나 면접자는 내담자의 생활 속에서 내담자의 관계 특성들에 대해 평가하려고 할 것이다.

내담자와의 관계를 형성하는 것이 필요하다고 주장하는 수많은 치료자의 통찰력과 기술들을 존중하지만, 우리는 이 관점이 내담자 또한 관계를 형성하기를 희망하고 기대하면서 관계를 시작할 것이라는 사실을 무시한다는 점에서 한쪽에 치우쳐 있다고 생각한다. 이 관계를 이루는 사람들 중 한 명이 정신건강 전문가라고 해서 그들이 관계의 존재와 부재 혹은 심지어 그 관계의 전체적인 성격을 정의한다고 의미하지는 않는다. 사실, 면접에서 진단적인 부분은 내담자들이 면접에서 말하는 기대, 필요 그리고 대인관계와 관련하여 밀고 당기는 것과 같은 것들에 대해 정확하게 평가하는 것이다. 우리는 내담자가 면접에 들어오는 것은 이미 특별한 종류의 관계를 기대하고 행동하는 것이라고 생각한다. 면접자가 이러한 관계를 만들려고 하지 않으면 내담자가 특별한 기대를 갖지 않을 것이라고 가정하는 것은 면접이나 관계에서 상당히 비현실적인 그림이다. 그러나 면접자가 할 수 있는 것은 내담자의 관계와 관련된 요구사항에 '방해가 되지' 않게 관계를 제공하는 것이다. 그래서 면접자와 내담자의 관계 속에서, 그러한 내담자의 요구사항들은 면접자에게 좀 더 명확해질 것이다.

우리는 또한 표본을 표집하는 통계의 추론들을 고려해야 한다. 대부분의 통계에서 전체 모집단을 추론하기 위해 적은 수의 표본을 사용한다. 특정한 상황에서 미로를 찾도록 훈련된 실험실 쥐에 관한 실험 연구는 적은 수의 표본에서 나오는 지속적이고 분명한 결과들을 통해 실험실 쥐의 전체 모집단으로 일반화할 수 있으며, 아마도 다른 유기체들도 이러한 과정을 통한 추정을 적용할 수 있을 것이다. 임의로 선정된 중산층 가정의 정치적 신념이나 선호 TV 프로그램에 관한 연구에서 무선 추출로 진행된 통계적 절차는 중산층 전체의 모집단으로 결론을 낼 수 있다는 추론이 가능해진다. 심지어 심리학에서도 원숭이 뇌의 특정 부분을 제거하고 그 결과로 어떤 행동을 관찰할 수 있는지와 같은 실험에서도 실험 결과는 해당 원숭이 종 모두에게도 일반화할 수 있다고 추론한다. 한 번의 실험에서 모든 원숭이의 뇌에 똑같은 수술을 진행한 것이 아니라고 해서 그 실험이 의미가 없다고 결론 내릴 수는 없다.

통계적 모형에서는, 접시에 애플파이 한 조각을 받은 사람은 이 조각으로부터 원래 파이 전체는 똑같은 재료로 만들어졌으며, 동그란 모양일 것이며(애플파이 조각의 가장자리에 있는 껍질의 휘어진 모양으로부터 추론하여), 다른 파이들도 이 조각처럼 생겼을 것이라고 추론하는 방식처럼 부분을 연구함으로써 전체를 추론한다. 표본을 표집하는 통계과정이 말이 된다는 기본 원리에 대한 인식 없이도 우리는 매일 이러한 종류의 생각을 당연하게 여긴다. 사실, 전체 모집단을 직접적으로 평가하는 것은 불가능하다는 것이 우선적으로 표본을 표집하는 이유이다.

아무리 면접이 사소하고, 순식간이고, 표면적이며, 또는 시간 제한이 있을지라도, 면접은 사실상 관계이고 여느 인간관계와 마찬가지로 상호작용적인 요인과 대인관계와 관련된 필요성들에 관한 연구이다. 저자들은 대인관계와 관련된 필요성과 상호작용의 성격은 상호작용이 공식적으로 관계로서 정의되지 않기 때문에 항상 존재한다고 믿는다. 확실히, 이 면접은 내담자와 다른 사람들의 상호작용 전집에서 나올수 있는 하나의 표집 사건으로 볼 수 있다. 이러한 표본으로부터 개인이 성격에 관한 근본적인 구조와 다른 상호작용에 대한 추론을 할 수 있다.

이제 어떻게 면접자가 30분에서 1시간 사이라는 제한적인 면접에서 제대로 진단적 판단을 할 수 있을까라는 질문이 생긴다. 이에 대한 대답은 진단은 석판에 새겨져서 바꿀 수 없는 계명이 아니라는 것이다. 진단은 단지 계속해서 점검할 수 있는 가설 그 이상도 (그 이하도) 아니며, 만약 새로운 데이터가 나타나면 바뀔 수 있는 대상이다. 많은 양의 데이터가 모일 때까지 진단적 판단을 내릴 수 없다고 주장하는 사람들은 데이터 수집 이후에 진단을 내려야 한다는 잘못된 추정을 하는 것이다. 사실, 데이터 수집은 진단 계획에 따라 결정된다. 그렇지 않으면 어떤 데이터를 수집해야 할지 어떻게 알 수 있겠는가? 진단면접이나 어느 다른 진단과정에서도, 진단가는 처음의 적은 데이터로부터 잠정적인 가설들(혹은 만약 당신이 원한다면 진단)을 만들어 낸다. 진단가는 모든 것을 확인하기 위해 검사하며, 만약 사실이 확인된다면 수집된 데이터로부터 진단적 판단을 추가하거나 삭제한다. 이러한 과정은 물리학, 화학의 실험이나 의학적 진단과정에서도 동일하다. 우리가 이 책에서 적용하는 진단적 과정에서는, 특정 내담자에 대한 어떠한 진단적 판단도 새로운 데이터나 오래된 데이터에 따른 새로운 통찰력에 언제든지 열려 있어야 한다. 우리는 이러한 규칙에 대해 예외를 두지 않는다.

그리고 면접자는 내담자에 대해서 현시점의 짧은 면접에서 발생하는 상호작용을 점검함으로써 내담자가 다른 사람과 관계를 맺는 스타일을 추론한다. 면접 상호작용을 근거로 면접자는 어른들의 인정을 바라는 의존적인 혹은 독립적인 내담자인지, 대인관계와 관련된 상황에서 내담자들이 어떤 종류의 불안을 겪고 있는지, 혹은 그들이 내적 · 외적 자기평가 소재를 갖고 있는지에 대한 잠정적인 결론에 도달할 수 있어야만 한다. 내담자가 자신의 감정에 대해서 얼마나 신중할까? 내담자가 갖고 있는 사고과정의 본질은 무엇일까? 내담자가 죄책감이 있을까 없을까? 내담자가 자기성찰적일까 아닐까? 이와 같은 수많은 다른 질문은 면접에서 확실히 가능한 접근들이다. 밝혀진 정보와 인식의 의미와 질이 좋으면 좋을수록, 면접자는 상호작용에 더 집중을 많이 한다. 그리고 이러한 질문들은 진단적 판단의 형태 속에서 의미 있게 작동하는 가설을 만들어 낼 것이다.

그러나 만약 이러한 것들이 면접자의 목적이라면, 객관적이고, 친근하고, 비판단적이며, 절제된 분위기가 형성되는 것이 가장 중요하다. 위협이나 적개심 없이, 면접자는 내담자의 삶과 그 삶에 대한 인식을 빠르게 조사할 수 있는 접근들을 이용할 수 있어야 한다. 만약 그러한 태도를 말로 나타낼 수 있다면, 다음과 같다.

> 나는 여기에서 너를 판단하고, 평가하고, 비판하고, 칭찬하고, 치료하고, 맞서지 않으며, 너에 대한 어떠한 결정도 하지 않는다. 나는 네가 답변하고 싶어 하지 않거나 너를 굉장히 불편하게 만드는 어떠한 질문에 대해서도 대답을 강요하지 않는다. 나는 여기에서 너를 변화시키려고 하지 않을 것이다. 나는 네가 현재 어떤 사람인지, 어떻게 지금의 모습이 되었는지 그리고 너의 삶의 경험들이 어떠하였는지에 대한 나의 이해를 여기에서 분명하게 말할 것이다. 나는 자기 자신, 너의 가족, 선생님들, 친구들, 현재 상황, 목표, 미래에 대한 너의 인식과 이러한 목표와 미래에 대해서 어떠한 계획을 세우고 있는지에 대해 관심이 많고 궁금하다. 나는 네가 말

> 해야 하는 것에 대해서 관심이 많고—심지어 매우 궁금해하며—나는 너에 대해서 내가 이해하고 있는 것을 네가 알기를 바란다. 너와 너의 상황을 이해하는 것이 내가 여기에서 하는 모든 것이다. 간단하게 정리하면 이해하고, 명확하게 하며, 배우는 것 말이다. 나는 네가 누구인지에 대해서 나와 함께 나눌 이러한 기회를 준 것에 대해서 감사하게 생각한다.

여기에서 요구되는 것은 바로 우리가 말하는 지각적 공감이라는 것이다. 지각적 공감은 내담자가 느끼는 감정의 범위뿐만 아니라 내담자의 관점에 대한 공감이다. 내담자가 자기 자신과 다른 사람들, 가족과 친구들, 기회와 좌절, 과거와 미래, 선택과 제한, 난처함과 의미심장함에 대해 인식하고 있는 방식들이다. 지각적 공감은 내담자의 관점으로부터 내담자의 결정, 행동과 이유들을 지지하는 추론과 논리들을 이해하기 위해 내담자의 눈을 통해서 세상을 바라보려는 의지를 의미한다. 지각적 공감은 내담자가 세상을 지각하는 방식에 대해서 평가하고 판단하는 것이 아니라, 그것을 이해하고 명확하게 하는 것이다. 진단에 의해서 다양한 패턴의 증상들을 목록화할 뿐만 아니라, 내담자의 관점을 통해서 세상을 정의하기 위해 지각적 공감을 이용하는 것이 가장 중요하다. 이러한 지각적 공감은 진단적 상황을 완성시키기 위해 다른 어떠한 과정들보다도 더 중요하다.

우리는 독자들이 면접에 대한 이러한 철학들이 우리의 접근법에 포함되어 있으며, 이 모델로 훈련받고 이 책에 있는 많은 연구에서 자신들의 발견을 보고하고 조사하는 계획을 수행해 온 우리의 동료들의 이러한 철학들을 이해하기를 바란다. 아무리 자신의 행동이 문제가 있을지라도, 모든 내담자가 독특한 인식, 가치, 감정, 경험 그리고 목표를 지니고 있으며, 어느 면접자도 한 번의 면접 시간에 근거해서 다른 사람의 인생에 대해 완전하게 이해한다고 확신하는 것은 건방진 생각이라고 믿고 있다. 사실, 우리는 어떤 진단평가에서나 항상 사용될 수 있는 수많은 심리 검사, 교사와 가족 보고서, 생활사 데이터 그리고 다른 독립적인 정보들에도 이러한 주의를 기울여야 한다고 주장한다.

우리는 면접에 대한 인본주의적 철학을 넘어서, 면접자가 자제하고, 화를 내지 않으며, 관계를 형성하려 할 때, 내담자의 성격구조가 가장 명확하게 자신만의 언어로 나타난다고 믿는다. 위협적인 질문을 하거나 정면으로 직면하고 위협적인 방식의 접근법을 사용하는 면접자는 역동적이고 '진정한 감정을 얻을 수 있는 것'처럼 보인다. 그러나 어느 누구도 내담자의 반응이 자신의 전형적인 방식인지 혹은 독특한 자극적인 대인관계와 관련된 상황에 대한 반응인지는 확신할 수 없다. 즉, 자극과 직면은 진단적인 그림을 그리는 데 방해가 된다. 여기에서 주장하는 저조하고 긍정적인 접근은 내담자를 훨씬 더 쉽고 명확하게 이해하도록 만들어 줄 것이며, 진단적 판단도 더 정확하게 할 수 있을 것이다.

진단면접은 집중해야 할 확실한 부분이 있지만, 반드시 어느 특정한 순서나 중요성을 따르지 않아도 된다는 점에서 반구조화되어 있다고 할 수 있으며, 항상 모든 부분에서 구체적인 정보를 반드시 얻을 필요는 없다. 예를 들어, 만약 면접자가 이성과 관련된 주제를 가끔씩 언급하고, 내담자는 그 주제에 대해서 피하고 싶어한다면, 진단적으로 그 사람이 이 부분에 대해서 피하려 한다는 것은 충분히 알 수 있다. 그러므로 특정한 질문들은 면접에서 답변될 수도 있고 안 될 수도 있다. 게다가 만약 내담자가 주어진 범주에서 자발적으로 정보를 제공한다면, 면접자가 그 부분에 대해서 질문할 필요는 없어지는 것이다.

면접에 대한 기술적 관점에서 볼 때, 면접자는 단지 묻기만 하는 식으로 질문만 해서는 안 된다. 이렇게 한다면 보다 많은 진단 자료를 이끌어 낼 수 있는 라포(rapport) 형성을 촉진하기보다, 면접이 문답식 형태로 변질되기 쉽다. 가능하다면, 면접자는 질문 형태보다는 진술 형태를 사용해야 한다. 예를 들어, "당신 자신에 대해 설명해 보시겠어요?"라는 질문은 "당신 자신에 대해 말씀해 주세요."라고 말할 수 있다. 질문 대신 반영적 진술을 사용할 수도 있다. 예컨대, "이번 학기 네 성적에 대해 너는 어떻게 느끼니?" 대신에 "이번 성적에 대해 어떻게 느끼는지 궁금하단다."라고 말할 수 있다. 이런 식으로 다시 말하는 것은 어려운 일이 아니다. 하지만 이것은 문답식의 단조로운 대인관계 패턴을 피할 수 있게 해 준다.

면접과정을 로르샤흐 잉크반점검사 같은 투사적 검사를 하는 상황과 비교하여 생각해 볼 수 있다. 면접자는 내담자에게 잉크반점의 무정형 모양에서 무엇이 보이는지를 물어본다. 대답할 때 내담자는 자신의 구조를 부과하여 모양을 해석하게 된다. 면접자가 내담자의 반응에서 평가하고자 하는 것은 바로 이 구조이다. 이 구조는 면접자의 지각과 반응, 심리적 세계의 구조이다.

마찬가지로, 진단면접에서 일반적인 질문에 답하기 위해 내담자는 가능성의 세계로부터 자극의 맥락을 결정하고 의미와 반응을 구조화해야 한다. 면접자가 "당신 자신에 대해 말해 주십시오."라고 질문했을 경우, 내담자가 "저는 키가 170cm이고 운동경기를 좋아합니다."라고 답하든 "무슨 말씀이죠?"라거나 다른 대답을 하든, 진단적으로 중요하다고 볼 수 있다. 초점은 면접자의 질문과 설명이 아니라 내담자의 반응이다. 면접자는 내담자가 자신을 표현하는 방식으로부터 감정과 지각, 대인관계 양식, 사고방식, 동기 등을 추론한다. 면접자의 질문과 설명은 대답을 자극한다기보다는 자연스럽게 반응을 불러일으키는 것이어야 한다. 이는 마치 최면 기법에서 반응, 정서, 사고 및 행동을 일깨우는 것과도 같다.

면접자가 바라는 내담자의 응답의 주요 영역은 다섯 가지가 있다.

① 특히 부진한 교과(과목)의 학교에서 나타나는 특징 및 관련 쟁점
② 가족관계의 특징
③ 사회적 관계(또래, 이성 등)의 특징
④ 내담자의 자아개념과 정서의 특징
⑤ 미래에 대한 내담자의 지각과 계획

이제 이들 영역 각각에서 초점을 맞출 수 있는 관련된 질문, 쟁점, 요인들을 고려하고자 한다.

1. 학교에서 나타나는 특히 부진한 교과(과목)의 특징 및 관련 쟁점

이 영역에서는 구체적인 정보가 유용하다. 그러나 면접자는 또한 다음과 같은 내용을 알아내기 원할 것이다. 학과목, 각 과목의 수행(성적, 시험, 과제, 학급 수행, 실험 등), 각 과목 및 교사에 대한 태도, 공부방법(암기, 시험 준비, 시간 관리 등), 문제 영역과 같은 교육 상황과 관련된 태도, 지각, 기대, 설명, 추론 그리고 감정적 반응 등이다. 내담자가 성인일 경우, 면접자는 진로 · 직업과 관련되어 비슷한 쟁점에 초점을 맞출 수 있다. 다른 영역에서처럼, 면접자는 가능한 한 세부적으로 이야기를 이끌어 내야 한다. 사용할 수 있는 전형적인 질문과 내용 목록은 다음과 같다. 우리는 면접자가 쓸 수 있는 다양한 표현의 예를 들기 위해 선택적 질문과 유추 진술 그리고 반영적 진술을 제시했다. 이는 물론 면접의 흐름과 면접자의 스타

일 그리고 내담자의 반응 특성에 따라 수정될 수 있다.

A. 이번 학기 학교에서 어떻게 지냈나요?
B. 구체적으로 어떤 과목들을 배우고 있나요?
C. 각 과목에서 어떻게 공부하는지 얘기해 주세요. 이 특정 과정에서 ○○의 성적은 어떤가요? 왜 그러한 성적을 받았지요?
D. 각 과목(즉, 내담자가 못한 과목과 잘한 과목에 대해서)의 성적이 이렇게 나온 것은 무엇 때문이라고 생각합니까?
E. 그 특정 교과의 성적은 무엇에 바탕을 두고 있나요?(성적이 왜 그렇게 나왔나요?)
F. 성적을 그렇게 받을 거라고 예상을 했나요? 왜 그랬는지(또는 그러지 않았는지) 궁금해요.
G. 성적에 만족하나요? 왜 만족하나요(혹은 왜 만족하지 않나요)? 원하던 성적인가요? 왜 그런가요(혹은 왜 그렇지 않나요)?
H. 정말 원하던 성적을 받지 못했다면 왜 그랬는지에 대해 어떻게 생각하는지 궁금해요.
I. 매일 공부나 숙제 시간이 얼마나 되나요? 예를 들어 얘기해 보세요. 어제는 얼마나 공부했나요? 그 시간 동안에 얼마만큼이나 성취한 것 같나요? 그저께는 어땠어요? 엊그제는?
J. 지금보다 나은 성적을 받고 싶나요? 왜 그런가요(혹은 왜 그렇지 않나요)?
K. 더 잘할 수 있다고 생각하나요? 지금은 하지 않지만 할 수 있는 게 뭔가요? 이런 것들을 전에는 하지 못한 이유가 뭔지 궁금해요.
L. 학교를 좋아하나요? 왜 좋아하나요(혹은 왜 좋아하지 않나요)? 학교에 대해 좋아하는 일과 좋아하지 않는 일을 얘기해 주세요.
M. 많은 사람이 그러하듯이, 학교가 중요하다고 믿어요? 왜 그렇게 믿나요(혹은 왜 그렇게 믿지 않나요)?
N. 가능하다면, 학교를 어떻게 바꾸고 싶나요?
O. 학교를 얼마나 더 다닐 건가요? 왜 그렇게 계획을 한 건가요?
P. 졸업하기를 기대하나요? 졸업 후에는 어떤 계획이 있어요?
Q. 학교를 다니는 동안 계속 이 수준의 성적을 받아 왔나요? (구체적으로 물어보라.)

이 질문 목록은 완벽하거나 절대 바꿔서는 안 되는 것이 아니다. 여러분도 이와 같은 질문을 많이 만들 수 있을 것이다. 이 목록은 학교 또는 직업에 대한 질문에서 초점을 두어야 할 영역을 잘 제시해 주고 있다.

2. 가족관계의 특징

여기서는 가족 구성, 가족이 따로 또는 같이 하는 활동, 이러한 활동의 빈도와 중요성, 특정 쟁점(특히 내담자의 학교 성적)에 대해 다른 가족들이 어떻게 지각하는지에 대한 내담자의 견해, 가족 갈등에 대한 질문 등에 초점을 맞출 수 있다. 면접자는 각 가족 구성원에 대한 내담자의 친밀감, 관계에서의 느낌, 특정 부모에 대한 동일시, 형제들과의 관계, 형제들의 학교 수행 특성, 내담자가 가족 내에서 해야 한다고 느끼는 어떤 역할, 그리고 관련된 쟁점들을 평가하고 싶어 한다.

전반적으로, 면접자는 가족생활이 내담자에게 얼마나 중요한지 그리고 가족 안에서 어떤 역할을 해야 한다고 지각하는지 알고 싶어 한다. 내담자는 자기 가족에 작게 또는 크게 기여하고 있는가? 가족관계에서 내담자가 얼마나 독립적 · 반항적인가, 또는 행복한 것처럼 보이는가? 가족 감정을 어떻게 표현하는가? 가족문제가 어떻게 언급되고 해결되는가? 특히 가족이 내담자의 성적에 어떻게 반응하며, 이러한 가족의 지각에 대해 내담자는 어떻게 반응하는가? 면접자가 어떤 식으로 묻고 말하건, 이러한 질문들과 관련 질문들은 질문의 초점이 되어야 한다.

이와 관련된 몇 개의 질문을 제시한다.

A. 가족 구성원이 어떻게 되죠?(어머니, 아버지가 계신지, 형제, 조부모님, 사촌, 삼촌과 숙모 등)
B. 부모님이 ○○의 성적에 대해 어떻게 느끼지요? 부모님의 반응에 대한 느낌은? 이것을 어떻게 다루나요?
C. 형제자매들은 학교에서 어떻게 하나요?
D. 가족 중에서 누구와 가장 잘 지내나요? 누구와 가장 못 지내나요? 왜 그런가요?
E. 어머니, 아버지 중에 누구와 더 친하게 느껴지나요?
F. 어머니, 아버지 중 누구와 더 닮았나요?
G. ○○와 부모님이 다를 때, 어떻게 해결하나요?
H. 집에서 어떤 일을 결정할 때 어떻게 하는지 얘기해 주세요.
I. 가족들이 ○○에게 기대하는 것은 무엇인가요?
J. 몇 살에 집을 떠나 독립할 것 같나요?

3. 사회적 관계(또래, 이성 등)의 특징

일반적으로 이 영역의 질문들은 내담자의 또래관계 특성을 이끌어 낼 뿐만 아니라, 내담자의 내적 세계에서 이 관계들이 얼마나 중요한지를 이끌어 낸다. 질문에는 또래관계의 유형, 빈도, 깊이, 범위가 포함되어야 한다. 그리고 동성과 이성 관계를 구분해야 한다. 이성관계에 대해서는, 면접자는 특히 청소년들을 면접할 때 이러한 이성관계가 청소년 수준의 성적·낭만적 감정을 일으키고 있는지, 동성 또래관계뿐인지 평가하는 것을 돕는 질문을 해야 한다.

이러한 관계들을 향한 활동과 태도 또한 평가해야 한다. 내담자가 또래들에게 어떻게 지각되는지에 대한 내담자의 견해 또한 탐색해야 한다. 면접자는 내담자가 어떤 또래들과는 어울리고 다른 또래들과는 안 어울리는 이유에 초점을 맞추어야 한다. 마지막으로, 취미와 흥미, 또래들과 함께 하는 사회적 활동을 고려하는 질문을 할 수 있다.

질문의 예는 다음과 같다.

A. 친구들이 있나요? 몇 명인가요? 남자? 여자? 이 친구관계가 ○○에게 어느 정도로 중요한가요?

B. 진짜로 친한 친구들에 대해 얘기해 주세요. 그런 친구가 몇 명이나 있나요? 얼마나 오랫동안 친하게 지냈지요? 그 친구들과 그렇게 친해지게 된 계기가 뭐라고 할 수 있나요?

C. 그 친구들이 어떤 점에서 끌렸나요?(매력이 느껴졌나요?)

D. 친구들은 ○○에게 어떤 점이 끌렸을까요?

E. 친구들에게 ○○에 대해—○○가 어떤 사람인지—설명해 보라고 하면 친구들이 뭐라고 할 것 같아요?

F. 친구들과 어떤 것을 함께 하나요?(마약의 가능성을 포함하여)

G. 지금까지 살면서 그리고 지금 이성에 대해 어떻게 생각하나요?(이는 심리성적 관계 영역에 대한 탐색을 시작할 수 있는 위협적이지 않고 좋은 질문이다. 내담자의 반응에 따라 보다 직접적인 질문을 할 수 있다. 아니면, 내담자가 보다 편하게 대답할 수 있을 것 같은 질문을 한다.)

H. 지금 이성 친구를 사귀나요? 사귄 적이 있나요? 꾸준히 사귄 적이 있나요? 얼마 동안 사귀었나요? 어떤 사람과 사귀었나요? 관계를 누가 시작했나요? 관계가 어떻게 끝

낫나요? 끝난 것에 대한 ○○의 반응은 어떤가요? 사귀는 사람이 없다면 그것이 편한가요?

l. 여가 시간에 즐겨 하는 일은 무엇인가요?(내담자가 적극적으로 추구하는 취미나 흥미—음악이나 스포츠—를 얘기하면, 이런 것들이 학업 수행과 관련이 있을 때 다음과 같은 종류의 질문을 한다. 얼마나 자주 악기를 연습하나요? 그런 취미 활동의 '목표'를 세우고 있는가?) 이런 활동에 참여하는 친구가 있나요?

4. 내담자의 자아개념과 정서의 특징

일반적으로 이 영역의 질문이 목적하는 바는 내담자들이 스스로에 대해 어떻게 지각하는지—자아개념과 가족, 친구, 타인과의 관계에서의 자아개념—를 이끌어 내는 것이다. 내담자의 자아지각뿐만 아니라 자아에 대한 태도도 평가하기를 원할 것이다. 만족, 행복, 기대, 위로, 느껴지는 변화의 요구 그리고 성찰하고자 하는 마음이 바로 그것이다.

진단면접을 시작하는 가장 일반적인 질문이나 진술은 "당신 자신에 대해 말해 보세요."일 것이다. 이어지는 대화나 상호작용 없이도, 이 말은 이상적인 내담자의 성격을 투사할 수 있는 면접 내용이다. 왜냐하면 면접의 맥락과 내담자의 자아 영역을 제외한 내용들을 완전히 열어 놓기 때문이다. 면접자는 이 말의 의미와 맥락을 구성해야 하며 자신의 경험에 비추어 이런 상황에서 어떤 일이 일어날지에 근거한 내용을 결정해야 한다. "당신이 알고 싶은 게 뭡니까?"라는 질문으로 내담자가 답하더라도, 그러한 반응은 그 자체로 중요한 진단 정보의 일부이다. 특히 이것이 면접 중에 반복되는 패턴으로 계속된다면 매우 중요한 내담자 정보가 될 수 있다.

"당신 자신에 대해 말해 보세요."라는 질문은 일반적으로 자아개념을 가장 잘 반영한다. 만약 내담자가 자아개념에 대해 자기성찰적인 관점을 갖고 있다면, 이것 또한 역시 면접자에게 중요한 진단적인 정보를 준다. 개인별로 반응은 참으로 다양하다.

자아개념을 반영하고, "당신 자신에 대해 말해 보세요."와 관련되어 있는 다른 질문들의 예는 다음과 같다. "당신이 보기에 당신은 어떤 사람인가요?" "당신 자신을 어떻게 설명할 수 있나요?" 이 질문들 또한 자신을 직접적으로 반영하기에 충분히 구체적인 질문은 아니다. 대답은 내담자가 불안한지, 자기성찰적인지, 면접자의 동의를 얻고 싶은지와 다른 여러 가지 심리적인 특성을 갖고 있는지를 재빠르게 구분할 수 있어야 한다.

다음은 진단적 질문의 목록이다.

A. 당신 자신에 대해 말해 보세요.
B. 당신 자신을 어떻게 설명할 수 있나요? 당신이 보기에 당신은 어떤 사람인가요?
C. 당신이 만약 변화하고 싶다면, 어떤 부분이 그러한가요? 그렇다면 어떤 이유에서인가요? 만약 그렇지 않다면 또 어떤 이유에서인가요?
D. 당신은 자신이 몇 년 전에 비해 변화했다고 느끼나요? 만약 그렇다면 어떻게 바뀌었나요? 만약 그렇지 않다면 어떤 이유에서 그렇게 생각하나요?
E. 다른 사람들(예: 친한 친구)이 당신을 어떤 사람이라고 설명할까요? 그러한 평가에 대해서 당신은 동의합니까 그렇지 않습니까? 어떤 이유에서 그런가요?
G. 당신 자신에 대해서 자주 생각하십니까? 만약 그렇다면 어떻게 생각하십니까?
H. 당신 자신을 좋아합니까? 어떤 이유에서 그렇습니까?

5. 미래에 대한 내담자의 지각과 계획

여기에서 중요한 것은 내담자들이 미래를 위해 무엇을 계획하는지뿐만 아니라 그 내담자의 심리적인 면에서 미래가 얼마나 중요한지까지를 포함한다는 것이다. 내담자가 미래에 대해 자주 생각하는가? 내담자가 직업적 · 개인적 · 경제적 및 다른 계획 또는 목표를 갖고 있는가? 질문들은 내담자의 진로 선택, 교육, 사회관계, 결혼 가능성과 목표, 여가와 직업 추구까지를 포함하고 있다. 면접자는 내담자가 그의 미래를 살아갈 방법에 대해 합리적인 판단을 하도록 이러한 문제에 대해 충분한 정보와 상호작용을 이끌어 내야 한다. 내담자가 실제적으로 미래에 대해 준비가 되어 있는가, 아니면 단지 바라는 것이 일어나기만을 바라고 있는가? 이 내담자는 미래라는 주제에 대해 충분히 관여하고 있는가, 아니면 생각하는 것조차 회피하고 있는가? 내담자는 자신의 미래에 대해 낙관적 혹은 비관적으로 생각하는가?

다음은 추천할 만한 질문들이다.

A. 지금으로부터 10년 후에 (직업적인 면에서 혹은 다른 면에서) 자신의 모습은 어떠한가요? 그렇게 되기 위해서 무엇을 해야 하나요? 그렇게 되기 위해 얼마만큼의 노력을 해 오고 있나요?

B. 그렇기 되기 위해서 당신에게 주어진 기회는 어떠하다고 생각하나요? 어떤 이유에서 그렇게 생각하나요? 그렇다면 그런 기회에 대해서 당신은 무엇을 해야만 하나요? 지금 당신이 이러한 것들을 하지 않는다면 어떻게 될까요?

C. 당신은 미래에 대해서 많이 생각해 보았나요 혹은 거의 생각해 보지 않았나요? 왜 그런가요? 어떤 식으로 생각해 보았나요?

D. 당신의 부모님과 친구들은 당신의 계획에 대해서 어떻게 생각할까요? 그들의 반응에 대해서 어떻게 생각하나요?

E. 일반적으로, 당신의 미래가 기대되나요? 왜 기대가 되나요? 혹은 그렇지 않다면 왜 그런가요?

F. 현재 집을 떠나 당신만의 집을 갖고 싶나요? 어떨 때, 어떤 상황에서 당신은 그렇게 하고 싶나요?

G. 결혼하고 싶은가요? 언제, 어떤 상황에서 당신은 그렇게 하고 싶은가요? 어떤 사람과 결혼하고 싶은가요? 돈, 의사결정, 진로 선택, 아이 등을 당신과 배우자가 다루는 것에 대해 어떻게 느끼나요?

H. 나이가 들면 아이를 갖고 싶은가요?

✹ 면접 시 추수 질문

만약 내담자가 사고를 확장하고, 생각을 명료화했으면 하는 바람이 있다면, 면접자는 다음 사항을 참고해야 한다.

내담자가 싫어한다는 것이 명확하다면, 그 영역이나 주제를 찾으라고 강요하지 마라. 왜냐하면 그 부분은 그 내담자에게 위협적이고, 당황스럽거나 불편한 부분일 수 있다. 내담자가 회피한다는 그 자체를 단순히 인식하는 것이 진단상 중요할 수 있다. 사실, 만약 그 부분이 굉장히 불편하고, 불안을 야기하고, 내담자가 어떠한 이유로 회피한다면, 면접자는 이야기 도중에 주제를 바꿀 수 있다. 왜냐하면 진단면접은 치료나 상담이 아니기 때문이다. 또한 면접의 목적은 사람을 변화시키거나 어려운 부분에 직면시키는 것이 아니라 명료화시키고 평가하는 것이기 때문이다.

어떤 특정한 종류의 질문이 필요 없다면, 추수 작업 동안에는 가능한 한 개방형 질문이 좋다. '예' '아니요'와 같이 한정된 대답을 요구하는 질문들은 면접을 받는 사람의 사고를 명료화하고, 확장시키지 못한다. 마찬가지로, 선다형 질문들(이것 때문인가, 저것 때문인가?)은 내담자가 단순히 하나를 선택하게 함으로써 사고의 확장을 막는다. 면접자가 거의 모든 이야기를 주도하며, 면접을 받는 사람이 단순히 '예' '아니요'만 하는 면접은 의미 있는 진단면접이 아니다.

전통적으로, 면접 전문가는 주로 다음과 같은 반응만을 한다. "그것에 대해 더 말해 보세요." "그것이 무슨 뜻이죠?" "그것이 어떻게 관련 있는지 궁금하군요." 면접자의 이런 종류의 반응들은 내담자의 반응 특성을 미리 결정짓지 않고, 그들의 진술을 확장시키는 역할을 한다. 이러한 진술문들이 얼마나 비구체적이며, 덜 구조화되어 있는지에 주목하라. 이러한 질문들은 정상적인 대화의 어법을 반영하고, 이것은 진단면접의 좋은 모델을 제시한다.

내담자들은 대부분 질문에 대답하지만, 면접자로서는 그 대답이 피상적으로 느껴지는 진부한 표현일 뿐 구체적인 의미가 결여되었다고 느낄 때가 있다. 예를 들어, 얼마만큼 공부하는지에 대한 질문의 대답으로, 내담자는 "매주 최선을 다하려고 노력하고 있어요."라고 반응할 수 있다. 이 대답은 질문에 대한 대답이기는 하지만, 사실은 그렇지 않다. '노력하다'라는 뜻은 그 내담자가 매우 공부를 열심히 한다는 것, 많은 시간을 공부한다는 것, 혹은 공부를 하려고 하지만 잘 안 된다는 것 등을 포함한다.

만약 면접자가 진술이 부족하다고 느끼거나 다르게 일반화하게 된다면, 일반적으로 더욱 구체화하는 것이 좋다. 아마 가장 좋은 예는 "예를 들어 보겠어요?"이다. 다음 질문들 또한 유용할 것이다. "그것이 무슨 의미이죠?" 혹은 "실제적으로 무엇을 하며, 무엇이라고 말할 수 있습니까?"

만약 면접자들이 내담자의 진술이 잘 알아듣기 힘들거나 혼동된다면, 직면시키기보다는 반응을 완전히 이해하지 못했다는 태도를 취하는 것이 좋다. 탐정 콜롬보처럼, 명료화하는 질문들을 하라. 콜롬보는 자신이 스스로 이해하기 위한 것처럼 가장하면서, 탐색적인 질문들을 끊임없이 한다. 이러한 기술로 인해 직면하지 않고 탐색이 가능해진다.

추수 작업에서, 면접자는 오직 자신의 관심 영역뿐만 아니라 그 내담자에게 굉장히 중요하고 관심이 되는 부분을 신중히 선택하도록 고려해야 한다. 면접자는 각각의 내담자에게 어떤 부분이 이러한 의미를 갖는지에 대한 단서를 찾는다. 어떤 단서는 그 내담자가 어떤 것을 설명하는 데 얼마만큼의 에너지, 힘, 초점이 가는지를 드러낸다. 다른 단서들은 주어진 주제에 대해 어떠한 정서를 갖고 있는지에 대해서 드러낸다. 특정 부분에 대해 얼마만큼의 시간을 들이는지는 또 다른 단서가 된다.

진단면접이 시간적으로 상당히 짧기 때문에, 면접자는 '방향을 바꾸는 것' 혹은 주제를 바꾸는 것에 대해 자유로워야 한다. 따라서 면접을 받는 사람이 심하게 불안을 느끼는 주제에 대해서는 피하고, 진단적으로 중요한 주제에 대해서는 심도 있게 탐색하고, 시간을 효과적으로 쓰는 것이 좋다.

면접 마치기

면접의 마지막에서, 면접자는 "하고 싶은 질문 있습니까?"라고 물어보고, 반응을 기다려야만 한다. 내담자들은 저마다 다른 성격 특성들을 가지고 있으므로 질문하고 싶은 종류 또한 다르다. 어떤 내담자들은 그들이 의도했던 정보가 면접자에게 전달되었는지에 대해 알고 싶어 한다. 다른 내담자들은 그러한 정보가 어떻게 활용되는지에 대해 알고 싶어 한다. 또 다른 내담자들은 그러한 여러 가지 측면의 문제에 대해 말할 수 있는 기회에 대해 진심으로 감사하게 여기고, 그러한 과정을 지속할 수 있는지에 대해 궁금해한다. 또한 어떤 내담자들은 시종일관 질문이 없고, 단지 면접 장소를 떠나기만을 바란다. 이러한 것들은 종종 진단적 단서에 덧붙여질 수 있다.

어떤 질문들은 가능한 한 개방적으로, 정직하게, 사실적으로 대답해야만 한다. 면접자가 질문에 대해 모든 답을 가지고 있을 수는 없다. 그러나 다른 자원(예: 다른 학교 관계자)에게 적절하게 의뢰하거나 혹은 "아직 잘 모르겠네요."라고 대답할 수 있다. 내담자들의 반응을 기다리는 것은 매우 중요하다. 내담자들의 반응을 기다리면서, 면접자는 내담자가 정말 질문이 있는지를 알 수 있고, 면접이 여러 가지 면에서 '이중의 통로'(면접자와 내담자의 상호작용적인 측면)를 갖고 있으며, 내담자의 질문과 관심이 적절하게 존중받는다는 느낌을 준다.

✹ 진단면접 동안의 질문의 흐름

여기에서 언급된 반구조화된 진단면접의 특성은 다음과 같다. 질문의 실제 순서와 구체적인 질문들은 면접 상황에 따른 각 내담자의 반응에 달려 있다. 효과적이고, 비판단적이며, 대인관계적인 정보를 획득하는 기술이 필요하다. 그럼에도 불구하고 질문의 순서가 어떻든 간에, 각각의 면접은 학습부진의 유형과 관련된 성격 요인에 관해 판단하기 위해 다양한 부분에서의 충분한 정보를 이끌어 낼 수 있다. 따라서 질문의 방법과 순서는 각각의 면접마다 다 다르겠지만, 총체적인 정보는 모든 면접이 비슷할 것이다.

컴퓨터화되고 다른 구조화된 평가들이 많으며, 과학적이며 임상적인 장점을 가진 평가도구들이 생겨나고 있지만, 사람이 다른 사람과 상호작용하는 한 면접에서의 풍부한 진단적 자료를 능가할 수는 없을 것이다. 면접 형식이 가장 큰 힘을 갖고 있는 것은 진단적 과정의 이러한 측면 때문이다.

제5장

감별진단의 개념

면접 기술을 익히고 나면, 진단하는 사람은 진단과정에 대한 명확한 개념을 갖고 있어야 한다. 진단이라는 것은 단순히 쉽게 판별된 일련의 증상을 명명화하는 것이 아니다. 감별진단은 신중하고 사려 깊은 일련의 지각과 정신의 작용을 필요로 한다. 우리는 먼저 감별진단의 정의부터 논의할 것이다.

J. P. Chaplin의 『심리학 사전(Dictionary of Psychology)』(p. 142)에서 감별진단이란 "어떤 질병에는 나타나지만, 다른 질병에는 없는 주요한 증상을 발견함으로써 두 유사한 질병 또는 비정상적인 것을 구분하는 과정"이라고 정의된다. 이 정의에서는 다른 진단이 그 문제에 대한 다른 과정의 처치를 하는 것을 의미한다. 어떤 다른 실질적인 목적이 상이한 진단을 요하는가? 그러나 이러한 개념을 상세하게 고려하기 전에, 우리는 진단과정 자체의 특성을 진단하여야 한다.

명백하게 다른 세 가지 목적을 충족시키기 위해서, 우리는 심리적 진단 판정의 필요성을 고려해야 한다. 세 가지 목적은 심리적 문제와 그들의 상호관계를 체계적으로 이해를 제공하기, 특수용어, 전문용어, 개념 등을 통하여 타인에게 표준화된 방식을 이해하도록 의사소통하기, 처치에 대한 지침을 제공하기이다.

첫 번째 목적인 심리적 문제와 그들 상호관계에 대한 일련의 이해는 과학적 실험과 학문적 이해의 본질에서 단순하게 우리의 지식을 증대시키는 목적을 더하는 것이다. 이런 이유에서 소위 자연과학(hard science)이라고 불리는 순수 연구와 흡사하다. 순수 연구란 즉시적이고 실질적인 유용성이 없는 연구를 말한다. 그러나 종종 이러한 연구는 결국 응용 가능해지고, 때때로 놀라운 방법으로 응용되기도 한다. 예를 들어, 원자력 연구와 연관된 초기 이론과 실험은 즉시적이고 실질적인 유용성이 없었다. 원자력의 평화롭고 파괴적인 응용 가능성에 대한 엄청난 잠재력이 몇몇 연루된 과학자에 의해 보였지만 말이다. 천문학 부분의 연구나 이론 또한 마찬가지이다. 우리가 살고 있는 우주에 대한 이해를 늘린다는 것 이외에 현재 실제적인 유용성은 거의 없다.

진단과정의 두 번째 목적은 서로 간의 이해를 위한 의사소통인데, 특히 같은 분야 내에 있는 전문가들을 위한 것이다. 환자가 맹장염에 걸려서 힘들고 시간을 요하며 굉장히 위험한 상황에 처해 있는데, 내과 의사가 외과 의사에게 이러한 상황을 설명해 줄 전문용어가 없어서 현재 일어나고 있는 해부학적이고 생리학적인 과정에 대해서 상세히 설명한다고 상상해 보라. 그 환자는 아마 설명이 반도 채 끝나기 전에 사망할 것이다. 특수용어와 기술적 전문용어는 다른 외부 사람들에게 이해되지 않고, 전문 엘리트 집단을 형성하고, 다른 사람들에게 보이지 않는 벽을 형성한다는 이유로 종종 비판을 받는다. 그러나 전문적인 언어는 구체적이고 유용한 목적을 갖고 있다. 전문용어는 전문가들 간의 의사소통이 시간과 에너지를 절약하는 일종의 개념적 신속성의 장점을 지닌다. 따라서 앞의 예시에서 내과 의사는 외과 의사에게 단지 환자가 맹장염에 걸렸다고 말하면 되고, 외과 의사는 환자의 증상에 대해 신속하고 완전하게 이해할 수 있다.

심리학이나 정신병리학에서는 너무나 자주 진단 자체를 일종의 정신적 약칭으로 생각하기보다는 낙인으로 여긴다. 공포증에 걸린 사람 또는 편집증 환자, 심지어는 약물중독자 또는 알코올중독자를 다루는 임상학자들에게 진단명들이 활용되지 않았을 때의 혼돈스러움을 상상해 보라. 만일 진단평가가 더 이상 낙인이 아니라면, 특히 일상 대화에서 신경증이라는 용어가 친숙한 것처럼 몇 가지의 도덕적 의미를 갖고 있다면, 우리는 진단에 대해 논의하기보다는 진단명을 제시할 것이다. 그리고 이러한 관점에 대해서는 반론의 여지가 없다. 그러나 진단적인 판단들이 정신건강 전문가들과 서로서로 신속하고 효율적으로 의사소통을 할 수 있도록 해 준다면, 신경증이라는 용어가 이론의 즉각적인 이해, 여러 증상과 치료과정에 관련되는 데 사용될 때, 그것은 의사소통에 있어 적합하며, 효율적인 의미를 띠게 된다. 그렇지 않을 경우 복잡하고, 장황해지며, 반복적이면서 실용적이지 못한 논의가 될지도 모른다.

세 번째 진단의 목적인 치료의 지침을 제공해 주는 것은 아마도 임상 실제의 관점에서 매우 중요한 것일지 모른다. 그렇다면 결국 처치 틀에 사용되지 않을 진단을 왜 공식화해야 하는가? 더군다나 특히 다양한 진단은 다양한 처치 형식을 요구할 것이다. 간략하게 말하자면, 이것은 감별진단에 대한 중도적 정의라고 할 수 있다. 그리고 이러한 개념은 우리가 언급한 나머지 것에도 우리 자신들이 관심을 기울여야 함을 의미한다. 왜냐하면 심리적 진단과 이와 관련된 심리적 처치 간의 차이가 가장 중요한 차이라고 여겨질 수 있는 부분이기 때문이다. 그럼 우선 일반적인 진단의 개념을 살펴보도록 하겠다.

『American Heritage Dictionary of the English Language』(p. 363)에 의해 정의된 진단이라는 용어는 다음과 같다. "1. a. 진단은 검사(examination)를 통해 질병의 특성을 결정하고 확인하는 활동 또는 과정이다. b. 이러한 검사로 도출된 의견이다. 2. a. 어떤 것의 본질의 분석이다. b. 이러한 분석에 의해 결론에 도달하는 것이다." 특별히 생물학과 관련 있는 추가적인 정의가 있다. "분류체계의 특성을 자세하고 엄밀하게 기술한 것"이라 할 수 있다. 『Webster's Deluxe Unabridged Dictionary』(1983, p. 502)도 마찬가지로, 진단에 대한 세 가지 정의를 제안하고 있다. "1. 검사의 조건에 따라 질병의 본질을 결정하는 과정 또는 활동, 2. 어떤 것의 본질을 결정하기 위해 진위 여부를 주의 깊게 조사하는 것, 3. 검사나 조사를 통해 나온 결과에 대한 결정 또는 의견이다."

이러한 비슷한 일반적인 진단의 정의에 있어 흥미로운 것은 그것들이 진단의 첫 두 가지 목적인 이해하기와 의사소통하기를 이행하는 동안 질병의 평가와 그것의 처치에 연결되는 상태는 미흡하다는 것이다. 질병의 특성을 기술하는 것이 처치의 목적을 달성하는 데 유용할지 안 할지는 언급도 되지 않았고, 어떠한 의미도 함축하고 있지 않다. 분명히, 만일 많은 학문적 · 과학적 분야에서 타당하고 적합한 것을 목표로 한 우리의 목적이 우리가 살고 있는 세계의 지적 이해를 얻기 위해 진단을 하는 것이라면 진단에서 처치로의 어느 정도의 연결이 필요하다. 그러나 목표가 임상 유용성이면 진단과 처치 간의 연결고리가 필요하다.

의외로 많은 진단의 의학적 정의는 약간의 도움을 준다. 『웹스터 의학사전』(『Webster's Encyclopedia of Dictionaries』, 1978, p. 597)에서는 진단을 "환자의 질병을 결정하는 것"이라고 간단하게 정의 내리고 있다. 마찬가지로, 우리는 다양한 징후를 고려하고, 의학적인 검사의 결과에 따라 "장애(disorder)의 본질을 결정하는 과정"이라고 정의 내림을 알 수 있을 것이다(『Bantam Medical Dictionary』, 1982, p. 115).

진단에 대한 심리학적이면서 정신의학적인 정의들에서조차 처치에 대한 고려는 거의 언급하고 있지 않다. Chaplin의 『심리학 사전』(p. 141)은 진단을 다음과 같이 정의하고 있다. "1. 비정상 또는 질병에 대한 특징을 결정하는 것, 2. 질병이나 비정상을 기반으로 개인을 분류하는 것이다." Freedman, Kaplan과 Sadock(1976, pp. 42-43)은 일반적인 체계이론의 맥락 안에서 정신의학적인 진단을 논의하고 있다. 그들은 각각의 확인된 과정을 수행하는 '구조'와 관련시킬 필요성과 그 체계 안에서 투입, 산출 요인들에 대한 설명 그리고 모든 유기체 안에 있는 일련의 '중요한 하위체계'에 대해 인식할 필요가 있음을 강조한다. 이러한 정의들은 이해와 의사소통의 목적에는 맞지만 효과적인 처치과정을 안내하는 진단의 필요성이 잘 드러나지 않게 기술되어 있다.

사실, 정신의학 또는 임상심리학에서의 진단은 독립적이고 처치와 관련이 없는 과정으로 보인다. 반대로 실제에서 임상의학은 진단과 처치에서 확실하고 명백한 연결고리를 만든다. 임상 의사는 구체적인 환자의 의료상의 상태에 대한 구체적인 진단과 연결하여 치료 계획을 제안한다. 이러한 패러다임의 논리는 너무나 기본적이면서 자명하게 보이기 때문에 진단과정에서의 표준화된 정의 안에 이것을 포함할 필요성이 거의 없다고 여기는 것 같다.

그러나 이러한 진단의 정의에 있어 처치를 고려하지 못함으로써 생기는 위험은 진단이 다소 전반적으로 기술적일 수 있거나 어쨌든지 치료와는 관련될 필요성이 없다는 것이다. 처치에 대한 이론적 근거를 제시할 필요성이 없다면, 어떠한 진단적 틀이 아무리 완전하고 내적으로 일관성이 있으며 모든 것을 포괄한다고 하더라도, 실질적으로 실제 삶 속에서 치료자들이 실제 사람들을 다루는 데는 유용한 도움이 되지 못한다고 할 수 있다. 지적이면서 철학적인, 그리고 학문적인 중요성을 지니는 정교한 진단체계들이 사람들이 문제를 해결하여 살아가고, 대처해 나가고,

성장하도록 도와주는 데 실질적으로 아무런 도움이 되지 않을 수 있다.

이러한 상황에서 임상의학을 안전하게 하는 것은 실질적인 결과를 위해 필요하다. 순수 연구에 대한 의문들을 제쳐 두고, 의사들은 정교한 이론에 시간을 거의 쓸 수 없으므로 직접적으로 치료 계획을 설명해 줄 수 없다. 환자들은 그들의 병으로부터 바로 회복되길 바란다. 그리고 의사들의 유일한 목적도 회복에 필요한 가장 효과적이면서 직접적이고 신속한, 그러면서 안전한 수단을 얻는 데 있다.

이제는 치료와 관련된 진단 정의를 살펴보도록 하겠다. Taber(1983)에 따르면 진단은 "아픈 환자에 대한 병의 원인과 본질을 알아내기 위한 과학적이면서 숙련된 방법들의 사용이다. 진단을 내림으로써 처치와 예상에 대한 합리적인 토대를 마련해 주는 데 그 가치가 있다." 여기서 우리는 본질에 대한 현상의 분류와 이해를 높이기보다는 진단에 대한 이론적 근거를 인식했다. 진단의 목적은 처치의 방향을 결정해 주는 것이다. 대부분 다른 것들과 대조적으로 이러한 정의는 진단이 처치와 무관한 단절된 노력이 아니라는 것을 의미한다. 왜냐하면 처치의 특성을 결정하는 것이 진단의 직접적인 목적이기 때문이다. 이것은 진단 자체가 처치와 본래부터 논리학상 관련되어야 함을 의미한다. 사실상, 의학적 처치와 관련이 없는 의학적 진단은 생각할 수조차 없다.

다음의 예를 생각해 보자. 아무리 많은 일반적인 치료법을 쓴다고 하더라도 어떤 사람은 잘 없어지지 않는 두통을 겪는다. 그러한 사람은 의사를 찾아가고, 의사는 그 사람의 말을 잘 들어 본 뒤 경제적 체제와 국가들 간의 갈등의 영향, 다양한 전쟁을 불러일으키는 사건들, 일반 개인들에 대한 현재 전 세계 갈등의 압력 등과 같은 20세기의 인간 조건의 일반적인 본질 그리고 이것이 어떻게 해서 두뇌의 기본적인 과정들과 관련되어 있는지에 대한 긴 이야기를 시작한다. 이러한 얘기들이 길고 지루함에도 불구하고, 처치에 방해가 되는 것과 두통의 유래에 대한 완벽하면서도 마음을 끌지 않을 수 없는 이론적 근거를 제시해 준다.

그 사람(지금 환자라고 불리는 사람)이 대답한다. "네, 의사 선생님, 저도 그러한 모든 것을 이해합니다만, 내 두통에 대해서는 어떻게 할 건가요?"

"아스피린 두 알을 먹고, 내일 아침에 들르세요."라고 의사가 말하자 다소 화가 나서 그의 설명이 분명히 귀에 들어오지 않았다.

"전 이해할 수 없어요, 내가 왔을 때 왜 곧바로 저에게 말하지 않았나요?"라고 환자가 말한다.

"왜냐하면 전 진단을 내려야 할 필요가 있거든요." 하며 의사는 대답한다.

환자는 고통을 겪는 가운데 의사가 환자의 방문 이유와는 전혀 상관없는 진단을 내리느라 과도한 양의 시간을 보내고 있음을 직관적으로 알게 된다. 그러면 환자는 즉시 다른 의사를 찾는다. 반면, 의사들은 그 환자가 처치에 저항하는 것이라고 판단하거나, 질병의 본질에 대한 지적 이해가 부족하다고 판단한다.

의학에서는 생각할 수 없는 이런 어리석은 시나리오가 정신건강 임상 분야에서는 빈번히 일어난다. 치료자들은 그들이 해 왔던 학습이론, 정신분석, 정신약리학, 인지심리학, 가족체계이론 등과 같은 기본적인 진단 틀에 맞출 준비가 되어 있다. 그리고 환자의 특별한 상황을 그러한 틀로 합리화하기 위해서 정교한 진단과정을 밟는다. 우리는 정신건강 임상 분야에서 쌓은 여러 전문적인 경험에서 치료자들이 정교하면서도 장황한 진단들을 꾸며 내고, 결국에는 "환자에게 심리치료를 권합니다."라고 처방하는 것들을 보아 왔다. 진단은 길이로 판단해서는 안 되며, 진단이 처치에 의미 있는 지침이 되어 주는 정도로 판단해야 한다.

앞의 예로 돌아가서, 의사는 엄청난 의미가 있을 수 있는 정교한 진단을 두통 환자에게 제시했지만, 그것이 환자의 문제에 필요한 처치와는 전혀 관련이 없었다. 반면, 임상학자의 관점에서 진단은 처치에 대한 이론적 근거를 제시해야만 한다. 의사는 이러한 개념을 당연히 여기지만 정신건강 전문가는 아닐 수도 있다. 그러나 이것은 처치법을 강조하는 정신건강 임상실습의 진단인 경우에도 역시 필요하다. 정신건강에서 이해와 의사소통이 중요하듯이 진단의 필요성 또한 중요하다.

그러나 아직도 진단, 특히 감별적인 진단과 처치의 관계를 규명하지는 못했다. Taber의 정의가 '본질과 원인'을 구체화한 것을 상기해 보자. 이러한 용어들은 막연하게나마 진단의 두 가지의 측면을 언급하고 있다. 본질은 지금 현재 관찰할 수 있는 증후와 행동의 유형과 관련이 있는 반면, 원인은 관찰하기 어려우며 그것이 결과보다 앞선다는 시간적 요소를 함축하고 있다.

의학에서 본질과 원인은 질병의 증후와 생물학적인 병인학이 하나의 관찰할 수 있는 과정으로서 고려된다는 점에서 하나의 과정과 결합되어서 나타난다. 이러한 맥락에서 약어의 사용과 간결한 진단용어는 근본적으로 진단과정에 있어 전혀 다른 두 가지 측면이 있다는 것을 가리고 있다. 그것은 관찰과정과 이론화 과정이다.

앞서 언급했던 두통 환자를 예로 들어 보자. 주관적인 고통, 고통에서 보이는 증상, 환자가 말로 표현한 고통에서 두통 자체는 남의 영향을 받지 않는 검사자에 의해 관찰되고 진행 중인 것이다. 따라서 Taber의 정의를 사용하여, 두통은 질병의 특성으로 여길 수 있을 것이다. 다른 숙련된 이론적 관점에 따라서, 그 원인이 근육긴장, 혈관계의 변화, 심리적인 스트레스, 유전적인 경향, 뇌종양, 눈의 피로, 또는 이러한 모든 요소의 결합 때문이라고 여길 수도 있을 것이다. 왜냐하면 두통으로 고생하는 환자는 우리가 그 원인에 동의할 것이라는 것을 중요하게 여기지 않기 때문이다. 기꺼이 이러한 관찰 가능한 징후 유형과 그 질병의 특성은 각 검사자들이 보다 쉽게 입증하고, 동의할 수 있을 만큼 분명하다. 그러나 그 원인은 보다 많은 의미를 갖고 있다. 즉, 그것은 관찰 가능한 자료에서 추론되었으며, 그러므로 똑같은 방식으로 입증하고 타당화될 수 없기 때문이다.

이러한 차이점 때문에 진단과정의 이러한 두 가지 측면을 별개의 것으로서 인식하고 많은 면에서 대조적이면서도 갈등적인 면을 인식하는 것이 중요하다. 이것은 두 가지 의문을 제기하고 있다. ① 진단이 징후 또는 병의 원인의 기저인가? ② '처치의 기저'가 질병의 본질, 질병의 원인 또는 둘 다에 달려 있는가?

첫 번째 질문에 대한 대답은 진단적 판단의 토대로서 징후들 또는 원인을 활용하는 것 간에 선택을 하는 대신에 두 가지 다른 진단과정을 허용해야 한다는 것이다. 사실상, Small(1979)과 같은 연구자들은 세 가지 뚜렷한 심리 진단 유형을 주장하고 있다. 그것은 진술을 토대로 하는 것(임상적 진단), 심리적 역동의 이면을 토대로 하는 것(역동적 진단) 그리고 병인학 요소들을 토대로 하는 것(유전적 진단)이다. 게다가 DSM-IV가 본래 Small이 주로 관찰 가능한 행동과 상호작용 그리고 원인의 이면에 깔려 있는 의문을 치료자 또는 사회과학자들에게 남겨 두는 임상적 진단이라고 일컫고자 했던 것을 보여 준다는 점에서 유사한 특징을 띠고 있다. 그러나 Small의 모델은 여전히 그것과 관련된 의문에 대답하지 않는 처치에 남겨 둔 것처럼 모델을 받아들이는 것이다. 세 가지 진단과정 중 어떠한 것이 처치가 이루어지는 데 권할 만한 것인가?

우리는 네 가지 뚜렷한 진단 단계를 포함하는 감별진단 모델을 제안하고자 하는데, 각각은 나머지 세 가지와는 각각 개념적으로, 논리적으로, 더구나 철학적으로 다르다. 우리는 이러한 진단들을 관찰적 진단, 역동적 진단, 처치진단 그리고 실제적 진단이라고 부른다. 만일 처치가 진단과정을 목표로 하는 것이라면, 이러한 네 가지 진단적 판단 모두가 어떠한 경우에도 필요할 것이다. 만일 과학적인 관찰, 지적인 이해, 또는 다른 관련 연구가 목표라면 처치와 실제적 진단들은 불필요해질 것이다.

관찰적 진단

관찰적 진단은 현재 또는 지금 나타나는 문제들로, 관찰 가능한 행동과 상호작용으로 이루어져 있다. 이러한 진단적 판단은 환자의 행동과 상호작용, 임상 검사, 그 환자의 행동과 상호작용에 대한 다른 사람들의 보고, 그리고 자신의 상황과 관련된 객관적 · 주관적 요소들에 대한 환자 자신의 자기진술 등에 대한 검사자의 실질적인 관찰에 의해서 결정된다. 관찰적 진단은 주관적이라기보다는 객관적이며, 독립적인 관찰에 의해 확인될 수 있다. 이것은 질병의 특성에 대한 Taber의 관점과 Small(1979)이 임상적 진단이라고 부른 것과 일치하며, 순전히 기술적이라는 점에서 DSM-IV에 의해 시도되었던 일종의 진단적 판단과도 매우 일치한다.

역동적 진단

역동적 진단은 관찰적 진단과는 대조적으로, 직접적으로 관찰될 수 있는 것도 아니고, 제3자가 확인해 줄 수 있는 것도 아니다. 그것은 기저에 있는 원인(Taber의 용어로), 즉 내재해 있는 원인에 대한 추상적 개념이며 관찰된 행동과 상호작용인 관찰적 진단을 통해서 추론되는 것이다. 따라서 독립적 관찰만으로는 확인하기가 어렵다는 것이다. Small의 용어에서는 역동적이고 유전적인 진단 둘 다에 해당한다. 그 밖에 예후도 포함된다. 역동적 진단을 내리는 과정은 관찰 가능한 것이 아니며, 물론 관찰에 의해서 진단을 내리기는 하지만, 오히려 논리적 추론, 이론적 입장 그리고 진단가로서의 특정한 훈련과 경험 등에 더 많이 의존한다.

◆ 처치진단

처치진단은 관찰적 진단이 아닌 특정의 역동적 진단과정을 거쳐서 처치과정을 계획하게 된다. 처치진단은 다음의 연역적 과정을 따라서 실시된다. 만약 역동적 진단 'A'가 이루어지면 처치진단 'X'가 따르게 되고, 만약 역동적 진단 'B'가 이루어지면 처치진단은 'Y'가 제시된다.

〈표 5-1〉에는 이상의 처음 세 가지 진단이 가지는 기본적인 특성이 정리되어 있다.

〈표 5-1〉 관찰적, 역동적, 처치진단의 차이

	관찰적 진단	역동적 진단	처치진단
방법	• 관찰 • 검사	• 귀납적 추론 • 이론화	• 연역적 추론
진단의 초점	• 현재의 행동과 상호작용 • 검사 결과	• 관찰적 진단에 기초한 이론적 이해	• 역동적 진단에 기초한 처방적 처치방법

◆ 실제적 진단

이 책에서 우리는 처음 세 가지의 이러한 진단 영역을 고려했는데, 처치진단을 내리도록 하는 것이 그것의 목표이다. 처치진단이 네 번째 진단과정이기는 하지만, 치료자가 실제 내담자나 환자를 조력하는 과정에서는 하나의 과정에 이르게 된다. 이러한 진단을 실제적 진단이라고 하며, 어떠한 특정 경우에도 조치를 위한 실제적인 계획이 될 수 있다. 이 진단은 다음과 같은 내용들로 이루어져 있다.

① 이미 지금까지 살펴본 세 가지 진단과정
② 내담자의 독특한 지각, 동기, 감정, 목표
③ 특정한 학교환경, 가족의 참여, 교사와 상담자의 의견, 문화적 변인 등과 같은 상황적 요소들

④ 검사자, 내담자 혹은 환자, 가족, 학교, 의사 그리고 기타 관련 인사들 간의 실제 현실적인 목표와 합의

다시 말해서, 실제적 진단을 통해서 특정 내담자와 상황에 따라서 처치 목적이 특수해질 것이다. 예를 들면, 심한 강박적 성격 특성을 가진 부진 학생의 경우 실제로 5년간의 정신분석을 받을 수도 있고 원한다면 6개월간의 행동치료 혹은 1년 동안 가족치료도 받을 수 있을 것이다. 학교상담자들에게는 학습부진 문제를 완전히 없애는 것이 비현실적인 목표일지도 모른다. 이러한 상황에서, 학교상담자들은 보다 성격 특성에 초점을 둔 장기치료를 권할지도 모른다. 하지만 이러한 것을 실제적 진단이라고 볼 수는 없는데, 왜냐하면 사례의 상황적 특징을 고려하지 않았기 때문이다. 예를 들어, 실제적 진단은 학생의 강박적인 성격 특성을 활용하고 간단히라도 학생과의 상담을 통해서 학생이 그러한 강박적인 특성을 암기하고 학교 숙제를 완수하는 것과 같은 보다 생산적인 학업목표 쪽으로 전환할 수 있도록 격려하는 것이 될 수 있다. 이러한 것이 마치 상처 난 곳에 응급처치를 하는 정도로 보일지도 모르지만, 실제 상황에서 이러한 접근은 학생들로 하여금 학업문제를 개선하는 데에 도움이 된다. 마찬가지로, 상황 통제력을 증대시키고 불안을 감소시킴으로써 자아가 회복되도록 도와주면, 보다 나은 대처 기술을 갖게 되고 아마도 나중에는 학생이 보다 집중적인 치료에 대해서도 편안하게 느낄 수 있을 만큼의 치료적 라포를 형성하게 된다. 따라서 실제적 진단은 상담의 마지막 작업 계획이다.

실제적 진단은 진단과정에서 마지막 단계가 되어야 한다. 반면에, 많은 진단가나 상담자 등은 첫 번째로 다룬다. 예를 들어, 만약 학생이 학습부진이라면, 어떤 이는 "학생에게 수학 학습을 실시해 보고 도움이 되는지 봅시다."라고 말할지도 모른다. 처음에 실제적 진단을 한다는 것은 외과 수술에서 어떤 수술이 필요하며 어느 부위를 수술해야 할지도 고려하지 않고 절개를 결정하는 것에 비유될 수 있다. 앞서 언급한 다른 진단과정에 따른 맥락을 고려하지 않고, 실제적 진단만으로는 종종 '눈 감고 과녁 맞추기'과 마찬가지로 무의미해지기 쉽다. 물론, 때로는 실제적 진단에서 나타나는 것만으로도 이면의 내포된 근거를 가질 수도 있다. 학생이 수학에 문제가 있다고 생각하는 교사의 경우, 특정 학생이 수학에 대해서만 특별히

문제가 있고 개인지도를 하면 도움이 될 것 같으며, 또한 학생도 이 제안에 대해서 협조적일 것이며, 아마도 모험 삼아 하는 시도에서 문제가 발생해도 다른 문제는 없을 것이라는 생각에서, 이 교사는 학생에게 수학을 개인지도할 것을 제안할 수도 있다. 이러한 근거는 잘 구분되어서 정확하게 이루어진 것일 수도 있고 그렇지 않을 수도 있지만, 그럼에도 불구하고 우리는 이러한 점이 충분히 고려되어야 한다는 말을 하고 싶은 것이다.

의학이나, 행동주의와 같은 특정 심리학적 모델에서도 그렇겠지만, 특히 역동적 진단은 비과학적 혹은 임의적 · 주관적일 수 있다는 점에서 피하거나 최소화하는 것이 좋을 것 같다. 그러나 이러한 모델이 진단과정의 실제를 반영해 준다는 점에서 네 가지 진단 모두 항상 존재하며 똑같이 중요하며, 특히 치료가 목적이라면 더욱 그렇다.

한 예로, 두통에 시달리고 있는 환자를 생각해 보자. 의사와 환자 모두의 입장에서 관찰적 진단은 두통이다. 이러한 진단에 대해서 의사, 심리학자, 정신과 의사, 영양사, 안수치료자 등 모두가 동의할 것이라는 점은 의심이 여지가 없다. 그러나 이론적 입장, 학문적 훈련, 의학치료자로서의 의무라는 점에서 우리 의사들은 환자가 두통으로 고생하고 있으며, 여기서의 목적은 단지 증상을 완화시켜 주는 것이라고 결론지을 것이다. 이러한 추론(반드시 다른 의사, 심리전문가, 종교치료자, 영양사 등에 의해 이루어진 것은 아닐 수도 있다)은 역동적 진단이 되는 것이다. 그러나 의학에서 역동적 진단은 매우 표준화되어 있으며 따라서 진단과정에서 하나의 분리된 과정으로 여기지는 않는다. 두통을 위한 치료는 의사가 배운 바에 따라서 특정 약물치료로 이루어진다. 이러한 연역적 추론은 치료적 진단을 포함하는 것으로서 관찰적 진단이 아닌 역동적 진단을 따른다. 즉, 의사는 환자에게 긴장을 덜어주는 약물치료가 필요하다는 결론을 내리게 되는데, 이는 환자가 두통이 있다고 관찰했기 때문이 아니라 의사가 생리적인 긴장이 원인이며 이에 따라서 처치해야 한다고 믿기 때문이다. 영양사나 심리학자는 근본적으로 관찰적 진단에 동의하면서도 완전히 다른 역동적, 처치, 실제적 진단에 이를 수 있다.

두통 환자를 행동심리학자가 만났다고 생각해 보자. 심리학자는 마찬가지로 관찰적 진단은 두통이라고 동일한 진단을 내리지만 다른 역동적, 처치, 실제적 진단을 하게 된다. 이러한 행동주의자들의 역동적 진단은 두통이 긴장에 의한 것이라는 점에 대해서는 의사들과 동의할지도 모르지만, 행동주의자들은 그러한 긴장의 근원이 사고나 학습된 스트레스에 대한 반응 방식에 있다고 보고, 결과적으로 근육의 수축이 두통을 일으킨 것이라고 볼 것이다. 이러한 역동적 진단으로 처치 진단을 내리게 되는데, 환자에게 근육이완 훈련을 시키고 일련의 행동 강화를 통해서 스트레스와 관련된 상황을 다른 방식으로 생각하도록 가르칠 것이다. 특정의 구체적인 행동 처치를 선택하는 것은 실제적 진단을 하게 되는 것이다.

우리의 견해는 이러한 감별진단은 역동적 진단에서 이루어지는 것이지, 초기의 관찰 단계에서가 아니라는 것이다. 문제의 근원, 병인학, 원인이 되는 요인, 예후 등에 관련된 감별적인 판단이 이루어지는 것은 바로 역동적인 진단과정에서라는 것이다. 이렇게 해서 처치의 과정이 결정된다.

제시된 학습부진 문제로 돌아가 보면, 학습부진을 관찰적 진단으로 여기고, 각 사례의 특성에 따라서 다양한 역동적, 처치, 실제적 진단을 내릴 수 있을 것이다. 이러한 이유 때문에, 우리는 연구에서는 단지 모든 동일한 문제가 나타나는 경우이 모든 개인들을 (그것이 학습부진이든, 두통이든, 공포증이든, 알코올중독이든 간에) 동일 집단으로 묶어 버린다는 점 그리고 이 집단에 대한 검토를 통해 동일한 역동적 진단을 한다는 점에서 연구는 실패라고 본다. 따라서 우리는 감별진단에 대한 정의를 다음과 같이 수정하고자 한다.

감별진단은 ① 각각의 관찰적 진단에 대해서 가능한 역동적 진단의(그리고 결과적으로 처치진단과 실제적 진단도) 범위를 결정하는 과정 혹은 ② 주어진 관찰적 진단을 내린 환자에게 효과적인 처치와 실제적 진단 계획을 세울 수 있는 가장 적절한 역동적 진단과정 혹은 ③ 관찰적 진단과 역동적 진단의 각 영역별 진단을 구분할 수 있는 특정의 징후를 기술하는 것이다.

◆ 주요 부진아 범주

우리는 DSM-IV에 있는 정신병리에 대한 표준화된 정신의학적인 심리학적 진단구조를 기초로 상이한 성격 유형이나 학습부진의 유형을 기술할 것이다. 사실 대개 모든 경우에서 DSM-IV의 진단명을 통해서 가정하는 것처럼, 반드시 정신병리 혹은 비정상을 가정할 필요는 없다. 그러나 진단명은 성격구조가 다르다는 것을 말해 주는 것이라고 보며, 우리가 진단명을 사용하는 것의 주 관심은 정신병리를 발견하는 도구로서라기보다는 학습부진에서의 성격 특성을 보다 잘 이해하고자 하는 데 있다.

예를 들면, 한 부진 학생을 범불안장애라는 성격 특성을 가진 것으로 본다면, 전통적으로 사용되는 일반적인 정신의학적 틀을 사용하되 이 학생이 비정상이라고는 보지 않는다. 단지 우리는 성격적으로 나타나는 다양한 특성을 파악하기 위해서 진단명을 이용하는 것뿐이다. 불행히도 이 목적을 위해서 가장 보편적으로 수용되고 이해 가능한 언어가 바로 정신병리학 용어라는 점이다.

여기서는 DSM-IV의 진단체계를 관찰적 진단체계로 보았다. 행동적 혹은 관찰적 입장에서 보면, 다양한 증후군은 제3자인 관찰자가 확인할 수 있고, 따라서 각각의 증상을 설명할 수 있는 기저의 다양한 근거를 제시할 수 있다. 여기서 우리는 DSM-IV상의 다양한 학습부진에서 나타나는 성격 유형과 일치되는 부분만을 제한적으로 살펴볼 것이다. 일반적으로 일상생활에서 정서적으로 심각한 장애가 있는 경우는 학습부진이 주요 문제가 될 만큼 좀처럼 기능을 잘하지 못한다. 환각 증상이 있다거나 심하게 우울한 학생의 경우는 학습부진 혹은 부진아로 취급되는 경우가 극히 드물며, 오히려 의학이나 정신과 치료가 필요한 경우라고 본다. 이러한 상황에서는 학습부진을 즉각적인 주의가 필요한 주요 문제로 보는 것이 적절하지 못할 것이다.

정신건강상의 문제가 그다지 심각하지 않고, 일상생활상의 기능에서 심각한 문제가 없는 경우 그 사람은 주로 학습장애로 보는 것이 좋을 것 같다. 즉, DSM-IV의 축 4(심리사회적 스트레스의 심각한 정도)에서 코드 1(전혀), 2(약간), 3(중간)으로 분류되는 정도의 문제들일 것이다. 축 5(전반적인 기능평가 척도)에서는 90(증상이 없거나 약간 있는 정도)과 60(약간의 증상) 사이 어딘가에 해당할 것이다. 다양한 축에 따른 분류체계에 대한 자세한 논의는 DSM-IV을 참고하기 바란다.

임상 경험과 (이 책의 제1부와 제3부에서 제시된 바와 같은) 임상 연구에서 볼 때, 무작위로 선택된 대부분의 부진 학생들 집단에서 어떤 성격 특성 유형이 나타났다. 이러한 성격 특성은 DSM-IV 진단 범주의 축 1과 축 2에서 일관적으로 나타난다. 이 장에서는 간단하게 이러한 특정 범주들을 살펴볼 것이다. 그러나 개념이나 범주에 대한 포괄적인 이해를 하고자 하는 독자라면 DSM-IV을 참고하길 바란다. 또한 DSM-IV 모델을 더욱 명료히 하고 확장시킨 다양한 책과 연구물, 다른 출판물을 참고할 수도 있을 것이다.

대부분의 부진아가 해당되는 DSM-IV의 네 가지 범주만 간단히 살펴볼 것이다. 범불안장애(300.02), 학습장애(315.00, 315.1, 315.2, 315.9), 정체성 장애(313.82) 그리고 품행장애(312.8). 또한 다른 하나를 더 다룰 것인데 임상 실제에서는 자주 나타나지 않는 것으로서 적대적 반항장애(313.81)에 대해서도 간단히 살펴볼 것이다.

범불안장애(300.02)

범불안장애의 필수 증상은 여러 사건이나 활동에 대한 지나친 불안이나 걱정으로서, 적어도 6개월 동안 최소한 한 번에 며칠 이상 일어난다(진단기준 A). 개인은 걱정을 조절하는 것이 어렵다는 것을 알게 된다(진단기준 B). 불안과 걱정은 안절부절못함, 쉽게 피로해짐, 집중곤란, 쉽게 화를 냄, 과민한 기분 상태, 근육긴장, 수면장해(소아에서는 단 한 가지 부수적 증상만 요구된다)(진단기준 C) 등의 부수적 증상 가운데 적어도 3개의 증상을 동반한다. 불안과 걱정의 초점은 다음과 같은 축 1의 다른 장애의 특징에 국한되는 것이 아니다. 그 특징에는 공황발작(공황장애에서), 공공장소에서 당혹스러운 불안(사회공포증에서), 감염된다는 불안(강박장애에서), 집이나 가까운 가족과의 분리에 대한 불안(분리불안장애에서), 체중 증가에 대한 불안(신경성 식욕부진증에서), 여러 가지 신체적인 호소(신체화장애에서), 또는 심각한 질병이 있다는 데 대한 불안(건강염려증에서)이 포함된다. 또한 불안과 걱정은 외상 후 스트레스 장애의 경과 중에만 일어나는 것이 아니다(진단기준 D). 범불안장애가 있는 개인은 걱정이 '지나친' 것임을 항상 인식하고 있는 것은 아니지만 걱정이 지속되고, 이러한 걱정을 조절하기 어렵다는 주관적인 고통을 보고하며, 사회적 · 직업적 또는 기타 중요한 기능 영역에서 장해와 연관되는 경험을 보고한다(진단기준 E). 장해는 물질이나 일반적인 의학적 상태의 직접적인 생리적 영향으로 인한 것이 아니어야 하며, 기분장애, 정신증적 장애, 또는 광범위성 발달장애의 경과 중에만 발생하지 않는다(진단기준 F).

품행장애(312.8)

품행장애의 필수 증상은 다른 사람의 기본적 권리를 침해하거나 나이에 적합한 사회적 규범이나 규칙을 위반하는 행동을 지속적이고 반복적으로 나타내는 것이다(진단기준 A). 이런 행동들은 4개의 주된 행동군으로 나누어진다. 다른 사람이나 동물에게 신체적인 해를 가하거나 위협을 가하는 공격적 행동(진단기준 A1~A7), 재산상의 손실이나 손상을 가하는 비공격적 행동(진단기준 A8~A9), 사기나 도둑질(A10~A12), 심각한 규칙위반(진단기준 A13~A15). 세 가지 이상의 특징적 행동이 지난 12개월 동안 있어 왔고, 적어도 한 가지 행동이 지난 6개월 동안 있어 왔다. 행동장애는 사회적 · 학업적 · 직업적 기능에 있어서 임상적으로 심각한 장애를 일으킨다(진단기준 B). 품행장애는 18세 이상의 개인에게도 진단이 내려질 수 있지만, 반사회성 인격장애의 진단기준을 충족시키지 않는 경우에 한해서만 품행장애가 진단 내려진다(진단기준 C). 이 행동 양상은 대개 집, 학교, 지역사회와 같은 다양한 장면에서 나타난다. 품행장애가 있는 개인들은 그들의 행동문제를 최소화하려는 경향이 있기 때문에, 치료자들은 추가 정보 제공자에게 의존해야 한다. 그러나 제보자의 정보도 부절절한 감독이나 소아의 드러나지 않는 행동으로 인해 제한될 수 있다.

학습장애(315.00, 315.1, 315.2, 315.9)

학습장애는 읽기, 산수, 쓰기를 평가하기 위해 개별적으로 시행된 표준화 검사에서 나이, 학교교육 그리고 지능에 비해 기대되는 수준보다 성적이 현저하게 낮게 나올 때 진단된다. 학습문제는 읽고, 계산하고, 쓰기를 요구하는 학업의 성취나 일상생활의 활동을 현저하게 방해한다. 점수의 차이가 유의미함을 밝히기 위해 다양한 통계적 접근이 이용될 수 있다. 현저하게 낮다는 것은 표준화 검사 성적과 지능지수 사이에 2 표준편차 이상 차이가 날 때로 보통 정의된다. 때로는 성적과 지능지수 사이의 작은 점수 차이(즉, 1 표준편차와 2 표준편차 사이)가 판단의 근거가 되기도 하는데, 특히 개인의 지능검사 결과가 인지과정과 연관되는 장애로 인하여 영향을 받았거나, 개인의 정신장애, 일반적인 의학적 상태, 또는 개인의 인종적 · 문화적 배경에 의해 영향을 받았을 경우에 그러한 기준이 적용된다. 만약 감각 결함이 있다면, 학습장애는 통상적으로 감각 결함에 동반되는 정도를 초과해서 심한 정도로 나타나야 한다. 학습장애는 성인기에도 지속될 수 있다.

정체성 장애(313.82)

정체성 장애는 다른 정신장애가 수반되지 않지만, 우울하거나 불안할 수도 있고, 외적인 문제보다 내적인 문제에 몰두할 수도 있다. 주된 초점은 '자아의 측면들을 비교적 일관되고 수용 가능한 자아의식으로 조정하지 못하는 것과 관련된 심각한 주관적 고통'이다. 이런 사람은 혼란과 불확실성 때문에 나서기 어려울 정도로 사회적 · 직업적 의사결정에서 손상되어 있을 것이다. DSM-IV는 이 문제를, 다른 병리적 성격(경계선장애나 정동장애)을 제외하고는 성숙과 관련된, 특히 청소년기와 이른바 중년의 위기에 나타나는 정상적인 갈등으로 보고 있다.

적대적 반항장애(313.81)

적대적 반항장애의 필수 증상은 권위적 인물에 대해 반복되는 거부적 · 도전적 · 불복종적 · 적대적 행동이 적어도 6개월 이상 지속되고(진단기준 A), 다음 행동 가운데 적어도 네 가지 행동이 빈번하게 발생하는 것이 특징이다. 그 행동에는 화내기, 어른과 논쟁하기, 적극적으로 어른의 요구나 규칙을 무시하거나 거절하기, 고의적으로 타인을 귀찮게 하기, 자신의 실수나 잘못된 행동을 남의 탓으로 돌리기, 타인에 의해 기분이 상하거나 쉽게 신경질 내기, 화내고 원망하기, 또는 악의에 차 있거나 앙심을 품고 있기 등이 포함된다. 적대적 반항장애가 진단 내려지기 위해서는 나이가 비슷하고 동일한 발달 수준에 있는 다른 사람들에게서 전형적으로 관찰되는 것보다 그러한 행동이 더 빈번해야 하고, 그러한 행동이 사회적 · 학업적 · 직업적 기능에 심각한 장해를 초래해야 한다(진단기준 B). 만약 행동장애가 정신증적 장애 또는 기분장애 기간에만 나타나거나(진단기준 C), 품행장애 또는 반사회성 인격장애의 진단기준에 맞는다면(18세 이상의 개인에서) 적대적 반항장애는 진단 내려지지 않는다. 거부적이고 도전적인 행동은 지속적인 고집, 지시에 대한 저항, 어른이나 친구와의 타협, 양보, 협상을 하지 않는 양상으로 표현된다. 또한 도전은 대개 명령을 무시하고, 논쟁하고, 실수에 대한 비난을 받아들이지 못하는 양상으로 표현된다. 적개심은 어른이나 친구에게 직접적으로 표현되고, 고의적으로 귀찮게 굴거나 언어적으로 공격하는 양상으로 나타난다(흔히 품행장애에서 심각한 신체적 공격성은 나타나지 않는다). 이 장애의 표현은 거의 대부분 집에서 나타나는데, 학교나 지역사회에서는 나타나지 않을 수 있다. 증상은 전형적으로 잘 알고 있는 어른이나 친구와의 관계에서 더 잘 나타나고, 따라서 임상적 관찰 도중에는 분명히 나타나지 않을 수도 있다. 이 장애를 갖고 있는 개인들은 흔히 자신을 반항적이거나 도전적이라고 생각하지 않고, 자신의 행동을 불합리한 요구나 환경에 대한 반응이라고 정당화한다.

제6장
발달이론 모형

◆ 이론의 특성과 기능

감별진단이라는 개념은 발달이론 모형(developmental theory model; Roth, Berenbaum, & Hershenson, 1967)이라고 불리는 진단 계획을 기반으로 하고 있다. 이 안(案)은 진단 범주와 심리사회적 발달 수준 사이의 가정된 관계를 바탕으로 하고 있는데, 이는 우리가 앞서 논의했던 DSM-IV 범주의 관찰적 진단모형을 설명하는 데 쓰이는 역동적 진단모형을 대변한다. 이 장에서 우리는 이 모형을 개괄하고 확장할 것인데, 이 모형은 정상적인 성격 발달 단계의 관련성과 정신병리 유형들, 심리치료 방법들을 고려하고 있다.

최초 발달이론 모형(Roth et al., 1967)은, 1960년대 Illinois Institute of Technology (IIT)에서 부진아들을 위한 상담 프로그램 참여자들의 임상 경험 및 연구와 수많은 논의에서 파생되었다. 이 모형은 당시 IIT에서 임상 훈련과 연구 그리고 교수를 위한 이론모형으로 사용되었으며, 몇몇 후속 연구에서 더 논의가 되었다(Berenbaum, 1969; Goodstein, 1969, 1980; Hartley, 1985; Kearney, 1971; Mandel, 1969; Mandel, Marcus, Roth, & Berenbaum, 1971; Mandel, Roth, & Berenbaum, 1968; Marcus, 1969; Noy, 1969; Roth, 1970). 현 저자들도 1960년대 후반부터 이 모형의 연구 및 임상적 ·

교육적 활용에 참여해 왔다. 다음 논의는 이 모형에 대한 우리의 현재 이해 수준과 통찰을 결합시키면서 원래의 이론이 어떻게 수정되어 가는지를 보여 줄 것이다. 이 모형이 모든 것을 설명하거나 전혀 오류가 없다고 주장하는 것은 아니다. 하지만 우리의 경험에서 볼 때 이 모형은 가르치고, 훈련하고, 의미 있는 임상 연구를 수행하는 데 알맞은 일관된 틀을 제공한다.

첫 번째로, 임상적 이론 형성의 전형적 과정을 살펴볼 필요가 있다. 많은 유명한 정신병리학 및 심리치료 이론들은 원래 비정상 또는 문제라고 간주된 특정 행동 패턴을 처음 판명함으로써 형성되었다. 문제를 갖고 있다고 판명된 모든 개인들은 행동, 감정, 성격, 배경 그리고 기타 요인들의 공통점을 발견하기 위해 집단으로서 연구되었다. 예컨대, Freud와 그 동료들에게 있어 모든 공포증과 다른 히스테리 증상은 하나의 집단—히스테리 신경증—에 속하는 것으로 분류되었다. 이 집단의 개인들을 관찰하고 연구했으며, 이를 통해 공통된 특성이 밝혀졌다. 정신분석학자들은 증상이 같기 때문에 신경증적 공포증이나 다른 히스테리 증상의 원인은 같아야 한다는 그럴듯한 가정을 만들었다.

다른 병리 집단도 비슷하게 연구되었다. 여기에는 망상과 환상 그리고 기타 정신병 증상들을 나타내는 집단, 반사회적 행동을 나타내는 집단, 알코올 및 마약 중독 같은 약물남용 집단, 성적(性的) 일탈 집단 등이 속한다. 우리 시대에는 공중납치범, 테러리스트, 도박 중독, 흡연가, 초콜릿 중독, 배우자 학대, 심장마비 위험군 그리고 부진아 등에 명칭을 부여하는 것을 우리는 보아 왔다. 이들 각각의 집단 안에서 유사성을 찾을 수 있다는 것은 놀랍지 않다. 각 집단 안에 공통 요소가 분명히 있을 것이다.

전통적으로, 다음 단계는 이러한 공통성을 설명하는 이론을 세우는 것이다. 이 이론은 추론과 구인, 중재변인으로 구성되는데, 이들 추론, 구인, 변인들은 모두 특정 문제를 설명하기에 적합하다. 이론은 보통 특별한 명쾌함과 구체성을 가지고 고안되고 합리화되는데, 종종 수반된 개념을 반영하는 새로운 용어를 도입함으로써 보다 뚜렷해진다.

비유적으로 말하면 믿음의 도약이 필요한 단계인 것이다. 즉, 이론(그리고 모든 관련된 용어와 개념)이 이제 '실재'인 것으로 가정되며 또한 현실 세계에서 진짜 실재하는 것을 표상하는 것으로 가정된다. 현실을 설명하는 유용하고 가치 있는 방법으로 간주되는 것이 아니라 그 자체가 현실이 되어 버리는 것이다. 개인들 및 그들의 행동은 이러한 이론의 예들로 설명되고, 연구자들과 상담자들은 이론을 배우고 그것을 인간 심리 현상을 설명하고 이해하는 데 사용한다. 대개 한 이론의 지지자들은 다른 이론의 지지자들과 신랄한 논쟁을 벌이면서 반목하게 되는데, 각각은 자신들의 개념이 현실을 표상한다고 생각한다. 이론적 논쟁이 늘 다양한 모형을 제안한 사람들끼리의 논쟁이라는 것은 아니다. 어떤 이론적 불일치는 다양한 관점을 정교화하고 시험하는 좋은 기능을 하기도 한다.

이러한 과정은 이론이 주어진 영역에서 모든 관련 자료를 가장 잘 설명하는 정도까지만 받아들여지는 과학적 이론의 발달에 거의 정면으로 배치된다. 이론으로 설명되지 않는 데이터가 있거나, 보다 나은 이론(데이터를 보다 완벽하게 설명해 주는 이론)이 등장하면 원래의 이론은 역사 속으로 사라지거나 제한된 유용성을 가진 것으로 받아들여진다(Einstein의 시대에 Newton 역학이 그러했듯). 데이터를 더 잘 설명해 주는 이론이 나타나도 그 이론을 버리지 않을 정도로 어떤 이론과 결혼하는 과학자는 아무도 없다.

그럼에도 불구하고 임상심리학의 이론가들은 자신의 이론이 살아 있는 진리를 구현하고 있다고 가정하는 경향이 있으며, 따라서 모든 사람에게 그 이론을 적용한다. 이론은 원래 어떤 일탈이나 비정상 또는 최소한 불건강한 특성을 지닌 특정 집단을 관찰함으로써 형성된 것임을 상기하라. 그 집단에 특별히 적용하기 위해 고안된 이론은 이제 진실로 간주되고 모든 사람에게 적용된다. 어떤 이상한 이유에서 딱 들어맞지 않기 때문에 추론을 보태고, 개념을 약간 다른 식으로 정의하고, 새로운 매개 구인을 만들어서, 이론은 광범위한 인간 행동을 통합할 수 있도록 충분히 유연해진다. 불행하게도, 그 과정에서 이론은 원래의 집단에 대한 구체성과 적용 가능성을 잃어버린다.

앞의 시나리오가 과장된 것은 틀림없지만, 현재 임상이론의 상태를 반영하고 있다. 또한 서로 별 관련이 없어 보이는 임상이론들(Freud 학파, Rogers 학파 등)이 왜 그렇게 많은지 설명한다. 발달이론 모형은 이 이론들이 서로 다른 집단의 사람들을 관찰해서 만든 것이기 때문에 다르다고 주장한다. 예컨대, Freud는 특정 호소문제들(다양한 종류의 히스테리 증상)을 지닌 빅토리아 시대 여성들을 주로 연구했다. Freud가 고안한 정신병리의 기술, 성격이론, 치료방법은 모두 그 집단에 적합하고 유효한 것이다. Freud는 자신의 이론이 그 집단에 적합하기 때문에 다른 모든 사람에게도 일반화할 수 있으리라 가정했다. 마찬가지로, 내담자 중심 운동은 다른 특정 집단(미국 대학생)과의 임상 경험에서 형성되었다. 자아개념 이론과 처치접근은 이 간극을 넘어서 심리치료가 필요한 모든 상황의 모든 사람들에게 일반화되어 적용되었다.

이론이 실제도 아니며 절대적 진리를 지니고 있는 것도 아니라는 것을 받아들인다면, 왜 어떤 집단과 작업하는 사람이 다른 집단과 작업하는 사람과 완전히 다른 결론과 다른 효과적 치료방법에 도달하게 되는지 설명할 수 있게 된다. 보다 유연하고 상대적인 방법으로 심리이론들을 볼 수 있게 된다. 발달이론 모형이 가정하는 것은 다음과 같다. 이론은 실제가 아니다. 단지 임상적 · 경험적 데이터에 대한 가장 나은 설명일 뿐이다. 설명이 데이터에 적합하지 않으면 보다 나은 설명을 찾는다.

이는 각각이 특정 집단에 고유의 타당성을 갖는 임의의 이론모형을 여러 개 가질 수 있다는 가능성을 만든다. Freud 학파의 이론과 치료는 신경증 집단에 이상적이며, Rogers 이론과 치료는 청소년 집단에 맞다. 이는 상담자가 하나의 사고체계만 배우는 것이 충분치 않음을 뜻한다. 치료자는 여러 이론에 정통해야 하며, 기꺼이 이를 감별적으로 적용하거나 다른 체계에서 훈련받은 상담자에게 언제 의뢰할지 기꺼이 알아야 한다. 발달이론 모형은 이러한 유연한 틀을 부여해 준다.

◆ 발달이론 모형의 특성

발달이론 모형은 앞서 요약한 표준 패러다임과 달리 서로 다른 두 개인의(또는 한 사람의 다른 두 경우에조차) 같은 행동의 의미와 동기는 다를 수 있으며, 성격에서 그 행동이 차지하는 위치가 다를 수 있다고 가정한다. 예컨대, 한 개인의 학습부진 유형이 같은 유형의 다른 개인과 완전히 다른 동기과정에서 비롯될 수 있다. 그러므로 특정 행동과 기저의 동기 또는 성격적 원인 사이의 일대일 대응을 이론화하는 것은 행동의 유사성에 근거한 범주화로 이어진다. 이러한 흐름이 심리학에서 주류임에도 불구하고, 다른 유형의 사람들 사이에 존재하는 동기의 차이를 무시함으로써 잘못된 길로 빠질 수 있다.

거꾸로, 성격 유형이 비슷한 사람들이 각각 같은 동기에서 다른 행동을 할 수도 있다. 행동의 차이가 성격의 차이에서 비롯된 것은 아닐 것이다. 그러나 배경과 경험의 차이 때문에 비슷한 동기 요인이 다른 방식으로 나타난다.

앞의 이야기가 사실이라면, 치료자는 행동상의 차이에 따른 범주화가 확고한 기초에 입각한 것은 아닐 것이다. 사실, 발달이론 모형에서는 치료자의 주된 역할이 행동에 대한 것이라기보다 지각에 대한 것이라고 가정하고 있다.

> 심리치료의 기능은 내담자에게 의미 있는 인간관계를 제안하는 것이다. 이를 위해 치료자에게는 적용 가능한 구인들이 필요하다. 어떠한 행동의 단서도 다양한 심리역동적 원인에서 유래했기 때문에 행동을 단순하게 체계적으로 이해하는 것은 불합리하다. 그렇지만 치료자의 개념체제로서의 성격 개념은 체계적 이해의 기반이 될 수 있다. 치료자의 주요 활동에는 내담자와 상호작용하기 위한 단일한 기법이 아니라 전체적인 '세트'를 구성해야 한다(Roth et al., 1967, p. 2).

이 원리에 대해 한 단계 더 나아가서, 우리는 다음과 같이 주장한다. 문제에 대한 지각, 개인에 대한 지각, 치료자로서 그리고 한 인간으로서 자기 자신에 대한 지각, 내담자와의 상호작용의 특성에 대한 지각 등이 치료자가 가진 가장 중요한 임상적 도구이다. 표준 치료 기법(해석, 행동치료적 개입, 반영, 최면 등)은 특정 문제와 그 문제를 다루는 기법들의 적합성에 대한 어떤 목적이나 계획 없이는 쓸모없다. 치료 기법을 배운 대로 단순히 적용하는 것은, 예컨대 의학 분야에서처럼 기껏해야 그 정도의 의미밖에 없다.

발달이론 모형의 또 다른 믿음은, 이론이 단지 지적 호기심을 충족시키기 위해 존재하지는 않는다는 것이다. 생각컨대, 임상이론의 목적은 치료에 도움을 주기 위한 것이다. 즉, 심리적 문제의 치료에서 근거와 지침을 제공하는 것이다. 설명하고 이해하기 위해서만(어떤 것이라도 바꾸기 위한 것이라기보다) 존재하는 이론은 지적이고 과학적인 활동에 완전히 적합한 것이기 때문에, 치료로 이어지는 이론을 요구하는 상담자들에게는 쓸모가 없다. 발달이론 모형은 이론을 치료에 직접 접목하려 한다.

이 모델의 주요한 개념은 **성격구조**이다. **구조**라는 용어는 전통적인 정신분석학에서 성격의 구조적인 요소(예: 이드, 자아, 초자아)를 유목화하기 위해 사용된 것이다. 동기와 같은 개념은 구조라기보다는 성격 역동의 기능으로 간주된다. 그러나 발달이론 모형에서는 성격구조를 각 개인 동기의 조직화된 이론으로 정의한다. 이 정의에는 다음과 같은 몇 가지 의미가 있다.

첫째, **조직화된**이란 개별화된 특성을 단순히 모아 놓거나 행동의 증후군이 아니라, 이론화된 개념들의 조직으로서의 성격을 의미한다. 다시 말해, 각 개인의 성격구조의 여러 가지 측면은 서로 개별적으로 떨어져 상호작용하지 않고, 의미 있게 연관되어 있다.

둘째, 성격구조 개념은 단지 하나의 이론일 뿐이다. 즉, 이것은 개념적이고 하나의 구인이라는 뜻이다. 게다가 이러한 구인이나 이론은 관찰 가능한 자료로부터 도출된다. 따라서 이론은 결코 직접적으로 관찰되는 것이 아니다. 이론은 작은 표본에서 전집을 추론하는 통계와 같은 방식으로 추론되는 것이다. 이러한 방식은 통계에서 받아들이는 과정이다(과학적인 절차로 간주된다). 따라서 임상 이론에서도 그와 같은 동일한 개념적인 과정만이 과학적이라고 간주되어야 한다. 그러나 만약 이것이 사실이라면, 이론은 결코 증명될 수 없다. 이론은 결코 영구한 진실이 아닌 잠정적인 가설인 것이다.

셋째, 성격구조는 각 개인의 동기의 핵심 요소를 행동이 아닌 동기로써 정의하는 조직화된 이론이다. 이 모델의 주요 가정은 행동이 동기화된다는 것이다. 사람들은 의미 없는 반복적인 신경 활동에 따라 움직이는 것이 아니라 이유를 갖고 어떤 것을 행한다. 만약 신경학적이거나 동기 외적인 요소들이 성격을 구성하는 것이라면, 이러한 요소들은 정통적으로 성격구조의 부분이나 각 개인의 성격이 아니라 심리학적이나 심리 연구의 다른 영역(예: 신경학적인, 호르몬적인, 기타 등등)에 속할 것이다. 심리치료를 하는 치료자는 '이 사람은 왜 이런저런 행동들을 할까?'라고 끊임없이 질문한다. 만약 그 대답이 신경학적인 문제라면, 내담자는 그 영역의 전문가에게 의뢰되어야 할 것이다. 반대로, 만약 질문이 '사람은 어떻게 신경학적인 문제에 대처할까?'라면, 치료자의 역할은 적절하며, 어떤 것이 성격구조에 영향을 미치는지 신경학적인 문제에 대해 충분히 이해하는 것은 중요하다.

성격구조의 이러한 정의의 또 다른 의미는 만약 각 개인의 동기가 그 구조에서 주요하다면, 사람들은 진심으로 그와 같은 목적으로 움직일 것이라는 것이다.

> 각 개인은 자신의 세계와 상호작용하며, 그가 통합하는 경험의 종류를 결정하는 주요한 역할을 담당한다. 환경은 어떤 것을 선택할 것인지에 대한 경험들을 제공한다. 각 개인은 의미 있는 것을 선택할 것이며, 상황을 만들고, 이러한 종류의 경험들을 산출할 것이다. 게다가 개인이 더욱 성숙해질수록, 이러한 선택의 과정들은 그 자신의 결정에 의해 더 많이 이루어질 것이다(Roth et al., 1967, p. 1).

발달이론 그 자체는 정상적인 발달, 동기, 정신병리의 이론이며, 성격구조 발달의 정상적인 단계에서 연속해서 나타나는 핵심 문제들로 조직된 심리치료의 이론이다. 이러한 정의는 설명과 정교화가 필요한 몇 가지 측면과 의미를 갖고 있다.

이 모델은 성격구조는 조직화될 뿐 아니라 그 중심에 문제 또는 욕구의 핵심적인 집합체를 갖고 의미 있게 조직된다고 가정한다. 이것은 각 개인에게 있어 성격 요소는 중심적인 동기 요소를 정의하는 핵심 문제의 상호작용적인 구성체에 배치된다는 것을 의미한다. 어떤 단계이든지 주변적인 요소들이 없어지는 것은 아니다. 그러나 이러한 주변적인 요소들은 핵심 요소를 표현하며, 많은 심적 에너지를 받지는 못하며, 우선권이 없다. 예를 들어, 18세 청소년, 10세 아동, 아기의 자아개념 문제를 논의한다고 하자. 그렇다면 자아개념을 논의함에 있어 아기는 다른 두 사람보다 주요하지 않게 간주될 것이다.

각기 다른 핵심적인 문제는 정상적인 성격 발달의 다른 단계에서 연관될 것이다. 사실, 정상적인 성격 발달의 각 단계는 연령에 따른 발달 단계에서 예상되는 성격구조의 핵심 문제에 의해 정의된다. 각각의 연속적인 발달 단계에서, 성격구조의 핵심 요소들은 각기 다른 일련의 핵심 요소에 의해 대체되고, 이러한 과정은 핵심 문제뿐만 아니라 성격구조의 모든 문제의 전체적인 구성체를 바꾸는 역할을 한다. 게다가 핵심 문제들은 종종 심한 갈등이나 모순을 포함하고 있는데, 이러한 갈등과 모순이란 각 개인이 변화하는 데 필요하거나 성격구조를 성숙시키기 위해 감수해야 하는 것을 의미한다.

발달이론 모형에서는 출생부터 20대 중반까지의 정상적인 성격 발달의 단계를 의존성과 독립성의 연속체에서 설명한다. 이 연령에서 각각의 새로운 발달 단계는 심리적 독립을 향한 새로운 질적인 진일보를 의미한다. 20대 중반 이후로는 심리적인 독립이 더 이상 주요한 문제가 아니고, 개인적인 의미의 질문들이 주요하게 된다.

성장은 순차적으로 일어난다. 즉, 어떤 일정한 단계에 있든 그렇지 않든 상관없이 그러하다. 확실히, 각 개인에게 있어 몇몇 단계의 측면들은 보이지만, 핵심 문제는 어떤 특정한 시기에 단지 그 단계에서만 나타나는 방식으로 군집의 형태로 나타난다. 게다가 단계는 최소화되거나 다른 사람에 비해 상대적으로 쉽게 지나갈 수는 있지만 결코 생략될 수는 없다.

성격구조의 중심에 있는 핵심 문제들은 모두 인간관계를 포함하고 있다. 다시 말해, 핵심 문제들은 모두 대인관계와 연관되어 있으며, 다른 사람들과 교류하고자 하는 욕구를 나타내고 있다. 새로운 발달 단계, 특정한 성격구조, 핵심 문제, 성격 매트릭스로 성장함에 있어, 관계욕구에 있어서도 이에 상응하는 변화가 존재한다. 따라서 성격이 성장함에 따라 요구되는 의미 있는 관계의 유형은 개인의 연령대(영아기, 유아기, 청년기 등)에 따라 다를 것이다. 한 단계에서 다음 단계로의 성격적인 성장은 특정 단계에서 핵심 문제에 대한 욕구를 충족시켜 주는 주요한 인간관계가 형성될 때에만 일어난다. 우연하게도, 정상적인 환경에서 성격 퇴행은 이 모델에서는 타당한 심리학적인 개념이 아니다.

물론, **욕구**를 정의하는 방식은 다양하다. 예를 들어, 각 개인에 따라 특성화되는 '욕구'들이 있고, 이러한 욕구들이 충족된다면 그들의 바람은 만족되지만, 그렇다고 해서 심리적 성장이 이루어지는 것은 아니다. 5, 6세 아동은 실제로 자러 가야 하는 시간임에도 불구하고 늦게까지 자고 싶지 않다는 욕구를 표현한다. 발달이론 모형에서는 심리적 또는 대인관계 욕구는 심리적 성장과 연관되어 있다고 가정하고 있다.

또 하나는 임상 실제에서 치료자나 상담자가 내담자의 모든 심리적 욕구를 충족시킬 것인지 여부에 관한 것이다. 내담자의 모든 욕구를 충족시키는 것이 정말로 치료적인가? 예를 들어, 상담자가 경계선 성격장애 내담자의 지나친 의존욕구를 충족시켜야 하는가? 발달이론 모형이 이 문제에 대해서 직접적으로 밝히지 않는다고 하더라도, 그러한 내담자의 욕구를 충족시킬지 여부의 타당한 결정은 실제 진단의 기능이어야 한다.

만약 어떤 이유에서건 특정 단계에서의 관계욕구가 충족되지 않다면, 그 사람의 중심적인 대인관계 동기는 그러한 욕구를 충족시킬 관계를 찾는 데 쓰일 것이다. 정신분석 용어로, 이러한 현상을 고착이라 한다. 발달이론 모형에서는 고착을 보이는 것을 병리로 간주한다. 예를 들어, 5세 아동은 부모의 승인을 얻고자 한다. 만약 40세의 성인이 5세 아동에게 중요했던 심리적 우선권인 부모의 승인을 얻고자 한다면, 그것은 바로 성격구조의 미성숙을 나타낸다. 따라서 여기에서 신경증으로 정의되는 정신병리는 이상 행동이나 동기보다 성격구조의 미성숙을 지칭한다. 결정적인 요소는 그 개인의 발달 연령과 초기 발달 단계의 핵심 문제 간의 차이에 있다. 이러한 심리학적인 개념은 정통적인 정신분석이론과 일치한다.

이러한 가설이 사실이라면, 심리치료는 단순히 문제를 해결하는 것이 아니라 각 개인이 고착되어 있는 핵심 문제를 충족시키는 관계의 과정이라고 볼 수 있다. 성장과 변화는 이러한 종류의 관계 경험에서 생성된다. 의미 있는 치료적 과정에서 문제 해결이 일어나는 것은 확실하지만, 발달이론 모형에서 치유의 힘은 바로 관계의 깊이 그 자체에 있다. 심리치료의 이러한 개념은 많은 정신역동치료 모델들(정신역동, 내담자 중심 등)과 현저하게 다르지는 않다. 그러나 치료적인 종류의 관계는 각 개인의 발달 단계에 따라 다를 것이다(감별진단의 세부사항과 욕구와 발달 단계에 따른 감별처치는 이 장의 나머지 부분과 제4장에서 더 세부적으로 논의된다).

그리고 치료자는 단순하게 모든 내담자와 동일한 관계를 형성하지 않고, 내담자의 욕구에 따라 특정한 관계적 접근을 시도한다. 이것은 성격구조의 발달 수준에 따라 결정된다. 게다가 그 내담자에게 어떠한 관계 유형이 적절한지를 결정하기 위해서, 치료자는 내담자의 성격구조를 평가함으로써 감별진단을 해야 한다. 한 가지 이론이나 모델을 훈련받고, 단순히 하나의 치료적 접근을 적용하는 것으로는 충분하지 않다.

발달이론 모형에서는, 유명한 성격과 심리치료 이론가들(Freud, Rogers, Sullivan 등) 각각은 특정한 내담자들을 다루었으며, 그들 대부분은 동일한 발달 단계에 고착된 경우라고 보았다. 그리고 각각의 이론가들은 그 단계의 성격구조를 설명하는 이론을 만들었으며, 그 단계에서 고착된 성격구조로부터 정신병리를 정의하였으며, 그러한 특정 유형의 내담자를 위한 처치 접근을 만들었다. 그리고 나서 그들 각각은 자신의 모델을 다른 문제를 가진 내담자와 다른 발달 단계에 있는 사람들에게 일반화시켰다. 따라서 발달이론 모형에서, Freud의 이론은 오이디푸스 발달 시기(대략 5~7세)의 설명과 오이디푸스 문제(전통적인 신경증의 범위)에 고착되어 있는 성격구조의 처치에 적절하다. Rogers 이론에서 주요 발달 단계는 청년기이다. 이 시기에는 자아개념과 심리적인 독립의 문제가 가장 중요한 문제일 것이다. 이 시기에는 내담자 중심 접근이 정신분석 모형보다 임상적으로 더욱 효과적일 것이다.

다음은 성격 요소, 관련된 정신병리, 적절한 처치를 포함해서 각각의 정상적인 발달 단계에 대해 간략하게 논의한 것이다. 각 단계의 논의는 규명된 것도 아니고 타당화된 것도 아니다. 사실, 이러한 모형의 강점 중의 하나는 개방되어 있다는 특성이다. 발달 단계는 만약 정당한 이유가 있다면, 두 단계로 갈라질 수도 있고, 없어질 수도 있고, 연속적인 발달 단계상의 다른 지점으로 대체될 수도 있다.

각 단계에서 다음과 같은 사항들이 논의될 것이다.

① 정상 발달 단계에 따른 연령별 특성
② 관련된 심리학 개념, 구인 및 이론
③ 성격구조: 핵심 문제, 주요 동기, 주요 갈등과 양가감정
④ 심리적 성장을 위해 필요한 관계 유형
⑤ 고착화되었을 때 관련된 정신병리
⑥ 관련된 DSM-IV 진단명
⑦ 적절한 유형의 심리치료 관계 또는 심리치료 학파
⑧ 이 특정 단계에서 관련된 개념을 발전시킨 주요 이론가

연령에 따라 이러한 단계들이 소개될 것이며, 각 단계에서는 앞의 사항들이 포함될 것이다.

단계 1: 영아기

1. 정상 발달 단계에 따른 연령별 특성

영아기(early infancy)는 출생에서 6개월까지를 말한다.

2. 관련된 심리학적 개념, 구인 및 이론

이 발달 단계와 관련된 개념은 구강기, 감각 자극의 욕구, 감각 박탈과 관련된 문제, '심적 에너지' '수유' 관계 패러다임, 기본적인 신뢰감 형성 등이다.

3. 성격구조: 핵심 문제, 주요 동기, 주요 갈등과 양가감정

이 단계에서 중요한 것은 지속적인 부모-자녀 관계이다. 이것은 '수유'와 감각 경험과 같은 아기의 지나친 신체적 욕구를 충족시켜 주는 것을 토대로 한다.

> 다른 어떤 동물보다 인간은 무기력하게 태어난다. 갓난아기는 자신의 생명을 환경에 전적으로 의지한다. 영아들의 이러한 종류의 생명 유지는 현실적인 문제이다. 음식이 필요한 힘을 공급하지만, 아기들은 많은 양을 저장할 수 없기 때문에, 매 끼니로 생명을 연장하며 살아간다. 게다가 감각 자극 형태에서 모든 감각기관으로 감각 정보를 얻고자 하는데, 입은 아주 중요한 감각기관이다(Mandel, Marcus, Roth, & Berenbaum, 1971, p. 115).

심적 에너지를 유기체에 공급하는 방법은 오직 생리적인 욕구를 만족시키는 것으로만 가능하다. 그러므로 이 모형에 따르면 영아기 단계에서, 다른 발달이론가들은 영아의 심적 에너지를 만족시키는 생리적인 욕구를 잘 반영하지 못한다고 설명한다.

4. 심리적 성장을 위해 필요한 관계 유형

부모와 영아의 주된 관계는 부모가 시도하는 신체적 접촉을 매개로 해서 이루어진다. 언어 상호작용을 통해 영아와 의사소통을 할 수 없다.

> 일반적으로 생후 첫 4개월 내지 6개월 동안 부모들은 그들의 자녀들 내버려 두어서는 안 된다. 아이들에게 음식을 먹인 뒤, 자녀가 처음부터 끝까지 이를 소화해 내는 데 광범위하게 관여되는데 실제로 부모의 모든 시간이 여기에 투여된다(Mandel et al., 1971, p. 115).

생리적 · 감각적 욕구들은 모유를 주는 상황을 통해 충족된다. 영아와 부모의 신체적 활동들과 의사소통은 모유를 주면서뿐만 아니라, 신체적 접촉(쓰다듬어 주기, 안아 주기, 달콤하게 속삭여 주기, 웃어 주기, 뽀뽀해 주기 등)에 수반하는 모든 것 안에서 이루어진다. 이것은 유아가 성장하고 발달하기 위해서 필요한 감각적 경험을 정말로 제공해 주고 있다.

5. 고착화되었을 때 관련된 정신병리

만일 모유를 주는 활동을 통해 필요한 이러한 관계가 충분하지 않을 경우, 유아는 그러한 종류의 관계를 끊임없이 추구하려는 상태가 된다. 사실상, 심각한 감각적 박탈의 상황이고 이것은 생존의 문제일 수도 있을 것이다. 특히 충분히 누리지 못할 경우 생기는 적대감은 당연히 이 범주 안에 들어올 수 있다. 생후 중요한 첫 몇 달 동안 영아가 감각 경험을 얻지 못했을 때 고착 현상이 일어날 것이다.

6. 관련된 DSM-IV 진단명

유아기 반응성 애착장애를 여기서 볼 수 있다.

7. 적절한 유형의 심리치료 관계 또는 심리치료 학파

분명히, 이러한 문제에 대한 성공적인 접근들은 모두 공통적으로 유아에게 수유를 하면서 오가는 신체적 상호작용 또는 감각 자극과 관련될 것이다. 또한 이러한 접근들은 자녀의 다양한 내적 심리를 가정하는 것 같지 않다. 하지만 아동에 대해 보다 직접적이고 보다 신체적인 방식으로 접근한다. 발달이론 모형의 측면에서 이것은 대체로 자녀의 욕구를 충족시켜 주는 경향이 있으며, 그럼으로써 더욱 치료적일 수 있다고 본다.

8. 주요 이론가

여기서 살펴볼 이론가들은 특히 신생아들의 감각의 억제와 박탈의 영향에 초점을 둔 사람들이다. Harlow와 Harlow(1962)의 실험적 성과와 Spitz(1972)와 Bowlby(1969, 1973)의 적대감에 대한 연구가 확실히 여기에 해당된다.

단계 2: 유아기 또는 구강기

1. 정상 발달 단계에 따른 연령별 특성

이 단계는 대략 6개월에서 2세까지를 말한다.

2. 관련된 심리학적 개념, 구인 및 이론

이 단계에서 우리는 정신분석학적 의미에서의 구강 개념에 대해 얘기해 보고자 한다. 이 단계의 욕구와 관련된 다른 개념들로는 자아 발달[이드(id)라는 정신분석학 개념, 특히 충동적인 성격 특성], Erikson(1963)의 기본적 신뢰감 개념, 현실을 검증해 보려는 욕구 또는 현실 검증 타당화라는 거의 동등한 Sullivan 학파 개념(Sullivan, 1954), 분명한 이중구속을 낳은 일련의 가족체계 요소들(Bateson, Jackson, Haley, & Weakland, 1956) 그리고 다른 관련 문제들이 있다.

3. 성격구조: 핵심 문제, 주요 동기, 주요 갈등과 양가감정

이 단계에서의 주요한 욕구들은 충동적인 행동과 기본적인 안정감과 신뢰감이다. 이러한 점에서 유아는 원초적이지만, 자아가 성장하면서 섬세하진 않지만 감정과 정서의 분화가 이루어진다. Erikson의 지적에 따르면, 신뢰의 문제에 대해서는 양가감정이 있다. 유아는 믿어서는 안 될 때(상황)와 믿어서는 안 될 사람뿐만 아니라 언제 그리고 누구를 믿어야 할지에 대해 배울 필요가 있다. 여기서 요구되는 신뢰는 절대적이면서 모든 것을 포괄할 수 있어야 하지만, 자아경계(자아정체성의 초기 개념)는 미약하다. 이러한 단계는 언어 발달과 더불어 끝이 난다(Marcus, 1969).

> 자아개념이 극히 미비하고 원초적이며 충동적인 행동의 강조와 더불어 '충동성 다루기'로서 특징지을 수 있을 것이다. 초기 발달 과업으로는 충동성의 확인과 외부 세계에 대한 그들의 의사소통(예: 배고플 때 우는 행위)이 있다(Roth et al., 1967, p. 3).

4. 심리적 성장을 위해 필요한 관계 유형

부모들이 결정적 시기 동안 기본적인 신뢰감을 형성하고 안정한 관계를 제공해 준다고 하더라도, 유아는 특정 욕구와 바람을 전달할 능력이 제한되어 있다. 따라서 부모들은 유아가 분명히 자신의 욕구를 표현해 주기를 기다릴 것이 아니라 우선 유아와 공감대를 형성하여, 그 욕구들을 느끼고 확인할 수 있어야 한다. 그러고 나서 부모들이 이러한 욕구를 이행함으로써 아이에게 이러한 욕구들을 전하는 것이다. 이러한 과정에서 신뢰감을 형성한다.

부모들 편에서 요구되는 공감, 관심 그리고 욕구 충족과 같은 것이 현상학적인 토대에서 유아의 중요한 욕구를 충족시키고 의사소통하고 이해하기 위해 '유아와 하나가 되어 가는 과정'을 포함하는 상징적 관계를 요구한다는 점을 명심하라. 이러한 상징들은 유아의 심리적인 개별화를 가능하게 해 준다(Mahler, 1974).

부모 쪽에서의 관계의 특징은 종종 '어머니다운'이라는 꼬리표가 붙어 다니게 되는데, 이것은 양 부모가 유아와 일종의 관계를 형성할 수 있게 하기 때문에 순전히 기술적인 것이다. 상징적 모성애는 관계에 대한 일종의 보다 적절하면서도 생생한 은유이다. 하지만 이것은 남녀 차별적이고 비합리적이며, 오로지 여성들만이 이것을 제공해 줄 수 있을 것이라고 가정하기에는 심리적으로 순진한 생각일지 모른다.

5. 고착화되었을 때 관련된 정신병리

본래 발달이론 모형의 형성에 있어, 이 시기에서 신뢰감을 이루지 못한 관계는 성격상의 핵심 문제가 계속되어 이 단계에 고착하게 된다. 이것은 생리학적인 원인으로 판명된 상황과 관련된 것들을 제외하고, 조현병과 정신병과 같은 모든 영역을 포함한다고 볼 수 있다. 발달 모형이 형성된 이래로 수많은 정신병이 유전적 또는 생화학적 부분을 근거로 해서 이루어졌다는 증거들이 드러났다. 이러한 점에서 이 발달 수준과 관련된 조현병과 같은 상황은 얼마 되지 않은 것 같다. 이러한 상황들은 심리유전적이거나 믿음에 대한 중요한 갈등을 보여 주고 있다.

6. 관련된 DSM-IV 진단명

편집장애와 분열성 인격장애(301.20)가 여기에 포함된다.

7. 적절한 심리치료 관계의 유형 또는 심리치료 학파

발달이론 모형에 따르면 심리치료의 양식이 어떠한 것이든 간에 성공적인 결과는 내담자 자신이 원초적 욕구를 수용할 수 있도록 함으로써 내담자와 치료자 간의 신뢰할 만한 관계를 형성해 나가는 데 달려 있다. 대체로 이러한 병리 집단에 대한 효과적인 심리치료는 일관되면서 기본적으로 신뢰감을 형성해 나가는 치료적 역할로 접근해 나가는 관계를 포함한다.

8. 주요 이론가

이 분야에서 광범위하면서 논의가 될 만한 문헌을 포괄적으로 개관하려는 것이 우리의 입장은 아니다. 하지만 유명한 이론가들 가운데 Sullivan(1954)은 대인 간의 안정감과 신뢰의 문제를 강조하였다. Arieti(1974)는 역기능적인 사고과정에 초점을 두었고, Laing(1965)은 내담자의 현상학적 세계를 보고자 했으며, Haley(1969)은 대인상호작용 모형을 강조하였다.

단계 3. 걸음마 단계

1. 정상 발달 단계에 따른 연령별 특성

일반적으로 이 단계는 '미운 두 살'과 배변훈련의 성취가 공존하는 시기라고 볼 수 있으며, 대략 2세에서 3세 반에 걸친 시기이다.

2. 관련된 심리학적 개념, 구인 및 이론

여기서 쓰이는 모든 개념은 충동성 문제, 즉 이드, 충동적 표현 그리고 충동 통제, 자아강도의 증진(특히 통제 문제를 둘러싼) 등의 문제를 중심으로 삼고 있다.

3. 성격구조: 핵심 문제, 주요 동기, 주요 갈등과 양가감정

이 단계에서 아이는 충분한 자아 또는 내적 심리 강도를 획득한 결과, 성격적으로 응집성과 경향성을 보여 준다. 하지만 이 단계 아이의 본질적인 특성은 여전히 충동적이며, 그래서 이러한 아이의 핵심 동기는 충동성을 중심으로 이루어진다. 2단계(유아)에서의 개인의 충동적 특성이 동시에 여러 방향으로 뻗어 있는 수많은

벡터(힘)라고 한다면, 걸음마 단계에서의 아이의 충동적 특성은 여러 가지 벡터가 하나의 방향으로 합쳐진 것이라고 볼 수 있다. 점차 이들은 목표의식을 가지고 그 목표를 성취할 수 있는 행동을 보이게 된다. 이 단계에서의 중심 과업은 한편으로 적절한 충동적 표현을 습득해 가는 것이고, 다른 한편으로는 충동성의 통제를 배워 나가는 것과 관련되어 있다. 이 시기의 아이는 종종 한 단어의 어휘('싫어')를 사용하거나, 종종 비합리적이면서 충동성에 대한 즉각적인 대가를 추구하려 한다. 이 연령의 아이들은 대체로 가장 합리적이면서 허용적인 부모들에게 행동상의 통제를 연습시키고, 환경을 제한하고, 길들이도록 요구할 것이며, 그러면서 그들의 의지에 반하는 모든 한계와 투쟁하는 것과 그 한계를 부모들의 사랑의 표현으로서 감사히 여기는 것이 서로 번갈아 일어날 것이다. 종종 부모들을 곤혹스럽게 하는 이러한 모순된 반응은 아이가 타당한 한계를 설정하는 것뿐만 아니라 행사하는 것보다 더 강력한 곳에서 나온 안정감과 일시적인 감사의 욕구 간의 아이의 양가감정을 보여 줄 때이다.

자기통제를 습득해 가는 과정에서 아이는 내적인 충동성으로 인해 모든 대인간의 세계를 파괴해서는 안 된다는 것을 알게 되고, 자기 자신에게 중요한 통솔력과 중요한 안정감을 경험하게 된다. 사실상, 그 아이의 행위는 종종 부모의 개입을 필요로 한다.

4. 심리적 성장을 위해 필요한 관계 유형

이 시기 부모의 가장 적절한 반응은 이전 단계의 상징적 역할에서 그 아이에게서 새로이 발견한 충동적 특성을 다루는 것에 대한 관심으로 이동한다. 부모는 외부 세계에서의 통제를 행사함으로써 아이가 자기통제를 배워 가도록 도와준다는 의미에서 그 아이에게 자아강도를 심어 준다. 달리 말해, 그 아이는 부모에 의해 합당하면서 일관적인 행동상의 제한이 가해짐으로써 내적 통제를 습득해 가는 것이다.

흥미롭게도, 많은 부모는 자신의 자녀가 잘못된 것에서 바른 것을 깨닫는다는 점에서 교육을 받을 필요가 있다고 생각한다. 하지만 이것은 도덕적이라기보다는 자기통제를 배워 가는 점에서 더욱 중요하다. 따라서 부모들은 그 문제를 옳지 못한 행동에 대해 벌을 주기 위한 필요성보다는 자기통제를 배워 가는 필요성으로

재해석해야만 한다.

5. 고착화되었을 때 관련된 정신병리

정상 발달의 측면에서, 특정 성격 스타일은 이 단계를 넘어서지 못했을 때 일어나는 것으로 볼 수 있을 것이다. 이 단계에서 일반적으로 가장 상호 관련이 있는 전형적인 모습은 소위 타인의 한계를 계속해서 시험하고, 즉각적이면서 완전히 충동적인 행동을 요구하는 '버릇없는 아이'라고 불리는 것이다. 어떠한 사람은 계속해서 다른 사람에게 벌을 주거나, 거절하거나 또는 반응을 통제함으로써 일시적인 통제와 영향을 도와주기 위한 위장된 호소를 한다.

6. 관련된 DSM-IV 진단명

경계성 인격장애(301.83)가 여기에 속한다.

7. 적절한 심리치료 관계의 유형 또는 심리치료 학파

미운 두 살의 아이가 있는 부모들은 종종 자신의 자녀의 행동을 나쁘고 잘못된 것으로 해석한다. 또한 그들은 충동적 행동을 개인적으로 그들을 겨냥해서 한 행동으로 오해할 수 있다. 그들은 자신을 통제하는 법을 배울 필요가 있다고 자녀들에게 설명해 주는 것을 당연하게 여기며, 부모의 개입은 벌이라기보다는 아이가 중요한 과업을 배워 가는 데 도움을 주는 수단이라고 여긴다. 종종 소리를 지르거나 반항하는 아이들에게 부모들이 물리적으로 통제를 가함으로써 그들이 얼마나 많은 도움을 주는가를 말하는 부모를 관찰하노라면 재밌어진다.

심리치료 개입들은 한 개인이 일시적인 통제력을 얻도록 도와주는 부모의 역할과 다름이 없다. 사실상, 이러한 집단인 경우 일시적인 감정의 통제는 주요한 치료적 문제들이다. 이러한 사람들의 일시적인 갈등들은 너무도 압도적이면서 지배적이기 때문에 치료자들이 이러한 문제를 다룰 때까지 다른 문제들을 의미 있게 다룬다거나 문제를 회피할 수 있는 방법이 전혀 없다. 이러한 유형의 사람과 작업을 하는 치료자들은 부모의 반응과 유사하게 역전이 반응을 보여 준다고 한다.

일반적으로, 치료자는 아이가 일종의 자기통제 문제가 있다고 보고, 행동치료나 심리치료의 도움을 주어서 그 아이가 이 목적을 달성할 수 있도록 돕는 것이 좋다.

여기서 간접적 혹은 정서적 탐색을 하는 것은 그다지 생산적이지 못하다(다른 유형의 문제에서는 그렇지 않을 수도 있지만). 왜냐하면 그러한 방법들은 충동 통제에 도움이 안 되며 오히려 지속적인 충동 위주의 관계를 촉진시키기 때문이다. 또한 내담자는 치료자가 자신의 모든 것을 감싸 주는 부모와 같은 관계를 제공해 줄 것이라는 어떤 환상이 생기게 되며, 이러한 관계 속에서 내담자는 점점 치료자의 삶에서 중요한 위치가 된다는 것이다. 반면에, 치료자는 이러한 관계의 경험이 내담자에게 필요한 내적 욕구를 발달시키고 정서적 통제를 할 수 있도록 긍정적인 방식으로 한계를 두어야 한다.

8. 주요 이론가

이런 유형의 문제에만 유일하게 초점을 둔 심리치료사는 거의 없지만, 여기서 소개되는 이론가들은 이러한 충동 조절과 정서적 문제에 대한 도움의 필요성에 대해서 논하고 있다. 정상적인 발달이라는 측면에서, 치료자들은 다양한 측면에서 이 발달 단계에 있는 아이들을 격려하고, 특히 훈육과 지지적 한계를 적당히 두어야 한다는 점을 무엇보다도 중요시한다. 여기에는 Anthony와 Benedek(1970), Rutter(1980), Thomas와 Chess(1980), Winnicott(1951, 1957)과 같은 이론가들이 포함된다.

단계 4: 취학 전 단계

1. 정상 발달 단계에 따른 연령별 특성

이 발달 단계는 대략 미운 두 살이 끝날 무렵부터 5세까지 지속된다.

2. 관련된 심리학적 개념, 구인 및 이론

발달이론 모형에서는 이 단계 어린이들의 역동에 맞는 가장 타당한 이론적 입장은 전적으로 정신분석적 틀이라고 보고 있다. 이는 성격을 이드-자아-초자아와 같은 구조로 보고 이러한 체제 내에서의 정신적인 힘의 충돌, 특히 초자아의 발달을 강조하는 전통적인 분석적 사고를 말한다.

3. 성격구조: 핵심 문제, 주요 동기, 주요 갈등과 양가감정

이 단계에서는 이전 단계에서의 충동에 대한 외적 갈등이 내부 세계로 옮겨지게 된다. 아이는 충동 조절에 대한 필요성을 내재화하게 되며, 이렇게 새로 발견된 자신에 대한 통제력은 자아 발달과 심리적인 독립이라는 경로를 따라 또 다른 단계를 나타낸다. 또한 이러한 내재화된 충동 조절과 함께 실질적인 개인의 자율성이 형성되는 것이다.

그러나 여전히 이 단계에서의 충동 조절 방식은 상당히 강박적이며, 상당히 원시적인 기제로 이루어진다. 아이들이 계속해서 놀이와 다른 반복적인 경험들에 많은 시간과 에너지를 투자하기 시작하는 것도 바로 이 단계에서이다. 예를 들면, 아이들은 똑같이 틀에 박힌 일상을 원하며 똑같은 비디오테이프를 하루에도 몇 번씩 지루하거나 피곤해하지 않고 보고자 한다. 현재로서는 다소 부모에 대한 사랑(강렬한 아동기의 성적인 부분과 함께)이나 적대감(아이들에게 여전히 위협적이고 압도적인 감정)이 다소 혼재된 그런 내적 충동이 이러한 강박적인 의식이나 일상의 반복 속에 빠져서 통제가 된다.

4. 심리적 성장을 위해 필요한 관계 유형

여전히 부모의 역할은 아이들의 행동과 생각에 대해서 제재를 가하고 처벌을 하는 것이지만, 이전 단계에서는 이러한 제재가 거의 행동적 개입으로 이루어지는 반면에, 취학 전 단계에서는 상당히 심리적인 부분으로 옮겨져서 인정, 도덕성, 수치심 등과 같은 문제들을 다루게 된다. 여기서 부모의 역할은 감각을 평가하는 데 있어서 모델과 어떤 기준을 제시하는 두 가지가 모두 혼합되어 있다. 하지만 동시에 아이들의 내적 충동성을 기본적으로 인정하면서 균형적으로 이루어져야 한다.

5. 고착화되었을 때 관련된 정신병리

발달이론 모형에서는 이 단계의 가장 지배적인 정신병리를 강박적 신경장애(obsessive compulsive neurosis)라고 보았다. 이 발달 단계에 있는 아이들처럼, 강박적인 사람은 내부의 적대감을 인정하지 않고, 부모상에 대한 성적인 사랑을 거부하기 위해서 이런 방식을 활용한다. 정신분석적 용어에서 성격구조는 항문의 문제를 다룬다.

6. 관련된 DSM-IV 진단명

여기서 주된 분류는 불안장애[강박장애 혹은 강박적 신경장애(300.30)]와 인격장애[강박성 인격장애(301.40)]이다.

7. 적절한 심리치료 관계의 유형 또는 심리치료 학파

전통적으로, 이런 유형의 문제에 가장 적합한 치료체계는 모두 정신분석에 기초해 있으며, 특히 부정적인 전이의 분석에 중점을 둔다. 이는 분석적 모델에서도 Wilhelm Reich가 가장 극단적으로 실시한 접근인데, 특히 그가 말한 성격이라는 방호막(Reich, 1945)을 분석한 초기 연구에서 두드러지게 나타난다. 최근에 Milton Erickson(1980)의 연구는 강박적인 사람들에 대해서 독창적이고도 역설적인 방식으로 접근함으로써 상당한 관심을 끌었는데, Erikson은 그가 연구한 사람들로부터 정신분석적인 이론적 근거를 밝혔다. 또한 행동치료를 통해서 강박적인 증상을 성공적으로 치료했다는 많은 연구 결과를 발표하였다.

8. 주요 이론가

이미 언급한 바와 같이, 여기서 말하고자 하는 유명한 이론가들에는 Freud와 그의 추종자들(특히 부적 전이에 중점을 두었을 때), Wilhelm Reich 그리고 Milton Erickson이 포함된다. 유념해야 할 것은 시간이 흐르면서, Milton Erickson은 역설적인 정신분석적 접근 쪽으로 점점 더 신임을 받게 되었다는 점이다.

단계 5: 오이디푸스 콤플렉스 단계

1. 정상 발달 단계에 따른 연령별 특성

이 단계는 대략 5세에서 7세까지 지속된다.

2. 관련된 심리학적 개념, 구인 및 이론

다시 한번, 이 발달 단계에는 전반적인 정신분석적 개념을 적용하는 것이 적절할 것이며, 특히 이드-자아-초자아의 분화과정이 해당된다.

3. 성격구조: 핵심 문제, 주요 동기, 주요 갈등과 양가감정

이 단계에서의 주요 과제는 사랑이나 성적 관심, 적대감 등의 분화를 거쳐서 일련의 가족 내의 대인관계에서 벗어나는 것이다. 다른 단계 이상으로 나아가서, 다양한 감정과 충동(사랑, 성적 관심, 적대감, 불안 등)이 생기기 시작하며 명확하게 구분되고 분리된 정서를 경험하게 된다. 아이들은 이러한 감정들을 표현하는 데 어려움을 겪으며, 이 시기에 자아강도가 발달되는 것(순수하게 정신분석적 용어로)은 매우 중요하다. 이러한 발달은 고전적인 분석이론에서의 심리내적인 과정을 거쳐서 이루어진다.

> 아이들은 부모 중 한 명을 성취하기 어려운 성적인 대상으로 여긴다. 이는 동성의 부모가 보다 강력한 위협의 대상으로 느껴지기 때문이며, 따라서 이 상황에서 벗어나는 유일한 방법은 가능한 한 동성 부모를 많이 닮는 것이라고 생각하게 된다. 다시 말해, 아이들은 이드, 자아와 초자아 그리고 가족 상황 속에서 벌어지는 역동적인 상호작용을 다루기 위해서 동일시의 필요성을 느끼게 되는 것이다(Roth et al., 1967, p. 4).

4. 심리적 성장을 위해 필요한 관계 유형

기본적으로, 부모는 아이들이 이 단계 동안 자신들에 대한 성적이고 공격적인 오이디푸스적 충동성을 수용하도록 돕는다. 부모는 아이들이 이러한 것들을 표현하도록 인정하는 것이 아니라 아이들을 한 개인으로서 받아들이고 그들이 느낌을 분화할 수 있도록 돕는 것이다. 이는 곧 부모는 자신들이 당황하거나 위협적으로 느끼지 않으면서 아이들의 충동성을 수용해야만 한다는 것을 의미한다. 이렇게 수용해 줌으로써 아이들은 자아강도가 발달하게 되고, 가족 내에서 상호 간에 보다 만족스러운 역할을 하게 된다. 또한 동일시 과정을 통해서 가정 밖에서의 사회적 역할을 준비하기 시작하는 것이다.

5. 고착화되었을 때 관련된 정신병리

부모가 아이들의 충동적인 감정(특히 사랑, 성적 취향, 공격성)을 거부하게 되면, 이는 아이들 스스로가 이러한 자신의 감정을 거부하게 하는 결과가 된다. 따라서 아이들은 이러한 감정들을 공개적으로 표현하지 않고 제한하게 되며, 따라서 분명히 존재하는 이러한 감정들을 거부하게 될 수 있다. 간단히 말해서, 이러한 과정은 정신분석가들이 말하는 억압에 해당한다. 이러한 상황은 지속적인 불안과 내적인 혼란을 야기하게 되고, 아이들은 계속해서 당황하게 된다. 아직 완전히 형성되지는 않았지만, 성격구조는 너무 단순해서 이러한 심리내적인 갈등을 다루지는 못한다. 그리고 결과적으로 단지 부분적으로만 도움이 되는 일련의 방어체계가 형성된다. 문헌상의 이 개념은 너무나 방대해서 여기서는 단지 요약 정리 정도로 충분할 것으로 본다.

6. 관련된 DSM-IV 진단명

이 범주에서의 주요 진단으로는 범불안장애(300.02)와 과잉불안장애(300.02), 신체형 장애, 해리성 장애 그리고 과거에는 일종의 신경증으로 여겨졌던 다른 범주의 특정 장애들[예: 히스테리성 인격장애(301.50)]이 해당된다.

7. 적절한 심리치료 관계의 유형 또는 심리치료 학파

여기서의 가장 적절한 치료 모델 중의 하나는 분명히 정신분석이다. 고전적인 의식(카우치, 꿈 해석, 자유연상)의 측면에서가 아니라 치료자가 부모의 주된 관심과 성공적인 치료 결과에서 전이관계나 혹은 이와 관련된 이슈를 중요하게 다루고 있기 때문이다. 정신분석학파는 너무 다양하고 잘 알려져 있기 때문에 여기서는 이에 대한 개관을 목적으로 하지는 않으며, 그들이 적용한 바를 간단히 언급하고자 한다.

보다 최근에는 합리적-정서적 치료(Ellis & Grieger, 1977), 인지치료(Beck, Emery, & Greenberg, 1985), 인지적-행동적 치료(Michelson & Ascher, 1987), 행동치료(Wolpe & Lazarus, 1966; Wolpe & Reyna, 1976) 등이 더 많이 사용되고 있다.

8. 주요 이론가

분명히, 오이디푸스 단계에 대한 가장 두드러진 이론가는 Freud와 주로 그의 작업 틀 내에서 함께 머물렀던 수많은 추종자에 의해서 지속되었다.

단계 6: 초기 잠복기

1. 정상 발달 단계에 따른 연령별 특성

초기 잠복기는 대략 7~ 9세이다.

2. 관련된 심리학적 개념, 구인 및 이론

이 시점에서 아이들은 또래관계, 사회적 역할(vs. 가족 내 역할)을 선호하고 자아 개념의 성숙이 시작되면서 정신분석 개념의 가치가 점차 약해지기 시작한다. 이러한 문제는 초기 연령부터 나타나지만, 이 시점에서 보다 더 중요해지기 시작한다는 점이 강조되어야 할 것이다.

> 이 '자아'는 문헌에서 폭넓게 다루어지고 있는 개념이다. 이는 지각된 자아로서 자신 스스로를 여러 상황에서 기능하는 모습으로 보는, 일종의 '지각된 자아'이다. 매우 적절하고 세련된 자아방어 체제가 발달되어서, 결과적으로 자신에게서 외부로 한 걸음 나아갈 수 있는 개인의 능력을 보여 주는 결과가 되고, 다른 사람에게 대처하는 능력을 관찰하고 이러한 관찰을 토대로 그의 행동을 수정하는 것이다(Roth et al., 1967, p. 5).

3. 성격구조: 핵심 문제, 주요 동기, 주요 갈등과 양가감정

이 시기 아이들의 주요한 욕구는 가정 밖(동료, 학교 등)에서 사회적 역할의 발달을 통해 가족으로부터 훨씬 더 독립적이 되는 것이다. 아이들은 자신의 에너지를 이러한 가족 밖의 관계와 역할 수행에 쏟기 시작하고 신체 발달과 더불어 그러한 사회적 기술의 습득을 필요로 한다.

> 6세에서 9세 사이의 초기 잠복기는 가족 내 에너지의 투자 감소와 가정 밖에서 사회적 발달에 초점을 맞추기 시작하는 것 간의 오이디푸스적 갈등을 가진 단계로 표현될 수 있다. 이 시기에는 또한 '자아'라는 개념이 발달하기 시작되고 동료관계의 중요성이 증가한다(Marcus, 1969).

발달이론 모형이 타당하다고 본다면 이 모형은 이 연령대 아이들이 왜 학교에 갈 준비가 되는지를 설명해 줄 수 있다. 즉, 이 시기의 아이들은 더 이상 심리적으로 가족에게 묶여 있지 않기 때문에 학교 경험은 잊을 수 없는 사건이 될 것이다.

4. 심리적 성장을 위해 필요한 관계 유형

초기 잠복기의 아이들은 부모가 가족적 상징으로서가 아닌 사회적 상징으로서의 부모-자녀 관계를 필요로 한다. 부모는 가족 밖 세계에서 아이들이 어떻게 행동해야 하는지에 대한 역할 모델로서뿐만 아니라 안내자나 교사, 안정적인 사회적 권위 모델이 된다.

5. 고착화되었을 때 관련된 정신병리

발달이론 모형은 이러한 발달 단계의 주요한 문제는 반사회적 이상 성격이나 정신불안 같은 성격장애를 가진 사람들과 관련된 주요 문제이기도 하다는 것을 강조한다.

> 성격장애인들은 오이디푸스 콤플렉스 시기의 충동 통제 자아기술에서부터 혼란스러운 세계에서 자기를 표현하는 것에 이르기까지의 변화를 겪고 있는 사람들이다. 이러한 변화는 동료나 권위 있는 어른들에게서 검증된 자기이미지를 범주화하는 작업을 필요로 한다. 따라서 수용 가능한 표현에 대한 통로를 발견할 수 있다 (Roth et al., 1976, p. 9).

통제적이고 처벌적인 초자아에 일치하여 충동을 표현하는 과잉불안장애를 가진 사람들과 대조적으로 성격장애인들은 그 반대로 행동한다. 즉, 압도적으로 처벌적인 초자아를 억제하고, 충동을 다소 자유롭게 표현한다. 따라서 아이들로 하여금 자신의 행동 결과를 경험하도록 하는 자기통제 요소가 없다. 전통적으로 성격장애('양심'이 없는)가 있는 사람들에게는 없는 것으로 생각되었던 초자아는 전형적으로 성격장애인들이 종종 쓰는 자신을 비난하는 말들로 나타나며, 때로는 심지어 사회적으로 비정상적인 행동 방식을 엄격하고 일관되게 고집하는 것으로 나타난다. 처벌적인 초자아는 심리치료적 중재가 성공적일 때 전형적으로 자기비난이나 우울로 나타나기도 한다. 왜냐하면 성격장애가 있는 사람들은 초자아의 요구를 부정하거나 사회의 도덕적 · 윤리적 표준을 따르지 않기 때문이다.

다른 사람들과의 관계에서 이런 사람들은 의미 있는 인간관계의 구성 성분인 친밀성과 진실성을 피하려는 의도로 극도의 속임수를 쓰거나 착취적이다. 기본적으로 개인 간의 속임수는 사람들이 처벌적으로 반응하거나 이상한 공범자로 반응하는 것과 같은 식으로 나타난다. 예를 들어, 성격장애 학생이 다음 학기에 학교를 그만두는 것과 같은 계획된 반사회적 행동을 하겠다고 상담자에게 말했다고 하자. 이때 상담자는 두 가지 입장을 취할 수 있다. ① 그 학생에게 그런 행동은 부적절한 행동이라는 것을 말할 수 있다. 이 경우 학생은 상담자를 처벌적 권위의 상징으로 인식하기 때문에 부적절하다고 상담자를 볼 것이다. 또는 ② 관계를 유지하기 위해 그 계획에 동의할 수 있다. 이 경우 상담자는 사전 공범이 된다. 상담자는 성격장애 학생과 높은 수준의 '게임'을 하게 된다. 이 게임은 본질적으로 진정성 있는 친밀감을 불가능하게 하고 상담자를 조종하려는 것이다. 이런 방식은 자아강도라는 용어로 상당한 정교화를 보여 주고 따라서 성격장애를 덜 발달된 성격구조의 변형으로 보는 이런 이론에 다소 모순된다.

발달이론 모형은 사이코패스(반사회적 인격장애)와 소시오패스를 구별한다. 사이코패스는 사회적 윤리를 내면화하려 하지 않고 기본적으로 고독하다. 반면, 소시오패스는 초자아를 표현한다. 즉, 그들은 집단문화의 규칙을 동일시하고 엄격하게 고집한다. 그러나 그 집단은 일반적으로 일탈된 문화를 가지고 있다. 예를 들어, 전형적인 갱 단원은 사이코패스라기보다 소시오패스로 여겨질 것이다.

초기 잠복기 문제와 관련된 사이코패스와 소시오패스에 대한 발달이론 모형의 관점은 이 분야에서 전통적이론과는 다른 개념이다. 특히 성격장애는 양심이 없거나 이론적으로 생각한 것보다 훨씬 낮은 수준의 성격 수준을 가지고 있는 것으로 나타날지도 모른다. 다시 한번 말하지만, 여기에서 우리의 목표는 이러한 논박들을 정교화하는 것도, 그것을 해결하는 것도 아니다.

6. 관련된 DSM-IV 진단명

품행장애(312.08), 반사회성 인격장애(301.07), 소아나 청소년, 성인의 반사회적 행동장애(71.01, 71.02) 등이 여기에 속한다.

7. 적절한 심리치료 관계의 유형 또는 심리치료 학파

집단치료는 종종 이 단계에 적절하다. 특히 사회적이고 개인 간 조작에 초점이 맞춰져 있을 때 더욱 그러하다. 어떤 경우에 부모의 역할을 하는 치료자는 성격장애가 있는 사람들에게 충동적 욕구를 채우도록 하는 더 나은 방법을 가르칠 수 있는 권위적인 인물이다.

비록 전통적 치료의 관점이 심리치료가 성격장애인들에게 적합하지 않다는 것을 보여 주지만 성공적인 사례와 접근이 많은 연구에서 보고되고 있다(Greenwald, 1967; Lindner, 1944; Reid, Dorr, Walker, & Bonner, 1986).

8. 주요 이론가

발달이론 모형은 게임이론(Berne, 1964, 1966), 자아심리학(Hartmann, 1958), 집단 사회 작업 접근(Redl & Wineman, 1951), 반조작적 접근(Greenwald 등)을 포함하는 이런 방법론에 적절한 이론적 모형이라고 볼 수 있다.

단계 7: 사춘기 이전의 잠복기

1. 정상 발달 단계에 따른 연령별 특성

사춘기 이전의 잠복기는 대략 9세부터 12세(또는 사춘기의 시작 시기)까지 지속된다.

2. 관련된 심리학적 개념, 구인 및 이론

이 시점에서는 자아이론과 자아개념이 지배적이다. 또한 자신의 미래에 대한 개인적 개념 형성이 중요한 요소가 된다. 과거가 현재를 결정한다는 정신분석적 가정은 현재 선택을 결정하는 데 미래를 중요하게 생각하는 이론에 자리를 양보하였다. 다시 말해, 인과관계의 개념보다 목적론 개념이 더 중시된다.

3. 성격구조: 핵심 문제, 주요 동기, 주요 갈등과 양가감정

이 단계 동안 아이들은 오이디푸스 단계의 문제를 통과하게 되고, 가족으로부터 일종의 사적 자율을 성취하게 된다. 자기구조 개념이 나타나지만 아이들은 여전히 어리고 의존적이다. 이 연령의 아이들은 미래(심리학적 · 사회적 성장과 변화의 관점에서)가 멀리 떨어진 것이 아니라 가까이에 임박한 것이라는 것을 인식하기 시작한다. 아이들은 불과 몇 년 더 나이가 많은 다른 아이들이 신체적 · 사회적으로 상당한 변화를 겪고 있고, 가족으로부터의 독립과 개인적인 책임감, 이성에 대한 관심 등으로 옮겨 가고 있다는 것을 깨닫는다. 그러나 10세 된 아이는 이러한 임박한 변화를 다룰 수 있을 만큼 충분히 성숙되지 않았다.

사실, 이런 것들은 굉장히 위협적이다. 반면, 발달의 초기 단계에서 미래는 상대적으로 위협적이지 않은 문제이다. 이 단계에서 이러한 것들은 너무나 압도적이어서 아이들은 그것의 필연성을 부정하려는 시도를 많이 해야 한다. 그러나 그런 시도는 성숙에 필요한 직업적 · 심리성적 발달 영역을 부정하게 되는 것이다.

> 자아개념상의 통합이 이루어지는 와중에도 심리성적 · 직업적 · 학업적 발달은 여전히 통합되어 진행되지 않고 있다. 이러한 발달을 진행한다는 것은 심리적 독립, 즉 지금까지 지냈던 가족이라는 울타리에서 벗어나게 된다는 위협을 동반하기 때문이다. 그리하여 이 시기의 아이들은 가족에서 또래로 이행된 심리적 의존을 여전히 유지하게 된다. 또래관계를 통하여 심리 성적 발달이나 진로 선택과 같이 위협이 되는 것들을 회피하고, 또래와의 클럽활동, 집단 스포츠를 통하여 좀 더 안전하게 자아개념을 유지하며 일련의 독립을 경험을 할 수 있게 된다(Roth et al., 1967, pp. 5-6).

이것은 이 시기의 아이들이 왜 동성 또래의 의견에 극도로 의존적인지, 또 개인적인 책임감(집안일이나 숙제 같은)을 회피하고 경우에 따라서는 어른이 되고 싶지 않다고까지 얘기하는지를 설명해 준다. 이때는 학업적으로 많은 양의 숙제를 하는데 따른 새로운 수준의 개인적 책임감이라는 상당한 요구가 있고, 이러한 적응에 어려움을 겪는 시기(4~6학년)이다. 미래에 대한 강조는 왜 이 시기가 사춘기 이전 잠복기라는 용어로 불리우는지, 또 어떻게 질적으로 초기 잠복기와는 다른지를 설명해 준다.

이 시기의 아이들이 위협을 다루는 심리기제는 자신들에게 닥치는 위협을 부정하는 것이며, 이런 부정은 새로운 삶의 탐색이나 의사결정 과정을 피하고 억압

하는 행동 패턴이나 사고과정을 말한다. 예를 들면, 숙제를 집으로 가져가는 것을 '잊어 먹어서' 숙제를 하지 않았다고 이야기하는 아이는 '교묘한 방식으로' 학업이나 책임감 회피를 하는 것이다. 왜냐하면 이들이 주장하는 망각이라는 것은 누구에게나 일어날 수 있는 것이고, 선택이 아니라 자신의 통제 범위를 벗어난 것임을 강조하기 때문이다.

4. 심리적 성장을 위해 필요한 관계 유형

이 시기에 부모는 승인을 해 주는 사람도, 사회적 역할 모델도 아니다. 그러나 책임을 회피하려는 아이들을 중재하고 동시에 외부 세계에서 자신의 역할을 넓혀 가도록 아이들을 격려하는 사람이다. 또한 부모는 세계가 너무 위협적이거나 지나치게 아이들에게 안정감을 요구하는 곳이 아님을 알려 주어야 한다. 부모는 중재해야 하고 아이들이 '피터팬' 유형으로 퇴행하지 않도록 해야 한다.

5. 고착화되었을 때 관련된 정신병리

전통적으로, 행동장애(behavior disorder, 초기 잠복기의 성격장애와는 반대로서)는 '무엇이다'보다는 '무엇이 아니다'에 의해 기술되어 왔다. 장기간에 걸친 부진아를 예로 들면, 의학적 문제, 학습장애, 신경증 또는 다른 정신병리나 정신이상을 보이지 않으면서 학습부진만을 지속적으로 보이는 것으로 기술되었다. 행동장애의 특징은 미래, 자아개념의 통합, 심리적 독립의 달성, 성인의 심리성적 역할 등을 회피하는 '장애가 있는 행동'만이 나타날 뿐 대부분의 삶의 영역에서 정상적인 활동을 한다는 것이다.

미성취증후군(Non Achievement Syndrome: NAS)은 거의 정상적으로 보이지만, 학업적인 측면에서 지속적으로 낮은 수준 패턴을 보일 뿐만 아니라 자세히 살펴보면 개인적으로 해야 할 일(집안 일, 개인 사무)도 미적거리고, 그저 그런 정도로 해오는 특징이 있다. 개인적으로 보면 불안수준이 오히려 낮으며, 정신장애나 비정상적으로 보일 수 있는 행동은 하지 않는다. 그러나 그들은 일상생활에서 주도성을 거의 보이지 않으며, 학업성취가 낮거나 다른 면에서 성취 수준이 낮고, 이런 점들에 대해 끝없이 합리화하거나 변명을 한다. 예를 들어, NAS 부진아는 "나는 자꾸 숙제를 잊어버려요." 또는 "시험에 나오지 않는 것들을 공부했어요." 또는

"나는 수학을 잘 못하는 것 같아요."와 같이 말하며 낮은 성취 패턴들을 변명할 수 있다. 이런 종류의 말들은 학습부진에 대해서 어떠한 선택을 했다는 것을 부정하고, 결과의 수준이 낮은 것은 학생의 통제를 벗어나는 것임을 주장하는 방식이다.

> 이런 사람들은 활동을 하고, 친구를 사귀고, 일하고, 정상적으로 행동하는 것을 잘해 나가지만 성적 때문에 낙제를 하곤 한다. 만약 요즘 어떠냐고 이들과 이야기해 본다면, 그들은 모든 것이 다 좋다고 말할 것이다. 그들이 학교에서 퇴학당하는 것이 좋지 않은 일이라고 지적한다면, 그들은 대개 이렇게 대답할 것이다. "네, 그 점만 빼면 모든 것이 다 좋아요." 그들은 언제라도 학교에서 공부를 잘 하지 못하는 이유와 관련해서 엄청난 변명의 목록을 가지고 있다. 그들은 축구, 야구, 자동차 또는 다른 다양한 활동들에 대해 잘 알고, 그것을 꽤 잘한다. 오직 학업 면에서만 실패한다. 이러한 행동은 대학 졸업, 성숙해짐, 이런 것들과 관계된 요구들을 수용하는 것을 막도록 특수하게 고안되어 있다. 미성취증후군은 사실상 자기 자신을 어떤 요구로부터 방어하고 있는지를 정확히 안다. 그리고 자신이 무엇을 하고 있는지도 잘 안다. 그들은 의존적으로 남아 있는 것을 택함으로써 독립-의존의 문제에 대한 기대를 처리한다(Roth et al., 1967, p. 11).

정신건강 전문가, 교육 전문가 그리고 부모가 이러한 학생들과 잘해 나가는 것을 어렵게 하는 것은 학생들이 동기화되어 있지 않은 것이라기보다는 (비록 무의식적일지라도) 학습부진에 매우 높게 동기화되어 있는 것이다. 학습부진에 대한 동기는 단지 어린 시절 사건들에 의한 것이라기보다는, 차라리 피하고 싶은 개인의 미래에 관한 지각에서 유래한다.

6. 관련된 DSM-IV 진단명

부진아에 관해서는 DSM-IV의 분류 중 학업문제(V62.3)가 가장 적절하다. 이 문제에 대한 DSM-IV의 간략한 정의는 다음과 같다.

> 이 분류는 처치의 초점이 학업문제일 때 활용되는데, 단 정신장애로 인한 것은 제외된다. 예를 들면, 적당한 지능을 가진 사람이 학업문제를 설명할 수 있는 다른 정신장애나 학습장애 또는 의사소통장애가 없는데도 심한 성적 저하나 유급을 당

하는 경우이다.

독자들은 DSM-IV에서 정의된 학업문제가, 속하지 않는 것(지적 문제도 아니고, 정신장애도 아님)에 따른 문제 분류의 역사적 정의와 일치한다는 것을 알 수 있을 것이다.

때때로 행동장애는 직업문제(V62.2)과 직업적(또는 학업적) 저해를 동반한 적응장애[adjustment disorder with work(or academic) inhibition](309.23)와 같은 다른 DSM 분류에서 나타날 수 있다. 이것은 이 분류에 속하는 모든 사람이 이 모델에 의해 행동장애로 판별되는 성격구조를 가진다는 것을 의미하는 것은 아니다. 그러나 다만, DSM-IV의 다양한 집단 내에서, 행동장애를 가진 사람의 비율이 높을 것이라고 추정할 수는 있을 것이다.

7. 적절한 심리치료 관계의 유형 또는 심리치료 학파

행동장애를 다루는 데 있어서의 문제 중 하나는 전통적인 처치 방식은 효과가 없다는 것이다. 예를 들어, NAS는 정신분석 심리치료, 내담자 중심 치료, 행동치료, 전통적인 교육적 생활지도(guidance)나 상담, 혹은 다양한 심리 접근방법에서는 효과적으로 다루어질 수 없다.

발달이론 모형에서는 처음엔 중재라고 명명되고, 후에 인지 지향의 직면으로 개념화된 특정한 접근 유형을 주장했다. 여기서 강조하는 것은, 특정 장애 행동(이 경우에는 학습부진)이 어떻게 미래를 부인하게 하고, 심리적 독립의 발달을 지연시키며, 자아의 정의를 회피하게 하는지에 대한 것이다. 심리치료사는 NAS 학생들이 내놓는 각각의 변명들에 대해 건설적으로 직면해야 한다. 세부적인 것은 제12장에서 논의할 것이다.

8. 주요 이론가

게임이론을 주창한 Eric Berne(1964)과 같은 이론가들이 있기는 하지만, 이 단계에 특별히 초점을 맞춘 이론가들은 거의 없다. 1960년대에 Roth와 동료들은 이 분야를 전문으로 했고, 발달이론 모형에서 수련받은(본 저자들과 같은) 사람들은 이 집단, 특히 NAS를 치료하는 이론과 실제를 확장·발달시키고 있다.

단계 8: 초기 청소년기

1. 정상 발달 단계에 따른 연령별 특성

본래의 발달이론 모형에 의하면 청소년기는 대략 사춘기에서부터 21세까지를 일컫는다. 현재 공식적으로는 청소년기 초기와 후기 사이에 질적 · 정신역동적 차이가 있다고 가정한다. 초기 청소년기 단계는 대략 12~17세이다.

2. 관련된 심리학적 개념, 구인 및 이론

여기에서 제시되는 네 가지 정신역동 개념은 자아개념의 발달, 독립 대 의존 갈등, 또래관계, 청소년기 반항이다.

3. 성격구조: 핵심 문제, 주요 동기, 주요 갈등과 양가감정

Freud는 청소년기를 오이디푸스 신화가 다시 나타나는 시기로 보았다. 다른 이론가들은 청소년기를 사춘기의 심리성적인 요소와 관련이 있으며, 성인 세계로 들어가는 의식 등으로 보았다. 발달이론 모형에서는 이 시기를 분리되어 있던 자아지각이 통합됨으로써 새로운 자아개념으로 이행하는 시기로 간주한다. 그러나 이 시기의 청소년들은 여전히 미성숙하고, 서툴며, 미래의 성장에 대해 두려움을 갖고 있다. 청소년들은 여전히 의존적이며, 가족 내의 어린이 역할로부터 갑작스럽게 독립이 요구되는 새로운 자아개념을 받아들일 준비가 되어 있지 않다.

독립-의존 문제는 가족 내에서의 역할에 반항하는 것에 대한 또래들의 지지를 활용함으로써 해결할 수 있다. 또래 지지는 의존성의 욕구를 충족시키고, 권위에 대한 반항은 독립의 욕구를 충족시킨다. 따라서 독립-의존의 갈등은 밖으로 향하게 된다. 특히 독립은 그 사람이 스스로 선택하거나 행동하는 것에 의해서보다는 다른 사람들에게 어떤 대접을 받느냐에 따라 정의되기 때문에 더욱 그러하다. 이 시기의 청소년들은 권위를 갖고 있는 부모나 다른 성인들의 기대에 반대되는 행동을 할 때에만 스스로 독립적이라고 생각한다. 또래 지지를 통한 이러한 반항은 자존감을 유지하는 데 도움이 되고, 또한 여전히 남아 있는 의존욕구를 거부하는 데에는 도움이 된다. 하지만 진정한 독립에 대한 부담을 회피하는 역할을 한다.

4. 심리적 성장을 위해 필요한 관계 유형

일반적으로, 부모들은 이 시기의 자녀들을 다루는 데 있어 몹시 좌절을 느낀다고 한다. 이 시기의 자녀들은 부모들의 아주 사소한 부탁이나 제안에도 주저할 뿐만 아니라 그 단계가 지나면 아예 '간섭하지 말라'고 요구하기까지 한다. 이러한 두 가지 반응 유형은 이 시기 젊은이들의 내적 갈등을 반영한다. 내적 갈등이란 가족에 대한 의존욕구를 지속하고자 하는 것과 이에 반대되는 독립하고자 하는 것 간의 갈등을 말한다. 부모들은 자녀들이 스스로 독립적인 결정을 하고자 하는 욕구를 충분히 지지해 주는 동시에, 반항에 맞서서 합리적인 한계선을 제시해 주어야 한다. 청소년기의 반항에 대한 이러한 부모의 확고한 태도는 자녀들에게 있어 독립과 자아개념의 새로운 영역이 검증될 수 있는 안전한 관계를 맺기 위해 필요하다.

이 시기의 또래관계는 종종 부모와의 관계보다 더욱 강한 영향을 준다. 청소년들은 또래 집단의 지지를 필요로 한다. 하지만 많은 부모는 또래 집단의 전반적인 심리가 권위나 '체제'의 가치에 대해 반항적이기 때문에 또래 집단의 동질화를 위험하다고 보고 있다.

5. 고착화되었을 때 관련된 정신병리

중심 성격구조가 이 단계에 고착되어 있는 사람들은 종종 정신병리적으로 보이지 않는다. 단지, 그들은 불행하게 보이고, '체제'에 끊임없이 반항하며, 아마 억압적인 권위 인물로 보일 것이다. 간단히 말해, 끊임없이 반항하는 인물로 보일 것이다. 이들은 종종 쉽게 화를 내며, 친구나 가족, 같이 일하는 사람들의 상냥한 지시에도 예민하게 반응한다. 이들은 종종 그들의 불행이 부당하게 취급받는 것에서 비롯되었으며, 만약 그들의 독립이 보장되고 그들이 받아야 할 만큼 존중받는다면, 더욱 열심히 일하고 행복해질 것이며 성공할 것이라고 불평한다.

충분히 자아가 강해지고 성격이 발달하면, 이들은 반항하는 데 있어 상당히 효과적일 수 있다. 또한 사회적 부당성과 체제의 공정하지 못한 면에 대해 반항한다. 이런 사람들이 항상 사회적 부정에 대해 잘못된 평가와 행동을 한다고 말할 수 없다. 또는 사회적 부당성에 대해 반항하는 사람들은 이러한 성격구조를 가졌다고 볼 수도 없다. 그러나 이 시기에 고착된 사람들은 그들 삶의 모든 영역에 있어 끊임없이 반항하게 된다. 13~14세 사이의 또래관계처럼, 모든 관계는 권위 있는 인물이나 부당하다고 인식되는 사회체제에 대한 반항의 욕구에 의해 지배된다.

6. 관련된 DSM-IV 진단명

여기서 적절한 DSM-IV 진단명은 적대적 반항장애(313.81)이다.

7. 적절한 유형의 심리치료 관계 또는 심리치료 학파

이 시기를 다룬 특정한 학파는 없지만, 더욱 지시적이며, 힘의 관계에 초점을 맞추는 것이 적절할 것이다. 가족치료는 가족들이 청소년기에 종종 나타나는 독립에 대한 합리적인 한계선을 정하고 받아들이는 데 유용하다.

8. 주요 이론가

본 저자들은 심리나 인간 발달 영역이 청소년기 발달의 전 범위를 포괄하는 일반적인 이론들로 이 단계의 쟁점들을 다루고 있다고 생각한다. 따라서 청소년기 반항에 대한 글들이 많이 있지만, 청소년기의 독특한 심리문제를 뚜렷하게 발달단계로 다룬 유명한 이론가들은 거의 없다. 개념적으로, 여기서의 쟁점은 청소년들이 무엇에 반항하는지이며, 부모나 교사들은 청소년들이 무엇을 원하는지를 아는 것이 어렵다는 것이다.

단계 9: 후기 청소년기

1. 정상 발달 단계에 따른 연령별 특성

심리사회적으로, 대개 청소년기는 20~21세에 끝나는 것으로 간주된다. 그러나 발달이론 모형은 청소년기 문제를 20대 초기까지 영향을 미치는 핵심 문제로 본다. 명확하게, 후기 청소년기는 대략 약 17~22세 사이를 말한다.

2. 관련된 심리학적 개념, 구인 및 이론

이 단계에 가장 적절한 심리 개념은 자아개념이다. 이것은 모든 이론에서 주요하게 설명하는 심리 원리이다.

3. 성격구조: 핵심 문제, 주요 동기, 주요 갈등과 양가감정

이 시기의 가장 중심이 되는 문제는 자아에 대한 성숙한 정의와 진정한 심리적 독립의 확립이다. 이것은 종종 강렬하게, 때로는 고통스럽고 혼란스럽게 자기 내면을 들여다봄으로써 이루어질 수 있다. '나는 누구인가?'와 같은 자아에 대한 질문은 일반적이다.

> 이러한 문제를 다루는 것은, 크게 확대해 보자면 자기 자신과 경험에 대한 개방을 포함한다. 그것은 자기 자신의 부족함을 다루는 것에 대한 위협까지 동반하는 것이다(Marcus, 1969, p. 25).

이 시기의 사람들은 자아에 대한 물음에 집착한다. 그들의 모든 에너지는 자기 성찰적인 과정에 있는 것으로 보인다. 모든 경험과 상호작용은 강한 자아성찰의 대상이 된다.

4. 심리적 성장을 위해 필요한 관계 유형

이 시기의 성격 발달에 있어 가장 중요한 대인관계 욕구는 그들의 목소리에 귀 기울이며, 충고나 지시, 기대를 하지 않는 사람들을 수용하고 믿는 것이다. 또한 그들의 삶을 결정하는 데 있어 나타나는 갈등에 대한 비지시적인 지지가 필요하다. 이러한 종류의 관계는 청소년들에게 영향을 미치거나, "문제에 대해 이야기를 해서 풀어 나가게 하며"(Shaw, 1970), 또래에 의해서 달성될 수 있다. 청소년들의 자발적인 욕구를 기꺼이 경청하고 존중해 주는 비지시적 조언자들을 제외한, 부모나 권위 있는 인물은 더 이상 중요하지 않다.

5. 고착화되었을 때 관련된 정신병리

이 분류에 대한 특정한 명칭은 없지만, 이러한 문제가 주요한 개인은 심리적으로 독립적이며, 정신적으로 건강한 반면, 우울하고, 혼란스러우며, 내성적이며, 모든 에너지는 자아를 탐색하는 데 묶여 있다. 발달이론 모형은 최초로 이것을 '청소년기 반항'으로 판별했다.

6. 관련된 DSM-IV 진단명

가장 적절한 DSM-IV의 진단명은 정체감 문제(313.82)이다.

7. 적절한 심리치료 관계의 유형 또는 심리치료 학파

이 단계에서 필요한 심리치료 관계 유형은 앞에서 대략적으로 설명된 또래관계의 본성을 수용하고 경청하는 것과 유사하다. 효과적이기 위해, 심리치료사는 지시적이어서도, 문제 해결적이어서도 안 된다. 그 대신, 심리치료사는 공감적으로 경청하고, 따라가고, 명료화하고, 반영하고, 그들의 생각 · 감정 · 결정을 받아들이는 역할을 담당한다. 이러한 종류의 치료관계는 내담자 중심 모형과 그것의 파생 모형들에서 흔히 볼 수 있다.

8. 주요 이론가

분명히 이 접근과 가장 밀접한 관련이 있는 이론가들은 Carl Rogers(1951)와 그의 모형을 따르는 자들이다. 자아개념의 중요성을 강조하고 있는 이론가들 역시 이 범주에 속한다.

단계 10: 초기 성인기

1. 정상 발달 단계에 따른 연령별 특성

이 단계는 대략 20대 초에서 후반까지 지속된다.

2. 관련된 심리학적 개념, 구인 및 이론

여기서 관련된 개념들은 심리적이기보다는 사회적이라고 할 수 있다. 이를테면, 성인 역할의 정립, 적절한 직업적 성취, 성숙하면서 친밀한 관계 형성, 그리고 이와 유사한 개념들이다.

3. 성격구조: 핵심 문제, 주요 동기, 주요 갈등과 양가감정

이 시기의 주요 욕구는 직업적으로뿐만 아니라 대인관계에서 삶의 방향을 세우고 성취하는 것이다. 이 시기의 자아개념은 사회에서의 특정 역할(남편, 피고용인,

전문인, 임금노동자, 성인사회의 일원 등)을 달성하는 것과 관련된다. 에너지가 주로 자신의 삶과 경력을 쌓아 가는 쪽으로 향하며, 이 시기는 생각에 골몰하는 단계가 아닌 활동을 하는 단계이다.

4. 심리적 성장을 위해 필요한 관계 유형

여기서 요구되는 주요 관계는 친밀감을 기초로 한다. 중요한 타인, 일반적으로 배우자 또는 다른 친밀한 상대와 더불어 행동 지향적인 목표—가족의 형성과 경력 쌓기—를 함께 나누게 된다.

5. 고착화되었을 때 관련된 정신병리

이 단계에서의 문제는 병리적으로 정의되기보다는 삶의 방향을 성취해 가는 데 있어서의 패배감과 충분하다는 느낌의 상실이라고 할 수 있다.

6. 관련된 DSM-IV 진단명

이 삶의 단계에서 힘겨워하는 사람들에 해당될 만한 가장 그럴듯한 진단명은 발달 단계 문제(V62.89)이다. 이외에 배우자 관계의 문제(V61.1), 달리 분류되지 않는 관계의 문제(V62.81)가 있다.

7. 적절한 심리치료 관계의 유형 또는 심리치료 학파

이 시기의 중요한 치료적 관계는 한 개인이 현실 세계에서의 문제를 해결하기 위해 성격적 · 행동적 기법을 끌어낼 수 있도록 기꺼이 도와주는 성숙하면서도 경험 있는 또래와의 관계 중 하나이다. 여기에는 충고, 안내, 기술(예: 학업기술, 취업면접 기술 등) 훈련, 성격 향상을 위한 지도(예: 자기주장 훈련) 또는 배우자와의 관계를 위한 지침 등이 포함된다. 현실적인 문제를 해결할 수 없을 경우, 이 단계에서 곤란에 처한 사람은 얼마나 많은 자기이해를 했는지와는 상관없이 계속해서 패배감과 부적절함, 자신의 욕구를 성취하는 데 있어서의 무력감을 경험할 것이다.

8. 주요 이론가

이 시기의 성격 발달과 관련된 유일한 이론가는 없지만, 자조운동(self-help

movement)이 몇 가지 관련이 있을 수 있다.

성인기

성인기 영역은 Erik Erikson(1963)에 의해 제시된 바 있으며, 20년이 지난 지금도 관심이 증가하고 있다. 요사이 '중년의 위기(midlife crisis)'와 후기 삶의 단계에 대한 서적과 학술지들이 선을 보이기 시작했으며, 일반적으로 이론가들로부터 도외시되었던 삶의 중요한 측면에 관심을 기울이기 시작했다. 그러나 발달이론 모형이 성인 발달 단계에 대해 논의하려면, 우리의 단계별 여덟 가지 항목이 유용하지 않은 점들이 있다. 성인기의 문제들은 아동기와 사춘기의 단계처럼 그들을 쉽게 범주화할 수 있는 것이 아니라 보다 광범위하게 정의된다. 따라서 우리는 임의적으로 초기 성인기를 마지막 단계로 정하고, 발달이론 모형에 대한 우리 논의의 결론을 내리고자 한다. 분명히 우리는 Levinson(1978)의 연구와 성인기 단계를 연구했던 다른 사람들을 인정한다. 그러나 이러한 것들이 학습부진 문제와는 별로 관련이 없다고 생각한다.

결론

발달이론 모형에 따른 결론은 다음과 같다.

어떠한 체계와 더불어 심리치료사들은 내담자를 평가하고 다루기 위해 거대하면서도 조직적인 구성체로 무장되어 있다. 물론, 내담자들은 병리적 단계에서 성숙한 단계로 뛰어넘는다기보다는, 오히려 고착화되어 있던 단계에서 다음 단계로 이동한다. 치료자들은 그 환자의 상태에 맞게 자신의 개념적 체계와 치료적 접근을 전환할 수 있어야만 한다. 이상적으로, 모든 치료자는 사람들이 미해결된 성격문제를 안고 있음에도 불구하고, 그들의 현재 병리와 실존적 위기 간의 다른 발달 수준을 관통하면서 궁극적으로 실존적 위기를 해결할 수 있는 사람으로 이끌어 내야 한다.

〈표 6-1〉은 이 장의 개요로서 발달론적인 연속선상에서 각 단계의 본질적인 특징을 요약하고 있다.

발달이론 모형이 우리가 역동적 진단으로서 분류한 진단 틀을 보여 주고 있다는 사실을 독자들이 염두에 두길 바란다. 게다가 발달이론 모형에서 각각의 역동적 진단 범주는 처치진단과 관련되어 있다. 그러나 이것이 모든 상태를 완벽하게 설명해 주진 못한다. 개인에 따라서 우리는 결국 이 장에서 강조되지 않았던 요소들과 관련해서 실제적 진단을 내려야만 한다.

각 개인의 성격적 기질(makeup)의 독특한 특징을 포함시키는 것은 중요하다. 예를 들어, 각 개인은 지적 능력의 범위, 자아강도의 정도, 일반적인 기억 수준, 현실 검증 수준, 인지 처리과정에서의 강점과 약점 등에 있어 저마다 차이가 있다. 개인의 성격을 구성하는 것은 핵심 발달문제들이 결합된 모든 것의 혼합물이다.

〈표 6-1〉 발달 단계 요약

단계	연령 범위	핵심개념	관계욕구	DSM-IV 진단명 *DSM-5 진단명* *(ICD-9-CM)(ICD-10_CM)* *( )빈칸 ICD적용불가*	관련된 이론/ 이론가
1. 영아초기	출생~ 6개월	• 신체적 유지 • 감각 자극 • 구강기	• 신체적 돌봄 • 감각과 운동 경험의 "수유"	유아기 또는 초기 소아기의 반응성 애착장애(313.89) *반응성 애착장애(313.89) (F94.1)*	치료관계에서의 감각 자극(Spitz)
2. 영아기	6개월~ 2세	• 충동 이행 • 기본적 신뢰감/ 불신감 • 구강기	• 예상할 수 있는 양육의 안전성	편집장애 분열성 인격 장애(301.20) 분열형 인격 장애(301.20) *편집성 성격장애 (301.0) (F60.0)* *조현성 성격장애 (301.20) (F60.1)* *조현형 성격장애 (301.22) (F21)*	신뢰 문제 (Arieti, Sullivan)
3. 걸음마 단계	2~ 3.5세	• 충동 표현과 조절 • 자아 발달 • "미운 두 살"	• 부모에 의한 합리적인 외적 행동 통제	경계성 인격 장애(301.83) *경계성 성격장애 (301.83)(F60.3)*	• Winnicott • Anthony • Rutter

4. 취학전 단계 (유아기)	3.5~ 5세	• 자율성의 시작 • 내재화	• 한계에 집착하는 것을 승인 • 한계에 대한 수치심/위반 통제	강박 장애 혹은 강박적 신경 장애(300.30) 인격 장애(강박성 인격 장애, 301.40) *강박장애(300.30) (F42)* *강박성 성격장애(301.40) (F60.5)*	• 증상의 완화-행동주의적 접근 • 증상의 통찰-정신분석 지향
5. 오이디푸스 콤플렉스 단계	5~ 7세	• 동일시 • 가족 관계	• 공격적인 충동의 수용/이해 • 합리적인 수퍼에고 발달의 허용	범불안장애(300.02) 과잉불안장애(300.02) 신체형 장애 해리성 장애 *신체증상 및 관련장애(331)* *신체증상장애(300.82) (F45.21)* *해리장애(311)*	• 행동주의(Wolpe) • 인지주의(Beck) • 정신분석REBT (Ellis)
6. 초기 잠복기	7~ 9세	• 또래/학교를 통한 자아 발달 • 책임감의 시작	• 합리적인 사회적 역할 모델	품행장애(312.08), 반사회성 인격 장애(301.07), 소아나 청소년, 성인의 반사회적 행동 장애(71.01, 71.02) *품행장애( )* *반사회적 성격장애(301.7) (F60.2)* *아동 또는 청소년 반사회적 행동(V71.02) (Z72.810)*	• 현실 지향의 직면적 치료 • 자아 심리학 이론
7. 사춘기 이전의 잠복기	9~ 12세	• 자아 개념 • 미래 학교/가정에서의 책임(예: 숙제, 집안일)	• 새로운 책임들에 대한 직면	학업 문제(V.62.3) 직업 문제(V62.2) 직업적(또는 학업적) 저해를 동반한 적응장애 *학업이나 교육문제(V62.3) (Z55.9)* *고용과 관련된 기타의 문제 (V62.29) (Z56.9)* *적응장애( )*	• 인지-행동 이론 • 직면적 치료
8. 초기 청소년기	12~ 17세	• 외면화된 독립/의존 갈등(권위에 반대하여)	• 새로운 독립성을 실제로 시험해 봄 • 권위자의 가치관에 도전	반항성 장애(313.81) *적대적 반항장애(313.81) (F91.3)*	• 현실 치료

9. 후기 청소년기	17~ 22세	• 내면화된 독립/의존 갈등 • 자기-정의 • 정체감/자기 성찰 • 자기의 가치	• 자기-방향의 수용 • 자기-정의의 존중	정체감 문제(313.82) *DSM-5 삭제됨* *기분장애/양극성장애로 발현*	• 비지시적 치료 (Rogers)
10. 초기 성인기	22~ 30세	• 성인의 역할 • 삶의 방향 정립 • 직업적 책임/적절성 • 친밀감 • 수행/행동	• 친밀감 • 책임 공유 • 좋은 조언자 • 행동 지향적 목표들	발달 단계 문제(V.62.89) 배우자 관계의 문제(V.61.1), 달리 분류되지 않는 관계의 문제(V.62.81) *생의 단계 문제(V62.89)* *(Z60.0)* *배우자나 친밀 동반자와의 관계 고충* *(V61.10)(Z63.0)*	• 직업 상담 • 문제 해결 기술들 • 결혼 상담
11. 30대	30~ 40세	• 개인적 '의미'의 중요성 증가 • 처음의 꿈들/약속들의 이행 • 결과들에 대한 • 의문	• 삶의 방향 변화에 대한 선택	발달 단계 문제(V.62.89) 배우자 관계의 문제(V.61.1), 달리 분류되지 않는 관계의 문제(V.62.81) *생의 단계 문제(V62.89)* *(Z60.0)* *배우자나 친밀 동반자와의 관계 고충* *(V61.10)(Z63.0)*	• 지지적인 상담
12. 중년 위기	40~ 50세	• 실존적 위기-배우자, 자녀들, 직업	• 실존적 공감	정체감 문제(313.82) *DSM-5 삭제됨* *기분장애/양극성장애로 발현*	• 실존 치료 (Frankl, May)

성격구조와 상호 관련 있는 요인

물론, 학습부진에 중요한 역할을 하는 내적 성격구조(internal personality structure)와는 다른 요인들이 있다. 여기에는 신체적 요인들(학습장애 또는 질병), 환경적 혹은 상황적 요인들(가족문제 또는 학교 전학)이 포함된다. 이것은 발달이론 모형에서의 특징인 역동적 진단 유형과 직접적으로 관련될 수도 있고 관련되지 않을 수도 있지만, 그것들은 실제적 진단에 강력한 영향을 끼칠 것이다. 예를 들어, 정체감장애라는 진단을 받은 두 명의 부진 학생들의 경우, 한 사람은 학습장애로 판명되고, 다른 한 학생은 부모가 이혼을 할 예정이기 때문에 다른 처치를 받을지 모른다. 거듭 말하지만, 우리는 독자에게 Cronbach와 Snow(1977)가 학습과정에서의 상호작용 요인에 대해 쓴 훌륭한 책을 추천하는 바이다.

이러한 요인들은 역동적 진단을 고려한 것일 뿐 아니라 학습부진을 일으키는 요인들로서, 진단적 범주보다 더 중요할 수도 있다. 과잉불안장애로 진단받은 부진아는 불안한 성격 때문이 아니라 다른 요인들 중 하나가 그 아이로 하여금 교실에서 제대로 기능하지 못하게 함으로써 불안 수준을 가중시켰기 때문일 수 있다. 임상 경험에서 나온 또 다른 예는 다음과 같다. 높은 사회경제적 지위 가정의 품행장애 부진아들은 낮은 사회경제적 지위 가정의 품행장애 부진아들에 비해 자신의 반

〈표 6-2〉 학습부진을 야기하는 성격과 상호작용할 가능성이 있는 요인

요인	예
신체적	• 의학적 질병(단구 증가증, 갑상선 불균형, 궤양, 천식) • 신경학적 결핍(뇌손상, 발작) • 지각-운동 결핍(학습장애, 발달지체) • 신체적 장애
환경적 · 상황적	• 가족문제(별거, 이혼, 출생, 사망, 부모-자녀 관계, 형제자매 관계) • 또래관계 • 학교(교사, 교육과정) • 문화(다민족, 종교) • 사회경제적인 것 • 인종(고정관념) • 변화(학교, 직업, 우정) • 트라우마(사고, 범죄, 자연재해)

사회적 행동에 대한 법적인 조치에 대해 덜 괴로워한다. 왜냐하면 그들의 가족은 유능하면서도 전문적인 지지를 제공해 줄 수 있는 힘이 있기 때문이다.

제3부에서 우리는 발달이론 모형과 감별진단과 감별처치 개념을 활용한 우리 동료들의 학습부진에 대한 60편가량의 연구물을 보여 줄 것이다. 이 연구 결과들은 모형을 수정하였고, 현재 진행되고 있으며, 앞으로 계획된 연구를 위한 초석을 이루었다.

제3부

감별진단 모형 관련 연구

이 책의 이론적 기초는 1963년 Roth와 Meyersburg의 '미성취 증후군(Non-Achievement Syndrome: NAS)'이라는 논문에 있다. 이 논문은 웨스트버지니아에 있는 햄턴 연구소(Hampton Institute)의 연구에 기반을 두고 있다. 1960~1970년대에는 시카고의 일리노이 공과대학에서 관련 연구가 진행되었다. 관련 연구들은 '미성취 증후군'에 대한 타당화 및 후속 연구로 진행되었으며, 심리사회적 발달 측면에서 조망하는 연구들도 진행되었다.

1970년 중반부터 지금까지 캐나다 토론토 요크 대학에서 여러 인구통계학적 변수(발생 시기, 성, 가족 및 문화적 맥락 등)와 미성취 증후군 그리고 전반적이고 특정한 학습부진 현상과의 관련성에 대한 연구가 진행되었다. 제3부에서는 감별진단과 감별처치 관련 연구를 집중적으로 제시한다. 전체적으로 1,000명의 남학생과 300명의 여학생 참여자를 기반으로 진행되었다.

제7장에서는 감별진단을 고려하지 않고, 학업성취 수준에 초점을 맞춘 연구들을 요약하여 정리하고, 제8장에서는 감별진단 모델에 대한 증거들을 제시하며, 제9장에서는 감별진단을 기반으로 한 학습부진 감별처치의 효과성 연구들의 결과를 정리한다.

제7장 비감별진단 연구

우리의 연구 그리고 우리 동료들의 연구 중에는 심리에 대한 감별진단과는 상관없이, 학습부진 현상을 연구하는 데 기여하는 연구들이 있다. 이 장에서 우리는 성격 요인을 제외하고 학업성취 패턴과 관련된 연구 결과들에 초점을 두고 살펴보겠다.

◆ 발달장애

Mandel(1984)은 고등학교 1~2학년 사이의 지원자 200명을 대상으로 일반적 성취, 부진, 고성취 학생에 대한 연구를 실시하였다. 연구 결과, 발달장애가 있는 피험자는 전체 피험자 중 7% 미만이었다. 그중 대부분의 장애가 미미하여 스스로 교정할 수 있는 성질의 것이었다. 추가 연구가 실시되었더라면 성격, 동기 그리고 다른 비신체적 요인들이 학습부진의 발생에 있어서 중요한 역할을 담당하고 있음을 제시할 수 있었을 것이다.

출생순서

같은 연구에서 Mandel은 출생순서에 관해서는 부진, 일반적 성취, 과진 집단 간의 중요한 차이를 발견하지 못했다.

지능적 요인 그리고 학습장애의 역할

학습장애(가벼운 정도이거나 혹은 발견되지 않았을지라도)가 학습부진의 발생에 역할을 담당하는지에 대한 의문이 종종 제기되었다. Freeman(1984)은 미성취 증후군(non-achievement syndrome: NAS)으로 진단받은 16세의 고등학교 학생들 15명을 연구하였다. 그녀는 그들의 Wechsler Intelligence Scale for Children-Revised (WISC-R) 프로파일을 분석하였다. 그들의 점수와 규준점수 간에는 중요한 차이가 발견되지 않았다. NAS 집단의 평균 언어성 지능지수는 101.6(표준편차는 14.45)이었고, 평균 동작성 지능지수는 101.7(표준편차는 12.12)이었다. 각 하위 척도들의 분포도 정상 범위 안에 들었다. 한 피험자는 언어성 지능지수와 동작성 지능지수 간의 상당한 불일치를 보여 주었다. 그리고 추가적인 진단검사를 통해 경도 학습장애로 확인이 되었다.

Freeman이 Bannantyne 분류체계에 의해 학습장애를 분류해 본 결과, NAS 집단은 '순차처리 능력보다는 공간지각력이 높고, 공간지각력보다 개념 형성 능력이 더 높은' 패턴을 가지고 있는 것으로 나타났다. 이 패턴은 '순차처리 능력보다는 개념 형성 능력이 더 높고 개념 형성 능력보다는 공간지각력이 더 높은' 패턴을 보이는 학습장애 피험자에 관한 연구 결과와 다르다(Rugel, 1974; Smith, Coleman, Dokecki, & Davis, 1977). 이보다 훨씬 큰 표본을 사용하여 반복 연구를 해 볼 필요가 있지만, NAS 학생의 약 7% 정도가 학습장애로 진단될 수 있을 것으로 보인다. 이 연구로부터 나온 자료에 의하면 NAS 고등학생들에게 있어 학습장애는 주요한 역할을 하지 않는 것으로 밝혀졌다.

인종, 인구통계학적 자료, 가족의 안정성

Gale(1974)은 전문대학 학생들을 대상으로 인종(주로 흑인과 백인), 학업성취 수준(GPA), 자아개념(Brownfain Self Rating Inventory), 공부 습관 및 태도(Brown and Holtzman Survey of Study Habits), 사회경제적 지위 그리고 아버지 같은 인물의 유무 간의 관계를 연구하였다. Gale은 흑인과 백인 학생이 자아개념과 사회경제적 지위에 있어서는 차이를 보였지만 학업기술에 있어서는 차이가 없다는 것을 발견하였다. GPA는 학업기술에 따라 달라지기는 하지만 다른 변인과는 상관이 없는 것으로 나타났다. 어떠한 다른 변인도 중요한 의미를 보이지 않았다. Gale은 학업과 관련된 척도만이 학업성취 수준을 예언할 수 있다는 결론을 내렸다.

Lawrence(1985)는 200명의 고등학생을 대상으로 가족의 안정성과 학업성취 수준 간의 관계를 살펴보았다. 학업성취 수준은 지능과 사회경제적 지위의 영향을 받는 것으로 나타났다. 가족 수, 사회경제적 지위, 이사 횟수 등은 성적 평균과 유의한 관계가 없었다. 그러나 결혼생활의 갈등과 학업성취 사이에는 예견된 경향으로 유의한 통계학적 관계가 있었다. 결혼생활 또는 다른 가족들과의 갈등은 아동기 및 청소년기에 갖게 되는 많은 문제의 주요인임을 알아야 한다. Ontario Ministry of Community and Social Services(1986)가 수행한 큰 규모의 연구 프로젝트에서는 그들이 조사한 장애와 가장 관련 있는 요인이 가족의 역기능이었다.

아울러, Lawrence는 종교에 대한 헌신의 정도와 종교 유형이 학점과 유의한 관련이 있음을 발견하였다. 일반적 성취 그리고 고성취 고등학생 표집 중에는 가톨릭 학생의 비율이 높았다. 또한 그는 각 가족에게 있어 종교의 중요성이 학업성취와 관련이 있다는 것을 발견하였다. 종교가 어떤 방식으로 학업성취 과정에 영향을 주는지에 대해서는 계속 연구해 볼 만한 가치가 있을 것이다. 아마도 특정한 가족과 문화(학업성취에 대한 기대를 포함하여)가 종교의 중요성과 관련을 맺을 것이다.

마지막으로, Lawrence는 부정적인 생활 변화 사건들이 학습부진 과정의 원인으로 보임을 발견하였다. 부진 학생의 가족 중에는 일반적 성취 또는 고성취 학생의 가족들에게서보다 부정적인 생활 사건의 발생이 더 많은 것으로 보고되었다. 그러므로 Lawrence의 연구에서는 결혼생활에서의 갈등과 다른 부정적인 생활 사건이 학습부진과 관련된 요인임을 강력하게 시사하고 있다.

부모의 교육 이력

부모의 교육적 역할 모델과 학생의 학업성취 사이의 관계(사회경제적 지위 통제)에 관한 연구에서, Dennis(1985)는 부모의 초등학교 시절의 학업성취 수준이 그다지 좋지 않았던 경우는 부진 또는 과성취 아동에게서보다 평균의 일반 성취아에게서 더 높은 비율(46%)로 나타났다고 보고하였다. 부모의 학업성취 수준이 좋거나 뛰어난 경우는 부진아나 평균의 성취아보다 고성취아에게서 훨씬 많이(50%) 나타났다. 학생의 성취 분류에 의해 결과를 분석해 보면, 부진 학생의 75%가 학업성취가 좋거나 뛰어난 부모를 가지고 있었다. 이 결과는 부모의 학업성취 수준이 아동의 학업성취 수준에 영향을 줄 수는 있지만, 부진아의 부모는 자동적으로 학습부진이었다거나 평범한 학업성취 수준이었다는 것을 의미하지는 않는다는 것을 나타낸다.

Dennis는 또한 사회경제적 지위, 기대 수준, 지능 등을 통계적으로 통제하였을 때 중학교 3학년의 GPA 점수를 예언하는 변량의 비율이 다음과 같다고 하였다.

7%	아버지의 전반적인 교육적 수행 수준
NS	어머니의 전반적인 교육적 수행 수준
28%	학생 자신의 학업에 대한 기대
8%	학생의 지능
0	학생이 지각하는 부모의 기대
NS	사회경제적 지위

이 결과는 학업성취에 대해 학생 자신의 기대가 가장 큰 영향을 미치는 요인이라는 것을 나타낸다. 보통 어떻게 그러한 기대가 발생하는지에 대해서는 연구가 필요하다.

부모의 고용 상태, 직업, 학생의 성별

Hartley(1985)는 학생의 어머니가 밖에서 일을 하기 시작한 나이와 학생의 성별

〈표 7-1〉 남학생과 여학생 어머니들의 고용 빈도

		어머니가 일자리로 돌아갈 때의 학생 나이		
성별	학생 수	0~5세	6~11세	12~16세
남자	33	8	13	12
여자	40	20	27	3
합계	73	28	40	15

* Chi Square = 10.50(df = 2; p= .01).
출처: Hartley (1985). 저자의 허가하에 인용.

은 중요한 관계가 있다고 하였다. 그녀는 "아들의 경우 충분하게 나이가 든 다음 어머니들이 일을 하기 시작한 반면, 딸의 경우에는 50% 정도의 어머니가 아이가 학교를 다니기도 전에 일을 시작했다."는 것을 발견하였다(p. 144). 이 관계에 대해서는 〈표 7-1〉에 제시되어 있다.

더 나아가, Hartley는 어머니 13명의 취업 여부와 여학생의 학업성취 수준 간에는 의미 있는 관계가 있을 것이라고 가정하였지만, 측정 결과 의미 있는 관계를 보여 준 것은 없었다. 그러나 그녀는 학습부진 아들을 둔 어머니들은 72%가 직장에서 일을 하고 있고, 28%는 전업주부였다. 고성취 아들을 둔 어머니의 경우는 그 결과가 반대였다. 38%가 직장 여성이었고, 62%가 전업주부였다.

다시 말하면, 고성취 아들을 둔 어머니들은 전업주부가 많은 반면, 학습부진 아들을 둔 어머니들은 직장을 가지고 있는 경우가 많았다. 어머니의 직장생활이 자녀들의 성취 패턴에 미치는 영향을 정확히 알기 위해서는 훨씬 많은 설명이 필요하다. 어머니의 취업과 관련하여 최종적인 학업성취 수준에 영향을 주는 요인들에는 태도 요인을 비롯해서 사회경제적 지위 등 많은 요인이 있다.

자녀의 학업성취에 영향을 미치는 아버지와 어머니의 변인에 대해서는 보다 깊은 연구가 필요하다. Hartley는 어머니의 직업이 자녀의 성취 수준에 미치는 영향이 자녀가 아들인가 딸인가에 따라 다르지는 않지만, 아버지의 직업은 아들의 성취 수준 분류와 의미 있는 관계가 있음을 발견하였다. "학습부진 그리고 일반 성취 학생들을 고성취 학생들과 비교해 보면, 고성취 남학생들은 전문 영역에서 일하고 있는 아버지를 두고 있는 비율이 높다."(p. 152)

자녀의 학업 수행에 대한 부모의 기대

Mukherjee(1972)는 높은 성취와 낮은 성취 수준의 16~18세 남자 청소년 30명의 부모들을 대상으로 자아개념과 사회경제적 가치관과 태도를 조사하였다. 사용한 도구들은 Study of Values, California Psychological Inventory, Attitude Towards Current Social and Community Issues(이 연구를 위해서 Mukherjee가 구성한 것)였다. 부모의 가치관이 부분적으로 부모가 자녀들에게 기대하는 성취 수준을 결정할 것이라고 예상하면서, Mukherjee는 높은 일반적 성취 학생의 부모들이 낮은 일반적 성취 학생의 부모들보다 이론적 · 경제적 · 정치적 가치를 지향한다는 것을 발견하였다. 반면에, 낮은 일반적 성취 학생의 부모들은 보다 미적 · 사회적 · 종교적 가치 중심이었다. 게다가 높은 일반적 성취 학생의 부모들은 자신이 주도적이고, 인내심 있고, 책임감 있으며, 지적으로 유능하고, 자기를 수용하고, 자기조절을 잘한다고 보는 경향이 있었다. 그들은 또한 (순응성과 독립성에 반하여) 지위와 성취에 높은 가치를 두었다. 높은 일반적 성취 학생의 부모들은 사회적 문제나 공동체 내의 문제에 보다 참여적이었지만, 낮은 일반적 성취 학생의 부모들은 그러한 영역에서 타인들이 문제를 해결해 주기를 원하는 경향이 있었다. Mukherjee는 이와 같은 연구 결과들을 높은 일반적 성취 학생의 부모들에게서 나타나는 독립적인 책임과 학업성취에 대한 상대적으로 높은 기대와, 대조적으로 낮은 일반적 성취 학생의 부모들에게서 나타나는 상대적으로 수동적인 의존성에 대한 기대를 반영하는 것으로 해석하였다.

Mukherjee는 또한 높은 일반적 성취 학생들과 낮은 일반적 성취 학생들이 그들의 부모와 유사한 가치관과 자아개념을 가질 것이라고 가설을 세웠으나, 이 가설은 단지 부분적으로만 증명되었다. 예를 들면, 높은 일반적 성취 학생들의 아버지들은 이론적이고 경제적인 가치를 선호하고 어머니들은 경제적 가치와 책임감을 선호하는 반면에, 높은 일반적 성취 학생들은 미적이고 사회적인 가치를 선호했다. 낮은 일반적 성취 학생들의 경우, 아버지와 어머니가 종교적인 가치를 선호하는 반면, 학생들은 정치적 가치를 선호했다. Mukherjee는 부진 학생들이 실제로 자기 능력 이하의 성적을 냄으로써 부모의 기대를 충족시키려고 하는 것일 수도 있다고 결론지었다.

중산층, 백인, 앵글로 색슨계, 개신교 신자로 이루어진 표본에서 Hartley(1985)는 아버지들은 아들이 고등교육을 마치기를 기대하지만 딸에 대해서는 기대하지 않는다는 것을 알아냈다. 이 결과는 부진, 일반적 성취, 고성취 학생을 막론하고 모든 성취 범주 내에서 나타났다. 그녀는 아버지들이 아들보다 딸의 학업 수행을 '평균'으로 분류하려는 경향이 더 빈번하게 나타난다고 보고했다. 즉, 아버지들은 아들보다 딸의 학업성취를 깎아내리려는 경향이 심하다는 것이다. 따라서 자녀에 대한 부모의 기대는 자녀의 성별에 따라서 달랐다. 만일 이런 결과가 보편적인 것으로 밝혀진다면, 이는 여학생들이 남학생들보다 높은 학업성취에 대해서 가족의 지지를 덜 받는다는 것을 나타낸다.

학교에 대한 학생의 태도

Mandel(1984)은 성취 범주에 따라 200명의 자원한 고등학생의 유형을 분류(부진, 일반적 성취, 고성취)하기 위해서 회귀분석을 사용했다. 전체 표본 중에서 82%가 고등교육을 마칠 것으로 기대했고, 그중 대부분이 자신의 부모가 같은 기대를 하고 있다고 답했다. 84%가 학교를 중요하거나 매우 중요하다고 응답했다. 이러한 결과는 교육의 긍정적 가치에 관한 광범위한 문화적 규준이 반영된 것으로 해석될 수 있다.

학교에 대한 태도는 부진 학생들이 더 부정적인 경향이 있었는데, 이는 그들이 학교가 그렇게 중요하지 않다고 느낀다는 것을 나타낸다. 일반적 성취 학생과 고성취 학생의 태도는 보다 중립적이었다. 비록 이것이 반드시 원인과 결과를 의미하지는 않지만, 성격과 동기와 관련된 어떠한 이유에서든 일반적으로 학교에 대한 부정적 태도는 부진 학생에게서 나타날 것이라는 가설을 세운다면, 이와 같은 결과를 예상할 수 있다. 이는 낮은 학업성취의 결과로 쉽게 해석될 수 있다.

형제자매의 성취 패턴

다양한 성취 범주에 속한 학생들의 형제자매의 성취 패턴에 관한 연구에서 Leverett(1985)는 고성취 아동과 평균 일반 성취아의 형제들의 평균 GPA에서 그리고 부진 아동과 고성취 아동의 형제들의 평균 GPA에서 의미 있는 차이를 발견하였다. 표본의 크기가 작기 때문에 주의해야 하지만 Leverett는 고성취 아동의 형제자매들은 그들의 형제나 자매와 유사한 수준의 수행을 하는 경향이 있다는 결론을 내렸다. 작은 표본 크기에도 불구하고, 이 같은 관계는 일반 성취아의 형제나 부진 아동의 형제들에게서도 나타나는 경향이 있다.

원래 자원한 고등학생 표본의 형제자매들은 초등학생부터 고등학생까지 분포하고 있다. 형제자매들의 실제 수행이 그들의 형제자매들과 같은 성취 범주(부진아, 평균 일반 성취아, 고성취아)에 해당될지는 알려져 있지 않다. 왜냐하면 형제자매 수행을 위해 오직 GPA만이 쓰였기 때문이다. 그러나 더 큰 가족 변인들 중 일부가 가족 내 모든 아이의 전반적 성취 패턴에 영향을 미치는 것은 가능하다.

성별, 나이, 성취 간의 관계

McKay(1985)는 부진 아동, 일반 성취아, 고성취 아동을 포함한 초등학교 1학년부터 고등학교 1학년까지의 학생들 200명의 평균 GPA를 연구하였다. 그녀는 GPA와 Otis-Lennon School Ability Test(O-LSAT)로 측정된 능력 간에 전반적으로 0.5의 상관이 있음을 밝혀냈다. 따라서 초등학교부터 고등학교 시기에 이르기까지 학업 수행에서 변량의 대략 25%가 지적 능력에 의해서 설명될 수 있다. 반면에, 75%는 지적 능력 이외의 요인에 의해서 설명되어야 한다. 이는 성격, 가족, 학교, 또래 집단, 문화적 요인 그리고 다른 요인들을 포함할 것이다.

McKay는 전체 연구에서 통계적으로 유의한 성차를 전혀 발견하지 못했다. 모든 연령에서 능력과 수행 간의 상관에 관하여 남성과 여성 간의 어떠한 유의미한 차이도 없었으며 초등학교 1학년에서 고등학교 1학년까지의 성취에서도 유의한 성차가 없었다.

가족관계

Hilliard와 Roth(1969)는 어머니-자녀 간 상호작용과 학업성취와의 관계를 연구하기 위해서 어머니-자녀 질문지(mother-child questionnaire)를 사용하였다. 그는 일반 성취아들의 어머니들이 훨씬 더 수용을 잘하지만 일반 성취아와 부진 아동이 지각한 어머니의 태도에는 차이가 없다고 보고하였다. 이 연구는 아버지-자녀 상호작용을 살펴보지 않았다.

McRoberts(1985)는 99명의 고등학생과 그들의 가족 간의 정서적인 관계를 연구하기 위해 가족정서검사(Inventory of Family Feelings)(Lowman, 1981)를 사용하였는데, 특히 정서적인 자녀-부모 관계, 부모의 성격, 학생의 성취 범주를 연구하였다.

일반적으로, 부진 자녀를 둔 가족은(일반적 성취 자녀를 둔 가족과는 반대로) 유의하게 덜 긍정적인 정서적 관계(자녀-어머니, 자녀-아버지, 어머니-아버지), 관계를 맺는 가족구성원들 간의 정서적 관계에 대한 지각에 있어 훨씬 큰 불일치 그리고 학생이 어머니(vs. 아버지)에 대해 어떻게 느끼는지에 있어 보다 큰 불일치를 보였다. 이는 자녀와 부모 간에 개방적이고 돌보는 관계가 직접적으로 일반적 성취 학생이라는 결과를 가져오지는 않지만, 이런 종류의 관계가 상대적으로 부재하였을 때는 아동의 성취동기에 부정적인 영향을 끼칠 수 있다는 것을 보여 준다.

연구된 관계군들 가운데에서, McRoberts는 부진 아동과 이성의 부모 사이가 가장 멀고 갈등적임을 발견했다. 또한 이러한 집단에서도 부모는 이성의 부진 아들이나 딸에 비해서 그들의 관계에 대해 긍정적인 지각을 가지는 경향이 있었다. 이 결과에 대해 여러 가지 해석이 가능하며, 보다 집중적인 가족 연구가 요구된다.

McRoberts는 또 남학생의 성취 수준이 높아질수록 그들의 아버지가 그들 자신을 보다 외향적이고, 확고하며, 주도적이며, 경쟁적이고 우두머리 행세를 하는 것으로 묘사하는 경향이 있다는 것을 발견하였다. 여학생들에게서는 그 반대의 패턴이 나타났다. 높은 일반 성취아의 아버지가 이런 종류의 성격을 가지고 있다면, 자녀들은(남성이든 여성이든) 단순히 강하고 권위적인 부모의 기대를 맞추려고 시도하고 있을지 모른다. 차이점은 아마도 그러한 아버지가 아들이 일반 성취아가 되기를 기대하면서도 딸은 그렇지 않기를 기대한다는 것이다.

이런 관계는 [그림 7-1]에 그래프로 설명되어 있다. McRoberts는 12명의 여학생과 12명의 남학생 부진 집단, 17명의 여학생과 15명의 남학생 성취집단, 21명의 여학생과 22명의 남학생 고성취 집단을 대상으로, 총 99명의 고등학교 1학년 고등학생을 연구하였다.

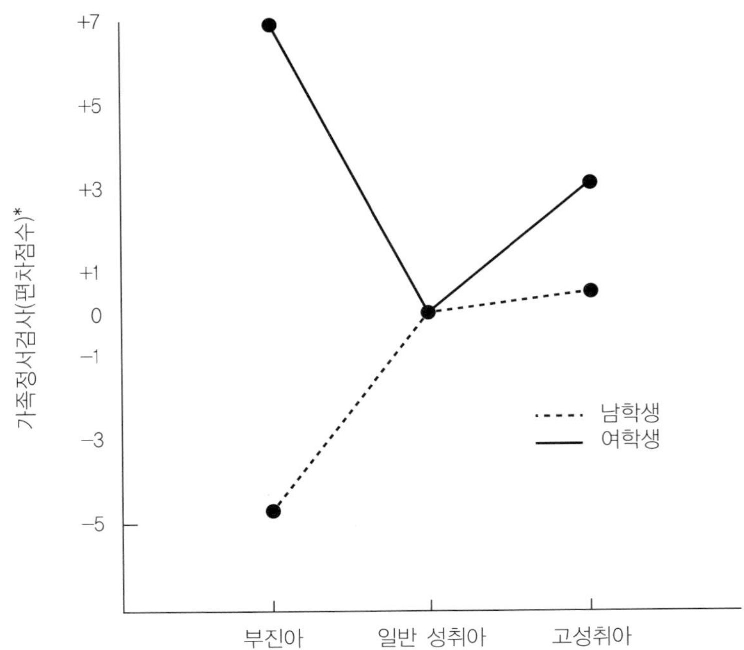

[그림 7-1] 성차이와 성취수준의 상호작용 효과(McRoberts, 1986).

* 편차 점수가 양(+)이면 어머니와 가깝고, 음(-)이면 아버지와 가까운 정서임.

성취 수준별 성격 차이

발달이론 모형을 이론적 배경으로 삼으면서, Friedland(1972)는 특정 성격 요인(불안과 자아개념)의 측정이 성취 수준을 예견하는 데 사용될 수 있는지 알아보았다. 313명의 남자 대학생과 36명의 여자 대학생을 대상으로 Taylor Manifest Anxiety Scale과 true-false 자기이상 Q-소트(Self-Ideal Q-소트)를 실시하였다. Friedland는 검사 결과, 성취에 대하여 곡선형의 관계가 있을 것이라는 가설을 세웠다. 불안이나 자아개념 검사에서 중간 범위 수준은 성취에서 최적의 수준을 나타낼 것인 반면, 극단적으로 높거나 낮은 점수는 낮은 성취와 상관관계가 있을 것이다. 곡선형의 관계는 실제로 남학생들에게서 나타났으나, 여학생들에 대해서는 직선관계가 나타났다. Friedland는 표본 중 93%가 세 가지 범주 중 하나에 속한다고 결론 내렸다. 그 범주는 '높은 불안과 낮은 자아개념' '낮은 불안과 높은 자아개념' '정상 범위의 불안과 자아개념'이다.

Roth와 Puri(1967)는 초등학생과 고등학생을 대상으로 한 비진단적 연구에서 NAS 학생들을 위해 가설화된 부진과 공격성 경향(direction) 간의 관계를 살펴보았다. 로젠즈와이그 그림좌절검사(Rosenzweig Picture Frustration Test)가 3, 6학년, 중학교 3학년, 고등학교 3학년의 일반적 성취 집단과 부진 집단의 남녀 학생들에게 실시되었다. Roth와 Puri는 일반적 성취 집단 남학생과 부진 집단 남학생이 공격성의 경향 면에서 의미 있게 다르다는 것을 발견하였다. 일반적 성취 집단의 남학생들은 보다 외벌형(extrapunitive)[1]이었고, 부진 집단의 남학생들은 모든 학년에 걸쳐 보다 내벌형(intropunitive)[2]이고 무벌형(impunitive)[3]이었다. 남학생들처럼, 일반적 성취 집단 여학생들도 외벌형이었다. 부진 집단 여학생들은 보다 무벌형이고 내벌형이었다.

Exner(1974)는 Roth와 Puri의 연구(그리고 다른 연구들)를 부진의 주요 역동 요인으로서 수동 공격적 역동을 주장하는 데 사용하였다. 예를 들면, 부진은 적개심이 있는 충동의 간접적인 행동적 외현화로 간주되는데, 이러한 해석은 고전적 정신분석이론과 맥을 같이하는 것이다.

Hartley(1985)는 High School Personality Questionnaire(HSPQ)의 여덟 가지 요인에서 부진 집단의 모든 남녀 학생 간의 통계적 차이를 발견하였다. 성취 범주와 성별이라는 기준으로만 학생들을 분류하면 HSPQ상의 이러한 차이가 나타났다.

Roth와 Puri의 연구 그리고 Hartley의 연구는 일반적 성취 학생과 부진 학생 사이의 그리고 부진 남학생과 부진 여학생 사이의 성격 차이라는 견해를 지지한다. 이러한 가정된 성격 차이가 일반적 성취 또는 부진을 야기하는지(혹은 그것들이 결과물인지 아닌지)는 명확하게 진술될 수 없다.

---

1) 역자 주: 자기 뜻대로 되지 않는 일이 생겼을 때 그 책임을 남에게 돌림.
2) 역자 주: 잘못을 되풀이하지 않도록 스스로 벌함.
3) 역자 주: 잘못의 책임을 남에게도 자기에게도 돌리지 않음.

✸ 요약

우리는 학습부진의 발달에 관한 여러 연구를 살펴보았고 발달상의 문제와 학습장애는 성취과정에 공헌하는 주요인이 아니라는 것을 발견하였다. 이러한 연구들 대부분이 성격의 역할에 초점을 맞추기 위해서 그러한 요인들을 미리 배제하였기 때문에 이는 그리 놀랄 만한 일이 아니다. 출생순서 또는 부모의 교육 이력도 성취 범주와는 관계가 없는 것으로 나타났다.

그러나 특정한 환경 변인들은 성취와 관계가 있는 것으로 보인다. 종교, 결혼생활의 안정성, 생활 사건들, 부모의 고용 상태, 부모의 가치관과 아동의 성취에 대한 기대, 학교에 대한 학생의 태도 그리고 (어떤 변인들에 대해서는) 아동의 성별이 그러한 환경 변인들이다. 반면에, 인종 요인에 관한 한 연구는 인종과 학습부진 간에 의미 있는 관계를 발견하지 못했다. 이러한 연구들 중에는 학교환경을 세부적으로 조사한 연구가 하나도 없다. 일부 성격 변인(불안, 공격성, 자아개념)은 일반적으로 학습부진과 관계가 있는 것으로 보인다. 이러한 연구의 범위는 〈표 7-2〉에 요약되어 있다.

〈표 7-2〉 부진아, 일반 성취아, 고성취아에 관해 중다요인 모형을 적용한 연구의 요약

연구 변인	참고문헌
정서적 가족관계	McRoberts (1985)
공격성	Roth & Puri (1967)
불안	Friedland (1972)
출생순서	Mandel (1984)
발달적 문제	Mandel (1984)
가족의 인구통계학적 특성	Lawrence (1985)
학습장애	Freeman (1984)
결혼생활의 안정성	Lawrence (1985)
부모와 학생의 기대	Dennis (1985) Hartley (1985) Mukherjee (1972)

부모와 학생의 가치관	Mukherjee (1972)
부모의 교육 이력	Dennis (1985)
부모의 고용/직업	Hartley (1985)
인종 요인	Gale (1974)
종교	Lawrence (1985)
자아개념	Freidland (1972)
형제자매 성취	Leverett (1985)
학생의 학업 이력	McKay (1985)
학생의 학교에 대한 태도	Mandel (1984)

다음 장에서 우리는 성취과정에서 성격 변인의 역할에 대한 연구 결과들을 요약할 것인데, 특히 감별진단의 중요성을 강조한 연구들을 다루게 될 것이다.

제8장
감별진단에 관한 연구

Roth와 Meyersburg(1963)는 부진아의 성격 특성을 규정하고 이를 미성취 증후군(non-achievement syndrome: NAS)이라고 이름 지었다. 임상 경험에 바탕을 둔 이들의 논문은 NAS에 대한 설명과 함께 상담적 접근과 생태학적 고찰을 제안하고 있다. 이 논문은 여전히 임상 장면에 도움이 되지만, NAS을 타당화하는 데 필요한 공식적이고 통계적인 절차를 포함하지 못하고 있으며, 다른 유형의 문제로부터 이를 감별하거나 다른 장애와 함께 진단 및 발달 맥락에서 고려되지 못하고 있다.

Roth와 Meyersburg의 원논문은 NAS 학생에 대한 일련의 구인을 제시하고 있다.

1. "학생의 낮은 성취는 성취와 관련된 능력이 없기 때문에 발생하는 것이 아니다."(p. 535)

이 학생들은 좋은 성적을 얻는 데 필요한 지적 능력을 가지고 있고, 어릴 때는 좋은 성적을 얻기도 했다. Roth와 Meyersburg는 현 GPA는 NAS 학생의 실제 능력을 반영하지 못한다고 가정하였다.

2. "낮은 성취는 그 학생의 선택이 표현된 것이다."(p. 535)

자신의 잠재적 동기를 자각하지 못할지라도, NAS 학생은 낮은 성취를 얻거나, '그냥저냥' 공부하는 것을 적극적으로 선택한다. 이러한 해석을 NAS 학생들에게 직면시킬 경우, 이들은 인정하지 않을 것이다.

3. "낮은 성취를 하겠다는 학생의 선택은 성취와 관련된 준비과정에서부터 나타난다."(p. 535)

이 학생들은 기말 보고서나 숙제, 시험공부 등의 학업 과제에 지속적이거나 적절하게 전념하지 않는다. NAS 학생은 정해진 공부를 회피하고, 공부의 필요성을 친구랑 놀기, 텔레비전 시청, 기타 활동 등에 필요한 시간을 공부가 얼마나 많이 빼앗느냐를 기준으로 평가한다.

4. "낮은 성취는 학생이 얻는 성취에 대한 사전 준비 기능을 한다."(p. 536)

NAS 학생은 준비를 충분히 하지 않기 때문에 당연히 보통 수준의 성적이나 예상 외의 낮은 성적을 받는다. 이들 대부분은 지속적 노력의 부재에서 시작해서 낮은 성적으로 끝나는 논리적 과정의 결과로서의 성적에 주목하지 않는다.

5. "학습기술의 부족은 낮은 성취와 관련되어 있고, 낮은 성취를 하겠다는 이전의 선택으로 인해 파생된 것이다."(p. 536)

많은 NAS 학생은 효과적인 학습기술을 개발하지 못하거나 일관성 있게 사용하지 못한다. 효과적인 학습 전략을 익힐 수는 있지만, 이것을 성적을 향상시킬 만큼 지속적으로 충분히 활용하지는 않는다.

6. "낮은 성취에 대한 선택은 전반적으로 낮은 성취로 나타나거나 일탈적 형태의 성취로 나타난다."(p. 536)

NAS 학생은 자신의 능력에 한참 못 미치는 중간 정도의 수행을 한다. 일부 학생은 체육이나 음악, 미술과 같은 비학문 교과목에서만 열중해서 높은 성적을 얻기도 한다. 하지만 이런 교과목과 관련된 계획을 물어보면, 학문 교과와 마찬가지로 모호하고 노력하지 않는 모습을 보인다. 그들은 어떤 영역에서건 성취에 필요한 노력을 하지 않으려고 한다.

7. "낮은 성취를 선택함으로써 나타나는 패턴은 지속적이며, 자발적으로 변하지는 않는다."(p. 536)

다른 사람의 개입 없이, NAS 학생은 이러한 패턴을 변화시키지는 않는다. 개입이 효과적이기 위해서는 부모, 교사, 학교상담자, 정신건강 전문가와 같은 다양한 사람의 노력이 필요하지만, 이들 역시 NAS 학생의 잠재적 동기를 이해하지 못하기 때문에 성공적으로 개입하지 못한다.

8. "다른 행동 패턴과 마찬가지로 성취 패턴 역시 '성격구조'와 관련되어 있는 것으로 보인다."(p. 536)

NAS 학생은 매우 일관된 모습을 보인다. 이들이 가지고 있는 안정적이고 예상 가능한 학습부진 패턴은 이들 성격의 핵심적 부분이며, 성취동기와 같은 '일시적' 특성이 아니다. Roth와 Meyersburg는 이들의 핵심 특성을 "낮은 학업성취, 일반적인 자기비하, '존재'의 즐거움에 대한 자각 부족, 개인적 목표나 가치에 대한 명확한 체계 부재, 다른 사람에게 무시당하기 쉬움, 부모와의 미숙한 관계 형성, 잦은 우울, 자신과 다른 사람에 대한 통찰 부족, 막연한 불안"(p. 538) 등으로 구체화하였다.

이때의 우울은 심각한 무능력감을 느끼는 임상적 의미의 우울이라기보다는 현 상태에 대한 불만족감 정도의 중간 수준의 우울을 지속적으로 경험하는 것을 말한다. 불안 역시 중간 정도의 수준이며 시험이나 성적표 등의 구체적인 원인이 있을 때에 나타난다.

Roth와 Meyersburg는 가족 역동으로 인해 NAS가 발달한다고 보았다. 즉, 미묘하게 아동을 깎아내리거나 아동의 성공보다는 실패에 초점을 맞추는 부모로부터 아동이 겪게 되는 경험들은, 아동으로 하여금 자기비하나 표현되지 않는 적개심을 느끼도록 하며, 이로 인해 자율성 및 자아개념과 관련된 요소의 발달을 지체시킨다.

9. "상담관계는 성취 패턴을 변화시키는 원동력이 될 수 있다."(p. 536)

Roth와 Meyersburg는 그들의 임상 경험에 근거하여 다음의 효과적인 치료방법을 제시하였다.

① NAS(미성취 증후군, 학업문제) 학생에게 학업과 관련된 모든 불만과 다른 중요한 삶의 영역(경제적인 면, 관계, 가족 등)에서의 일반적인 불만을 모두 이야기하도록 한다.
② 각 과정에서 학생이 어떤 준비를 했는지에 대해 상세히 이야기한다.
③ 빈도, 강도, 지속성 면에서 부족했던 학업 준비가 어떻게 학업 실패나 낮은 성적을 예언하는지를 학생에게 말로 설명한다.
④ 이러한 행동패턴으로 성적이 낮아졌다는 것은, 학생이 이런 상황이 일어나는 것을 원하지 않고서는 생길 수 없는 것이라는 점을 다시금 확인한다. (결과에 대한 책임 소재 확인)
⑤ 이러한 행동 패턴이 다른 삶의 영역(예: 집에서 집안일이나 심부름을 하지 않는 것 등)에서는 어떻게 나타나는지를 지적한다.
⑥ 학생에게 이러한 패턴을 변화시키고 싶은지를 묻는다. (거의 모든 NAS 학생은 '예'라고 대답한다.)
⑦ 학생에게 어떤 행동이 변해야 하는지 물어보고, 행동 계획을 세우고 실행하도록 한다.
⑧ 학생에게 변화 계획과 관련해 발생할 수 있는 어려움을 예상해 보도록 하고, 이 어려움을 극복할 수 있는 방안에 대해 이야기한다.
⑨ 학생이 성공적인 성취 전략을 사용하기 시작하면, 이러한 행동 패턴을 비학문적 영역에까지 확대시키도록 돕는다.

일반적으로 이러한 토론은 학생의 긍정적 자기이미지를 향상시키고, 자기이해를 보다 선명하게 하며, 학업 및 다른 영역(예: 또래관계나 가족 구성원과의 관계)에서의 개인적 책임을 더 많이 받아들이게 한다. 바로 이러한 시점에서 학생의 성적은 오르기 시작하고 상담은 종결된다.

✹ 진단 절차의 신뢰도 및 타당도

이 책의 진단 주제에 관한 많은 연구가 진단 절차의 정확성에 의존하기 때문에, 감별진단 절차의 신뢰도 및 타당도를 측정하고자 한 연구를 살펴볼 필요가 있다.

Garfield(1967)는 세 명의 숙련된 임상심리사가 독립적으로 37개의 녹음 사례를 진단한 결과, 80%가 일치함을 발견하였다. Pomp(1971)는 79개의 녹음 사례에 대한 임상 진단가의 진단이 90% 일치함을 발견하였다. 보다 최근의 연구(Mandel & Marcus, 1984b)에 따르면, 숙련된 임상 진단가들은 28개의 진단면접 중에서 24개에 대해 일치된 진단을 하였다. Hartley(1985)는 두 명의 숙련된 임상 진단가의 독립 진단 결과, 68개 녹음 면접 중에 56개(81%)가 일치함을 발견하였다. Fraser(1987)는 두 명의 숙련된 백인 임상 진단가 사이에는 80%의, 한 명의 백인과 한 명의 인디언 임상 진단가 사이에는 90%의 진단 일치율이 있음을 발견하였다. 결국 이러한 임상 연구에서 활용된 인터뷰 절차는 신뢰할 수 있으며 문화에 따른 차이도 없음이 발견되었다.

그러나 이러한 연구의 타당도에 대한 의문이 제기될 수 있다. 발달이론 모형(developmental theory model) 훈련을 받은 임상 진단가들 사이의 높은 일치율은 해당 모형이 임상적으로 매우 정확해서 어떤 치료자나 그 훈련을 받으면 정확하게 진단 내릴 수 있기 때문인가, 아니면 이 모형이 내적 일치도는 높지만 실제 임상적 문제와는 관련되어 있지 않기 때문에 나타나는 인위적 결과인가? 다음의 세 연구가 이 문제를 직접적으로 다루고 있다.

Berenbaum(1969)은 임상 진단가에게 인터뷰 테이프, 집단 로르샤흐 검사 및 집단 TAT 검사에 대한 블라인드 테스트 프로토콜에 근거하여 진단을 내리도록 했다. 이 연구는 발달이론 모형 훈련을 받은 세 명의 치료자와, 이들과 비슷한 정도의 전문성은 가지고 있지만 다른 이론이나 기술에 대한 훈련을 받아 발달이론 모형에 대해서는 잘 모르는 세 명의 치료자를 대상으로 하였다. 발달이론 모형 훈련을 받은 치료자는 진단적 판단만을 하도록 요구되었고, 이들은 세 개의 핵심 집단(NAS, 신경증, 청소년기 반항)을 정확히 구분하였다. 해당 모형에 대한 훈련을 받지 않은 치료자들은 〈표 8-1〉에 제시되어 있는 16문항, 7점 척도의 질문지에 응답하도록 하였다.

〈표 8-1〉 훈련을 받지 않은 치료자들에게 사용된 평정 질문지

설명: 개인에 대해 제공된 검사 프로토콜을 증거로, 개인의 역동적 특성을 평정하시오. 총 16개의 평가 항목들은 아래에 묘사된 각 특성들에 관하여 모두 같은 간격의 척도로 평가된다.

대상 #: ________________

1. 자기를 내세우지 않는	1	2	3	4	5	6	7	자기를 높이는
2. 스스로에 대한 부정적인 가치	1	2	3	4	5	6	7	스스로에 대한 긍정적인 가치
3. 수동적으로 받아들이는 목표	1	2	3	4	5	6	7	스스로 선택하는 목표
4. 수동적으로 받아들이는 가치	1	2	3	4	5	6	7	스스로 선택하는 가치
5. 내적으로 일관된 가치체계	1	2	3	4	5	6	7	내적으로 비일관된 체계
6. 빈약한 자아강도	1	2	3	4	5	6	7	높은 자아강도
7. 빈약한 자아경계	1	2	3	4	5	6	7	평가적인 자아경계
8. 부모에 대한 의존성	1	2	3	4	5	6	7	부모로부터의 독립성
9. 자주 우울해함	1	2	3	4	5	6	7	거의 우울해하지 않음
10. 자기방어적 인식	1	2	3	4	5	6	7	자기에 대한 현실적 인식
11. 자아 중심적인	1	2	3	4	5	6	7	외부 중심적인
12. 동기를 지각하지 못하는	1	2	3	4	5	6	7	동기를 지각하는
13. 막연한 불안감	1	2	3	4	5	6	7	불안할 가능성이 높은
14. 거의 불안해하지 않음	1	2	3	4	5	6	7	매우 불안해함
15. 잦은 불안 발작	1	2	3	4	5	6	7	불안 발작이 거의 없음
16. 절망적인 태도	1	2	3	4	5	6	7	가능성의 태도

출처: Berenbaum (1969). 저자의 허가하에 인용.

통계분석 결과, 발달이론 모형 훈련을 받지 않은 치료자에 의한 평정은 해당 모형에 대한 훈련을 받은 치료자 집단의 평정과 일치하였다. 즉, 발달이론 모형에 대한 훈련을 받지 않은 치료자 역시 특정 분류에 대한 지식 없이도 해당 모형에서 예언하는 진단적 분류에 맞춰 성격 유형을 변별할 수 있었다. Berenbaum이 훈련 여부에 상관없이 모든 치료자는 어떤 통계 수준에서건 부진아와 일반 성취아의 검사 프로토콜을 감별하지 못한다는 것을 발견한 것까지 고려하면 이러한 결과는 더욱 의미가 있다.

NAS와 관련해서 Berenbaum은 "본 연구 결과는 NAS가 일관된 성격 특성 패

턴을 나타내고 있고, 이 집단은 다른 집단과 구분되는 특징이 있음을 지지한다.”(p. 1502-B)라고 결론 내렸다. 이러한 결과는 발달이론 모형과 같은 이론이 숙련된 전문 진단가와 치료자들 간의 공통된 임상 경험 및 인식과 연결되어 있음을 시사하고 있어 더욱 큰 의미를 지닌다.

Marcus(1969) 역시 비슷한 절차를 따랐다. 그는 발달이론 모형 훈련을 받은 집단과 훈련을 받지 않은 집단을 구분하여 각 집단에게 알코올중독자와 일반적 성취 대학생의 집단 로르샤흐 검사와 집단 TAT 검사에 관한 프로토콜을 제공하였다. 알코올중독자 집단은 녹화된 진단면접에 근거하여 이들의 성격 유형을 미리 진단해 놓았다. 모든 치료자에게 각 프로토콜이 알코올중독자의 것인지 또는 비알코올중독자의 것인지를 구분하도록 하였다. 발달이론 모형 훈련을 받은 집단은 단지 진단적 판단만을 하도록 하였고, 훈련을 받지 않은 집단은 각 프로토콜을 Berenbaum(1969)의 연구에서와 마찬가지로 〈표 8-1〉의 평정 질문지에 맞춰 평가하도록 하였다. Berenbaum의 연구 결과와 유사하게, 특정 행동의 유무에 근거할 때보다 성격 진단에 근거할 때 임상적 판단의 변별력이 높았으며, 이는 발달이론과도 일치하는 것이었다. 특히 모든 임상 진단가는 알코올중독 여부를 정확히 진단하는 것을 어려워했다. 하지만 발달이론 모형 훈련을 받은 진단가들은 성격구조를 정확하고 신뢰할 수 있게 진단할 수 있었다.

훈련을 받지 않은 진단가들 역시 7점 척도 16문항의 평정척도에 근거하여, 훈련받은 진단가와 마찬가지로 정확하게 진단할 수 있었다. 예를 들어, 평정척도에서 과잉불안장애와 같은 신경증 집단은 유의미하게 높은 불안과 우울을 드러내어 통제집단과 구분되었다. 이것은 발달이론 모형을 통해 예언되는 특성이다. 발달이론 모형에 근거했을 때, NAS 특성과도 맞아떨어지는 행동장애(behavior disorder)라는 진단 분류는 평정척도에서 절망에 대한 태도, 자기 방어적 인식, 확연히 낮은 동기 인식, 자신에 대한 부정적 가치평가, 자신을 눈에 띄지 않게 하려는 태도, 일관된 내적 가치체계의 부재와 같은 통제집단과 구분되는 특징을 드러낸다. 이러한 특성 중 상당 부분은 NAS에 대한 전통적인 이론적 · 임상적 묘사와 일치한다.

비록 발달이론에 의해 예측되는 모든 성격 분류를 검증하지는 않았지만, Marcus(1969)는 다음과 같은 결론에 이르렀다. 첫 번째, 어떤 임상 진단가도 알코올중독자의 행동을 정확하게 진단하지 못했다. 두 번째, 훈련받은 치료자 3명 중

2명은 알코올중독자의 행동을 정확하게 진단하였다. 세 번째, 훈련받지 않은 치료자의 평정 결과 분석은 발달이론 모형이 예견하는 선상에 위치하게 된다. 이 세 가지 결론을 종합하면, "이 이론은 알코올중독자의 행동을 요약 기술하는 것보다 더 일관성 있고, 임상적으로 타당하게 알코올중독자 문제에 접근할 수 있게 해준다."(p. 69)는 것을 시사한다. 이러한 결론이 현 알코올중독 진단에 영향을 미칠지 여부는 알 수 없지만, 중요한 것은 치료자 평정과정의 신뢰도와 임상적 문제에 대한 민감성이 확보되어 있다는 것이다.

Mandel(1969)은 새로운 집단을 추가하여 유사한 절차를 따랐다. 그의 연구 결과는 Marcus(1969)의 연구 결과와 일치하였다. 6명 중 5명의 임상 진단가는 행동 징후(즉, 학습부진 대 알코올중독)를 기준으로 집단을 구분하지 못했다. 하지만 3명 중 2명의 훈련받은 임상 진단가는 드러난 행동 징후에 따라 성격 패턴을 신뢰할 만하게 진단할 수 있었고, 훈련받지 않은 치료자들도 〈표 8-1〉에 제시된 평정 질문지를 이용해 감별진단을 할 수 있었다. 보다 구체적으로, 행동장애 알코올중독자(behavior disorder alcoholics) 그리고 NAS와 같은 행동장애 부진아(behavior disorder underachiever) 집단의 10개 항목에 대한 평정척도 프로파일 결과가 통계적으로 유사하게 나타났다. 게다가 두 집단을 통제집단과 비교할 경우, 두 집단 모두 8개 항목에서 차이를 보였다. 훈련받지 않은 임상 진단가들에 의하면, 행동장애 피험자들(알코올중독자 또는 부진)은 통제집단과 비교했을 때 보다 자기비하적이고, 부모에게 더 의존적이며, 보다 방어적으로 자기지각을 하는 것으로 나타났다. 이들은 일관된 가치체계를 가지고 있지 않았으며 자신에 대해 더 부정적으로 평가하고 있었다. 막연한 불안과 불안 발작의 빈도에서는 통제집단과 차이를 보이지 않았다.

훈련받지 않은 임상 진단가들은 신경증적 알코올중독 집단과 신경증적 부진 집단이 모두 통계적으로 통제집단보다 우울을 더 많이 드러낸다고 일관성 있게 평정하고 있다. 마지막으로, 훈련받지 않은 임상 진단가들은 신경증적 알코올중독자가 현재의 문제와 혼합된 행동장애를 가지고 있는 집단보다 더 자기고양적이며, 자신에 대해 보다 긍정적으로 평가하고, 보다 평가적인 자아경계를 가지고 있고, 일관적인 내적 가치체계를 보다 많이 가지고 있는 것으로 평정하였다. 반면, 신경증적 부진 집단은 현재의 문제와 혼합된 행동장애를 가지고 있는 집단보다 심각한 불안을 자주 느끼고, 불안 발작의 빈도도 높은 것으로 나타났다.

훈련받지 않은 임상 진단가들에 의해 만들어진 성격 프로파일은 발달모형에서 도출된 역동적 성격 기술(description)과 근접하게 맞아떨어진다. 그러므로 Berenbaum(1969), Mandel(1969), Marcus(1969)의 연구는 이론 및 감별진단 모델의 타당도와, (여기서는 더 중요한) 임상적 진단의 신뢰도에 대한 일관성 있는 증거를 제시하고 있다.

평정자 간 신뢰도에 관한 문제도 Fraser(1987), Hartley(1985), Phillips(1987)에 의해 제시되었다. Hartley는 200명의 고등학생 중 1/3은 부진아, 1/3은 일반 성취아, 나머지 1/3은 고성취아로 구분하여 연구하였다. 그녀는 회기 방정식을 이용하여 능력과 수행을 분석하였다. 또한 이 학생들을 대상으로 개별적인 진단면접을 실시하여 녹음하였고, 발달이론 모형에 대한 훈련을 받은 임상 진단가 두 명이 각각 독립적으로 평정하도록 하였다.

임상 진단가의 진단은 200개의 사례 중 183개의 사례에서 일치된 결과를 보였고, 91%의 평정자 간 신뢰도를 보였으며, 학생의 성취 수준에 상관없이 일치하는 모습을 보였다. 평정자 간 일치도는 83%(부진 여학생)에서 97%(고성취 남학생) 사이였다.

Fraser(1986)는 다문화 연구를 통해 다른 문화 및 인종 배경을 가진 치료자 간의 신뢰도를 산출하였다. 대상 학생 65명 역시 서인도 제도 혈통의 캐나다인 36명, 캐나다에서 태어난 백인 캐나다인 17명, 이민자(대부분 유럽, 아시아, 남미 출신) 12명 등으로 모두 다른 민족 및 인종 출신이었다. 모든 학생은 개별적으로 진행되는 진단면접과 이에 대한 녹음에 동의하였다.

Fraser는 두 명의 남자 백인 심리학자(평정자 1, 2)와 한 명의 흑인(서부 인디언계) 대학원생(평정자 3)을 포함한 세 명의 훈련된 치료자를 참여시켰다. 평정자 1과 2 그리고 2와 3의 평정자 간 신뢰도는 모두 90%였다. 이들 평정자 쌍은 집단면접에서 10개 중 9개의 진단에 합의할 수 있었다. 평정자 2와 3의 진단 일치율은 88%였다. 해당 평정자 쌍은 65개 중 57개의 개별 진단면접에서 진단 결과가 일치하였다. 평정자 1과 3은 면접 정보의 부족이나 면접 내용의 녹음 상태가 불량한 이유로 인해 진단 대상 65명 중 4명에 대해 진단을 내리지 못하였으며, 나머지 61명 중 5명에 대해서만 진단 결과가 불일치하였다. 그러므로 Fraser가 보고한 평정자 간 신뢰도는 높다고 할 수 있다. Fraser는 학생 표본 전반에 걸쳐 낮게는 83%에서 높게는 94%까지 높은 평정자 간 신뢰도가 유지되었다는 점을 발견했다. 따라서 발달이론 모형에 따라 훈련된 치료자들은 문화적 차이나 임상적 판단의 차이에도 불구하고 반구조화된 면접을 통해 신뢰할 만한 임상적 결정을 내릴 수 있다는 점을 알게 되었다.

Fraser는 임상적 판단에서 높은 평정자 간 신뢰도를 보인다는 점뿐만 아니라, 성격 유형에 대한 이들의 진단이 지능(비언어성 검사인 Matrix Analogies Test로 측정된), 학업 수준(교양과정과 심화과정) 그리고 인종 집단(서인도 제도 혈동, 혼혈 이민자, 캐나다인)에 비해 학업성취(영어 점수로 측정된)에 대한 보다 나은 예측자 역할을 한다는 점을 알게 되었다. 이러한 변인들 간의 중다회귀 상관계수(R)는 .2979(F=3.56; p<.01)이었으며, 성격 유형에 대한 진단이 유일하게 유의한 예측변인이었다. 실제로 성격 유형에 대한 진단만을 예측변인으로 했을 때, 결정계수(상관의 제곱값, 설명량)는 .2089(F=12.15; p<.01)였다.

평정자 간 일치도를 살펴보기 위해, Phillips(1987)는 Cohen의 카파(Kappa) 검증을 사용해서 처음 Hartley(1985) 연구를 통해 이루어진 200개의 독립적인 임상 진단에 대한 신뢰도 비율을 다시 계산하였다. Phillips는 두 명의 치료자에 의해 사용된 원래의 진단 범주에 기초하여, 카파 값이 .863임을 밝혔다. 이처럼 더욱 엄격한 신뢰도 측정치를 사용해서 얻어진 결과 역시 임상 진단 모델의 신뢰도를 지지하였다.

이상의 모든 연구 결과는 녹음된 면접 내용을 가지고 진단을 하는 데 있어 치료자들의 평정 일치도가 높다는 점을 시사한다. 다른 연구는 학습부진에 대한 성격감별 모델의 타당성에 초점이 맞춰져 왔으며 다음에 나올 연구는 이러한 입장에 대해 지지적인 결과를 제시하고 있다.

심리측정적 성격검사와 감별진단

Pomp(1968)는 남자 대학생들 집단에서 자아개념, 성취 수준 그리고 진단 범주 간의 관계를 살펴보기 위해 자기이상 Q-소트(Self-Ideal Q-소트) 기법을 사용하였다. IIT 상담센터의 학습부진 프로그램에 총 64명의 부진 남학생과 28명의 일반적 성취 남학생이 참석하였다. Pomp는 연구 대상 학생들을 네 개의 진단 범주인 과잉불안장애와 같은 신경증 집단, NAS 또는 학업문제와 같은 행동장애 집단, 정체성 장애와 같은 청소년기 문제 집단, 마지막으로 건강한 청소년 집단으로 구분하고, 이들 중 하나의 집단에 학생들을 배정하기 위해 기초 진단면접 기법과 발달 이론 모형에 대한 훈련을 받은 치료자를 활용하였다.

Pomp는 일반적 성취 집단과 부진 집단 간에 유의한 자기이상 편차 점수 차이를 발견하였으며, 부진 집단이 일반적 성취 집단에 비해 더 높은 자기이상 편차 점수를 보였다. 부진 학생들에 비해 일반적 성취 학생들의 자아개념과 자기이상 개념은 편차가 크지 않았다. 이러한 발견은 일반적 성취 집단과 부진 집단 간의 자기이상 점수 차이에 대한 선행 연구 문헌들의 보고와 일치하였다. 그러나 일반적 성취 집단과 부진 집단 간에 진단 범주 내에서의 유의한 편차 점수 차이를 보이지는 않았다.

Pomp(1968)의 또 다른 주요 연구 결과에 따르면, 과잉불안 일반적 성취 학생들은 자신을 바쁘고, 성공적이며, 공부를 열심히 하고, 가치 있으며, 조력적이고, 사려 깊은 것으로 기술하였으며, 과잉불안 부진 학생들은 자신들을 민주적이고, 친절하며, 우호적인 것으로 묘사했다. 한편, 건강한 일반적 성취 집단 학생들은 자신을 정확하고, 유능하며, 신뢰할 만하며, 우호적인 것으로 묘사하였다. 부진 정체성 장애 학생들은 자신을 조력적이고, 사려 깊으며, 비효율적인 것으로 기술하였다. Pomp는 끝으로 과잉불안 일반적 성취 집단 학생들에 비해 건강한 일반적 성취 집단 청소년들은 스스로를 신중하고, 우호적이며, 유목적적이고, 재치 있으나, 지적이지는 않다고 기술하였음을 보고했다. Pomp는 성취 수준과 성격 진단 두 가지에 따른 자기지각의 차이를 발견하였다.

다른 연구에서 Pomp(1971)는 고등학생들을 대상으로 심리진단과 청소년의 심리성적 발달 간의 관계를 연구하였다. 73명의 남자 고등학생이 개별적으로 녹음 면접에 참여하였다. 이 가운데 심리치료를 받고 있는 학생은 없었으며, 교사에 의해 확인된 심각한 정신병리를 지닌 학생도 없었다. 그리고 정신건강 문제로 입원 경력이 있는 학생도 없었다.

심리치료의 발달이론 모형에 따라 훈련받은 세 명의 치료자가 녹음된 면접 내용을 평정하였다. 제6장에서 살펴본 것처럼, 해당 모형은 특정 진단 범주들은 특정 심리성적 발달 단계에 고착된다는 점을 전제하고 있다. 치료자들은 녹음된 면접내용에 기초해서 내담자들이 오이디푸스 성격 역동, 후기 오이디푸스 잠복기 역동, 초기 청소년 잠복기 역동 또는 청소년기 성격 역동 등을 보이는지에 대해 각자 진단하였다. Pomp(1971)가 보고한 치료자들의 진단 상세 내역은 〈표 8-2〉에 제시되어 있다.

품행장애와 같은 후기 오이디푸스 잠복기 집단은 표본이 작아서 통계적 분석 대상에서 제외되었다. 〈표 8-2〉의 빈도 분포 결과는 대략 범주별로 각각 15~20%가 과잉불안장애와 정체성 장애 성격 특성을 나타내며, 고등학생과 대학생 집단의 50~60%가 NAS 성격 특성에 부합한다는 점에서 다른 연구 결과와 일치한다. 품행장애 범주나 선발기준에 의해 제외된 청소년기의 정신분열성 장애와 같은 다른 진단 범주를 포함한 비자발적인 집단에서는 이러한 분포가 다소 바뀔 수도 있다.

〈표 8-2〉 면접을 통한 진단 결정의 빈도

범주	빈도	백분율(%)
오이디푸스기(예: 신경증)	16	21.9
전기 청소년 잠복기[미성취 증후군(NAS)]	42	57.5
후기 오이디푸스 잠복기(품행장애)	2	2.8
청소년기 반항(정체성 장애)	13	17.8
합계	73	100

출처: Pomp (1971)에서 인용.

표준화되고 객관적인 점수체계를 제공하는 성격검사인 캘리포니아 성격검사(CPI)를 사용해서, Pomp는 진단 범주 간의 차이를 측정하였으며, 그 결과 청소년기 학생들은 유의하게 높은 CPI 평균점수를 보임으로써 청소년기 반항 학생과 NAS 학생들 간에 유의한 차이를 보이는 것으로 보고하였다. 청소년기 반항 학생들은 일반적으로 자신을 지배적이고, 인내심이 있으며, 독립적이고, 성취 지향적이며, 지적이고, 효율적이며, 융통성이 있는 것으로 지각하였다. 즉, 이들은 자신들이 지도력, 인내심과 자기신뢰 그리고 독립성을 지니고 있다고 지각하였다. 이들은 자기통제력을 발휘할 수 있으며, 성숙하고, 통찰력과 신뢰감을 지니며, 이상적이고 단호하며, 완고한 것으로 스스로를 지각하였다. CPI의 이러한 성격 특성들은 건강한 청소년기 집단에 대한 발달이론적 기술과 일치한다.

Pomp는 과잉불안장애와 같은 오이디푸스기 집단의 학생들은 자신이 상대방에게 호감 있는 인상을 주는 것으로 지각하였으며, 다른 사람들이 자신에게 어떻게 반응하는지 걱정한다는 점을 발견하였다. 이들은 스스로를 협조적이고, 진취적이며, 사교적이고, 따뜻한 것으로 평정하는 경향이 있었다. 이들이 기술한 내용은 최초의 발달이론 모형의 틀을 형성한 Roth, Hershenson과 Berenbaum의 보고서(1967)에서 신경증 또는 오이디푸스기에 고착된 개인에 대해 논의한 내용과 유사하다.

NAS를 포함한 초기 청소년기 집단은 CPI의 좋은 인상 특성 항목에서 오이디푸스기 집단에 비해 유의하게 점수가 낮았다. 이들은 오이디푸스기 집단에 비해, 자신을 더욱 자기중심적이고 다른 사람들의 필요나 요구에 관심을 덜 기울이는 것으로 지각했다. 이것 역시 발달이론 모형에서 도출된 NAS에 대한 기술과 부합한다. 이러한 초기 청소년 잠복기의 NAS 학생들은 청소년기 집단과 비교해 볼 때, 지적 효율성과 독립적인 특성을 통한 성취에서 유의하게 낮은 점수를 보였다. 즉, NAS 학생들은 청소년기 학생들에 비해 스스로를 상대적으로 독립성, 자기신뢰 그리고 성숙도가 낮은 것으로 지각하였다. 이러한 결과는 NAS에 대한 발달이론 모형의 기술 내용과 일치한다.

청소년기 집단은 호감이 가는 사람을 구체적으로 답하도록 했을 때 유일하게 부모 이외의 사람들을 떠올렸다. 이들은 스스로를 독립성이 덜 갖춰진 십대로 여기며 가족과의 유대가 더 강한 것으로 평정한 NAS 또는 과잉불안장애 학생들과 비교해 볼 때 상대적으로 가족과의 유대가 약한 것으로 보였다.

이상의 내용은 특정한 심리성적 발달 단계에 따른 진단적 성격 집단의 유형을 함께 제시하고 있으며, 학습부진의 여러 영역에 따른 감별진단 모델을 지지하고 있다.

Kearney(1971)는 남자 부진 대학생들의 자아개념과 Erickson(1963)이 제시한 심리성적 발달의 인지 수준(scheme level) 간의 관계를 살펴보기 위해, 자기이상 Q-소트 기법, 영역관심 최대추정(Area Concern Magnitude Estimation: ACME) 방법 그리고 다차원척도분석법(Multidimensional Scaling Analysis: MDSA)을 사용하였다. 이 연구는 각 심리성적 발달 단계에 속한 학생들은 서로 다른 발달상의 주제를 지각하고 구성할 것이라는 기본 가정을 지니고 있었다. 다차원척도분석 접근은 사전에 결정된 10개의 영역에서 자신의 관심과 해당 주제들이 얼마나 유사한지를 학생들이 평정하도록 한다. 이러한 영역들은 남자 대학생 표본에 적절한 것으로 선정되었다. 그리고 여기에는 독립성, 권위, 정체성, 성, 가치, 부모, 미래, 학교, 책무, 친밀성 등이 포함되었다. "다차원 연속간격 척도 분석은 이러한 유사성-비유사성 판단을 통합하였으며 이를 통해 다양한 집단에 의해 사용된 '심리지도(psychological map)'을 재구성할 수 있었다."(Kearney, 1971, p. 109)

IIT 상담센터의 성취 프로그램을 통해 87명의 백인 부진 학생들이 참여하였다. 나이는 17세에서 24세 사이였다. 진단면접이 녹음되었으며, 치료자들은 학생들에 대한 진단 소견을 제공하였다. 38명의 부진 학생이 과잉불안과 같은 신경증으로, 32명은 NAS로, 그리고 17명은 정체성 장애와 같은 청소년기 반항으로 진단되었다.

과잉불안장애 학생들은 Erikson의 발달 단계상 3단계(주도성 대 죄책감) 시기에, NAS 학생들은 4단계(근면 대 열등감) 시기에, 정체성 장애 학생들은 5단계(정체성 대 정체성 혼란) 시기에 고착된 것으로 가정되었다. 진단 범주별로 연구 대상을 나눈 빈도 분포는 선행 연구들에서 나타난 전형적인 결과와 다소 차이를 보였다. Kearney는 선행 연구와는 반대로, NAS보다 과잉불안장애의 비율이 더 높은 것으로 보고하였다. 이는 Kearney가 연구 대상을 선정하는 방법이 다른 연구와 달랐다는 점에 기인할 수 있다. 그러나 그의 초점은 범주별 빈도 분포보다는 발달 단계별로 진단 집단이 주된 삶의 주제를 어떻게 지각하는가 하는 것이었다.

Kearney는 Q-소트는 신경증, NAS 그리고 청소년기 반항 집단을 구별하지 못한다는 점을 발견했다. 즉, 이 세 집단은 자신에 대해 공통된 태도를 공유하고 있었다. 자아개념 영역에 대한 검사에서도 유의한 차이를 발견하지 못했다. 신경증 집단은 변산의 폭이 좁은 반면, NAS와 청소년기 반항 집단은 변산의 폭이 컸다. 이는 과잉불안 학생들의 높은 승인욕구의 측면에서 해석할 수 있는데, 즉 이들은 영역관심 최대추정(ACME)과 같은 검사에서 자신이 생각하는 정형화된 개념이 예상되는 방향으로의 바람직한 반응을 보였을 가능성이 있다.

Kearney는 최대추정 기법이 자아개념 측정을 측정하는 데 신뢰할 수 있고 타당한 결과를 제공한다는 점을 발견하였다. 그는 다차원이 아닌 일차원적인 자아개념 척도를 구성하는 것은 잘못이라는 결론을 내렸다. 다차원척도 기법은 진단 범주 각각에 대해 서로 다른 자아개념의 구조를 제공하였다. Kearney는 각각의 구체적인 척도의 관점에서 볼 때, 세 가지 진단 집단은 학교, 미래, 부모 그리고 권위 등과 자신 간의 관계에서 다른 양상을 보인다는 점에 주목했다. 즉, 해당 주제들이 세 개의 진단 집단의 성격구조 내에서 각각 차지하는 위치가 다르다는 점에서 이러한 결과는 예상되었던 것이며, 발달이론 모형에 기초한 성격 역동의 기술과 일치하는 것이다(Roth et al., 1967).

그러나 Kearney는 예기치 않게, 세 집단이 책무, 정체성 그리고 독립성을 다루는 방식에 있어 대개는 유사하다는 점을 발견하였다. 그는 이러한 유사성이 모든 연구 대상에게 공통된 위협, 즉 연구에 참여하는 동안 학기 성적이 유의하게 향상되지 않으면 학업 실패로 인해 학교에서 낙오하게 될 것이라는 점에 기인한다고 해석하였다. Kearney는 이러한 상황이 세 진단 집단 모두에게 유사한 자아의 내용을 지니도록 결정하였을 것으로 가정하였다.

Kearney와 Pomp의 연구는 자아이상 관계의 크기가 반드시 발달상의 심리성적 수준과 직결된 것은 아니라는 점을 시사한다. 발달이론이 들어맞는 범위 내에서, 자아개념은 다차원적 구성개념이며, Kearney와 Pomp의 연구에서 자아개념이 측정된 방식은 정체성의 주제를 가지고 심리적으로 분투하고 있는 청소년 집단에게 우선적으로 의미 있는 결과를 낳았을 수 있다는 점을 예견토록 한다. 그러므로 자아개념에 맞춘 Q-소트와 같은 도구의 사용은 정체성 장애-학습부진과 같은 해당 차원에 민감한 진단 범주를 나누는 데 있어서 주제상 가장 적합하다고 할 수 있다. 향후 연구에서는 하나의 심리성적 발달 수준에 주제상 적합한, 그래서 하나의 진단 범주에 부합하게 되는 일련의 감별진단 심리검사를 구체적으로 사용하고 그 결과를 살펴볼 수 있을 것이다.

Nixon(1972)은 통계적으로 유의한 의존 위계가 서로 다르게 진단된 세 유형의 부진 남학생들 사이에서 드러나는지를 살펴보았다. 이러한 위계의 존재는 발달이론의 타당성을 높이게 될 것이며(Roth et al, 1967), 부진 학생들을 다양한 진단 범주로 개념화하는 데 발달적 관점의 틀을 사용하는 것을 지지하게 될 것이다.

Nixon은 46명의 학습부진 남자 고등학생을 연구하였다. 의존경향 척도(Dependency Proneness Scale; Flanders, Anderson, & Amidon, 1961)와 두 개의 내외향

성 척도(Internal-External Scales; Crandall, Katkovsky, & Crandall, 1965; Rotter, 1966)를 실시하였고, 진단면접을 녹음하였다. 치료자들은 개별 면접을 평정하였고 진단 소견을 제공하였다. 청소년기 반항 집단의 사례 수가 적었기 때문에 Nixon은 나머지 신경증 부진아들과 NAS 부진아들 간의 심리적 의존성과 통제소의 측정치를 비교할 수 있었다.

그녀는 의존성 측정치의 경우, 과잉불안장애 집단이 NAS 집단보다 유의하게 점수가 높다는 것을 발견했다. 그러나 통제소에서 두 집단 간에 차이는 없었다. 과잉불안장애 학생들이 의존성 척도에서 점수가 더 높은 이유는 예상 가능하다. 이들은 승인에 대한 압도적인 욕구를 지니고 있으며 대인관계 수용, 지속적인 승인 그리고 그와 병행하는 정서적인 문제들이 매우 중요한 특정 관계에 의존한다. 이것은 어떤 의존성 측정도구에도 반영될 수 있는 형태의 의존성이다. NAS 역시 의존성으로 이론화될 수 있지만, 과잉불안장애에서 보이는 것과는 차이가 있다. NAS 학생들은 과잉불안 부진 학생들이 지속적으로 요구하는 부모 혹은 권위 있는 인물들과의 정서적으로 강렬하며 의존적인 관계를 원하지는 않는다.

몇몇 주관적인 발견은 NAS 학생들과 과잉불안 부진 학생들 간의 의존성 문제의 차이를 강조하고 있다. 의존경향 척도에 관한 다음 세 문항에서, NAS 학생들에 비해 과잉불안 부진 학생들이 유의하게 더 많은 부정적인 답변을 하였다. 즉, 더 많은 과잉불안 부진 학생들이 다음 문항들의 내용이 자신과 부합하지 않는다고 답하였다.

문항 3. 다른 사람들은 미쳤다고 생각하는 아이디어를 시도해 보는 것이 재미있다.
문항 8. 내 가족들은 보통 나에게 무언가를 하라고 요청할 때 두 번씩 말해야 한다.
문항 12. 나는 자주 부모님과 의견이 충돌한다.

여기에 덧붙여, 39번 문항, '나는 지침을 따르고 나에게 기대되는 것을 실행하는 것이 좋다.'에 대해서는 NAS 학생들의 55%만이 그렇다고 답한 반면, 과잉불안 부진 학생들은 90%가 그렇다고 답하였다. 이러한 결과들은 과잉불안 부진 학생들에게 있어 권위 있는 인물에게 의존성이 증가하는 것은 전형적이라는 점을 강조한다.

이론적으로 NAS 학생들은 관계보다는 사회적 역할, 이를테면 10세쯤 되는 아이의 역할에 의존한다. 이 나이에는 누구나 개인의 책임 혹은 의무(식사 준비, 세탁, 세금 납부 등)에 있어서 의존적이다. 그러나 승인의 측면에서는 의존적이지 않다. 그러므로 NAS 학생들은 개인적인 관계에 초점이 맞춰져 있는 의존성 척도에서는 높은 점수를 나타내지 않을 것이다. 실제로, NAS 학생들이 신경증 집단 학생들과 차이를 보인 의존경향 척도 문항들의 예는 '다른 사람들은 미쳤다고 생각하는 아이디어를 시도해 보는 것이 재미있다.' 또는 '나는 자주 부모님과 의견이 충돌한다.' 등이다. 신경증적인 경우 이러한 문항들에 동의하지 않을 것이나 NAS 학생들은 동의할 가능성이 매우 높다.

그러나 과잉불안장애 부진 학생들과 NAS 학생들이 통제소 검사에서 유사한 점수를 보인 이유는 무엇일까? 아마도 점수는 유사하였으나 이유는 서로 달랐을 것이다. 외적 통제소를 지닌 사람들은 자신들에게 벌어진 일에 대해 기회, 행운, 중요한 타인과 같은 외적 요인들을 비난하는 경향이 있다. 그런 사람들은 자신들의 행동에 대해 책임지지 않으려는 경향이 있으며 주요한 타인으로부터 강화를 구한다. 반면, 내적 통제소를 지닌 사람들은 자신의 행동에 대해 책임을 지며 벌어진 일들을 자신들이 통제한다고 생각한다. 그러한 사람들은 자신의 내부에서 강화를 구할 것으로 기대할 수 있다. 아마도 과잉불안장애 부진 학생들에게 있어 외적 통제소는 정신분석에서 말하는 전이문제, 불안전성 또는 다른 관련 의존성의 욕구에서 도출된 것일 수 있다. 반면, NAS 학생들에게 있어서 외적 통제소는 단순히 책임 소재를 외부로 돌리고 이를 통해 선택의 상황에서 자아개념이 위협받지 않도록 하려는 것일 수 있다. 어느 경우이든 결과는 외적 통제소를 지닌 것으로 나타날 것이다.

여기서도 역시 Pomp(1968, 1971)와 Kearney(1971)의 선행 연구에서와 마찬가지로 단일 차원 개념화(예: 자아개념, 내외 통제소)에 기초해 구성된 도구들이 다차원적 개념들을 측정하는 데 사용되었을 수 있다. 어느 경우이든, Nixon(1972)의 연구는 과잉불안장애 부진 학생들이 NAS 학생들에 비해 의존성이 높다는 가설을 지지한다.

Tirman(1971)은 가장 빈번하게 보고되는 부진 유형을 변별할 수 있는 세 개의 독립된 MMPI 척도를 만들고자 하였다. IIT 상담센터의 학습부진 프로그램에 참여한 83명의 부진 대학생은 진단면접을 녹음하였다. 그리고 치료자들이 이에 대한 진단 소견을 제공하였다. 개별 진단을 통해 과잉불안장애와 같은 신경증 집단 38명, NAS 집단 30명 그리고 정체성 장애와 같은 청소년기 반항 집단 15명으로 나눈 뒤, 이들에게 MMPI를 실시하였다.

Tirman은 진단 범주와 유의한 상관을 지닌 문항들을 결정하기 위해 문항분석을 하였다. 각 진단 범주별로 일관되게 답변이 된 MMPI 문항들이 그 범주를 식별해 주는 문항들로 선별되었다. Tirman은 세 개의 추출된 MMPI 척도, 즉 신경증 척도(71 문항), NAS 척도(17문항) 그리고 청소년 반항 척도(28문항)를 생성해 내기 위한 통계처리를 하였다. 그는 중다판별분석을 사용하여, 새롭게 개발된 척도들이 원래 진단 결과인 83개의 사례 중 69개의 사례에 대한 진단 결과와 일치한다는 사실(83%)을 보고하였다.

만일 청소년기 반항 집단이 본 표본에서 제외된다면, MMPI의 116문항은 NAS 학생 집단과 신경증 집단을 서로 구별하도록 할 것이다. 이로 인해 NAS 학생과 과잉불안장애 학생 사이의 구분은 용이해지고, 정체성 장애 부진 학생들과 과잉불안장애 학생들을 구별하는 것은 어려워질 것이다. 그러나 Tirman은 부진 학생을 감별진단하는 가장 신뢰할 만한 방법은 임상 면접이라고 결론을 내렸다.

MMPI와 같이 많이 연구된 진단도구의 사용은 몇 가지 감별 요인을 밝혀 왔다. Barger와 Hall(1964)은 부진 학생들의 MMPI 프로파일에서 반사회성(Pd) 척도와 경조증(Ma) 척도가 높은 경향이 있다는 결론을 내렸다. 특히 NAS 학생들이 MMPI 척도의 상승을 보이지 않거나 Pd 및 Ma 척도의 상승을 보인다는 점에서 이는 우리의 임상 경험에 의해 부분적으로 확인되어 왔다. 짐작컨대, 해당 연령 수준에서 가능한 심적 에너지의 지표로서 많은 대학생이 상승한 척도 중 하나로 상승한 Ma 척도를 가지기 때문에, 상승한 Ma척도는 부진과 거의 관련이 없는 것으로 보인다. 그러나 Pd 척도는 보다 전통적으로 품행장애와 관련된 문제를 제기한다. 만약 어떤 사람이 NAS에 대한 최초 발달이론 모형(Roth et al., 1967)의 주장이 문제는 초기 청소년 잠복기에 있고, 품행장애 문제는 한 단계 전인 후기 오이디푸스 잠복기에 있는 것이라고 본다면, 이는 부분적으로 정확하다. 그러므로 이러한 두 개의 성격 범주는 발달적으로 매우 밀접한 관련이 있을 것이며, 유사한 패턴을 지녀야 한다.

Kaminska(1984)는 초기 MMPI 연구를 계속했다. 그러나 그녀는 Tirman(1971)과 같이 새로운 MMPI 척도를 개발하려고 시도하기보다는 단지 15명의 진단된 NAS 부진 고등학생에게 MMPI를 실시하였다. Kaminska는 전통적인 타당도 척도와 임상 척도에 따라 청소년 규준에 의거하여 7명의 남학생과 8명의 여학생의 MMPI 점수를 채점하였다. 학생들의 나이는 15~17세로 평균 연령은 16.13세였고, 대략 2년 정도의 부진을 보였으며, 교외에 거주하는 중산층의 백인 학생들이었다. Kaminska는 NAS 학생들이 MMPI 척도에서 심각한 정신병리를 나타내지 않고, 하위 척도 점수의 변동성이 낮을 것이라고 예측했다.

각 척도에 대한 집단 평균은 다음과 같다.

임상 척도		타당도 척도
건강염려증(*Hs*)	= 56.5	*L* = 40.6
우울(*D*)	= 51.0	*F* = 54.8
히스테리(*Hy*)	= 53.7	*K* = 43.5
반사회성(*Pd*)	= 59.8	
남성성-여성성(*Mf*)	= 41.8 (F) 60.3 (M)	
편집증(*Pa*)	= 53.8	
강박증(*Pt*)	= 60.1	
정신분열(*Sc*)	= 59.2	
경조증(*Ma*)	= 66.8	
사회적 내향성(*Si*)	= 44.8	

학생들은 MMPI 척도에서 병리를 나타내지 않았다. 나아가, Kaminska는 표준편차가 5.7~16.3으로 학생들이 Hs, Hy, Si 등 특정 척도에서 낮은 변동성을 나타냄을 밝혔다. 대부분의 NAS 학생은 13개의 MMPI 척도 중 L, F, Hs, D, Hy, Pa의 6개 척도에서 정상 범주 내의 점수를 받았다. 또한 대부분의 NAS 학생은 K, Pd, Si의 3개 척도에서 정상 범주 내의 혹은 그 이하의 점수를 받았다. 대부분의 NAS 학생은 Pt, Sc, Ma의 3개 척도에서 정상 범주 내의 혹은 약간 상승된 범주 내의 점수를 받았다. 해당 표본에 있어 남성성-여성성에 관한 다양한 우려를 반영하면서 Mf 척도에서는 고른 분포를 보였다. 몇몇 학생은 Hs, Hy, Pd, Pt, Sc, Ma, Si 척도에서 70점 이상의 단독 상승을 보이기도 하였다. 그러나 심각한 범주에 속한 학생은 없

었다. 흥미롭게도, Kaminska는 이전에 보고된 부진아의 전형적인 MMPI 프로파일을 찾을 수 없었다(Barger & Hall, 1964). 이는 아마도 원래의 부진아의 프로파일이 이질적인 부진아 표본으로부터 생성된 것이기 때문일 가능성이 크다. Kaminska의 연구는 오직 NAS 부진아에만 초점을 맞췄다.

이러한 결과는 NAS 학생들이 상대적으로 일반적인 프로파일을 보인다는 가설을 지지한다. NAS 학생은 일반적인 의미에서 정서적으로 장애 혹은 병리가 없거나, 동기에 있어서는 사실상 병리적이나 내·외적으로 다양한 갈등, 압력, 지각, 정서를 다룰 수 있는 잘 발달된 성격구조를 가지고 있다.

Phillips(1987)는 임상적 진단 인터뷰 절차의 가장 극적인 유효성을 보여 준다. 그는 200명의 고등학생을 대상으로 심리측정 검사, 인구통계학적 자료, 교사 평정에 근거한 진단과 녹음된 인터뷰에 근거한 임상적 판단을 비교하는 변별기능분석을 수행했다. 그는 영어 교사의 평정을 사용해 약 97% 일치함을, 과학 교사의 평정을 사용해 약 92% 일치함을 밝혔다. 이는 임상 면접과 별개로 정확하고, 타당하며, 신뢰할 수 있는 진단 절차를 고안하는 것이 가능함을 제안한다.

◆ 지적 기능, 감별진단 그리고 학업 수행

능력에 대한 질문과 현재의 학습부진 모형을 검토하면서, Freeman(1984)은 평균 연령 16.8세의 고등학교 1학년 학습부진 NAS 학생 15명(남학생 7명, 여학생 8명)에게 WISC-R을 실시하였다. 모든 학생은 교외에 거주하는 중산층 가정에 속했고, 이 중 93%는 온전한 가정에 속했다. 언어성 IQ의 범위는 90~140, 평균은 101.6, 표준편차는 14.45이고, 동작성 IQ의 범위는 82~124, 평균은 101.7, 표준편차는 12.12로, 규준집단과 큰 차이가 없었다.

하위검사의 분산 점수도 역시 규준 범주에 들었으며, 편차지수와 불일치도 표준집단과 유의한 차이가 없었다. Bannatyne 요인의 경우 전반적인 NAS 패턴은 '계열보다 높은 공간, 공간보다 높은 개념'으로, 학습장애를 대상으로 한 전문적인 문헌의 보고와 비교가 불가능하다. 공간, 개념, 계열 처리는 모두 정상 범위 내에 있었다. 연구과정에서 NAS 학생 중 한 명이 이전에 발견되지 않은 명백한 학습장애

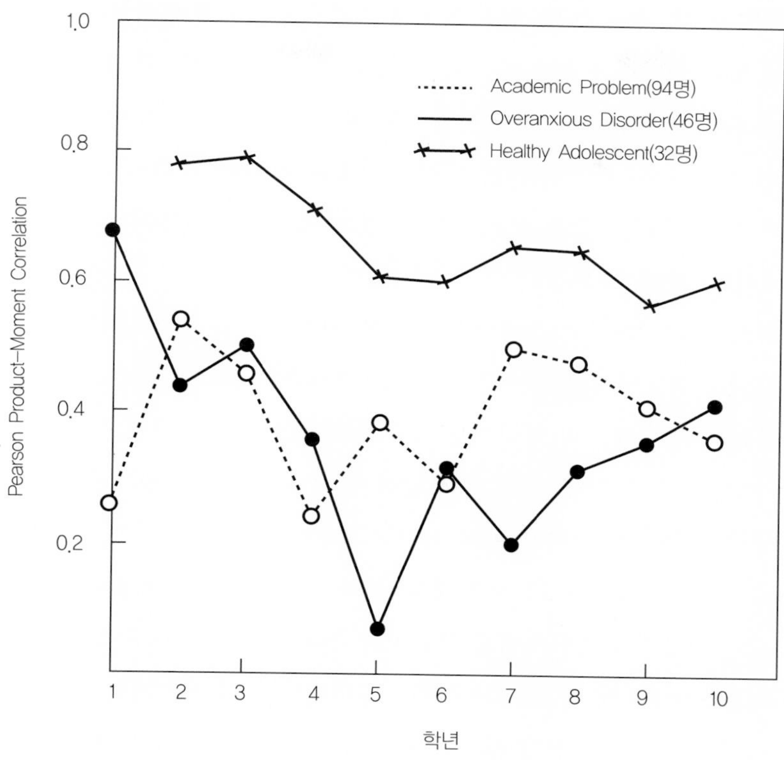

[그림 8-1] 감별진단 범주별 O-LSAT 평균점수와 평균 학년 시점 간의 상관관계

출처: McKay (1986). 저자의 허가하에 인용.

를 가진 것으로 진단되었다. 소수(이 경우 6.6%)의 NAS 학생에 있어 확인 가능한 학습장애와 기대되는 성격 특성이 공존할 가능성이 있다.

McKay(1985)는 과잉불안장애 학생과 NAS 학생을 대상으로 해당 진단 범주에서 (다른 요인들 중) 지적 기능을 살펴보았다. 교외에 거주하는 고등학생 자원자 205명의 녹음된 개별 진단면접이 훈련된 치료자에 의해 평정되었고, 통계분석을 위해 충분히 큰 진단 집단이 형성되었기 때문에 176명의 학생만이 선정되었다. 같은 치료자에 의해 건강하다고 진단된 학생들도 176명에 포함되었다. 각 집단의 Otis-Lennon School Abilities Test(O-LSAT) 평균점수는 일원분산분석으로 비교되었다.

이 표본에서 NAS 집단의 현저하게 낮은 O-LSAT 점수는 저조한 학업 수행에 기여했을 수도 있다. 그러나 O-LSAT 점수에 있어 NAS 학생들과 일반 학생들 간에 차이가 없었음에도 불구하고, 일반 학생들은 과잉불안장애 학생들과 동일하게 학업 수행에 있어 현저하게 높은 수행을 보였다. 그러므로 최종 학업 수행 프로파일 작성 시 다른 진단 집단보다 특정 진단 집단에 있어 지적 요인이 더 중요한 역할을 할 수 있다. McKay의 연구 결과는 이러한 짐작을 지지한다. O-LSAT에 의해 측정된 능력과 GPA 간의 상관은 모든 학년에 있어 NAS와 과잉불안장애 집단보다 일반 집단에서 더 높게 나타난다.

일반 청소년들은 학업적 잠재력의 실현을 저해하는 내부 갈등이 가장 적을 것으로 예상되기 때문에 임상적으로 이는 논리적이다. 이론적으로 NAS와 과잉불안장애 학생들은 어느 정도의 에너지를 그들의 특정한 성취와 관련된 갈등에 투자하고, 이는 지적 능력과 학업 수행 간 상관이 낮아지는 결과를 낳는다. 이러한 예측은 [그림 8-1]에 제시한 결과에 의해 적극 지지된다.

Hartley(1985)는 고등학교 여학생의 성취 수준과 진단 범주에 대해 연구하였다. 그녀는 102명의 피험자에게 객관적인 성격검사인 High School Personality Questionnaire(HSPQ)와 치료자들에 의해 독립적으로 평정된 개별 녹음 면접을 실시하였다. 그녀는 다양한 진단 범주에 거쳐 HSPQ에서 유의미한 성격 차이가 있음에도 불구하고, 지적 능력 혹은 구체적 대 추상적 추론 능력인 B 요인에 있어서는 진단 집단 간에 유의미한 차이가 없음을 밝혔다. 즉, HSPQ 지능 척도에서 과잉불안장애, NAS, 품행장애, 정체성 장애를 가진 부진 여학생 간에 차이가 없음을 밝혔다.

Cohen(1986)은 지적 기능에서의 차이가 NAS 학생 집단 내의 성취 차이를 설명할 수 있는지를 연구하였다. 205명의 고등학생에 대한 진단면접에 근거해 O-LSAT를 실시할 교외에 거주하는 NAS 고등학생 96명을 선정하였다. 회귀방정

〈표 8-3〉 NAS 고등학생의 O-LSAT에 대한 분산분석

성취 범주	학생 수	O-LSAT 평균
부진 NAS 학생	41	106.9
성취 NAS 학생	36	104.3
고성취 NAS 학생	19	103.7
합계	96	104.9

* F=.91(*NS*); *df*=2.

출처: Cohen (1986). 저자의 허락하에 인용.

식을 사용해 96명의 NAS 학생을 부진, 일반적 성취, 고성취로 분류하였다. GPA가 회귀선에 의해 추정된 값보다 1 표준오차 아래에 있으면 부진, 1 표준오차 이내에 있으면 성취, 1 표준오차 위에 있으면 고성취 학생으로 분류하였다. Cohen의 분산분석 결과는 〈표 8-3〉에 제시되어 있다.

이 표에서 명확하게 드러나듯, NAS 고등학생의 성취 수준에서의 차이는 지적 기능에서의 차이에 기인한다고 할 수 없다. 부진, 성취, 고성취의 NAS 학생은 지적으로 비슷하다. 특히 진단적으로 동질적인 집단을 대상으로 함으로써 기본적인 성격 특성이 통제되었다는 점을 고려할 때, 이는 다시 한 번 성취 수준에서의 차이를 만드는 비(非)지적 요인의 역할을 강조한다고 할 수 있다.

그런데 NAS의 기능 양식이 지적 수준 이하의 수행에서부터 그 이상의 기능까지 다양한 성취를 보인다는 점은 흥미롭다. 몇몇 학생은 기초 프로그램, 대부분의 학생은 일반 프로그램, 몇몇 학생은 심화 프로그램 등 다양한 고등학교 프로그램에 등록되어 있음을 명심하는 것은 중요하다.

Phillips(1987)는 O-LSAT로 측정된 지적 능력, 이 책에 제시된 진단 범주, GPA로 측정된 학업 수행 간의 관계에 대해 연구했다. 그는 200명의 고등학교 1학년 고등학생을 대상으로 연구하였는데, 대부분은 백인이고 개신교도였다. 남학생은 92명이고, 여학생은 108명이었으며, 모두 녹음된 개별 면접에 근거해 감별진단을 받았다. 그들은 GPA에 관계없이 진단 범주에 의해 집단으로 나뉘었다.

Phillips는 지능과 학업 수행의 관계가 진단 범주에 따라 다양하게 나타남을 밝혔다. 예를 들어, 〈표 8-4〉에서 볼 수 있듯이 정체성 장애 학생들과 과잉불안장애 학생들의 O-LSAT 평균은 동일했으나, GPA 평균은 현저하게 달랐다. 반면, 학업

〈표 8-4〉 감별진단된 고등학생 200명의 O-LSAT 평균과 중학교 3학년 GPA 평균

진단 범주	학생 수	O-LSAT 평균	GPA 평균[a]
과잉불안장애	46	113.00	76.09
품행장애	11	102.09	46.64
학업문제	96	105.32	60.46
정체성 장애	8	113.37	60.50
일반 청소년	34	110.68	75.62

[a] GPA 평균은 평균 백분율로 제시되고 있다.

출처: Phillips (1987). 저자의 허락하에 인용.

문제를 가진 학생들과 품행장애 학생들의 O-LSAT 평균은 유사했으나, GPA 평균은 크게 달랐다. 과잉불안장애 학생들과 일반 청소년들이 가장 높은 GPA를 나타냈다.

이러한 결과는 성취가 능력에만 의존하는 것이 아니라 성격 요인에 의해 매개된다는 통념을 지지한다. 구체적으로 일반 청소년들은 상대적으로 갈등이 없는 성격에 의해 그리고 과잉불안장애 학생들은 불안에 의한 성취 요구에 의해 더 높은 성취 수준을 보일 것으로 기대되는 두 진단 집단이다. 품행장애 학생들은 그들의 행동 및 반사회적 양식을 고려할 때 더 낮은 성취 수준을 보일 수 있다. 정체성 장애 학생들과 학업문제를 가진 학생들은 이러한 양극단의 성취 사이의 어딘가에 위치할 것으로 기대된다. 이러한 이론적인 예측은 Pillips의 연구에 의해 지지된다.

✹ 성차와 감별진단

Hartley(1985)는 성취 범주, 진단 범주, O-LSAT 점수들에 따라 고등학교 여학생 102명과 남학생 98명을 비교했다. 실제 GPA와 예측된 GPA 간의 차이에 대한 회귀방정식을 사용해 그녀는 각 학생을 부진아, 일반 성취아, 고성취아의 세 가지 성취 범주로 분류하였다. 개별 진단면접은 녹음되었고, 치료자들의 평정에 따라 학생들을 수많은 성격 범주 중 하나로 분류하였다. 객관적으로 채점된 성격검사를 제공하기 위한 추가적인 검사로서 HSPQ가 실시되었다. Hartley는 다양한 성취 및 성격 범주 간에 특정한 차이가 있을 것이라 예측했다. 또한 그녀는 진단 범주 내에서 남학생과 여학생이 HSPQ의 몇몇 성격 요인에 있어 유의미한 차이를 보일 것이라 예측했다.

Hartley는 HSPQ의 네 가지 요인이 과잉불안장애 부진 여학생과 NAS 부진 여학생을 감별함을 밝혔다. 이 두 집단은 O 요인(죄책감 성향)과 Q4 요인(부동성 불안)에서 차이를 보였는데, 과잉불안장애 부진 여학생은 낮은 범위에, NAS 부진 여학생은 중간 범위에 속했다. 이는 자신들이 덜 불안해하고 있는 것처럼 인식하려는(또는 보고하려는) 과잉불안장애 학생들의 욕구를 반영하는 것일지 모른다. 이 두 집단은 C 요인(자아강도)과 불안 조절의 두 번째 요인에 있어서도 차이를 보였다.

과잉불안장애 여학생은 자아강도에서 높은 범위에 속한 반면, NAS 학생은 중간 범위에 속했다. 또한 일반 청소년 집단으로 진단받은 NAS 여학생은 C 요인에서 낮은 범위에 속했고, 부진 여학생과는 차이를 보였다. 과잉불안장애 여학생은 불안 조절에서 매우 낮은 범위에 속한 반면, NAS 여학생은 중간 범위에 속했다. 과잉불안장애 여학생은 스스로가 NAS 여학생보다 더 좋은 적응을 보여 준다고 지각하였다. 이러한 부진 여학생 중 어떤 학생도 학업적 어려움에 대한 전문적인 도움을 구하지 않았다는 점을 언급한다. 이는 과잉불안장애 및 NAS 여학생 집단의 낮은 학업 수행에 대한 답변이 될 수 있다. 그러나 이는 과잉불안장애 여학생이 자신을 NAS 여학생보다 더 유능한 것으로 표현하는 데 더 많이 투자한다고 볼 수도 있다. NAS 부진 여학생은 지속적으로 HSPQ에서 중간 범위에 속했다. 즉, 그들은 자신을 예외적이기보다는 전형적인 것으로 보고하였다.

진단 범주 내에서 부진 남학생과 여학생을 비교할 때, Hartley는 C 요인(자아강도), E 요인(지배성: 협조적인 대 완고한), O 요인(죄책감 성향), 불안 조절에 있어 NAS 집단의 유의미한 성차를 밝혔다. 통계적으로는 유의미할지라도 이러한 차이는 중간 범위에 속한 NAS 남학생과 여학생의 조정 평균으로 인한 것이다. 다시 말해, 차이가 발견되다 하더라도 NAS 부진 학생(남학생 또는 여학생)은 평균 범위의 점수를 산출하는 경향이 있다.

과잉불안장애 부진 학생은 I 요인(정서적 민감성: 강인한 대 의존적이고 민감한)에서만 성차를 보였다. 남학생의 점수는 척도의 상단을 향해 있었고(의존성과 민감성), 여학생의 점수는 척도의 하단을 향해 있었다(강인함). 그러나 표본의 크기가 작다는 연구의 한계가 있다.

품행장애 부진 학생 또한 I 요인에서 성차를 보였다. 그러나 과잉불안장애 부진 학생과는 정확하게 반대의 결과를 나타냈다. 품행장애 부진 남학생은 스스로를 강인한 것으로 지각했고, 품행장애 부진 여학생은 스스로를 의존적이고 민감한 것으로 지각했다. 이와 같이 진단 범주의 소속은 부진 학생의 성별에 따라 특정한 HSPQ 요인에서 다른 성격 결과를 산출한다.

NAS 진단 범주 내에서 Hartley는 유의미한 성취 효과를 발견했다. 일반적 성취 및 과진 NAS 학생들은 스스로를 부진 학생들보다 더 큰 자아강도(C 요인)를 갖는 것으로 지각하였다. 또한 과진 NAS 학생들은 더 큰 초자아 강도(Q3 요인: 자기조절)를 갖는 것으로 지각하였다. 그러나 여전히 모든 집단은 중간 범위의 평균점수를 나타내었다.

또한 Hartely는 C 요인(자아강도), E 요인(지배성), H 요인(대담성), I 요인(정서적 민감성), O 요인(죄책감 성향), Q2 요인(집단 의존적 대 자기충족적), 불안 조절에 있어 통계적으로 유의미한 성취에 따른 성별을 보고했다. NAS 여학생의 경우 자신을 더 민감한 것으로 지각하는 경향이 있는 반면, NAS 남학생의 경우 자신을 더 강한 자아강도를 소유하고 있으며 완고한 것으로(즉, 덜 협조적인 것으로) 지각하는 경향이 있다. NAS 남학생들은 죄책감 경향과 불안 조절 점수가 NAS 여학생보다 낮은 경향이 있다. NAS 여학생들은 NAS 남학생들보다 더 집단 의존적인 것으로 지각하는 경향이 있다. 이와 같은 유의미한 효과에도 불구하고, 모든 NAS 학생은 여전히 중간 범위의 점수를 기록한다. 이러한 차이는 사회에서 일반적인 성역할의 차이뿐만 아니라 NAS 성격구조의 맥락에서 이해될 수 있다.

McKay(1985)는 교외에 거주하는 고등학교 남학생과 여학생의 O-LSAT 점수를 비교하기 위해 일원분산분석을 사용하였다. 남학생 92명의 O-LSAT 점수의 평균은 110.42, 표준편차는 11.15였고, 여학생 108명의 O-LSAT 점수의 평균은 106.27, 표준편차는 11.44였다. F 값은 6.71, 자유도는 1,198이었고, 이는 .01 수준에서 유의미했다. 그럼에도 불구하고 초등학교 1학년~고등학교 1학년 남학생과 여학생의 성취에는 유의미한 차이가 없었다. 고등학교 1학년에서 측정된 O-LSAT 평균점수의 유의미한 차이는 10년 동안의 남학생과 여학생 간의 수행 차이와 상관이 없었다. 따라서 남학생과 여학생의 지적 수준이 통계적으로 다르다고 할지라도, 지적 차이나 성차 외의 다른 요인은 동등한 성취 수준을 산출하는 데 결정적인 역할을 하는 것으로 보인다.

이러한 결과는 진단 범주 내에서 남자와 여자에 있어 유지된다. NAS 남학생과 여학생은 초등학교 1학년에서 고등학교 1학년까지 동일한 성취 패턴을 보인다. 유사하게 과잉불안장애 남학생과 여학생, 건강한 청소년 남학생과 여학생에서도 성취 패턴의 차이가 없다. 하지만 NAS 학생(남학생과 여학생이 통합된)과 다른 진단 범주(남학생과 여학생이 통합된) 간에는 학업 수행 수준에 현저한 차이가 있다. 다시 말해, 초등학교 1학년부터 고등학교 1학년 사이에 학업 수행에 있어서 성격 요인이 성차보다 더 강력한 역할을 한다.

◆ 학습사와 감별진단

Mckay(1985)가 고등학생 표본을 성격 범주로 다시 세분했을 때, 과잉불안장애 학생과 건강한 청소년은 초등학교 1학년에서 고등학교 1학년까지 GPA의 감소가 없다는 것을 발견했다. 반면에, NAS 학생들은 6학년을 시작으로 GPA의 꾸준한 감소를 보였다. 게다가 그녀는 NAS 집단의 GPA 평균이 모든 학년 수준에서 과잉불안장애 학생이나 건강한 청소년의 평균보다 일관적으로 낮은 것을 발견했다.

이론적으로 이러한 결과는 이 책에서 가정한 감별진단 모델을 좀 더 지지해 준다고 할 수 있다. 건강한 청소년 집단에서는 초등학교 초기 시절 확립된 성취 패턴이 지속되고 있다. 과잉불안장애 학생들에게는 심지어 불안이 증가할 때 적절한 학업수행 수준을 유지하기 위한 노력을 지속하거나 증가시킬 수 있다. 예를 들어, 과잉불안장애 학생이 잘 수행하기 위한 동기 수준은 높게 유지되어 있어야만 한다.

통계적으로 O-LSAT 결과(즉, 지적 능력)가 편포되어 있는 것을 통해, McKay는 또한 진단 범주와 초등학교 4학년에서 6학년에 이르는 GPA의 관계가 유의미하다는 것을 발견했다. 발달이론 모형에 따르면, 보통 연령 범위를 기준으로 유의미한 학업요구에 포함된 기대를 표현하고, 그것은 숙제를 통해 제시된다. 이것은 모든 개인에게는 확실한 진실이지만, 특히 NAS 아동에게는 아닐 수도 있다. 따라서 GPA가 성격구조와 유의미한 관계를 맺는 나이에서 시작하는 것이 논리적인 것처럼 보인다.

McKay의 연구는 우리가 믿고 있는 것이 성격 발달과 학업성취 간의 중요한 연결이라는 것을 정확하게 지적한다. 만약 어떤 집단의 원인론에 대한 신뢰할 만한 예측이 감별 성격 진단을 기초로 만들어질 수 있다면, 조속한 감별 개입과 예방이 이루어질 것이 분명하다.

Mandel(1986)은 동일한 지적 능력을 가지고 있으면서도, 감별진단되는 부진 학생 집단의 학업 수행력(초등학교 6학년~고등학교 1학년)에 대해 연구하였다. 41명의 고등학교 1학년 부진 학생이 회귀방정식의 평균에 의해 진단되었다. 이 회귀방정식은 능력 측정(O-LSAT)과 학업 수행(중학교 3학년 학업성취)을 포함한다. 각 학생은 개별 녹음된 면접에 동의하고, 부모에게 초등학교 6학년~고등학교 1학년까지의 각 학생에 대한 GPA를 얻도록 허락을 받는다. 진단 범주와 O-LSAT 지적 능

〈표 8-5〉 감별진단된 학습부진 고등학생의 O-LSAT 점수 평균

진단 범주	학생 수	O-LSAT
건강한 청소년 여학생	12	110.3
NAS 남학생	17	110.1
NAS 여학생	24	104.7
품행장애 남학생	8	108.2

출처: Mandel (1986).

력 점수는 〈표 8-5〉에 제시되어 있다.

각 집단의 GPA 평균은 초등학교 6학년~고등학교 1학년의 각 학년에 대해 계산되었다. 결과([그림 8-2])는 6학년의 모든 집단에서 동등한 수준의 성취(60~64%)를 나타내었고, 여기서 통제집단으로 설정된 건강한 청소년 여학생 집단만 예외를 보였다. 하지만 부진 학생들이 고등학교 1학년이 되어 감에 따라 진단 범주 간에 수행 차이를 나타냈다.

NAS 남학생과 여학생의 성취 패턴은 유사했다. 그들은 초등학교 4학년 때 GPA 평균이 64.5%였으며, 초등학교 5학년과 중학교 1학년 사이에 이 범위 내에서 수행 수준을 유지하였다. 중학교 2학년 때 GPA 평균이 58.5%로 떨어졌고, 성취에 있어서 가장 급격한 감소는 중학교 3학년 때 일어났다(GPA 평균 50.5%). 고등학교 1학년 때 NAS 학생의 GPA 평균이 약간 상승했다(52.5%). 이러한 NAS 부진 학생들이 중학교 3학년이 되면, 그들은 한 명의 담임교사와 한 반에 머무르지 않고, 여러 고등학교 교실과 교사들에게 순회하기 시작한다. 다시 말해, 중학교 3학년 교사들은 이전 학년 교사들뿐만 아니라 각 학생을 알지 못한다. 따라서 이러한 중학교 3학년 교사들은 NAS 부진 학생들을 도와주지 못하거나, 이전 학년 교사가 가졌던 NAS 부진 학생의 잠재력에 의해 잘못 이끌릴 수도 있다. NAS 학생들의 중학교 3학년 GPA 점수의 실제 평균은 실제 수행에 대한 좀 더 정확한 측정이었을지도 모른다. 또 다른 가능성은 중학교 3학년 학업 수행이 이러한 NAS 학생들에게 유의미하게 힘들었다는 것이다. 후속 연구에서 중학교 3학년의 급격한 수행 감소의 원인에 대해 좀 더 밝힐 필요가 있다.

가장 놀라운 학업 수행 곡선의 변화는 품행장애 부진 학생에 의해 이루어졌다. 6학년에서의 학업 수행은 학업문제 진단 집단(GPA 평균 63%)과 비슷했다. 하지만

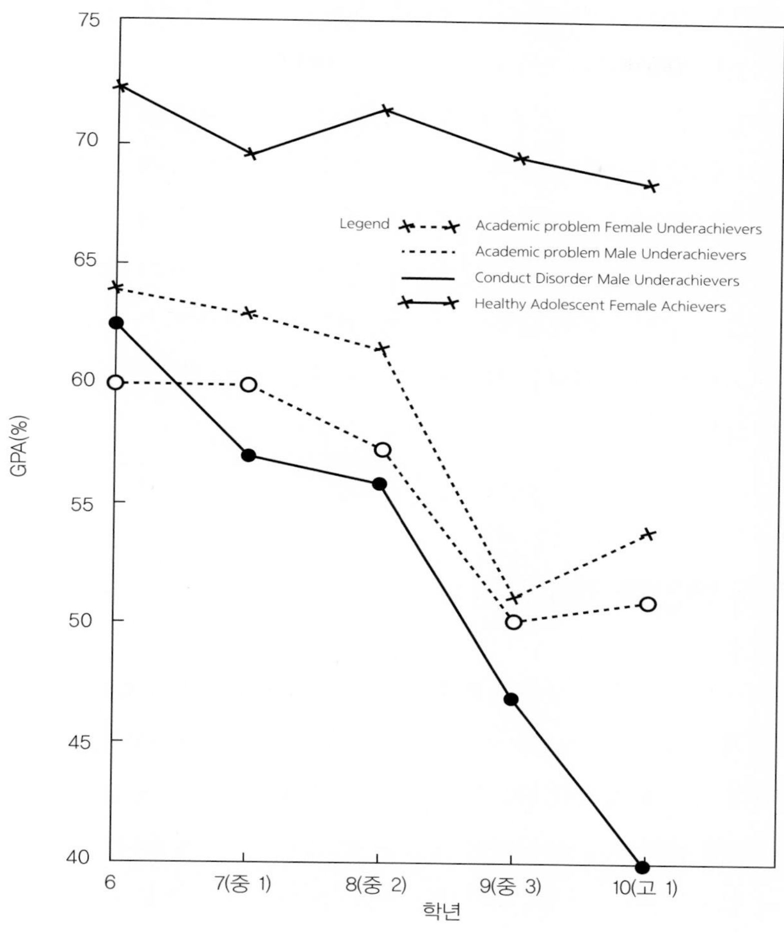

[그림 8-2] 감별진단된 부진 학생의 학습사

출처: Mandel (1986).

중학교 2학년에 이르기까지 GPA 평균이 56%로 떨어졌고, 중학교 3학년에 이르러서는 학업에 실패했다(GPA 평균 47%). 이러한 급격한 감소가 지속되면서, 고등학교 1학년에서는 GPA 평균 40%에 이르렀다. 명백하게, 고등학교 1학년에 이르기까지 품행장애 학생은 학업성취의 실제 수행에 있어서 감소해 왔다.

건강한 청소년 여학생의 학업 기록은 약 70% 정도로 비교적 평탄했다. 특별한 병리나 동기적 어려움이 없었던 것이 그들에게 좀 더 학업에 시간을 쏟을 수 있도록 도와주었다. 그리고 시간과 노력을 투자하는 동안 정규 과목 이외의 다른 공부에도 신경을 쓰게 되었다. 이전에 보고되었던 모든 부진 학생 집단은 건강한 여학생 일반적 성취 집단과 동등한 지적 능력을 가지고 있다. 따라서 지적 능력은 성취 패턴의 차이를 만들어 내지 않는다.

다른 진단 범주 중 어떤 것은 표본 크기가 너무 작아서 통계적 결과를 보고하기 어렵다고 할지라도, 우리는 다른 성격 집단들과 평행한 경향을 발견하기 시작했다. 각 학습부진 집단 유형이 각자 독특한 학습사 패턴을 가지고 있는 것처럼 보인다. 우리는 현재 이러한 예비적인 임상적 생각을 확실히 하기 위해 자료를 수집 중이다. 보다 큰 표본으로의 대응이 없다면, 어떤 범주에서 적은 수의 대상은 이러한 결과를 시험적으로 만든다. 하지만 초기 결과는 발달이론 모형에 의해서 예측된 방향이 확실하다.

◆ 가족 변인과 감별진단

Mandel(1984)은 진단면접을 통해 학생들을 DSM-Ⅲ의 범주(일반 청소년, 품행장애, NAS, 정체성 장애, 과잉불안장애)에 포함시켰다. 그는 품행장애와 NAS 학생들이 학교에 대해 가장 부정적인 태도를 보일 확률이 높고, 과잉불안장애와 일반 청소년들이 학교에 대해 가장 긍정적인 태도를 보인다는 것을 알았다. 이러한 연구 결과는 발달 모형, 다른 이론들, 정신건강 관련 종사자, 교육 전문가 등에 의해 예측되었다. 따라서 학업 수행에 영향을 주는 학교에 대한 긍정적 혹은 부정적 태도 수준의 차이는 개인의 성격 역동과 관계가 있다. 이렇게 다른 태도 패턴을 고려하여 감별처치가 이루어져야 한다.

McRoberts(1985)는 감별진단된 교외에 거주하는 고등학교 1학년 고등학생들을 대상으로 정서적인 부모-자녀 관계에 대해 연구했다. 연구에서의 표본은 중산층 백인 99가족으로 구성되었다. 정서적 관계를 측정하기 위해 각 단위 가족의 부모와 진단된 학생 모두에게 Inventory of Family Feeling(Lowman, 1981)을 사용하였다. 또한 부모에게는 16개 성격 요인(16PF), 학생에게는 HSPQ 등 두 가지의 객관적인 성격 설문지를 사용하였다. 16PF는 Cattell, Eber와 Tatsuko(1970)에 의해 개발되었고, 16PF를 청소년에게 적용시킨 것으로 HSPQ는 Cattell과 Cattell(1975)에 의해 개발되었다. 녹음된 면접을 사용해 2명의 숙련된 치료자가 각각의 피면접자를 독립적으로 진단한다.

McRoberts는 과잉불안장애 학생과 부모 사이의 정서적 관계가 적절하다기보다는 좀 더 친밀하고 완벽주의적인 경향이 있으며, NAS 학생과 부모 사이의 관계는 때로 서로 어긋나기도 한다는 것을 발견하였다. 이것은 두 가지 성격 양식의 역동으로 인해 이루어진 것이기 때문에 일관적이다. 과잉불안장애 학생은 자기 가족의 관계가 '정상적인' 것으로 지각되기를 바라는 반면, NAS 학생에게는 그것이 별로 중요하지 않다.

NAS 성취와 감별진단

Cohen(1986)은 성취에 차이를 가져오는 변인을 확인하기 위해 성취 수준이 다른 96명의 NAS 고등학생을 대상으로 연구를 하였다. 47명의 NAS 남학생과 49명의 NAS 여학생을 대상으로 하였고, 평균 연령은 15세 7개월, 연령 범위는 14세 6개월부터 17세까지였다.

개별 녹음된 면접을 통해 숙련된 치료자가 독립적으로 NAS 학생을 진단했다. NAS 학생들은 지적 잠재력 측정을 위해 O-LSAT와 객관적인 성격측정을 위해 HSPQ를 실시했다. 각각의 NAS 학생들의 부모들에게는 발달사 질문지(Life History Questionnaire: LHQ)를 실시하도록 했다. 이는 학생과 가족에 대한 발달 정보를 얻기 위한 것이다. 능력과 수행 측정을 통합시키기 위한 회귀공식이 NAS 부진 학생, NAS 일반적 성취 학생, NAS 고성취 학생을 분류하기 위해 사용되었다.

O-LSAT 점수에서는 학습부진, 성취, 고성취 NAS 학생들 간에 아무런 유의미한 차이를 발견하지 못하였다. 이는 지적 능력이 성취 수준을 결정하지 못한다는 것을 말한다. Cohen은 NAS 학생의 성취 수준을 통해 유의미한 빈도 분포 결과를 나타낼 것이며, 고성취 학생들은 가장 적은 비율을 나타낼 것이라고 예측했다. NAS 학생의 역동이 고성취 학생의 프로파일과 일치하지 않기 때문에, 이 집단 내에서 NAS 고성취 학생들은 거의 발견되지 않을 것이다. 사실, Cohen은 부진 학생과 일반적 성취 학생 속에서 NAS 학생들이 훨씬 더 유의미하게 많음을 발견했다.

HSPQ에서는 단지 한 가지 요인만이 다양한 성취 수준을 구분했다. G 요인(편의 주의적인 대 양심적인)에서 NAS 부진 학생들은 중간 범위에서 낮은 점수를 기록했고, NAS 고성취 학생들은 중간 범위에서 높은 점수를 기록했다. 다시 말해, 과진 학생과 다른 두 일반적 성취 집단 간의 차이가 안면타당도를 갖는다고 하더라도, NAS 학생들은 HSPQ에서 중간 범위의 점수를 갖는 경향이 있다. 과진으로 구분되는 NAS 학생들에게는 좀 더 자기조절력을 키워 줄 필요가 있으며, 이러한 예측은 데이터에 의해 지지된다.

Cohen이 연구했던 다른 변인들 중 어떤 것도 NAS 고등학생들의 성취 수준을 감별해 내지 못한다. 그녀가 연구했던 인구통계학적인 변인들은 가족 크기, 출생순서, 현재 거주지에서 지낸 시간, 가입된 종교, 유의미한 생활 사건 등을 포함한다. 어떤 것도 NAS 성취 수준을 예측하지 못한다. 아버지나 어머니의 교육력 및 직업력 등도 성취 수준을 예측하지 못한다. 게다가 발달적 어려움(예: 임신과 출산의 어려움, 배변훈련, 말, 걷기, 듣기 등)도 성취 수준을 예측하지 못한다. 모든 성취 수준이 대략적으로 동등하고, 낮은 수준의 발달적 어려움을 가지고 있다. 마지막으로, 가장 놀랍게도 NAS 학생들의 가족들에 있어 부부관계의 좋고 나쁨이 성취 수준을 예측하지 못한다. 이러한 발견은 다른 요인들이 NAS 학생들의 성취 수준을 결정한다는 것을 제안하고 있으며, 앞으로의 연구에서 좀 더 복잡하고 정교한 가족 변인들에 중점을 두어야 한다고 제안한다.

◆ 직업 적합성과 감별진단

Bennett(1968)은 학업성취 및 진단 범주와 관련해 직업 적합성에 대해 연구했다. 연구 대상(모두 남성)은 IIT 상담센터에서 35명의 부진 학생과 36명의 일반적 성취 학생으로 구성되었다. 부진 학생은 IIT 상담센터의 학습부진 프로그램에 등록한 사람들이고, 일반적 성취 학생은 자원봉사 학생이었다. 부진 학생과 일반적 성취 학생 모두 녹음을 수반한 진단면접이 이루어졌고, 자신이 지각하는 직업 적합성을 측정하기 위해 허센슨 직업 계획 설문지(Hershenson Occupational Plans Questionnaire, 1967)를 실시했다. 부진 학생 집단에는 신경증(즉, 과잉불안장애) 11명, NAS(즉, 학업 문제) 14명, 청소년기 반항(즉, 정체성 장애) 10명으로 구성되었다. 일반적 성취 학생 집단은 12명의 신경증, 2명의 NAS, 22명의 일반 청소년 학생으로 구성되었다.

Bennett은 부진 학생들의 경우 고등학교 1학년에서 3학년까지 직업 적합성의 증가가 없었음을 발견했다. 반면에, 일반적 성취 학생들은 직업 적합성이 증가한 것을 알 수 있었다. 또한 NAS 학생들이 자신을 다른 진단 범주의 학생들만큼 직업 선택에 있어서 적절하지 않다고 지각하는 것을 알 수 있었다. Bennett은 NAS 부진 학생들은 비현실적인 직업 선택을 하는 경향이 있으며, 그러고 나서 이것이 좀 더 낮은 직업 적합성인가를 의심하지 않는다고 결론 내렸다. 그리고 이러한 결론은 NAS 성격 구조와 역동을 가진 학생들을 이해하는 데 일관적으로 나타난다.

문화 요인과 감별진단

Fraser(1987)는 학습부진 성격 유형과 문화 요인 간의 관계를 조사했다. 그는 두 개의 다른 고등학교 표본을 연구했다. 표본은 현재 토론토에 살면서 학교에 다니고 있는 백인 캐나다 학생들과 서인도 제도 출신 학생들이었다. 각 학생들과의 개별 면접을 녹음하여 임상 진단을 내렸다.

Fraser는 다른 진단 범주들에서의 적은 수 때문에 과잉불안장애와 NAS 집단만을 통계적으로 비교할 수 있었다. Fraser는 NAS와 과잉불안장애에 있어서 서인도 제도 출신(각각 21명과 9명)과 백인(각각 96명과 46명)에게서 동일한 패턴을 발견했다. 평균 연령, 남녀 비율, 결손 가정과 비결손 가정의 수, 캐나다에서 산 평균 연수에 있어서 통계적인 차이를 보이지 않았다. Fraser가 발견한 표본의 분포는 미국 고등학생들을 대상으로 실시된 이전의 연구(Pomp, 1971) 결과와 유사했다. Fraser의 연구를 통해 빈도는 다소 다를지라도 학습부진 성격 유형(특히 NAS)은 서양의 문화 및 인종 집단을 볼 때 동일하다는 점을 알 수 있다.

향후 연구

향후 연구는 다음과 같은 질문들을 다룰 것이다. 이런 문화 집단들은 각각의 학습부진 성격 유형들을 어떻게 인식하고 있는가? 예를 들어, 서인도 제도 출신 부모들은 과잉불안장애 부진 자녀들을 어떻게 인식하는가? 그리고 이러한 인식은 교사들의 인식과 어떻게 다른가? 각 문화에서는 실제로 각각의 학습부진 성격 유형 아동들을 어떻게 다루고 있는가? NAS 아시아인이나 이탈리아인, 유대인 학생들의 부모는 실제로 부진 자녀들을 어떻게 다루는가? 각각의 배경을 볼 때, 학습부진의 성격 유형 각각에 대해 더 큰 주요 문화의 인식은 어떤 것인가? 그리고 주요 문화의 인식에 있어서 차이점을 만들어 내는 요소들은 특별한 주의집중을 받는 하위문화에 어떻게 따르는가?

이 글에 따르면, 수많은 감별진단 연구가 시행되고 있다. Phillips(1987)는 다양한 학습부진의 성격 유형을 감별진단해 낼 수 있는 진단면접이 개발될 수 있는 대안적 방법이 있는지 없는지를 연구하고 있다. 여기에 사용된 도구들은 교사들이 완성한 교실 체크리스트, 학생들이 완성한 공부 습관 체크리스트와 성격 특성들 그리고 부모가 아동의 행동 양식을 평가하는 부모 체크리스트이다. 몇몇 도구(예: 행동 체크리스트)는 정확하게 진단 집단을 예측해 내는 통계적인 힘을 가지고 있다는 사실을 알아냈다.

이미 진행 중에 있거나 실제로 계획된 다른 연구에는 ① 성인 직업 세계에서의 학습부진 성격 스타일과 생산성에 영향을 미치는 감별 관리/감독 방법(Winthrope, 1988), ② 특히 각각의 학습부진 성격 유형의 아동을 위한 가족 상호작용의 체계분석에 기초한 세부적인 가족 연구(Schwartzbein, 1988), ③ 남성 및 여성 진단 치료자 간의 평정자 간 신뢰도 차이(Fraser, 1988), ④ 학습장애와 학습부진 성격 유형 간의 관계(Solursh, 1988)가 있다.

◆ 요약

요약하면, 수많은 연구가 학습부진의 감별진단과 관련된 다양한 변인에 초점을 맞추고 있다. 이는 〈표 8-6〉에 요약되어 있다.

〈표 8-6〉 중다요인 모델을 사용한 성격 변인의 감별진단에 관한 연구 요약

연구된 변인	연구 논문
신뢰도/타당도	Berenbaum (1969) Fraser (1987) Garfield (1967) Hartley (1985) Mandel (1969) Mandel & Marcus (1984b) Marcus (1969) Phillips (1987)
심리측정적 성격 사정	Hartley (1985) Kaminska (1984) Kearney (1971) Nixon (1972) Pomp (1968, 1971) Tirman (1971)
지적 기능	Cohen (1986) Freeman (1984) Hartley (1985) McKay (1985)
성차	Hartley (1985) McKay (1985)
학습사	Mandel (1986) Mckay (1985)
부모와 가족	Mandel (1984) McRoberts (1985)
성취 수준	Cohen (1986)
직업 계획	Bennett (1968)
비교문화	Fraser (1987)
비면접 감별판별	Phillips (1987) Tirman (1971)
교사에 의한 감별판별	Iddiols (1985) Phillips (1987)

제9장

감별처치 연구

지금까지 감별진단에 관한 연구들이 어느 정도 범위와 깊이로 진행되었는지를 자세히 살펴보았다. 이 장에서는 학습부진의 감별처치에 대해 지금까지 얘기한 연구자들이 어떤 연구들을 해 왔는지 알아볼 것이다. 일반적으로 진단에 관한 연구보다는 심리치료에 관한 연구가 더 적다. 그러나 연구자들은 감별진단이 효과적인 감별처치로 이끌어 준다는 개념을 지지하고 있다.

◆ 창의성과 정신건강

Garfield(1967)는 초기 발달이론 모형과 연관하여 치료 연구를 한 최초의 연구자 중 하나이다. 그는 창의성과 정신건강의 관계에 관심을 가졌다. 더 구체적으로 창의성이 증가하면 인간의 성격도 함께 성장하는지를 시험해 보길 원했다. 첫째로, Garfield는 IIT 상담센터에서 부진 남학생들을 선택했다. 이 학생들은 IIT에 들어왔을 때는 높은 성취를 보였으나 연구의 시점에서는 공부에 있어서 낮은 성취를 보이고 있는 학생들이었다. 그들은 IIT 상담센터에서 열리는 치료적 성취 서비스 프로그램에 편지로 초대되었다. 각 학생들과 진단면접을 하고는 그것을 녹음하였고, 그들에게 성격과 창의성 검사를 실시하였다.

Garfield는 세 명의 치료자에게 개별적으로 각 면접을 녹음한 테이프를 듣게 했고, 성격 유형에 따라 각 학생들을 진단하게 했다. 모두가 동의한 학생들만이 선택되었으며, 그들은 18세에서 24세의 학생들 20명이었다. Garfield는 진단에 근거해서 네 개의 다른 집단을 만들었다. 하나의 신경증(과잉불안장애, 6명) 집단, 두 개의 행동장애(NAS, 합쳐서 12명) 집단, 하나의 청소년기 반항(정체성 장애, 5명) 집단이었다.

Garfield는 각 치료집단에게 어떤 심리치료적 접근이 사용되는지에 관한 세부사항을 제공하지 않았다. 이는 그의 관심이 성격 진단이나 치료방법과 관계없이 집단치료 결과로 향상되거나 의미 있게 변화된 학생들을 살펴보는 데 있었기 때문이었다.

심리치료사에게 평가된 자기이상 Q-소트에서 향상 점수가 상위 33%에 속한 학생들과 Q-교정 척도에서 향상 점수가 상위 33%인 학생들은 '향상됨'으로 구분되었다. 그리고 이런 조건에 해당하지 않는 학생들은 '향상되지 않음'으로 구분되었다. Garfield는 Original Uses Test, Different Uses Test, Barron Welsh Test를 창의성 검사로 실시했다.

Garfield는 (치료자들에 의해 판단된) 심리적인 건강 수준과 창의성 정도 사이에는 유의한 정적 상관이 있다고 보고했다. 또한 집단심리치료에서의 향상과 창의성 점수의 증가는 유의한 정적 상관이 있다고 보고했다.

Garfield, Cohen, Roth와 Berenbaum(1971)은 좀 더 많은 대상을 가지고 동일한 연구를 실시했다. 새로운 연구 대상은 모두 47명이었고, 치료하지 않는 통제집단을 포함시켰다. 그는 초기 연구에서 알아낸 것과 동일한 결과를 얻었다. 통제집단과 향상되지 않은 치료집단은 유사한 결과를 보였다. 향상된 치료집단은 집단심리치료에서의 긍정적 변화와 창의성 수준의 증가 사이에 의미 있는 관계가 있다는 것을 보여 주었다. Garfield는 창의성과 정신건강은 관계가 있으며, 성공적인 심리치료의 결과로 향상된 사람들은 창의성 수준도 증가되었다는 결론을 내렸다. 그는 자기의 발달과 개인 내부의 창조적 힘과 관련된 Carl Rogers 개념의 맥락에서 자신의 연구 결과를 논의했다.

Garfield가 부진 학생들을 다루는 데 있어서 감별진단 모델을 사용했지만, 연구 결과는 진단 범주에 따라 정신건강과 창의성 사이의 관계에만 초점을 맞추고 있다.

✸ NAS, 집단치료 그리고 성취 변화

Roth, Mauksch와 Peiser(1967)는 IIT에서 104명의 부진 남학생에게 대학에서 퇴학을 당하지 않는 대신 집단상담에 참여하도록 하여 결과 연구를 진행했다. (18세에서 24세의) 학생들은 무작위로 두 집단으로 나뉘어졌다. 실험집단의 52명은 일주일에 두 시간의 집단치료를 받은 반면, 다른 52명은 상담을 받지 않는 통제집단으로 구분되었다. 1, 2학년 대 3, 4학년의 비율은 약 3:1이었다.

이런 부진 학생들의 대다수가 NAS 패턴이라는 IIT 상담센터의 이전 연구와 임상 작업 경험이 있었기 때문에 진단면접은 실시되지 않았다. 가장 많은 부진 학생에게 가장 적합한 치료적 접근을 선택하기 위해서 이런 추정을 하였다. 직면적 개입 치료 접근(Roth & Meyersburg, 1963)을 사용했다. 각 치료집단은 대략 6~8명의 부진 학생으로 구성되었고, 15주간 매주 두 번의 1시간 회기를 가졌다.

상담을 받지 않은 학생들은 아무런 변화를 보이지 않은 데 비해 상담을 받은 학생들은 GPA에서 유의한 증가를 보였다. 게다가 더 가벼운 학업 부담을 가진 학생들뿐만 아니라 더 무거운 학업 부담을 가진 학생들(즉, 더 적은 수업 대 더 많은 수업)조차도 실험 회기에서 상담을 받은 경우 유의한 변화를 보였다. GPA는 상담이 끝나고 약 네 달 후에 획득되었고, 결과는 다음 시점에 얻었다. 이런 연구 결과는 소규모 집단상담의 효율성이 성적 평균을 변화시킨다는 점을 강력하게 지지해 준다.

더 나아가, Mandel, Roth와 Berenbaum(1968)은 감별진단과 감별처치 사이의 관계에 대한 의문을 해결해 주었다. 그들은 성격과 동기 요인으로 인해 학업에 부진한 모든 학생이 같은 이유로 그렇게 된 것은 아니라고 추정했다. 따라서 성격과 성취의 관계가 진단 범주에 따라 달라져야 한다고 이야기했다. 더 구체적으로 말하면, 오직 NAS 부진 학생들만이 미래의 책임을 피하기 위해서 학교에서 낮은 성취를 하는 것으로 가정된다. 그러므로 치료가 대부분의 다른 유형의 부진 학생들에게 유의한 성격 변화를 제공한다 할지라도, NAS 학생들만이 동기와 낮은 성적 사이에 직접적인 관계를 가지고 있기 때문에 이 학생들에게서만 GPA에서 변화가 있을 것이다. 다른 유형의 부진 학생들은 다른 동기와 성격 문제들에 의해서 낮은 학업 수행을 보일 것이라고 가정된다.

대학에서 퇴학되기 직전인 67명의 IIT 부진 남학생에게 IIT 상담센터에서 열리는 특별 집단상담 프로그램에 들어올 수 있는 기회가 주어졌다. 각 학생들은 상담 전후에 자기이상 Q-소트를 작성하고, 진단면접을 녹음하는 데 동의했다. 두 명의 치료자는 면접 녹음테이프에 포함된 내용을 근거로 하여 각 부진 학생들의 성격 유형에 대해 진단적 결정을 내렸다. 이전 연구(Garfield, 1967)에서 같은 치료자들은 37명 중 36명의 진단적 판단에 각각 동의했다. 이와 같이 치료자 간 신뢰도는 높은 것으로 추정되었다. 진단 범주는 신경증(과잉불안장애, 18명), NAS(26명) 그리고 청소년기 반항(정체성 장애, 23명)이다.

이 연구의 주 가설은 NAS 범주에서는 성격 변화와 GPA로 측정된 성취 변화 사이에 유의한 통계적 관계가 있고, 과잉불안장애와 정체성 장애 범주에서는 그런 관계가 발견되지 않을 것이라는 것이었다. 이러한 두 가지 후자의 범주에서 각 학생들은 성격 유형과 동기적인 부분을 변화시켰다. 그러나 이런 성격 변화와 GPA 사이에는 어떤 통계적 관계가 없었다. 〈표 9-1〉은 이런 가설을 명확하게 지지한다.

이런 연구는 성격구조의 유형에 따라 특정 요인(예: 학습부진)에 있어서 감별적인 관계를 가지고 있다는 점을 강하게 제안한다. 오직 NAS 학생들의 경우에만 성공적인 심리치료의 결과로 인한 성격 변화가 GPA로 측정되는 학업 수행에 있어서도 변화를 가져올 것이란 점을 예측할 수 있다. 이런 관계는 과잉불안장애와 정체

〈표 9-1〉 진단 범주의 기능에 따른 성격 변화와 성취 변화 간의 상관관계

진단 범주	성격 변화 측정		
	Q-소트	치료자 판단	진단
신경증(과잉불안장애)	−0.24	−0.05	−0.05
NAS	0.73*	0.85*	0.45
정체성 장애	0.03	−0.25	0.20

* p= .01

출처: Mandel, Roth, & Berenbaum (1968, p. 504). 저자의 허락하에 인용.

성 장애라는 다른 두 개의 성격 범주에서는 성립되지 않았다.

특별한 치료 연구에서, Fikso(1971)는 다른 감별진단된 부진 학생들이 집단상담을 받는 장면을 지켜본 감별진단된 부진 학생들이 성취에 있어서 변화를 보이는지를 연구했다. 그는 신경증(즉, 과잉불안장애)과 NAS(즉, 학업문제)의 두 개의 진단 범주만을 선택했다. 연구 대상은 모두 대학생들이었다. 관찰하는 학생들 가운데 신경증 학생을 지켜본 신경증 학생들만이 GPA에서 유의한 향상을 보였다. Fikso는 특정 진단 범주에 속하는 경우, 대리 학습이 효과적일 수 있다고 결론 내렸다. 신경증은 모델링의 영향을 더 많이 받는 것으로 생각된다.

◆ 성격 변화와 치료의 종류

두 개의 주요 연구(Goodstein, 1969; Noy, 1969)는 감별진단에 근거한 감별 치료의 관련성을 강력하게 지지한다.

Goodstein(1969)은 평가하는 동안 감별진단을 실시했다. 그리고 어떤 치료체계 유형이 내담자에게 최대의 긍정적인 변화를 제공하는지 추측했다. IIT에서 학사경고를 받아서 IIT 상담센터에서 성취문제 상담 프로그램에 등록한 48명의 부진 남학생을 대상으로 연구를 진행했다. 각 학생들은 면접을 녹음하는 것에 동의했고, 자기이상 Q-소트, 현재성 불안척도(Menifest Anxiety Scale: MAS) 그리고 주제통각검사(TAT) 검사를 받았다. 모두 소수 집단치료(한 집단 내 8명)에 참가했으며, 전부 4개의 집단이었다(〈표 9-2〉). 두 개의 집단은 통제집단(8명)이었고 진단 범주에 따라 구분되었다. 두 명의 경험 있는 치료자가 참가했고, 각각은 최소 5년의 임상 경험을 가지고 있었다. 한 명은 분석 중심의 치료자였고, 다른 한 명은 내담자 중심의 치료자였다.

Goodstein은 치료자들이 일정한 치료 양식을 가지고 상담을 하고 있는지 아닌지를 결정하기 위해 두 개의 독립적인 방법을 사용하였다. 첫째, 치료 유형을 판단하기 위해 상담자로서 참여하고 있지 않은 치료자가 20회기의 치료 동안 각 상담자들이 테이프 녹음한 것을 독립적으로 평가하였다. 이들 치료자들은 통계적으로 두 명의 상담자가 사용하도록 요청된 치료 유형을 수행하고 있었다는 데 동의

〈표 9-2〉 Goodstein의 연구 설계

집단[a]	진단 범주	치료 유형	적절성 vs. 부적절성[b]
실험집단	신경증 (과잉불안장애)	정신분석	적절한
실험집단	청소년기 반항 (정체성 장애)	내담자중심	적절한
통제집단 I	신경증	내담자중심	부적절한
통제집단 I	청소년기 반항	정신분석	부적절한
통제집단 II	신경증	무처치	–
통제집단 II	청소년기 반항	무처치	–

[a] 각 집단은 8명으로 구성됨.
[b] 적절성 vs. 부적절성이라는 치료체계는 연구 처음부터 가설로 설정되었음.
출처: Goodstein (1969).

했다. 둘째, Goodstein은 각각의 내담자들에게 집단치료 경험의 유형과 리더십 유형에 대해 경험 보고서를 작성하도록 요청했다. Goodstein은 내담자 중심 치료와 정신분석 집단치료 간의 집단 분위기와 구조화 정도에 대한 내담자의 경험 보고에서 예상했던 차이점들을 보고했다. 이것은 두 명의 상담자들에게 요청된 치료 유형이 실제 효과가 있었다고 보고했고, Goodstein으로 하여금 성과 결과에 더 큰 자신감을 가지도록 했다. 이 이론은 신경증을 가진 내담자들은 정신분석치료로부터 가장 효과를 볼 것이고, 청소년기 반항 내담자들은 내담자 중심 치료로부터 가장 큰 효과를 볼 것이라고 예상했다.

Goodstein은 정신분석 집단치료를 받은 신경증(과잉불안장애) 내담자들(8명)이 내담자 중심 집단치료를 받은 신경증 내담자들(8명)보다 자기이상 Q-소트에서 유의하게도 더 많은 변화를 보여 주었다는 것을 발견했다. 마찬가지로, 내담자 중심 집단치료를 받은 청소년기 반항(정체성 장애) 장애 내담자들(8명)이 정신분석 집단치료를 받은 청소년기 반항 내담자들(8명)보다 자기이상 Q-소트에서 유의하게도 더 많은 변화를 보여 주었다. Q-소트 방법을 사용한 이런 실험 결과들은 감별진단에 기초한 감별 치료의 적절성을 지지해 주었다.

흥미롭게도, Goodstein은 치료체계와 신경증 또는 청소년기 반항 장애를 가진 내담자들의 GPA 변화 사이에는 아무런 관계가 없다는 것을 발견했다. 이것은

NAS 학생들만 성격 변화와 GPA 변화 사이에 관계가 있다는 이전 결과들(Mandel, Roth, & Berenbaum, 1968)과 일치한다.

현재성 불안척도(MAS)에서, Goodstein은 정신분석 집단치료를 받은 신경증 부진 학생(8명)들이 내담자 중심 집단치료를 받은 신경증 부진 학생(8명)들에 비해서 더 큰 변화를 보여 주었다는 것을 발견했다. 이런 관계는 청소년기 반항 장애 내담자들에게서는 발견되지 않았다. 이러한 패턴은 Q-교정 점수 면에서 신경증 내담자들에게서는 발견되나 청소년기 반항 장애 내담자들에게서는 발견되지 않는다.

치료자들은 정신분석 집단치료를 받은 신경증 내담자들에게서 유의하게도 더 큰 긍정적 변화(p=.001)를 관찰하였다. 이러한 관계는 내담자 중심 치료자 평가에서는 발견되지 않지만, 반대로 이러한 자료의 타당성을 의심하게 하는 치료자들의 평정이 발견된다.

Goodstein은 적절한 처치, 부적절한 처치, 무처치의 비교 연구에 다양한 방법을 제공하기 위해 무처치 통제집단을 포함시켰다. 그는 자기이상 Q-소트, Q-교정 점수, MAS, GPA에서 통계적 유의성을 발견했다. 다시 말해(TAT에서는 결과가 예외적이었음), 적절한 집단치료를 받은 내담자들은 무처치 통제집단보다 유의하게 큰 변화를 보여 주었다.

Goodstein은 그 효과를 확인하기 위해 부적절한 집단치료를 받은 내담자들의 결과를 분석하였다. 불안 수준에서 유의한 증가를 보여 준 유일한 진단 집단은 내담자 중심 치료를 받은 신경증 집단이었다. 심지어 무처치 신경증 집단도 MAS에서 측정된 것처럼 불안 수준에서 약간의 감소를 보여 주었다. 부적절한 처치를 받은 신경증 집단 역시 Q-교정 점수와 자기이상 Q-소트에서 유의한 약간의 감소를 보여 주었다. 따라서 이 집단의 경우, 집단치료의 가정된 부적절한 형태가 부정적인 결과를 산출하였다.

Goodstein의 결과는 감별처치의 효과가 감별진단과 관계가 있다는 생각을 강하게 지지한다. 내담자 중심 집단치료를 받거나 무처치를 한 신경증 내담자들과 비교했을 때, 정신분석 집단치료는 신경증으로 진단된 내담자들에게 유의하게 훨씬 더 큰 긍정적 변화를 산출하였다. 비슷하지만 통계적으로 덜 유의한 증거가 내담자 중심 집단치료를 받은 청소년기 반항 장애 내담자들에게서 발견되었다. 적절한 집단치료의 형태는 무처치 통제집단의 경우보다 유의하게 더 긍정적인 변화를 산출하였고, 따라서 적절한 처치는 단순한 시간의 경과보다 훨씬 더 효과적이다.

이 분야에서 두 번째로 이루어진 주된 연구는 Noy(1969)의 연구인데, 그는 치료 동안과 치료가 끝났을 때의 변화를 알아보기 위해 정교한(elegant) 연구모형을 사용하였다. 하나의 진단 범주로부터 다양한 처치방법이 내담자에게 사용되었다. 8명의 통제집단 내담자들(IIT에서 학습부진을 보이는)은 이전의 IIT 연구에서 언급된 표준 진단 절차에 따라 NAS(학업문제)로 진단된 학생들이었다. 이들 NAS 부진 학생들(무처치)과 실험집단의 내담자들은 동일한 기간 동안 모든 심리검사를 마쳤다. 실험집단은 IIT 상담센터에서 개인상담을 받은 6명의 NAS 부진 IIT 학생들로 구성되었다. 통제집단과 실험집단 학생들은 무작위적으로 할당되었다.

3명의 남자 상담자가 참여했는데 이들 모두는 IIT 상담센터에서 일하는 임상심리학 전공 수석 인턴들이었다. 이들 모두는 부진 학생들을 위한 감별처치 방법을 훈련받았고 이미 임상 인턴십을 마친 상태였다. 이 연구과정 동안 3명의 상담자는 요구된 처치방법이 잘 수행되었는지를 확인하기 위해 같은 자격증을 가진 임상심리사들에게 개인적으로 슈퍼비전을 받았다.

Noy가 사용한 모형은 반복적인(replicated) 3×3 역균형 모형이다. "여기에서 각각의 내담자들은 한 회기 동안 각 상담자들을 만나고 동시에 각 상담자들은 각 내담자들을 만난다. 각각의 새로운 회기에서 모든 내담자는 또 다른 치료방법으로 처치된다. 따라서 실험이 끝날 때쯤이 되면 모든 내담자는 이 방식으로 세 가지 치료방법에 모두 노출된다. 비슷하게, 상담자들은 모든 기술을 공평하게 사용한다."(p. 42) 다시 말해, 각 상담자는 특정한 치료방법을 사용하여 8회기에 걸친 상담 동안 개인적으로 2명의 내담자를 만난다. 두 번째 치료방법을 사용하여 상담자는 8회기의 상담 동안 2명의 내담자를 더 만나고, 세 번째 치료방법을 사용하여 8회기 동안 마지막 2명의 내담자를 만난다. "상담자들은 미리 결정된 조직적인 방식으로 자신의 치료방법들을 교대로 사용하였고 그 결과 각 상담자들은 여기에서 실험된 각각의 치료 기술을 두 번 사용하였다."(p. 40)

사용된 이 세 가지 치료방법은 정신분석치료, 직면개입, 내담자 중심 치료이다.

> 이 연구에서 치료 유형은 사용된 구인에 의해 정의되고, 상담자들이 가진 내담자에 대한 개념에 의해 정의된다. 따라서 정신분석적 접근은 과거를 강하게 강조

> 하는 해석으로 구성된다. 즉, 공격성, 성욕, 전이, 방어 등의 문제를 강조한다. 개입 치료는 미래의 의사결정을 방해하는 데 유의미한 것으로 현재의 놀이를 강조한다. 따라서 그것은 훨씬 목적론적이다. 내담자 중심 상담자는 내담자가 자신의 정체성을 찾기 위해 자신의 경험을 통해서 통합할 수 있는 존재로 지각한다. 그는 비지시적이고 따뜻한 분위기를 제공하면서 자기(self)와 의미(meaning)라는 구인을 사용한다(pp. 40-41).

이 연구에서 고정된 것은 부진 학생들의 성별과 성격 진단이었고 NAS(학업문제) 부진 남학생들만 참여하였다. Noy는 세 가지 다른 처치방법을 사용했을 때 이 학생들의 유형에서 성격 변화를 연구할 수 있었다. 이전 연구들로부터 NAS의 경우, 가장 적절한 치료 양식은 직면개입 접근이고 정신분석 처치와 내담자 중심 접근은 부적절한 것으로 가정되었다.

치료를 하는 동안과 치료가 끝난 후의 변화를 연구하기 위해 Noy는 다양한 측정방법을 선택했다. 자기이상 Q-소트 불일치 점수, Q-교정 점수, TAT에서 Dana의 객관적 점수 산출, 사전-사후 치료 진단면접, 내담자에 대한 상담자의 평가, 전반적인 향상에 대한 내담자 자기평가, 각 치료 접근에 있어 개선 정도에 대한 내담자의 사후 비교, 전반적인 치료 경험에 대한 내담자의 기술, 각 치료 접근에서 경험에 대한 내담자의 사후 비교, 각 치료 접근에 있어 자신의 불편 정도에 대한 상담자들의 평가, 각 치료 접근에 대한 상담자의 참여 정도의 평가, Boyd의 축어록의 내용분석 등이 그것이다.

첫 번째 가정은 적절한치료(즉, 직면개입)를 받은 NAS(학업문제) 학생들은 정신분석치료나 내담자 중심 치료를 받았을 때보다 더 높은 성장을 보여 줄 것이라는 것이다. 이 가정은 두 가지 측정방법을 제외하고 지지되었다(〈표 9-3〉).

Noy는 6명의 처치 내담자를 실험한 세 가지 치료방법에 대한 Boyd 내용분석 결과를 보여 주었다([그림 9-1]~[그림 9-3]). 이 그래프들은 각 내담자에 대한 지속적인 변화를 보여 준다. 또한 NAS 내담자의 역동에 적합한 치료적 관계가 제공되었을 때 훨씬 더 높은 성장이 일어났음을 명백히 보여 준다.

Boyd의 내용분석은 Erik Erikson의 심리사회 발달이론에 기초하고 있다. 즉, [그림 9-1]부터 [그림 9-3]에서 1~8단계는 Erikson의 발달 단계를 말한다.

〈표 9-3〉 적절한 치료와 부적절한 치료

측정	χ^2	유의 수준	Sum of ranks		
			C.I.	P.A.	C.C.
Q-교정	0.40	N.S.	13.5	11.0	11.5
자기이상 Q-소트	0.33	N.S.	12.0	11.0	13.0
TAT	9.00	0.01	18.0	9.5	8.5
Boyd의 내용분석	9.33	0.01	18.0	9.0	9.0
진단면접	7.70	0.05	17.5	8.5	10.0
치료자의 향상에 대한 평정	7.70	0.05	17.5	8.5	10.0
학생의 향상에 대한 보고	9.08	0.01	18.0	9.5	8.5
학생이 보고한 향상 순위화	10.17	0.01	18.0	10.0	9.0

C.I.=직면개입치료 접근, P.A.=정신분석 지향 치료 접근, C.C.=내담자 중심 치료 접근
출처: Noy (1969). p. 61.

1단계: 신뢰 대 불신
2단계: 자율 대 수치
3단계: 솔선 대 죄책감
4단계: 근면 대 열등감
5단계: 정체성 대 역할혼미
6단계: 친밀 대 고립
7단계: 생산성 대 침체
8단계: 통합 대 절망

내용분석은 각 내담자의 코멘트를 점수화한 것을 포함하며, 주어진 단계를 통과한 개개인은 유의미하게 그 단계와 관련된 수많은 코멘트를 단다고 가정한다. 세로축은 각 단계와 관련된 내담자의 긍정적/부정적 진술의 퍼센트를 포함한다. 이들 진술은 치료 회기 초기와 마지막에서 가져왔다. 독자는 각 그래프에 나타난 치료 접근의 유형을 봐야 한다. 예를 들어, [그림 9-1](a)는 8회기 동안 적절한 직면개입치료 접근을 받은 NAS 부진 학생(사례 1)의 결과이다. 초기 치료 회기에서는 대부분 전적으로 4단계와 5단계에 집중된 긍정적/부정적 코멘트가 대략 동등한 퍼센트를 보인다. 이것은 개념적으로 근면과 열등감의 문제를 다루는 NAS 학생들

의 양면가치적인 생각을 지지한다. 마지막 직면개입치료 회기 퍼센트를 보면 단계 4에 집중된 긍정적 발화의 퍼센트가 극적으로 증가되었음이 분명하다. 또 이 단계에서 주요한 문제들을 생각하는 데 있어 훨씬 덜 양가적이라는 것을 보여 준다. 심지어 5단계 문제들을 해결하려는 시도의 흔적들이 있었다. 이런 결과들은 정신분석 지향 치료가 제공되었을 때([그림 9-1](b)), 그 시간 동안 동일한 NAS 내담자들로부터의 결과와 대조적이다. 여기에서 이들 내담자들은 4단계 문제에 관해서 동일한 양면가치를 가지고 새로운 처치 회기를 시작했다. 그러나 2~3단계에 초점이 맞추어졌을 때 부정적 코멘트의 퍼센트가 증가한 것으로 끝났다. 다시 말해, 정신분석 지향 처치는 사례 1의 경우 단계 배치(placement)에서의 퇴행을 이루게 했다. 비슷한 결과가 다른 그래프에서도 보인다.

Noy는 또한 직면개입치료를 받은 NAS 피험자들은 아무런 치료를 받지 않은 NAS 통제집단보다 확실히 더 많은 개인적 성장을 보이는지를 실험하였다. 이는 그가 이용한 세 가지 측정방법 중 두 가지에 의해 지지되었다. 무처치 NAS 집단과 비교하여 적절한 처치를 받은 NAS 집단은 Q-교정 점수와 Dana의 TAT 분석에서 명백하게 유의미한 긍정적 변화를 보여 주었다. 자기이상 Q-소트 분석은 긍정적 변화의 방향을 예견하였지만, 통계적으로 의미 있는 차이에는 도달하지 못했다.

Noy는 NAS 무처치 통제집단과 NAS 부적절한 처치집단 간에는 유의한 차이가 없을 것이라고 가정했다. Q-교정, 자기이상 Q-소트, TAT 그리고 진단면접에서 두 집단 간에 아무런 차이를 보이지 않음으로써 이러한 가정은 지지되었다.

Noy는 내담자 향상의 측면에서 세 치료자 간에 차이를 발견하지 못하였다. 따라서 치료자는 혼동되는 변수로 제거되었다. 또한 NAS 부진 학생들이 직면개입치료를 첫 회기나 중간 회기 또는 마지막 8회기에 받더라도, 이들 간에는 치료 성과에 있어 아무런 차이가 없었다. 이로써 세 가지 적절한 치료가 사용된 모든 방법에 주목하여야 함을 알 수 있다.

Noy는 정신분석 또는 내담자 중심 치료를 할 때보다 직면개입 접근을 할 때 치료자들이 그들의 NAS 내담자들과 더욱 밀접한 관계에 있음을 느낀다고 보고했다.

Noy의 설계는 각 피험자들이 그들 각자의 치료 통제로 행동하도록 하였고, 그 결과는 눈에 띄며 흥미 있는 것이었다. 직면개입치료를 받는 NAS들은 무처치 통

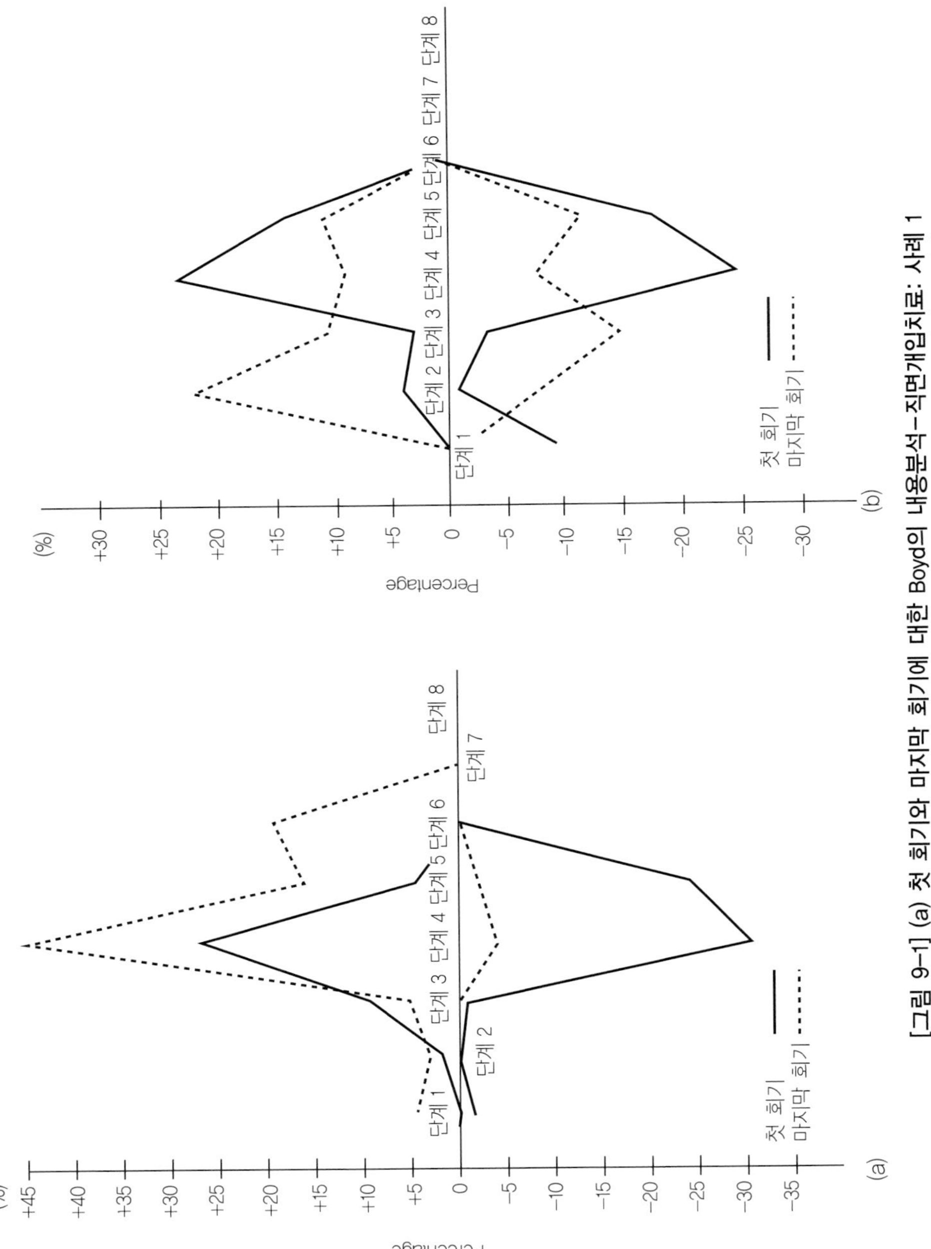

[그림 9-1] (a) 첫 회기와 마지막 회기에 대한 Boyd의 내용분석-직면개입치료: 사례 1
(b) 첫 회기와 마지막 회기에 대한 Boyd의 내용분석-정신분석치료: 사례 1

출처: Noy (1969).

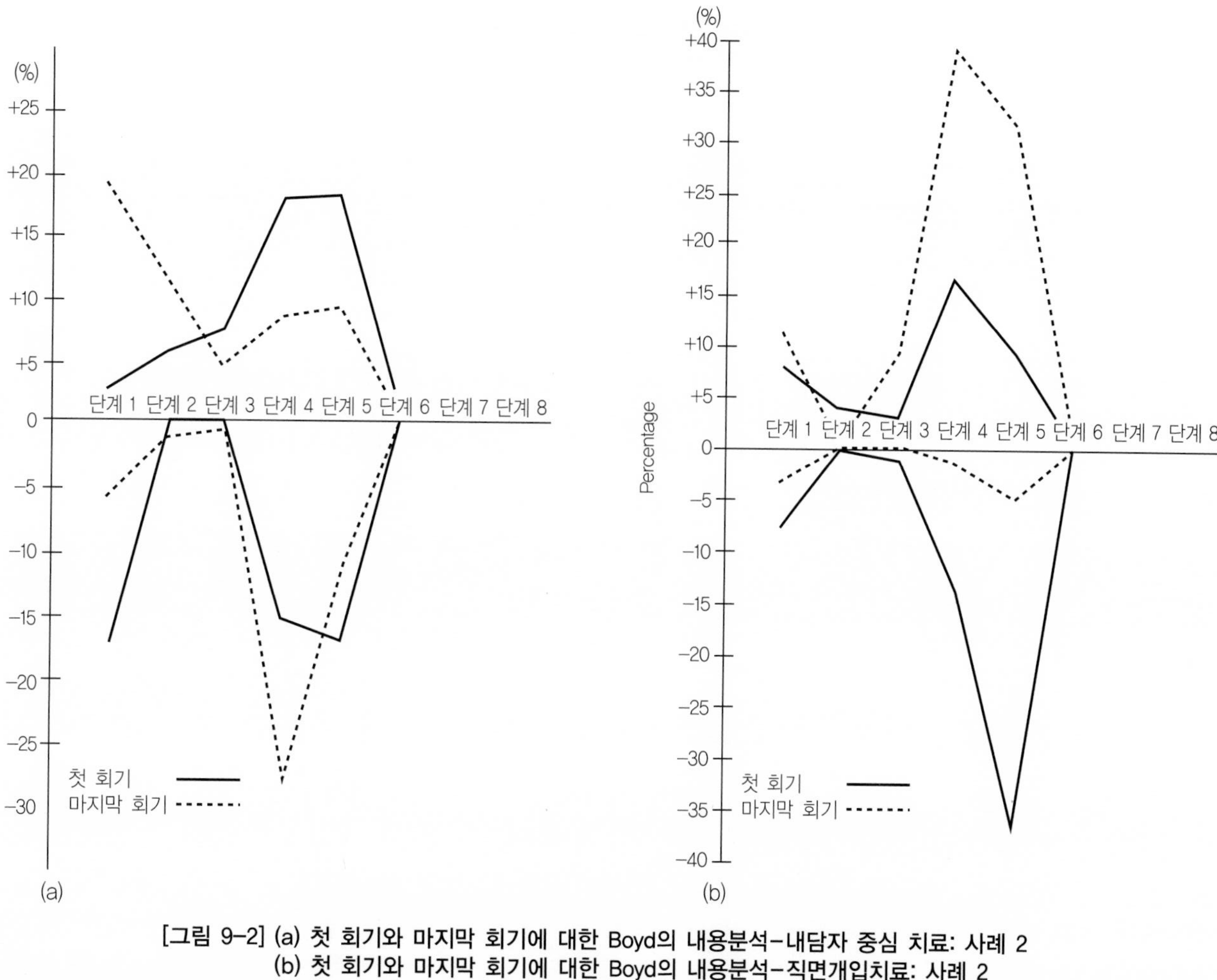

[그림 9-2] (a) 첫 회기와 마지막 회기에 대한 Boyd의 내용분석-내담자 중심 치료: 사례 2
(b) 첫 회기와 마지막 회기에 대한 Boyd의 내용분석-직면개입치료: 사례 2

출처: Noy (1969).

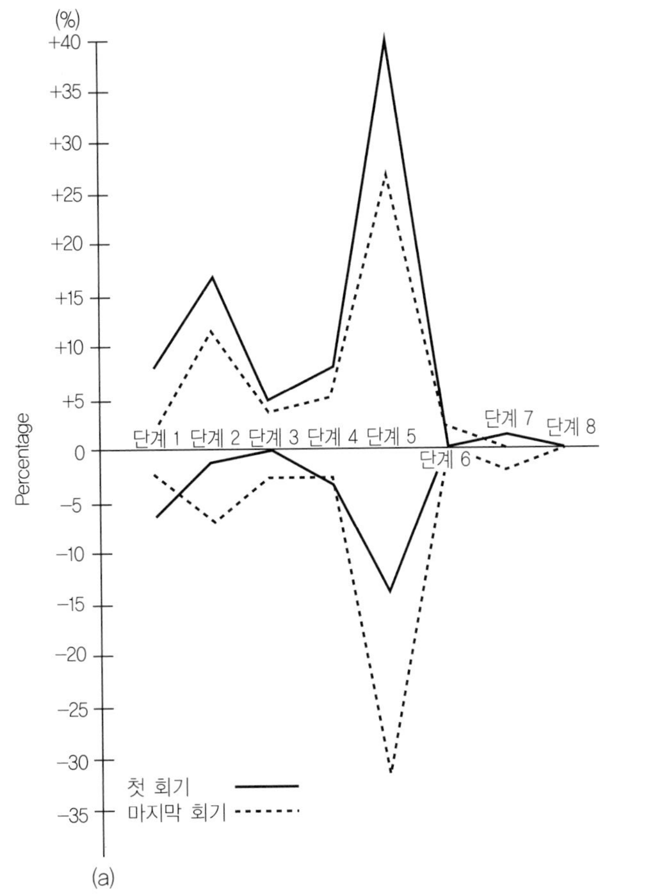

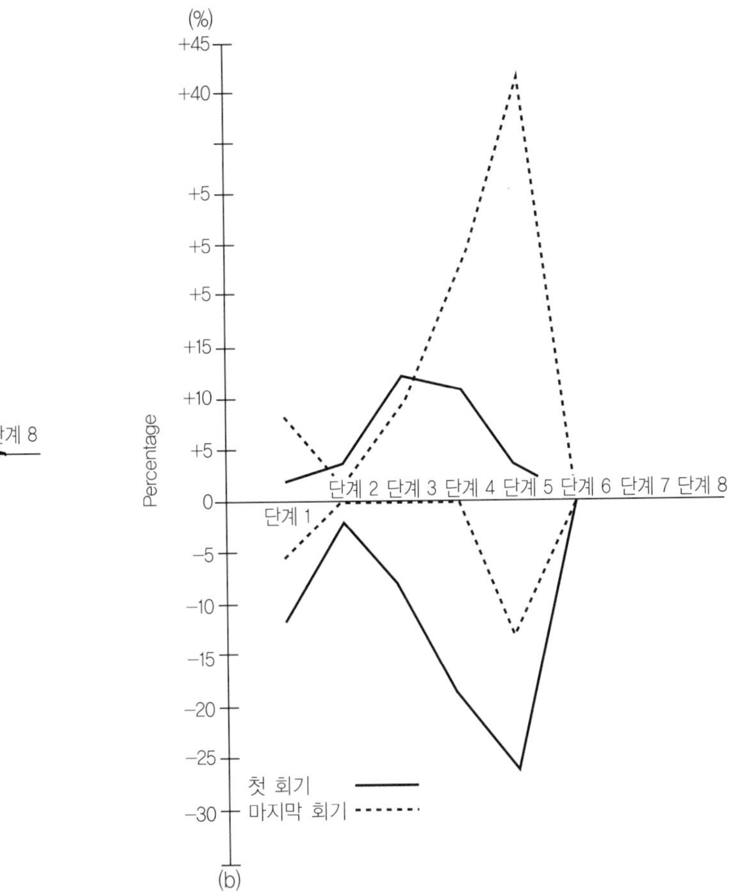

[그림 9-3] (a) 첫 회기와 마지막 회기에 대한 Boyd의 내용분석-직면개입치료: 사례 1
(b) 첫 회기와 마지막 회기에 대한 Boyd의 내용분석-정신분석치료: 사례 1

출처: Noy (1969).

제집단의 NAS들에 비해 의미 있게 큰 성격 변화를 보였다. 이러한 치료 유형은 정신분석이나 내담자 중심 접근에 비해 NAS들에게 더욱 효과적임을 발견하였다. 게다가 NAS들에 대한 정신분석 지향 또는 내담자 중심 치료의 사용은 무처치 통제집단의 결과와 일치했다.

◆ NAS 질적 치료 연구

두 가지 사례 연구(Mandel & Marcus, 1984a; Mandel & Uebner, 1971)가 NAS 부진 학생들에 대한 직면개입치료에서의 변화에 주목하였다. 단일한 임상 사례를 바탕으로, Mandel과 Uebner는 치료자와 NAS 내담자에 의한 협동 연구 보고서를 출판하였다. 치료자들은 NAS 부진 학생에 대한 이론적 이해와 내담자들에게 적합한 접근 유형에 대한 개념 틀을 제공하였다. 그 NAS 학생은 치료자에게 알리지 않고 상담과정 동안 시를 짓고 상담이 끝나면 치료자에게 선물로 시를 주었다. 시를 읽자마자, 치료자는 내담자를 전문적인 글을 공동 집필하는 데 초대한다. 그의 시를 통해 내담자는 직면치료를 받은 네 달 동안 그가 경험한 것들 중 많은 것을 포착한다. 공동 집필된 글에서 시는 이론적 소개에 따라 연대순으로 게재된다. 이 글은 대부분 내담자의 관점에서 나온 NAS 학생들의 변화에 대한 경험과 지각, 내적 투쟁에 관한 질적 관점을 제공한다.

두 번째 연구(Mandel & Marcus, 1984a)도 마찬가지로 한 NAS 부진 학생에 대한 개인직면치료의 단일한 사례 연구를 바탕으로 한다. 이 임상 훈련 안내서는 논평과 함께 연속적인 치료 회기의 상세한 축어록 열 개를 제공한다. 이 안내서는 효과적인 직면 기술에 대한 주제에 초점을 맞추며, NAS 치료의 초기, 중기, 종결 국면에 대한 특정한 정보를 담고 있다. Mandel과 Uebner(1971)의 연구처럼, 이 연구도 단일사례 방법을 사용하여 NAS 치료의 전개될 단계와 주제에 대한 질적 관점을 제공한다.

◆ 여러 유형의 부진아를 다루는 교사의 방법

교사들은 대개 부진아의 감별진단에 대한 기술을 훈련받지 않지만, 유능하고 경험 있는 많은 교사는 직관적으로 교실에서의 학생들의 각기 다른 요구에 따라 부진 학생의 유형을 변별한다. 이러한 교사들은 DSM의 전문적 명칭을 사용하지 않지만, 매일의 교사 경험으로 부진아들의 주요한 유형을 알아차린다.

Iddiols(1985)의 최근 연구는 전통적인 심리치료의 맥락에서는 감별처치 연구가 아니다. 그러나 이 연구는 가장 자주 보이는 부진아의 유형들을 교사들이 감별할 수 있는지 없는지에 초점을 맞추었다. Iddiols는 부진아 유형에 따라 교사들이 각기 다른 접근을 하는지의 여부에 주목하였다. 또한 지난 20년 동안 임상 연구팀의 다른 구성원들에 의해 개발된 감별적 심리치료 접근법과 교사들이 사용하는 감별적 교수 전략의 관계를 연구하였다.

Iddiols의 피험자들은 대도시 토론토 지역에서 주로 중산층 학생들의 숙련된 고등학교 영어 교사 23명으로 구성되었다. 이 교사들 중 15명은 남자였고, 8명은 여자였다. 전체적으로 평균 13년의 교사 경험이 있었다.

Iddiols는 네 개의 집단을 구성하였다. 각각은 부진 학생 중 과잉불안장애, 품행장애, NAS, 정체성 장애 부진 학생의 한 유형으로 묘사된다. 어떠한 전문적 명칭이나 범주도 제시하지 않았고, 오직 집단만 제시하였다. 이러한 집단(과잉불안장애 부진아로 묘사되는)의 예는 다음과 같다.

> Kim은 잘하기를 원하는 학생에 속한다. 그녀는 그녀의 과제를 제시간에 하기 위해 열심히 하고, 나는 그녀가 진심으로 학급에서의 그녀의 위치를 향상시키길 원한다고 느낀다. 그녀는 낮은 수행에 대해 거의 변명을 하지 않고, 보통 내가 하는 모든 조언을 귀담아듣는다. 그러나 일들이 잘 되어 가지 않으면 그녀는 의기소침해지는 것으로 보인다. 그녀는 아마 성공하지 못할 것을 걱정하는 것 같다.
>
> Kim이 숙제를 제출할 때면, 그녀는 그 제출에 기뻐한 적이 거의 없다. 그녀는 자신이 그 과제를 옳게 다루었다고 내가 끊임없이 안심시키기를 원한다. 그녀의 제출물을 평가할 때면, 종종 내가 원한다고 생각되는 것을 그녀가 쓴다고 느낀다.

> 또한 Kim은 자신의 친구들에게 자신이 어떻게 보일지에 대해 불안해한다. 그녀가 주의를 기울이고 흥미 있어 하는 것처럼 보여도, 그녀는 긴장하고 있으며 편안하지 못한 것으로 보인다. 내가 질문에 대답하라고 Kim을 부르면, 그녀는 다소 긴장된 모습을 보인다. 나는 진정으로 그녀에게 안타까운 마음을 갖고 있다.
>
> Kim의 이전 영어 선생님과 이야기를 해 보았다. 확실히 그녀의 수행은 학기의 중반까지는 꽤 긍정적이었다. 그러나 이후에 그녀는 점점 '초조해하는' 모습을 보였다. 그녀의 점수는 떨어지기 시작했다. 나는 Kim의 자신감이 높아지기를 바란다. 그녀의 마음은 올바르며 나는 대체로 그녀와 함께 작업하는 것을 즐긴다(Iddiols, 1985, p. 72).

여교사의 수가 적기 때문에 Iddiols는 남학생 집단과 남교사, 여학생 집단과 여교사를 제공하기로 하였다. 그래서 그의 연구는 동성의 교사가 각각의 성격 유형을 가진 부진아를 어떻게 다루는지에 초점을 두었다.

그는 각 교사들에게 네 집단을 제시하고 많은 질문을 하였다. 우선, 그는 각 집단에 묘사된 학생 유형들을 만나는 빈도에 대해 질문하였다. 두 번째로, 네 가지 유형 중 어떤 유형이 가르치기 가장 어려우며 가장 쉬운지, 또 그 이유는 무엇인지 물었다. 마지막으로, 각 유형별로 사용하는 방법에 대해 설명해 달라고 하였다.

교사들은 NAS 학생들을 묘사하는 집단이 부진아 유형 중 그들이 가장 자주 만나는 유형임을 보고하였다. 이 결과는 고등학교와 대학교의 부진 학생 표본 중 NAS 학생들이 보편적이라는 다른 임상 연구 결과들과도 일치한다.

과잉불안장애와 정체성 장애 부진아 집단은 가장 가르치기 쉬운 유형을 차지했다. 과잉불안장애 부진아들은 교사의 도움을 잘 받아들이며, 수용되는 행동 모범들을 쉽게 따르기 때문에 가르치기 쉽다고 보고하였다. 교사들은 이 유형의 학생들이 학교에 대해 긍정적 태도를 가지고 있으며, 정적 강화 기술이 효과를 나타내는 학생들이라고 지각했다. 사실, 이와 같은 이유로 많은 치료자도 과잉불안장애 부진아들과 작업하기를 선호한다. 과잉불안장애 학생들은 잘하려고 하는 동기가 높다고 인식되며, 이 유형의 학생들과의 협력관계가 주목된다. 교사들은 이 유형의 학생들은 교실 내의 자원으로 다루는 것이 가능하다고 전형적으로 말하며, 접근방법으로 정적 강화나 격려 등의 자유로운 사용을 말한다.

정체성 장애 부진아들에 대해 교사들은 위험이나 실험 정신, 호기심, 의미 있는 학급 토론의 촉매자로서의 역할을 기꺼이 하는 것과 같은 성격 특성을 높이 평가했다. 임상 보고에 의하면, 이러한 성격 특성들은 심리치료사들의 호기심을 돋우는 것으로 나타났다. 이러한 학생들은 성인들에게 동의하지 않지만, 대부분의 교사와 심리치료사는 이러한 불일치를 개방적이고 열려 있으며 긍정적인 것으로 여긴다. 학급에서 교사들의 전략은 회의, 조언, 학생에 초점을 맞춘 토의 등이다. 정신건강에 대한 도움이 심각하게 필요하다고 믿기 때문이 아니라, 민감한 성인의 지원이라는 또 다른 자원을 제공하기 위해, 생활지도나 상담에 보내진 학생들 또한 언급되었다.

품행장애 부진아를 묘사한 집단에 대해서 교사들은 가장 가르치기 어려운 학생들로 꼽았다. 이런 학생들을 적절히 다룰 충분한 시간이 없으며, 미래의 어려움으로 예측할 수 있는 '암담한 실적(track record)'을 지닌 학생이라고 지목하였다. 교사들은 이러한 유형의 부진아들은 학교체제의 목적과는 어긋나는 태도를 보이며, 이 학생들과의 협력은 거의 불가능하다고 느꼈다. 품행장애 학생들에 대한 주요한 교수 전략은 교실에서 내보내는 것과 교장이나 교감에게 보내는 것이다. 학급 안에서의 전략으로는 교실구조를 강화하는 것과 가까이에서 감시하는 것이 있다.

앞에서 말한 것과 같이, 교사들은 NAS를 부진아 유형 중 가장 자주 볼 수 있는 유형으로 꼽았다. 이 유형들은 평범한 성격을 가지고 있기 때문에 '좋아하기 쉬운' 유형으로 뽑혔다. 그러나 이 유형은 교사들이 교수 전략에 대해 거의 제시하지 않은 유일한 유형이다. 교사들은, 이 학생들과 잘 지내는 것은 쉬운 듯이 보여도 이 학생들은 책임감이 부족하다고 느낀다. 교사들은 개인적인 회의와 문제 해결 회기를 제안하지만, NAS 부진아들을 다룰 때 명백하게 제한된 성공을 가지고 이런 접근법을 시도하였다. 몇몇 교사는 활동하지 않는 것의 자연스러운 결과를 다루기 위해 NAS 부진아들에 대해 온화하게 무시할 것을 권했다. 다른 교사들은 NAS 학생들에게 교과과정에 대한 선택 폭을 넓혀 주자고 하고, 또 다른 교사들은 책임감에 대해 훈계해야 한다고 한다. 종합하면, 교사들은 가장 빈번하게 보이는 부진 유형을 돕는 데 있어서 그들 스스로가 가장 비효율적이라고 인식한다.

Iddiols의 연구는 감별진단의 질문에 관련된 두 가지 발견을 했다. 첫째로, 교사들은 직관적으로 학생들의 다양한 성격과 동기 유형을 감별했다. 둘째로, 교사들은 각 유형의 부진 학생들을 고유한 방법으로 다룰 필요가 있음을 인식했다. 이러한 발견은 부진 학생 유형에 대한 임상 치료의 보고와도 매우 일치한다. 그리고 이는 여러 유형의 부진 학생은 각각 다르게 처치되어야 한다는 점을 다시금 확인하게 된다.

✹ 요약

앞서 제시된 모든 연구는 감별진단에 바탕을 둔 감별처치의 중요성과 효율성에 대한 증거를 더한다. 특정한 치료 양식은 부진아의 특정한 성격 유형에 가장 효과적인 것으로 보였다. 이러한 연구들의 초점을 요약한 것은 〈표 9-4〉에 제시된다.

〈표 9-4〉 중다요인 모델을 사용하여 부진아 성격 유형에 대한 감별처치의 연구 요약

변인	연구
창의성과 정신건강 변별적 개인심리치료	Garfield (1967) Mandel & Marcus (1984a) Mandel & Uebner (1971) Noy (1969)
변별적 집단심리치료	Goodstein (1969) Mandel, Roth, & Berenbaum (1968) Roth, Mauksch, & Peiser (1967)
개인치료의 성과	Mandel & Marcus (1984a) Mandel & Uebner (1971) Noy (1969)
집단치료의 성과	Goodstein (1969) Mandel, Roth, & Berenbaum (1968) Roth, Mauksch, & Peiser (1967)
간접 치료	Fikso (1970)

중다요인 연구의 비평

이 장에서는 NAS에 대한 기술이 나타나기 시작한 이래로 25년간의 연구에 대해 간략히 비평한다(Roth & Meyersburg, 1963). 일반적으로 제3부에서 검토된 대부분의 연구에서 사용한 중다요인 모델(Mandel & Marcus, 1984, 1985)은 정신병리학의 발달적 관점과 감별적 심리치료 개념화에 기반을 둔다(Roth et al., 1967). 이 모델은 학습부진 청소년들과 젊은 성인들에 대한 의미 있는 임상적 실행을 더했다. 그러나 어떠한 임상 고찰, 이론적 공식화나 개념화의 가치는 검증할 수 있는 연구 질문과 설계를 제시하는 능력에 달려 있다.

신뢰도와 타당도 연구는 많은 성격과 동기 개념을 지지한다. 더욱이 많은 연구는 극적으로 감별진단과 감별처치의 가치를 강조한다. 대부분의 경우 이 연구는 표본의 크기가 적절하며 의미 있는 통계분석을 하였다. 더 최근의 연구는 일반적 성취아와 고성취아로부터 부진아를 변별하고, 학습부진 영재아에만 초점을 맞추기보다는 모순되는 부진아 전체에 대해 연구가 가능하도록 하는 통계적 방법(예: 회귀방정식)을 사용한다. 대부분의 연구는 의미 있는 비교가 가능하도록 하기 위해 통제집단(일반 성취아)을 설정한다.

더 이전의 연구들(1960년대와 1970년대 초)은 부진 남학생들만을 대상으로 하였지만, 보다 최근의 연구는 남녀 간에 균형을 회복하기 시작했다. 그러나 가족 역동, 학교체제의 방식, 문화적 인식의 차이, 학습부진 유형을 다루는 것 등과 같은 다른 연구 영역들은 상대적으로 무시된 채로 있다.

연구의 초점이 대학의 확인된 부진아들로부터 교외의 고등학교나 교양과목 학부 학생들의 무선표집으로 옮겨 감에 따라, 다양한 성격 유형의 상대적 비율 변화가 나타나기 시작했다. 이는 부진아들에 대한 더욱 대표적인 표본을 제공하며, 정신건강 인구의 연구로부터 나온 것보다 더욱 선명한 부진아의 그림을 그릴 수 있게 할 것이다.

최근의 연구는 다른 성취 수준에서의 비슷한 성격 유형—예를 들어, 비슷한 지적 능력과 비슷한 학업 이력을 가지고 있는 같은 진단 범주로부터 그리고 동일한 사회경제적 배경으로부터 부진 학생과 일반적 성취 학생 또는 고성취 학생을 구별하는 요인들—에 대해 조사해 왔다. 의심할 여지없이, 성격, 가족, 학교, 문화 변인 간에는 미묘한 상호작용이 존재한다.

가정된 변화가 부진아의 모든 진단 유형에 걸쳐 동일하게 유지되는지를 알아보기 위해 가족과 다른 지지망이 이러한 변화를 유지하거나 대체하는 역할을 설명하기 위해, 그리고 치료의 결과로 장기적인 성격 변화를 입증하기 위해 이루어진 더 엄격한 추수 연구는 부재하다. 처치를 받은 부진 학생들과 그렇지 않은 부진 학생들을 진단 범주 안에서 장기적인 비교를 할 필요가 있다.

표준화된 성격검사나 행동 목록에 기초하여 감별진단을 시도한 연구는 거의 없다. 진단면접은 성격과 동기 요인을 바탕으로 부진아들을 변별적으로 나누는 근본적 방법이다. 이러한 과정은 시간이 많이 필요하고, 고도의 일반적 임상 경험과 함께 이런 유형의 감별진단을 위한 전문적 훈련을 필요로 한다. 아마도 변별 가능한 심리검사를 구하는 연구와 함께, 시간이 덜 들고 더욱 널리 사용될 수 있는 방법이 고안되어야 한다. 몇몇 연구는 그런 가능성에 대한 암시를 제공하였지만, 더 많은 암시가 필요하다. 표준화된 성격측정 검사들(TAT, 로르샤흐, MMPI, 16PF 그리고 HSPQ)이 사용되고 있지만, 그것들은 완전하게 이용되지 못하고 있으며, 초점을 제한하는 연구 설계의 일부로 한정된다. 더욱 체계적인 비교가 요구된다.

마지막으로, 더 많은 연구가 감별처치보다는 감별진단에 공헌하였음이 명백하다. 이에 대한 주요한 이유는 실제적인 것으로 보인다. 특히 학술 논문의 수준에서는 진단 연구를 준비하고 완성하는 것이 처치 연구를 하는 것보다 더 쉽기 때문이다.

이러한 간략한 글로, 이전 연구들의 보다 확실한 간극의 일부를 요약하였고, 앞으로 행해질 많은 연구들의 기초를 제공하였다. 제3부가 독자들에게, 이전에는 검토되지 못한 연구 영역들에 대한 포괄적인 관점을 제시하기를 희망한다.

제4부

학습부진의 성격(장애) 유형

제4부에서는 학습부진에 이르게 되는 주요 성격(장애)을 살펴본다. 제14장(적대적 반항장애)을 제외하고, 모든 장이 유아기에서 청년기까지 발달순서에 따라서, 발달이론 모형에서 시사하는 성격 유형들을 제시한다.

각 장은 성격(장애)의 일반적인 특징, 학생의 현상학적 세계, 감별진단기준, 감별처치에 대한 고려, 임상 진단에 관계된 질문, 그리고 별 변화 없이 현 상태(성격장애와 동기 수준)가 지속되었을 경우 나타날 수 있는 성인기의 모습 등에 대한 정보를 중심으로 서술된다. 제10장의 과잉불안장애 부진아부터 시작해 본다.

제10장

과잉불안장애 부진아

◆ 일반적인 특징

이 유형은 고전적 정신분석이론에서 정의하는 넓은 의미의 신경증과 유사하며, DSM의 범불안장애(300.02)와도 유사하다. 지속적인 불안과 과도한 걱정을 주 특성으로 하며, 이것은 최근의 심리사회적 스트레스나 구체적인 사건 혹은 대상에서 기인하는 것이 아니어야 한다. 즉, 이 범주에 속하지 않는 불안은 일시적이거나, 불안의 원인이 명확한 환경이나 사회적 상황(교통사고를 당하거나 자신의 대학 입학을 위한 중요한 시험을 앞두고 있는 것과 같은)을 통해 설명될 수 있는 불안이다.

과잉불안장애 진단을 내리려면 다음에 열거된 7개의 증상 중 4개의 증상이 최소 6개월 이상 지속적으로 나타나야 한다.

① 미래 사안에 대한 비현실적인 걱정
② 과거 자신의 행동의 적절성에 대해 몰두하여 걱정
③ 학업, 운동, 사회생활과 같은 다양한 분야의 능력에 대해 지나친 걱정
④ 여러 가지 걱정에 대해 확신을 갖고 싶어 하는 과도한 욕구
⑤ 신체에 이상이 없는데도 두통이나 복통과 같은 신체 이상을 호소

⑥ 당황스러움이나 수치심에 대한 두드러진 자기의식 또는 민감성
⑦ 두드러진 긴장감이나 휴식을 취하지 못하는 능력

18세 이후에 이러한 특징을 보이는 개인은 범불안장애와 유사한 모습을 보이지만, 운동근육 불안 증상(떨림, 근육통 등)과 자율신경계의 각성 상태(땀 흘리기, 어지러움, 입술 마름 등)를 포함한다는 점에서 범불안장애와 차이를 보인다.

과잉불안장애는 불안, 강박적 반추, 강박 행동 등을 지속적으로 또는 자주 보이며, 부모 및 권위 있는 인물로부터의 인정을 항상 필요로 하는 특징을 보인다. 학생 시기에도 불안하고, 걱정이 많으며, 초조한 모습이 뚜렷이 나타난다. 시간이 지남에 따라 불안의 정도는 다양할 수 있지만 불안은 전반적인 삶의 특성으로 나타나고 이는 학업 수행에도 영향을 미치게 된다. 불안은 학교 수행보다는 다른 영역(운동이나 사회적 수용 등)에서 더 두드러진다.

이는 앞서 설명한 DSM-IV을 보면 알 수 있는데, 이 범주는 초기의 Freud나 그 이전으로 거슬러 올라가서 볼 수 있는 신경증의 역사적 개념과 직접적으로 관련이 있다. 긴장과 쇠약해지는 불안, 끊임없는 인정욕구, 틱이나 다른 신체적 증상, 다른 고전적인 신경증의 특징들은 모두 DSM-IV 과잉불안장애에서 설명되고 있다.

하지만 학교 학생의 경우, 이 장애의 특성을 뚜렷이 드러내지 않을 수 있다. 특히 간략한 면접을 하거나 또래의 반응을 고려하는 상황에서는 명백한 증상과 심리성적 갈등(정신역동에서 신경증의 기원으로 이해하며 신경증을 진단할 때 중요한 관점으로 보는)을 감추거나 비밀로 하는 학생이 많이 있다. 따라서 면접을 통해 개인내적 특성, 상호작용 양식, 인식 등을 탐색함으로써 과잉불안장애 학습부진 여부를 추적하는 수밖에 없다.

과잉불안장애 부진아의 관계는 적대감을 둘러싼 양가적인 문제, 수용과 거절, 성적 매력, 권위 있는 인물에 대한 의존, 정확성과 유능함, '해야 하는 것과 하지 말아야 하는 것'에 대한 초자아의 요구 등으로 특징지을 수 있다. 상담자는 미미한 강박 행동 패턴과 습관, 특정 사건에 대한 강박적인 걱정의 반복, 세부적인 것에 대한 지속적이고 반복적인 집착, 죄책감이나 우울에 대한 회고, 일반적인 불안, 상담자 의견의 의존, 신체화 호소 등을 관찰할 수 있다. 이러한 학생은 자신의 욕구와 가치보다는 다른 사람의 의견과 감정을 우선시하는 경향이 있다.

이러한 특성은 모두 진단면접에서 관찰되는 행동에 대한 세심한 분석으로부터 도출될 수 있으며, 어휘 선택, 인터뷰하는 사람의 말이나 질문에 대한 특정한 반응, 음성에서 나타나는 감정의 종류와 강도, 인터뷰하는 사람을 대하는 태도 등이 이에 해당한다. 이러한 이유로 특히 녹음(사실은 비디오 녹화)은 진단과정에서 매우 유용할 수 있다.

◆ 과잉불안장애 부진아의 현상학적 세계

불안은 (우울, 적대감, 사랑의 감정과 함께) 일상에서 자주 나타나는 중요하고 핵심적인 감정이며 쉽게 영향을 받는 감정 중 하나이다. 우리는 누구나 약속 시간에 늦지 않으려고 할 때, 지불해야 하는 영수증을 생각할 때, 상사가 나를 어떻게 생각할지를 걱정할 때, 자녀의 미래를 고민할 때, 아플 것 같은 때, 차에서 이상한 소리가 날 때, 배우자나 부모님이 나의 의견과 충돌할 때, 지붕에 균열이 생겼다는 것을 알았을 때, 어느 정도의 불안을 느끼게 된다. 불안은 삶에 존재하는 일상의 감정이고 모든 인간이 익숙하게 경험하는 것이다. 불안은 수 세기 동안 철학자, 이론가, 작가와 물리학자에게 관찰되어 왔고, 지난 약 100년간은 심리학자, 심리치료사, 사회학자, 사회과학자들에게 관찰되어 왔다.

과잉불안장애 부진아의 세계를 생각할 때, 독자들이 경험하는 보통 수준의 불안은 장애가 될 수도 있고 도움이 될 수도 있다. 보통 수준의 불안 경험이 장애가 되는 것은 우리가 경험하는 일상적인 불안의 강도와 양은 과잉불안장애 부진아가 경험하는 불안보다 훨씬 덜 복잡하고 심각하지 않기 때문에 우리는 불안이 미치는 유해한 영향과 치료의 어려움에 대해 과소평가할 수 있다는 것이다. 하지만 우리가 경험하는 불안을 통해 내적 긴장으로 고통받는 과잉불안장애 학생의 세계를 대략적으로 경험할 수 있다는 것이 도움이 된다.

그럼에도 불구하고, 과잉불안장애가 경험하는 세계를 그려 보는 것은 대단히 복잡하고 엄청난 일이다. 그래서 우리는 복잡한 대인관계 문제를 하나하나 더하는 방식을 통해 그 세계에 접근해 보려고 한다. 우리가 생각하기에는 이러한 문제로 과잉불안장애 부진아는 부모를 향한 양가감정(사랑과 미움), 부모로부터의 인정욕구, 의존성, 초자아 요구와 기대, 적절성과 능력의 문제, 감정(주로 불안, 우울, 적대감)의 경험, 강박증 그리고 이들의 결과로 나타나는 학습부진의 패턴이 있다.

일반적으로 양가감정(ambivalence)이라는 용어는 결정되지 않은 어떤 것이라는 의미로 쓰이고 있다. 우리는 양가감정은 극단적인 어떤 것 사이에서 고민을 하는 것이기 때문에, 결정이 내려지면 양가감정이 해소된다고 생각한다. 하지만 기술심리학과 심리치료에서 양가감정의 개념은 결정을 내리는 것과는 거의 관련이 없고 그보다는 감정의 상태와 더 관련되어 있다. 이 상태는 개인이 두 가지 대치되는 감정을 한 사람이나 대상에게 갖고 있는 것을 말한다. 고전적인 예(그리고 과잉불안장애의 핵심 양가감정)는 한 사람에게 사랑을 느끼는 동시에 미움을 느끼는 경우이다.

역사적으로 심리치료에서 사용하는 양가감정이라는 용어는 정신 이상, 경계선 성격장애 등 가장 심각하고 심한 정신병리학에만 적용되었다. 임상적으로 이러한 정신병리를 가진 사람들은 극적이고 격한 감정의 갈등을 의미하는 양가감정이라는 용어를 사용하게 되는 것이다.

일반적으로 많은 심리치료사와 상담자는 양가감정은 어떤 결정을 내리면 해결된다고 생각한다. 심리치료사는 내담자가 어떤 결정(다른 사람과의 관계를 끝내기로 함, 집을 떠나기로 하는 결정 등)을 내리기만 하면, 그 후에는 그들의 감정이 편안해지고 내적 갈등은 해소된다고 믿는 듯하다. 물론 이런 경우도 있지만, 특히 관계에 대한 고민이 심각하고 중요할 때, 결정을 통해 양가감정이 해결되지 못할 뿐만 아니라 보다 심각한 내적 혼란을 경험할 수도 있다.

기술심리학과 심리치료에서 양가감정의 개념은 결정을 내리는 것과는 관련이 거의 없다. 오히려 감정 상태와 관계가 있다. 양가감정은 상담을 받을 것인가 말 것인가, 특정 진로를 선택할 것인가, 극도의 혐오감만 있을 뿐 좋아하는 것은 없는 것과 같은 다양한 감정이나 문제와 관련될 수 있다. 인간은 크고 작고, 중요하고 중요하지 않고, 감정적으로 쌓이고 단순히 귀찮고, 영속적이고 순간적이기도 한 양가감정의 세계 속에서 산다. 양가감정은 일상생활에서 흔히 나타나는 현상이기 때문에 심각한 정신병리 상태로만 그 개념을 한정하는 것은 옳지 않다.

어떤 경우에는 결정을 내림으로써 양가감정이 해소되기도 하지만, 일반적으로 한 사람이나 대상에 대한 양극단의 감정을 동시에 경험하는 것은 어느 한쪽을 선택한다고 해서 해소되는 것이 아니다. 양가감정은 감정의 양극단 모두가 충분히 수용될 때 해소될 수 있다. 대표적인 예가 건강한 결혼, 즉 수용과 거절, 독립과 공존, 사랑과 미움 등 많은 중요한 인간 감정의 양극단이 나타나는 장면에서 서로 수용하고 통합해 나가는 것이다. 이러한 개념은 새로운 생각이 아니며 이는 많은 고전적인 역동 심리치료 및 상담 그리고 내담자 중심의 정신분석에서의 하나의 목표(항상 이러한 양식으로 표현되는 것이 아니더라도)이다.

또한 우리가 과잉불안장애 부진아를 보다 잘 이해하기 위해서는 특정 양가감정이 의식되지 못한다는 것을 이해해야 한다. 즉, 양가감정의 한쪽 끝은 인식하고 있지만, 다른 한쪽 끝이 존재하며 그것 역시 중요하고 자신의 욕구를 대표하는 것이라는 것을 인식하지 못한다는 것이다. 예를 들면, 심리치료 내담자는 상담을 받고 싶고 필요하다는 것을 잘 알고 있다. 하지만 동시에 상담자에게 의존하게 되는 것에 대한 두려움은 인식하지 못한다. 그래서 내담자는 상담에 열심히 몰입하고 헌신하기 시작하지만 또한 상담 시간에 오는 것을 '잊어버리기' 시작하는 것이다. Wilhelm Reich(1945)는 그의 초창기 성격분석 연구에서 이 주제를 정신분석적 심리치료의 맥락 내에서 뛰어나게 설명하였다. 다른 예는 너무나도 친숙한 '완벽한 결혼'으로 수년간 아무런 논쟁이나 문제없는 이상적인 결혼생활을 유지하다가 갑자기 그리고 명확한 이유도 없이 이혼에 이르게 되는 경우이다. 이 결혼의 실패 요인 중 하나는 분명히 주고받는 결혼관계 안에 적대감을 통합하지 못한 것이다.

여기서 우리는 의식의 분배(division in awareness)라는 개념이 정신분석이론의 완전한 무의식 단계가 아니며, 경계선 성격장애와 같은 장애 유형에서 관찰되는 성격구조 또한 아님을 강조한다. 우리는 이것을 일상 정신생활의 정상적이고 자연적인 부분이라고 생각하고, 지극히 일상적이기 때문에 정신건강 전문가들 또한 인식하지 못하거나 잘못 해석하는 것이라고 본다.

이 개념에 대해 명확히 이해한 사람은 아마 과잉불안장애를 통해 야기되는 감정적 긴장을 느낄 수 있을 것이다. 정신분석에서 이야기하는 전형적인 신경증과 같이 과잉불안장애를 가진 개인은 의미 있는 타인을 사랑하는 동시에 두려워하고, 권위 있는 인물에게 이러한 감정적 반응을 전달한다. 그렇기 때문에 부진 학생으로서 그들은 상담자에게 존경하고, 경청하고, 의존하는 반응을 보이기는 하지만 매우 불안해하고 불편해한다.

과잉불안장애 부진아는 성취와 관련하여 극심한 양가감정을 느낄 수 있다. 부모나 교사와 같은 타인을 만족시키는 것이 그들의 중요한 목표일 수 있으나, 성취를 한다는 것은 강하고 무서운 타인의 요구에 '항복'하는 것을 의미하기도 한다. 때문에 학습부진 그 자체는 수동적 공격이 발현되는 형태이다. 권위적 인물이 원하는 행동, 즉 성취를 지연시킴으로써 이들에게 인식되는 벌을 내리는 것이다. 그러나 의식의 분배로 과잉불안장애 학생들이 인식하는 것은 화(anger)나 억울함(resentment)이 아닌 인정받고 싶은 욕구이다. 성취하고 싶고 성취해야만 한다는 강렬한 욕구를 인식하지만 성취를 위해 필요한 행동을 막는 무언가 또한 존재한다는 것이다. 이러한 학생들은 숙제에 대해 괴로워하면서 집중하지 못하는 이유를 찾으려 할 것이다.

이들은 또한 타인에게 지나치게 의존하는 성향을 보이는데, 이는 결국 학생 자신 스스로의 선택, 목표, 요구, 인식 등을 소극적으로 표현하게 하고 타인의 반응을 따르게 만든다. 결국 외출을 할 때마다 허락을 받아야 할 정도로 심각한 수준에 이르기도 한다. 이러한 학생은 좋아하는 교사가 혼을 내거나 나쁜 표정을 보이는 경우 몇 날 며칠을 고통스러워한다. 이들은 항상 타인의 인정과 칭찬을 받기 위해 엄청난 노력을 쏟는 동시에 한 번의 실수, 말 또는 행동으로 인해 타인의 인정을 잃을까 매우 불안해하는 상태를 유지한다.

그러므로 타인의 의견과 기대는 모두 중요하고, 과잉불안장애 학생들은 끝없는 해야 할 것과 하지 말아야 할 것, 규칙과 지침 등이 모든 행동의 기준이 되어 버리는 세상에 사는 것이다. 그들은 '올바른' 감정이라는 확신이 없으면 특정한 감정적 반응조차도 억압해 버린다. 이러한 성격 요인은 전통적인 정신분석에서 말하는 초자아로 이해될 수 있다. 이 학생들은 옳고 그름, 좋고 나쁨, 수용 가능하고 수용 가능하지 않음에 대한 엄격한 기준을 개발해 왔다. 그들은 단지 권위적인 인물 혹은 부모가 기대하는 좋은 사람이 되고자 하는 것이다.

아마도 권위적인 인물에게 인정받기 위해서 학생들이 필요하다고 생각하는 특정 성취 수준의 내적 기대가 존재할 것이다. 간단히 말하면, 학생들은 완벽을 기대한다. 이 완벽은 추구해야 하는 목표가 아니라 자기 자신의 적절성을 의미하게 되는데, 학생들은 완벽하지 않은 모든 것을 받아들일 수 없고, 결국 매우 심각한 압력을 느끼게 되는 것이다. 학교에서 충분히 높은 성취를 보이면서도 절대 '충분하지 않다고' 생각하는 학생들이 자살을 시도하게 되는 것도 동일한 이유에서이다.

그러나 과잉불안장애 부진 학생들이 완벽을 추구하는 것은 불안을 야기할 수밖에 없기에 수행 또한 좋을 수가 없다.

과잉불안장애 부진아들은 권위적인 인물에게 인정받고, 사랑받고 싶어 하는 강한 욕구를 가진다. 그리고 학생들은 이 인정과 사랑이 하나의 기대를 만족시켰을 때, 즉 완벽해졌을 때 얻어질 수 있다고 생각하고, 이를 성취할 수 없을 것이라는 엄청난 불안을 가지고 있다. 불안, 기대, 요구, 불안전함은 불완전성과 연결되고 개인의 내적 감정을 불안과 불확실성으로 가득 채워 버리게 되는 것이다. Kafka(1974)의 『The Trial』에 등장하는, 항상 의심스럽게 무언가를 고발하지만 확실한 적이 없었던 허구의 인물 K처럼 말이다. 과잉불안장애 부진아는 이러한 강박적이고 복합적인 두려움과 걱정 그리고 공부에 집중할 수 있는 에너지의 고갈로 야기된 것이다.

◆ 감별진단기준

A. 배경 정보

지난 20년간 연구자들은 부진아 집단에서 과잉불안장애가 학업문제 장애를 제외한 다른 집단에 비해 빈번히 진단된다는 것을 발견하였다. 또한 고성취아 집단에서 일반 청소년들에 버금갈 정도로 높은 비율의 학생들이 과잉불안장애를 가지고 있다는 근거도 제시되었다.

교사들은 이러한 유형의 부진 학생들을 접할 기회가 많으나, 다른 진단 유형에 비해 교육 및 지원이 쉽다고 보고한다. 어떠한 다른 성격 유형보다도 과잉불안장애 부진 학생들이 인정을 갈구하고, 지시를 따르며, 높은 성취 의욕을 가졌기 때문에 교육 및 지원이 용이한 것이다. 사실, 과잉불안장애 부진 학생들은 학교에 대해 긍정적인 태도를 가질 확률이 매우 높다(Mandel, 1984).

B. 진단검사

일반적으로 과잉불안장애 부진 학생들은 다양한 불안검사에서 높은 점수를 획득한다. 예를 들어, 이 학생들은 MMPI(Duckworth & Anderson, 1984)의 *Hs, Hy*, 또는 *Pt* 척도에서나 Taylor Manifest Anxiety Scale에서 하위 점수가 높게 나타날 것이다. 또한 상태-기질 불안검사, 특히 기질 척도에서도 높은 점수를 보일 것이다. 이러한 반응 유형은 이미 많은 문헌을 통해 보고되고 알려져 있다. 성취를 강조하지 않더라도 과잉불안장애를 가진 학생들은 동일한 수준에 불안을 보일 수 있다.

우리의 경험을 바탕으로 볼 때, 과잉불안장애 부진 학생들은 Mooney Problem Checklist에서 일반적으로 다음과 같은 문항을 선택한다.

- 많은 시간 피곤하다.
- 숙면을 취하지 못한다.
- 자신감이 부족하다.
- 충분히 똑똑하지 않다.
- 심각하게 받아들일 때가 많다.
- 신체적으로 매력적이지 못하다.
- 가족 구성원에 대한 걱정이 있다.
- 그렇게 잘 지내고 있지 않다.
- 나쁜 기억은 잊으려 노력한다.
- 지속적으로 걱정한다.
- 매우 긴장되고 예민하다.
- 너무 쉽게 상처받는다.
- 내가 실패자라고 생각한다.
- 너무 열심히 일한다.
- 죄책감이 있다.

이 문항들은 불충분하다는 느낌, 타인에 대한 반응의 민감성, 자기비하, 불안, 그리고 관련된 문제에 대한 공통 주제를 가진다.

HSPQ와 같은 객관적 성격측정에서 우리는 진단 범주 내 약간의 성차를 발견하였다. Hartley(1985)는 HSPQ 중 하나의 요인(I 요인, 의심)에서만 과잉불안장애 남학생과 여학생의 평균점수가 유의하게 다른 것을 확인하였다. 남학생은 민감성과 의존성에서, 여성은 강한 의지에서 높은 점수를 보였다. 그는 또한 진단 집단 내에서 과잉불안장애 부진 여학생만이 C, E, O, Q3, Exvia 요인에서 높은 점수를 얻었다고 보고하였다.

과잉불안장애 부진 학생들은 타인에게 인정받고자 하는 특성으로 인해 성격 진단검사에서 사회적으로 인정받을 만한 응답을 하는 경우가 많다(Kearney, 1971). 그렇기 때문에 그들은 사회적 경향성 척도에서 평균보다 높은 점수를 받는다.

과잉불안장애 부진 학생들은 다른 진단 집단에 비해 특정 의존성 척도에서 그리고 내적 통제소보다는 외적 통제소에서 높은 점수를 보인다(Nixon, 1972).

대부분 진단검사에서 과잉불안장애 부진 학생들은 정체성 장애 부진 학생들과 비슷한 점수를 보인다. Tirman(1971)은 그의 연구에서 과잉불안장애 부진 학생과 정체성 장애 부진 학생들의 MMPI 프로파일이 비슷했다고 결론지었다. 이는 두 집단이 경험한 긴장의 정도가 유사한 검사 반응을 이끌어 냈을 것이라는 추측을 가능하게 한다.

로르샤흐 검사, TAT, 문장완성검사와 같은 투사 검사에서 과잉불안장애 부진 학생들은 대부분 불안관련장애로 진단되었다.

TAT의 1번 카드에는 "한 소년이 그의 앞 테이블에 놓인 바이올린을 보고 생각에 잠겨 있다."라는 문구가 있다(Murray, 1971, p. 18). 카드를 보고 내담자가 만들어 내는 이야기는 일반적으로 내담자의 태도, 인식 그리고 성취와 동기에 대한 느낌을 반영함으로써 해석된다. 그런데 사실, 그 그림은 세계적으로 유명한 영재인 12세 때의 Yehudi Menuhin의 사진이다.

일반적인 과잉불안장애 부진 학생은 1번 카드를 보고 다음과 같은 이야기를 만들어 낸다.

> 이 소년은 바이올린을 연습하는 데 어려움이 있어요. 콘서트 준비를 하려고 더 많은 시간을 투자하고 있어요. 그렇지만 해도 잘 되지가 않아요. 그는 콘서트를 할 수 없게 되고, 결국 부모님을 실망시킬 것이라고 걱정해요. …… 그는 계속 연습을

하고 콘서트에 온 사람들은 모두 그에게 매우 잘했다고 이야기해요.

우리는 이야기에서 불안, 자신에 대한 타인의 평가에 대한 걱정, 자신에 대한 의심과 걱정, 부모에 대한 절대적 의존과 관련된 요소들을 볼 수 있다. 그렇지만 결국 자신이 가지고 있는 의심을 타인의 인정과 연결 짓는다.

C. 면접의 특징

제4장(진단면접)에서 우리는 다섯 가지에 초점을 둔 반구조화된 면접의 형식에 대해 논했다. 이들은 ① 특히 문제 영역일 때, 학교 수행에서 나타나는 특성 및 관련 쟁점, ② 가족관계의 특성, ③ 사회적 관계(또래, 이성 등)의 특성, ④ 학생의 자아인식과 감정의 특성, ⑤ 미래에 대한 내담자의 지각과 계획을 포함한다. 이제 우리는 면접 상황에서 과잉불안장애 부진 학생들이 각 문항에 대해 어떻게 반응하는지를 살펴볼 것이다.

1. 특히 문제 영역일 때, 학교 수행에서 나타나는 특성 및 관련 쟁점

일반적으로 과잉불안장애 부진 학생들은 그들의 성적과 수행에 대한 다른 정보를 있는 그대로 솔직하게 받아들이는 경향이 있고, 이 정보를 마치 고해성사를 하는 것처럼 부끄러워하며 말하는 경향 또한 있다. 최소한의 정보를 제공하고 사실을 왜곡하거나 얼버무려 버린다. 이들은 묻지 않았음에도 고백을 해야 한다고 생각하는 것처럼 느껴진다. 이는 우리가 이미 다룬 죄책감, 불안 그리고 의존성과 깊은 연관성이 있을 것이다.

학생들에게 특정 성적을 받아야 하는 이유를 물어보면, 그들은 자신들이 그것을 성취하기 위해 얼마나 노력했는지 그리고 기대 수준을 넘는 것이 얼마나 힘든 일인지를 강조한다. 이 말에서도 불충분성에 대한 걱정과 불안이 간접적인(그리고 가끔은 꽤 직접적인) 표현으로 드러나고 있다. 과잉불안장애 부진 남학생 진단면접의 발췌 부분을 그 예로 생각해 보자. (상담자는 내담자에게 왜 D를 받았는지 질문했다.)

내담자: 음…… 글쎄요, 기본적으로 이해문제죠. 이해랑 학습. 잘 모르겠어요. 시험

에서 마치 멘탈 블록[1]이 온 것 같았어요. 잘 모르겠어요. 작은 것들…… 정말…… 그 수업은 정말 이상해요. 몰라요. …… 가끔 저녁에 숙제를 안 하고…… 그리고 시험공부를 하고 그리고 저는 항상…… 모르겠어요. 선생님은 매사에 굉장히 잘해 주세요. 근데 잘 모르겠어요. 집중할 수가 없어요. 그냥 집중이 안 돼요. …… 집중을 해 보려고 해도 그럴 수가 없어요. (목소리에 긴장이 느껴진다.)

상담자: 수학 점수가 항상 이렇게 나왔었나요?

내담자: 아니요, 전혀요. 작년에는 C+를 받았어요. 기하학을 잘 봐서 점수가 좋았어요. 그런데 올해는 똑같은 기하학 때문에 점수가 떨어졌어요. 몰라요. 저도 이해가 안 돼요. 전부 다 외우려고 했지만, 올해는 그러지 못했어요. 그냥…….

내담자의 목소리를 듣지 않아도 내담자가 이야기를 멈출 때마다, 문장을 반복할 때마다 느끼는 긴장을 알 수 있다. 그는 진심으로 그의 어려움에 대해 걱정하고 당혹스러워했고, 짧은 문장들은 불충분성에 대한 그의 감정을 충분히 반영했다("집중할 수가 없어요." "전부 다 외우려고 했지만, 올해는 그러지 못했어요." 등). 만약 내담자의 발언이 충분성을 반영했다고 하더라도 확실하지 않은 원인을 강조하는 모습은 열심히 해서 성취를 하려고 하는 사람보다는 절망적인 현실에 맞서는 사람과 같았다. 한 예로, 그는 "집중을 해 보려고 해도 그럴 수가 없어요."라고 말했다. 임상 최면 전문가들에게 '해 보다'는 성공적인 결과를 위해 많은 노력이 필요하다는 기대에 대한 의심을 반영하는 단어라고 알려져 있다.

예시 대화에서 언급된 멘탈 블록과 집중, 기억의 어려움 그리고 관련된 다른 문제들은 내담자가 이해할 수 있는 수준을 넘어섰다는 느낌을 준다. 그리고 내담자는 자신의 학습부진을 변명하는 대신 끔직한 실패를 고백한다. 그는 확실히 당혹스러워한다.

면접에서 간과되는 점은 과잉불안장애 부진 학생들의 반응은 질문이 의도한 것보다 더 많은 정보를 제공한다는 것이다. 다양한 성격구조를 가진 다수의 부진 학생에게 낮은 성적에 대한 질문을 던지면, 대개 어깨를 들썩이거나, "제가 공부를

---

1) 역자 주: 기억이나 생각이 절단되는 현상.

열심히 안 했겠죠, 뭐."라는 짧은 응답이 돌아온다. 그러나 과잉불안장애 부진 학생들은 제시한 예시와 같이 간단한 질문에도 길고, 불안하고, 자기요구적인 응답을 길게 나열한다.

반대로, 과잉불안장애 부진 학생들은 그들의 성공을 곱씹으며, 충분성을 매우 자랑스럽게 여긴다. 예로, 좋은 성적을 받은 창의적 글쓰기 수업에 대한 질문을 던졌고, 내담 학생은 다음과 같이 응답했다.

내담자: 글쎄요, 그건…… 제가 가지고 있는 마인드죠. 한편으로는. 저는 항상 그런 식으로 행동하려고 하고, 그렇게 생각하려고 하고, 경험한 것을 배우려고 하고, 뭐 그런 거요.

상담자: 창의적 글쓰기 같은 것이 학생 취향인가요?

내담자: 네, 제 취향이에요. 연극 같은 것도 마찬가지이고요. 저는 그 수업에서도 A를 받았어요. 보세요, 연극은 어려워요. 왜냐하면 저는 연극을 보는 것을 좋아하고……. 연극은 어려워요. 왜냐하면 이 수업은 제가 제일 진지하게 임하는 수업이거든요. 이 수업을 진지하게 생각하고 쉽게 점수를 받는 수업이라고 생각하는 사람들도 있지만, 전 아니에요.

2. 가족관계의 특성

앞서 언급한 바와 같이 과잉불안장애 부진 학생들은 가족에 대해 이야기를 할 때 일반적으로 부모, 특히 부모가 그들에게 가지고 있는 성취 수준에 초점을 맞춘다. 이는 부모들에게 어떻게 비춰지느냐가 학생 자신의 내면의 관점보다 더 중요한 것처럼 보인다.

다음의 예시에서 과잉불안장애 부진 학생에게 자신의 학교생활에 대한 부모의 반응을 질문하였고, 학생은 기대와 관련된 이야기만 늘어놓는 것을 알 수 있다. 면접에서 발췌된 모든 대화 내용이 타인(특히 부모)의 기대를 만족시키기 위함과 관련되었음을 확인하라.

내담자: 제 부모님이요? 글쎄요, 공립학교, 그러니까 초등학교 때 우리 부모님은 항상 저한테 잘해 주셨어요. 고등학교 때쯤 아마 어떤 말을 해야 할지 모르셨던 것 같아요. …… 왜냐하면 몇몇 과목 성적이 A와 D였거든요. 부모님이

해 줄 수 있는 건 저를 밀어 주시는 것밖에 없고, 할 수 있는 말은 "수학을 빨리 따라잡아야지. 다른 중요한 과목들도 마찬가지이고."라는 것밖에 없죠. 그러니까 더 많이 노력하고 집중하는 거죠. 부모님들은…… 음…… 꽤 좋아하시는 것 같아요. 제 생각에는 만족하시는 것 같아요. 제가 그 두 과목에서 더 잘했으면 하시는 것 빼고요. (한숨)

수년간 우리가 면접해 온 대부분의 과잉불안장애 부진 학생들과 마찬가지로 부모에 대한 그들의 태도는 대부분 부모와 부모의 기대에 부응하기 위한 비굴한 행동(obsequious attention)이었다. 부모로부터 심리학적으로 독립한 것과 같은 행동은 찾을 수 없고, 모든 신경이 자신의 목표보다는 부모의 목표에 맞춰져 있음을 알 수 있다.

상담자: 부모님은 학생이 언제까지 공부하기를 원하세요?

내담자: 제 생각에는 대학 가기를 바라시는 것 같아요. 저는 대학에 가고 싶어요. 대학에 가려고 노력해 보려고요. 제 생각에는 부모님이 제가 대학에 간다고 기대하시는 것 같아요.

상담자: 그래요, 가족에 잠깐 집중해 볼까요? 어머니는 어떤 분이세요?

내담자: 엄마는…… 엄마는 항상 똑똑하셨고, 맞아요, 엄마는 정말 똑똑하세요. 마치 항상 모든 것을 알고 있는 것처럼요. …… 가끔은 아무것도 모르는 척하지만, 결국 나중에는 자신이 다 알고 있다는 걸 증명해 내세요. 학교에서 항상 A를 받았던 사람처럼 정말 똑똑하세요. 제 말이 무슨 뜻인지 아시겠죠?

상담자: 음. 아버지는 어떤 분이세요?

내담자: 학교 다닐 때 항상 A를 받는 학생이었어요. 아빠는…… 엄청 열심히 하세요. 비즈니스도 정말 열심히 하세요. 희생도 정말 많이 하시고요. 가끔 아빠가 세우는 엄청난 계획에 무척 놀라기도 해요.

상담자: 어떻게 엄청나다는 거죠?

내담자: 그냥 비즈니스가 발전하기 위해 필요한 아빠의 아이디어들이 진짜 좋아요.

이 대화는 과잉불안장애 부진 학생들의 타인 지향적 특성을 잘 보여 주는 좋은 예이다. 그는 타인(이 내담자의 경우는 부모)의 인정과 지도에 매우 의존적이고 거의 모든 대화에서 자신을 언급하지 않는다. 마치 이 내담자의 감정, 인식 그리고 요구가 존재하지 않는 것처럼 말이다. 그는 거의 모든 것을 부모의 관점에서 이야기하고 있다. 그들의 기대, 그들의 바람, 그들의 요구, 그들의 목표 등을 말이다.

학생들이 보이는 자기에 대한 또 다른 관점 중에 많이 인식되지 않은 것이 있다. 학생에게 부모와 같은지 또는 다른지에 대한 질문을 건네는 이유는 학생 자신이 자신의 성격과 부모의 성격을 구분할 수 있는지에 대한 정보를 제공하기 때문이다. 부모와의 공통점에 대해 물었을 때, 과잉불안장애 부진 학생은 다음과 같이 응답했다.

내담자: 글쎄요, 저는 아빠를 많이 닮은 것 같아요. …… 거의 아빠랑 비슷해요. 가끔 뜬금없이 사람들을 놀라게 해요. (웃음) 사람들이 나에 대한 기대가 전혀 없을 때 있죠? 그럴 때 저는 집중하고, 열심히 노력해서 제가 할 수 있다는 것을 보여 줘요. 그리고 아마 그들은 제가 해낼 거라고 생각하지 못했을 거예요.

상담자: 어머니와 닮았다고 생각하는 부분은 없나요?

내담자: 음…… 엄마 같은 부분이 있기도 하죠. 보는 것 같은 거요. 저희 엄마는 상황을 바라보고 어떤 상황인지 파악하는 것을 좋아하세요. 저도 가끔 그렇게 하는 게 좋아요. 그렇지만 전 아빠랑 더 비슷해요.

상담자: 가끔 사람들을 놀라게 하는 것이 아빠랑 비슷하다는 거군요.

내담자: 네, 아빠는 완벽주의자예요. 정말 완벽하죠. 항상 완벽하려고 노력하고 아무것도 놓치지 않아요.

상담자: 아버지의 그런 스타일에 대해서는 어떻게 생각해요?

내담자: 글쎄요, 가끔…… 아빠가 실수할 때…… 음, 아빠는 그걸 견디지 못하세요. 그것 빼고 저는 완벽주의가 좋다고 생각해요.

부모의 기대는 이미 논의된 주제이다. 그러나 여기서 흥미로운 것은 내담자가 그의 아버지를 비슷한 특성으로 설명한다는 것이다. 항상 그런 것은 아니지만, 과잉불안장애 부진 학생들은 보통 동성인 부모와 동일시하는 반응을 보인다. 이 책에서 다룬 발달이론 모형의 관점에서 우리는 과잉불안장애를 전통적 정신분석에서의 신경증과 진단적으로 연결 지었다. 오이디푸스기 아동이 보이는 동성 부모와의 동일시는 오이디푸스 갈등을 해결하고 외부 세계에 대처하는 행동이다(Freud,

1966). 이성의 부모와의 동일시가 나타나기도 하지만 보통 동성 부모와의 동일시가 과잉불안장애 부진 학생들에게서 많이 관찰된다.

이 내담자가 동성인 아버지와의 동일시를 통해 얼마나 자랑스러워하는지를 보라. 마치 빌려 온 힘을 자랑하는 것 같기도 하다. 내담자가 자신 그리고 자기 성격을 묘사하는 것처럼 보일 수는 있지만, 사실 이것은 자신의 아버지를 모방하기 위한 행동인 것이다. 상담자는 내담자가 자신을 묘사할 때, 과연 내담자의 설명이 심리학적으로 독립된 개인을 묘사하는 것인지 혹은 유사점을 통해 타인(특히 부모)과 자신을 동일시하는 것인지 주의 깊게 살펴보아야 한다. 후자는 대개 과잉불안장애 학생들의 특성이다.

이 내담자는 자신을 설명할 때조차도 부모의 기대와 연관 지어 이야기하거나 자신을 타인과 동일하게 바라보고자 시도함을 알 수 있다. 완벽이 충분함의 단일 지표라는 환상 외에도, 이 내담자는 지속적으로 타인의 머리에 기어 들어가 그들의 눈을 통해 세상을 바라보고자 노력한다. 이러한 특성은 과잉불안장애 부진 학생을 대상으로 한 면접에서 쉽게 관찰될 수 있다. 특히 상담자가 내담자의 용어 선택에 드러나는 관점에 주의를 기울인다면 말이다.

상담자는 '이 학생은 누구의 눈을 통해 세상을 바라보려 하는가?'라는 질문을 해야 한다. 만약 내담 학생이 지속적으로 타인(특히 부모와 교사와 같은 권위적인 인물)의 눈을 통해 세상을 바라보려 한다면 그것은 과잉불안장애를 나타내는 강한 지표이다.

형제와의 관계를 논함에 있어 과잉불안장애 부진 학생들은 몇몇 동일한 특성을 보이는 동시에 가족에서 기대되는 다른 역할을 자각하고 있는 것을 알 수 있다. 자신의 관점보다 형제의 관점으로 사물을 보려는 시도가 있을 수도 있다. 형제는 부모보다 덜 권위적인 역할을 가지기 때문에 과잉불안장애 부진 학생들이 더 판단적이고 평가적으로 형제에 대한 부정적 또는 긍정적 생각을 말할 수 있는 것이다.

내담자: 글쎄요, 제 남동생은요. …… 많은 것을 심각하게 받아들여요. 그는 야심이 있어요. 그건 정말 좋은 거예요. 그렇게 생각하지 않아요?

상담자: 그건 아마도 남동생이 그렇게 하는 게 편해서 그럴 수도 있어요. 학생도 그렇게 심각하게 받아들이는 게 편하세요?

내담자: 네.

상담자: 남동생이 심각하게 받아들이는 것이 학생에게 영향을 미쳤다고 생각하시나요?

내담자: 아니요. 왜 그래야 하죠? 저는 그냥 계속 열심히 해야 해요. 그게 다예요. 하지만 그건 저한테 좋아요. 일정 수준의 압력을 유지해 주니까요.

여기서 우리는 과잉불안장애 부진 학생이 공부를 더 잘하는 남동생에게 느끼는 완전한 회피(complete avoidance)에 가까운 감정을 볼 수 있다. 이 내담자는 자기 자신을 오직 성취기준과 기대 측면에서 형제와 비교한다는 문제를 다룬다.

상담자: 남동생과는 사이가 어때요?

내담자: 오…… 잘 지내요. 우리는 잘…… 어떤 날은 가끔 다투기도 해요. …… 그렇지만 심각한 건 아니고요. 우리는 결국 같이 앉아서 이야기를 하죠.

상담자: 어떤 이야기를 하는데요?

내담자: 오, 미래에 대해서요, 우리의 계획에 대해서요. 남동생은 항상 앞서 나가기를 원해요, 성공하기를요. 당신도 알듯이, 남동생은 저를 이기려고 해요.

차이에 대해서는 대수롭지 않게 여기거나 얼버무리고 넘어간다. 과잉불안장애 부진 학생이 남동생의 행동을 가족의 역할 안에서 이해하려고 시도하는 것을 "남동생은 저를 이기려고 해요."라는 표현을 통해 알 수 있다.

과잉불안장애 부진 학생 중 다수는 가족 구성원이 각자의 확고한 역할을 가지고 확정되고, 부드럽게 위계적으로 흘러가는 삶을 살아간다고 생각한다. 갈등, 의견차, 불만족감은 언급될 수 있지만, 과잉불안장애 부진 학생들은 대개 상황을 설명하거나 그 상황에서 형제가 하는 행동을 이해해야 한다는 듯한 느낌을 풍기며 이런 문제들에 대한 언급을 최소화한다. 과잉불안장애 부진 학생은 집안에서 일어나는 일들은 바뀔 수 없다는 잠재된 인상을 준다.

3. 사회적 관계(또래, 이성 등)의 특성

과잉불안장애 부진 학생(특히 고등학생 또는 대학 신입생)은 성인이 되면서 생겨나는 심리성적 역할에 대해 불편해한다. 학생은 이성 애착이 요구되는 청소년 사회생활에 어리둥절해하거나 이성에 대한 고정관념과 성인관계에 대한 지나치게 단순한 기대를 가진다.

내담자: 사실, 저 한 6주 전에 여자친구와 헤어졌어요.

상담자: 여자친구와 무슨 일이 있던 거예요?

내담자: 음…… 그건…… 우정으로 시작됐어요. 처음에는 우정 같은 것이었어요. …… 그리고 점점 가까워지는 느낌이 들기 시작했어요. 그다음엔…… 잘 모르겠어요. 제가 더…… 심각해져야 할 것 같았어요. 진짜 남자친구와 여자친구가 서로에게 해야 하는 것처럼요. 있잖아요. 서로 보살펴 주고, 신체적인 것 말고 그냥 가까이 있는 거요.

상담자: 그래서 무슨 일이 있었어요?

내담자: 몰라요. 저는 여자친구가 있었던 적이 없었어요. 저한테 새로웠어요.

상담자: 정확히 무슨 뜻인지 모르겠어요.

내담자: 그건 우정이 아니었…… 이었어요…… 여자인 친구…… 이것도 하고 저것도 해야 하는 그런…… 저는 그런 관계를 가진 적이 한 번도 없었어요.

상담자: 변했다는 말이에요?

내담자: 맞아요. 네…… 그리고 그녀가 끝내 버렸어요, 그렇게.

상담자: 이유를 알아요?

내담자: 제 생각에 그녀는 진지한 관계를 위한 준비가 안 되어 있었던 것 같아요. …… 미래 같은 이야기요. 섹스 때문은…… 아니었어요. 이게 만약 당신이 생각하고 있는 것이라면요. 저는 우리가 결혼을 결심할 때까지 하지 않았을 거예요. 그래서…… 그냥 그녀는 저한테 묶이기 싫었기 때문…… 이었을 거예요.

이 내담자는 이성과의 관계를 당혹스러워하고 '머리로만 생각'하고 있다. 성과 관련된 문제를 사실상 인식하려고 하지 않으며, (청소년 수준에서조차도) 친밀한 심리성적 관계에 불편함을 느낀다는 것 또한 알 수 있을 것이다. '미래' '진지한 관계' 그리고 결혼에 대한 언급들은 학생이 엄청나게 도발적이고 혼란스러운 관계에서 '이상적인 로맨틱한 관계'라는 성인의 기대에 의존하고 있음을 암시한다.

과잉불안장애 부진 학생이 성장하고 이성과 더 많은 사회적 경험을 하게 되면서 혼란이나 공포(panic)는 감소되지만 엄격하고 '적절한' 이성관계에 의존하게 된다. 심리성적 또는 로맨틱한 관계에 대한 그들의 불편한 감정은 이성에게 매력적으로 보이거나 앞의 예시처럼 상대방을 매력적으로 여길 때 생긴다.

과잉불안장애 부진 학생은 강한 로맨스나 심리성적 요소를 포함하지 않은 우정을 편하게 느낀다. 이런 친구에 대한 질문에 대해 과잉불안장애 부진 학생이 표현하는 편안함을 다음에서 살펴볼 수 있다. 이 내담 학생은 일반적으로 로맨틱하거나 성적인 관계보다 우정을 편해한다.

내담자: 저는 직장에 있는 사람들과 어울리는 것을 좋아해요. 저는 그들이 좋아요. 그들은 진짜 흥미로운 사람들이에요. 절친과 저는 운동도 하고 영화도 같이 보며 놀아요. 호숫가를 거닐기도 하고 가끔 조깅을 하기도 해요. 이런 활동을 하고 나면 저는 매우 차분해져요. 긴장이 풀리죠.

앞서 언급한 것처럼, 로맨스나 성적인 요소가 있는 또래관계에서는 불안이 생기는 경향이 있다. 그러나 불안 수준, 독립 수준, 과잉불안장애 학생들의 일반적인 대인관계의 불안전함 때문에 그들은 또래와도 완전히 편해지기를 힘들어한다. 다른 누구와도 마찬가지로, 그들은 한 명 또는 두 명의 친구가 있기는 하지만, 또래와의 사회적 생활에 불편함, 어색함, 회피 등이 존재한다. 과잉불안장애 부진 학생은 관계에서 생기는 갈등과 불안전함을 최소화시켜 말하는 경향이 있기 때문에 자신의 친구관계를 미화시켜 표현할 수 있다. 따라서 상담자는 갈등과 관련된 대화를 주의 깊게 들어야 할 것이다.

내담자: …… 저는…… 저는 절친이 한 명 있어요. …… 저는 몇 명의 남자애랑 어울리고, 혼자 시간을 보내기도 해요. 많은 시간을 혼자 보내요.

이 내담자는 "많은 시간을 혼자 보내요."라는 마지막 문장을 강조했다. 이것은 타인과의 관계에서의 갈등을 의미할 수도 있다. 특히 친구관계에 대한 대화 중 언급된 말이기 때문에 더 그렇다. 이러한 언급이 바로 상담자가 주의 깊게 듣고 명확하게 해야 하는 부분이다.

앞에서 강조한 것과 같이 절친에 대한 대화에서 자신이 긴장을 완화시키기 위해 친구와 어떠한 활동에 하는지에 대한 정보를 자발적으로 제공하는 것을 알 수 있다.

내담자: 절친과 저는 운동도 하고 영화도 같이 보며 놀아요. 호숫가를 거닐기도 하고 가끔 조깅을 하기도 해요. 이런 활동을 하고 나면 저는 매우 차분해져요. 긴장이 풀리죠.

다양한 성격과 동기를 가진 많은 사람은 활동함으로써 긴장이 풀리는 것을 경험한다. 여기서 중요한 것은 친구관계에 대한 대화에서 내담자가 긴장 완화에 대한 언급을 강조했다는 것이다.

4. 학생의 자아인식과 감정의 특성

예상되는 대로, 과잉불안장애 부진 학생은 앞서 다루었던 인정받고자 하는 욕구, 부적합한 느낌으로 인한 불안, '올바른' 사람이 되고 '올바른' 일들을 하려는 욕구, 타인에 대한 의존성, 타인의 기대를 충족시키려는 욕구, 상담자에게 인정받으려는 분명한(드러나든 숨어 있든) 욕구들을 통해 자신을 묘사하는 경향이 있다. 자신에 대해서 자기성찰적이고, 사려 깊고, 독립적인 평가가 이루어지지 않는다. 모든 것이 중요한 타인에 의해 암시되거나 드러난 기대와 관련된다.

상담자: 본인 자신을 어떻게 묘사할 수 있을까요? 학생은 자신이 어떤 사람이라고 생각하세요?

내담자: 저는…… 제가 보기에는…… 전 그냥 관찰자 같은 사람에 불과한 거 같아요. 전 사물을 관찰하기 좋아하고, 그런 식으로 배워요. 제 성격은…… 그냥 제가 거기 있는 거예요. 그리고 아마도, 갑자기, 전 말하기 시작하고, 사람들에게 친절하려고 애쓰고, 예의 바르게 대하려고 할 거예요.

상담자의 역동 내에서, 쟁점에 대해 표현하는 내용뿐만 아니라 어떤 단어들을 선택하고 그 단어들을 특정한 방식으로 배열하는 면에서도 반응한다고 가정한다. 그들의 표현은 상담자와 지금-여기 관계의 측면에 대한 연합적인 연결고리 또는 관계를 가진다. 예를 들어, 과잉불안장애 학생의 단어와 구절 선택이 상담자의 면접 형식이 모호하기 때문에 생겨난 불안을 반영한다는 가설을 세워 볼 수 있다. 앞서 나온 발췌문에서, 내담자는 상담자가 원할 것 같은 방식대로 행동해서 인정을 얻고자 하는 무의식적 시도로서 공손함에 대한 논의를 활용하였을지도 모른다.

어쨌든, 누구나 앞의 예시에서 내담자가 얼마나 객관적이고 독립적으로 자신을 묘사하는가의 측면보다 타인이 그로부터 무엇을 기대하는가의 측면에서 자신을 제시하고 있다는 것을 감지한다. 사실, 그는 정말로 자신을 묘사한 것이 아니라 그가 되고자 애쓰는 사람을 묘사한 것이다. ("저는…… 사람들에게 친절하려고 애쓰고, 예의 바르게 대하려고 할 거예요.")

다른 과잉불안장애 학생들의 경우처럼, 적절감을 느끼고 자신과 타인에게 받아들여지기 위해서 이 내담자가 얻어야만 한다고 느끼는 불가능하리만치 높은 기준이 있는 것 같다. 사실상, 과잉불안장애 학생들은 일반적으로 자신을 다른 어떤 진단 범주의 학생들보다도 더욱 완벽주의자적으로 제시한다. 강박-충동장애를 제외하고 말이다.

우수성 또는 완벽을 추구하는 것이 선천적으로 병리적이거나 비정상이거나 건강하지 않다는 것은 전혀 아니다. 역사를 통해서 무수한 뛰어난 사람들이 자신의 성취가 완벽에 도달할 때(또는 적어도 접근할 때)까지 결코 만족하지 않았다. 이런 태도가 없다면 뛰어난 과학자도, 예술가도, 음악가도, 지도자도, 교사도, 운동선수도 그리고 인간의 노력으로 이루어진 생각할 수 있는 모든 영역의 사람들이 결코 존재하지 않았을 것이다. 이런 각각의 그리고 모든 뛰어난 사람이 단지 그들의 직업에서 이런 특성의 중요성 때문에 과잉불안장애로 인해 고생했다고 결론지을 수는 없다.

우리가 여기서 제안하는 것은 과잉불안장애를 가진 사람들이 단지 자신의 직업에서만이 아니라 삶의 모든 측면에서 자신을 완벽이라는 기준에 맞추고 있다는 것이다. 그들의 자아존중감의 모든 의미는 단지 완벽의 추구가 아닌 실제 완벽의 성취에 의해 예견되는 것처럼 보인다. 완벽주의자적인 기준이 어떤 사람의 대인관계에 영향을 미치기 시작하면 관계를 망칠 잠재성이 있으므로, 이는 이런 학생들이 무엇 때문에 '해야 한다'와 '하지 말아야 한다', 사회적으로 적절한 품행, 외부적으로 적합한 기준에 따른 자신과 타인의 평가에 얽매여 있는가를 설명할 수 있을 것이다.

진단가들은 특히 학생의 대인관계의 태도, 개념, 반응에서 이런 성격의 징후를 찾는다. 이런 유형의 성격에서 지배적 욕구로서 완벽의 바로 그 개념은 독특하다.

혹자는 이런 학생들이 이런 제안된 완벽주의자적 요구들을 만들어 낸 것으로 인해 부모나 타인에 대하여 원한을 품고 있을 것이라는 가설을 세울 것이나, 종종 분명한 원한이 있는 것으로 나타나지 않는다. 사실상, 다른 진단 집단들과는 대조적으로 과잉불안장애 학생들은 자신이 부모와 굉장히 가까운 관계에 있는 것으로 제시하는 경향이 있다. 원한이 어떤 '잘못된' 일을 하고 있거나 기대되는 기준에 반하는 일을 하고 있는 누군가에 대한 것으로 방향 지워지지 않는다면, 대부분 원한에 대한 암시는 거의 찾아볼 수 없다. 대개 이런 상황에서는 목소리나 말하는 방식에서 나타나는 분노의 어조가 있는데, 이는 때때로 문제되는 행위에 적절하지 않은 것이다.

5. 미래에 대한 내담자(학생)의 지각과 계획

다른 진단 범주와는 대조적으로, 과잉불안장애 학생들은 훨씬 일관성 있는 미래, 특히 진로문제에 있어서 특정한 계획을 가지고 있다. 과잉불안장애 부진 학생조차 성공적이거나 지위가 높고 눈에 띄는 직업에 대한 계획을 가지고 있다. 예를 들자면, 그런 학생이 "음…… 저는 모르겠어요…… 아마도 자동차 수리공이 되겠지요."라는 식으로 말하는 경우는 극히 드물다. 그보다는 대개 다음과 같은 식이다.

상담자: 학생이 10년 후 26세가 되었을 때 어떤 사람이 되고 싶나요? 학생이 어떤 일을 하고 있을 거라고 생각하세요?

내담자: 스물여섯이요? 와…… 글쎄요. 전 대학에 있겠고…… 아마 그때까진 졸업을 하겠지요. 그리고 제 계획은…… 그냥 영어 선생님이 되는 게 아니고 영어과 부장 교사가 되는 거예요. 전 원고를 쓰는 데 매진하고, 항상 원고 쓰기와 영어를 가르치는 데 몰두하겠죠. 그게 제가 하려는 거예요.

과잉불안장애 부진 학생의 경우, 현재는 만족스러운 성적을 얻지 못하면서도 성공적인 미래 직업을 중요하게 생각하기 때문에 실패감과 무가치함을 더 깊게 느끼게 된다. 때문에 이들은 자신의 학업 능력 부족과 좌절에 대해 이야기할 때 마치 죄를 고백하고 있는 것 같은 태도를 갖게 되는 것이다.

과잉불안장애 학생들이 자신을 제시하는 방식에 있어서 상담자가 주목해야만 하는 또 다른 요소가 있다. 앞 예시의 내담자는 성공적이고 고귀한 직업에 도달하기 위한 자세한 계획(비록 영어과 부장 교사들은 동의하지 않을지 모르지만)을 세우고 있고, 지나치게 부차적인 세부사항들을 정리하느라 곁길로 빠지게 된다. 바로 그가 스물여섯에 대학을 졸업할(대학에 있지 않을) 것이라는 대목이다. 이것은 우리의 경험에서 확인되는 또 다른 과잉불안장애 학생의 특성이다. 그들은 마치 상담자에게 모든 이야기를 전부 다 해야만 하는 것처럼 느끼고 계속해서 세부사항을 명확히 진술한다. 지극히 단순한 질문에도 자세한 배경 설명을 하는 것은 이들이 과잉불안장애를 갖고 있음을 보여 주는 명백한 증거이다. 왜냐하면 다른 진단 범주에 있는 학생들은 그렇게까지 세부사항을 자세하게 말하지 않기 때문이다.

하지만 이런 학생들은 진로 계획을 말할 때, 대인관계와 관련된 미래에 대해서는 약간 덜 분명하게 말한다. 앞에서도 언급했듯이, 과잉불안장애 학생은 대인관계에 대해 이야기할 때 불편함을 느끼는데, 특히 친근한 관계에 대해 말할 때 그렇다. 몰두해서 열정적으로 자신의 미래 진로 계획에 대해서 말하던 학생이 미래의 결혼에 대해 말할 때는, 비록 여전히 세부사항에 초점을 두고 있긴 하지만, 불확실해하고 불편해하는 것을 관찰할 수 있다.

상담자: 자신이 미래에 결혼할 거라고 보나요?

내담자: 결혼할 거예요. 언제나 결혼할 계획이었죠. 아마도 스물이나 스물하나 그 언제쯤에 결혼하리라고 봐요. 그렇지만 전 제가 정말로 이걸 끝내고 싶어하지 않는다고 생각해요. 전 결혼에 대해서 절대 나쁘게 보지 않아요. 그러니까 전…… 제 생각으로는…… 전 결혼할 거예요. 그래요. 전 그렇게 생각해요.

상담자: 그러면 당신은 자신이 스물여섯이 될 때까지 아이를 가지리라고 생각하나요?

내담자: 음…… 네. 하지만 전 하나나 둘 정도만 낳을 거예요. 너무 많지 않고요.

상담자: 그래요. 그리고 당신은 아내가 일을 할 거라고 생각하나요, 아니면 집에서

집안일을 할 거라고 생각하나요?

내담자: 제 생각은, 일해요…… 일…… 전 일이 누구든 보다 흥미 있는 사람으로 만들어 준다고 생각해요…… 일하죠…… 일…… 하지만 아내는 아이가 태어나면 일을 그만두고 집에 있어야 할 거예요.

세부사항이 있기는 하지만, 주제에 대해 느끼는 불편감이 중간에 침묵이 많고 머뭇머뭇 반응하는 데서 분명하게 나타난다. 여러 번 여기에서 드러나는 경향이 있는 (예: "……그 언제쯤에 결혼하리라고 봐요.") 사회적으로 적절한 의무사항들은 그가 이 주제에 대한 불편함을 감추는 방식이다. 과잉불안장애 학생에게 있어 주어진 화제에 대해 불안이나 불편감이 크면 클수록 '해야 한다'와 '하지 말아야 한다'는 내용이 자주 나타나기 쉽다.

◆ 임상 진단

성격 특성과 과잉불안장애 부진 학생을 위한 적합한 치료 접근 방식은 일반적으로 표준화되어 있고 잘 정의되어 있다. 그러나 우리가 논의할 대부분의 다른 집단보다 이들은 개인차가 크고 치료 요구도 다양하다. 따라서 만일 독특하거나 상황적인 다른 개인적 요소가 고려된다면 실제적 진단은 보다 효과적으로 이루어질 수 있을 것이다.

각각의 과잉불안장애 부진 학생은 특정 접근에 대해 선호를 가질 수 있다. 예를 들면, 어떤 아동은 비통찰 중심의 접근을 통해서 불안을 경감시키는 방식을 선호할 것이다. 이런 사람들은 종종 행동주의 기법을 잘 받아들이고 효과를 볼 것이다. 다른 사람들은 비록 어느 정도는 우려가 되지만, 자신이 겪는 어려움의 심리학적 원인을 찾는 데 상당한 호기심이 있다. 일반적으로 가장 효과적인 접근법은 불안과 관련된 이유를 탐색하면서 긴장이완 훈련(행동주의 기반 이완 기법)을 병행하는 것이다. 연령이나 자아강도, 개념화 능력 정도 등의 요소에 따라서 가족 참여가 요구되거나 그렇지 않을 수 있다.

물론 과잉불안장애의 진단 범주에 속하지만 정상 성취를 보이는 학생도 있다.

그런 학생들은 종종 숨어 있는 불안감을 직면하지 않기 위해 일이나 생산적인 활동에 몰두한다. 이들은 과잉불안장애 부진 학생에 비해 성공적으로 불안을 다루고 있는 것이다. 과잉불안장애 일반 성취아는 그들의 인생에서 잠재된 걱정거리와 스스로에 대한 불신을 갑자기 직면하게 만드는 사건, 즉 부모의 죽음, 이혼 또는 심각한 질병 등이 발생하지 않을 경우 전문적 도움을(적어도 성취문제에 있어서는) 필요로 하지 않을 수 있다. 이런 상황에서는 잠재되어 있는 원인 또는 촉진 사건을 인식하지 않더라도 불안 수준이 높아지게 되는 것이다. 과잉불안장애 부진 학생과 마찬가지로, 촉진 사건이란 종종 중요한 위치에 있는 중요 인물이 그들을 가혹하게 비난하는 상황 또는 잔뜩 억눌린 긴장이 심각한 증세를 일으키면서 표면으로 솟아 나오는 경우 등이다. 그러한 사람들은 스스로를 평가하는 높은 기준을 가지는 경향이 있기 때문에 도움을 청하기 오래전부터 점차 높아 가는 긴장으로 인해 혼자서 자주 괴로워한다.

예를 들자면, 한 과잉불안장애 학생은 의뢰되기 전해까지 적절한 성취를 보이다가 갑자기 학습부진을 보였기 때문에 상담에 의뢰되었다. 그 이전에 그는 언제나 책임감이 강하고 약간 불안한 10대였다. 의뢰될 때에는 이미 수업을 빼먹고, 숙제도 점점 안 해 가는 상태였다. 진단면접에서, 그는 학교생활 문제가 시작될 무렵에 여자친구가 갑자기 결별을 선언했다고 말했다. 그 이후로 계속 그는 상실감에 빠져 있었으며 관계를 회복시키려고 시도하는 데 상당한 시간과 에너지를 썼다. 다행히도, 그는 그의 반응이 왜 그리 극단적이었는지 생각해 볼 만큼 성찰적이었다. 상담에서 탐색하는 과정을 거치면서, 그 학생은 자신이 5년 전 할머니가 돌아가셨을 때 경험했던 상실감과 강한 고통을 잊고 있었다는 것을 깨달았다. 일단 두 가지 중요한 상실 사건에 대한 반응에서 나타난 유사성과 의미를 인식할 수 있게 되자, 그의 집착과 불안은 감소하였고, 성취를 위한 노력도 이전의 수준으로 되돌아왔다.

과잉불안장애 부진 학생의 긴장 감소 이외의 다른 치료목표는 일반적 심리치료 이론에서 다루는 것과 다르지 않고, 이 책에서는 각 전문 문헌의 주장을 다룰 의도를 가지고 있지 않다. 우리는 성격 변화를 가져오든 그렇지 않든 간에 학습부진을 극복하기 위해서는 긴장 수준을 감소시키는 것이 핵심적이라는 것을 주장한다. 각각의 치료자는 학생과 협력관계를 이루면서 긴장 감소와 성취 수준 향상이 충분한 치료목표인지를 결정해야만 한다.

◆ 감별처치에 대한 고려사항

학교나 그 밖의 다른 곳에서도 수행을 잘하려면 적정 수준의 긴장이 필요하다. 긴장이 전혀 없는 상태에서는 최고 수준의 수행이 나타나지 않는다. 반대로, 내적 긴장이 지나치게 많아도 수행의 질은 떨어지게 된다. 불안이 적정한 수준에 이르기까지는 그 정도가 증가할수록 수행 수준도 높아지게 된다. 하지만 불안이 적정 수준 이상이 되면 수행 수준은 하락하게 된다.

과잉불안장애 부진 학생의 경우 불안 수준은 적정 수행의 범위를 훨씬 넘어선 것이다. 따라서 과잉불안장애 학생의 학습부진 문제는 불안 수준을 적정 수행의 수준까지 낮추는 데 초점이 맞추어진다. 상담자, 교사, 부모 그리고 친구들은 그런 학생들이 과도한 불안의 근원을 밝혀내고 그것을 감소시킬 해결책을 제공해야 한다. 이러한 학생들에게 있어서 불안 수준의 감소는 기본 성격구조에 영향을 미칠 수도 있지만 그렇지 않을 수도 있다. 어떤 학생은 불안을 덜 느끼고 성취를 더 잘하게 되는 정도의 변화만을 경험하지만, 다른 학생은 감소된 불안의 결과로 단순히 학업성취에서만이 아니라 삶의 대인관계적인 측면에서 변화를 경험하기도 한다.

불안은 비교적 정의가 잘 이루어져 있는 문제 영역이다. 심리적 불안이라는 문제가 Freud와 그의 동료들에 의해 처음으로 강조된 이래로 불안 감소를 위한 수많은 방법, 기술, 접근법 등이 발달되어 왔다. 과잉불안장애 학생의 목표가 단순한 긴장 감소라면, 적용할 수 있는 기법은 무수히 많다. 여기에는 행동주의적 이완 기법, 최면과 자기최면 요법, 새롭고 강력한 공부방법 훈련, 불안을 일으키는 상황을 인지적으로 재구조화하는 다양한 기법, 학생들이 불안의 근원을 이해할 수 있도록 돕는 지지적 역동상담, 약물요법 등의 다양한 방법이 포함된다. 긴장 이완과 관련된 정보는 이 책에서 다루고 있지 않지만, 독자들은 다양한 자료를 통해 효과적인 프로그램, 치료법, 기술들을 찾아보기 바란다.

✹ 과잉불안장애 부진 성인

만일 과잉불안장애 부진 학생이 성인으로서 DSM-III-R에 따라 진단된다면, 그 사람은 범불안장애(300.02) 또는 다른 불안장애 중의 하나로 분류되기 쉽다. 그러한 사람은 지배적인 특징으로서 불안을 가지는 경향이 있다. DSM-III-R(pp. 251-253)에서 이 범주로 열거하고 있는 증후 가운데에는 우려되는 예상(apprehensive expectation), 과다집중(hyperattentiveness), 우울증과 같은 현상뿐만이 아니라 신체화 증상[땀을 흘린다거나 심장이 쿵쾅거리는 것과 같은 근육 긴장(motor tension)과 자율신경계 과활성화(autonomic hyperactivity)]이 있다. 대개 사회적 또는 직업적으로 기능하는 데에는 경미한 손상만 있다. 그러나 여기서 관심을 가지는 것은 필수적으로 일반적인 심리 기능이 아니라 학창 시절의 성취-부진 문제와 유사한 성인의 성취-부진 문제이다.

똑같이 불안, 우울 등의 기본 특성을 가지고서도 성취자가 될 수도 있고 부진자가 될 수도 있다. 그러나 직업 현장에서는 과잉불안장애 부진 학생들이 학교에서 보였던 것과 똑같은 많은 특징을 보이게 된다. 여기에는 나머지 수행에 방해가 되는 너무 높은 불안, 상위 관리자와 감독자로부터의 인정을 받고자 하는 주된 염려, 직업과는 관련 없는 세부사항에 대한 관심 그리고 그와 관련된 특징들이 포함된다. 만일 그들이 내적 긴장과 상사에 대한 과도한 의존을 제어할 수 있다면, 감독자들은 이런 직원들을 훌륭한 팀 구성원이 될 수 있는 책임감이 높은 사람들로 정확하게 평가한다.

제11장

품행장애 부진아

◆ 일반적인 특징

DSM에서는 품행장애 범주하에 몇 가지 관련 문제들을 나열하고 있다. 이러한 문제들은 공격성과 사회화 정도에 있어서 다른 정도를 나타낸다. 그러나 품행장애(312.8) 아동들의 공통점은 "다른 사람의 기본 권리와 나이에 맞는 중요한 사회 규범 및 규칙을 저버리는 행동의 반복적이고 지속적인 패턴을 보인다는 것이다. 그러한 행동 패턴은 전형적으로 집, 학교, 또래 집단, 공동체 안에서 나타난다."(DSM-III-R, p. 53) DSM-III-R은 다른 공통적인 특성으로 공격적인 행동, 죄의식 또는 양심의 부족, 다른 사람들과의 의미 있는 관계 맺기의 부족 등이 반복적이고 지속적으로 나타나는 점이라고 나열한다. 성인이 되었을 때 이러한 사람들은 반사회적 성격장애(301.70)로 분류될 가능성이 있다.

DSM 시리즈가 나오기 오래전에 품행장애 성격은 애초에 패륜광으로 분류되었다. 그 후에 Cleckley는 전형적인 설명(1964)에 따라 그런 사람들에게 정신병적 성격 또는 반사회적 이상 성격이 나타난다고 인식했다. 이런 유형의 개인에 대한 그의 설명은 외적인 매력과 좋은 지능, 비합리적 사고의 부재, 불확실성, 부적절하게 동기화된 반사회적 행동, 양심 또는 수치심의 부족, 진실하지 않고 불성실함, 서투른 판단과 경험 학습의 실패 그리고 또 다른 유사한 특징들을 포함한다. 일반적으로 그런 개인들은 양심이 부족한 것으로 인식되어 왔다. 주된 관심은 즉각적인 욕구 만족이라고 여겨졌다.

학교에 있는 품행장애 부진 학생들(혹은 직장에서의 품행장애 부진 성인들)은 거의 만사태평한 자랑의 수준에 가깝게, 과거와 현재의 반사회적 · 비도덕적 또는 받아들이기 어려운 행동들을 매우 자유롭게 받아들이는 경향이 있다. 그들은 일반적으로 그들의 실패에 대해서 다른 사람들을 비난하고 때로는 권위적인 인물들로부터 부당하게 대우받아 왔다고 주장한다.

품행장애 부진아들은 욕구가 생기는 즉시 그것을 충족시켜야 하는 만연한 충동에 사로잡힌다. 그들은 좌절이나 성공적인 학업 수행에 요구되는 세부사항들에 대한 지속적인 정신 집중에 대해서 참을성이 매우 적다. 그들은 눈에 띄는 행동을 보이며, 수업을 듣고 싶지 않을 때 수업을 빼먹고, 학교의 형식적인 행동 규칙을 어기고, 잦은 논쟁을 일으키거나 친구들과 싸우기까지도 하고, 도둑질과 부정 행위를 하며, 부적절하거나 심지어 위험한 방식(때로는 친구들로부터 부정적인 자극을 받는다)으로 행동한다. 극단적인 경우에는 이런 충동은 조숙하고 난잡한 성적인 행동을 하고 마약을 사용하는 행동(마약 복용자로서 또는 마약 판매자로서)으로 연결되기도 한다. 또한 알코올중독, 충동적인 분노 표출, 노골적인 범죄 행위로도 나타난다. 그런 학생들은 심지어 그런 행동들로 인해서 처벌을 받는다 할지라도 신경을 쓰지 않는 듯 보이기도 한다.

다른 사람들에 대한 힘과 통제의 주제는 이들에게 그 무엇보다도 중요한 문제이다. 단기간에 특정 욕구를 충족시키기 위해서 다른 사람들을 속이는 경우가 흔하며, 그러한 속임수에 잘 넘어가는 약한 사람들을 효과적으로 감지해 낸다. 이런 속임수에는 목적을 이루는 데 필요할 경우 사용되는 유혹적인 매력도 포함된다. 마치 주된 목표가 어떤 의미 있는 원칙을 위해 인내하는 것이라기보다는 재치의 전쟁에서 이기는 것인 것처럼 생각하며, 권위에 대한 반항은 마치 게임과 같이 여긴다.

이런 종류의 행동에 의해 만들어진 혼란 속에서 학습부진은 품행장애로 인해 나타나는 문제들 중 최소한의 것으로 보일지도 모른다. 종종 교실에서의 소란은 많은 학습부진의 문제를 초월한다. 정말로 품행장애 부진 학생들 자신에게 학습성취의 문제는 때로 별 의미가 없다.

DSM-III-R은 이런 유형의 성격을 가진 사람들을 미리 진단하는 많은 요소를 나열하고 있다. 이런 요소들에는 부모들의 거부 반응, 일관성이 없고 난폭한 훈육 방식의 양육, 너무 일찍 제도 속에서의 통제된 생활, 돌보는 사람이 자주 바뀌는 것(예: 부모님에서 양부모로 그리고 조부모로), 대가족, 비행을 저지르는 모임과 관계되는 것, 알코올중독 부모 등이 있다. 의학적인 경험에서 보면, 품행장애 학생들의 아버지들은 가혹하고 거절을 잘한다. 아이들이 무슨 일을 하든 관계없이 아버지는 그 아이들을 수용하지 않는다. 반면에, 어머니는 아이의 모든 변덕을 받아 주고 종종 아이들을 문제 상황으로부터 구해 낸다. 때때로 이런 부모의 역할은 반대가 되기도 한다. 그러나 이런 패턴을 우연으로 받아들이기에는 그것이 너무나 여러 해에 걸쳐 발견되어 왔다.

입양에 관한 연구에서 최근의 조사(Reid, Dorr, Walker, & Bonner, 1986)에서는 알코올 남용과 반사회적 행동이 우선적으로 유전자와 관련이 있다고 지적한다. 예를 들면, 유사한 반사회적 행동은 분리된 이란성 쌍둥이보다 일란성 쌍둥이에서 더 높게 나타난다. Reid와 동료들이 보고한 이런 많은 연구는 유전-환경적인 상호작용의 중요성을 알아냈다.

품행장애는 일반적으로 여자들보다 남자들에게서 더 많이 발견된다. 의학적인 연구와 조사에서 볼 때, 거의 고등학교와 대학교의 학생들 10~15%가 품행장애 부진 학생으로 분류된다.

매우 심한 연기나 속임수를 보이는 경우를 제외하고, 일반적인 품행장애의 경우와 같은 대인관계 형태를 지니면서도 성취도가 평균적인 사람들도 있다고 알려져 있다. 이런 사람들은 항상 믿을 수 있는 것은 아니고, 꽤 속임수를 잘 쓰며, 그들이 원할 때는 상대방을 조종하기 위해 거짓으로 유혹하기도 하며, 그들의 욕망을 추구하는 데 있어서 충동적이다. 사실, 그런 사람들은 그들 인생에서 꽤 성공적인 성취를 한다. 몇몇 정신건강 전문가는 우리가 정신병자와 반사회적 이상 성격자로 부르는 사람들은 오직 성공하지 못한 사람이라고 주장하기도 한다. 성공적인 사람들은 세계 속에서 회사와 나라와 군대를 이끌고 있다(Greenwald, 1967). 우리가 그러한 주장을 받아들일 것인지 확신하지 못하고 고민하는 동안, 품행장애 부진 학생들은 만약에 그들의 진정한 장점에 관심을 돌린다면 충분히 성공적인 직업을 가지고 대인관계를 잘 맺으며 살 수 있음에도 불구하고 정상에서 벗어나고 자신을 속이는 특징들을 가지고 있다.

✹ 품행장애 부진아의 현상학적 세계

Harold Greenwald의 간결하지만 최고 수준의 논문 '정신병의 치료(Treatment of the Psychopath)'(1974)와 Reid 등(1986)에 의해 최근에 편집된 저작에서는 정신병적 성격을 가진 사람의 눈을 통해 세상을 바라보려는 시도를 찾아볼 수 있다. Greenwald의 관찰과 생각의 많은 부분은 품행장애 부진 학생(때로는 과잉행동 연기의 정도가 다소 덜한 부진 학생)에게도 동일하게 적용될 수 있다.

Greenwald는 정신병의 반사회적 행동, 대인관계에서의 속임수, 충동성, 대인관계에 있어서 보이는 뚜렷한 빈곤감(다른 사람들을 속임수의 대상으로만 여기는 것) 그리고 양심이나 죄의식의 부족 때문에 정신건강 전문가들이 정신병자들에게도 다른 문제를 가진 사람들에 대해 가졌던 것과 같은 공감을 가지는 것이 어려웠던 것이라고 지적한다. 정신건강 전문가들은 결국 그들 자신도 인간이고 정신병자들의 속임수에 희생자가 될 가능성이 있다. 사실, 저자가 몇 년 동안 전문적인 연구를 하면서 만나 온 반사회적 성격자 중 몇몇은 정신건강 전문가들에게 사용하기 위한 가장 민감하고 효과적인 속임수를 축적해 놓은 것처럼 보일 정도였다. 이런 공감의 부족으로 결국 전문가들은 도덕적으로 정신병자들을 평가하고 심지어는 그런 인간들은 치료로 해결될 수 없는 사람들로 여기기까지 했다. 그리고 이런 의견은 몇 십 년 동안 이 분야에서 지속되었다.

그러나 여기에서도 구분해서 생각해야 할 민감한 분리선은 있다. 정신병이 있는 범인이나 극악한 범죄를 지은 사람들 그리고 다른 사람들에게 상처를 주거나 기본적인 인간 행동기준을 업신여기는 불법적이고 비도덕적인 행동을 한 사람들은 단순히 DSM-IV나 다른 진단체계에서 규정된 '잘 속이는 성격'을 지니고 있다고 해서 용서될 수는 없다. 궁극적으로 우리 각각은 우리 자신의 행동에 책임을 져야 하며, 그것에 대해 도덕적으로, 법적으로, 사회적으로, 개인적으로 그리고 영적으로 나름의 대답을 할 수 있어야만 한다. 심리학적이고 정신의학적인 이론과 치료는 이런 개인적인 책임을 대신하지는 않는다. 그러나 그것은 공존하는 또 다른 차원이 된다. 만약에 우리가 인간이 지닌 가능성의 전 영역에 걸쳐 인간을 이해하는 데 다다르고 그들에게 건설적인 영향력을 주기 위한 시도를 하려고 한다면, 정신건강 전문가로서 우리는 사회가 수용할 수 없는 행동들에 대한 변명 노릇을 하지 않는 범위 내에서 가능한 한 많은 사람을 공감하는 데에 우리의 수용력을 넓힐 필요가 있다.

Dicks(1972)는 극악한 범죄를 저지른 사람들을 도덕적으로 거리끼지 않고서 균형 있게 공감하는 예를 보여 준다. 영국의 집단 정신병 조사센터(Center for Research Collective in Psychopathology)가 함께 한 프로젝트에서, Dicks와 동료들은 나치의 중앙 수비대와 장교들(실제로 군대에서 야만스러운 행동을 한 사람들)에게 반구조화된 인터뷰를 했다. 그들은 극악한 행위를 했고 제2차 세계대전 후에 유죄 선고를 받고 여전히 감옥에 있는 사람들이었다. 독자는 책 속에서 Dicks가 인터뷰 받는 사람들이 저지른 잔인하고 용서받지 못할 죄에 관해서 명확하고 단호한 도덕적 판단을 가지고 전문적이지만 공감적인 인터뷰로 접근하는 것을 발견하게 된다.

역설적으로, 앞의 예시를 다루면서 Greenwald는 그의 독자들에게 갑자기 독일 나치군 속에 떨어진 유대인이 된 것을 상상하도록 요구하며 정신병의 내부 감정 세계에 대한 어떤 이해의 기회를 제공해 주고 있다. Greenwald는 모든 사람에 대한 불신의 느낌, 충동을 만족시키는 것을 지연해야 하는 상황 속에서 오는 반항감 그리고 다른 사람들에게 거짓말을 하고 속여야 하는 긴박한 필요를 묘사한다. 그는 이러한 정신병질은 치명적인 적들에게 둘러싸인 느낌일 것이며, 그의 인생 경험은 이런 믿음을 확신시켜 준다고 결론지었다. 비록 이것은 이러한 정신병적인 것보다는 피해망상증 환자를 기술하는 것에 가까워 보이지만, Greenwald는 정신병은 생존과 즉각적인 만족을 추구하는 것 이외에는 희망이 없다는 결론을 통해 적들에 대처한다는 점을 강조한다.

Greenwald의 유추는 매우 주목할 만하고, 특별히 이런 개인들을 치료하면서 종종 나타나는 편집증적 특징들을 고려할 때, 정신질환자의 행동과 많이 맞아떨어진다고 볼 수 있다. 그러나 나치 독일 속에 떨어진 유대인으로 설명한 그의 유추는 매우 두려운 것이다. 반면에, 정신질환자들의 내부 세계를 명확히 설명하기 위해서는 한 가지 더 중요한 요소가 있다. 그것은 괴롭고 항상 존재하는 두려움에 의해 동기화되는 개인에게 있어서 그 내면을 지배하는 힘이라고는 보기 힘든 요소이다.

그 요소는 바로 적대감이다.

오직 화를 내면서 거절당하거나 또는 관심을 못 받은 아이들은 격렬한 분노에 둘러싸여서 자라난다. 그리고 특히 세상 사람들이 정말 자신에게 관심을 갖지 않는 것처럼 인식할 때 세상에 보복하고자 한다. 결국 정신질환자의 행동은 적대감으로 이어지게 된다. 다른 사람의 감수성을 교묘히 조작하는 것, 다른 사람들을 냉정하게 이용하는 것, 쉽게 문명화된 행동 규칙들을 어기는 것, 오직 자기를 먼저 생각하고 다른 모든 사람들을 두 번째로 생각하는 것, 그들을 도우려는 사람들에게 무관심하고 냉정하게 대하는 것과 같은 행동들은 용서할 수 없는 분노로 가득 찬 사람들의 행동이다. 그러므로 세상은 지속적인 두려움의 경험으로 표현되기보다는 개인의 분노를 발산하고, 충동을 만족시키며, 다른 사람들을 이용하는 끊임없는 기회를 경험하는 곳으로 여겨질 수 있다. 어떤 사람이 접근하게 되면 이런 사람들은 정말로 불편함과 불안을 느낄 것이다.

만약 독자들이 이러한 심리적인 대혼란을 공감할 수 있다면, 인간적인 방법으로 이런 정신질환자들에게 관심을 가지며 일상적으로 다가가는 시도를 한다고 해서 그들이 변화하지는 않는다는 사실을 이해하길 바란다. 독자들이 그들의 마음을 공감할 수 있다고 말하려면, 독자 자신을 탐색하고, 사람들을 조종하며 충동을 만족시키고 무엇보다 세상에 대해 보복하려고 하는 그런 특징들이 자신 안에 미세할지라도 있다는 것을 알아차리고 발견할 수 있어야 한다. 이런 공감에 다다른다면 독자들은 정신질환을 단순히 그들의 행동의 결과라고 말해 버릴 수 없을 것이다. 그리고 이때 건설적이고 도움이 되는 치료법을 가능하게 하는 이해를 얻었다고 볼 수 있다.

품행장애 부진 학생의 다른 일반적인 예는 병리적 범죄에 비해 덜 심각하나 많은 대인관계에 있어서나 개인 내적인 감정 면에서 많은 유사한 특징을 공유한다. 이런 사람들은 세상에 대해서 화를 내며, 사람들이 이용되는 존재라고 믿는 사람들이다. 그들은 진실을 왜곡해서 생각하며, 다른 사람과의 친밀한 관계를 피하며, 결과를 생각하지 않고 즉각적인 욕구를 만족시키려고 시도한다. 그들은 자신들의 행동을 그들의 즉각적인 욕구에 비추어 생각하거나 또는 어떤 방법을 써서도 그 시기에 행동을 합리화시키기 때문에 죄의식을 느끼지 않는다. 공부하고 좋은 성적을 얻는 것은 그 순간에 즉각적인 이득이 없기 때문에 단지 귀찮은 일로 받아들여진다.

독자들이 이런 방법으로 세상을 바라보는 것을 상상해 본다면 품행장애 부진 학생의 마음을 유사하게 이해할 수 있을 것이다.

감별진단기준

A. 배경 정보

우리가 일찍이 지적했듯이, 배경 정보를 통해 종종 고된 가족사를 찾아볼 수 있다. 그리고 그러한 가족사에는 가정의 파탄이나 약물문제 혹은 그와 비슷한 문제 등이 있다. 품행장애 아동의 아버지는 극단적으로 아이를 거부하는 성향을 보인다. 그들은 품행장애 아동의 모든 것을 비난하고 독설을 내뱉으며(신체적이 아니라면 언어적으로), 그들의 아이들이 행동하는 것이나 말하는 것이 무엇이건 간에 냉담한 반응을 보인다. 이러한 부모로부터 아이들은 어느 누구도 다른 사람을 좋아하지 않는다는 것을 배운다. 그리고 자신이 얻을 수 있는 만족을 추구하는 것이 더 낫다는 것을 배우게 된다. 반면에, 품행장애 아동의 어머니는 죄책감을 느끼는 신경증 환자의 경향을 보인다. 그녀는 아버지처럼 아이에게 화를 낼 수도 있으나 아버지에 대항하는 무기로서 아이와의 관계, 즉 자신이 남편에 비해 얼마나 더 아이를 잘 돌보는지에 대한 전시 효과를 보이기 위해 아이와의 관계를 이용한다. 품행장애 아동의 어머니는 또한 자신이 아이에게 화를 내고 아이를 문제환경에 노출시켜 왔다는 것에 죄책감을 느낄지도 모른다. 자신이 아이를 문제환경에 노출시켜서 아이에게 문제가 일어났을 때는 어떠한 경우에라도 아이의 '책임을 면해' 주는 경향이 있다. 어머니는 항상 품행장애 부진 학생에게 변명을 만들어 주고, 문제로부터 벗어나게 해 주고, 많은 경솔한 행동을 너그럽게 봐준다. 이러한 부모로부터 아이들은 어느 누구도 조종당할 수 있다고 생각한다. 가끔 부모의 역할이 바뀌어, 어머니가 적대적으로 거절하며 아버지가 자신의 행동에 방어막이 되어 주는 경우도 있다.

B. 진단검사

반사회적인 행동이나 동기에 대한 솔직성을 유지하면서, 품행장애 부진 학생들은 자신들의 특성을 나타낼 수 있는 시험 항목에 지속적으로 반응을 한다. 예를 들어, 우리의 경험에 비추어 보면, 품행장애 부진 학생들은 전형적으로 다음의 Mooney Problem Checklist 문항이나 반사회적이고 충동적인 특성들을 진술하거나 시사하는 문항들을 선택할 것이다.

- 때때로 내가 응당 그래야 하는 만큼 정직하지 못하다.
- 학교를 그만두기를 원한다.
- 수업 시간에 부정 행위를 하고자 하는 유혹이 든다.
- 부모님은 나를 믿지 못하신다.
- 성행위에 지나치게 걱정한다.
- 어떤 것에 대해 충분히 심각하게 받아들이지 않는다.
- 내가 사람들에게 어떤 인상을 줄까 걱정한다.
- 곤경에 빠져 있다.
- 논쟁에 빠져 있다.
- 화를 낸다.
- 유혹에 빠져든다.
- 나쁜 습관을 고치려고 노력한다.
- 자아통제력이 부족하다.
- 가족끼리의 싸움이 잦다.
- 너무 흥분되어 있다.
- 내가 진정으로 하고 싶어 하는 것을 할 수 있는 기회가 너무 적다.

HSPQ에 의하면, 한 가지 성격 요인, 즉 I 요인(의심)에서 상당한 성 차이가 있다. 품행장애 남자아이는 척도에서 완고한 성향(tough-minded) 쪽으로 점수를 나타냈고, 여자아이는 민감하고 의존적인(sensitive and dependent) 쪽으로 결과를 나타냈다(Hartely, 1985). 독자는 제10장을 회상할지도 모른다. 이 결과는 과잉불안장애의 남녀 특징과는 상반된다. 게다가 의심 척도에서 품행장애 여자 부진아는 A 요인(마음이 따뜻함, 사교성이 풍부함)에서는 높은 점수를 보인다.

아마도 Duckworth와 Anderson의 연구(1984)에서 나타나는 가장 두드러진 특징은 MMPI 프로파일상 4번 척도(Psychopathic Deviate)가 높게 나타난다는 점이다. 때로 이것은 고전적인 4~9수준처럼 다른 MMPI 척도와 연결되어 있다. 다른 척도값들이 높아질 수도 있으나, 4번 척도 자체는 품행장애 부진 학생의 성격적 경향성을 측정하는 상당히 신뢰할 만한 지표가 된다. 로르샤흐 검사 같은 측정을 기반으로 한 품행장애 부진 학생에 대한 대표적인 결론은 다음과 같다. 어느 한 개인이 다른 사람에게 깊은 인상을 남기거나 협박을 하기 위해 속임수를 사용하거나 혹은 폭로하는 내용이나 방법 면에서 빈약한 판단을 보인다는 점을 포함하기도 한다. 또 다른 결론은 표면적이고, 거리가 있으며, 제한된 사회적 관계를 가지고 있다는 것이다. 품행장애 부진 학생은 부주의함과 환경에 대한 단순화된 견해를 가지고 있을 수 있다. 그들은 자신들을 둘러싼 세계를 일관되고 의미 있는 방법으로 통합하려는 시도를 회피하는 경향이 있다. 그리고 모든 이용 가능한 환경적 정보를 참고하지도 않을 것이다. 다른 로르샤흐 검사의 결론은 품행장애 부진 학생들이 비효율적인 지각과 태만한 사고를 지니고 있다는 것이다. 비록 정서적으로 억제되고, 완고하고, 융통성이 없을지라도, 일단 감정적으로 반응할 때는 적은 충동 통제력을 가지고 철저하게 그것을 수행한다.

TAT 1번 카드(바이올린을 가진 소년)와 관련된 품행장애 부진 학생의 대표적인 반응 예는 다음과 같다.

> John이라는 소년이 있었어요. John의 엄마는 자신의 아들이 항상 오케스트라에서 연주하기를 원했지요. 하지만 John은 그것에 질려 버렸어요. 어느 날 John이 엄마에게 매우 화가 났고, 바이올린을 벽에 내던져 버렸어요. 바이올린은 산산조각이 났고, 지금 그는 슬프고 허망해 보여요. 엄마는 John에게 보다 튼튼한 악기인 튜바를 손에 쥐게 했어요.

여기서 품행장애 부진 학생의 충동 통제력의 결핍은 심각하다. 분명히 이 문제에 대한 아동의 해결책은 자신이 충동 통제력을 키우기보다는 외부의 인적 자원인 어머니가 아동의 파괴적인 성향에 대하여 오히려 쉽게 망가지지 않는 더 튼튼한 악기를 선택하도록 하는 것이 된 것이다.

C. 면접 특징

1. 특히 문제 영역일 때, 학교 수행에서 나타나는 특성 및 관련 쟁점

학교 수행의 쟁점들은 품행장애 학생들에게 있어 즉각적인 유용성을 가지고 있지 않다면(즉, 급료 지불) 다른 어떤 것보다도 귀찮은 일로 여겨지게 된다. 품행장애 부진 학생들은 종종 그들의 상황과 동기에 대해 거의 자신의 성격과 상황을 과시하는 분위기를 만들 정도로 꽤 직설적이다. 다음 예의 내담자는 14세의 소녀이다. 그리고 상담자는 여성 치료자이다.

상담자: 요즘 학교생활은 어때?
내담자: 별로 잘 하지 못하고 있어요.
상담자: 왜?
내담자: 그냥 싫어서요.
상담자: 네가 좋아하지 않는 학교생활이 뭔지 궁금하구나.
내담자: 글쎄요. …… 차라리 일하는 것이 더 나을 것 같아요.
상담자: 일하러 가는 것이 낫다. 그런데 어떤 이유로 그렇게 하지 않니?
내담자: 음…… 전 지금 양부모님 집에서 살고 있어요. 양부모님은 제가 열여섯 살이 될 때까지 학교에 다니는 걸 원해요.
상담자: 그렇구나. 그럼 넌 그때까지 학교에 다녀야 하겠구나. 지금 몇 살이지?
내담자: 열네 살이지만 2주만 있으면 열다섯 살이 돼요.
상담자: 일찍 학교를 그만두는 것에 대해 허락을 받을 수는 없었니?
내담자: 말도 안 돼요. 그리고 난 더 이상 거기에 대해 말하고 싶지 않아요.

이미 내담자로부터 상담자의 인정을 필요로 하는 문제가 실제로 존재하지 않는다는 것을 감지할 수 있을 것이다. 몇 분 이내 그녀는 자신이 학교에서 잘 하고 있지 않다는 것, 학교를 좋아하지 않는다는 것, 학교를 떠나고 싶다는 것을 말했다. 이 모든 흥미 있는 이야기를 스스로 한 후, 그녀는 그것에 대해서 더 이상 말하고 싶지 않다고 언급한다. 진행되고 있는 의사소통 과정의 특성을 살펴보자.

확실히 그녀는 학교와 학업 수행에 관해 별로 걱정하고 있지 않다. 또한 그녀 자신이 자각하고 있는 것처럼 자기 스스로 자신의 상황에 대한 실제적인 통제가 불가능하다고 여기는 것은 품행장애에 대해 적절하게 설명해 준다. 게다가 직접적인 냉담함과 그녀의 상황에 대해 아주 솔직한 모습을 보여 준다.

우리의 경험에 비추어 볼 때, 그녀의 마지막 말은 전형적인 품행장애 부진 학생의 특성을 보여 주는 것으로 우리는 그것이 단조롭고 규칙적으로 발생한다는 점을 알 수 있다. 그것은 품행장애 아동들의 독특한 특성이다. 약간만 생각을 해 보고 대화과정을 상세히 들여다본 상담자라면 이 특성이 종종 품행장애 아동들에게서 발견되는 성격이라는 것을 쉽게 알 수 있을 것이다.

발췌된 이 대화의 끝부분에서 상담자가 문제 상황에 도달했음에 주목하라. 한편으로 "난 더 이상 얘기하고 싶지 않아요."라는 내담자의 거드름 피우는 말은 상담자가 강제적이고 노골적으로 밀어붙이지 않고는 중요한 주제를 진행하는 것이 불가능하게 만든다. 반면에, 내담자가 이 상황과 관련된 많은 정보를 자연스럽게 제시함으로써 상담자는 자연스레 관심을 갖게 된다. 상담자가 처해 있는 곤경은 다음과 같다.

만약 상담자가 양부모 가정의 상황에 대해 자세히 탐색했다면 품행장애 학생은 이러한 참견에 바로 당황할 수도 있고, 상담자의 참견을 이제 더 이상 자신의 감정에 관심을 갖지 않는다는 신호로 받아들일 수도 있다. 반면에, 만약 상담자가 내담자의 암시를 알아차리고 주제를 피한다면 그 문제는 여전히 상담자의 마음에 남아 있게 된다. 상담자와 내담자 둘 다 이것을 알고 있다. 호기심이 억제된 상담자는 면접에서 일종의 위선을 행할지도 모른다. 상담자는 주제에 흥미를 유지하고 있고, 따라서 개방하거나 정직하거나 진실하지 않다. 이것을 아는 품행장애 부진 학생들은 상담자가 개방하거나 솔직하지 않기 때문에 자신도 그녀를 신뢰하지 않는 것이 정당하다고 합리화하게 된다. 내담자는 그녀가 개방하지 않는데 자신은 왜 그래야만 하는가에 대해 의문을 제기할 수 있다. 따라서 상담자가 어떤 반응을 보이든지 개방적이고 솔직한 의사소통의 기회는 차단된다.

어떤 이는 앞의 해석을 비판할지도 모른다. 내담자는 토론을 종결시킬 것을 요구하지 않았는가? 내담자가 이 주제에 대해 편안하지 않은 것이 명백하지 않은가?

이것에 대한 대답은 다음과 같다. 만약 내담자가 정말로 얘기되는 주제에 대해 불편을 느꼈더라면 과연 면접에서 그 문제를 꺼내 놓았을까? 내담자가 몇 분 만에 꺼내 놓은 세부적인 내용들에 대해 다시 한 번 상기해 보라. 학교에서 잘 하지 못하는 것, 학교에 다니는 것을 좋아하지 않는 것, 일하는 것이 더 낫다는 생각, 양부모님의 가정환경, 학교에서 낙오시키지 않을 것 등이다. 이것은 더 이상 말하고 싶어하지 않는 사람이 한 말이라고 보기에는 너무 많은 정보라고 할 수 있다. 게다가 만약 그녀가 문제를 해결하기를 원한다면 상담자가 해결책을 제공할 때 왜 반응하지 않겠는가? 대신에 그녀는 당장은 그것을 거부했다.

상담자는 품행장애 학생을 다룰 때 계속해서 반복되는 문제를 발견할 것이다. 그것은 종종 학생이 부적절하거나 비도덕적인 행동에 대한 정보를 털어놓을 때 발생한다. 그러면 상담자는 일단 학생과의 라포를 형성하기 위해서 그 갈등에 동의하거나 위선적인 게임에 참여함으로써 상호작용을 하게 되든지 혹은 그러한 갈등 상황에 동의하지 않음으로 해서 완전히 라포를 깨뜨리게 되든지 하는 상황에 처하게 된다.

같은 면접의 후반부로부터 다음의 예에 대해서 생각해 보라.

상담자: 내가 이해하기로는 네가 작년에 수학 숙제를 하지 않은 것 같은데?

내담자: 네. 난 결코 어떤 숙제도 하지 않아요.

상담자: 그래. 그럼 지리학은 어땠니?

내담자: 휴-. 난 지리학, 지리 선생님을 좋아하지 않았어요. 그녀는 자신이 모든 것을 다 알고 있다고 생각하거든요. 난 그것이 결코 맘에 들지 않아요. (내담자는 흥분하는 것처럼 보인다.)

상담자: 그것이 너를 더욱 화나게 했니?

내담자: 네. 난 지금 두 달 동안 그 수업에서 아무것도 하지 않고 있어요. 그리고 많은 다른 수업에서도 그러고 있어요.

상담자: 네가 수업에 참여하지 않으면 무슨 일이 생기니?

내담자: 방과 후에도 학교에 잡혀 있어요. (미소)

상담자: 그러면 어떻게 하는데?

내담자: 글쎄요. 난 말을 많이 하지 않아요. 오늘도 어제 수업을 빼먹은 것 때문에 방과 후에도 잡혀 있었어요.

상담자: 학교에 잡혀 있는 것이 전부니? 그보다 더 심했을 때는?

내담자: 때로 저는 교실에서 쫓겨날 거라고 협박을 당해요. 하지만 난 아랑곳하지 않죠. 그것은 나에게 크게 중요하지 않거든요. 어쨌든 기본적으로는 선생님의 잘못이에요. 선생님은 나에게 항상 벌을 줘요. 다른 아이들은 그러지 않으면서.

상담자: 그래서 넌 그것이 부당하다고 여기는구나.

내담자: 네. 언제나 그랬어요.

예상대로 그녀에게는 수업에서 눈에 띄지 않고, 자신에게 초점이 맞춰지지 않는 한 어떤 숙제도 하지 않고, 수업을 빠지고, 방과 후 학교에 남아 있거나, 학교에서 퇴학당할 것이라고 협박하거나, 다른 사람들을 비난하는 것 등과 같은 장황한 문제를 가지고 있다. 우리가 생각했던 대로 그녀는 아직까지 상담자를 다른 범주에 포함시키고 있다. 따라서 라포를 유지하기 위해서 상담자는 그녀의 무분별함과 적대적인 방법으로 행동하는 것을 이해해 주거나 아니면 적대적인 방법으로 행동해야 한다.

게다가 어떻게 품행장애 부진 학생이 자신의 행동을 정의하는가에 주목하라. 그녀는 선생님이 다른 아이들은 빠져나가게 놔두는데 자신만 봐주지 않는다고 진술한다. 어쨌든 그녀의 행동은 받아들일 수 있는 것으로 만들어진다. 이것은 또한 품행장애에 대한 일반적인 생각이다. 즉, 모든 사람이 공정하지 않다는 가정을 하고 그들의 생각대로 행동하는 것을 정당화시키게 된다.

하지만 학교, 숙제, 학업 수행, 지적인 획득에 관한 질문들은 품행장애 부진 학생에게 별로 의미가 없다. 대신에 상담자에 대한 조종, 충동 표출, 부적절한 행동이라는 전형적인 품행장애의 문제들로 초점이 옮겨 가게 된다.

2. 가족관계의 특성

붕괴된 가정이나 분명한 학대가 있는 가정 출신의 아동이 아니더라도 전반적으로 이런 아동들의 가족관계는 대체로 갈등이 많고 부정적이다. 일반적으로 품행장애 부진 아동은 다른 사람들에게 하듯이 부모, 형제에 대해 무심하고 적대적인 태도를 보인다. 이 내담자는 자신의 파괴적인 가족사에 대해 말할 때 냉담하고 거의 무관심한 태도를 보임에 주목하라.

내담자: 글쎄요. 우리 엄마하고 아빠는 맨날 싸워요. 둘 다 술을 조금 많이 마시고요, 술을 마시고는 항상 무언가에 대해 논쟁을 해요. 때로는 아무것도 아닌 걸로도요. 이웃들이 경찰에 신고한 적도 여러 번 있어요. 난 우리 가족이 동네 사람들에게 꽤 문제가 있는 것으로 알려졌을 것 같아요. 숙모가 경찰에 전화를 해서 3일 동안 우리가 학교 가지 않은 것에 대해 얘기했어요. 그리고 그녀는 나에게 음식을 주었지요. 그리고 그들이 관여를 하였고 나는 어디론가 데려가졌어요. 우리 아빠는 자주 엄마를 때린 것에 대해 기소되었고, 그 동안 엄마는 우리를 돌보아 주지 못했지요. 엄마는 꽤 심하게 맞았어요. 난 2주에 한 번 정도 엄마를 봤어요. 우리는 다시 만날 날에 대해 이야기했지요. 오빠는 시카고로 가 버렸어요. …… 오빠의 존재 자체는 모든 사람에게 나쁜 뉴스였죠. 그는 항상 테이블이나 책상 위에 있는 돈에 눈독을 들였고, 항상 그 돈을 훔쳤어요. 아무도 그를 믿지 못했어요. 오빠가 집을 떠났을 때 우리는 기뻤어요.

그녀의 가족에 대해서 냉담하고 상대적으로 분리되며 비감정적인 태도가 있다. 그녀가 경찰로부터 부모님을 보호하려고 언급하는 부분을 제외하고는 약간의 따뜻함이나 상호교류 욕구의 단서가 없다. 그녀는 또한 자신의 여동생에 대해 보호하려는 느낌을 가지고 있긴 하다.

3. 사회적 관계의 특성

일반적으로 품행장애 부진 학생들은 자신과 비슷한 품행장애 부진 학생들과 어울린다. 이 관계를 논하는 과정에 있어서, 그들 사이의 관계는 진실한 관계라기보다는 갱 집단의 성격을 띤다. 그리고 그들에게는 항상 불신의 요소가 존재한다.

상담자: 정말? 친한 친구가 없다고? 어떤 이유로?

내담자: 내 친구들은 나에게 있어서 모두 똑같아요. …… 당신도 친구가 한 명보다는 더 있어야 해요. 가장 친한 친구 한 명을 갖는다는 것은 어리석은 짓이에요. 나는 꽤 가까운 친구들이 여러 명 있긴 하지만 가장 친한 친구는 없지요. 그

것은 이득이 없잖아요.

전형적인 품행장애아의 직설적임과 더불어 그녀는 자신이 너무 가까운 친구관계에 대해 불편함을 느낀다고 말한다. 그리고 그것은 확실히 피하고 싶은 것이라고 말한다. 그녀는 심지어 남자친구와의 관계에 대해서도 직접적으로 조정한다.

상담자: 남자친구에 대해 말해 줄 수 있니? 그는 어떤 사람이야?
내담자: 글쎄요. …… 일단 잘생겼어요. 스스로 독립해서 일을 하고 있고요. 열아홉 살이고요, 차도 있고요. (미소)
상담자: 그리고 무엇이 생각나니?
내담자: 글쎄요…… 없어요…… 정말로. 그는 나를 좋아하고 내가 사랑하도록 만드는 것을 즐겨요.
상담자: 그래서 함께 자기도 했겠구나.
내담자: 예, 여러 번이요. 정말 좋았어요.
상담자: 피임을 위해 어떤 예방 조치를 해 본 적이 있니?
내담자: 가끔요. 다른 때는 운이 좋았나 봐요. 게다가 난 지금 아이를 원하지 않아요. 어쩌면 영원히 원하지 않을지도 모르죠. 난 그와 함께 오랫동안 머무를 수 있다고 생각하지 않아요. 전 단지 그가 음악에서 만나는 사람들과, 예를 들어 밴드부나 그런 것을 통해 나를 진정으로 연결시켜 주기를 바랄 뿐이에요.

4. 학생들의 자아인식과 감정의 특성

우리는 여러 번의 믿을 만한 인터뷰의 특징으로 품행장애 부진 학생들은 자신의 상황을 길고, 연루된 듯하고, 복잡한 이야기로 설명하는 성향이 있다는 것을 알게 되었다. 상황에 따라서는 너무 복잡하고 헷갈려서 상담자가 내담자의 의도를 의심하는 단계까지 오기도 한다. 상담자는 자연스럽게 이야기를 파악하기 위해 누구한테, 언제, 왜, 어떻게 이야기가 전개되었는지 알고 싶어 한다. 우리의 경험에 의하면, 무관한 이야기 흐름으로 내용을 이해하는 부분에서 내담자의 관계 유형이나 상호작용에 의해 방향이 틀어지기도 한다. 이러한 품행장애 이야기를 거짓과 사실 사이에서 풀어내는 것은 아직 우리한테 쉽지만은 않다. 하지만 이러한 이야기들이 존재하는 사실과 우리가 후속 조치를 하고자 하는 경향은 이 내담자가 품행장애 종류의 성격이 있음을 비교적 신뢰할 수 있게 시사한다.

품행장애 부진 학생들은 즉각적인 보상이 있을 때만 자신들의 방법을 바꾸려고 한다. 예를 들면, 위탁 아동이 자신의 위탁 가정에서 쫓겨날 것 같은 위협이 있을 때 행실을 더 바르게 하는 성향이 있다.

내담자: 저의 수양엄마는 사실 그냥 그래요. 그녀는 더 이상 문제에 개입되지 말라고 저한테 말하고요, 그것이 상황에 조금 도움이 될지는 몰라요. 그녀는 내가 학교에서 정학을 받는 그날이 집을 떠나야 하는 날이라고 말했어요!

상담자: 그래, 그럼 요점은 당신이 정학을 받으면 안 된다는 말이네. 그렇다면 수업을 빼먹는 단계에서 정학을 받을 수 있나?

내담자: 아뇨, 아닌 것 같아요. 아직 저한테 학교에서 그렇게 경고를 준 적도 없어요. 경고를 받으면 그 수업에서 정학을 받는 것에 가까워지죠. 그때가 되면 내가 더 똑바로 행동할 거예요. 난 정말 양부모님의 집에서 떠나기는 싫거든요.

이 내담자한테 확실한 것은, 그녀의 필요성(이 경우 위탁 가정에서 쫓겨나지 않는 것)에 의해 목적이 확고할 때 나쁜 행실(이 경우 수업을 빠지는 습관)을 바꿀 것이라는 점이다. 이러한 노골적인 조정하는 행동은 품행장애 성격의 확실한 단면을 보여 준다. 바로 양심이나 도덕적인 부분의 결핍이다. 그녀의 상황에서는 더 큰 가치들(공평성, 정직성, 이타심)은 있지 않다. 그녀의 결정은 현재 충동적인 필요성을 맞춰 가는 신속성과 편의성에만 집중되어 있다.

이 내담자가 언급한 거의 모든 부분은, 예를 들어 남자친구와 잠자리를 하는 것과 수업을 안 빼먹어야 하는 이유와 같이 현재의 필요한 부분에만 굴복하고 있다. 품행장애아들은 상담자에게 자신의 무분별한 행동에 대해 노출할 준비가 이미 되어 있다는 점에 대해 주목하라. 우리는 이 점이 감별진단의 신뢰할 만한 기준이 된다는 점을 알게 되었다. 사실, 품행장애아들은 자신들의 표출 행동에 대한 문제들을 어렵지 않으면서도, 과도하게 말하고, 자랑 섞인 고백을 끊임없이 하기도 한다. 품행장애 부진 학생들은 자신들의 행동에 대해 쉽게 말하지 않을 수도 있다. 그러나 만일 그렇게 할 경우, 그것은 경험 있는 상담자에게는 거의 확실한 진단의 신호가 된다.

자아성찰적 자아개념은 품행장애아들이 일관되게 피하고자 하는 영역이다. 내면의 정서적 삶에서, 그들은 자신에 대해 깊은 자기부정적인 의견을 지니고 있으며 이로 인해 자신들이 가치 없는 존재라고 믿게 된다. 즉, 자신들이 아주 사소한 친절을 받을 만큼의 가치도 없고, 진정한 성취를 이룰 능력도 없고, 어떻게 얻어진 성공이든지 받을 만하지 못하다고 생각한다. 면접에서 흔히 이런 부정적인 자아개념이 생기게 되는데, 지나가는 말로 별로 중요하지 않은 듯이 말을 한다. 이런 언급에 대해 주의하는 상담자라면, 면접에서 자주 그리고 일관되게 그런 언급이 있다는 것을 알게 될 것이다.

상담자: 내가 네 여자 친구들 중 한 명에게 네가 어떤 사람인지 묻게 된다면, 그들이 나에게 무슨 말을 할 것 같아?

내담자: 글쎄요. 나쁜 년이라고 하지 않을까요? 아니에요, 잘 모르겠어요. (웃음)

상담자: 그렇게 말하진 않을 거야.

내담자: 아니요, 내가 좋은 아이였다고 말할지 모릅니다.

상담자: 너도 그렇게 생각하니? 너도 자신에 대해 친구들처럼 얘기할 거야?

내담자: 저는 제 자신이 변덕스러운 사람이라고 말할 거 같아요.

상담자: 뭐가 너를 그렇게 만드니?

내담자: 제각기 다른 여러 사람이요. 아시겠지만 '어떤 사람'들은 당신에게 친절하게 굴지만, 주변을 다시 돌아보면 그들은 당신에 대해 수군거리고 있지요.

자기비하적인 언급("나쁜 년")을 할 뿐만 아니라, 다른 사람들이 자신을 대하는 방식에 대한 얘기로 화제를 바꿈으로써, 자신에 대한 스스로의 인식에 대한 언급을 회피하고 있는 것에 주목하기 바란다. 이는 전형적인 품행장애아들의 방식이다. 사실, 대화 내용이 시사하는 바는 그녀가 누구도 믿지 못하고 있다는 점이다. 가정해 보건대, 상담자는 '어떤 사람'(바로 그 시점에서 그녀를 친절하게 대하고 있는)이므로 결국 그녀는 자신이 상담자를 믿지 못하고 있다는 얘기를 하고 있는 것이다.

이 장에서 다루고 있는 품행장애 부진아의 특성이 면접 전반에 걸쳐 나타나고 있다. 상담자가 화제로 삼는 내용이 뭐든지, 품행장애아들은 재빨리 여기서 기술되는 문제, 즉 즉각적인 충동 만족, 타인 조정, 행동의 가치와 규율을 무시하기, 현재 문제에 대해 다른 사람 탓하기, 부적절한 행동의 지속, 여러 상황에 대한 장황하고 뒤엉킨 얘기 등으로 화제를 바꾼다. 이런 성격구조에 대해 주의하는 상담자는 이런 문제들이 적절한 진단의 신뢰할 만한 지침이 될 수 있다는 사실을 알게 될 것이다.

5. 미래에 대한 내담자의 지각과 계획

품행장애 부진아들은 미래에 대한 계획이 거의 없다. 진로목표에 대한 질문을 받으면 어깨를 으쓱한 후 "글쎄요, 잘 모르겠어요."라든가 혹은 "자동차 정비사요. 뭐든 잘할 수 있는 게 없거든요."와 같은 자기비하적인 말을 한다. 자동차 정비사라는 직업이 열등한 직업이라는 의미는 아니다. 다만, 이런 표현을 통해 자신들이 근본적으로 좋은 점이 없고, 따라서 자기가 가진 재능이나 능력으로는 뭔가 가치 있는 일을 성취할 수 없을 거라는 생각이 마음속 깊이 자리 잡고 있음을 볼 수 있다.

미래에 대한 계획이 있는 것 같아 보이던 앞서의 품행장애 부진 여학생의 예를 살펴보자.

내담자: (미래 직업에 대해 질문을 받은 후) 저는 여기서 나가게 되면 여배우나 가수가 되고 싶습니다. 제 남자친구가 저를 음악 밴드 같은 곳에 소개시켜 준다고 했어요. 그렇게 되면 저는 제 일을 시작할 수 있습니다.

상담자: 여배우나 가수가 되려는 네 꿈에 대해 같이 얘기해 보자. 오랫동안 그런 직업을 갖는 꿈을 꿔 왔니?

내담자: 글쎄요. 저는 원래 노래 같은 걸 하는 게 좋았어요. 그렇지만 아니요. 이런 꿈은 요 근래 몇 년 사이에 갖게 된 거 같아요. 사실, 그렇게 되는 것이 별것은 아니죠. 그러니까 제 말은 그 일을 하기 위해 제가 뭐 준비 같은 걸 한 건 없다는 뜻이에요. 하지만 제 남자친구가 끈이 있어서 저를 연결시켜 준다고…….

상담자: 네가 원하는 목표를 이루기 위해 네게 앞으로 필요한 훈련이 뭐라고 생각하니?

내담자: 글쎄요. 관련 수업을 받아 본 일이 없어요. 정말 필요하다고 생각하는 건 없

어요, 제대로 된 사람과 연결만 된다면. 사실, 제가 몇 가지 배운다고 하면 다닐 만한 학교가 한둘 있기는 해요.

상담자: 네가 25세가 되면 무슨 일을 하고 있기를 바라니?

내담자: 돈, 오디오 스테레오, 좋은 코트, 빠른 자동차 같은 걸 갖고 있으면 좋겠어요. 제 노래나 연기로 유명해지길 바라요.

이 내담자의 경우 분명한 미래의 목표가 있는 것 같지만, 계획에 따라 오랜 시간 노력해서 얻을 수 있는 목표라기보다는 환상에 가깝다. 그녀는 뭔가 자신이 이루고자 한다면, 그것은 다른 사람을 조정하거나 연줄 같을 것을 통해서나 이룰 수 있을 거라고 느끼고 있는 것이 분명하다. 품행장애 부진아들은 자신들에 대해 상당한 부족감을 느끼며 이로 인해 자신들의 특정 사고 양식에 따라 나름대로 부족감을 메우기 위한 합리화 노력을 하게 된다. 자신의 능력, 훈련 내용, 교육, 재능 등에 대한 질문에서 그녀는 거의 회피 반응을 보이고 있다. 악보를 볼 줄도 모르고 좋은 목소리도 없지만, 음악을 듣는 좋은 청음력은 있다고 언급한 부분을 제외하고는, 재능은 거의 가치 없는 것이라는 암시가 그녀의 언급에 명확히 나타나 있다. 나름의 재능을 인정하고 있는 이 부분에서조차도 기술 습득이나 꾸준하고 반복되는 노력을 통해 초견 능력(악보를 읽는 능력) 같은 것을 익히려는 의지도 없어 보인다. 사실, 초견 능력은 타고나는 재능이라기보다는 학습되는 것이다(모차르트 같은 경우는 제외하고). 품행장애 부진아들은 학업 기술을 습득하는 데 필요한 능력과 인내력을 자신들이 지니고 있다는 점에 대해 거의 인정하지 않는다.

◆ 실제적 진단

품행장애 부진아들의 성격 특성은 개인별로 차이가 있다. 어떤 경우 이들은 드러내 놓고 반사회적 행동을 보이지는 않는다. 그러나 전형적인 조작적 대인관계 모습을 보인다. 어떤 경우에는 권위적인 인물과 드러내고 갈등하는 시점에서 표출 행동을 하지는 않는다. 어떤 이들은 극도로 공격적이고 적대적이며, 어떤 이들은 그보다는 덜 도발적이고 반항적이다. 비록 또래나 집단의 권위적인 인물로부터 비난을 받기도 하지만, 어떤 이들은 응집력 있는 또래 집단에 참여하기도 한다. 반면, 어떤 이들은 또래 집단에 참여하지 않는다. Safer(1984)는 품행장애 청소년들이 집단 내에서 보이는 증상의 심각도에 대한 차이를 연구했다. 어릴 때, 반사회적 행동을 보이는 이들은 중학교 연령에 이를 때까지 심각한 학업문제나 사회적 문제를 지니는 경향이 있다. Rutter(1980)는 발달 초기에 품행장애를 보이는 품행장애 청소년들의 경우 나중에 그런 행동을 보이는 청소년들에 비해 학업에 어려움을 더 크게 겪는다는 사실에 주목한다.

DSM-III-R(p. 56)은 선행 연구에 기초해서 품행장애를 세 가지 기본 형태로 구분하고 있다. 이 형태에는 ① 집단 유형(312.20), ② 개별 공격 유형(312.00), ③ 분류되지 않는 유형(312.90)이 포함된다.

진단가는 품행장애 부진아들이 오진단을 가져올 수 있는 행동을 한다는 사실에 주의해야 한다. 예를 들면, 어떤 이들은 수많은 학습부진의 이유를 핑계로 대기 때문에 상담자가 학업문제로 인한 부진아(제12장 참고) 정도로 오진을 하게 되는 경우가 있다. 대개는 이런 변명들이 상담자를 속이려는 계획된 시도일 때 더욱 그렇다. 이런 변명이 가짜인지 또는 진짜인지는 진단상 구분이 되지는 않는다. 부진아나 품행장애 부진아 양쪽의 변명이 모두 외부 귀인(학습부진에 대해 외부 요인을 탓하기) 요소를 지니고 있다. 다른 품행장애 부진아들은 학교에 대한 반감이나 충동 표출에 대한 욕구에 대해 너무 솔직한 나머지 정체성 확립을 위해 애쓰는 정체성 장애 학습부진자(제13장 참조)로 오인될 수 있다. 비난이나 책임을 외부의 탓으로 돌리거나 권위에 저항하는 것은 (적대적) 반항장애(반항성 도전장애) 부진자(제14장 참조)라는 오진단을 가져올 수 있다. 여기서 주요 문제는 ① 다른 사람의 기본 권리가 침해되어 왔는가, ② 품행장애 부진 진단에 대해 지지를 제공하는가 하는 것이다. 상담자는 면접하는 동안, 품행장애 부진자의 조종 행동, 얕은 관계 형성, 널리 용인되는 사회적 가치감의 부족 그리고 다른 종류의 전형적 특성에 주의를 해야 한다.

우리의 경험이나 Greenwald(1967) 같은 다른 연구자들의 경험에 비춰 볼 때, 성취도가 높은 품행장애 학생은 심리학자 및 다른 전문가들의 주의를 끌지 못하는 이유뿐만 아니라, 이들이 품행장애 상태에서 성취를 할 수 있는 가능성은 거의 없다고 보는 이유로 인해 거의 진단되지 않고 있다. 성취도가 높은 품행장애아들은 오히려 대인관계에 미치는 이들의 조작적인 관계 패턴으로 인해 전문가의 주의를 끌게 되는 경우가 많다. 예를 들면, 성공한 품행장애인들에게 끌린 초기의 많은 사람은 이런 사람과 친밀하고 지속적인 관계를 맺기 어렵다는 점으로 인해 환상에서 깨어나게 된다. 이런 파괴적 결과로 인해 품행장애인들은 결혼상담이나 그와 유사한 치료에 참여하게 된다.

✹ 감별처치에 대한 고려사항

그동안 이 문제의 적절한 치료 양식에 대해 다룬 문헌들에서 많은 논쟁이 있어 왔다. 그 논쟁에는 이 문제를 심리치료의 범주 내에서 다루는 것이 효과가 있겠는가에 대한 의문도 있었다.

Robert M. Lindner의 『Rebel Without A Cause』(1944)는 여전히 정신병리적 성격에 대한 심리치료서의 고전이다. 그는 최면을 주요 접근으로 활용했다. 최면이 치료 양식으로 광범위하게 신뢰를 얻은 것은 최근의 일이다. 그러나 오늘날도 최면은 행동주의, 내담자 중심주의, 또는 인지주의와 같은 심리치료 접근들처럼 광범위한 문제의 치료에 사용되는 것 같지는 않다. Lindner의 설명은 멋지고 효과적이다. 그러나 상당히 독특한 치료 접근이다.

전통적인 개인이나 집단 심리치료나 기관 입원치료, 심지어는 약물치료 접근까지 포함한 이 모든 접근은 반사회적 성격 치료에 상대적으로 효과가 적은 것으로 나타났다. 심리치료의 경우, 거의 모든 개인 혹은 집단 경험은 반사회적 성격자들이 부족한 대인관계 경험에 대한 참여 혹은 관여를 요구한다(Freedman, Kaplan, & Sadock, 1976). 경우에 따라서 단일사례 연구에서는 성공 사례가 보고되고 있다(McCord & McCord, 1964).

정신병리적 성격에 대한 Greenwald(1967)의 치료 접근이 호소력을 지니는 것은 환자의 유형에 따라 기존의 치료 접근을 단순히 변형시킨 것이 아니라 환자의 특정 성격의 독특한 필요에 부합하는 구체적 절차를 만들어 냈다는 것이다. 그가 권하는 치료 접근은, ① 정신병리의 근본 동기(예: 돈 또는 지위에 대한 욕구)를 찾아서, 환자에게 ② 그러한 욕구를 충족시키기 위해 건전하고 효과적인 방법을 가르치고,

③ 충동 통제 기술을 익힐 수 있다는 자신감과 기술을 강화하고, ④ 결국 의존, 불안정성, 분노 등과 같은 내재된 문제를 극복하도록 지지하는 것이다.

우리는 품행장애 부진아가 상담자로 하여금 제 기능을 다할 수 없도록 만드는 조종적인 관계가 치료의 중요한 핵심이라는 것을 알게 되었다. 품행장애 내담자는 반사회적 표출 행동들을 상담자와 공유하려고 하며 종종 그러한 행동의 외견상의 좋은 점에 대해 은연중에 상담자의 동의를 구하려 한다는 것을 기억해야 한다. 신뢰감을 유지하기 위해서, 상담자는 내담자의 사고 방식을 수용함으로써 명백한 가치 판단을 억누르며 위선적이고도 부정직한 방식 속에서 상호작용하거나, 아니면 그 행동의 부당함에 맞서는 것으로써 지지적인 관계가 아닌 적대적인 관계를 형성하게 되는 기로에 선다. 어떤 경우든지 행동장애는 또 다른 인간과 순수하고 개방적이며 솔직하고 지지적인 관계를 직면하게 될지 모른다는 불편한 전망을 피할 수 있게 된다.

우리의 경험에서 상담이나 치료(단순히 진단에 반대되는 것으로서)의 경험이 있는 상담자는 그것이 발생할 때마다 그것을 말로 표현하여 이러한 관계를 다룰 수 있다. 치료자는 품행장애 부진아들이 반사회적 행동을 용인하는 것이 치료자로 하여금 거짓말을 하게 하거나, 아니면 자신들과 맞서는 관계에 처하게 만든다는 점에 대해서 지적해 줄 필요가 있다. 치료자는 이 중에 어떤 것도 받아들일 수 없다는 것을 강조해야만 한다. 왜냐하면 치료자가 하려고 하는 것은 그 학생과 협력적인 관계를 이루려고 하는 것이기 때문이다. 치료자는 이런 관계가 학생에 의해서 만들어지고 있다는 것을 지적하고 그런 관계를 맺기 위해서 학생이 사용하는 정확한 언어들을 설명해 주어야 한다. Greenwald에 의해서 주창된 접근법과 결합된 이러한 방침을 따르는 상담자나 치료자는 개인심리치료든 집단심리치료든 품행장애 부진아들에 대해서 더 성공적인 치료 성과를 거두게 될 것이다. 이러한 기법과 접근법은 학생들의 충동에 대해 더욱 참을성 있는 태도를 길러 주며, 그들에 의해서 조종될 가능성을 더 줄여 주기 때문에 치료자는 이러한 학생들을 치료하기가 훨씬 더 수월할 것이다. Reid 등(1986)은 훌륭한 에세이들을 많이 편집해 왔는데, 그중에는 이러한 부진아들을 치료하는 데 있어서의 난해한 역전이 문제를 다룬 것들도 있다.

✸ 품행장애 부진 성인

품행장애가 성인에게 나타나는 형태는 DSM-III-R에 의해 반사회적 성격장애로 설명될 수 있을 것이다(301.70, pp. 645-650). 이러한 사람은 품행장애를 가진 청소년과 동일한 형태의 행동 패턴을 보여 준다. 마약, 알코올 중독, 거짓말, 공격적인 행동 등 DSM-III-R은 이 설명과 함께 수년간의 적절한 직업 수행 유지에 있어서의 실패도 포함한다. 그리고 우리가 관심을 갖는 것은 바로 성인으로서의 품행장애의 이러한 측면이다. 성인으로서의 이러한 사람들은 좋은 첫인상을 만들기 위해서 보통 매력과 카리스마를 가지고 있는 것으로 보일 수 있다. 그러나 계속적인 접촉으로 품행장애의 부정적인 자질들이 드러난다. 그러므로 직업 수행은 보통 유망하고 인상적으로 시작된다. 이러한 사람들은 많은 성취가 그들에게 기대되는 시점까지는 그 일에 대해 면접에 잘 응한다. 그들은 넘치는 에너지, 인상적인 이력서, 다른 추천서들, 명백한 유능함(적어도 그들이 말하는 총명한 방법으로부터) 등에 영합하는 태도들을 가지고 있다. 요약하자면, 이런 사람들은 그들 스스로를 잘 포장할 줄 아는 사람들이다.

그러나 이러한 밀월 기간은 비교적 짧게 끝난다. 그들은 곧 충동적인 면을 보이기 시작한다. 그들은 거짓말을 하거나 진실을 과장한다. 그들의 배경 서류들 중 어떤 것들은 거짓으로 판명된다. 그들은 제시간에 업무를 완수하지 못하며, 왜 그 책임이 다른 사람에게 있는지를 설명하는 그럴듯한 이야기를 꾸며 낸다. 그들은 무관심하고 적대적인 태도로 동료 직원들을 화나게 한다. 한편, 이성의 동료 직원을 성적으로 유혹하기 시작한다. 그 행동이 무엇이건 간에 그것은 더욱더 파괴적으로 변해 간다. 그리고 너무나 빈번히 잡담을 위해서 상사의 사무실을 방문한다. 마침내 일을 망쳐 놓고 거의 모든 사람을 이간시키는 일을 하고 나면 그들은 거의 해고당할 시점까지 다다르게 된다.

그러나 많은 성인이 이러한 특성을 어느 정도 혹은 전부 가지고 있으며, 그렇다고 다른 사람과의 삶이나 직업에서 파괴적이고 부진한 것은 아니다. 예를 들면, 다른 사람을 배려하고 좋은 관계를 맺는 기술을 가진 사람이 이러한 품행장애의 매력과 조작 능력을 갖게 되면, 판매, 홍보, 인사, 노동 관련이나 다른 유사 직종의 영역에서 뛰어난 능력을 발휘할 수 있다. 그러면 우리 가운데 누가 자신의 목표를 성취하고 더 만족스러운 삶을 영위하기 위해 품행장애의 자기도취적 충동을 사용할 수 있을까? 많은 다른 삶의 영역에서처럼 그것은 균형, 가치, 선택의 문제가 될 수 있다. 그들은 이 장에서 예상했던 방식대로 행동하려는 충동을 느끼며, 품행장애의 자질들이 그들 삶의 모든 면을 지배한다.

우리는 임상 경험을 통해 반사회적 인격장애 특성을 보인다고 진단받은 사람들이 중년의 나이가 되면 그들 스스로 심리치료를 받으려고 하기도 한다는 것을 알게 되었다. 그러한 요구를 만들어 내는 주요한 쟁점들은 그 개인이 점점 더 증가되는 사회적 고립과 외로움을 느끼며 이전의 운영 방식을 유지할 만한 힘을 더 이상 가지고 있지 않다고 생각하는 근심들로 인해 생긴 것이며, 이것은 그들의 과거 행동의 직접적인 결과물들이다.

제12장

학업문제(미성취 증후군) 부진아

◆ 일반적인 특징

1980년에 DSM 시리즈(DSM-III)에서 처음으로 '학업문제(V62.30)'라고 이름 붙여진 상태에 대한 설명이 나왔다. 짧은 설명이므로 여기에 옮겨 본다.

> 임상적 관심이나 처치의 초점이 정신장애가 아닌 학업문제일 때 이 범주가 적용될 수 있다. 예를 들면, 정상적 지능지수를 보이는 학생이 특정 발달장애(specific developmental disorder) 또는 다른 어떤 특정한 정신적 장애 없이 성적이 떨어지거나 심각한 학습부진을 보일 때 해당된다(APA, 1980, p. 332).
>
> [DSM-Ⅳ에서의 학업문제(V62.3): 이 범주는 임상적 관심의 초점이 학업문제일 때 사용된다. 학업문제가 정신장애에 의한 것이 아니며 설사 정신장애에 의한 것일지라도 이 문제가 별도로 임상적 관심을 받아야 할 만큼 심할 때 사용될 수 있다. 예를 들면, 적당한 지능을 가진 사람이 학업문제를 설명할 수 있는 다른 정신장애나 학습장애 또는 의사소통장애가 없는데도 심한 성적 저하나 유급을 당하는 경우이다.]

DSM-III-R에서는 이런 상태에 대한 다른 어떤 자료나 지침이 나와 있지 않다.

우리는 앞서 제5, 6, 8, 9장에서 지적한 바와 같이 이것이 발달이론 모형에서 미성취 증후군(non-achievement syndrome) 또는 NAS라고 부르는 것에 대한 간략한 설명이라고 생각한다. 이 문제를 자세히 연구했던 우리와 다른 연구자 및 치료자들은 학업문제 부진아(academic problem underachiever)에게 적용되는 부가적인 특성들과 증상 영역(권장할 만한 치료 접근법들뿐만 아니라)에 초점을 두었다. 대체로 다른 진단 범주에 대해서는 훨씬 많은 정보가 있기 때문에 우리는 이 책의 다른 어떤 유형들보다 학업문제 부진아에게 보다 많은 주의를 기울여야 할 것이다. 그러나 이 분야에 대해서 연구를 발표한 소수의 연구자를 제외하고는 이런 측면을 이해하는 사람이 거의 없다.

학업문제 부진아들에 대해서 부모나 교사, 상담자, 부진아 자신들이 말하는 전형적이고 일관된 설명은 이들 학생이 게으르고 동기가 결여된 채 끝까지 미루는 사람들이며 '만일 좀 더 노력하기만 했어도' 공부를 더 잘할 수 있었다는 것이다. 미루는 버릇과 같은 문제에 대해 물어보면 학업문제 부진아들은 대개 '다음번'에는 더 잘하겠다고 진지하게 약속한다. 하지만 분명히 이런 좋은 의도가 있어도 일관성 있는 성공적 행동은 거의 뒷받침되지 못한다.

교실 안팎의, 10세 이후 거의 모든 연령의 학업문제 부진아들은 '주위를 맴도는' 것처럼 보인다. 비록 기꺼이 운동이나 음악, 컴퓨터, 기계나 자동차 수리, 또는 단순히 사회적 활동에 시간을 보낸다고 할지라도, 그들에게는 삶의 목적의식이나 의미가 결여되어 있는 것으로 보인다. 그들은 일반적으로 인기가 있는 리더이기보다는 추종자이며, 반사회적으로 행동하는 일이 거의 없다. 사실, 평범한 성취 패턴을 제외하고 그들은 느긋하고 적응을 잘하며 친절하고, 심한 불안, 우울 또는 정신장애에 시달리지 않는다.

학업문제 부진아들은 도움을 요청하는 경우가 거의 없고, 조금만 더 노력하면 성적이 오를 것이라는 이야기를 듣는 경우가 가장 흔하다. 사실, 그들이 얻는 평가는 정확한 것이지만 성적이 오를 만큼 충분하게 또는 꾸준하게 노력하는 경우가 거의 없다. 그들은 상습적으로 미루고, 어려움이 닥치면 금방 포기하고, 대부분의 과제나 임무 수행에서 끝까지 해내는 것을 회피한다. 그들은 대개 스스로를 성찰하는 과정을 회피하고 정체감이 거의 없다. 그럼에도 불구하고 그들은 성적을 올리고자 하는 의도 면에서 그리고 만일 어떤 방해물이 중간에 나타나지만 않았다면 성취할 수 있었으리라는 믿음에 있어서는 진실되게 보인다. 그들을 괴롭히거나 걱정하게 만드는 것은 거의 없는 것처럼 보이며 그들은 학교에서뿐 아니라 삶의 전반적인 영역에서 그저 자신의 평범한 수행에 만족하는 것으로 보인다.

아마도 이런 학생들의 가장 대표적이고 뚜렷한 특성은 그들이 자신의 잠재력에 못 미치는 수행을 보인 이유에 대해서 끝없이 합리화하거나 변명을 한다는 점이다. 학업문제를 가진 학생들 중에서 이런 합리화는 전형적으로 다음과 같이 나타난다. 즉, 책을 잃어버린다거나, 엉뚱한 학습 자료를 가지고 시험 준비를 했다거나, 까다롭거나 포기한 선생님을 만났다거나, 원래 수학을 못한다거나 아니면 다른 과목을 못한다거나, 게으르다거나, 특정한 과목에 싫증이 났다거나, 너무 쉽게 흥미를 잃어버리거나, 집중을 못한다거나, 노트 필기를 잘 못한다거나, 시험에서 말도 안 되는 실수를 하는 등의 다양한 방식으로 합리화를 하는 것이다. 청소년이라면 누구나 이런 비슷한 종류의 변명을 한다고 치더라도, 학업문제 부진아들은 끊임없이 이런 식으로 말하며, 일관성 있는 학습부진 패턴을 드러낸다. 매일, 매달, 매 학년이 그들에겐 다 마찬가지이다. 이 장의 후반부에서 이런 변명거리들에 대해서 좀 더 다루게 될 것이다.

우리의 최근 연구(제8장 참조)에서는 학업문제 부진아들 중 약 80%가량이 부모 중 한 명 혹은 둘 다 학업성취와 교육에 가치를 두는 온전한 가정 배경을 가지고 있다는 것을 밝혔다. 우리는 모든 사회경제적 범주와 문화권을 아울러서 이런 학습부진 문제를 증명한 바 있다(Fraser, 1987). 이런 성격 패턴에 대한 고유한 가족 특성은 거의 발견하지 못했다. 학업문제 부진아들은 첫째일 수도 있고, 중간일 수도 있으며, 막내일 수도 있고, 혹은 외동일 수도 있다. 또 그들은 여러 종교, 민족, 인종 집단에서 나타날 수 있다. 그러나 각각의 학업문제 부진아들은 놀랄 정도로 일관성 있게 예상되는 설명에 부합되는 것 같다.

우리가 언급한 바와 같이, 그러한 개개인은 임상적 우울, 정신지체, 쇠약하게 만드는 심한 불안, 조울증과 같은 정신장애를 겪는 것이 아니라 상당히 안정된 경향을 보인다. 그들은 내적인 혼란으로 인해 정서적으로 분열된 것처럼 보이지는 않는다. 그들은 거의 한 번도 자살에 대한 생각을 가진 적이 없거나 공포증, 환각, 망상 또는 다른 전형적인 정신과적 증상을 보이지 않는다. 그들은 심각하게 반사회적이라거나 비행을 저지르지는 않는다. 그들의 모든 신체적 증상은 정상 범위 내에 있고, 그들은 학습장애, 주의력결핍장애, 또는 연계된 말하기, 듣기, 시각적 문제가 있다는 증거를 보이지도 않는다. 그러나 우리의 임상 경험으로 볼 때, 학업문제 부진아들은 때때로 학습장애의 양상을 보이며, 일부 학습장애 학생은 학업문제 부진아들의 동기적인 특성을 드러낸다.

미성취 증후군 또는 NAS(학업문제 부진아에서 비롯된 것으로 보이는 진단 용어)에 대한 설명이 처음으로 나왔을 때(Roth & Meyersburg, 1963), NAS 남학생 대 여학생의 비율은 6:1 정도로 여겨졌다. 그러나 이런 추정치는 평가 또는 상담에 의뢰된 학생 표본에 기반을 둔 것이었다. 보다 최근의 인구통계학적 자료에 기초한 평가(Hartley, 1985; Mandel, 1984; McRoberts, 1985; Phillips, 1987)에서는 학습부진(또는 NAS 학생들) 남학생 대 여학생의 비율이 1:1에 가깝게 나타났다. 인구통계학적 자료에서 학습장애가 아니며 신경학적 결손과 다른 기질적 문제가 없는 학습부진 고등학생이나 대학생을 임의로 뽑아 집단을 구성할 경우, 40~50%의 학생들은 공통적인 특성을 지닌다. 즉, 그 학생들은 예전 연구에서 미성취 증후군, 현재는 학습문제로 명명되는 성격구조를 갖고 있다. 나머지는 주로 이 책에서 개관한 것과 같은 다양한 성격장애 유형(과잉불안장애, 품행장애, 정체성 장애, 적대적 반항장애)을 나타낸다.

◆ 학업문제 부진아의 현상학적 세계

일반적으로 학업문제 부진아들은 교정, 상담, 부모의 개입, 또는 다른 접근법에서의 다양한 시도에도 반응하지 않았다. 여기에는 여러 이유가 있는데, 그중 가장 중요한 것은 이런 학생들이 동기나 성공적인 수행에 대한 내적 보상에 긍정적으로 반응할 것이라고 예상하였기 때문이다. 교사들, 부모들, 상담자들, 심지어 또래들조차 학업문제 부진아들이 어떤 형태든 성공을 맛보거나, 만일 그들의 흥미에 불을 당기는 어떤 것이 발견된다면, 이것이 그들의 잠자는 성공 욕구를 깨우고, 연이어 자발성이 나타날 것이라는 가정을 가지고 있었다. 말하자면, 이런 학생들은 동기가 부족하며, 그들에게 필요한 것은 동기부여를 할 수 있는 그 무엇이라고 가정했다는 것이다.

만일 이 학생들이 정말로 동기가 부족하지만 성취와 성공을 향한 동기를 숨겨 놓고 있다면 그들을 동기부여하기 위한 모든 수단이 적어도 어느 정도는 성공적이어야 할 것이다. 하지만 그렇지가 않다. 교사, 부모, 상담자, 다른 이들의 온갖 압력에도 불구하고 학업문제 부진아들은 학업 수행 면에서나 뚜렷한 동기 결여 면에서나 변하지 않는다.

그러나 학업문제 부진아들의 개인 내적 세계를 이해하는 데 있어서 가장 중요한 한 가지 요인은 그들이 동기가 부족한 것이 아니라 너무도 동기부여되어 있으며, 사실상 그들의 특정한 목표들에 대해서는 놀라운 인내, 헌신, 에너지, 명석함, 정교함을 가지고 성취해 낸다는 것이다. 하지만 이런 강한 동기는 형편없거나 평범한 정도의 수행을 계속하는 데에 목표가 맞추어져 있다. 그들은 실패하는 것을 원하지 않을지도 모르지만 분명히 성공을 가능한 한 멀리 회피하기를 원한다. 이것이 바로 이 학생들이 특출한 학업 성공을 보이거나 완전한 실패를 보이는 경우가 거의 없고 중간쯤 하면서 평범한 성적을 받는 이유이다. 그들의 학습부진이 가족과 학교의 상당한 압력에도 불구하고 너무도 집요하게 지속되는 것은 성취 결여 때문이 아니라 강력하고 압도적인 단 한 가지 목적에만 골몰하기 때문이다. 학업문제 부진아들에게 낮은 성적은 문제가 아니다. 그것은 문제를 해결한 것일 수도 있다.

그러면 대체 뭐가 문제인가? 무엇이 누군가가 실제로 학습부진을 추구하게 하고 학교에서(또는 그 일에 관해서라면 다른 장면에서든지) 좋은 성적을 받는 것을 피하게끔 만드는 것인가? 우리는 학업문제 부진아들이 매우 동기화되어 있을 뿐 아니라 비록 무의식이지만 그들의 동기와 행동이 능동적인 선택을 포함하고 있다고 믿는다. 이 학생들이 그들의 성취 수준이 통제력 외부에 있는 이유들 때문에 일어나는 어떤 것이라고 지각함에도 불구하고 실제로는 부진을 지속하고자 하는 능동적인 선택을 해 나가고 있는 것이다. 이유를 이해하기 위해서, 우리는 학업성취에 대한 이유를 살펴보아야 한다.

어떤 학생은 시험을 치기 위해서 주어진 모든 교재를 숙지하고, 관련 자료를 모두 암기하며, 개념과 이론을 이해하며, 필요한 모든 학습기술(수학 계산과 같은)을 익히며, 특정 유형의 시험(객관식, 논술, 수학)이 주어진다는 것을 예상하는 등 성공적으로 준비한다. 그렇게 준비한 학생은 시험을 잘 보며 좋은 성적을 받을 가능성이 매우 높다.

시험에서 좋은 성적을 받는 것은 무엇에 달려 있는가? 학생이 시험을 어떻게 준비했는지, 얼마나 많은 시간을 공부했는지, 낮 또는 밤의 어떤 시간에 준비했는지, 어디에서 준비했는지, 환경이 조용했는지 또는 시끄러웠는지, 학생이 드러누워(또는 서서 아니면 책상 앞에 앉아서) 공부했는지, 학생이 학기 시작부터 매일 공부했는지 아니면 시험 전날만 공부했는지는 문제가 되지 않는다. 학생이 그 과목을 싫어하는지, 무관심하고 지루해하는지, 혹은 굉장히 흥미 있어 하는지도 문제가 되지 않는다. 시험 문제가 미래의 진로와 직접적으로 연결되어 있는지 여부도 문제가 되지 않는다. 심지어 교사가 얼마나 유능한지 또는 무능한지도 문제가 되지 않는다.

시험에서 좋은 성적을 얻으려면, 오로지 학생이 시험을 얼마나 잘 준비했는지가 문제인 것이다!

결국 학교가 '현실 세계'에 대한 준비가 되려면 우리는 적어도 진짜 성취를 기대하기 위해서 조금이라도 노력을 해야 하고 교육의 과정에만 전적으로 머물러서는 안 된다. 만일 당신이 아이였을 때 장난감 블록으로 다리를 만들었는데 그 다리가 무너졌다면, 당신은 그것이 단지 놀이였기 때문에 용서받을 수 있다. 중요한 것은 당신이 보여 주었던 근면함이며, 당신이 그것에 대해서 어떻게 느꼈는가와 당신이 그것으로부터 무엇을 배웠는가이다. 그러나 성인으로서, 만일 당신이 건축가나 건설 기술자이고 당신이 설계한 다리나 건축물이 무너졌다면, 변명의 여지가 전혀 없다. 당신이 도면을 설계한 그날 몸이 안 좋았다거나 다리를 세우는 데 필요한 세부사항에 신경 쓰는 것이 싫증이 났다거나 하는 것은 문제가 되지 않을 것이다. 문제가 될 것은 당신이 얼마나 정교하게 혹은 부실하게 청사진을 준비했는지 또는 공사를 감독했는지이다. 부모로서, 당신이 그날 부모 노릇을 하는 데 흥미를 잃었다는 이유로 하루 동안 휴가를 주는 사람은 아무도 없다. 교사로서, 단지 그날 당신이 가르치는 것에 싫증이 난다는 이유로 수업을 빼먹는 것을 허락해 주는 사람은 아무도 없다. 성인들의 세계에서 직업인으로서, 흥미의 결여는 절대로 부실한 직업 수행에 대한 변명이 될 수 없다.

이러한 모든 노력에서의 성공은 높은 흥미와 교사의 지지 그리고 기타 등등의 요소에 의해서 보다 즐겁고 고생스럽지 않은 것으로 될지 모르지만, 성공에 있어서 정말로 문제가 되는 것은 적절한 준비와 실행이다. 흥미가 없이도, 유능한 교사가 없이도, 조용한 공부방이 없이도 그리고 넉넉한 자유시간이 없이도 성공할 수 있지만 아무도 적절한 준비와 실행 없이는 성공할 수 없다. 그리고 성취 또는 부진에 대한 선택이 내려지는 것은 적절한 준비와 실행의 문제에 달려 있다.

학업문제 부진아들은 학기말에 받는 성적이 그들이 얼마나 준비를 잘했는가, 얼마큼의 숙제를 완성했는가, 주어진 교재를 얼마나 많이 배우고 암기했는가, 시험 예상문제를 얼마나 많이 맞혔는가, 얼마나 제때 과제를 제출했는가, 얼마나 주의 깊게 읽었는가, 시험을 치르는 데 있어서 이러한 활동들을 얼마나 활용하였는가에 의해 직접적으로 결정된다는 사실을 잊고 있는 것처럼 보인다. 이런 것들은 실제로 해야 하는 일들이다. 이 활동을 회피하는 것은 하나의 선택이며(학업문제 부진아들에게 있어서 이것이 비록 무의식적이라고 할지라도) 이 활동을 회피하기로 선택하는 것은 실패 또는 평범한 수행을 선택하는 것이다. 만일 누군가가 준비를 안 했거나 시험을 치지 않거나 보고서를 내지 않았다면, 학습부진은 가능한 유일한 결과물이다. 학업문제 부진아들은 준비하지 않는다. 실행하지도 않는다. 이런 패턴은 매일매일의 학교 활동과 방과 후 숙제하기, 삶의 다른 측면들에 만연해 있다.

우리는 선택이 무의식적이라고 했는데, 이 무의식이라는 말은 반드시 Freud가 말한 대로 너무도 깊이 억압되어 있어서 몇 년 동안의 정신분석을 통해서만 지각표상을 의식으로 풀려나게 할 수 있다는 개념을 의미하지는 않는다. 바로 학업문제 부진아들이 동기와 의사결정 과정의 이런 측면을 의식하지 못하고 이러한 인식을 회피한다는 것을 의미한다. 비록 이것이 쉽사리 얻어지지는 않지만, 정신분석적 용어에서 인식은 무의식에 비해 좀 더 전의식적인 것이다.

그러나 의문점은 왜 학업문제 부진아들이 성공으로 이끄는 활동을 회피하고자 하는 그들의 동기를 인식하지 못하고 있는가이다. 이런 학생들은 왜 항상 학습부진에 대한 이유가 있고, 이런 이유들은 마치 그 학생들이 선택의 여지가 없거나 사건이 통제나 이해 범위를 넘어선 것처럼 보이게 만드는가? 만일 정말로 학습부진을 하려는 매우 동기화된 선택이 있다면 왜 그들은 그런 경향이 있는가?

우리는 그 답이 다음과 같다고 믿는다. 학습부진에 영향을 받는 학생들이 신중하고, 의도적이고, 강력하게 동기화된 노력을 하고 있다면 그들의 마음이 스스로를 속이는 것이다. 다시 말해서, 그들은 학습부진은 결코 선택이 아니며 실제로 통제 범위를 벗어난 힘의 산물이라고 자신을 확신시키거나 그런 척하는 똑같이 동기화된 노력을 하고 있는 것이다. 학생들은 실패를 선택하였고 그 실패가 선택이 아니며 단지 그들의 반응하거나 변화하는 능력 밖에서 일어난 어떤 것이라며 자신을 확신시켰다. 정교한 일련의 변명거리는 끝이 없어 보이는데, 학생들이 왜 실패하며 왜 그들이 실패에 대해서 책임이 없는가를 설명하기 위함으로 보인다.

그러나 이런 변명과 합리화를 자세히 들어 보고 학업문제 부진아들이 정말로 무엇이 일어났는가를 전혀 설명하고 있지 않으며 단순히 발생한 것에 대해 묘사하고 있다는 것에 주목해 보라. 전형적인 예로, 그런 학생에게 시험을 잘 못 본 것에 대해서 이유를 물어보면 대답은 아마도(우리가 그동안 수백 번도 더 들었듯이) "몰라요. 준비했다고 생각하고 시험 치러 갔는데요, 시험에 안 나올 거라고 생각한 단원들에서 문제가 왕창 나왔지 뭐예요."일 것이다. 대답을 보면 학생이 잘못된 내용을 공부한 것처럼 보인다. 그러나 만일 독자가 이 대답의 용어를 주의 깊게 살펴본다면, 왜 학생이 시험을 망쳤는가라는 질문에 대해서 이 대답은 진짜 설명이 아니라는 것이 분명해진다. 이것은 무엇이 발생하였는가에 대한 설명이다. 발생한 일은 학생이 해당 내용을 공부하지 않았다는 것이다. 질문은 왜 학생이 해당 내용을 공부하지 않았는가라는 것이다. 왜 그 학생은 특정한 내용이 시험에 나오지 않을 거라고 생각했을까?

다른 전형적인 예로는 학생이 특정 시험에서 '모든 학생이 점수가 나쁘기' 때문에 낮은 성적을 받았다고 대답하는 것이다. 표면상으로는 대답이 될 것처럼 보이지만 그렇지 않다. 이것은 그 시험에서 학급의 전반적인 성적 프로파일에 관한 설명이다. 왜 이 특정한 학생이 이 특정 시험을 망쳤는지는 대답하지 않았다.

실패에 대한 이런 변명들은 학업문제 부진아들의 사고 속에 스며들어 있지만, 그들이 시험을 못 보는 실제 이유들은 이런 것들이다. 그들은 적절하게 학교 공부를 준비하지 않거나 또는 그들이 준비한 것을 적절하게 실행하지 못한다. 변명과 합리화라는 학업문제 부진아들의 습관적인 패턴이 안타까운 것은 그들이 그것들을 믿게 된다는 데 있다. 변명거리들은 너무도 그럴듯해서 다른 사람들도 그것을 믿게 된다. 이것이 학업문제 부진아들이 변명을 늘어놓을 때 그토록 그럴듯해 보이는 이유이다. 그들은 그것을 믿고 있으며 따라서 고의로 악의적으로 거짓을 말한다는 의미에서는 거짓말하는 것이 아니다.

이런 심리적인 속임수들로 학업문제 부진아들은 스스로의 함정에 빠진 채로 헤어 나오지 못한다. 그들은 새로운 변명거리들을 대면서 또 다른 실패를 정당화시켜 버린다. 학생들은 이런 새로운 변명거리들을 진실로 믿어 버리고 자신이 성취를 하지 못한 것에 대한 하나의 이유로 사용한다. 학생들은 이렇게 변명을 대면서 실제 상황을 점점 더 이해하지 못하게 되고, 결국은 자신을 통제할 수 있는 감각 자체를 잃어버린다. 점점 그들은 가지고 있던 학습동기도 잃고, 이런 동기를 가지려는 선택조차 하지 못하게 된다. 결국에 이런 학생들은 자신들이 성취를 할 수 없도록 만드는 '어떤 것이 항상 일어날 것 같다'고 생각하면서 학교나 다른 곳에서 더 많은 책임을 회피하려고 하게 된다. 그러나 한 가지 다행인 부분이 있다. 이렇게 학업문제 부진아들이 변명을 늘어놓고 책임감을 가지지 못하는 문제에 대해서 다시 생각해 보면, 자신이 정말로 더 잘하기를 원한다고 의식적으로 생각하게 되면 이런 모든 것을 잘 할 수 있다는 것을 암시한다는 점이다.

왜 학업문제 부진아들은 학업 수행의 결과가 자신이 선택한 결과가 아닌 것처럼 행동하는 것일까? 왜 학생들은 실제로 얻은 점수에 대해서 자신에게 책임이 있다는 것을 부정하는 것일까? 왜 이 학생들은 단순히 "나는 좋은 성적을 받고 싶지 않아요."라고 말하고, 그냥 그렇게 내버려 두지 못하는 것일까? 실제로 좋은 성적을 받는 것이 인생의 전부는 아니다. 인생에서 다른 많은 가치 있는 목표를 추구할 수 있다. 그리고 학교에서 높은 성적을 얻는 것이 성취와 성공에 이르는 유일한 길은 아니다.

학업문제 부진아들이 학습부진에 대해 자신이 선택하지 않은 것처럼 얘기하는 이유는 스스로에 대해 생각하는 것을 피하려 하기 때문이다. 이들은 스스로에 대해 생각하는 것을 가장 하지 않으려고 하는 사람들이다. 이 학생들은 심각하고 깊이 있게 자신에 대해서 이야기하는 것을 매우 하기 싫어한다. 자신이 누구이고, 어디를 향해 나아가고 있고, 무엇을 계획하고 있고, 인생에서 누구와 함께 살아가길 원하고, 자신의 가치는 무엇이고, 추구하는 이상이 무엇인지에 관해 깊이 생각하길 원하지 않는다. 이 학생들은 자신의 내면을 깊게 들여다보길 원하지 않는다. 결국 만약 학업문제 부진아들이 점수를 높이기 위해 어떤 노력을 했을 수도 있었다는 점을 깨닫는다면, 왜 처음에 그런 노력을 하지 않았는지에 대해 스스로에게 물어야만 할 것이다. 그리고 이것은 분명 학업문제 부진아들이 피하고 싶어 하는 질문이다. 그러므로 자신에 대해 묻는 질문을 받을 때 이 학생들은 이런 질문 속에 들어 있는 뜻을 바로 이해하고, 그것이 불편하고 두려운 것임을 곧 안다. 그리고 "나는 내가 평균 정도라고 생각해요. 정말 할 말이 별로 없어요."와 같은 피상적인 대답을 해 버린다.

학업문제 부진아들은 성취를 두려워한다. 그런 두려움으로 인해 학업 수행에서 성공하지 않도록 피해 버린다. 따라서 대부분의 학생에게 효과가 있는 보상과 처벌을 시도한다고 해도 이 학생들에게는 효과가 없다. 학업문제 부진아들은 약간의 성공을 거두었을 때에도 동기를 부여받지 못한다. 왜냐하면 이 학생들은 잠시 성취에 전념한 후 빠르게 흥미를 잃기 때문이다. 성취하기 위해 전념하고, 에너지를 쏟고, 성공의 열매를 얻게 된 후에는 다른 사람들로부터 성취하길 기대받을 것이라는 압력으로 심각한 위기의식을 느낀다. 성취는 그들에게 보상을 주거나, 어떤 동기를 부여해 주거나, 기쁘게 하거나 만족시키는 것이 아니다. 이 학생들에게 있어 성취는 가능한 한 멀리까지 연기되어야 하는 것이다.

이것은 학업문제 부진아들이 정말로 낮은 수행 결과나 실패를 즐긴다는 뜻이 아니다. 이 학생들은 고통이나 굴욕을 즐기는 자기학대자나 자기파괴자들이 아니다. 그들은 '성공의 샴페인으로부터 기쁨을 느끼지 않는다.' 그러나 낮은 성적으로부터 기쁨을 느끼지도 않는다. 어떤 실망이나 실패보다도 성취에 대한 학생들의 두려움은 더욱 그들을 강하게 자극하는 힘이 된다. 학생들은 성공을 피하는 수단으로서 실패를 참아 내려고 한다. 그러나 성공을 하는 것이 뭐가 그렇게 두려운 것인가? 성공은 모든 사람이 원하는 것 아닌가? 대부분의 사람에게 성공에 대한 보상이 가장 강한 자극의 하나가 되지 않는가?

사실, 성공은 정말 좋은 것이지만 우울한 면도 가지고 있다. 만약 당신이 성공한다면 당신은 또다시 성공할 수 있고, 그렇게 해야 하며, 심지어는 다음번에 더 잘해야 하고, 성공을 계속해서 반복해야 한다는 기대를 얻게 된다. 즉, 성공을 함으로 인해서 사람들로부터의 기대라는 무거운 인생의 짐을 얻게 되는 것이다. 당신은 이제 앞으로 계속해서 이런 성공을 반복해야 하는 기대를 받고 있다. 쓰레기를 버리는 것을 절대 기억하지 못하고 계속해서 상기시켜 주고 벌을 줘야 할 필요가 있는 아이들은 다음과 같은 인식을 피하려고 노력한다.

① 나는 이런 일을 기억할 수 있다.

② 나는 다른 사람이 나에게 상기시켜 주지 않아도 이런 일들을 기억한다는 면에서 책임감이 강하다.
③ 나는 실제로 이런 일을 할 물리적인 힘을 가지고 있다.
④ 나는 앞으로 이런 일을 기억하고 그 일을 하는 데에 전념할 것이다.
⑤ 나는 이제 내 인생의 나머지 시간 동안 쓰레기를 버릴 책임을 진다.

아이들은 잊어버리는 것을 통해서 다른 메시지를 전달한다. 아이들에게 정말로 이런 일에 전념하고 이 일을 수행할 만큼의 능력을 가지거나 성숙해야 할 책임은 없다. 다시 말해서, 아이들은 다음과 같은 잘못된 생각들을 가지고 문제를 확장시킨다. 아이들은 쓰레기를 버려야 한다고 지시받고, 아이를 포함한 모든 사람은 쓰레기를 버리지 않을 선택권이 없다고 생각한다. 그리고 사람들이 쓰레기를 버릴 책임이 아이들에게 있다고 생각하는 것을 막으려 하고, 이런 책임을 자신들이 수용해야만 한다는 생각을 없애려 한다.

성공을 하지 않음으로써 개인적인 책임을 회피하기 위해 합리화와 같은 심리적인 방법을 쓰면서, 학업문제 부진아들은 쓰레기 버리는 책임을 피할 뿐 아니라 학업성취, 돈 지불하기, 세탁하기, 집 청소하기, 저녁에 무엇을 요리할지 결정하기, 융자금 갚기, 직업 선택하기 등을 피하려 한다. 부모, 선생님, 친구들과 같은 주위 사람들이 항상 학업문제 부진아들에 대해 걱정을 해 주기 때문에, 정작 스스로는 이런 문제들에 대해 걱정할 필요가 없다. 학업성취를 하게 된다면, 학업에 대한 책임이 어깨를 짓누르고, 중요한 결정을 스스로 내려야 하고, 세상에서 모든 일을 혼자서 해내도록 독립심을 강요당하게 되기 때문에, 그들은 성취를 피하려고 한다. 학업문제 부진아들은 이런 미래를 두려워하고 있다.

학업문제 부진아들은 거의 대부분의 시간에 낮은 성적에 대해 무관심하다. 성적표가 나와서 부모로부터 야단을 맞게 되는 시기에만 낮은 성적에 관심을 보인다. 항상 걱정하고 화를 내는 것이 부모이다. 학업문제 부진아들을 과외선생, 상담자, 독서와 수학 전문가, 난독증 전문가, 정신과 의사, 심리학자, 사회복지사 그리고 또 다른 전문가들에게로 밀어 넣는 것 또한 바로 부모이다. 학업문제 부진아들은 이런 것들이 필요 없다고 생각하지만, 낮은 성적에 대해 가하는 부모의 압력을 줄이기 위해서 따라가 준다. 그러므로 이런 일들이 예상되는 성적 통지 시기를 제외하고는 학생들은 낮은 성적에 관심을 보이지 않는다. 대부분의 사람이 그러하듯, 이처럼 동기부여를 받지 못하는 학생들에 대해서 생각하면 혼란스러워진다. 그러나 이 학생들이 학업에 있어서 성공을 피하기 위해서 매우 높게 동기부여되어 있다고 생각하면, 그들이 성적에 대해 관심이 부족한 점은 이해되기 시작한다. 물론 그들은 정말 낮은 성적에 개의치 않는다! 낮은 성적은 실제로 학업문제 부진아들이 원하는 것이고, 낮은 성적을 받음으로써 원래 그들이 걱정해야 하는 성취에 대한 책임은 점차적으로 부모의 어깨로 넘어가는 것이다.

이런 패턴은 학교에서뿐만 아니라 개인적인 습관과 집안일에서도 나타난다. 학업문제 부진아들은 책가방 싸기, 방 청소하기, 쓰레기 버리기, 강아지 산책시키기, 숙제 마치기, 시험 공부하기, 차에 기름 넣기 등에 관해서 자신에게 상기시켜 줄 필요가 있다고 단호하게 말한다. 사실, 학생들은 자신의 '등 뒤에' 있는 사람들(즉, 책임감과 수행해야 할 일에 대해 상기시켜 주는 사람들)을 좋아하지 않기 때문에 이런 방법은 그들에게 완벽하지 않다. 그러나 이것을 통해 부진아들은 적어도 성취나 개인적인 책임감에 대한 기대를 줄일 수 있다.

어떤 면에서 학업문제 부진아들은 피터팬처럼 자라나는 것을 두려워한다. 그러나 이런 부진아들과 피터팬은 몇 가지 결정적인 다른 면이 있다. 피터팬은 어린이의 인생이 어른의 인생보다 훨씬 더 재미있다고 믿기 때문에 자라기를 거부한다. 그러나 학업문제 부진아들은 계속적으로 성취하지 못하고 책임을 피하는 것에서 어떤 즐거움도 느끼지 못한다. 피터팬은 스스로 생활양식을 선택한 데 비해 부진아들은 선택하는 것을 피한다. 피터팬은 미래를 두려워한다기보다는 오히려 지루해한다. 그러나 부진아들은 미래에 올 책임감에 대해 매우 두려워한다. 마지막으로, 피터팬에게는 어린 시절이 자유와 독립을 의미하지만, 부진아들에게는 성인 시절이 자유와 독립을 의미하는데, 그들은 그러한 성인이 되기를 원하지 않는다.

학업문제 부진아들은 변명거리들을 내어놓고 자신을 합리화하기 때문에 더 성취하지 않으려 하고, 더 많은 개인적 책임을 가지지 않으려 하며, 더 독립적이 되지 않으려 하고, 더 자라나지 않으려 하는 자기 내면의 세계를 인식하지 못한다. 어떤 것에 대해 흥미가 없으면 그것을 성취할 수 없고, 책을 잃어버리면 할 수 있는 것이 아무것도 없으며, 천성적으로 게으르다고 당신이 정말로 믿는다면 당신은 계속해서 성취하지 못하고, 자라는 것을 피하고, 동시에 그 문제에 대해서 선택권을 가지고 있지 않다고 생각할 것이다. 이런 현상은 정말로 부진아들에게 나타난다. 결국 당신이 어떤 상황에 대해서 할 수 있는 것이 아무것도 없다면, 왜 그것을 시도하면서 괴롭히는가?

미래가 오지 않도록 연기하는 더 나은 방법은 자신이 그러한 미래에 들어가는 것은 기대할 수 없다고 하면서 성취하지 않는 것이다. 그리고 성취하지 못하는 더 나은 방법은 스스로 학습부진이 통제할 수 없는 힘에서 나온 것이라고 확신하는 것이다. 이런 점들은 학업문제 부진아들의 내면에 있는 성격 방어구조에 있어 중심이 되는 두 가지이다. 하나는 행동적인 면, 즉 학습부진 그 자체이고, 다른 하나는 정신적인 면, 즉 학습부진이 학생이 통제할 수 있고 변화시킬 수 있는 능력 밖에 있다는 변명의 벽이다. 이런 두 가지 성격은 부진아들의 성격에 있어 핵심적인 요소를 형성하고, 이런 부진아들의 삶의 거의 모든 면을 설명하고 이해하는 열쇠가 된다.

그러나 만일 이것이 사실이라면 왜 학업문제 부진아들은 그렇게 많은 시간과 에너지와 지식을 스포츠, 자동차, 음악, 또는 컴퓨터에 쏟으면서도 돌아서서 학교에서는 이러한 똑같은 능력과 기술들을 잃은 것처럼 보이는 것일까? 이 질문에 어떻게 답할지 이해하기 위해 부진아들에게 어떤 취미가 직업이 될 수 있다는 것을 제안하고 그들이 어떻게 반응하는지 살펴보라. 전형적으로 이런 부진아들은 그들의 능력을 비하하고 가능성을 낮추는 자신의 다른 면들에 대해 얘기하거나 갑자기 흥미를 잃는다. 비록 이 학생들이 그들의 취미가 좋은 직업 선택이 될 수 있다는 것을 인정할지라도, 그들은 이 분야에서 전문가가 되기 위한 노력을 할 수 없다는 것을 보여 주기 위한 규명을 할 것이다. 예를 들어, 학생들은 자신의 악기를 연습하지 않는다.

학업문제 부진아들의 내면적인 동기화는 다음과 같이 요약될 수 있다.

① 학습부진은 동기가 부족하기 때문이 아니며, 무의식적이고 더 높게 동기화된 선택이다. 이 동기화된 선택은 보상이나 처벌 또는 흥미 수준보다 더 힘이 있는 것이다.

② 학업문제 부진아들은 스스로 이런 '동기화의 부족'이 내면의 통제나 이해를 넘어서고 있다고 확신하고, 다른 사람들을 확신시킨다. 그들 말에 따르면 낮은

성적은 그들이 어떻게 할 수 없는 힘 때문에 생겨나는 것이므로 자신들은 환경의 피해자이다. 학습부진의 특정한 예에 있어서 수백 종류의 변명거리와 합리화를 진행하면서 이런 믿음을 부각시킨다.

③ 학업문제 부진아들은 표면적인 인식으로부터 진정한 동기화를 숨기고 있다. 이 학생들은 인생에서 많이 성취하려는 에너지나 뚜렷한 의지를 가지지 않고 계속해서 인생을 따라 나간다. 학생들은 무엇을 하고 있으며, 왜 그것을 하고 있는지 의식하지 못하고 있다. 이것은 그 학생들에게나 주위 사람들에게나 우울한 혼란을 준다.

학업문제 부진아들은 그들의 인생을 늦추며, 그들의 현재 상태를 가능한 한 길게 유지하고, 진정한 독립의 문제를 피하도록 하는 데에 높게 동기화되어 있다.

✹ 감별진단기준

A. 배경 정보

면접이나 시험 상황을 제외하고는 부진아들이 보고하는 일반적인 진단기준은 다음과 같다.

① 상대적으로 만족하는 성취 패턴 이후에 최근 일관된 부진 패턴을 보임

② 가정과 학교에서 자신에게 부과된 개인적인 책임(집안일, 공부와 숙제 완수)을 지속적으로 미룸

③ 자신의 책무(학술적 연구 과제, 집안일을 이행하기로 한 약속)를 제대로 이행하지 못함

④ 자신의 장기적인 대부분의 책무(교과목, 음악 레슨, 어떤 활동을 매일 연습하는 것 등)에 대하여 오랫동안 점진적인 혹은 급격한 관심의 감소

⑤ 과제를 수행할 때 어떤 어려움이나 좌절의 첫 번째 신호에 쉽게 포기하려는 경향성, 또는 흥미의 감소

⑥ 선택적으로 기억: 예를 들어, 책임져야 할 것(집안일, 숙제, 교과서, 할당된 일, 시험 자료)에 대한 망각, 하지만 다른 부분(취미, 스포츠 통계, 친구와의 활동 등)은 기억

⑦ 앞으로는 학업 수행을 향상시키고 집안일을 제대로 수행하겠다는 분명한 약속을 한 언어적 진술(때때로 이 약속들은 치료 계획을 포함하고 있지만, 보통 그것은 "다음에는 정말로 열심히 할게요."와 같은 진술에 감춰져 있다)

⑧ 주의 산만한 경향성, 특히 숙제나 집안일을 할 때

⑨ 부진한 수행에 대한 많은 변명(이러한 특성은 이 장의 다른 곳에서 논의된다)

⑩ 일반적으로 부모, 교사, 친구, 심지어는 학업문제 부진아 자신이 주목할 만한 게으름과 동기 결핍

⑪ 명백한 정신장애라는 진단적 신호의 부재(불안, 우울, 망상, 환각, 공포, 감정의 기복, 사고장애 등이 거의 없음)

⑫ 시험과 성적표 받는 시간을 제외하고 부진한 수행에 관해 걱정이 결핍된 것처럼 보임

⑬ 대체로 부모님, 형제, 친구, 다른 동료, 교사와의 관계가 좋음

⑭ 자아와 미래에 관한 성찰의 결핍

⑮ 자신에 대한 편안함이나 만족감, 보통 인생을 순항하는 것으로 묘사됨

⑯ 자신보다는 타인에 대해 좀 더 많은 책임감을 가짐(자신의 숙제는 잊어버릴지라도 선생님이나 친구의 심부름은 기억함)

⑰ 진짜 문제 행동, 심각한 반사회적 행동이나 비행 행동은 거의 보이지 않음

⑱ 학습장애나 주의력결핍장애에 대해 측정할 만한 증거가 없음

⑲ 학업 수행에 관해 과대평가하는 경향성(만약 학교 공부가 어떠하냐고 물어보면, 그들은 잘되어 간다고 대답할 것이다)

⑳ 개인적인 책임(특히 학업과 집안일)에 대해 일깨워질 필요

㉑ 상당한 보상이나 처벌에도 아랑곳하지 않고 평범한 성취 패턴에 의미 있는 변화가 일어나지 않음

㉒ 언어 사용에 있어서 소극적인 목소리, 애매모호함, 일반론적 이야기, 다른 독특한 언어 특성들

B. 진단검사

제8장에서 주목한 것처럼 학업문제 부진아들은 성격검사에서 병리적인 특성을 드러내지 않는 경향이 있다. 학업문제 부진아들은 심각한 불안, 우울, 사고장애, 다른 정신적 · 정서적 문제의 전형적인 신호를 거의 보이지 않는다. 사실, 학업문제 부진아들의 성격 프로파일은 병리적이지 않은 것처럼 보이며, 표면적인 약간의 징후만을 보인다.

우리의 임상 경험에 의하면 다음과 같은 Mooney Problem Checklist 항목들이 선택될 것이다.

- 공부하는 데 충분한 시간을 보내지 않는다.
- 좋아하지 않는 과목을 택하게 만들었다.
- 부주의하다.
- 잘 잊어버린다.
- 게으르다.
- 공부를 시간에 맞춰 제때에 끝내지 못한다.
- 어떤 과목에 흥미가 없다.
- 공부에 주의를 기울일 수 없다.
- 가족용 차를 사용하도록 허락되지 않는다.
- 운이 안 좋다.
- 부모님이 나에게 너무 많은 기대를 한다.
- 공부하는 것을 좋아하지 않는다.
- 낮은 성적을 받는다.
- 어떤 과목들은 전혀 이해할 수 없다.
- 포부가 부족하다.
- 내가 진정으로 원하는 것이 무엇인지 혼란스럽다.

HSPQ에서 Hartely(1985)는 남성과 여성 학업문제 부진아의 C 요인(자아강도)이 다르다는 것을 발견했다. 여성 학업문제 부진아는 이 척도에서 평균 범위의 점수를 얻지만, 남성 학업문제 부진아는 정서적으로 안정된 척도 축의 점수를 얻는다.

학업문제 부진아를 구별하는 증거를 보여 주는 성격검사는 MMPI이다(Tirman, 1971). 임상 경험으로 볼 때 학업문제 부진아는 완전한 정상 프로파일이나 약간 상승한 척도 4(*Pd*)이다. 선행 연구들 또한 학업문제 부진아들(다른 특별한 문제가 없는)이 상승한 척도 4를 가질 것이라고 했다(Haun, 1965). 그러나 Kaminska(1984)는 15명의 학업문제 부진아로 진단된 표본에게 MMPI를 실시하여 어떤 임상 척도 집단의 평균도 상승되지 않음을 발견하였다. Kamimska는 각 척도의 가변성을 발견했다. 그리고 심지어 개개인 모두가 비슷한 사람들로 구성된 진단 집단에서 성격 특성의 미묘한 범위가 나타나는 것을 보여 주었다.

제8장에서 언급된 것처럼 MMPI를 이용하여 신경증(과잉불안장애), 청소년기 반항(정체성 장애), 미성취 증후군(NAS, 학업문제)을 감별하려는 시도를 했던 Tirman은 11개의 MMPI 항목—1개의 참(242)와 10개의 거짓(10, 78, 132, 172, 204, 217, 133, 361, 507)—으로 구성된 NAS 척도를 만들었다. 또한 척도는 다른 2개의 진단 범주로 구성되었고, MMPI 검사가 세 집단을 분별할 수 있을지 확인하기 위해 다양한 통계검사가 사용되었다. 하지만 결과는 MMPI 사용이 세 집단을 감별할 수 있다는 것을 지지해 주지 못하였다. Tirman은 청소년기 반항 집단이 배제되면 신경증 환자와 NAS 집단을 좀 더 명확하게 감별해 낼 수 있을 것이라는 것을 알게 되었다. 하지만 그의 분석은 특정 개개인의 일상적인 기초 자료로 사용하기에는 충분히 명백하지 못하였다.

TAT 같은 투사검사에서 학업문제 부진아들은 독특한 태도와 인식을 보인다. 그리고 그것은 종종 꽤 의미 있다. 예를 들면, 다음은 카드 1(바이올린을 든 소년)에 대해 어떤 학생이 쓴 글이다.

> 소년의 엄마는 소년에게 바이올린 레슨을 받도록 등록했다. 레슨을 받으러 다녔지만 바이올린을 좋아하지 않았다. 소년은 바이올린 연습을 좋아하지 않았다. 그래서 그는 단지 거기에 앉아서 바이올린을 바라보고만 있다. 소년의 엄마는 집에 와서(그것은 항상 그의 엄마이다) 소년이 해야 하는 만큼 바이올린 연습을 하지 않았다고 야단을 친다. 소년의 엄마는 소년의 위에 군림하고 소년에게 연습을 하게 하며 소년에게 바이올린 레슨에 가도록 한다. 소년은 이러한 엄마를 좋아하지 않

> 지만 이대로 계속 해야만 한다. 20년 후로 시간이 경과한다. 소년은 런던 오케스트라의 스타 바이올리니스트이다.

학업문제 부진아의 많은 전형적인 요소가 이 짧은 이야기 안에 있다. 그 전형적인 요소는 부모에 대한 무관심한 의존, 결정에 대한 책임감의 결핍, 일관된 학습부진(심지어 상당한 압력이 있는데도), 자신의 역할에 대해서 어떠한 노력 없이도 우연히 일어날 것 같은 낙관적인 결과(분명히 부진은 시간이 경과하면 사라진다) 등이다. 이것들과 다른 요소들은 학업문제 TAT 프로토콜에서 정기적으로 발생하는 주제들—핑계를 대며 시간을 질질 끄는 것, 어느 정도 수동적인 공격성을 보이는 것, 환경의 희생자가 되는 것, 내키지는 않지만 최소한 받아들일 수 있는 성취에 대한 요구에 마지못해 동의하는 것—로 발견된다.

학업문제 부진아의 로르샤흐 프로토콜에 기반을 둔 최근의 사례 보고는 다음과 같이 진술한다.

> 심각한 병리적인 증후는 없지만, 다른 사람들과 효율적으로 상호작용하기 위해 또는 만족할 만한 수준을 성취하기 위해 자신의 자원을 충분히 사용하지 않는다. 반대로, 신중한 반응 양식과 더불어 나타나는 대립적 경향들은 학업문제 부진아가 일반적으로 외부의 압력을 지각하는 것으로부터 자신을 방어하기 위해 에너지를 많이 소비한다는 것을 나타낸다. 지적이고 정서적인 도전에 직면하여 그의 우선적 과제는 뒤로 물러서거나 피하는 것이다. 따라서 자기평가를 향한 에너지는 거의 없는 것처럼 보인다.

이 경우에 진단가는 학생이 이전에 학업문제 부진아로 진단되었던 것을 알지 못했다. 그리고 진단가는 사실 진단 범주를 확인하는 훈련도 받지 못하였다. 따라서 해석은 학업문제 부진아의 성격구조와 관계없는 자신의 확증이었다.

C. 면접 특징

다른 진단 범주에서의 부진아와는 다르게 학업문제 부진아는 예측 가능하고 진부한 방법으로 이야기를 한다. 몇몇 사례에서 상담자가 이러한 관계 특성에서의 세세한 부분을 인식했을 때, 상담자들은 무선 표집된 부진아 집단에서 높은 정확성으로 특별한 문제를 진단하는 데 어려움을 겪지 않을 것이다. 이러한 종류의 예측 가능성은 다른 성격 범주를 가진 범위에서는 발견되지 않는다. 부분적으로는 학업문제 부진아들이 그들의 필요에 대해 독특하고 특징적인 언어를 사용하기 때문이다.

주로 학업문제 부진아들은 결정(decision)이라는 말보다는 바람(hope)이라는 말을 사용한다. 예를 들어, 앞으로 다가올 학기를 어떻게 지낼 것이냐고 물으면 학업문제 부진아들의 반응에서는 '바라다'라는 단어가 반복적으로 나타난다. "나는 내가 잘할 수 있기를 바라요." "나는 내 점수가 향상되기를 진정으로 바라요." 게다가 항상 '만약'이라는 한정어로 시작한다. "만약 내가 좀 더 노력을 할 수 있다면 나는 진정으로 내 점수가 향상되기를 바라요." "만약 내가 내 일에 집중할 수 있도록 나 자신을 조절할 수 있다면, 난 더 잘할 수 있기를 바라요." "만약 내가 더 열심히 노력한다면 내 점수는 향상될 거예요." 학업문제 부진아의 이런 전형적인 어투는 책임질 일을 만들지 않기 위해서 조심스럽게 표현하는 것이다. 학업문제 부진아들은 "나는 점수를 올릴 거예요."라고 강하고 확신에 찬 태도로 거의 말을 하지 않는다.

두 번째로, 학업문제 부진아의 말씨는 임무, 선택, 목표, 대답의 책임감을 요구하는 질문을 피하려 한다. "만약 내가 좀 더 노력을 할 수 있다면, 나는 진정으로 나의 점수가 향상되기를 바라요."라는 진술문은 "너는 다가오는 이번 학기를 어떻게 보낼 거니?"라는 질문에 대한 진정한 대답이 아님에 주목하라. 대답은 성취해야 할 책임에 근거한 예측이 아니다. 오히려 도달해야 할 어떤 상태에 근거한 사실에 대한 진술이다.

학업문제 부진아들의 또 다른 언어적 특징은 언어 사용에 있어서의 애매모호함이다. 예를 들어, '더 열심히 노력한다'의 의미는 무엇인가? 어떤 방법으로, 어떤 조건하에서 '더욱 열심히 할' 필요가 있는가? '더욱 잘한다'의 의미는? 성적이 D에서 A나 C로 가는 것을 의미하는가? 그것은 적어도 성적에 대한 것을 의미하는가? 그것은 단지 '좀 더 열심히 공부하겠다'는 것을 의미하는가? 또는 그와 유사한 진술인가? 학업문제 부진아들은 변명을 할 때 관용적인 표현에 의존한다. 상담자들은 이것을 바꿔야만 하고 학업문제 부진아들이 진정으로 의미하는 것에 대해 질문하지 않고 넘어가서는 안 된다. 매일 쓰는 관용구['열심히 노력한다' '더 잘한다' '더 잘하기를 바란다' '충분히 공부한다'('충분한' 것은 얼마만큼이며 무엇에 대한 것인가?) '집중하기가 어렵다' '무서운 선생님' 등등]에 주의 깊게 주목하라.

이러한 언어 표현은 학업문제 부진아들의 면접 예를 통해 이 절 내내 발견된다. 독자는 또한 학업문제 부진아들의 사고, 언어 반응, 관계 유형에서 아주 유머러스한 요소가 있다는 것을 발견할지도 모른다. 변명과 합리화, 태연한 스타일, 재난에 가까운 학업문제에 직면했을 때 극도의 침착성, 이 모두가 실제 면접에서 발견되는 모순된 특징이다. 그리고 이것은 때로 너무 엉뚱해서 상담자와 내담자 모두 웃어 버릴 정도이다.

학업문제 부진아가 이렇게 모순되고 오히려 우스워보이는 처신을 하게 되는 이유 중의 하나는 그들도 자신들의 변명이 앞뒤가 안 맞고 논리성이 떨어진다는 것을 어느 정도 알고 있다는 것이다. 게다가 이들이 자신의 행동에 대하여 성찰을 잘하지 못하는 것도 이유가 된다. 그들은 자신에 대한 성찰이 요청되고 직면하게 되면, 오히려 미성취 학업문제의 진정한 이유를 탐색하고 점검하는 데 그들이 가지고 있는 본연의 지적 역량을 발휘하지 않으려고 한다. 그러므로 그들의 변명은 심각한 성찰에 근거하지 않고 틀에 박힌 것처럼 보인다. 예를 들면, '내가 관심이 없는 것들은 절대 공부할 수 없다.'라는 표현은 우리 삶의 모습과 상당히 다르다. 관심이 없더라도 필요하면 거의 모든 사람들은 자신의 일을 매일 묵묵히 하는 것이 일반적이다. 학업문제 부진아에게 학교에서 어떻게 지내는지, 성적은 어떤지 물어보면 "내가 선생님께 가서 내 평점들이 잘 지내고 있는지(의인화) 물어보고 올게요"라고 농담처럼 가볍게 응수하곤 한다. 그러면 상담자는 또한 농담처럼 "그래, 너의 학교생활을 네 평점들에게 가끔 물어 보아야겠구나"라고 응답하고 싶어질 것이다. 학업문제 부진아들이 자신의 문제와 이유를 이렇게 농담처럼 이야기를 하는 와중에도 그들의 학업문제가 엄연히 지속적으로 존재하고 있다는 것을 상담자는 확실하게 확인할 수 있다.

내담자와 상담 과정 중에 상담자에게 거의 자동적인 역전이 반응이 나타날 수 있다. 불안장애 학생에게는 불안, 품행장애 학생에게는 분노, 정체성 장애 학생에게는 우울감 등. 이러한 심각한 역전이 반응은 내담자의 문제가 매우 심각하다는 것을 인지하게 되면 나타나게 된다. 그러나 학업문제 부진아를 만나게 되면 그들의 뻔한 모순과 가끔은 실소를 금치 못하게 되는 변명으로 오히려 이런 것들을 즐기고 흥미를 느끼게 된다. 이런 가벼워보일 수 있는 상황에서도 상담자는 여전히 학업문제 진단을 요하는 증상에 대하여 주의를 기울여야 한다. 왜냐하면 미성취에 대한 자기비하적 농담과 거부의 배후에는 심각한 실패에 그에 대한 두려움의 악순환 고리에 빠져있는 내담자가 있을 수 있기 때문이다. 학업문제 부진아는 겉으로 보기에 큰 문제가 없고 학업 외적인 생활에서는 오히려 즐거워 보일 수 있지만 여전히 그들은 행복한 사람은 아닐 수 있다.

1. 부진한 과목이나 교과에서 나타나는 특징 및 관련 문제

학업문제 부진아들은 부진한 교과와 관련된 질문이나 언급에 대해서 다소 모호한 반응을 보인다. 그리고 그들은 상담자에게 자신들의 성적이 아주 좋지는 않다는 것을 알리고 싶어 한다. 그러나 동시에 그 문제에 대해 더 얘기할 것이 없다는 점에 대해서도 알리고 싶어 한다. 상담자와 학업문제 부진 여자 고등학생의 대화를 살펴보자.

상담자: 학교생활은 어떠니?

내담자: 글쎄요, 대부분의 과목은 괜찮아요. 어떤 건 약간 문제가 있기는 하지만 어떤 건 잘하고 있어요.

상담자: 네가 어떤 과목들에서 잘하고 있고 잘 못하고 있는 과목들은 어떤 건지 얘기해 주겠니?

내담자: 수학의 미적분은 그런 대로 괜찮아요. 문법도 괜찮고요. 하지만 생물학이랑 화학, 물리학, 대수학…… 그런 것들은 잘 못하고 있어요.

상담자: 대수학은 뭐가 잘 안 되는 것 같니?

내담자: 이해가 잘 안 돼요.

상담자: 그게 무슨 뜻이니?

내담자: 글쎄, 흥미가 좀 있기는 한데, 아주 그렇지는 않아요. 그래서 열심히 노력하지 않아요. 아무래도 흥미가 있어야 하는 게 더 쉬워지는 법이지요.

이 내담자가 말하는 내용이 모호하다는 점에 주목하라. 우선, "괜찮아요"가 무슨 뜻일까? 내담자가 A나 B 정도는 받는다는 뜻인가? 하지만 다수의 학업문제 부진아들처럼 "괜찮아요"는 C나 간신히 코스를 패스할 정도의 성적을 의미할 수 있다(지난 학기에 비해 상당한 향상을 이루어서). 그러나 학교에서 어떻게 공부하는지에 대한 질문에 아주 적절한 답변인 것으로 보이는 '괜찮아요'라는 말이 사실은 간신히 과락을 면할 점수부터 A에 이르기까지의 성적 전부를 의미할 수 있는 모호한 대답이다.

괜찮지 않은 과목에 대해서도 내담자는 약간 문제가 있기는 하다고 언급한다. 이것 역시 어찌 보면 질문에 대해 분명한 대답 같지만, 질문에 대한 답변은 아니다. 도대체 '약간의 문제'라는 게 무슨 뜻인가? 낙제를 했다는 뜻인가, 아니면 이미 A를 받았지만 A+를 받는 데는 문제가 있었다는 뜻인가? 대수학에서 겪는 어려움을 묻는 질문에 대해 "이해가 잘 안 돼요"라는 반응을 보인 것은 어떤가? 그게 정확히 무슨 뜻인가? 이 경우, 상담자는 현명하게도 뒤이어 질문을 하고 있다. 학업문제 부진아의 대답은 전형적인 '흥미 부족'이었다.

네 번의 짧은 대화에서, 이 내담자는 그의 상황에 대해 얘기하는 듯하지만 실제로는 질문에 대한 답변을 명확하게 하지 않은 채 모호한 표현을 사용하고 있다. 얼마나 공부를 하는가? 공부할 때 실제로 뭘 공부하나? 뭘 빼먹고 안 했나? 뭘 완수했나? 시험에서 점수는 어떤가? 숙제에 대한 평가는 어떤가? 지금까지의 그의 반응만으로는 이런 답변에 대해서 분명한 단서를 얻지 못하고 있다. 일반적으로 학업문제 부진아들은 이런 방식으로 우리가 실제로는 답변이 되지 않은 것에 대해 답변을 들었다고 느끼게끔 놔두고 싶어 한다.

앞의 인용구에서 보듯이, 문법구조나 어휘의 사용에 있어서조차 내담자가 선택이라는 용어 사용을 회피하는 점에 주목하라. 예를 들면, 대수학 과목에서 자신이 한 것과 하지 않은 것에 대해 말하기보다는, 마치 자신이 할 수 있는 일은 물러나 앉아서 그냥 기다리는 일뿐이라는 식으로 그냥 "이해가 잘 안 돼요."라고 말한다. 자신의 행동, 주도성 혹은 책임감에 대한 인식이 없다. 그저 일이 되기를 기다리는 태도를 보일 뿐이다. 그런 일이 왜 그리고 어떻게 일어나는지에 대해서는 전혀 이해하지 못한 채, 그는 마치 다른 사람의 행동을 기술하는 것처럼 말한다. "흥미가 있어야 하는 게 더 쉬워지는 법이지요."와 같은 언어 선택은 이 내담자가 자신의 책임이나 선택을 피해 가도록 해 주며 이로 인해 결국 자신이 예습이나 공부를 해야 할 자기통제 책임을 회피하게 해 준다.

모호한 표현 그리고 선택이나 책임의 회피 등과 같은 특성은 비슷한 다른 내담자와의 면접 내용에서도 찾아볼 수 있다.

상담자: 학교 공부는 어떠니?

내담자: 글쎄요, 괜찮아요. 작년에 비해 올해는 공부가 더 과중하다고 생각해요. 시간제 부업도 해야 하고요. 그리고 아주 약간 스키도 타고요. 보통은 수업 전후에 시간제 부업을 하고 스키를 타요.

상담자: 그렇구나! 그래서 너는 네가 자주 숙제를 못하게 된다는 사실을 알고 있니?

내담자: 글쎄요. 저는 꼭 필요한 숙제만 해요. 중요한 것만 말이에요. 무슨 말인지 아시죠?

상담자: 일이나 스키 타기를 네가 항상 먼저 하는 이유는 네가 공부 외에 그런 것을 더 즐기기 때문이겠지?

내담자: 그렇죠. 제가 그런 걸 더 하는 편이죠.

상담자: 그런 일을 즐기려다 보면 학교는 거추장스럽겠구나.

내담자: 글쎄요. 그래도 학교는 다녔어요.

상담자: 그건 네가 결국 낙제를 면할 정도만큼 최소한의 것 정도는 하게 될 거란 뜻이니?

내담자: 네, 그렇다고 할 수 있죠.

상담자: 그래, 네 성적은 어느 정도니?

내담자: (한숨) 글쎄요, 지난 학기에는 평균 60점 정도를 받았어요. 이번 학기에는 68점 정도는 받게 될 거예요.

시작부터 이 내담자는 학교 공부에 대해 모호한 태도를 취한다. 이 학생은 "괜찮아요" 그리고 "공부가 더 과중하다" 그리고 "필요한 숙제"와 같이 얼핏 보면 상담자의 질문에 대한 답처럼 보이는 용어 등을 가지고 답하고 있다. 그러나 실제로는 이 내담자가 학교 공부를 어떻게 하고 있는지에 대해서 명확한 그림을 그릴 수 없게 하는 모호하고 의미 없는 답변을 하고 있다. 그러나 상담자가 점점 구체적으로 접근해 갈수록 결국 내담자는 한숨을 쉬면서 실제 정학을 받게 될 수도 있는 현재 성적을 말하게 된다.

시작부터 내담자는 자신의 공부를 방해하는 다른 여러 활동이 있다는 것을 상담자가 알아주길 바라고 있다는 점에 주목하라. 그것이 그가 하려는 말처럼 보인다. 그러나 "보통은 수업 전후에 시간제 부업을 하고 스키를 타요."라는 내담자의 첫 대답은 학교 공부가 내담자의 이런 다른 행동을 가로막고 있다는 것을 의미한다. 그러나 상담자가 일이나 스키 타는 것이 그에게 더 중요한 일로 여겨진다는 사실을 명료화하려고 하자 그는 "글쎄요. 그래도 학교는 다녔어요."라고 학교에 대한 이야기로 말을 마치고 있다. 다른 학업문제 부진아들처럼 이 내담자도 상담자에게 지금 자신이 해야 할 일을 적절히 하고 있다는 인상을 심어 주려고 노력하고 있다. 그러나 더 압력을 가하자 내담자는 낙제를 면할 만큼 충분히 공부하고 있지 않다는 점을 인정하고 있으며 자신의 성적, 즉 괜찮지도 않고 낙제를 면하기에도 충분하지 않은 그런 성적을 말하고 있다. 곧이어서 이 내담자는 과목 중 일부에서 잘 못하고 있다는 점을 인정했다. 결국 이 내담자는 자신이 '해야 하기' 때문에 그에 맞춰 적절히 공부하고 있다는 인상을 주려고 노력했지만, 사실은 그렇지 못하고 있는 것이다.

다음 인용문에서, 앞의 내담자가 좋아하지 않는 과목이 뭔지에 대해 질문을 받았을 때 보이는 이상한 논리에 주목하라.

내담자: 글쎄요, 지리와 화학이요. 정말 싫어하는 과목은 없어요. 화학의 경우, 제가 낙제하게 될 거란 사실을 알았지만, 젠장, 그래도 수강하는 것이 낫다고 생각했어요.

상담자: 정확히 화학 과목의 어떤 부분이 너를 어렵게 하니?

내담자: 그것은 다소 지루해요. 우리는 항상 같은 것만 하고 있는 것 같아요. 절대 다른 것을 하는 법이 없어요. 단지 읽기만 해요. 그래서 나는 그게 지루해요.

상담자: 그래서 너는 더 실용적인 직업과정을 좋아하는구나. 만약 네가 학업에 시간을 할애하게 된다면, 너는 이런 과정들에 더 많은 시간을 할애할 거니?

내담자: 글쎄요. 그러한 과정들에서는 숙제를 강조하지 않아요. 영어, 사람과 사회, 지리 그런 것들은 우리가 숙제를 해야 하는 과목들이죠. 그것은 더 많은 시간을 차지하는 거예요. 지금 나는 어떤 과정을 좋아하거나 싫어하는 것에 그것이 영향을 미친다고 생각하지는 않아요. 다 그런 거죠 뭐.

학업문제 부진아들은 그들의 낮은 성적은 피할 수 없는 것이며, 모든 면에서 자발적인 어떤 종류의 선택이나 행동을 통해서 변화시킬 수 있는 자신들의 능력을 벗어난 것이라고 상담자를 확신시키려고 노력할 것이다. 이 내담자가 좋아하지는 않지만 "정말 싫어하는 과목은 없어요."라고 말하는 두 과목을 언급하면서 어떻게 시작하는가를 살펴보라. 만약 이 내담자가 어떤 특정 과목에 흥미가 있다면, 그는 다른 과목들에 대비하여 그 과목에 대해서 공부하기를 선택할 것이라고 상담자가 확실히 가정하고 있다는 것이 이러한 반박의 이유라고 우리는 믿는다. 반면에, 이 내담자는 그가 전혀 선택하고 있지 않다는 사실을 상담자에게 확신시키려고 노력할 것이다. 만약 그 과목이 지루하면, 그가 어떤 노력을 할 것이라고 기대할 수 없다. 왜냐하면 그의 행동을 지배하는 불변의 자연 법칙 때문이다. 그러므로 그는 만약 그가 흥미가 없다면, 공부할 수 없다는 말을 할 것이다. 그러나 상담자가 동기와 선택에 연관해서 흥미의 문제를 해석한다면 학업문제 부진아는 태도를 바꿔서 흥미는 중요한 요소가 아니라고 말할 것이다.

또 다른 학업문제 부진아가 자발적으로 다음과 같이 말했다.

내담자: 나는 학교에 대한 나의 태도는 일종의 게으름이라고 말하고 싶어요. …… 단지 낙제만 면하는. 나는 학교에서처럼 나의 일, 즉 다른 일들도 그렇게 하지는 않아요. 나는 내 일에서는 그런 방식으로 하지 않아요. 나는 무관심하지 않아요. 나는 집에 앉아서 TV 보는 것을 좋아하지 않아요. 빈둥거리는 것도 좋아하지 않아요.

상담자: 학교에 관한 한 '게으름'에 대해서 어떻게 느끼니? 그것이 마음에 걸리니?

내담자: 아, 네. 나는 나만큼 게으른 다른 사람들을 봅니다. 그러나 그들은 점수가 80점대예요.

상담자: 그건 왜 그럴까?

내담자: 글쎄요. 그들은 나보다 더 똑똑해요. 그들은 더 높은 IQ 혹은 그들에게 있어서 그것을 간단하게 만드는 어떤 것을 가지고 있는 거죠. 그들은 나보다 더 열심히 노력하지는 않아요. 그러고도 더 좋은 성적을 받아요.

학습부진에 대한 변명으로, 이 내담자는 큰 덩어리 두 개, 즉 게으름과 우둔함을 꺼내서 말하고 있다. 어떤 학업문제 부진아도 선천적인 게으름과 명백한 지능 부족을 그처럼 무관심하게 자발적으로 이야기하지는 않을 것이다. 이것은 이 내담자가 자발적으로 면접에 참여한 정보라는 것을 명심하라. 이것은 그가 상담자에게 매우 알려 주고 싶은 정보라는 의미이다. 그 이유는 다른 부진 유형과는 달리 미성취 증후군 학생은 어떤 실제적인 성취에 대한 기대감을 낮추어 주는 결점들을 인정할 때 특히 편안함을 느끼기 때문이다. 결국 만약 어떤 사람이 게으르다면, 그것은 그의 유전자나 염색체 안에서 형성된 것이므로 변화될 수 없다. 성과물을 기대하는 것은 부당하다. 만약 어떤 사람이 지능이 부족하다면, 그것에 의해서 행해질 수 있는 것은 없게 된다. 성과물을 기대하는 것은 당연히 부당한 것이다.

이 부분에서 인용된 수수께끼 같은 내담자의 말은 상담자를 논리적으로 혼란스럽게 하며 아주 복잡하다. 그리고 이런 말들은 학업문제 부진아들이 사용하는 전형적인 표현들이다. 학업과 관련해서 학생이 복잡하게 사용하는 상투적 표현이나 판에 박힌 관용적 문구, 실제 학업성취도에 대한 모호한 대답, 끝없이 이어지는 합리화나 변명, 학생 자신이 져야 할 학업이나 성적에 대한 책임의 회피, 모든 게 잘돼 가고 있다는 듯한 인상을 주려는 시도 그리고 학생에게 기대되는 성취 수준에 대한 상담자의 기대를 낮추려는 앞의 모든 메시지 등, 이 모든 특성이 학업 수행에 관한 주제로 학업문제 부진아들과 면접하는 거의 모든 면접 기록에서 등장한다.

2. 가족관계의 특성

성격 유형에 대한 이론적 논의에서, 우리는 학업문제 부진아들(특히 고등학생과 대학생 또래)이 가족 내에서 어린아이로서의 자신의 역할에 의존하는 것을 유지하고자 하는데, 이는 증가된 자기책임감 독립, 보다 어른스러운 역할에 따른 의사결정을 회피하기 위함이라는 것을 강조했다. 그 시점까지 그들은 청소년이 되었고 그리고 분명히 18세 이후에는 집을 떠나서 자신만의 독립적인 성인으로서의 삶을 세워 나가기 시작하는 실제적인 선택을 앞에 두고 있다. 그러나 이런 선택사항은 학업문제 부진아가 어떠한 희생을 감수하고서라도 회피하고자 하는 것으로, 이는 결국 가정에서 다툼이나 반대를 최소화할 것을 요구한다. 형제자매들과 싸우는 것은 아무런 문제가 없지만, 만일 그들이 드러내 놓고 부모에게 반대한다면, 이 학생들은 부모의 축복을 받으면서든 아니든 집을 떠나야 하는 선택지를 갖고 있는 것이다.

그러므로 이 선택을 피하려는 동기에서, 학업문제 부진아들은 끊임없이 특징적으로 부모와 긍정적인 관계를 유지하고자 시도할 것이다. 그들은 어떤 차이, 반대, 대립의 중요성을 최소화할 것이다. 대개 집에서는 모든 것이 '좋아요'이며, 모든 사람이 '정말 사이좋게 잘 지내요'이다. 이런 패턴에 한 가지 예외가 있다. 이런 학생들은 만일 부모가 그들이 성취하도록 종용한다면 선을 그을 것이다. 일반적으로 학업문제 부진아들에게 집에서 어떤 갈등이 있는지를 물어보는 상담자는 다음과 아주 유사한 대화를 하게 될 것이다.

상담자: 부모님과 갈등이 있었던 적이 있니?
내담자: 물론이죠. 다들 그렇지 않나요?
상담자: 그렇지. 그런데 갈등이 있다면 주로 어떤 것들이니? 예를 하나 들어 보겠니?
내담자: 보통 학교에 관한 거죠. 부모님은 보통 공부를 더 열심히 하라거나 뭐 그렇게 이야기하시죠.
상담자: 그렇구나. 그렇게 싸우게 되면 주로 누가 이기지?
내담자: (담담하게) 아, 부모님이 이기죠.
상담자: 그거 재미있구나. 어떻게 해서 부모님이 이기게 되지?
내담자: 음, 대개 부모님이 옳잖아요. 제 말은 제가 정말로 학교 공부를 더 열심히 해야 한다고요. 저도 알아요.

이 말은 건전하고 잘 적응하는 청소년이 할 만한 대답처럼 들릴 수도 있지만, 대개는 부모의 요구나 의견을 그냥 따르기를 죽도록 싫어하는 시기인 청소년기에 있는 학업문제 부진아의 입에서 나오는 말이다. 심지어 어떤 이는 다음과 같은 실용적 방법을 제안할지도 모른다. "청소년들 중에 불안, 죄책감, 절망, 적대감, 우울감 없이 너무나 조용하고 기쁘게 부모에게 동의하는 아이가 있다면 데려와 보세요. 그러면 제가 학업문제 부진아를 보여 드리죠."

학업문제 부진아들은 부모와의 논쟁에서 이기거나 지고 나서 화를 내는 것을 감당해 낼 수 없다. 왜냐하면 그렇게 되면 그들은 항상 독립해서 나가 사는 선택사항을 가지기 때문인데, 이는 그들이 원하지 않는 것이다. 그러므로 그들은 모든 것이 괜찮고 모든 식구가 잘 지낸다는 허구를 유지해야만 하는 것이다. 다음의 인용문을 생각해 보자. 여기서는 18세인 학업문제 부진아가 마치 전형적인 열 살배기 어린아이처럼 말하고 있다.

상담자: 너의 가족생활에 대해서 좀 이야기해 주겠니? 어떻게 지내니?

내담자: 정말 잘 지내요.

상담자: 가족 구성원에 대해서 좀 이야기해 줄 수 있어?

내담자: 아빠는 정말 좋으세요. 여름 내내 골프를 치러 가요. 매주 토요일과 일요일에 저를 데려가시지요. 우리는 같이 운동을 참 많이 해요.

상담자: 넌 아버지와 사이가 정말 좋구나.

내담자: 전 부모님 두 분과 다 정말 사이가 좋아요.

상담자: 어머니는?

내담자: 엄마는 비서 일을 하세요.

상담자: 형제자매가 있니?

내담자: 여동생이 둘 있어요. 한 명은 열여섯, 그 아래 동생은 열세 살이에요.

상담자: 동생들과는 사이가 어때?

내담자: 글쎄요, 열여섯 살짜리 동생하고는 그렇게 썩 잘 지내지 못하지만, 막내하고는 잘 지내요.

학교에 대한 질문에 대답하는 것처럼, 가정에 관한 질문에 답하는 것도 애매모호하고 얼버무리며 일반적으로 답한다. 하지만 여기에서 진단적 가치는 특정한 답을 얻어 내는 것을 확실히 하는 것이 아니라 이런 모호한 진술 성격을 평가하는 것이다.

3. 사회적 관계의 특성

학업문제 부진아들 사이에는 성취, 학교, 책임 등과 관련된 것이라면 무엇이든지 이야기하기를 회피하는 암묵적인 서약이 있는 것 같다. 발달이론 모형에 대한 장에서 언급한 것처럼, 이 특정한 성격 유형을 청소년기 이전 발달 단계와 연결 지을 것을 강력하게 주장할 수도 있는데, 부진아들이 자신의 대인관계를 묘사하는 방식은 정말로 열 살짜리 아이가 대인관계에 대해 말하는 것처럼 들린다. 또래들과의 활동은 대개 계획 없이 이루어지고 활발한 움직임이나 적극적인 참여가 별로 없다. 그저 밖으로 나가 운동을 하거나, 록 콘서트 또는 영화를 보거나 기타 등등을 하며 '어슬렁거리고 돌아다닌다.'

상담자: 방과 후에는 뭘 하니?
내담자: 별로 많은 일을 하진 않아요. 주로 밖에 나가요.
상담자: 운동을 많이 하니?
내담자: 아니요, 올해는 아니에요. 항상 풋볼을 했는데, 요즘은 안 해요.
상담자: 그러면 나가서 어떤 일들을 하는데?
내담자: 음, 전 친구가 많아요. 친구들하고 만나서 같이 돌아다녀요.

이것은 꽤나 전형적인 응답이다. 실제적 활동이라고 할 만한 것이 없을 뿐 아니라 이런 학생들에게 너무나 특징적이라고 할 수 있는 일종의 애매모호함과 의미 있는 활동의 결여가 나타난다. 예를 들어서, '돌아다닌다'라는 말의 진짜 의미는 무엇인가? 이 내담자는 그가 '주로' 밖에 나간다고 말했다. 그는 자신의 활동에 대해서 너무 애매모호하게 말해서 여기에서 상담자가 왜 이 내담자에게 어떤 종류의 일들을 하는지 물어보려 했는지가 이해가 갈 정도이다. 물론 그 대답은 '돌아다닌다'였고, 또다시 질문에 정말로 대답한 것이 아니었다.

여기에서 조금 특이한 것은 좀 있다가 이 내담자에게 친구들과 무엇을 하는지 물었을 때 그가 대답한 내용이다.

내담자: 글쎄요. 그중 한 명이 음악 그룹의 기획자거든요. 만약 시내 어디선가 댄스 파티가 있으면 그 애랑 같이 가요. 금요일과 토요일을 그렇게 보내죠.

여기서 이 내담자가 생산적인 활동을 하는 것처럼 보이지만, 기획자는 그의 친구이며 함께 참여해서 일하는 것도 그의 친구인 것을 주목해야 한다. 부진 학생은 그저 친구가 가는 대로 따라다니고 있을 뿐이다. 다시 말해서, 책임이나 창의, 성취, 심지어 흥미에 관한 어떤 표현도 나오지 않는다. 그리고 그는 "금요일과 토요일을 그렇게 보내죠."라고 덧붙이는데 이는 마치 그 이틀이 이제야 설명된다는 듯이 그리고 그 이틀에 대해서 걱정할 필요가 없다는 듯이 들린다. 사실, 앞의 대화와 내담자의 응답은 책임과 선택, 약속, 독립의 회피라는 맥락, 심지어 학교 외부에서 친구들과의 관계를 포함하는 맥락을 떠나서는 말이 되지 않는다. '금요일과 토요일을 그렇게 보낸다'라는 것은 즐거운 것이 아니라 비극적이다. 왜냐하면 우리가 인생의 주된 목적이 어떠한 실질적인 삶의 성취 없이 그저 하루하루를 흘려보내는 것인 사람의 이야기를 듣고 있는 것 같은 느낌을 받기 때문이다. 학문적 성취이든, 직업적 성취이든, 개인적인 것이든 말이다.

이성과의 관계는 똑같이 모호하고 비참여적인 단어로 설명되는 경향이 있다. 이 부진아가 그의 여자친구와의 관계에서 사랑과 성에 대한 태도에 대한 질문에 어떤 식으로 직접적인 대답을 비켜 가는지 주목해 보라.

내담자: 나는 그 사람에 대해서 어떻게 느끼는지가 중요하다고 생각해요. 만일 그녀를 좋아한다고 느낀다면…… 음…… 글쎄요. 그것 또한 그녀를 존중하는지 그렇지 않은지에 달려 있겠지요. 뭐라 말하기 어렵네요.

4. 학생의 자아인식과 감정의 특성

처음에는 부진아들이 정상적인 정서 유형을 가진 것처럼 보인다. 그들은 대인관계에서 심한 불안이나 우울, 망상 또는 다른 사고장애나 신경증 문제를 나타내지 않는다(예를 들면, 인정을 받으려고 상담자를 '끌어당기는' 것이나 다른 전이 현상에서 드러날 수 있는 것처럼 말이다). 그들은 정상적이고 적응을 잘하며 그들의 감정을 이성적으로 통제하는 것처럼 보인다. 결국 그들은 건강한 자아강도를 가지고 있는 것으로 나타나며, 실제로도 그렇다.

그러나 조금 더 자세히 살펴보면 학업문제 부진아들이 어떤 주제에도 강한 감정이나 반응을 나타내거나 심지어 인정하는 경우가 거의 없다는 것을 알게 된다. 모든 것이 너무도 초연하다. 그들은 뛸 듯이 기뻐하거나 깊은 슬픔에 잠기는 경우가 거의 없다. (비록 때때로 약간 심기가 불편해 보이기는 하지만) 그들이 일반적으로 초조해하지 않는다는 사실은 언뜻 보기에는 심리적 건강을 나타내는 지표처럼 보일 수 있으나, 그들은 자신의 삶에서 주요 문제가 되는 학습부진 문제에 대해 의논할 때에도 편안해 보인다. 그들은 변화 없는 단조로운 음성으로 이야기하는데, 상담자가 이를 분석해 보면 비록 특별히 심한 우울감은 아니더라도 저항을 알아차리게 될 것이다. 그들은 자기 감정을 설명할 때, 또다시 애매모호하게 이야기하고, 상투적인 표현을 쓰며 구체성 없이 말한다. 그들이 의미 있는 통찰은 어떤 것이든 거의 전적으로 회피하려고 하기 때문에, 부진아들은 자아개념에 거의 관심이 없어서 자신을 특징적으로 간결하게 묘사하는 경향이 있다. 전형적인 자기묘사(대개 그들은 감정을 싣지 않고 어깨를 으쓱하면서 말한다)는 다음과 같다.

"모르겠어요. 그냥 생각해 본 적이 없어요."
"전 보통이에요."
"전 사람들과 잘 지내요."
"전 괜찮은 놈이죠."
"전 속 편한 사람이에요."
"글쎄요. 전 좀 느긋한 편이지만 게을러서 탈이죠."

부진아들은 대부분 성의 없고 짤막하고 무미건조하게 자신을 묘사한다. 또한 그들이 마치 "모든 것이 잘되어 가고 있어요. 제게 너무 많은 것을 기대하지 마세요. 저를 그냥 내버려 두세요."라고 말하는 것처럼 몇 마디 안 되는 말로 더 없이 행복한 상태를 표현하려고 얼마나 신경을 쓰는가를 주목해 보라. 이런 자기묘사는 규칙적으로 나타나고 있어서 진단적으로 볼 때 중요하다. 다음의 인용문을 살펴보라.

상담자: 만일 내가 네 친구에게 너를 묘사해 보라고 한다면, 네 생각에는 그 애가 뭐라고 말할 것 같니?

내담자: 아마 내가 그 애를 보는 것하고 같은 식으로 말하겠죠. 그러니까 정말 좋은 친구라고요. 우리는 진짜 잘 지내거든요. 만일 걔한테 문제가 생기면 제가 돕고요, 제가 힘들면 그 애가 도와주죠.

상담자: 그러면 내가 그 애가 너를 보는 입장하고 상관없이 너한테 너를 묘사하라고 하면, 넌 자신에 대해서 뭘 말하고 싶은데?

내담자: 음…… 게으른 것 같아요. 전 일이 생기기 전까지는 걱정을 안 해요.

상담자: 게으르다고 했는데, 그게 정확히 어떤 의미니?

내담자: 글쎄요, 전 더 이상 활력이 넘치거나 하지 않아요.

우리는 이 내담자가 자아개념이 부족하다는 것을 알 수 있다. 그는 자신을 단지 성취를 위한 노력이 결여되어 있다는 측면에서만 묘사하고 있고, 자신이 누구인지 또는 자신이 앞으로 뭘하고 싶은지에 대해서 성찰하는 다른 방식이 없는 것처럼 보인다. 상담자들은 질문, 조사, 반영, 공감 또는 해석에도 불구하고 학업문제 부진아들이 이러한 추상적이고 진단적으로 중요한 진술 이상의 것에는 완강하게 저항한다는 것을 알게 될 것이다. 자아개념과 관련한 정보를 얻을 때 발생하는 어려움은 진단을 내리는 데 있어 문제가 된다기보다는 이러한 성격 범주의 독특한 지표가 될 수 있다.

5. 미래에 대한 내담자의 지각과 계획

부진아들은 성인으로서 미래에 전념하는 것을 회피하려고 하기 때문에(직업과 성인의 사회적 · 대인관계적 역할 둘 다를 설정하는 데 있어서), 그들이 깊게 생각하고 싶지 않아 하는 주제들 중 하나는 미래라고 할 수 있다. 심지어 자신이 이를 교묘하게 회피하고 있다는 것을 자각하지 않기 위해, 그들은 미래의 목표를 가지고 있지만 이 목표들이 가능성이 없는 것이라고 확신하고(현재 성취 수준으로 볼 때), 그 목표에 너무 많은 전제 조건이 있거나 혹은 현재 상황과 맞지 않아서 어떤 즉각적 행동이나 결단을 요구하지 않는다고 여긴다.

게다가 그들은 현재의 행동을 미래의 결과와 연결 지어 생각하지 않는다는 점에서 더 나은 성적을 받는 문제에 관해서 썼던 것과 같은 선택적인 추론을 사용한다. 예를 들면, 자신이 '수학에 소질이 없다.'고 주장하기 때문에 수학 성적이 나쁜 부진아는 그에 이어 확신한다는 듯이 그가 전기공학자가 되고 싶다고 말한다. 만일 상담자가 수학 성적이 나쁘고 진짜 수학에 무능력하면 공학자가 되기 어렵다고 말해 주면, 이런 유형의 학생은 "아, 저도 알아요." 또는 "그래요, 선생님이 맞아요. 제가 그걸 생각 못했군요."라고 대답할 것이다.

여기에 미래에 대한 질문에 답하는 전형적인 면접 내용이 있다.

상담자: 너는 닥치기 전까지는 걱정을 안 한다고 말했는데, 내가 보기에는 넌 계획을 많이 세우지 않는 것 같구나.

내담자: 그렇죠. 그날그날 단위로 계획을 하죠. 그러니까 우리는(우리 식구들은) 출

발하기 5분 내지 10분 전까지는 우리가 어디를 간다는 사실을 몰라요.

상담자: 일을 먼저 계획하기보다 그런 식으로 하는 것을 좋아하니?

내담자: 네. 만일 제가 어떤 일을 계획하면, 전 그걸 해내야 하고 거기에 매이게 돼요. 차라리 전 그냥 그때그때 제가 원하는 것을 하는 게 좋아요.

상담자: 지금부터 10년 후에 어떤 일들을 하고 싶니?

내담자: 전 여행을 좋아해요. 그리고 즐기는 것을 좋아하죠.

상담자: 그때쯤이면 결혼해 있을까, 아니면 독신으로 지낼까?

내담자: (즉각적 반응) 전 그때까지 결혼하고 싶지 않아요. 좀 더 기다릴래요.

상담자: 직업은 어떨까?

내담자: 제가 얻을 수 있는 직업이라면 어떤 것이든 가질 것 같아요. 정말로요.

상담자: 그럼, 네가 어떤 한 종류의 일을 계획하는 것처럼 보이지는 않는구나.

내담자: 아니에요. 선생님 말이 맞죠.

상담자: 결혼을 할 때, 어떤 여자와 결혼하고 싶니?

내담자: 말하기 어려운데요. …… 저처럼 너무 많이 얽매이는 것을 싫어하는 사람일 거라고 생각해요.

이런 부진아들은 인생의 매순간에 미래에 대한 약속을 결정하지 않고 피하려 한다. 이 학생들에게는 매일의 계획들도 엄청나게 큰 구속처럼 느껴진다. 사실, 부진아들이 만나기 원하는 배우자상에 대해서 들어 보면, 상대를 구속하지 않는 것을 우선적인 요구사항으로 내세운다.

부진아들은 문제를 피할 때 "나는 모르겠어요." 또는 "미래에 내가 무엇을 하기 원하는지 확실히 모르겠어요." 등의 말을 한다. 그들은 전형적으로 그들이 무엇에 관해서 직업적으로 흥미를 가질지 확신을 하지 못한다면, 그것에 대해 생각해 볼 의지도 없다고 생각을 한다. 즉, "나는 모르겠어요."는 인생의 중요한 문제를 피하려는 또 다른 변명이 될 뿐이다. 실제로는 미래의 직업에 대해 불확실한 마음을 가지고 있다면, 사람들은 그것에 대해 더 생각해야 한다는 것이 일반적이다.

다음의 인용문은 이런 부진아들이 보통 사용하는 전형적인 언어들을 보여 주고 있다.

상담자: 지금으로부터 10년 후에는 무엇을 하고 있을까? 너는 10년 안에 어떤 일을

하고 싶니?

내담자: 음…… 나는 싱글이었으면 좋겠어요. 음……결혼하는 것에 대해서도 생각해 보긴 했죠. 그때쯤 성공했으면 좋겠어요. 그렇지만 그건 좀 틀에 박힌 삶인 거 같아요. 모르겠어요. 정말 뭐라 말하기가 어렵네요. 아무래도 난 그냥 앞으로 어떻게 될지 두고 봐야 할 것 같아요.

상담자: 너는 싱글이 되길 원한다고 말했는데, 그건 계속해서 싱글이길 원한다는 거니?

내담자: 그래요. 보세요. 우리 부모님은 20세에 결혼해서 바로 아이들을 낳아 버렸어요. 그게 다예요. 부모님은 결혼하자마자 인생이 끝나 버린 거라고요. 만약 결혼하려고 한다면, 아이를 키우기 위해 돈을 아주 잘 벌어야만 하죠. 그렇지만 싱글이라면 그렇게 돈을 많이 벌 필요는 없잖아요. 싱글이면 하고 싶은 것을 계속 해도 되고, 여기서 일을 하고 또 저기서도 일을 하고. 그래요. 싱글인 게 좋다고요.

상담자: 그럼 넌 어떤 여자랑 결혼을 하고 싶니?

내담자: 음……히피족 친구들은 싫고…… 그렇다고 아주 모범적인 여자도 싫어요. 그냥 나처럼 평균적인 중간 정도인 그런 여자랑 하고 싶어요.

이 대화에서 이런 학생들이 미래는 예측할 수 없다는 변명을 하면서, 미래에 대한 구속이나 계획 자체를 피하려고 하는 것을 살펴볼 수 있다. 이런 논쟁에서, 미래에 대해 예측을 할 수 없다면, 미래에 대한 계획을 실천하기는커녕 계획을 세우지도 않는다.

앞의 인용문에서 우리는 왜 부진아들이 미래를 그렇게 두려워하면서 그것에 대해 생각을 하지 않으려고 하는지에 대해 알 수 있다.

◆ 실제적 진단

다른 진단 범주에서 본 것처럼, 부진아들이 가진 개성, 선호도, 인식, 행동들에 다양성이 존재한다. 부진아들은 인지 능력이 높은 학생에서 낮은 학생까지 다양한 인지 영역에서 발견된다. 그들이 불안이나, 우울, 의욕을 거의 보여 주지 않는 경향이 있다 할지라도 이런 특징들과 함께 여전히 다양성이 있다. 사실, 이런 다양성은 특별히 학기 동안에 일어날 가능성이 크다. 학기가 시작할 때, 부진아들은 학기가 끝나는 시기보다 더 낙천적이고 활기차고 행복해하는 경향이 있다. 나이에 따라서도 몇 가지 다른 점을 보인다. 나이가 좀 든 부진아들은 더 정교하고 논리적인 변명거리들을 내세우고 그들의 부진한 성적 패턴에 대해서 더 만족하지 못한다. 이런 부류의 특징은 너무나 일관되게 나타나서 잘못 판단할 가능성이 거의 없다. 학업성취가 우수한 학생들조차도 상대적으로 이런 똑같은 성격구조를 나타낸다.

◆ 감별처치에 대한 고려사항

이 책에서 언급하고 있는 정신분석적 · 인지적 · 내담자 중심적 치료와 같은 다른 성격 유형에 접근하는 치료법은 일반적으로 잘 알려져 있고, 많이 이용되고 연구되고 있다. 반면, 부진아들에게 가장 효과적인 심리치료학적 접근은 발달이론 모형으로 훈련된 전문직들의 세계 밖으로는 잘 알려져 있지 않다. 그리고 우리가 제9장에서 보았던 이 연구 영역에서도 널리 알려져 있지 않다. 그러므로 우리는 이 장에서 감별처치 부분을 이야기하고자 한다.

이 방법은 인지행동적 요소와 다른 심리분석적이고 역동적인 접근들 그리고 비지시적 기법뿐만 아니라 지시적 기법을 모두 포함하고 있다. 따라서 독자들은 이 접근이 특별히 독특하거나 익숙지 않은 방법이라고 느끼지는 않을 것이다. 이 방법은 조직과 초점 면에서 전통적인 방법들과 다르다. 이 방법은 특별히 부진아들에게 맞추어서 기존의 기술과 접근들을 다시 조합시킨다. 독특한 주요 치료 구성법은 Mandel과 Marcus(1984)가 묘사한 구조적 직면의 다른 형태를 적절하게 사용한 데 있다. 성공적으로 부진아를 상담하는 데 있어서 상담자들은 치료의 진전을 방해할 뿐 아니라 계속적으로 개인적 책임을 회피하려고 하는 두 가지 역전이 반응에 대해 주의해야 한다. 첫 번째 반응은 '책임을 지길' 원하는 경향이다. 상담자는 학생들에게 어떻게 특별한 학습문제를 푸는지 방법을 가르쳐 주고, 학생들이 동의한다고 생각하고(그들이 머리를 끄덕이거나 "네, 좋은 생각이에요." "노력해 볼게요."라고 간단히 말하는 것을 보면서), 학생들이 이런 간단하고 명백한 해결책을 따라 줄 것이라고 기대한다. 이렇게 해결책을 지시해 주는 것은 가장 쉽고 가장 시작하기에 좋은 접근법처럼 보인다. 그러나 부진아들은 어떤 조언에 대해서도 순순히 따르지 않으려고 한다는 사실을 기억해야 한다. 이런 지시적 접근법을 사용하는 상담자들은 '책임의 빈자리'를 채워 주는 덫에 빠지고 마는 것이다. 학생은 일반적인 학업문제조차도 해결하려고 하지 않는다. 그리고 당연히 상담자는 그들의 문제에 '뛰어들어서' 제안을 해 주기를 원하게 된다. 그러나 학생은 그 제안을 따르지 않을 것이고, 결국 상담자는 완전히 학생에게 소속된 개인적인 책임의 영역까지도 떠맡게 된다. 부진아들은 완벽하게 그들의 고유한 문제해결 전략을 개발할 수 있다. 그러나 그들은 항상 다른 사람들이 제안을 해서 문제의 해결책을 내버리도록 유도하는 방법으로 책임의 빈자리를 만들어 놓는다. 간단히 말하면, 상담자는 부진아들을 위해서 책임을 떠맡지 않도록 해야 한다. 책임을 상담자가 떠맡는다면 부진아들은 의존성을 더욱 발달시키고, 독립된 생각과 행동을 개발하지 못할 것이다.

두 번째로, 상담자가 겪는 역전이 반응은 첫 번째 것에서 따라오는 경험일 가능성이 크다. 이런 학생들이 학업 수행의 향상을 위해서 제시된 단순하고 명백한 제안을 따라오지 않을 때, 상담자들은 절망하고 좌절하고 화를 낸다. 보통 학생들이 하기로 약속한 것을 하지 않기 때문에 이런 감정들이 일어난다. 물론, 처음부터 학생들이 상담자의 제안을 충실히 따르고, 그들의 학업 수행 능력을 향상시킬 것이며, 스스로의 힘으로 책임을 떠맡을 것이라고 추측했기 때문에 상담자들은 이런 좌절을 느낀다. 그렇지만 사실, 부진아들은 그런 것들을 할 가능성이 거의 없는 학생들이다.

이와 같이 책임의 빈자리를 채우고 싶어 하고, 이런 접근이 눈에 띄게 실패한 것에 대해 좌절감을 느끼기 때문에, 많은 상담자(부모, 교사 그리고 다른 사람들과 같은)는 결과적으로 두 가지 접근 중 하나를 선택한다. 포기하고 이 학생들과 함께 하려는 노력을 그만두거나 혹은 단순히 책임지는 것은 물론이고 이런 부진아들의 더 내면적인 동기까지 떠맡는 것이다. 그리고 좌절한 부모들은 다음과 같은 얘기를 시작한다. 그만두는 말("난 포기했어. 난 이런 애랑은 아무것도 할 수 없어.") 또는 책임을 떠맡아 오는 말("네 숙제는 잊지 말아라.")을 한다.

이런 상담자들의 좌절은 세 번째 접근에 이른다. 단순히 부진아들에게 그들의 내면 동기가 무엇인지 말해 주는 것이다. 우리는 좌절하고 화난 많은 상담자가 이런 부진아들에게 다음과 같은 말을 하는 것을 들어 왔을 것이다.

> "나는 네가 정말 제대로 하길 원하지 않는 거라고 생각해. 넌 결국 보잘것없는 일이나 하고 싶어 하는구나."
>
> "너는 여기서 어떤 책임도 피하려고만 하는구나."
>
> "너는 의도적으로 실패했어. 너도 그걸 알고 있을 거야!"
>
> "넌 정말 숙제를 하기 싫어하기 때문에 잊어버린 거야."
>
> "넌 학교를 좋아한다고 말하는데, 사실은 학교를 싫어하고 있는 거야. 그렇지 않니?"

이런 직접적인 직면을 함으로써 상담자들은 자신의 엄청난 좌절을 해소할 수 있을지 모른다. 이런 방법은 표면에 드러나는 것을 잘라 버리고 진정한 문제를 알려 주는 것처럼 보인다. 그러나 부진아들은 그들의 내면세계에 침입하는 것을 성공적으로 방어하는 인지구조를 가지고 있다. 사실, 그들은 이미 더 많이 화내는 부모로부터 그런 말들을 들었을 가능성이 크다. 부진아들이 그들의 부진에 대해 스스로 책임이 없다고 믿으면서 계속 변명과 합리화를 하는 한 어떤 지시적 직면이나 해석도 그들에게 효과적이지 못할 것이다.

여기서 우리가 얘기할 접근법은 오랜 세월 동안 임상적으로 증명하고 이용해 온 기술, 개념, 접근법들을 포함한 발달이론 모형에서 단순히 언급된 것들이 합쳐진 것이다. 이 접근법의 주목적은 학생들을 금지하고 책임의 빈자리를 채우거나 지시적으로 직면을 시키는 것이라기보다는 학생들이 점차적으로 무엇이 일어날지 말하는 것(의도)과 실제로 일어나는 것(행동) 사이의 차이를 알게 하는 것이다. 상담자는 학생들을 판단하지 않고 지지해 주어야 한다. 그러나 학생들의 (학생들에게 깔려 있는 동기가 아닌) 인지구조에 끼어들어 직면시켜 주어야 한다. 상담자들은 'crap gap'이라고 반농담조로 불리는 실제로 말한 의도와 궁극적 행동 사이의 차이를 줄여 주어야 한다.

이 접근법에서의 단계는 다음과 같다. ① 함께 동의한 목표를 세운다. ② 세부 자료를 수집한다. ③ 특정한 문제 영역에 초점을 맞추고 각 영역에서 변명들을 분리시킨다. ④ 각각의 변명과 그에 따른 결과를 연결 짓는다. ⑤ 각각의 걸림돌 또는 장애물에 대해 해결책을 촉구한다. ⑥ 실행을 촉구한다. ⑦ 실행을 점검하고 추수지도를 한다. ⑧ 매시간 하나씩 다른 변명을 가지고 ③~⑦을 반복한다. ⑨ 비지시적인 접근으로 전환한다. 이제 이 각 과정들에 대해 세부적으로 논의해 보고자 한다.

1. 함께 동의한 목표를 세우기

이 첫 번째 단계는 부진아들에게 그가 이번 학기 동안에 학교에서 더 좋은 성적을 얻기를 원하는지 묻는 것이다. 학생들은 단순히 그렇다고 대답하거나 "모두가 당연히 그러길 원하는 거 아니에요?"라고 입장을 분명히 밝히지 않는 말을 할 것이다. 거의 모든 부진아는 그렇지 않으면 그들의 낮은 성적에 대해 자신이 책임을 져야 하기 때문에 이런 질문에 대해 긍정적으로 대답할 것이다. 만약 학생들이 아주 가벼운 대답조차도 하지 않는다면, 대답을 할 때까지 이 질문을 해야 한다. 학생들의 태도가 얼마나 무관심하고 꺼리는지와 관계없이 상담자는 학생들이 자신이 진술한 목표를 성취하도록 돕기 위해서 치료적 목적에 맞는 단순한 진술을 하도록 이끌어야 한다.

전형적으로 대화는 다음과 같이 이루어진다.

상담자: 넌 어떤 성적을 받고 싶니? 지금과는 다른 성적을 받고 싶니?
내담자: 물론이죠. 모두가 그런 거 아니에요?
상담자: 아니, 모두가 그렇지는 않단다. 만약에 네가 그것을 원한다면, 이제 내 일은 네가 좋은 성적을 얻도록 도와주는 것이란다.

이것은 작고 의미 없는 단계처럼 보이며, 학생들은 매우 무관심하게 반응할지도 모른다. 그러나 상담과정에 있어서 이것은 가장 필요한 단계이다. 이런 단계로부터 목표를 달성할 책임은 상담자에게서부터 직접적으로 학생들에게로 넘어가는 것이다. 게다가 이 시점부터 함께 동의한 목표에 대해 모든 치료 개입이 이루어지고 점차적으로 진전이 있게 된다.

앞에서 제시한 예처럼 이런 첫 단계는 꽤 완성되기 쉬우며, 몇 분 안에 그리고 거의 표면적으로 일어난다. 그렇다고 해서 학생들을 치료하고자 더 성실하게 전념하지 않아도 된다고 혼돈해선 안 된다. 부진아들은 그들이 더 잘하길 원한다고 확신하고 나서도 성적을 향상시키는 일을 피하려고 매우 노력할 것이다. 이런 첫 단계는 학생에게 있어서 그것이 속해 있는 책임을 계속해서 지는 시작 단계이다. 또한 상담자는 교육 관리자라기보다는 도와주는 사람으로서의 역할을 한다.

만약 학생들이 다르게 대답한다면 어떻게 해야 하는가?

"나는 더 잘하길 원하지 않아요. 난 지금 내 성적으로도 행복해요. 난 당신의 도움이 필요하지 않다고요."

이런 말을 하는 학생들은 그들이 원하고 그들이 느끼는 것에 대해서 그들이 행동한 것을 책임지고 있는 것이다. 사실, 그들은 그들의 부진이 중요한 선택이라고 깨닫고 있다. 부진아들은 그런 대답을 하지 않을 것이다. 만약 어떤 학생이 앞의 예와 같이 대답한다면, 상담자는 진단에 대해서 다시 생각해 보길 바란다. 왜냐하면 선택에 관한 이런 종류의 인식은 부진아들이 굉장히 피하려고 하는 것이기 때문이다.

2. 세부 자료 수집

최대한의 세부적인 정보를 얻기 위해서 상담자는 다음의 사항을 이해해야만 한다. 현재 학생이 어떤 강좌를 수강하고 있는지, 각 강좌에서 요구하는 것은 무엇인지, 학생은 각 강좌의 요구사항을 어느 정도 수행하고 있는지, 각 강좌에서 이미 일어난 문제는 무엇인지, 학생은 그 강좌에 대해서 어느 정도 공부하고 있는지, 언제 어디서 공부하는지, 각 학습 시간에 어느 정도 수행하는지, 학생들이 해야 할 것과 학생들이 실제적으로 어떻게 공부하는지에 관한 모든 세부적인 사항을 알고 있어야 한다.

상담자들은 앞의 질문들에 대한 대답처럼 보이는 일반론적인 대답을 받아들여서는 안 된다. 예를 들어, 학생들은 자신들이 '하룻밤에 약 1시간 30분 정도' 공부한다고 말할지도 모른다.

이러한 일반적인 진술은 표면상의 의미 그대로 받아들여져서는 안 된다. 상담자는 세부적이고 구체적인 예를 물어보아야 한다. "글쎄, 자, 넌 어젯밤에 몇 시간 정도 공부했니?"

"그리고 네가 어젯밤에 공부하는 동안 실제적으로 어느 정도 성취했니?" "그 전날 밤에는 무엇을 했니?" 그리고 "그 전전날 밤에는?" "공부하는 동안 쉬는 시간은 있었니?"

이때 역시 상담자는 학생을 평가하거나 직면해서는 안 된다. 진단면접 때의 과제와는 다르게, 세부적인 자료 수집 단계에서의 과제는 학생들이 자신의 독특한 문제 영역(학업 수행)을 어떻게 다루는가에 대한 세부적인 정보를 얻는 것이다. 부진아는 구체적인 세부사항에 대하여 자발적으로 말하지 않기 때문에, 상담자는 각 정보들을 조사해야 한다. 이러한 점검은 분명하게 상담자의 역할 내에서 이루어져야 한다. 그리고 이러한 상담자의 역할은 학생이 원하는 것을 얻도록 도와주고, 더 좋은 점수를 얻도록 도와주는 것이다.

상담자가 학생들에 대해 판단하고 평가해서는 안 되는 점검(probing)과 지시(directive)는 어떠한 해석이나 권고, 조언도 하지 않는다. 이때 상담자는 가능한 한 많은 세부사항을 유도해 내고, 정보에 대해 듣고 기록하고, 학생이 실제적으로 학업적인 책임감을 어떻게 준비하고 실행하는지에 관해 가능한 한 완전한 그림을 얻으려고 노력한다. 이러한 목적에 관한 구체적인 형식이 [그림 12-1]에 제시되어 있다.

이렇게 정보의 기록을 만들고 사용하는 것은 다음 학기를 위해서도 중요하다. 왜냐하면 이 접근은 상담자가 학생이 날마다 어떻게 공부하는지에 관한 세부사항

이름:		학년:	날짜:
문제	요구사항	현재 상태	계획
1.			
2.			
3.			
4.			

공부 습관/코멘트:

[그림 12-1] 상담자 기록 양식

을 포함하도록 요구하기 때문이다. 또한 세부사항을 물어봄으로써 상담자는 학생들이 얼마나 많은 세부사항을 인식하고 있는지를 알 수 있게 될 것이다. 예를 들어, 어떤 학생은 많은 강좌에서의 요구사항을 알지 못할지도 모른다.

이 단계에서는 학생들의 수업 과제와 관련된 모든 세부사항과 과제하는 습관을 알기 위해서 많은 인내와 결단이 필요하다. 상담자는 흥미진진한 소재(juicy material)—학생의 학습부진 문제—에 뛰어들거나 일찍 개입할 만한 유혹이 많다. 이때 그렇게 행동하는 것은 시기상조이다.

3. 특정한 문제 영역에 초점을 두고, 각 영역에서 변명들을 분리시키기

일단 학생의 실제적인 학습 행위와 학업 상황에 대한 충분한 정보가 확실하게 수집되면, 상담자는 학생에게 이러한 많은 영역이나 문제 중에서 어느 것이 좋은 점수를 얻을 수 있도록 하는가에 대해 질문을 한다. 상담자는 학생에게 약간의 안내를 해 주어야 할지도 모르지만, 일반적으로 학생은 이미 유도된 문제 중에 하나를 언급할 충분한 준비가 되어 있다. 학생이 어떤 문제부터 시작할지는 중요하지 않다. 개입과정 역시 마찬가지이다.

그다음 상담자는 이 문제들의 구체적 세부사항들에 대해 정밀하게 살핀다. 언제 발생했는가? 어디서 발생했는가? 어떤 방식으로 어떻게 발생했는가? 관련된 다른 사람이 있었는가? 학생은 이것이 왜 일어났다고 생각하는가?

때로 이것은 이미 논의된 것을 다시 점검하는 간단한 문제이지만, 종종 학생들에게 유도할 훨씬 더 많은 문제가 있는 경우도 있다. 예를 들어, 학생이 영어 수업에서 점수가 나쁜 것이 선생님이 불공평하고 너무 무서워서라고 한다면, 선생님이 어떻게 불공평하고 무서운가를 학생에게 묻지 않고 지나쳐 버려서는 안 된다. 구체적인 예들을 물어야 한다. 상담자가 여기서 관심을 가져야 할 것은 실제로 어떤 일이 일어났는가가 아니라 학생 자신의 관점에서 나오는 보다 완전하고 상세한 설명이다. 이것의 궁극적인 목적은 학생의 행동에 초점을 맞추고 변화시키는 것이 아니라 그러한 행동에 대한 학생의 지각을 이해하는 것이다.

학생은 교사의 말이 너무 빠르거나 느리다고 느끼는가? 교사가 무시하거나 겁을 주고 있는가? 교사는 교재에 대하여 잘 설명하고 있는가? 만약 학생이 책을 잃어버려서 시험을 못 봤다고 한다면, 어떤 책과 어떤 시험인지 구체적으로 알아내야 한다. 부진아들은 종종 자신이 특정한 시험에 충분히 공부했지만 시험을 못 봤다고 주장한다. 그들에게 실제적으로 몇 시간 공부했는지, 며칠 공부했는지, 실제 학업성취는 어느 정도인지 물어보라. 학생들에게 이런 식의 문제가 전에도 일어났는지 물어보라. 언제? 어디서? 어떤 수업에서? 왜? 어떻게 일어났는가?

만약 학생이 시간을 언급한다면(예: “나는 매일 한 시간씩 공부했어요”), 상담자는 실제적으로 이것이 사실인지 주의 깊게 탐색해야 한다. 부진아들은 자신이 공부한 실제 시간을 과장할지도 모르기 때문에, 이러한 수준의 세부적인 조사가 절대적으로 필요하다. 학생에게 물어보라. “어제 몇 시간 공부했니? 그 시간 동안 얻은 성취 결과는 어느 정도니? 몇 페이지를 읽었니? 몇 문제나 풀었니? 내용을 얼마만큼 기억하니? 몇 페이지 썼니? 휴식은 어느 정도 취했니? 텔레비전은 얼마나 보았니? 음악을 듣거나 공상, 딴생각은 얼마나 했니? 다른 어떤 장애나 방해가 있었니? 텔레비전, 음악, 공상 등은 공부 시간을 얼마나 방해했니? 이 모든 것을 생각해 보았을 때, 넌 어제 몇 시간이나 공부했니? 네가 어제에 대해 알고 있으니까 그 전날에는 어땠니? 또 그 전날에는?”

비록 많은 문제 영역이 있다고 할지라도, 상담자는 한 가지 문제 영역이나 변명에 초점을 제한하고 그것에 대해 깊이 있게 세부사항을 탐색하도록 해야 한다. 다음에 제시된 내용은 상당히 전형적인 상담자와 내담 학생의 대화이다.

상담자: 이번 학기에 어떻게 그런 형편없는 점수를 받았니?

내담자: 잘 모르겠어요. 전 공부하려고 했지만, 아마도 충분히 공부하지는 않았나 봐요.

상담자: 충분히 공부하지 않았다고?

내담자: 글쎄요…… 전 매일 하루에 한 시간씩 공부했어요. 그걸로 충분한 것 같은데…….

상담자: 넌 날마다 한 시간씩 공부했어. 만약 내가 네가 원하는 향상된 점수를 얻도록 너를 도와주려고 한다면, 난 네가 의미하는 것에 대해 좀 더 구체적인 생각들이 필요해. 나에게 예를 들어 줄 수 있겠니? 넌 네가 날마다 한 시간씩 공부한다고 말했어. 어제는 몇 시간 공부했니?

내담자: 글쎄요, 사실은…… 어제 농구 연습 때문에 집에 약간 늦게 들어갔어요. 그

래서 저녁 식사 때까지 어느 정도 피곤했고요.

상담자: 그래서 어제 실제적으로 몇 시간 공부했니?

내담자: 글쎄요. 전 뭔가 해 보려고 앉았지만, 한 페이지에 너무 열중했고, 주의집중하기가 어렵다는 것을 알았어요.

상담자: 공부는 어디에서 했니?

내담자: 집에서요. 저는 도서관에서는 공부를 할 수가 없어요. 너무 조용해서 나는 쉽게 잠들어 버려요.

상담자: 집의 어디에서? 어떤 방에서 공부했니?

내담자: 서재에서요. 사실은 텔레비전에서 하는 결승전 게임을 봤어요. 저는 광고 시간 동안 공부하려고 했어요.

상담자: 그러면 실제적으로 몇 시간 공부했니? 글쎄요…… 실제적으로 공부한 시간은…… 결승전을 보지 않은 시간은 어느 정도?

내담자: 아마 추측컨대…… 글쎄요…… 약 20분 정도…… 하지만 정말로 집중하기 어려웠어요.

상담자: 그래…… 그러면 어제 넌 한 시간 동안 공부한 게 아니라, 단지 20분 동안 공부한 거야. 그 전날에는 어땠니?

내담자: 잘 기억이 안 나요. 확실히 잘 모르겠어요.

상담자: 그러면 어떻게 넌 네가 날마다 한 시간씩 공부하고 노력했다고 확신할 수 있니?

내담자: 글쎄요…… 음…… 그저께 나는 저녁 식사 후에 곧바로 공부해야겠다고 생각했어요. 하지만 부모님이 식사를 마치라고 귀찮게 굴었고, 식사를 마칠 때까지 점점 늦어지기 시작했어요.

상담자: 그래서 실제적으로 공부한 시간은 얼마나 되니?

내담자: 아마 15분 정도 될 거예요.

상담자: 알았다. 그러니까 넌 어제 약 20분 정도 공부했고, 그제는 약 15분 정도 공부했구나. 지난 이틀 동안 넌 네가 해야겠다고 생각한 만큼 공부를 하지 못한 것 같구나.

내담자: 네…… 그런 것 같네요.

종종 부진아들에게 이러한 경우가 종종 있기 때문에, 단순히 구체적인 정보를 얻는 것(예: 매일 밤 학생이 몇 시간 정도 공부했는가)은 상담자 쪽에서 상당한 끈기와 의도의 단순성을 요구한다. 게다가 부진아들로부터 유도된 세부사항은 매우 논리적이고 합리적이고 확신이 가는 일반적인 이야기와는 상당히 다르다는 것이 드러난다. 상담자는 이러한 일반적인 진술과 변명이 논리적이고 확신이 가는 것처럼 들린다는 것을 명심해야 한다. 왜냐하면 부진아들은 우리가 날마다 너무나 당연하게 사용하는 관용 표현을 사용하고, 그 자신이 진정으로 그것들을 믿기 때문이다.

4. (학업문제의) 변명과 그에 따른 결과를 연결 짓기

변명이나 나름의 이유가 일단 학업문제와 분리돼서 명료화되고, 최근의 실제 예들을 통해 구체화되면, 그러한 변명들은 그로 인해 발생하게 될 앞으로의 결과와 연결되어야 한다. 부진아들은 그들이 오늘 하는 공부와 다음 달에 받게 될 성적을 별개의 것으로 생각하기 일쑤이다. 상담자는 학생들의 이와 같은 사고 연계를 당연시하여 받아들여서는 안 된다. 학생들은 자신들이 장차 받게 될 성적이 오늘 하는 공부에 직접적으로 결부되어 있다는 기본적인 논리적 연관조차 짓지 못하기 때문에, 이에 대해서 매우 단순하고 명료하면서도 논리적인 용어로 반드시 설명되어야 한다.

이들이 설령 IQ 180이라 할지라도 이러한 간단한 논리적 연관성에 대해서는 회피할지 모른다. 상담자는 학생이 학업 준비와 관련해서 자기 개인의 문제를 해결하지 않을 때, 장차 발생할 일에 대해 솔직하고 공격적이지 않은 방식으로 설명해 주어야만 한다.

상담자: 너는 실제로 집에서 내가 들여야 한다고 생각하거나 혹은 실제로 했다고 생각하는 만큼의 시간을 공부에 쏟지 못했기 때문에 수학 성적이 나빴다고 나에게 말했어. 그렇지?

내담자: 네, 맞아요.

상담자: 그리고 너는 더 나은 성적을 받고 싶고 그것을 위해 하루에 한 시간 정도는 공부해야 충분할 것 같다는 얘기를 또한 했단다.

내담자: 그렇죠.

상담자: 하지만 보아 온 것처럼 네가 하루에 한 시간을 공부한 적은 지금껏 없구나.

충분한 시간을 공부해 오지 않았던 것이지. 이런 공부 방식에 변화가 없을 경우 학기말에 수학 성적은 어떨 것 같니?

내담자: 좋을 리가 없겠죠.

상담자: 그게 네가 원하는 결과니?

내담자: 결코 그렇지 않아요.

상담자: 그렇다면 원하는 결과를 얻을 수 있는 답은 무엇일까?

내담자: 더 많은 시간을 공부하는 것이 필요할 것 같군요.

앞의 내용은 아주 단순하고 자명하여서, 초등학생과 얘기할 때조차도 굳이 설명할 필요가 없을 것처럼 보인다. 그러나 오늘 하는 일과 내일 오게 될 그 일의 결과를 학생이 생각해서 연관 지어 보도록 하는 것은 아주 중요하다.

우리가 얘기해 온 바와 같이, 적절한 학업 준비와 그에 따른 성공적인 수행 간에는 명확하게 연관성이 맺어져 있어야만 한다. 이러한 학생들과 작업하는 상담자들은 지속적으로 다음과 같은 말을 하게 된다. "네가 이 문제를 풀지 못한다면 무슨 일이 일어날 거 같니?"

5. 각각의 걸림돌 또는 장애물에 대해 해결책 촉구하기

학생이 하는 변명이 충분히 드러나고 그에 대해 뭔가 구체적인 조치를 취하는 것이 중요하다는 점에 대해서 명확히 인식하고 동의를 하게 되면 상담자는 비로소 문제 해결에 대한 주제를 화제로 끌어낼 수 있게 된다.

그러나 이 시점에서 많은 상담자는 학업문제 부진아의 개입에 필요한 치료적 역할을 수행하지 못한다. 상담자들은 실제적이고 합리적인 해결책을 학생들에게 퍼부어 댐으로써 학생들의 책임 부재 상태를 대신 메워 버리려고 한다. 이 시점에서 이렇게 해결책을 제시해 대는 것은 소용없는 짓이다. 왜냐하면, 이런 학생들이 제시되는 합리적인 해결책들을 자발적으로 선택하는 경우는 드물기 때문이다.

이러한 방해가 되지 않는 도움의 형태로써, 상담자는 부진아에게 가능한 해결책을 내보도록 질문을 한다. 이 단계는 문제 해결 단계이다. 그러나 상담자가 학생에게 해결책을 생각해 보도록 격려해야만 비로소 상호적인 문제 해결 과정이 되는 것이다.

종종 부진아들은 이러한 질문에 대해 효과적인 해결책을 생각해 낸다. 그렇게 되면 상담자는 문제 해결책에 대해 학생과 함께, 제시된 문제 해결책의 실용성이나 실행과정에서 생길 수 있는 예기치 않은 장애물 그리고 실행 단계를 보다 정교화하는 방안 등과 같은 사항들에 대해 세부적인 협의를 해야만 한다. 예를 들어, 학생이 만일 수학 공부의 어려움을 해결하기 위해서는 우선 선생님께 말씀을 드린 후 수학 공부 시간을 좀 더 늘리는 것이 필요하다고 얘기하면, 상담자는 그 두 가지 해결책을 탐색하여 예상되는 문제점들을 탐색해 보아야 한다.

학생이 단 한 가지도 해결책을 제시하지 못하는 상황일 경우에만 상담자는 해결책을 제시해야 한다. 어떤 경우이든, 상담자는 언급된 해결책들에 대해 학생이 해낼 수 없다는 얘기를 할 수 있는 가능성에 대해서도 기꺼이 탐색해야만 한다. 다음 대화의 목적은 내담 학생이 자기 개인의 책임을 회피할 수 없는 상황임을 인식하도록 하는 것이다.

상담자: 그래, 책 챙기는 것을 잊어버리는 것이 정말 문제구나. 그리고 네가 그에 대해서 해결책을 찾지 못하고 있다는 것도 알겠네. 나에게 아이디어가 하나 있어. 한 50장 정도의 연습장에 '수학과 영어 책을 잊지 말자.'라고 써서 네가 가지고 있는 옷 주머니마다 전부 집어넣어 두면 어떨까? 신발에도 하나씩 넣어 놓을 수 있을 것 같은데. 그리고 사물함, 책상 그리고 옷장, 집에 있는 TV 등에도…….

내담자: (의기소침해서) 바보 같은 짓 같아요.

상담자: 하지만 너는 책 챙기는 것을 잊어버리는 것이 네가 좋은 성적을 얻는 데 장애가 된다고 말했잖아, 그렇지?

내담자: 네.

상담자: 그렇다면 이렇게 하는 게 효과가 있을 걸. 결코 바보 같은 짓이 아니지. 그렇게 하는 것이 네가 중요하게 생각하는 것을 얻게 해 줄 텐데. 게다가 아주 유명하고 성공한 사람들도 기억을 해내기 위해 이런 방법을 사용해 오곤 했단다. 만일 그것이 충분히 효과가 있었다면…… 그들이…….

내담자: 그래요. 하지만 아이들이 놀릴 텐데요.

상담자: 그 아이들은 네 문제를 모르고 있잖아. 뭐가 너에게 더 중요하니, 좋은 성적을 얻는 것이니, 아니면 다른 사람들이 어떻게 생각하나 하는 것이니?

상담자가 기억해야 할 점은, 학생의 사회생활에 대해 앞의 예에서 대담하게 다뤄 나가는 것이 보이는 것만큼 실제로 그렇게 잔혹하지는 않다는 점이다. 부진아들은 자신들의 가능한 모든 삶의 관점을 동원해서 학습부진을 지속시킬 수 있는 구실을 삼는다. 그것이 실제로 처음에는 타당한 이유였을 수도 있지만, 부진아들에게는 단지 또 하나의 변명이 될 뿐이다.

이 단계에서 상담자는 제안된 해결책을 수행하는 과정에서 발생할 수 있는 문제에 대해 학생이 어떻게 대처할 수 있을지에 대해 질문해야만 한다. 자기반성을 회피하기 때문에 부진아들은 문제 해결을 위한 일에 시간을 들이지 않는다. 상담자는 논리적인 연결, 각각 정의된 문제들 그리고 그에 대한 각각의 해결책이 구두로 얘기되고(학생 또는 상담자에 의해서) 잘 정의되었는지에 대해 분명히 확인해야만 한다.

일단 학생이 더 나은 성적을 받는 것을 목표로 삼고, 현재의 문제와 그에 따른 결과의 논리적 연관성을 명확하게 이해한 후 구체적이고 실현 가능한 해결책을 세우게 되면, 더 이상 이러한 관계를 부인할 방법이 없게 된다. 학생은 더 이상 성적에 대해 어쩌다 보니 그렇게 되어 버린 것으로 인식할 수 없게 되며, 성적에 대한 개인적인 책임을 수용할 수밖에 없는 상황에 처하게 된다.

학습부진의 동기에 내재된 갈등 요소를 의식하게 됨으로써, 종종 부진아들은 이 시점에서 다소의 우울이나 불안정 상태를 보이기 시작한다.

요약컨대, 이 문제에 대한 치료적인 접근은 네 가지 주요 요소를 포함한다. ① 우선, 부진 학생들은 학교와 관련한 목표를 언급하도록 요청받는다. 이는 학생들이 공부를 더 잘하고 싶다고 그간 계속 얘기해 왔기 때문이다. ② 그러고 나서 학생들은 목표달성을 위해 필요한 세부적인 계획을 구체화해 보도록 요청받는다. ③ 그런 다음, 학생들은 자신들의 목표달성에 방해 혹은 장애가 되는 것들을 따져 본다. ④ 그리고 마지막으로 발생할 수도 있는 그러한 문제에 대한 대처 방안을 생각해 보도록 요청받는다.

6. 실행 촉구하기

한 가지 변명에 대해 이러한 단계를 밟아 온 상담자는 이제 부진아의 행동을 직접 다룰 수 있는 기반을 닦은 셈이 된다. 상담자는 더 나은 성적을 원하는 학생의 목표에 대해 의지적인 바람을 언명하도록 함과 동시에, 현재 상황에 대해 구체적으로 조명하고 학생의 성취에 장애가 될 만한 특정한 변명을 따로 분리해 낸 후 학생 스스로 해결책을 찾도록 돕는다. 그리고 그 해결책을 구체화하는 작업을 해 나간다. 이런 과정을 거치면 드디어 실행의 단계에 들어서게 된다. 그러나 이 단계에서도 상담자는 학생이 상담자의 기대에 응하도록 요구하거나 압력을 주지 않도록 주의해야만 한다. 학생에게 하게 될 중요한 질문은 "그래 좋아, 이제 너의 실천 계획은 어떻게 되니?"이다. 이 질문에 뒤이어, 언제, 얼마나 많이, 어디서, 어떤 방식으로 등과 같은 여러 구체화 질문이 반드시 필요하다.

또 다른 덫이 상담자를 기다린다. 이러한 과정을 거친 후, 회기 사이에 학생이 해야 할 일에 대해 서로 합의하였다고 해서 학생이 실제로 그렇게 실천할 거란 보장은 없다. 부진아들은 회기 중에 무슨 합의가 이루어졌든 간에 다음 회기에 올 때는 그중 일부만 실천하고 오게 될 거란 점에서 쉽게 예측이 가능하다. 결국 이것이 그런 학생들의 전형적인 행동 패턴인 것이다. 그리고 대개 이런 행동 패턴은 단 몇 회기 만에 달라지지 않는다. 따라서 합의를 통해 학생과 확고한 치료적 계약을 맺었다는 환상을 지닌 상담자는 잇따른 회기에서 깊은 실망감을 경험하게 된다. 그리고 그러한 실망감으로 인해 학생이 스스로 계획을 끝까지 수행할 수 없게끔 그만 중단시키기도 한다.

부모들도 자녀들이 공부에 대해 약속해 놓고는 그것을 어겼다고 생각될 때 유사한 분노 반응을 보인다고 보고한다. 상담자가 그런 반응을 보일 경우, 계획을 제대로 실행하지 못하는 것에 대한 왜곡된 인상을 전하게 되며 학생과의 관계에 부정적인 요소를 개입시킬 위험을 안게 된다.

독자들은 학생들이 요구되는 사항을 따르지 않을 것이 거의 확실한 상황에서 왜 상담자가 이렇게 정교하고 조심스러운 방식으로 학생의 변명을 다뤄 나가야 하는지에 대해 자연스레 의문을 품을 수 있다. 다시 말해, 학생의 행동에 실제 영향을 주지 못하는 이러한 접근이 무슨 의미가 있겠냐는 것이다. 이런 질문은 치료 접근을 통해 벌어지는 일들을 고려해 봄으로써 답을 얻을 수 있다.

지금까지의 1~6단계까지 반복해 읽은 독자라면, 상당한 주의의 초점이 실제 행동보다는 자신의 행동에 대한 학생들의 인식에 맞춰져 있다는 것을 알 수 있을 것이다. 이 접근에서 직접 목표로 삼는 것은 학생의 행동이나 동기 문제라기보다는 학업 수행에 대한 학생 자신의 책임 인식이다. 일단 이러한 인식이 제안된 방식으로 직면이 되면, 만사가 다 잘 굴러갈 테고 성적문제는 어떻게도 할 수 있는 것이 없다는 식으로 학생들이 자신을 기만하기는 어려워질 것이다. 예를 들어, 매일 밤 1시간씩 공부하기 위해 노력하고 있다고 정말 믿는 학생들이 지금까지 제시되어 온 치료적 과정을 거치게 되면 그와 같은 자기기만을 더 이상 유지할 수 없게 된다. 즉, 자신들이 실제로 매일 밤 1시간씩 공부하고 있지 않다는 사실을 결국은 인정하게 되는 것이다.

다른 방식으로 설명하면, 이러한 접근의 목적은 학생들이 공부를 더 하게 하는 것이 아니라, 학생이 약속하는 것과 실제로 수행해 내는 것 사이의 격차, 즉 의도와 실천 사이의 괴리를 좁히는 것이다. 목표에 대한 언급을 줄이고 실천을 늘리는 것이 중요한 것이 아니라, 학업 수행에서 자신들의 역할에 대한 현실적인 기대나 그림을 학생들이 그려 보기 시작하는 것이 중요한 것이다.

이러한 인식을 마주 대하게 되면, 부진아들은 다음 세 가지 대안 중 하나를 취하게 된다.

① 자신들의 변명을 인식할 수 있게 되며, 자신들이 실제로는 성취하고자 하는 마음이 없다는 것 그리고 실패를 자청했으며 공부보다는 다른 것을 우선시했다는 것 등을 인정하게 된다. 그리고 이런 문제들을 다루기 시작하게 된다.
② 지속적으로 부진한 수행을 유지한다. 다른 변명거리를 찾아 처음 것을 대체한다.
③ 다뤄진 한 가지 영역에서 약속한 대로 1시간씩 공부를 매일 함으로써 조금씩 나아지기 시작한다. 그러나 다른 많은 부분은 여전히 별다른 변화가 일어나지 않을 거란 점을 확신한다.

첫 번째 대안으로, 학생이 계속해서 학습부진 상태에 있으면서도 이제는 의미 있는 선택에 대해 책임을 지고(기존처럼 학습부진이 우연히 일어났다고 생각하는 것이 아니라), 정말 중요한 어떤 것을 선택하게 된다. 이 학생이 정말 옳은 결정을 할 수 있게 될지는 알 수 없지만, 이제 이 학생은 자신이 결정을 하고 그 결과를 받아들일 수 있게 된다. 물론 일부 부진아는 결국 이런 결정을 선택하게 되지만, 대부분은 그렇지 못하다. 16세 청소년은 공부를 안 하는 것이 자신의 선택이고 그에 대한 책임이 자신에게 있다는 것을 받아들인 후에 부모의 얼굴을 대하고 싶어 하지 않는다. 근본적으로, 학교에서 공부를 하기 싫다고 주장하는 학생은 학교를 계속 다닐 것인가 아니면 그만둘 것인가를 결정해야 한다. 부진아(특히 20세 미만의 학생인 경우)는 이런 결정을 하고자 하지 않는다. 왜냐하면 이런 종류의 선택은 그토록 회피하고 싶어 하는 독립과 책임이라는 문제에 이르게 하기 때문이다.

부진아들은 두 번째 혹은 세 번째 대안을 선택할 가능성이 더 크다. 이 학생들은 계속 학습부진 상태에 머물면서 정당화될 수 없는 다른 변명들을 가지고 오거나, 한 영역에서만 성취하기 시작하면서 학습부진이 자신의 선택이 아니었다는 것을 증명하려고 할 것이다. 두 번째 대안을 택하는 학생은 여전히 매일 한 시간씩 공부하지 않으면서도 다른 변명(예: 공부할 방이 없다, 집은 너무 시끄럽고 도서관은 너무 조용하다)을 이야기하기 시작할 것이다. 세 번째 대안을 선택하는 학생은 상담자가 직면시켰던 아주 사소한 변명과 관련된 특정 영역에서 아주 조금의 변화만을 보일 것이다. 어떤 경우든, 하나의 변명에 대한 개입이 성공적이었다고 해서 그것이 곧 엄청난 성적 변화나 학업문제 패턴상의 변화로 연결되지는 않는다. 이 학생들은 학교에서 아주 조금 더 노력을 하면서 큰 변화 없이 그냥 예전 그대로 살아 나가기를 바라고 있다.

7. 실행 점검하기/추수지도하기

학생이 잘 실천하고 있는지를 상담자가 점검하지 않는다면 이전까지의 모든 단계는 의미가 없어진다. 왜냐하면 학업문제 부진아들은 실천하지 않을 가능성이 높기 때문이다. 따라서 무엇이 잘못되었는지 구체적이고 분명하게 이야기되어야 한다. 이미 언급한 바와 같이, 이 학생들은 같은 문제에 대해서 계속 다른 변명들을 끌어다 대거나(예: "이제는 진짜 매일 한 시간 가까이 공부를 하는데요, 근데 자꾸 책을 잃어버려서 진도가 많이 안 나가요.") 아주 약간 성취한 후에 다른 문젯거리를 가지고 와서 고의적으로 전반적인 성취를 방해할 수 있다(예: "지난주 내내 매일 한 시간씩 공부했었는데요, 근데 엉뚱한 교재로 공부하는 바람에 어제 시험을 또 망쳤어요."). 어떤 상황이든 이제 부진아들은 더 이상 지난주까지 써먹었던 핑계를 다시 댈 수가 없어진다. 왜냐하면 똑같은 핑계를 대게 되면 학습부진이 자신의 책임이라는 것을 받아들여야 하는

데 이것이 그들이 정말 인정하기 싫어하는 부분이기 때문이다.

실행 여부를 점검하게 되면 결국 학생은 이제까지 사용했던 변명 대신에 다른 변명을 제시하게 된다. 이제 상담자는 다음 단계로 들어갈 수 있게 되는 것이다.

8. 매시간 하나씩 다른 변명을 가지고 3~7단계 반복하기

상담자는 이제 학생이 말하는 여러 가지 변명 가운데 하나를 선택해서 여기에 초점을 맞추면서 3단계에서 7단계까지의 과정을 반복해야 한다(필요하다면 전 과정을 반복할 수도 있다). 그리고 학생이 그 새로운 핑계를 더 이상 댈 수 없게 되면 또 다른 핑계를 다루고, 계속해서 또 다른 핑계를 다루어야 한다. 어떤 변명이냐와 어떤 변명을 먼저 다루느냐는 중요하지 않다. 상담자가 판단하기에—아주 사소하거나 의미 없어 보이더라도—그 상황에서 가장 방해가 되는 변명에 초점을 맞추면 된다. 두리뭉실하게 넘어가지 말고 구체적으로 다루되, 학생의 의도나 정서를 해석하려고 해서는 안 된다. 이런 접근에 숙달된 상담자는 하나의 변명에서 다음 변명으로 넘어가는 과정이 아주 매끄럽고 빨라지게 된다.

상담자: 지난주에 이야기했던 그 교재에 대해서 이야기해 볼까?

내담자: 아 예, 저는 그런대로 잘 했는데요, 교재를 집에 두고 안 가져갔어요. 다음번에는 꼭 가져가면 되죠 뭐.

상담자: 그래…… 근데 왜 그 교재를 집에다 두고 갔니?

내담자: 음…… 그니까 저는 잊어버리지 않으려고 일부러 제 공부방 한쪽에 다른 것들이랑 같이 뒀거든요.

상담자: 학교에 가지고 갈 것들이랑 같이 뒀다고?

내담자: 예, 근데 그게 학교에 가지고 갈 필요가 없는 것들 사이에 있었던 거예요. 그래서 깜빡한 거죠 뭐.

상담자: 그랬구나. 근데 만약에 네가 그 교재를 맨날 잊어버리고 안 가져가면 어쩌지?

내담자: 제 생각에도 제가 또 잊어버릴 것 같긴 해요.

상담자: 그렇게 돼도 괜찮니?

내담자: 아뇨, 안 되죠.

상담자: 그럼 다음번에 그런 일이 또 생기지 않게 하려면 어떻게 하면 좋을까?

내담자: 음…… 이제 제자리에 놓아두어야 할 것 같네요.

한번 다루어진 변명은 다음 회기에 다시 한 번 점검되어야 한다. 한 회기에 여러 개의 변명을 다룰 수는 있지만, 만약 한꺼번에 4~5개씩의 변명을 다루게 되면 학생이 이것을 다 소화할 수 없기 때문에 효과가 떨어질 수밖에 없다.

결국 이런 식으로 변명을 하나하나 다루다 보면 학업문제 부진아들은 모든 일의 책임이 자신에게 있었다는 것을 받아들이지 않을 수 없게 된다. 통찰의 시작은 다음의 대화에서 발견될 수 있다.

상담자: 그래, 이제 수학 공부 시간을 늘렸구나. 이제 네가 원했던 정도가 된 거니?

내담자: 그렇다고 봐야죠. 전에 말씀 드렸던 만큼 시간을 늘렸거든요.

상담자: 그러니까 이제 네가 목표로 하는 수학 점수를 받게 되겠네?

내담자: 글쎄요, 꼭 그렇지는 않을 수도 있죠.

상담자: 왜? 지난번에 네가 수학 공부를 하루에 한 시간씩만 하면 문제없을 거라고 했지 않니? 그러면 수학에서 B는 받을 수 있을 거라고.

내담자: 예…… 근데 어쩔 때는 한 시간 안에 공부를 다 못 끝네요. 풀기 어려운 문제들도 있거든요.

상담자: 그럼 그 문제는 어떻게 하는 게 하면 좋을까?

내담자: (거부당한 듯한 태도로) 아마 어려운 문제는 누구한테 물어봐야겠죠.

상담자: '아마'라고? 확신이 안 드는 모양이네.

내담자: 그렇지만 할 거예요! 안 그러면 그 문제들을 다 풀 수 없을 테니까요.

상담자: 그래, 그럼 언제 그 문제들을 해결할 생각이니?

내담자: 이번 주에요.

상담자: 무슨 뜻이야?

내담자: 아마 이번 주 목요일까지는 다 마쳐야 할 것 같아요.

상담자: 지난번에 친구 이야기 했잖아. 혹시 생각하고 있는 사람이 있니?

내담자: 예, Sam이요. 걔가 수학을 잘 하거든요.

상담자: 그러면 되겠네. 목요일 그 친구를 만나는 데 문제되는 게 있니?

내담자: 그 친구 스케줄이 어떻게 되는지 모르겠어요. 걔가 언제 시간이 있을지…… (상담자를 보며) 네, 네. 알고 있어요. 그 친구한테 지금 물어볼게요.

부진아들이 보다 나은 성적이라고 하는 '문제'를 풀기 위한 단계를 밟아 가는 과정에서 생각에 대해 책임을 받아들이기 시작하더라도, 상담자는 꾸준히 한 번에 하나씩 단계를 반복해야 한다. 학생이 자신의 학업문제에 대한 책임을 깨닫기 시작하고 이를 계속해서 인정하도록 하는 데는 지름길이 없다.

하지만 지금까지는 상담자가 깊이 있는 정서적 상태나 교류, 다른 사람들과의 관계 등을 고려하지 않았고, 나은 성적이라고 하는 처음의 '목표'와 관련이 없는 문제들은 탐색하지 않았다. 상담자는 지금까지 꾸준히 변명 하나하나를 다룬 것에 만족해야 한다. 부진아들은 더 이상 변명을 가져오지 못하게 될 때 만족스러운 듯 보이는 심리 이면에 깔려 있는 정서적 문제들을 부정하지 못하게 되는 것이다.

자신의 변명에 대해 충분히 생각하고 더 이상 변명의 여지가 없다는 것을 깨달은 후에는 책임감과 함께 공포, 우울, 불안, 분노, 후회, 성취를 향한 에너지, 혼돈, 친구관계나 성적 등의 변화, 깊이 있는 내적 성찰 등을 경험하게 된다. 이제 상담자는 3단계에서 8단계까지 되풀이했던 작업을 멈추고 큰 전환점이 될 수 있는 9단계로 넘어가야 한다.

9. 비지시적 접근으로의 전환

부진아들은 이제 자신이 학업과 관련해서 보였던 행동 패턴, 즉 뒤로 미루거나 책임을 회피했던 행동이 삶의 다른 영역에서도 나타난다는 것을 깨닫기 시작한다. 학업문제 부진아들이 성취와 관련된 자신의 책임을 점점 더 많이 받아들이게 되면, 학생 자신의 책임과 그 책임이 미래에 미치는 영향 등으로 주제가 흘러가게 된다. 자아정체감, 가치관 및 장래 희망, 대안적 목표 및 그에 필요한 선택들, 독립성 및 의미 등에 관한 질문들로 이야기가 시작될 수 있다.

이 단계에서는 치료적 관계가 중요한 역할을 하게 된다. 이미 학생이 자신의 책임을 받아들이고 있기 때문에 초반의 직면이나 개입은 더 이상 필요가 없다. 이 단계에서는 직면이나 문제 해결 기술과 같은 접근이 오히려 치료적 관계를 방해하게 된다. 때문에 상담자는 상담의 초반부터 지지적인 태도를 유지하고 있어야 하는 것이다. 이제 상담자는 이미 형성되어 있는 학생과의 신뢰관계 속에서 지지적인 태도를 보다 많이 드러내어야 한다. 그러면 학생은 치료적 관계에 대한 불신 없이 편안한 마음으로 중요한 문제들을 탐색할 수 있게 되는 것이다. 탐색은 상호 존중의 분위기에서 학생이 치료적 관계를 이끌고 생산적으로 이용할 때 가능해진다. 학생은 다음과 같은 삶의 중요한 문제에 대해 질문하고 그 해답을 찾고자 노력하게 된다. 나는 누구인가? 어디로 가야 하는가? 왜 나는 여태 이런 형편없는 점수를 받아 왔던 건가? 내가 진정으로 원하는 것은 무엇인가? 나는 미래에 어떤 모습으로 살고자 하는가?

부진아들에게 이런 것들은 혼란임과 동시에 강렬한 통찰의 연속이 될 수 있다. 그것은 이러한 질문들이 답하기 어려운 것이기 때문이기도 하고, 이 학생들이 수년 동안 의도적으로 회피해 왔던 질문들을 한꺼번에 터뜨리고 있기 때문이기도 하다.

때문에 상담자는 직면, 개입, 구체적 문제 해결, '변명 논박하기' 등이 아닌 지지적이고 무비판적으로 잘 들어 주는 역할을 해야 하는 것이다. 학생에게 충고를 하거나 학생의 선택이나 태도를 평가하지 않고, 그저 선택들의 장점과 단점, 기회와 위험 요인, 미지와 불안, 꿈과 희망 등을 함께 탐색하는 역할을 해야 하는 것이다. 이러한 과정은 그 학생이 성숙한 상태, 즉 자아정체감을 습득하고 감정을 통제할 수 있게 되는 상태에 이를 수 있도록 돕게 된다. 처음에 초점 맞추어졌던 문제 해결을 위한 인지 영역은 인지와 정서를 보다 충분히 다룰 수 있는 진정한 정서 영역으로 대치된다. 이 과정에서 상담자의 본연의 역할도 보다 지지적이고 반영적인 것으로 전환되는 것이다.

지금까지 부진아를 위한 효과적인 심리치료 방법을 살펴보았다. 이 접근법은 전통적인 심리치료보다 쉽게 느껴질 것이다. 실제로 이 접근법은 상담자나 여타 정신건강 전문가, 교사, 부모 등이 쉽게 익힐 수 있는 것이다. 하지만 이 접근법은 학업문제에 대한 정확한 진단, 실패에 대한 참을성과 인내력, 학생들이 제시하는 변명의 반 이상을 다룰 수 있는 다양한 개입 전략, 학생이 억지 변명을 하는 상황에서도 지지적이고 존중하는 태도를 견지할 수 있는 민감성, 초점을 바꿀지 아니면 학생 스스로 하고 있는 자기탐색을 계속하도록 놔둘지를 결정할 수 있는 유연성 등을 요구한다. 정상 발달에 근거한 발달이론적 관점(제6장 참조)에서 볼 때, 학생은 청소년기 이전 잠복기 문제에서 청소년기 문제로 이동하게 된다.

✹ 부진 성인

우리가 발달이론 모형에 관한 장에서 밝힌 대로, 부진아들은 갑작스러운 삶의 변화를 통해서 책임과 독립의 문제를 정면으로 마주하게 된다. 결국 학생들이 공부를 잘하든 못하든 영원히 학교에 남을 수는 없는 것이다. 어느 시점에서 선택이 이루어지고, 학생들은 결국 자신의 인생에서 주요 결정들에 대한 책임에 직면하게 된다. 그러나 만일 고생하지 않고 대충대충 살아가는 패턴이 성인기로까지 이어진다면, 부진이 모든 영역에서 발생한다. 그보다는 오히려 이제 직장과 가정생활에서 유사한 부진 패턴을 보이게 될 것이다.

성인으로서, 이런 부진자들은 대개 청소년기에 그랬던 것처럼 잘 적응하며 만족하고, 느긋하며 친절하다고 묘사된다. 그들은 초조해하거나 우울해하지 않으며 특별나게 충동적인 경우가 거의 없다. 그들은 관계에서나 다른 것들에서나 좀처럼 위험을 감수하려고 하지 않는다. 그들은 다른 사람들이 예상하는 수준의 성공을 결코 달성할 수 없을 것처럼 보인다는 점을 제외하고는 믿을 만한 사람들이다. 그럼에도 불구하고 그들은 기분 좋은 사람들이며 행복하고 자신의 삶에 만족하고 있는 것처럼 보인다.

부진 성인은 진취성, 독립성, 다양성, 책임감, 또는 기회가 거의 요구되지 않는 직업에 종사하는 경우가 많다. 그들은 커다란 직업적 성공이나 승진을 바라지 않고 그저 매일, 매해 해 오던 것을 하는 것에 만족한다. 그들이 해 오던 일에서는 꽤 유능한 반면, 자신만의 새로운 프로젝트를 고안해 내거나 지도자 역할을 자청하는 경우는 거의 없다. 그들은 직장 동료들 모두와 잘 어울려 지내며, 동료들도 그들을 좋아한다.

개인적인 생활 면에서는 결혼하는 부진 성인은 종종 계획과 의사결정에 대한 책임을 기꺼이 맡는 배우자를 선택할 것이다. 이러한 배우자는 대개 자신뿐만 아니라 다른 사람들을 위해서 책임을 맡으려 하는 에너지가 넘치는 사람들이다. 이런 결혼은 부진 성인이 다른 사람들이 자신을 위해 책임을 맡게끔 만드는 것을 계속하게 만든다. 그들은 계속 미루며(특히 개인적 책임을 많이 요구하는 문제에 관해서) 필요할 때면 변명을 만들어 낸다. 비록 그들의 타고난 대인관계 유형이 즐거움과

'사이좋게 지내기'라고 하더라도, 이런 사람들은 결혼생활에서 배우자로서 그리고 부모로서 돌보고 사랑할 줄 안다. 덧붙인다면, 부모로서 그들은 자녀에게 강하게 요구하는 것을 피할지 모른다. 그들의 육아 좌우명은 '그냥 내버려 둬.'일 것이다.

학업문제 부진을 보이는 청소년과 성인 간의 한 가지 차이는 성인이 변명과 합리화의 패턴에서 볼 때 훨씬 더 세련되고 심지어 세속적이기까지 하다는 것이다. 이것은 성인이 청소년들에 비해서 경험이 풍부하기 때문에 어떻게 보면 당연한 것이다. 이런 세련된 변명은 특히 심리치료나 상담을 받아 본 경험이 있는 부진아(또는 성인)에게서 드러난다. 그들은 대체로 지속적인 삶의 부진 패턴을 뒷받침하기 위해서 변명과 합리화를 비축하는 창고를 만들어 놓는 것이다.

학습부진 패턴에 들어맞지만 상담의 도움 없이 심리적으로 성숙한 성인들은 누군가가 그들에게 그들의 의도와 행동의 진술 사이에 있는 괴리를 직면했을 때가 자신들의 삶에서 전환점이 되었던 순간이라고 밝히고 있다. 그들은 또한 자신들이 Roth 등(1967)이 "성격적으로 나타나는 몇 가지 잔재"라고 명명한 것을 더 심각하게 인식하게 되었다고 보고한다. 이런 특성들은 비록 초기 단계에 비해서 강도나 빈도가 달라지기는 했지만 현재까지 지속된다. 예를 들면, 이는 할 일들의 목록을 작성하는 경향을 포함하는데, 이 목록 내의 일들은 과거에는 분명히 거의 실행되지 못했던 것이다. 이 사람들은 여전히 목록을 만들지만 이제는 자신들이 모든 것을 완수하기란 불가능하다는 것을 알고 그것을 기꺼이 인정한다. 반면에, 그들은 여러 가지 면에서 훨씬 더 많이 실행하고 스스로 하고자 결심한 것을 성공적으로 끝낸다. 즉, 의도와 행동 간의 괴리가 줄어든 것이다.

제13장

정체성 장애 부진아

◆ 일반적인 특징

제5장의 내용을 상기해 보면, DSM-IV에는 정체성 장애는 다른 정신장애가 수반되지 않지만, 우울하거나 불안할 수도 있고, 외적인 문제보다 내적인 문제에 몰두할 수도 있는 사람으로 정의하고 있다. 주된 초점은 '자아의 측면들을 일관되고 수용 가능한 자아의식으로 조정하지 못해서 나타나는 심각한 주관적 고통'이다. DSM-IV는 이 주제와 관련된 고통이 사회적 또는 직업적 의사결정을 내리는 데 방해가 될 수 있으나 이 문제는 성숙과 관련된, 특히 청소년기와 이른바 중년의 위기에 나타나는 정상적인 갈등으로 보고 있다.

이러한 설명이 발달이론 모형(제6장), 특히 후기 청소년기의 단계와 연결된다는 점에 주목하자. 후기 청소년기에는 자아를 개념화하고 심리적 독립을 성취하려는 노력이 성격구조의 중요한 초점이 된다. 정체성 장애를 보이는 사람에게서 나타나는 학습부진은 주로 성취에 우선순위를 낮게 두는 것에 기인한다. 모든 에너지가 정체감을 찾는 내적 활동으로 향하고 있다. 삶의 행동적 · 사회적 · 대인관계적 사건들은 자아관찰과 내적 성찰을 위한 자극이 된다.

'나는 누구인가?'와 '나는 어디로 가고 있는가?'가 전형적으로 생기는 질문들이며, 이 질문에 대답하려고 애쓰다 보면 학습부진과 같은 충돌이 전혀 없는 부분에 대해 신경 쓸 에너지는 거의 남지 않게 된다. 따라서 정체성 장애 부진아는 특정 학과목을 어차피 의미 없는 영역으로 간주하고, 성적이 떨어지는 것을 그대로 방치한다. 반면, 개인적으로 의미 있다고 여기는 학과목들은 적극적이고 창의적으로 생각하고 열심히 배우며 흡수한다.

임상 경험에 따르면, 이러한 학생들은 높은 자아강도를 갖고 있고, 내적 성찰을 매우 많이 하며, 스스로 강한 내적인 감정을 경험하려고 하며, 실제보다 훨씬 더 심각한 상태로 잘못 진단되는 경우가 종종 있다. 이러한 점들은 혼란스럽고 미성숙한 성격구조를 반영한다기보다는 발달하는 자아에 대한 건강한 인식을 반영한다. 이런 학생들에게 '정신분열적 사고'라고 명명되는 것은 실제로는 자아개념에 대한 강한 내적 탐색이다. 대개 정체성 장애 부진아는 내성적이고 자신에게 열중하나 적대적 반항장애 부진아의 반항적인 특성 중 일부를 보일 수도 있다(제14장 참조). 정체성 장애 부진아가 나이가 어릴 경우에 자주 반항적인 성격이 잘 드러난다. 반항적인 행동은 어린 정체성 장애 부진아에게 많이 나타나며, 정체감에 대한 질문은 보다 나이 많은 청소년들에게 발견되기 때문에, 이는 발달이론 모형에 의해 예측될 수 있다.

강한 불안과 우울이 나타날 수 있는데, 외적 사건보다는 내적 과정으로 인해 나타난다. 정체성 장애 부진아는 자신의 미래에 대해서 회의(doubt)를 가지고 있다. 그러한 회의는 다른 비전형적인 행동을 시도하게끔 만들 수도 있다. 그들이 다양한 역할을 '시도해 봄'에 따라 그러한 시도들이 다양한 행동의 일시적인 실험적 단계로서 나타날 수 있다. 반면에, 많은 정체성 장애 부진아는 혼란스러워서 무기력해지고 자신들의 내적 자아개념을 시험하는 단계를 밟을 수 없게 될지 모른다.

DSM-IV은 다음 문제들 중에서 세 가지 혹은 그 이상에 대한 불확실성과 관련된 심한 주관적 고통이 하나의 진단적 징후라고 일컫는다.

① 장기목표
② 직업 선택
③ 친구관계의 패턴
④ 성적 취향과 행동

⑤ 종교적 정체감
⑥ 도덕적 가치체계
⑦ 집단에 대한 충성

청소년들이 20대 중반이 될 때쯤이면 평범한 삶의 경험들이 이런 갈등들을 해결할 것이다. 지금까지의 임상 경험에 따르면, 10~15%의 학습부진 고등학생과 대학생들이 이 진단 범주와 일치하는 성격구조를 가질 것이라고 예상할 수 있다.

✸ 정체성 장애 부진아의 현상학적 세계

청소년들의 **질풍노도**의 삶의 단계는 사회적 관찰자, 역사가, 종교 그리고 문학 작가, 예술가, 시인, 철학자, 의료 전문가 그리고 과학자, 정치가 그리고 기타 지도자에 의해 그리고 지난 세기 동안에는 사회학자, 인류학자, 심리학자, 교육학자, 정신과 의사 그리고 정신건강 전문가에 의해서 기록되었다. 공감적 이해를 거의 받지 못하는 품행장애 부진아와는 다르게 정체성 장애 부진아의 내적 지각과 감정적인 세계는 소설가, 인류학자, 극작가, 인간발달 전문가 그리고 다른 사람들에게 매력적인 주제가 되어 왔다. 이는 아마도 자아를 정의하려는 문제가 청소년에게뿐만 아니라 모든 연령의 인간의 삶에 중요한 의미를 지니기 때문일 것이다. 그러므로 정체성 장애를 가진 사람의 눈을 통해서 보면 세상이 어떻게 보이는가에 대한 문헌이나 사례 연구 예시는 멀리서 찾을 필요가 없다. 우리가 여기서 다룰 몇 개의 예시는 많은 예시 중에서 알맞은 것을 골라낸 것이다.

James Joyce의 『젊은 예술가의 초상(Portrait of the Artist as a Young Man)』([1916]1972)에 나오는 주인공 Stephen Dedalus는 그가 자라난 아일랜드 사회로부터 심리적으로 독립함에 따라 점점 커져 가고 의미 있는 자아의 인식과 투쟁하면서 많은 시간을 보낸다. 소설의 종결부로 향하면서 Stephen과 그의 친구 Lynch는 예술과 삶의 본질에 대해서 긴 대화를 나눈다. 어떤 대목에 이르러 Stephen은 말한다.

> 영혼이 태어난다. …… 그것은 느리고 어두운 탄생이며 육체의 탄생보다 더 신비롭다. 이 나라에서 한 사람의 영혼이 태어날 때 그 영혼을 날지 못하게 하는 그물망이 던져진다. 당신은 내게 국적, 언어, 종교에 대해서 말한다. 나는 그러한 그물을 비켜 날고자 시도할 것이다(p. 203).

이 발췌문이 나온 긴 구문의 내용은 예술과 예술가의 본질에 관한 것이지만, 자아개념의 발달에 대한 간접적 언급이 많이 나온다. 예를 들어, 영혼이라는 단어를 자아라는 단어로 대치하면, 이 인용문은 정체성 장애를 가진 사람의 내적 감정 세계를 표현한 것으로도 볼 수 있다. 자아의 혼란과 신비, 끌어당기는 '그물'로부터 벗어나려는 투쟁, Stephen의 그물에 대한 저항과 그 자신의 길을 찾고자 하는 결심, 이 모든 것이 정체성 장애에 들어맞는다. 다른 자아성찰적 문학 작품에서도 유사한 예시들을 찾을 수 있다.

유명한 정신과 의사이자 소설가인 Allen Wheelis 박사는 이러한 이슈들 중 다수를 자신의 에세이를 통해서 그리고 그가 창조해 낸 가공의 인물들의 입을 통해서 표현하고 있다.

> 만일…… 내가 결정하는 것이 아직 개방적이라는 견해를 받아들여야 한다면, 단지 모르는 상태가 아니라 정말로 열린 것으로, 선조들에 의해 결정되지 않고, 지금까지 어떤 우수한 사람도, 심지어 Laplace의 전지한 악마조차 예견하지 못했을 정도로 열려 있다는 것을 받아들여야 한다면 나는 계속 애쓰고 그것에 대해 고민하고 다시 생각해 보려 애쓰며 나의 길을 찾으려 할 것이다. 왜냐하면 결정은 나의 것이며, 만들어진 어떤 것이며 창조물이기 때문이다(Wheelis, 1966, p. 157).

여기에 자아의 정의에 대해 혼란을 느끼지만, 자아의 수수께끼를 풀어내기로 결심한 자기 내부의 외로운 탐험가가 있다. 비록 정체성 장애를 가진 사람은 완전히 자신에게 열중하려 하기는 하지만 이것이 외부 사람들 또는 물리적 환경과의 접촉이 없다는 것을 의미하지는 않는다. 정체성 장애를 가진 사람은 환경 또는 다른 사람들과의 상호작용에 있어서 보고 듣고 느끼고 경험하는 것에 매우 민감하다. 그들은 세계에 대해서 엄청나게 민감하다. 그러나 각각의 사건, 각 대인관계에서의 상호작용, 경험에 대한 민감성을 자신이 누구인가를 알아내기 위한 일종의 상징적인 실마리로 이용한다. 그들이 듣는 모든 말은 자기탐색을 위한 자극이 된다. 결국 자신이 누구인가라는 비밀을 풀 때까지 끊임없이 자극을 찾고 있다.

정체성 장애의 내적 감정 세계는 소용돌이로, 독립적 존재로서 자아를 규정하는 데 따르는 문제가 그 중심이 된다. 장애의 모든 에너지, 목표, 사고, 감정, 지각은 그 소용돌이에 싸여 그 중심으로 이끌린다. 다른 어떤 것도 중요하지 않다. 그러나 동시에 투쟁은 너무도 혼란스럽고 이해하기 불가능해서 어떤 감각도 그 무엇을 구성할 수 없다. 모든 과목에서 좋은 성적을 받는 것과 같이 진부하고 의미 없는 과제를 위해서 쓸 에너지가 거의 남아 있지 않은 것은 당연하다.

감별진단기준

A. 배경 정보

정체성 장애 부진아의 부모는 대부분 자녀가 권위적인 인물(부모, 교사 그리고 다른 사람들)에게 맞서거나 그들의 지시, 의견, 요구, 규칙 등에 대해 무관심한 경향을 가지고 있다고 얘기한다. 부모는 자식이 가지고 있는 생각의 깊이와 민감함에 대해서 거의 알고 있고, 이런 독립적인 성격을 다른 환경에 의해서 생겨난 강점이라고 생각한다. 이런 학생은 부모, 친구, 또는 다른 사람들과 자주 길고 두서없으며 감정적이고 철학적인 토론과 논쟁을 한다. 정체성 장애 부진아는 부모가 지닌 가치에 대해 도전할 수도 있다. 예를 들어, 그들은 부모가 어떤 정형화된 사회의 부정적인 면들을 그대로 받아들이고 흡수해 버리고 있는 것은 아닌지에 대해 의문을 가진다거나 부모의 자녀양육 방식에 대해 반항한다. 여기서 나타나는 일반적인 문제는 자기 내부의 혼란과 함께 어른들의 가치와 삶의 방식에 대해 도전하는 것이다.

부모는 보통 자신의 아이가 독립적인 성격을 가지기 위해 갈등하는 점은 건강하고 칭찬받을 만한 일이지만, 학습부진을 그대로 받아들여서는 안 된다고 생각하므로 정체성 장애 부진아가 학교생활을 더 잘 하지 못하는 것에 대해 집에서는 계속 갈등이 생긴다. 이런 부모는 자기 아이가 적어도 졸업장('의지할 만한 어떤 것')을 받기를 원한다. 그리고 반항적이고 독립적인 성격은 이런 목표를 이룰 수 없게 방해가 될 수 있다고 생각하며 걱정한다. 즉, 부모는 그들의 부진아 자녀의 강점을 보면서도, 그런 강점으로 인해 미래에 위험에 빠질지도 모른다고 걱정한다.

B. 진단검사

개인적인 불편감의 정도를 포함해서, 성격검사에서 나온 어떤 특징들이 보여 주는 정도는, 몇 가지 요인에 의해 설명할 수 있는 내용이 다양할 수 있다. 적대적 반항장애 부진아처럼, 정체성 장애 부진아는 권위에 대해서 반항한다. 그러나 이런 반항의 성격은 품행장애 부진아의 권위에 대한 반항과는 굉장히 다를 수 있다. 품행장애 부진아가 보이는 반항의 특징은 속임수와 현재의 충동적 욕구에 대한 만족이다. 그러나 정체성 장애 부진아의 권위에 대한 도전은 자신들이 성취해 오고 앞으로도 성취해야 한다고 느끼고 있는 자신의 독립을 다른 사람들에게 알리고자 하는 욕구와 관련된다. 권위적인 인물에 대해 반항하거나 맞설 상황이 아니라고 해도, 정체성 장애 부진아들은 주저하지 않고 어떤 상황에서나 직접적 · 개방적으로 동의하는지 아닌지에 관한 그들의 독립적인 의견을 이야기한다.

이들은 자신의 내부에 집중하고, 힘을 가지며, 명확하게 정리하는 강한 내성(introspection) 능력을 가지고 있다. 이런 개방과 내성의 정도 때문에 그들은 내부의 혼란, 혼란스러운 분위기, 내적 혼돈 그리고 감정의 양극화를 반영하는 검사 반응을 보여 주는 것에 대해 주저하지 않는지도 모른다. 그러므로 성격검사 결과는 이런 개인적인 특성들을 실제로 그런 것보다 더 심각하게 병적으로 보이도록 만들 수도 있다. 그리고 권력의 가치와 의미에 대해 의문을 던지는 인간의 경험에 관련된 문항들에서 강한 감정적 검사 반응이 나오는 경향이 있다. 또한 이런 반응의 특징들은 영구적 특징이라기보다는 일시적인 경향이 있어서, 며칠 후에 재검사를 해 보면 이런 문항의 세부 반응 내용들이 매우 다르게 나타나곤 한다. 게다가 이런 아이들은 자신의 선택, 행동 그리고 성격에 대해 개인적으로 책임을 짐으로써 자신을 나타낸다. 이런 문제에 대한 해결책은 다른 사람들이나 '운명'에 의한 것이라기보다는 학생들이 취하는 행동과 관련이 있다.

앞의 특징들 중 많은 부분은 자기묘사와 자기표현을 하도록 제공하는 검사에서 명확하게 나타난다. 예를 들어, 정체성 장애 부진아는 다음과 같은 '무니 문제 행동 체크리스트(Mooney Problem Checklist)' 문항을 선택하는 경향이 있다.

- 부모와 의견 충돌이 있다.
- 학생들에게는 충분한 책임이 주어지지 않는다.
- 부모는 내 계획의 일정 부분을 반대한다.
- 가출하고 싶다.
- 집에서는 어떤 문제에 대해 이야기할 수 없다.
- 집에서 친구들을 반기지 않는다.
- 아무도 나를 이해하지 못하는 것처럼 느껴진다.
- 내가 원하는 것을 할 기회가 너무 없다.
- 교사들은 그들이 강의하고자 하는 수업 준비를 안 한다.
- 가난한 교사들이 너무 많다.
- 교사들은 개인의 개성이 부족하다.
- 교사들은 학생들에게 관심이 없다.
- 교사로부터 도움을 받은 적이 없다.
- 내가 어떤 사람이 되길 원하는지 모르겠다.
- 내가 정말 원하는 것이 무언지 모르겠고 혼란스럽다.
- 난 너무 다른 사람들과 많이 다른 것 같다.

학업기술 조사와 같은 검사와 관련된 학업적 측면에서, 정체성 장애 부진아는 의미 있다고 생각하는 수업에서는 효과적으로 학업 능력을 나타내는 경향이 있지만, 의미 없다고 여기는 수업에서는 능력을 발휘하지 않는다. 즉, 그들은 때로 뛰어난 학업 능력을 가지고 있지만 선택적으로 그러한 능력을 사용하지 않는다는 것이다.

교실 행동 체크리스트(Classroom Behavior Checklist)의 60항목에서, 교사는 정체성 장애 부진아들이 남을 따르는 아이라기보다 리더로 활동한다고 이야기한다. 그리고 교사의 인정을 필요로 하지 않으며, 여러 종류의 주제에 대해 무관심한 것처럼 보이는 경우는 드물고, 자신의 견해를 가지고 있다고 이야기한다. 교사는 이런 학생들이 우울하거나 슬픔, 억압을 표현하기도 하지만, 의미 있다고 생각되는 활동을 할 때에는 활기 넘쳐 보인다고 이야기한다. 경우에 따라서, 정체성 장애 부진아는 긴장하거나 불안해하며, 잘 해내기 원하는 활동을 할 때는 긍정적 반응을 보이고, 의미 없다고 생각하는 행동을 하거나 다른 이들과 논쟁이 일어날 수 있을 것이라고 발견했을 때에는 부정적 반응을 보인다. 교사는 그런 학생들이 교실에서 흥분하거나 무언가에 정신이 팔려 있는 학생이라고 말한다.

정체성 장애 부진아가 가치가 있다고 생각하는 수업을 가르치느냐 아니냐에 따라서, 교사는 정체성 장애 부진아를 다르게 묘사한다. 정체성 장애 부진아가 포기하기로 결심한 수업의 교사는 그 학생이 반항적이고, 수업을 방해하며 어떤 문제에 대해 교사에게 도전하고, 겉으로 보기에 다른 것에 정신이 팔려 있는 것 같다고 이야기한다. 이 경우, 교사는 이 학생이 완벽하게 과제를 하지 않는다고 말한다. 그런 학생들을 학교 과제에 대해 책임감이 없는 아이들이라고 정의 내린다. 그러나 사실, 이 학생들은 그 수업 시간에는 공부하지 않겠다는 그들의 결정에 대해 완전히 책임을 지고 있다고 볼 수 있다.

C. 면접 특징

1. 특히 문제 영역일 때, 학교 수행에서 나타나는 특성 및 관련 쟁점

일반적으로 이런 학생에게 있어서 자신의 점수는 어떤 주제의 의미나 그들이 성숙하고 독립적인 사람으로 인식되는지 아닌지만큼 중요한 것이 아니다. 어떤 수업에서는 기쁨, 관심 그리고 성취하고자 하는 의지를 표현한다. 반면, 다른 수업에서는 지루함, 분노 그리고 학업 거부를 표현한다. 이런 의견은 보통 강하고 직접적으로 표현되고, 주저하지 않고 그런 의견들을 상담자와 공유한다.

다음의 면접 축어록은 가까스로 90%를 넘는 성적을 받은 16세 소녀에 관한 것이다. 앞에서 얘기한 것처럼, 정체성 장애를 가진 사람은 어릴수록 적대적 반항장애의 성격이 더 자주 나타난다. 이런 점은 예를 보면 명확하게 나타난다. 그럼에도 불구하고 다른 정체성 장애 학생과 같이, 말을 잘하고, 생각이 깊으며 때때로 생각에 잠기며, 면접에 굉장히 몰두한다. 일반적인 감정들은 논의되고 있는 것들과 비슷하다.

내담자: 선생님이랑 나는 사이가 그렇게 좋지는 않아요. 그래서 난 그 수업에서 공부를 많이 안 하죠. 공부는 그냥 하는데…… 그 수업에서 화가 나는 건 사실 공부가 아니에요. 내가 정말 참기 힘든 건 선생님이에요. 그게 어떻게 되냐면요. 이래요. 선생님은 나보고 테니스 경기에 나가기 원하면 공부를 하라고 얘기하죠. 말하자면 난 학교 대표 테니스 팀에 속하는 것에 대해서 마지막 경고를 받은 거죠. 내가 공부를 하지 않는다면 경기에 나갈 수 없다고 선생님이 말했어요. 난 그게 정말 옳지 않다고 생각해요. 선생님들은 전혀 상관없는 두 가지 문제에 대해 얘기하고 있어요. 그렇지만 난 지금 선생님 말을 따르기로 했어요. 올해 테니스 경기가 끝날 때까지는 말이에요.

이 내담자가 얼마나 교사와의 갈등에 대해 이야기하는지 그리고 어떤 수업에서 어느 정도 열심히 공부할 것인지를 결정하는 데 이런 갈등이 얼마나 영향을 미쳤는지에 주목하라. 이 내담자는 상황에 대해 독립적인 판단을 한다("선생님들은 전혀 상관없는 두 가지 문제에 대해 얘기하고 있어요."). 그리고 그것을 독립적으로 평가한다(이것이 '옳지 않다고' 생각하는 것에 있어서). 또한 이 내담자의 말에 따르면, 이 상황에서 자신의 행동과 대응에 대해 스스로 책임을 지고 있다는 점을 보여 준다. 교사와 사이가 좋지 않기 때문에 그 수업에서 공부를 안 한다고 말하고 있다. 교사와 지내는 데 어려움을 겪고 있는 것이 바로 자신이라고 말하는 것에 주목하라. 또한 "난 지금 선생님 말을 따르기로 했어요."라는 말에 주목하라. 이 말을 볼 때, 이 내담자는 결정할 때 반항하기보다는 충동을 조절하면서 독립적인 의사결정을 하고 있다. 또한 이런 생각을 상담자와 공유하는 것을 주저하지 않는다. 이런 모든 특징들은 정체성 장애 부진아에게 나타나는 독특한 특징이다.

이 상황에서 상담자가 교사와의 충돌에 대해 더 자세하게 물어봤을 때, 다른 학생들은 '단순하게 잘 따라가고만 있는 폭군'이라고 말한다.

상담자: 그리고 너는 그렇게 하기 어려운 걸 알았구나.

내담자: 네, 난 그 선생님을 존경하지 않기 때문이죠.

상담자: 왜 그렇지?

내담자: 그 선생님은 아무리 노력하고 있어도 성적이 나쁜 애들을 끌어내요. 그리고 그 애들을 벌 주죠. 난 그게 옳다고 생각하지 않아요.

정체성 장애 부진아는 학교 교사로 대표되는 권위적인 인물의 부정한 행동들에 대해 강하게 항의한다. 그리고 이런 충돌이 이 수업에서 얼마나 공부할 것인가를 결정해 준다. 다시 말해, 학업성취는 이 학생들에게 두 번째 문제이다. 이런 반항적인 패턴은 적대적 반항장애 부진아들에게서도 나타난다. 둘 사이의 다른 점은 정체성 장애 부진아는 교사와 지속적으로 싸워야 할 필요성을 느끼지 못하고 반란을 일으키기로 결정을 하는 경우는 거의 없다는 점이다. 예를 들어, 앞의 내담자가 만약 적대적 반항장애 부진아였다면, 절대로 테니스 팀에서 경기를 하기 위해서 교사 말을 따라 공부하기로 결정하지는 않았을 것이다. 좋지 않은 결과가 생긴다고 할지라도 교사 말을 듣지 않았을 것이다.

다음에 이 내담 학생이 어느 정도 관심을 가지는 수업에 대한 태도의 예가 있다.

상담자: 뭐 다른 일 하는 것은 없니?

내담자: 연극반이요. 연극에 대해서도 조금 배우고, 극단이 돌아가는 것에 대해서도 배우고 있어요. 지금은 연기의 기초에 대해서 배우고 곧 무대에 올라갈 거예요. 내년쯤에는 좀 더 깊이 배울 예정이고 극단의 일원이 될 거예요. 그건 나한테 아주 중요한 일이죠. 연극을 만들고, 세트를 만들고, 설계를 하는 것과 같은 일을 하는 것이 나에겐 중요한 일이에요.

상담자: 연극반 생활은 어때?

내담자: 글쎄요, 할 수 있는 만큼 잘하지는 않아요. 그렇지만 나는 왜 그러는지를 알아요. 선생님은 공부하는 데 한 가지 방법만 있는 것처럼, 무대에서 나를 표현할 수 있는 방법이 실제로 효과가 있는 건 한 가지뿐이라고 생각하는 것 같아요. 아시다시피, 좀 시대에 뒤진 생각이죠. 그녀는 모든 학생을 하나의 정해진, 아주 어리석은 형태로 만들려고 해요.

상담자: 그러면 그 안에서 얼마나 열심히 하지?

내담자: 약 60% 정도요. 나는 몇몇 과제물을 제출하기는 했어요. 그런데 그 과제가 정말 그 선생님이 원하는 방법대로 한 것이 아니기 때문에 그녀가 보지 않을 것이란 걸 알고 있어요. 그래서 나는 점수도 좋지 않아요. 하지만 그래도 신경 쓰진 않아요.

이 내담자는 분명히 교사가 아닌 그 수업 자체를 좋아한다. 교사에 대한 태도 때문에 받아들여지지 않을 과제를(비록 그 과제가 정말 형편없었던 것인지는 확실치 않지만) 의도적으로 했다. 그러나 충분한 관심을 가지고 있고, 그녀는 이 수업에서 실패하지는 않고 있다. 이처럼 정체성 장애 부진아가 좋아하고 반대할 만한 교사가 없는 수업에서 이 내담자는 성취할 가능성이 있다.

내담자: '인간과 사회'는 내가 정말 즐기는 수업이에요. 우리는 다른 문화, 다른 사회, 다른 종류의 삶의 방식에 대해 이야기하는 데 시간을 보내죠. 난 이 수업을 위해 많은 시간을 사용해요. 난 그 수업에서 90% 정도 열심히 하고 있어요. 난 (물리학에서) 숙제로 무얼 할지 선택했고, 그것을 하고 있어요. 내가 편하게 생각하는 방법대로 그 숙제를 할 수 없다면, 난 정말 그 숙제를 하지 않을 거예요. 난 물리학을 위해서는 거의 그런 게 없다고 생각하지만 우리가 배운 것들이 다른 것들과 어떻게 연결되는지 보고 싶어요.

이 내담자는 수업의 내용뿐만 아니라 교사와의 관계의 가치와 의미에 대해 굉장히 강조하고 있다. 수업과 교사에 따라서 학업성취 수준(높거나 낮음)을 자신이 선택하고 있다고 명확히 인식한다. 자신의 인식과 태도, 선택, 행동에 대해서 알고 있고, 책임의식을 가지고 있다. 이 면접에서 이 내담자는 "난 내가 더 잘할 수 있다는 것을 알아요. 그렇지만 난 더 잘하길 원하지 않아요."라고 말한다. 이것은 정체성 장애 부진아들이 이 책에서 이야기된 어떤 다른 부진아보다 가장 많이 하는 말이다.

정체성 장애 부진아에게 학습부진은 에너지와 관심을 집중하지 않은 것(대부분의 학생이 자기탐색적인 과정을 했기 때문에)에 대해서나 반항의 행동(예: 폭군과 같은 교사가 학생들에 대해 자신을 통제하지 않는 것과 학생들이 어떤 것도 할 수 없게 강요하는 것에 대해서 항의하는 행동)에 대해서 생기는 부산물이다.

2. 가족관계의 특성

다른 진단 범주 이상으로 정체성 장애에서는 세대 차이가 가장 분명하게 나타난다. 형제들과의 관계는 긍정적인 관계에서부터 부정적 · 대립적 관계까지 전 영역에 걸쳐서 나타나지만, 부모와의 관계는 어려운 것 같다. 부모와의 관계가 어려운 것은 심지어 부모와 아이들과 기본적으로 좋은 관계일 때조차 나타난다. 심리적 독립의 욕구가 증가하기 때문에, 정체성 장애 부진아들은 자기 자신과 부모와의 차이점에 대해 지나치게 민감한 것 같다. 그리고 자신의 부모를 더 이상 의미 있는 가치를 지니지 못한 지나간 세대의 일부로 본다.

내담자: 아빠보다는 엄마가 나와 그럭저럭 지내는 편이지만, 어쨌든 부모님은 똑같이 생각하고 있어요. 내가 공부를 잘해야 하고 졸업을 해야 한다고 생각하고 있어요. 부모님은 선생님과 지내는 것이 쉽지 않다는 것을 이해하지 못하는 것 같아요.

상담자: 엄마, 아빠는 어떤 사람들이시니?

내담자: 글쎄요…… 사실, 우리 부모님은 꽤 좋으신 분들이에요.…… 구식 사고방식을 가진 것만 빼면…… 부모님은 언제까지 집에 들어와야 하는지, 어떤 친구를 사귀어야 하는지, 다소 쓸데없는 것에 대한 규칙을 가지고 있어요.

상담자: 그럼 넌 이런 제한들에 대해 어떻게 할 거니?

내담자: 글쎄요…… 난 부모님께 그러한 규칙들이 얼마나 불공정한 것인지를 계속 말하겠어요. 그러면 부모님은 점차 변하겠지만, 그것은 정말 어려운 일이고, 내 노력이 많이 필요할 거예요.

정체성 장애 부진아가 부모를 대하는 방식을 기록해 두라. 정체성 장애 부진아는 아랫사람이 권위적인 인물을 존경하는 것처럼 부모를 대하기보다는, 거의 부모를 대등하게 보고 있다. 또한 정체성 장애 부진아는 다른 사람들과 상호작용하고, 자신의 목표에 완전히 열중할 수 있는 에너지를 가지고 있다. 덜 반항하고, 더 우울하며, 조금 더 내성적 문제에 초점을 두고 있는 정체성 장애 부진아들의 경우에는 그렇지 않을 수도 있다.

부모와의 갈등에 관해 논쟁할 때, 정체성 장애 부진아는 독립의 문제와 관계된 대립에 초점을 두는 것 같다. 앞서 제시한 인용문에서처럼 학생이 부모와 논쟁하는 것은 따라야 할 규칙과 규정에 관한 것이다. 그리고 이것은 독립적인 결정을 하기 위해 갖는 자유를 반대하는 것과 같다. 정체성 장애 부진아는 이러한 차이점들을 세대 차이의 관점에서 보고 있다. 자신의 독립적인 자아를 위하여 정체성 장애 부진아는 자신이 부모가 살아온 것과 같은 삶을 살고 싶지 않다고 느낀다. 정체성 장애 부진아는 그러한 것을 표면적이고 무의미한 것으로 지각하려는 경향이 있고, 정해진 틀과 지겨운 절차들로 그럭저럭 연결시켜 버리려는 경향이 있다.

내담자: 하지만 알다시피 아버지는 점점 나이가 들어 가고 있고, 자신의 일에 대한 변화를 생각하고 있는 것 같아요. 만약 내가 아버지였다면, 난 이제까지 아버지가 내 인생에 대해 해 왔던 것들을 하지 않을 거예요. 아버지는 다소 틀에 박힌 사람이었던 거죠. 나는 만약 아버지가 10년이 젊어지고 가족들이 없다면, 새로운 것들을 해 볼 거라고 생각했어요. 하지만 아버지는 모든 세월을 그냥 보내 버린 것 같아요.

상담자: 아버지가 자신의 인생을 그냥 흘려보내 버린 것 같구나.

내담자: 맞아요. 난 결코 그런 상황에 있는 것을 원하지 않아요. 내 생각에 아버지는 훌륭한 생각들을 많이 했지만, 그것을 시도해 보려는 준비가 되어 있지 않은 것 같아요.

독립과 자율에 관한 질문을 포함한 갈등 상황을 제외하고, 정체성 장애 부진아는 집 밖에서의 생활과는 달리 부모나 가정생활에 참여하지 않으려는 경향이 있다. 예를 들어, 면접이 끝난 후에 정체성 장애 부진아에게 부모님과 얼마나 시간을 같이 보내느냐고 물으면, "많지 않아요. 외식을 하거나 친척 집을 방문하는 것이 아마 전부일 거예요. 난 대부분 내 자신을 위해 시간을 쓰거나 친구들과 함께 시간을 보내는 것을 좋아해요."라고 대답한다. 정체성 장애 부진아는 학습부진이건 아니건 '집 밖에서 보내는 시간과 에너지'에 집중한다.

3. 사회적 관계(또래, 이성 등)의 특성

친구관계는 정체성 장애 부진아에게 강렬하고 깊이 관련되며 중요하다. 자아에 대한 끊임없는 토론, 미래, 인생의 의미는 가까운 친구들 사이에서 가장 중요한 부분이다. 그리고 우정에 대한 욕구는 강하다. 정체성 장애 부진아는 서로 이해, 지지, 정체성에 대한 관점 등을 제공받는다. 다음의 예에서 내담 학생이 어떻게 자신의 언니와 유사한 관계를 발전시키는지 주목하라.

내담자: 언니는 세 살 정도 나이가 많아요. 부모님과 비교해서 저와 언니는 인생에 대한 생각이 비슷하기 때문에 우리가 서로 가깝다고 생각해요.

상담자: 그러면 만약 누군가와 이야기하기를 원하는 진지한 문제가 있다면…….

내담자: 맞아요! 난 언니와 이야기할 거예요. 언니가 나에게 조언을 줄 수 있는 것은 내가 지금 겪고 있는 문제에 대해서 언니는 이전에 경험했기 때문이에요.

상담자: 그럼 언니 외에 이야기할 다른 친구들은 있니?

내담자: 물론이죠. 하지만 많지는 않아요. 저에겐 좋은 친구들이 조금 있어요. 그리고 우리는 서로 매우 가깝죠.

정체성 장애아가 가장 중요시하는 친구관계는 많은 경험을 존중하고 호기심을 가지며, 서로의 중요한 문제에 대해서 기꺼이 들어 주고 논쟁해 주며, 이해하고 수용해 주는 느낌이 있는 것이다. 흥미롭게도, 만약 정체성 장애 부진아가 부모와 좋은 관계를 갖는다면 그것은 세대가 다르기 때문이라기보다는 친구관계를 좀 더 닮아 가려는 경향 때문이다. 이러한 경우에 학생들이 부모에게 '친구처럼' 이야기할 수 있고, 부모가 이해하고 있다고 말하는 것을 듣는 것은 흔한 일이 아니다.

4. 학생들의 자아인식과 감정의 특성

진단적 목적에서 볼 때, 정체성 장애 부진아가 자기 자신을 어떻게 지각하는가 하는 것은 꼭 중요한 것은 아니다. 실제로 어떤 부진아들은 이러한 질문에 대해 대답하지 않을지도 모르고, 혼란스러워하거나 당황할지도 모른다. 상담자에게 중요한 것은 질문을 받았을 때 학생이 어떻게 자기성찰을 하는지와 어떤 내적 혼란을 겪고 있는지를 기록하는 것이다. 이 상황에서 학생들은 실제로 문제에 대해 침묵을 지키는 것처럼 보일지도 모른다. 예를 들어, 상담자는 "당신이 어떤 사람인지 설명해 보세요."라고 말할 수 있다.

이에 대해 정체성 장애 부진아는 "잘 모르겠어요."라고 얼버무리거나 깊은 한숨을 내쉴지도 모른다. 하지만 상담자는 학생이 강하게 주의를 기울이거나 내적 과정에 집중하면서 반응할 때 보이는 몸짓언어나 얼굴 표정, 눈의 초점, 순간적인 멈춤에 주목해야 한다. 상담자의 질문에 대해 즉각적으로 나타나는 것들이다. 이런 것들은 개방성, 내적 성찰, 그리고 다른 정체성 장애아가 종종 과다하게 언어적 반응을 하듯이 자기 자신에 대한 몰입의 명백한 증거가 된다. 학생은 상담자에게 전혀 방어적이지 않을지도 모르고, 오히려 자기탐색의 더 나은 기회로서 상담자의 질문을 사용할지도 모른다.

다음은 친구들이 자신을 어떻게 지각하는가에 대해 물어봄으로써 자아개념에 대한 문제에 접근하는 내용이다.

상담자: 만약에 네 친구들 중 한 명에게 너를 어떻게 생각하냐고 묻는다면, 친구들은 너에 대해 뭐라고 말할 것 같니?

내담자: 와, 재밌겠네요. 내 친구들은 나에 대해서…… 음…… 친구들은 내가 있는 그대로 말을 하는 사람이라고 말할 것 같아요. …… (잠시 멈춤)…… 또한 내가 사람에 대해서 혹은 사물에 대해서 신경을 많이 쓰는 사람이라고 할 것 같고, 하지만 내가 신뢰할 만한 친구라고 할 것 같아요. 음…… 그 정도예요..

상담자: 그래, 좋아. 그런 넌 네 자신을 어떻게 묘사할 거니? 친구들이 너에 대해 설명한 것과 다를까?

상담자: (잠시 멈춤) 완전히 다르지는 않아요. …… 때로 매우 민감하다는 것 빼고는 …… (잠시 멈춤) 그리고 난 다른 친구들의 압력 때문에 일부러 잘난 척하지 않는 멍청한 사람이 아니라고 생각해요. 다른 사람들이 보통 하는 것 이상으로 나 자신을 표현하는 사람이라고 생각해요.

비록 대답이 체계적이고 잘 조직화되고 명백한 것은 아니었지만, 자신의 자아개념에 대한 질문에 대한 대답은 자기성찰적이고, 정교하며 사색적이다. 하지만 이러한 사람들은 혼란스러운 방식으로 자기 자신에 대한 생각에 좀 더 많은 시간과 에너지를 사용하고, 항상 '나는 누구인가?'라는 질문에 대답하기 위해서 애쓴다.

상담자가 학생에게 자기 자신에 관한 생각을 얼마나 하는지 물어보면, 정체성 장애 부진아는 일반적으로 자신에 대해 많은 생각을 한다고 대답한다.

5. 미래에 대한 내담자의 지각과 계획

정체성 장애 부진아는 미래에 대한 계획을 가지고 있을 수도 있고, 그렇지 않을 수도 있다. 만약 미래에 대한 계획을 가지고 있지 않다면, 이런 불확실성은 자신의 자아개념에 대한 혼란의 표현일 수 있다. 그리고 이렇게 말한다. "만약 내 자신이 누구인지 이해한다면, 어떤 직업을 원하는지 알 수 있을 거예요. 하지만 아직 내가 어떤 사람인지 모르겠어요." 미래에 대한 계획을 가지고 있는 아이는 다양한 방식으로 자신의 계획을 표현한다. 그리고 특별한 반응에 대해 일부러 진단할 필요가 없다. 하지만 정체성 장애아는 다른 문제에 대한 태도와 마찬가지로 자신의 미래에 대해 생각할 때도 같은 방식으로 독립적이고 몰입하는 모습을 보여 준다.

상담자: 지금으로부터 10년 후에 어떤 일을 하고 있을 거라고 생각하지?
내담자: 음…… 잘 모르겠어요. 제도공을 하고 싶어요.
상담자: 미래에 대해 생각하고 있는 다른 것은 없니?
내담자: 네, 난 사랑을 하고 싶어요. 우리는 아직 결혼을 하지 않았지만, 특별한 남자를 만나고 싶어요.
상담자: 어떤 사람이었으면 좋겠니? 그가 어땠으면 좋겠어?
내담자: 사려 깊고…… 내 말을 잘 들어 주고…… 내 생각이 자신의 생각과 달라도 내 생각을 무시하지 않고…… 그렇지만 자신만의 생각을 가지고 있는 사람이었으면 좋겠어요.

비록 미래에 대한 계획이 아직 세부적으로 세워지지는 않았지만, 위의 응답에서 나타나는 일반적인 어조는 미래에 대해 개방적이고 직접적이었다.

◆ 실제적 진단

과잉불안장애 부진아나 품행장애 부진아처럼 정체성 장애 부진아는 다양한 대인관계, 정서, 인지, 행동 특성을 나타낸다. 심지어 정체성 장애아가 강한 내적 성찰, 사고의 독립, 선택의 책임 등을 공유한다고 할지라도, 대부분의 표준 진단적 차원들과 차이가 있을 수 있다. 이러한 진단적 차원들은 우울, 적대감, 불안, 에너지 수준 등 다양하다. 예를 들어, 정체성 장애 부진아가 수다스럽고 논쟁적이며 면접에서 활동적이었다고 할지라도 다른 사람은 그가 조용하고 사려 깊다고 말할 수도 있다. 어떤 사람은 학교 공부나 부모와의 관계에 대해 많이 걱정하고 있는 것 같다고 말하는 반면, 다른 사람은 자신이 누구인가를 정의하고자 하는 내적 성찰을 위한 노력을 제외하고는 어떤 것에도 신경을 쓰지 않는다고 말할지도 모른다.

상담자는 이 집단의 성격 특성을 다양한 측면으로 가능한 한 넓게 변화시켜야 한다. 이미 지적했던 것처럼 이 학생들을 대하면서 성공적인 상담자는 판단하지 않는 태도를 자신의 역할로 받아들인다. 하지만 어떤 정체성 장애 부진아는 활동적이고 에너지가 많으며 환기시키는 상담자에게 더 많은 도움을 받을 수 있다. 그리고 또 다른 학생은 조용하고 단순히 공감해 주는 상담자에게 더 많은 도움을 받을 수 있다.

감별처치에 대한 고려사항

정체성 장애 부진아에게 어떤 구체적인 반응을 요구할 때, 대개의 시도가 학생에게는 자신들의 발달상의 가치체계와 부합하지 않는 부적절한 기대로 받아들여진다. 따라서 학생은 그러한 요구를 거절한다. 이 학생은 다른 사람이 채택한 해결책을 찾는 것이 아니라, 해결방법의 활용을 결정하기 전에 가능한 모든 해결책을 직접 충분히 고려하고 싶어 한다. 이상적으로 보이는 해결책이라도 이것을 강요하면, 처음에는 부정적으로 반응하게 될 수 있다.

학생이 자아개념에 대한 인식을 높이도록 돕는 것이 더욱 의미 있는 접근일 수 있다. 학생이 자신을 정의하면서 들이는 힘겨운 노력에 공감을 하는 과정에서 이런 접근의 성패가 좌우된다. 알아서 수용해 주는 것 대신 학생이 직접 고려해 보도록 하게 하는 생각을 전달하는 것이 훨씬 더 나은 결과를 가져온다.

학생이 자아개념을 정의하는 데 어려움을 느껴 벽에 부딪히게 될 경우 무비판적인 태도로 이것을 탐색해야 한다. 이 학생은 대안을 찾아내는 내적 능력을 지니고 있다. 따라서 서로 무비판적으로 교류하는 장면에서 평가나 판단을 받고 있다고 느끼지 않는다면, 이러한 학생은 개방적이고 건설적으로 반응하게 될 것이다. Rogers에 의해 개발된 내담자 중심 접근은 이런 학생들에게 아주 적합한 방식으로 보인다. 비지시적 치료는 정체성 장애 부진아에게 효과적인데, 이는 정체성 장애 부진아로 하여금 내적인 자아인식과 관심에 초점을 맞추도록, 정서 면에서 수용적인 일종의 공명판 역할을 해 주기 때문이다.

더불어 정체성 장애 부진아로 진단되는 학생으로 구성된 토론 집단을 형성하는 것 역시 신속하고 의미 있는 결과를 가져올 수 있다. 이러한 학생들은 특히 집단의 리더가 어떤 기대나 판단을 집단원에게 부과하지 않고 관련된 여러 주제를 탐색해 보도록 할 만큼 전문성을 지니고 있을 경우, 집단 내에서 같은 처지의 다른 학생과 함께 깊이 있고 다양한 토론을 한다.

정체성 장애 부진 성인

앞서 지적했듯이 정체성 장애 문제는 대개 20세 중반에 이르면 해결된다. 이때의 성격구조는 개방적이어서 여러 경험을 해 볼 수 있으며, 이로 인해 강도 높은 개인 간의 관계를 맺거나 내적 성찰이나 자기탐색 그리고 잘 정의된 독립적인 자아를 이루는 데 투자를 하게 되어 결국 수년 내에 대개는 문제가 해결된다. 이러한 문제가 발달적으로 성숙해 가는 과정의 한 단계라는 점 그리고 최고조에 이르는 시기가 사춘기 중반에서 20대 중반이라는 점에 대해서는 이견이 없다. 정체성 장애 부진아는 이 문제의 생산적 해결책을 찾는 데 많은 에너지와 생각을 들이게 되며 이로 인해 폭발하는 별처럼 가용한 에너지를 결국 고갈하게 된다. 시간이 흐르고 문제에 친숙해지면 곧이어 집중적인 내적 성찰의 열기를 식히고 인생을 전진해 나가게 된다.

임상 실제 장면에서 정체성 장애 성인, 특히 정체성 장애 부진 성인을 찾아보기 어려운 것은 앞과 같은 이유 때문일 것이다. 그러나 때때로 우리는 이런 성인을 만나게 되며, 이들은 직업생활이나 인간관계에서 지속적으로 어려움을 경험하는 패턴을 보인다. 이러한 문제 경험은 예상대로 집중적인 내적 성찰, 자기정의에 대한 혼란스러운 질문들 그리고 내적 자기의 성격을 탐색하기 위해 고통에 가까운 자기비판적 개방을 포함한다.

종종 성인의 경우 정체성 장애의 문제가 중년의 위기와 중첩되기도 한다. 중년의 위기를 겪는 성인은 고통스럽게 내적 성찰을 하고 혼란스러운 내적 탐색을 하지만 자신이 누구인가(즉, 한 개인으로서 '자신의 영역'이라든가 하는 것으로 자신을 정의하는 방식) 하는 문제는 그렇게 중요하지 않다. 이런 성인에게 있어서, 주된 정체성 문제들은 사회활동 기간(25~45세)에 환상을 깨고 각성하는 정도나 실망 정도와 관련된다. 그들은 자신들이 이미 소모한 시간과 에너지에 대해 직접 따져 보고 미래의 에너지 활용문제를 해결하기 위한 방식을 정하기 위해 노력한다. 이전의 가치에 의한 선택들은 그들이 앞서 20년 동안 가졌던 의미를 더 이상 지니지 않을 수 있다. 중년의 위기를 극복하기 위해 이들은 과거를 회상하고, 인생 전체의 의미를 되묻는 노력을 한다.

정체성 장애 부진 성인들은 실제로 에너지와 시간을 들이지 않은 채 미래를 내다보고 그 의미를 묻는다. 이들은 자신을 어떻게 정의할 것인가 하는 문제에 더 구체적인 관심을 지닌다.

이러한 차이점을 다시 살펴보면, 중년의 위기에 처한 사람은 실제 삶에서 의미있는 선택을 하는 것에 관심을 갖는다. 반면, 정체성 위기를 지닌 성인은 자기를 인식하고 정의하는 문제에 관심을 갖는다. 이러한 관심의 초점에서의 미묘한 차이는 실제 진단 상황에서 명확하고 쉽게 식별되지는 않는다. 특히 이 두 영역에 속하는 성인들이 동일한 생활 사건, 즉 결혼, 가족, 직업 등의 것에 대해 얘기하고 있을 때 더욱 그렇다.

정체성 장애 부진 성인은 정체성 장애 부진아의 경우와 마찬가지로, 대인관계에 개방적이며 치료적 대화에 기꺼이 참여하는 경향이 있다. 따라서 대개 예후가 좋다.

제14장

적대적 반항장애 부진아

학습부진으로 분류될 수 있는 다른 성격(장애) 유형들이 있다. 이런 유형들은 자주 마주치기는 어렵지만, 학습부진 그 자체보다 더욱 중요하게 여겨지는 다른 문제들을 지니고 있다. 그 가운데 한 가지인 적대적 반항장애 부진아(DSM-IV, 313.81)에 대해서 이 장에서 간단히 다루도록 하겠다.

적대적 반항장애 학생은 품행장애 부진아나 정체성 장애 부진아들이 지닌 특성들 중 일부와 비슷한 특성을 보인다. 그러나 적대적 반항장애 부진아 고유의 특성 또한 지니고 있다. 적대적 반항장애 부진아의 주요 특징은 권위나 체제를 대표하는 것으로 간주되는 사람에 대해서 드러내 놓고 반항하는 패턴을 지닌다는 점이다. 이러한 반항은 종종 권위적인 인물의 요구나 정해진 규칙 등에 대해 저항하는 모습으로 나타난다. 그러나 품행장애 부진아와는 달리 일반적으로 적대적 반항장애 부진아는 행동의 규칙이나 다른 사람의 기본적인 권리 등을 침해하지는 않는다.

오히려 또래들에 대해서는 깊은 동료의식을 느낀다. 이들의 반항적 태도는 교사, 부모 그리고 다른 권위적인 인물들을 정면으로 겨냥한 것이다. 이런 모습은 발달이론 모형을 다룬 제6장에서 사춘기 초기의 발달 단계, 즉 독립과 의존의 갈등을 겉으로 드러내고 주변에서 기대되는 것에 저항하는 행동을 하는 것이 독립적인 것이라고 정의하는 시기에 보이는 행동 범주에 속한다. 이런 개인은 결국 세상에 맞서는 영원한 청소년기 저항의 상태에 머물러 있는 것이다.

한편, 진단가에게 있어서는 적대적 반항장애의 반항 성향이 다른 진단 범주, 심지어는 과잉불안장애 집단에서도 얼마간은 찾아볼 수 있다는 점을 인식하는 것이 중요하다. 반항 성향은 적대적 반항장애 부진아의 현저한 특징이지만, 그것만으로 충분한 감별을 하기에는 부족한 점이 있다. 반항 성향의 특징은 여러 진단 범주에 걸쳐 차이가 있다. 정체성 장애 부진아들은 더 직설적이고 공개적일 수 있다. 반면에, 학업 문제 부진아들은 좀 더 수동 공격적인 방식으로 저항적 태도를 보인다. 물론, 품행장애 부진아들은 공개적으로 적대적인 태도를 보일 수 있지만, 독립성을 주장하기보다는 다른 사람을 조정하려는 쪽으로 더욱 기운다.

적대적 반항장애 행동의 예를 살펴보면 다음과 같다.

① 권위적인 인물이 무엇인가를 제안하면, 적대적 반항장애 부진아들은 자동적으로 그것에 저항한다. 역으로 비슷한 또래가 제안을 할 때는 자동적으로 거기에 찬성한다.

② 권위적인 인물이 무언가를 하도록 정중히 요청한다고 하더라도 이러한 학생들은 대개 거절하거나 또는 자유롭게 거절할 수 있어야 하는 이유들에 대해 논쟁하며 분란을 일으킨다.

③ 하던 것을 그치도록 요청받게 되면 이들은 역으로 그 행동을 더욱 지속하고 싶어진다.

다시 말해, 적대적 반항장애 부진아들은 자신들의 내적인 행동목표보다는 다른 사람이 자신들을 대하는 태도나 방식에 기초해서 행동한다. 이런 행동으로 인해 학업성취는 종종 희생되고 만다. 이런 학생들은 발달상 미운 두 살 정도의 시기부터 치솟는 분노감을 느끼거나 말 안 듣고 빈둥대거나 하는 모습들이 시작되기도 한다.

그러나 이들은 지속적으로 자신들의 모든 문제를 다른 사람 때문에 생긴 것으로 여긴다. 그럼에도 불구하고 지속적인 거짓말이나 행동의 주된 규범들(예: 무단결석)을 어기는 행동을 거의 보이지 않고, 절도, 기물 파손 행동 또는 다른 불법적이거나 사회질서에 위배되는 행동도 하는 경우가 드물다.

DSM-IV는 적대적 반항장애 진단을 위한 몇 가지 기준을 제시하고 있다. 이들 중 최소한 네 가지가 6개월 이상 나타나야만 적대적 반항장애로 진단할 수 있다. 그 내용은 다음과 같다.

① 흔히 버럭 화를 낸다.
② 흔히 어른과 논쟁한다.
③ 흔히 적극적으로 어른의 요구나 규칙을 무시하거나 거절한다.
④ 흔히 고의적으로 타인을 귀찮게 한다.
⑤ 흔히 자신의 실수나 잘못된 행동을 남의 탓으로 돌린다.
⑥ 흔히 타인에 의해 기분이 상하거나 쉽게 신경질을 낸다.
⑦ 흔히 화내고 원망한다.
⑧ 흔히 악의에 차 있거나 앙심을 품고 있다.

주의: 나이가 비슷하고 동일한 발달 수준에 있는 다른 사람들에게서 전형적으로 관찰되는 것 다 반항적 행동이 더 빈번하게 발생될 경우에만 진단기준을 고려한다.
- 행동장애가 사회적 · 학업적 · 직업적 기능에 임상적으로 심각한 장애를 일으킨다.
- 이 행동은 정신증적 장애 또는 기분장애의 기간 중에만 나타나지 않는다.
- 품행장애의 진단기준에 맞지 않아야 하며, 18세 이상이라면 반사회성 인격장애의 진단기준에 맞지 않아야 한다.

적대적 반항장애 부진아들은 품행장애아들처럼 '나 먼저' 식의 충동적 태도 특성을 지니지는 않는다. 오히려 체제의 희생자라고 여겨지는 사람들을 만나게 되면 매우 희생적인 모습을 보이기까지 한다. 그러나 품행장애 부진아들은 적대적 반항장애아가 지니는 특징을 모두 보인다. 따라서 다른 사람의 기본 권리를 침해하는 것이 포함될 경우 품행장애 부진아로 진단되는 것이 적절하다(즉, 품행장애 부진아의 진단이 적대적 반항장애 부진아의 진단을 대체한다).

적대적 반항장애 부진아들은 독립성이나 자기결정권 등에 대해 많은 관심을 보인다는 점 때문에 정체성 장애 부진아와 진단상 혼동될 수 있다. 그러나 정체성 장애를 지닌 사람들과는 달리 이들은 권위적인 인물과의 협동 작업에 거의 참여하지 않는다. 정체성 장애 학생들은 자신들이 존경하는 교사와 의미 있고 협동적인 방식으로 일하는 데 참여하기도 하지만, 적대적 반항장애 부진아들은 오로지 교사는 권위적인 인물이며 따라서 무슨 일에든 협조하지 않을 것이라는 원칙을 고수한다. 이들은 자신들이 지지하거나 실제로 하고 싶어 하는 것이 무엇인지를 정리하여 말하는 데는 취약하지만, 자신들이 반대하거나 하지 않기로 한 것에 대해서는 신속하게 구체화하여 표현한다. 그들은 자신들의 행동과 태도를 다른 사람에게 반대하는 쪽에 묶어 둔다.

이런 반응 형태의 지속에 주목해 온 Rachman(1980)은 적대적 행동의 충동성에 대해 이야기하고 있다. 이런 충동적인 요소가 갈등 상황이나 부정적인 결과에 직면하게 되는 상황에서조차 문제 행동을 지속시킨다. Meyer와 Osborne(1987)은 반항적 행동을 “목표 지향적(정서적 자율이나 독립적 사고를 지향)이지만 목표 획득에는 미치지 못하는 것(대개는 미숙이나 무책임으로 귀결되게 하는 것)”(p. 254)으로 간주한다.

또한 우리는 적대적 반항장애 부진아들의 주된 정서적 요소인 ‘분노’가 직접적으로 표현되지 않을 수 있지만, 항상 위장되거나 숨겨지는 것은 아니라는 점에 대해서는 재고하고 있다. 적대적 반항장애 부진아들은 다른 사람의 삶을 고달프게 하는 것에서 만족을 얻는다.

적대적 반항장애 부진아들은 교사, 부모 그리고 다른 사람들에게 심한 곤란을 끼치기 때문에 쉽게 식별이 된다. 그러나 다른 부류의 성격장애들과 중첩되는 특성들로 인해 잘못 진단되기도 한다. 예를 들면, 부정적이고 불복종적인 태도를 보이더라도 대개 품행장애의 경우와는 달리 다른 사람의 권리를 침해하지 않는다. 정체성 장애 부진아들도 부정적이고 불복종적인 태도를 보일 수 있다. 그러나 이들은 깊은 내면적 가치나 원칙에 대한 의문을 품는다는 점에서 적대적 반항장애 부진아와 다르다.

학습부진 인구 전체에서 이러한 성격 유형이 차지하는 정도를 가늠하기는 어렵다. 왜냐하면 이러한 학생들 가운데 소위 권위적인 인물들에 의해 실행되는 이런 연구에 참여하려는 경우가 거의 없기 때문이다. 성인이 이런 성격 유형을 드러내는 경우, DSM-IV상의 진단은 수동 공격적 성격장애가 될 것인데, 이 성격장애를 감별해 주는 성격 특성은 의도적인 비효율성이다.

제5부

결론

지금까지 우리는 학습부진에 대한 감별진단과 감별처치를 중심으로 이론적 배경, 관련 연구, 임상적 기술 등을 폭넓게 다루었다. 마지막 제5부에서는 전체 내용을 요약하여 제시한다.

제15장
감별진단 및 감별처치에 관한 제언

이제 독자는 부진아의 몇 가지 성격장애 유형에 대해 이해할 수 있을 것이다. 앞으로는 각 유형의 특징을 간략하게 요약할 것이다. 〈표 15-1〉은 각 하위 유형별 진단을 손쉽게 할 수 있도록 유형별 주 특성을 제시한 것이다.

우리는 이 책을 통해 학습부진 집단 내에 존재하는 각기 다른 성격(장애) 유형을 강조하고자 했다. 〈표 15-1〉은 각 유형별 차이를 강조한 것이다. 간결하면서도 직접적인 비교를 통해 각 성격 유형별 차이를 이해하게 된 후에는 각 성격 유형별 처치목표도 다양해진다. 감별진단 및 감별처치에 세심하게 되면 학습부진에 대한 이해가 넓어질 뿐만 아니라 임상에서의 효과성도 높일 수 있게 된다.

우리는 이 책이 학습부진과 성격(장애)의 관계를 보다 폭넓게 이해할 수 있도록 도왔다고 믿는다. 또한 우리는 독자가 부진 학생에게서 공통적으로 발견되는 성격 유형을 명확히 이해하고, 감별진단과 그것의 사용에 대한 충분한 지식을 얻고, 감별진단과 감별처치 간의 직접적 연계를 이해하고, 이 영역과 관련된 전문성을 갖춘 문헌과 가능한 연구 주제를 개관하는 데 도움이 되었기를 바란다. 무엇보다도, 우리는 개개인의 독특성을 이해하는 것과 진단을 내리는 것 간의 균형을 찾는 능력이 향상되기를 바란다. 우리의 모델에 동의를 하든 그렇지 않든 간에, 이론과 연구 그리고 실제(임상)에서의 간극을 좁혀 엄격한 과학적 연구와 실제 상담 장면 모

〈표 15-1〉 학습부진의 각 하위 성격장애 유형별 특성과 처치 목표 요약

진단 범주	주 특성	처치 목표
과잉불안장애	• 과도한 불안 • 권위자로부터의 승인 및 검증에 대한 과도한 의존	• 불안의 감소
품행장애	• 충동성 • 양심 불량 • 타인의 조정	• 만족 지연 • 자기조절
학업문제	• 동기 부족 문제 • 학습부진에 대한 핑계 • 꾸물거림	• 의도와 수행 간의 간격을 좁힘
정체성 장애	• 자아개념에 대한 내적 성찰적 초점 • 가치와 선택에 대한 강조 • 독립성 확립	• 자아성장의 촉진 • 독립적인 의사결정 지지
적대적 반항장애	• 부정적 성향 • 적대성 • 고집불통	• 자신을 내세우거나 굽힐 상황을 잘 선택하기 • 힘겨루기 상황의 차단

두에서 활용 가능한 논리적이고 체계적인 접근에 이를 수 있을 것이다.

우리 논의에 대한 결론을 말하기 전에, 우리는 이 모델의 두 가지 측면을 더 짚고 넘어가야 한다. 진단과정 그 자체와 다중 진단의 가능성이 그것이다.

이상적으로 본다면, 진단과정에는 진단면접, 검사, 내담자와 다른 사람으로부터 얻을 수 있는 관련 배경 정보 등이 포함되어야 한다. 치료자가 인터뷰 자료에 근거한 진단에 어느 정도 확신을 가지고 있든 간에, 치료자는 검사 자료나 다른 사람(부모, 교사, 다른 상담자 등)으로부터 얻게 되는 자료도 독립적으로 검토해야 한다. 인터뷰에 근거한 진단이 다른 종류의 자료와도 명확히 일치할 때만 어느 정도의 확신을 가지고 진단할 수 있는 것이다.

또한 진단은 새로운 자료나 이전 면접에서는 발견되지 않았던 새로운 상호작용 양상으로 인해 달라질 수 있다. 치료자는 진단과정의 어느 시점에서나 그 진단이 자료와 얼마나 잘 맞아떨어지는지 혹은 자료가 진단을 얼마나 잘 뒷받침하는지를 의심해 봐야 한다. 결국 자료는 내담자와 관련된 실제 사건이나 반응과는 일치하지만, 진단이론과는 일치하지 않는다. 실질적으로 가장 중요한 것은, 진단의 정확

성은 면접에서 나오는 모든 이야기에서부터 내담자 배경과 관계되는 모든 사건에 대한 측정적 평가에 대한 반응에 이르기까지 내담자 행동 하나하나를 매번 의미 있게 설명할 수 있어야 한다는 것이다.

일단 한번 진단이 내려진 후에는 더 이상 감별진단과 관련된 문제를 고려하지 않는 것은 옳지 않다. 치료자는 첫 회기의 초반부터 마지막 회기가 끝날 때까지 계속해서 반복적으로 진단적 판단을 면밀히 검토해야 할 책임을 지니게 되는 것이다.

우리의 모델에서 고려해야 할 두 번째 측면은 실질적 진단의 일환으로서 다중 진단이다. 현실에서는 우리가 이 책에서 분류해 놓은 것같이 문제가 쉽고 명확하게 구분되는 것이 아니다. 학업문제 부진아가 학교에서 보이는 문제는 학습장애나 부모의 이혼 위기 같은 가족 상황과 뒤섞여 있을 수 있다. 과잉불안장애 부진아는 이전 학교에서 현 학교 배치에 필요한 준비를 제대로 받지 못한 채 전학 혹은 진학되었을 수도 있다. 품행장애 부진아는 절도로 인한 법적 문제에 연류되어 있을 수도 있고, 과잉행동 문제를 보였을 수도 있다.

어떤 복잡한 문제이건, 학습부진의 원인이 무엇이고, 어떤 처치가 가장 적절할지를 판단하기 위한 매주 조심스럽고 면밀한 임상 진단이 이루어져야 한다. 예를 들어, 품행장애 부진아에 대한 면밀한 감별진단 후에, 과잉행동 측정을 위해 정신과 의사에게 의뢰하는 것과 자기패배적 행동에 대한 개입을 위한 즉각적인 상담이 필요하다는 결론에 이를 수 있는 것이다. 혹은 이런 성격을 지닌 사람은 치료에 자발적이지 않다는 것을 고려해, 법원으로부터 강제 명령을 받아 이 학생이 치료에 임할 수 있도록 조처를 취할 수도 있는 것이다.

이 책은 현미경의 사용으로 인해 이전의 평범하고 단순해 보이던 물질로부터 복잡성을 발견하게 되었던 역사를 언급하면서 시작했다. 우리는 이 책이 현대의 전자 현미경이 그랬던 것처럼, 미세한 것을 보다 선명하고 크게 볼 수 있도록 했기를 바란다. 이 책으로 인해 독자가 우리의 주제를 보다 명확히 인식할 수 있게 되었다면 당연히 기쁘겠지만, 이 책이 우리의 생각에 동의하지는 않지만 이에 자극을 받아 학습부진에 대한 새롭고 창의적인 접근을 시도하게 된다면 이 역시 기쁘게 받아들일 것이다.

» 참고문헌

This list includes not only all references made in the text, but also a bibliographic listing of references on underachievement from 1927 to mid-1987.

Abicht, M. (1976). Black children and their environment. *College Student Journal, 10*(2), 142-152.

Abrams, D. (1949). When we know... *Childhood Education, 25,* 350-353.

Adams, R. L., & Phillips, B. N. (1972). Motivation and achievement differences among children of various ordinal birth positions. *Child Development, 43,* 155-164.

Adas, A-R. (1964). Patterns of achievement in the Jordanian schools. *Dissertation Abstracts, 24*(12), 5524.

Adelman, H. S. (1966). The effects of social reinforcement upon achievement expectancy in underachieving and achieving boys. *Dissertation Abstracts, 27*(6-B), 2128.

Adelman, H. S. (1969). Reinforcing effects of adult non-reaction on expectancy of underachieving boys. *Child Development, 40*(1), 111-122.

Adelman, H. S. & Chaney, L. A. (1982). Impact of motivation on task performance of children with and without psychoeducational problems. *Journal of Learning Disabilities, 15,* 242-244.

Adler, A. (1951). *The Practice and Theory of Individual Psychology,* (P. Radin, Trans.) New York: Humanities Press.

Adlerblum, E. D. (1947). Mental hygiene begins in school. *Mental Hygiene, N.Y., 31,* 541-555.

Agarwal, S. K. (1977a). A psycho-social study of academic underachievement. *Indian Educational Review, 12*(2), 105-110.

Agarwal, S. K. (1977b). Personality traits of under- and over-achieving boys of Class XI. *Asian Journal of Psychology & Education, 2*(1), 42-44.

Aguilera, A. (1954). School failure—psychiatric complications. *Journal of Child Psychiatry, 3,* 88-92.

Ahmann, J. S., Smith, W. J., & Glock, M. D. (1958). Predicting academic success in college by means of a study habits and attitude inventory. *Educational & Psychological Measurement, 18,* 853-857.

Ahn, H. (1978). Electroencephalographic evoked potential comparisons of normal children and children with different modes of underachievement. *Dissertation Abstracts International, 38*(7-B), 3453.

Allbright, L. E., Glennon, J. R., & Siegert, P. A. (1963). Measuring achievement motivation at the time of employment. *Journal of Industrial Psychology, 1*(2), 59-65.

Allen, D. A. (1971). Underachievement is many-sided. *Personal & Guidance Journal, 49*(7), 529-532.

Allen, R. F. (1975). The development of the Student Behavior Inventory: An instrument to aid in the identification and categorization of academic underachievers by observing their behavior. *Dissertation Abstracts International, 36*(1-A), 122-123.

Allen, V. L., & Atkinson, M. L. (1978). Encoding of nonverbal behavior by high-achieving and low-achieving children. *Journal of Educational Psychology, 70*(3), 298-305.

Allen, V. L., & Feldman, R. S. (1973). Learning through tutoring: Low-achieving children as tutors. *Journal of Experimental Education, 42*(1), 1-5.

Almeida, C. H. (1968). Children's perceptions of parental authority and love, school achievement and personality. *Dissertation Abstracts International, 29,* 3863-A.

Altmann, H. A., Conklin, R. C., & Hughes, D. C. (1972). Group counselling of underachievers. *Canadian Counsellor, 6*(2), 112-115.

Altus, W. (1948). A college achiever and non-achiever scale for the MMPI. *Journal of Applied Psychology, 32,* 385-397.

Altus, W. (1962). Sibling order and scholastic aptitude. *American Psychologist, 17,* 304-307.

Altus, W. (1965). Birth order and scholastic aptitude. *Journal of Consulting and Clinical Psychology, 29,* 202-205.

Alwin, D., & Thornton, A. (1984). Family origins and the schooling process: Early versus late influence of parental characteristics. *American Sociological Review, 49,* 784-802.

American Heritage Dictionary of the English Language. (1973). New York: Houghton Mifflin.

American Psychiatric Association. (1980). *Diagnostic and*

Statistical Manual (3rd ed.). Washington, DC: Author.

American Psychiatric Association. (1987). *Diagnostic and Statistical Manual of Mental Disorders* (3rd ed.-Rev.). Washington, DC: Author.

Anastasi, A. (1956). Intelligence and family size. *Psychological Bulletin, 53,* 187-209.

Anastasi, A. (1965). *Individual differences.* New York: Wiley.

Anastasi, A. (1976). *Psychological Testing* (4th ed.). New York: MacMillan.

Anderson, C. A., & Jennings, D. L. (1980). When experiences of failure promote expectations of success: The impact of attributing failure to ineffective strategies. *Journal of Personality, 48,* 393-407.

Anderson, E. (1985). Forces influencing student persistence and achievement. In L. Noel, R. Levitz & D. Saluri, *Increasing student retention.* San Francisco: Jossey-Bass.

Anderson, J. P. (1970). Reading and writing can be fun for the underachiever. *English Journal, 59,* 1119-1121, 1127.

Anderson, J. R. (1954). Do college students lack motivation? *Personal and Guidance Journal, 33,* 209-210.

Andrew, D. C. (1956). Relationship between academic load and scholastic success of deficient students. *Personnel and Guidance Journal, 34,* 268-270.

Andrews, W. R. (1971). Behavioral and client-centered counseling of high school underachievers. *Journal of Counseling Psychology, 18*(2), 93-96.

Anikeef, A. M. (1954). The relationship between class absences and college grades. *Journal of Educational Psychology, 45,* 244-249.

Annell, A-L. (1949). School problems in children of average or superior intelligence: a preliminary report. *Journal of Mental Science, 95,* 901-909.

Annesley, F., Odhmer, F., Madoff, E., & Chansky, N. (1970). Identifying the first grade underachiever. *Journal of Educational Research, 63,* 459-462.

Anthony, E. J., & Benedek, R. (Eds.). (1970). *Parenthood.* Boston: Little, Brown.

Arieti, S. (1974). An overview of schizophrenia from a predominantly psychological approach. *American Journal of Psychiatry, 131,* 241-249.

Arkava, M. L. (1969). Alterations in achievement motivation through counseling intervention. *Journal of Secondary Education, 44,* 74-80.

Armstrong, M. E. (1955). *A comparison of the interests and social adjustments of underachievers at the secondary school level.* Unpublished doctoral dissertation, University of Connecticut.

Aronson, E., & Carlsmith, J. (1962). Performance expectancy as a determinant of actual performance. *Journal of Abnormal and Social Psychology, 65,* 178-182.

Arulsigamoni, A. (1973). The relationship between self-concept and school achievement in low-achieving, junior high school children and the effect of counseling intervention on self-concept. *Dissertation Abstracts International, 34*(1-A), 187-188.

Asbury, C. A. (1973). A review of literature concerned with selected factors influencing over- and underachievement in young, school-age children. *Catalog of Selected Documents in Psychology, 3,* 62.

Asbury, C. A. (1974). Selected factors influencing over- and underachievement in young school-age children. *Review of Educational Research, 44*(4), 409-428.

Asbury, C. A. (1975). Maturity factors related to discrepant achievement of White and Black first graders. *Journal of Negro Education, 44*(4), 493-501.

Astin, A. W. (1964). Personal and environmental factors associated with college dropouts among high aptitude students. *Journal of Educational Psychology, 55*(4), 219-227.

Atkinson, J. W. (1950). Studies in projective measurement of achievement motivation. *Microfilm Abstracts, 10*(4), 290-291.

Atkinson, J. W., & Birch, D. (1978). *Introduction to motivation* (2nd ed.). New York: Van Nostrand.

Atkinson, J. W., & Feather, N. T. (1966). *A theory of achievement motivation.* New York: Wiley.

Attwell, A. A. (1968). Some factors that contribute to underachievement in school: A suggested remedy. *Elementary School Guidance & Counseling, 3*(2), 98-103.

Ausubel, D. P., Schiff, H. M., & Goldman, M. (1953). Qualitative characteristics in the learning process associated with anxiety. *Journal of Abnormal Social Psychology, 48,* 537-547.

Bach, P. W. (1976). A theory-based screening device for the identification and classification of underachieving children in the early elementary grades. *Dissertation Abstracts International, 36*(9-A), 5985.

Bachor, D. G. (1979). Suggestions for modifications in testing low-achieving adolescents. *Journal of Special Education, 13*(4), 443-452.

Bachtold, L. M. (1969). Personality differences among high ability underachievers. *Journal of Educational Research, 63*(1), 16-18.

Bagley, C. (1979). A comparative perspective on the education of Black children in Britain. *Comparative Education, 15,* 63-81.

Bahe, V. R. (1969). Reading-study instruction and college achievement. *Reading Improvement, 6*(3), 57-61.

Bailey, R. C. (1971). Self-concept differences in low and high achieving students. *Journal of Clinical Psychology, 27*(2), 188-191.

Baither, R. C., & Godsey, R. (1979). Rational emotive education and relaxation training in large group treatment of test anxiety. *Psychological Reports, 45*(1), 326.

Baker, G. S. (1949). I can learn to take care of myself—the case of Robert. *Childhood Education, 25,* 227-230.

Baker, H. S. (1975). The treatment of academic underachievement. *Journal of the American College Health Association, 24*(1), 4-7.

Baker, H. S. (1979). The conquering hero quits: Narcissistic factors in underachievement and failure. *American Journal of Psychotherapy, 33*(3), 418-427.

Baker, R. W., & Madell, T. O. (1965). Susceptibility to distraction in academically underachieving and achieving male college students. *Journal of Consulting Psychology, 29*(2), 173-177.

Bales, K. B. (1979). *Academic achievement and the broken home*. Paper presented at the Annual Meeting of the Southern Sociological Society, Atlanta, GA.

Bank, R. K. (1972). Formulation, application, and analysis of a method to study female underachievement. *Disseration Abstracts International, 33*(1-A), 185-186.

Banretti-Fuchs, K. (1972). Attitudinal and situational correlates of academic achievement in young adolescents. *Canadian Journal of Behavioural Sciences, 4,* 156-164.*Bantam Medical Dictionary* (1982). New York: Bantam Books.

Barcai, A., & Dreman, S. B. (1976). A comparison of three group approaches to underachieving children: Eleven school related tests. *Acta Paedopsychiatrica, 42*(2), 60-67.

Barcai, A., Umbarger, C., Thomas, W., & Chamberlain, P. (1973). A comparison of three group approaches to under-achieving children. *American Journal of Orthopsychiatry, 43*(1), 133-141.

Barclay, A., & Cervantes, L. F. (1969). The Thematic Apperception Test as an index of personality attributes characterizing the adolescent academic drop-out. *Adolescence, 4*(16), 525-540.

Bard, J. A., & Fisher, H. R. (1983). A rational-emotive approach to academic underachievement. In A. Ellis & M. E. Bernard (Eds.), *Rational-emotive approaches to the problems of childhood*. New York: Plenum.

Bar-Eli, N., & Raviv, A. (1982). Underachievers as tutors. *Journal of Educational Research, 75*(3), 139-143.

Barger, B., & Hall, E. (1964). Personality patterns and achievement in college. *Educational & Psychological Measurement, 24*(2), 339-346.

Barker, L. W. (1968). An analysis of achievement, motivational, and perceptual variables between students classified on the basis of success and persistence in college. *Dissertation Abstracts, 29*(4-A), 1100.

Barrett, H. O. (1950). Differences in intelligence between two- and four-year course pupils in a commercial high school. *Journal of Educational Research, 44,* 143-147.

Barrett, H. O. (1957). An intensive study of 32 gifted children. *Personnel and Guidance Journal, 36,* 192-194.

Bar-Tal, D. (1978). Attributional analysis of achievement related behavior. *Review of Educational Research, 48,* 259-271.

Bar-Tal, D. (1979). Interaction of teacher and pupils. In I. H. Frieze, D. Bar-Tal, & J. S. Carol, (Eds.), *New approaches to social problems: Applications of attribution theory* (pp. 337-358). San Francisco: Jossey-Bass.

Bar-Tal, D., & Frieze, I. H. (1977). Achievement motivation for males and females as a determinant of attribution for success and failure. *Sex Roles, 3,* 301-313.

Bartl, C. P., & Peltier, G. L. (1971). The academic underachiever in an industrialized world. *School and Society, 99,* 24-27.

Bartlett, E. W., & Smith, C. P. (1966). Child-rearing practices, birth order, and the development of achievement-related motives. *Psychological Reports, 19,* 1207-1216.

Bartley, T. O. (1976). Tutorial program to aid secondary schools low-achieving students. *Dissertation Abstracts International, 37*(4-A), 2118.

Bateson, G., Jackson, D. D., Haley, J., & Weakland, J. (1956). Toward a theory of schizophrenia. *Behavioral Science, 1,* 251-264.

Battle, E. S. (1964). Achievement values, standards, and expectations: Their effect on children's task persistence and academic competence. *Dissertation Abstracts, 24*(11), 4790.

Baumgarten, F. (1945). Einseitig praktisch begabter Schulversager. II, III [One-sided practical aptitude in a school failure. I]. *Z. Kinderpsychiat., 11,* 166-180.

Baumgarten, F. (1945). Einseitig praktisch begabter Schulversager. II, III [One-sided practical aptitude in a school failure. II, III]. *Z. Kinderpsychiat., 12,* 7-22, 78-94.

Bayer, A. E. (1966). Birth order and college attendance. *Journal of Marriage and the Family, 28,* 480-484.

Baymur, F. B., & Patterson, C. H. (1960). A comparison of three methods of assisting underachieving high school students. *Journal of Counseling Psychology, 7,* 83-89.

Bayton, J. A., & Whyte, E. (1950). Personality dynamics during success-failure sequences. *Journal of Abnormal and Social Psychology, 45,* 583-591.

Bazemore, S. G., & Noblit, G. W. (1978). Class origins and academic achievement: An empirical critique of the cultural deprivation perspective. *Urban Education, 13,* 345-360.

Bean, A. G. (1971). Personality measures as multiple moderators in the prediction of college student attrition. *Dissertation Abstracts International, 32*(1-A), 229.

Beck, A. T., Emery, G., & Greenberg, R. L. (1985). *Anxiety disorders and phobias: A cognitive perspective*. New York: Basic Books.

Beckham, A. S. (1950). A Rorschach study of high school failures. *American Psychologist, 5,* 346.

Bednar, R. L., & Weinberg, S. L. (1970). Ingredients of successful treatment programs for underachievers. *Journal of Counseling Psychology, 17*(1), 1-7.

Behrens, L. T., & Vernon, P. E. (1978). Personality correlates of overachievement and underachievement. *British Journal of Educational Psychology, 48*(3), 290–297.

Belcastro, F. P. (1985). Use of behavior modification with academically gifted students: A review of the research. *Roeper Review, 7,* 184–189.

Bell, D. B. (1970). The motivational and personality factors in reading retardation among two racial groups of adolescent males. *Dissertation Abstracts International, 31*(2-B), 909–910.

Bell, J. E. (1945). Emotional factors in the treatment of reading difficulties. *Journal of Consulting Psychology, 9,* 125–131.

Bem, S. (1974). The measurement of psychological androgyny. *Journal of Consulting and Clinical Psychology, 42,* 155–162.

Bemelmans, F. (1971). Les troubles de l'apprentissage scholaire [Academic learning problems]. *Bulletin de Psychologie Scolaire et d'Orientation, 20*(4), 165–186.

Bender, P. S., & Ruiz, R. A. (1974). Race and class as differential determinants of underachievement and underaspiration among Mexican-Americans and Anglos. *Journal of Educational Research, 68*(2), 51–55.

Bender, W. N., Wyne, M. D., Stuck, G. B., & Bailey, D. B. (1984). Relative peer status of learning disabled, educable mentally handicapped, low achieving, and normally achieving children. *Child Study Journal, 13*(4), 209–216.

Bendig, A. W. (1958). Predictive and postdictive validity of need achievement measures. *Journal of Educational Research, 52,* 119–120.

Bendig, A. W., & Hughes, J. B., III. (1954). Student attitude and achievement in a course in introductory statistics. *Journal of Educational Psychology, 45,* 268–276.

Benedet, M. J. (1973). [Qualitative aspects of intellectual processes of normal or superior children who fail in school]. *Revista de Psicologia General y Aplicada, 28*(120–121), 41–69.

Bennett, B. E. (1968). *Perceived occupational fit, diagnostic categorization, and academic achievement.* Unpublished master's thesis, Illinois Institute of Technology, Chicago, IL.

Bennett, C. S. (1970). Relationship between selected personality variables and improvement in academic achievement for underachieving eighth grade boys in a residential school. *Dissertation Abstracts International, 30*(8-A), 3272–3273.

Bent, R. K. (1946). Scholastic records of non-high school graduates entering the University of Arkansas. *Journal of Educational Research, 40,* 108–115.

Benz, H., Pfeiffer, I., & Newman, I. (1981). Sex role expectations of classroom teachers, Grades 1–12. *American Educational Research Journal, 18,* 289–302.

Berenbaum, H. L. (1969). Validation of the Non-achievement Syndrome: A behavior disorder. *Dissertation Abstracts International, 29*(4-B), 1502.

Berg, I. A., Larsen, R. P., & Gilbert, W. M. (1944). Scholastic achievement of students entering college from the lowest quarter of their high school graduating class. *Journal of the American Association of College Registrars, 20,* 53–59.

Berg, R. C. (1968). The effect of group counseling on students placed on academic probation at Rock Valley College, Rockford, Illinois, 1966–1967. *Dissertation Abstracts, 29*(1-A), 115–116.

Berger, E. M. (1961). Willingness to accept limitations and college achievement. *Journal of Counseling Psychology, 8,* 140.

Berne, E. (1964). *Games people play.* New York: Grove Press.

Berne, E. (1966). *Principles of group treatment.* New York: Oxford University Press.

Bernstein, N. (1946). Why Richard dreaded school. *Understanding the Child, 15,* 114–117.

Bever, D. E. (1972). An analysis of selected intellectual and nonintellectual characteristics of dropouts and survivors in a private college. *Dissertation Abstracts International, 32*(7-A), 3773–3774.

Bey, T. M. (1986). Helping teachers achieve success with underachievers. *NASSP Bulletin, 70,* 91–93.

Bhatnagar, A. (1970). Teaching the underachiever. *Teaching, 43,* 20–23.

Bhatnagar, A. (1976). Effect of individual counselling on the achievement of bright underachievers. *Indian Educational Review, 11*(4), 10–18.

Bhatty, R. (1978). Motivation in low-achiever and normal children. *Dissertation Abstracts International, 38*(7-A), 4034.

Bidwell, C. E., & Kasarda, J. D. (1975). School district organization and student achievement. *American Sociological Review, 40,* 55–70.

Biggs, B. E., & Felton, G. S. (1973). Use of an achievement motivation course to reduce test anxiety of academic low achievers. *College Student Journal, 7*(1), 12–16.

Billingslea, F. Y., & Bloom, H. (1950). The comparative effect of frustration and success on goal-directed engagement in the classroom. *Journal of Abnormal and Social Psychology, 45,* 510–515.

Birr, D. J. (1969). The effects of treatments by parents and teachers on the self-concept of ability held by underachieving early adolescent pupils. *Dissertation Abstracts International, 30*(4-A), 1429.

Blackman, S., & Goldstein, K. M. (1982). Cognitive styles and learning disabilities. *Journal of Learning Disabilities, 15*(2), 106–115.

Bladergroen, W. J. (1954). Children with learning difficulties. *Acta Psychother. and Psychosom. Orthopaedagog., 2,* 42–51.

Blai, B. (1976). Poor academic performance: Why? *Scientia*

Paedogogica Experimentalis, 13(2), 186-202.

Blair, G. E. (1968). The relationship of selected ego functions and the academic achievement on Negro students. *Dissertation Abstracts, 28*(8-A), 3013.

Blair, J. R. (1971). The effectiveness of three classes of reinforcement on the performance of normal and low achieving middle-class boys. *Dissertation Abstracts International, 31*(12-A), 6394.

Blair, J. R. (1972). The effects of differential reinforcement on the discrimination learning of normal and low-achieving middle-class boys. *Child Development, 43*(1), 251-255.

Blake, R. R., & Mouton, J. S. (1959). Personality: Achievement, anxiety, and authoritarianism. *The Annual Review of Psychology, 10,* 203-232.

Blechman, E. A. (1981). Families and schools together: Early behavioral intervention with high risk children. *Behavior Therapy, 12*(3), 308-319.

Block, J. (1978). Effects of a rational-emotive mental health program on poorly achieving, disruptive high school students. *Journal of Counseling Psychology, 25,* 61-65.

Blos, P. (1946). Psychological counseling of college students. *American Journal of Orthopsychiatry, 16,* 571-580.

Blosser, C. R. (1972). A pilot study to explore the relationships between cognitive style, need achievement, and academic achievement motivation. *Dissertation Abstracts International, 32*(11-A), 6088.

Bluvol, H. (1973). Differences in patterns of autonomy in achieving and underachieving adolescent boys. *Dissertation Abstracts International, 33*(8-B), 3929.

Bocknek, G. L. (1959). The relationship between motivation and performance in achieving and underachieving college students. *Dissertation Abstracts, 20,* 1435.

Bohman, M., & Sigvardsson, S. (1981). A prospective, longitudinal study of children registered for adoption: A 15-year follow-up. *Annual Progress in Child Psychiatry and Child Development,* 217-237.

Bolyard, C. S., & Martin, C. J. (1973). High-risk freshman. *Measurement & Evaluation in Guidance, 6*(1), 57-58.

Bond, J. A. (1952). Analysis of factors adversely affecting scholarship of high school pupils. *Journal of Educational Research, 46,* 1-15.

Bonnardel, R. (1964). [Behavior and scholarly success among students]. *Travail humain, 27*(3-4), 349-355.

Booth, J. P. (1978). The informal classroom: A working model designed for the underachieving pupil. *Dissertation Abstracts International, 39*(3-A), 1317-1318.

Borgen, W. A., Lacroix, H., & Goetz, E. (1978). Career exploration through group counselling. *School Guidance Worker, 34,* 46-49.

Borko, H., Cone, R., Russo, N., & Shavelson, R. (1979). Teachers' decision making. In P. Peterson & H. Walberg (Eds.), *Research on Teaching,* Berkeley, CA: McCutcheon.

Borow, H. (1946a). Current problems in the prediction of college performance. *Journal of the American Association of College Registrars, 22,* 14-26.

Borow, H. (1946b). Non-intellectual correlates of college achievement. *American Psychologist, 1,* 249.

Borsilow, B. (1962). Self-evaluation and academic achievement. *Journal of Counseling Psychology, 9,* 246-254.

Boshier, R., & Hamid, P. N. (1968). Academic success and self-concept. *Psychological Reports, 22*(3, Pt. 2), 1191-1192.

Bost, J. M. (1984). Retaining students on academic probation: Effects of time management peer counseling on students' grades. *Journal of Learning Skills, 3*(2), 38-43.

Bouchillon, B. G. (1971). A comparison of four techniques in the modification of repressed self-concept for low achieving college students. *Dissertation Abstracts International, 31*(9-A), 4538.

Bowlby, J. (1969). *Attachment and loss* (Vol. 1). New York: Basic Books.

Bowlby, J. (1973). *Attachment and loss* (Vol. 2). New York: Basic Books.

Boyd, R. D. (1964). Analysis of the ego stage development of school age children. *Journal of Experimental Education, 32,* 249.

Bozak, I. M. (1969). A summer project for underachieving freshman. *Improving College and University Teaching, 17,* 208-211.

Brandt, L. J., & Haden, M. E. (1974). Male and female teacher attitudes as a function of students' ascribed motivation and performance levels. *Journal of Educational Psychology, 66*(3), 309-314.

Brantley, D. (1969). Family stress and academic failure. *Social Casework, 50,* 287-290.

Bratton, D. (1945). Classroom guidance of pupils exhibiting behavior problems. *Elementary School, 45,* 286-292.

Braun, C. (1976). Teacher expectation: Sociopsychological dynamics. *Review of Educational Research, 46,* 185-213.

Breland, H. M. (1974). Birth order, family configuration, and verbal achievement. *Child Development, 45,* 1011-1019.

Bresee, C. W. (1957). Affective factors associated with academic underachievement in highschool students. *Dissertation Abstracts, 17,* 90-91.

Bridges, W. W. (1972). The use of peers as facilitators in small group procedures with underachieving college freshmen. *Dissertation Abstracts International, 32*(9-A), 4936.

Bright, G. M. (1970). The adolescent with scholastic failure. *Bulletin of the Orton Society, 20,* 59-65.

Briscoe, J. (1977). Independent study for the "tuned out." *Adolescence, 12*(48), 529-532.

Bristow, W. H., & Hungerford, R. H. (1945). Slower-learning pupils—problems and issues. *High Points, 27,* 10-16.

Broderick, P. C., & Sewell, T. E. (1985). Attribution for success and failure in children of different social class. *Journal of Social Psychology, 5,* 591-599.

Broedel, J. W. (1959). A study of the effects of group counseling on the academic performance and mental health of underachieving gifted adolescents. *Dissertation Abstracts, 19,* 3019.

Broedel, J. W., Ohlsen, M., Proff, F., & Southard, C. (1960). The effects of group counseling on gifted underachieving adolescents. *Journal of Counseling Psychology, 7,* 163-170.

Broman, S., Bien, E., & Shaughnessy, P. (1985). *Low achieving children: The first several years.* Hillsdale, NJ: Lawrence Erlbaum.

Brooks, R. B., & Snow, D. L. (1972). Two case illustrations of the use of behavior-modification techniques in the school setting. *Behavior Therapy, 3,* 100-103.

Brophy, J. (1983). Research on the self-fulfilling prophecy and teacher expectations. *Journal of Educational Psychology, 75,* 631-661.

Brophy, J., & Everston, C. (1978). Context variables in teaching. *Educational Psychologist, 12,* 310-316.

Brophy, J., & Good, T. (1974). Teacher-Student Relationships. New York: Holt, Rinehart, & Winston.

Brower, D. (1967). Academic underachievement: A suggested theory. *Journal of Psychology, 66*(2), 299-302.

Brown, P. O. (1973). A comparison of self-esteem, anxiety, and behavior of Block and non-Block underachieving elementary school students in open and stratified classrooms. *Dissertation Abstracts International, 34*(6-A), 3011-3012.

Brown, R. D. (1969). Effects of structured and unstructured group counseling with high- and low-anxious college underachievers. *Journal of Counseling Psychology, 16,* 209-214.

Brown, R. I. (1969). Problems of learning with exceptional children. *Western Psychologist, 1*(1), 29-38.

Brown, W. F., Abeles, N., & Iscoe, I. (1954). Motivational differences between high and low scholarship students. *Journal of Educational Psychology, 45,* 215-223.

Bruck, M., & Bodwin, R. f. (1962). The relationship between self-concept and the presence and absence of scholastic underachievement. *Journal of Clinical Psychology, 18*(2), 181-182.

Brunner, E. DeS. (1948). Educational attainment and economic status. *Teach. Coll. Rec., 49,* 242-249.

Brusnahan, J. (1969). A study of the effects of small-group counseling on ninth-grade underachievers. *Dissertation Abstracts International, 30,* 3273-3274-A.

Buck, M. R., & Austrin, H. R. (1971). Factors related to school achievement in an economically disadvantaged group. *Child Development, 42,* 1813-1826.

Buck, T. D. (1969). Selected behavioral correlates of discrepant academic achievement. *Dissertation Abstracts, 29*(8-A), 2513-2514.

Bulcock, J. W. (1977). Evaluating social facts related to school achievement in Sweden and England. *Scandinavian Journal of Educational Research, 21,* 63-96.

Burchinal, L. G. (1959). Social status, measured intelligence, achievement, and personality adjustment of rural Iowa girls. *Sociometry, 22,* 75-80.

Burns, G. W. (1972). A factor analytic study of the revised edition of the Illinois Test of Psycholinguistic Abilities with underachieving children. *Dissertation Abstracts International, 33*(4-A), 1548.

Burns, G. W., & Watson, B. L. (1973). Factor analysis of the revised ITPA with underachieving children. *Journal of Learning Disabilities, 6*(6), 371-376.

Burrall, L. (1954). Variability in achievement of pupils at the fifth grade level. *California Journal of Educational Research, 5,* 68-73.

Bush, W. J. (1972). A comparative study of the WISC test patterns of the bright and gifted underachievers with test patterns of underachievers with normal intelligence. *Dissertation Abstracts International, 32*(9-A), 5066.

Bush, W. J., & Mattson, B. D. (1973). WISC test patterns and underachievers. *Journal of Learning Disabilities, 6*(4), 251-256.

Bushlow, P. A., & Sudwarth, C. A. (1970). Underachievers profit from pilot project in John Eaton School. *Delta Kappa Gamma Bulletin, 36,* 45-48.

Califf, S. N. (1968). Preception of college environment by achieving and nonachieving freshmen. *Dissertation Abstracts, 29*(2-B), 751-752.

Calvert, K. C. (1972). An investigation of relationships between the syntactic maturity of oral language and reading comprehension scores. *Dissertation Abstracts International, 32*(9-A), 4828-4829.

Campbell, J. R. (1969). Cognitive and affective process development and its relation to a teacher's interaction ratio: An investigation to determine the relationship between the affective and cognitive development of junior high low achievers and the interaction ratio employed by their instructors. *Dissertation Abstracts International, 30*(3-A), 1069-1070.

Campbell, W. J. (1952). The influence of home environment on the educational progress of selective secondary school children. *British Journal of Educational Psychology, 22,* 89-100.

Cantwell, D. P., & Satterfield, J. H. (1978). The prevalence of academic underachievement in hyperactive children. *Journal of Pediatric Psychology, 3*(4), 168-171.

Caplan, M. D. (1969). Resistance to learning. *Peabody Journal of Education, 47,* 36-39.

Capponi, A. (1974). The relation between academic underachievement and depression: An exploratory study. *Dissertation Abstracts International, 34*(7-B), 3488-3489.

Cardon, B. W. (1968). Sex differences in school achievement.

Elementary School Journal, 68(8), 427-434.

Carmical, L. (1964). Characteristics of achievers and under-achievers of a large senior high school. *Personnel and Guidance Journal, 43*(4), 390-395.

Carney, R., Monn, P., & McCormick, R. (1966). Validation of an objective measure of achievement modification. *Psychological Reports, 19,* 243-248.

Carroll, J. A., Fuller, G. B., & Carroll, J. L. (1979). Comparison of culturally deprived school achievers and underachievers on memory function and perception. *Perceptual and Motor Skills, 48*(1), 59-62.

Carter, H. D. (1948). Methods of learning as factors in prediction of school learning. *Journal of Psychology, 26,* 249-258.

Carter, H. D. (1958a). *California study methods survey: Untimed, 30-50 min., grades 7-13, 1 from.* Los Angeles, CA: California Test Bureau.

Carter, H. D. (1958b). The mechanics of study procedure. *California Journal of Educational Research, 9,* 8-13.

Carter, H. D. (1959). Improving the prediction of school achievement by the use of the California Study Methods Survey. *Educational Administration and Supervision, 45,* 255-260.

Carter, H. D. (1961). Overachievers and underachievers in the junior high school. *California Journal of Educational Research, 12,* 81-86.

Carter, H. D. (1964). Over- and underachievement in reading. *California Journal of Educational Research, 15*(4), 175-183.

Carwise, J. L. (1968). Aspirations and attitudes toward education of over- and under-achieving Negro junior high school students. *Dissertation Abstracts, 28*(10-A), 3878.

Castelyns, N. (1968). A study of the effectiveness of two procedures of group counseling with small groups of talented, underachieving seventh and eighth grade students. *Dissertation Abstracts, 28*(9-A), 3498.

Castenell, L. (1984). A cross-cultural look at achievement motivation research. *The Journal of Negro Education, 53,* 435-443.

Cattell, R. B., Cattell, M. D. (1975). *Handbook for the Jr.-Sr. High School Personality Questionnaire (HSPQ).* Champaign, Ill.: Institute for Personality and Ability Testing.

Cattell, R. B., Eber, H. W., & Tatsuoka, M. M. (1970). *Handbook for the Sixteen Personality Factor Questionnaire (16PF).* Champaign, Ill.: Institute for Personality and Ability Testing.

Caudill, W., & De Vos, G. (1956). Achievement, culture and personality: The case of the Japanese Americans. *American Anthropologist, 58,* 1102-1126.

Chabassol, D. J. (1959). Correlates of academic underachievement in male adolescents. *Alberta Journal of Educational Research, 5,* 130-146.

Chadwick, B. A., & Day, R. C. (1971). Systematic reinforcement: Academic performance of underachieving students. *Journal of Applied Behavior Analysis, 4*(4), 311-319.

Chahbazi, P. (1957). An analysis of the Cornell Orientation Inventory items on study habits and their relative value in prediction of college achievement. *Journal of Educational Research, 51,* 117-127.

Champaign Community Unit Schools, Department of Special Services (1961). *Exceptional Children, 28,* 167-175.

Chansky, N. M. (1964). Progress of promoted and repeating grade I failures. *Journal of Experimental Education, 32*(3), 225-237.

Chaplin, J. P. (1975). *Dictionary of psychology.* New York: Dell.

Chapman, R. S. (1959). Achievement and under-achievement in English language ten in an Alberta composite high school. *Alberta Journal of Educational Research, 5,* 41-49.

Cheatham, R. B. (1968). A study of the effects of group counseling on the self-concept and on the reading efficiency of low-achieving readers in a public-intermediate school. *Dissertation Abstracts, 29*(6-B), 2200.

Chestnut, W. J. (1965). The effects of structured and unstructured group counseling on male college students' underachievement. *Journal of Counseling Psychology, 12*(4), 388-394.

Chestnut, W., & Gilbreath, S. (1969). Differential group counseling with male college underachievers: A three-year follow-up. *Journal of Counseling Psychology, 16*(4), 365-367.

Cheuvront, H. L. (1975). Use of behavior modification concepts with adolescent underachievers to improve school achievement through attitude change. *Dissertation Abstracts International, 36*(4-B), 1940-1941.

Chopra, S. L. (1967). A comparative study of achieving and underachieving students of high intellectual ability. *Exceptional Children, 33*(9), 631-634.

Christensen, H. (1979). Test anxiety and academic achievement in high school students. *Perceptual & Motor Skills, 49*(2), 648.

Chronbach, L. J., & Webb, N. (1975). Between-class and within-class effects in a reported aptitude × treatment interaction: Reanalysis of a study by G. L. Anderson. *Journal of Educational Psychology, 67*(6), 717-724.

Cicirelli, V. G. (1967). Sibling constellation, creativity, I.Q., and academic achievement. *Child Development, 38,* 481-490.

Cicirelli, V. G. (1978). The relationship of sibling structure to intellectual abilities and achievement. *Review of Educational Research, 48,* 365-379.

Cipperly, J. W. (1969). An effort to refine the concept of academic underachievement through an investigative case study approach. *29*(9-A), 2957.

Claes, M. (1976). [Developing motivation in teenage academic nonachievers]. *Revue de Psychologie Appliquee, 26*(3),

551-566.

Claes, M., & Salame, R. (1975). [Motivation toward accomplishment and the self-evaluation of performances in relation to school achievement]. *Canadian Journal of Behavioural Science, 7*(4), 397-410.

Clark, K. B. (1972). *A possible reality: A design for the attainment of high academic achievement for inner-city students*. New York: Emerson Hall.

Cleckley, H. (1964). *The mask of sanity* (4th ed.). St. Louis, MO: C. V. Mosby.

Clifford, M. M., & Cleary, T. A. (1972). The relationship between children's academic performance and achievement accountability. *Child Development, 43*(2), 647-655.

Cocalis, J. D. (1973). An evaluation of peer group rewards as modifiers of academic underachievement. *Dissertation Abstracts International, 33*(7-A), 3371.

Coffin, B. S., Dietz, S. C., & Thompson, C. L. (1971). Academic achievement in a poverty area high school: Implications for counseling. *Journal of Negro Education, 40*(4), 365-368.

Cohen, R. (1978). The effects of self-monitoring on the academic and social behaviors of underachieving children. *Dissertation Abstracts International, 38*(9-A), 5390-5391.

Cohen, S. (1986). *Similarities and differences in underachieving, achieving, and overachieving, Non-achievement Syndrome high school students*. Unpublished master's thesis, York University, Toronto, ON.

Cohen, T. B. (1963). Prediction of underachievement in kindergarten children. *Archives of General Psychiatry, 9*(5), 444-450.

Cohn, B., & Sniffen, A. M. (1962). A school report on group counseling. *Personnel Guidance Journal, 41*(2), 133-138.

Coie, J. D., & Krehbiel, G. (1984). Effects of academic tutoring on the social status of low-achieving socially rejected children. *Child Development, 55*(4), 1465-1478.

Colangelo, N. & Dettmann, D. F. (1983). A review of research on parents and families of gifted children. *Exceptional Children, 50,* 20-27.

Coleman, A. E., et al. (1972). Comparison of health knowledge of young adult under-achievers and their parents. *Journal of School Health, 42,* 354-355.

Coleman, H. A. (1940). The relationship of SES to the performance of junior high school students. *Journal of Experimental Education, 9,* 61-63.

Coleman, J. C. (1962). Learning method as a relevant subject variable in learning disorders. *Perceptual & Motor Skills, 14,* 263-269.

Coleman, J. C., & Hewitt, F. (1962). Treatment of underachieving adolescent boys who resist needed psychotherapy. *Journal of Clinical Psychology, 18,* 28-33.

Coleman, J. C., & Rasof, B. (1963). Intellectual factors in learning disorders. *Perceptual & Motor Skills, 16,* 139-152.

Coleman, J. S. (1960). The adolescent subculture and academic achievement. *American Journal of Sociology, 65,* 337-347.

Collier, K. L. (1969). The effect of selected response contingencies on paired-associate learning in educationally retarded school children. *Dissertation Abstracts International, 30*(4-A), 1429.

Collins, J. H., & Douglas, H. R. (1937). The SES of the home as a factor in success in the junior high school. *Elementary School Journal, 38,* 107-113.

Compton, M. F. (1982). The gifted underachiever in the middle school. *Reoper Review, 4*(4), 23-25.

Comrey, A. L. (1949). A factorial study of achievement in West Point courses. *Educ. Psychol. Measurement, 9,* 193-209.

Congdon, R. G. (1964). Personality factors and the capacity to meet curriculum demands. *Personnel & Guidance, 42*(8), 767-775.

Conklin, A. M. (1940). Failures of highly intelligent pupils. *Teacher's College Contribution to Education,* No. 792.

Connor, M. W. (1968). Learning characteristics of able nonachievers in audiolingual foreign language classes. *Dissertation Abstracts, 29*(5-A), 1446-1447.

Cook, E. S., Jr. (1956). An analysis of factors related to withdrawal from high school prior to graduation. *Journal of Educational Research, 50,* 191-196.

Cooper, H. (1979). Pygmalian grows up: A model for teacher expectation, communication, and performance influence. *Review of Educational Research, 49,* 389-410.

Corlis, R. B. (1963). Personality factors related to under achievement in college freshmen of high intellectual ability. *Dissertation Abstracts, 24*(2), 823-833.

Cortines, R. C. (1968). Reaching the underachiever through the media. *Audiovisual Instruction, 13*(9), 952-956.

Covington, M. V. (1983). Strategic thinking and the fear of failure. In S. F. Chipman, J. Segal, & R. Glaser (Eds.), *Thinking and learning skills: Current research and open questions* (Vol. 2). Hillsdale, NJ: Erlbaum.

Cowan, J. C. (1957). Dynamics of the underachievement of gifted students. *Exceptional Children, 24,* 98-101.

Crandall, V. C., Katkovsky, W., & Crandall, V. J. (1965). Children's beliefs in their own control of reinforcements in intellectual-academic situations. *Child Development, 36,* 91-106.

Crawford, A. B., & Burnham, P. S. (1946). *Forecasting college achievement: a survey of aptitude tests for higher education. Part I: General considerations in the measurement of academic promise*. New Haven: Yale University Press.

Creange, N. C. (1971). Group counseling for underachieving ninth graders. *School Counselor, 18,* 279-285.

Crescimbeni, J. (1964). Broken homes affect academic

achievement. *Education, 84*(7), 437-441.

Crespi, L. P. (1944). Amount of reinforcement and level of performance. *Psychology Review, 51,* 341-357.

Cress, J. N. (1975). The relationship between self-concept and the discrepancy between actual and expected achievement: A comparative study of clinic-referred and non-referred underachievers, and normal achievers. *Dissertation Abstracts International, 35*(12-B, Pt. 1), 6090.

Crittenden, M. R,. Kaplan, M. H., & Heim, J. K. (1984). Developing effective study skills and self-confidence in academically able young adolescents. *Gifted Child Quarterly, 28*(1), 25-30.

Cronbach, L. J., & Snow, R. E. (1977). *Aptitude and instructional methods: A handbook for research on interactions.* New York: Irvington.

Crootof, C. (1963). Bright underachievers' acceptance of self and their need for achievement. A study of three groups of high school boys—Bright Achievers, Normal Achievers, and Bright Underachievers—to determine the relationship of results elicited from them by Bill's Index of Adjustment and Values, Edward's Personal Preference Schedule and McClelland's Picture Story Test for measuring academic motivation. *Dissertation Abstracts, 24*(4), 1695-1696.

Crowe, J. G. (1947). "We look at the schools,..." *Surv. Midmon., 83,* 335-337.

Cubbedge, G. H., & Hall, M. M. (1964). A proposal for a workable approach in dealing with underachievers. *Psychology, 1*(4), 1-7.

Cummings, J. D. (1944). The incidence of emotional symptoms in school children. *British Journal of Educational Psychology, 14,* 151-161.

Cunningham, C. E., & Barkley, R. A. (1978). The role of academic failure in hyperactive behavior. *Journal of Learning Disabilities, 11*(5), 274-280.

Custenborder, C. R. (1969). An investigation of the structure and mode of classification strategies of retarded and achieving readers. *Dissertation Abstracts, 29*(9-A), 2998.

Dalton, S., Anastasiow, M., & Brigman, S. L. (1977). The relationship of underachievement and college attrition. *Journal of College Student Personnel, 18*(6), 501-505.

Dana, R. H., & Baker, D. H. (1961). High school achievement and the Bell Adjustment Inventory. *Psychological Reports, 8,* 353-356.

Dandapani, S. (1979). Guidance programmes for underachievers. *Indian Educational Review, 14*(1), 111-114.

Danesino, A., & Layman, W. A. (1969). Contrasting personality patterns of high and low achievers among college students of Italian and Irish descent. *Journal of Psychology, 72*(1), 71-83.

Darby, E. (1969a, August 14). They seek cures of the non-achiever. *Chicago Sun-Times* p. 104.

Darby, E. (1969b, August 15). Help for the do-nothing individual. *Chicago Sun-Times* p. 50.

Darrell, E., & Wheeler, M. (1984). Using art therapy techniques to help underachieving seventh grade junior high school students. *Art in Psychotherapy, 11*(4), 289-29.

Dasen, P. R., Berry, J. W., & Witkin, H. A. (1979). The use of developmental theories cross-culturally. In L. Eckensberger, W. Lonner, & Y. H. Poortinga (Eds.), *Cross-cultural contributions to psychology* (pp. 69-82). The Netherlands: Swets Publishing Service.

Davey, B. (1972). A psycholinguistic investigation of cognitive styles and oral reading strategies in achieving and underachieving fourth grade boys. *Dissertation Abstracts International, 32*(8-A), 4414.

Davids, A. (1966). Psychological characteristics of high school male and female potential scientists in comparison with academic underachievers. *Psychology in the Schools, 3*(1), 79-87.

Davids, A. (1968). Cognitive styles in potential scientists and in underachieving high school students. *Journal of Special Education, 2*(2), 197-201.

Davids, A., & Hainsworth, P. K. (1967). Maternal attitudes about family life and child rearing as avowed by mothers and perceived by their underachieving and high-achieving sons. *Journal of Consulting Psychology, 31*(1), 29-37.

Davids, A., & Sidman, J. (1962). A pilot study: Impulsivity, time orientation, and delayed gratification in future scientists and in under-achieving high school students. *Exceptional Children, 29*(4), 170-174.

Davids, A., Sidman, J., & Silverman, M. (1968). Tolerance of cognitive interference in underachieving and high achieving secondary school boys. *Psychology in the Schools, 5*(3), 222-229.

Davies, L. (1979). The social construction of underachievement. *B.C. Journal of Special Education, 3,* 203-217.

Davies, V. (1963). Investigation of under- and overachievement among Washington State freshmen. *Research Studies,* Washington State University, *31,* 18-42.

Davis, F. (1984). Understanding underachievers. *American Education, 20,* 12-14.

Davis, F. G. (1945). Capacity and achievement. *Occupations, 23,* 394-401.

Davis, H. B., & Connell, J. P. (1985). The effect of aptitude and achievement status on the self-system. *Gifted Child Quarterly, 29,* 131-136.

Dearborn, W. F. (1949). The student's background in relation to school success. In W. T. Donahue, C. H. Coombs, & R. M. W. Travers (Eds.), *The measurement of student adjustment and achievement* (pp. 191-200). Ann Arbor, MI: University of Michigan Press.

Deb, M., & Ghosh, M. (1971). Relation between scholastic achievement and intelligence. *Behaviorometric, 1*(2), 136-137.

Decker, T. W. (1978). Two approaches in the treatment of test anxious college underachievers. *Dissertation Abstracts International, 38*(8-A), 4675.

De Leon, C. S. (1970). The relationship between personal-social problems and under-achievement in high school. *Saint Louis University Research Journal, 1*(4), 601-620.

Delisle, J. (1982). Learning to underachieve. *Roeper Review, 4*(4), 16-18.

Demars, R. J. (1972). A comparative study of seventh grade low achievers' attitudes and achievement in mathematics under two approaches, UICSM and traditional. *Dissertation Abstracts International, 32*(9-A), 4832-4833.

Demichiell, R. L. (1973). The application of cluster-analytic techniques in the prediction of academic achievement and leadership from self-report personality data. *Dissertation Abstracts International, 33*(12-A), 6684-6685.

Denhoff, E., Hainsworth, P. K., & Siqueland, M. L. (1970). The measurement of psychoneurological factors contributing to learning efficiency. *Journal of Learning Disabilities, 1*(11), 636-644.

Dennis, S. (1985). *The relationship between parents as educational role models and students' academic achievement and academic performance.* Unpublished undergraduate thesis, York University, Toronto, ON.

Deo, P., & Gupta, A. K. (1972). A comparison of the criteria for identifying over and underachievers. *Indian Educational Review, 7*(1), 153-167.

Derevensky, J. L., Hart, S,. & Farrell, M. (1983). An examination of achievement-related behavior of high- and low-achieving inner-city pupils. *Psychology in the Schools, 20*(3), 328-336.

De Sena, P. A. (1964). Comparison of consistent over-, under-, and normal-achieving college students on a Minnesota Multiphasic Personality Inventory special scale. *Psychology, 1*(1,2), 8-12.

De Sena, P. A. (1966). Problems of consistent over-, under-, and normal-achieving college students as identified by the Mooney Problem Check List. *Journal of Educational Research, 59*(8), 351-355.

Desiderato, O., & Koskinen, P. (1969). Anxiety, study habits, and academic achievement. *Journal of Counseling Psychology, 16*(2, Pt. 1), 162-165.

Despert, J. L., & Pierce, H. O. (1946). The relation of emotional adjustment to intellectual function. *Genetic Psychol. Monogr., 34,* 3-56.

Devane, J. R. (1973). An exploratory study of the relationship between factors of self-concept and over-under achievement in arithmetic. *Dissertation Abstracts International, 33*(9-A), 4932-4933.

De Venter, J. (1946). [What pupils can finish their studies with success?] *Vlaam. Opvoedk. Tijdschr., 26,* 274-287.

Dhaliwal, A. S., & Saini, B. S. (1975). A study of the prevalence of academic underachievement among high school students. *Indian Educational Review, 10*(1), 90-109.

Dhaliwal, A. S., & Sharma, J. P. (1975). Identification and measurement of academic over- and underachievement. *Psychologica: An International Journal of Psychology in the Orient, 18*(2), 95-103.

Dhaliwal, A. S., & Singh, G. (1974). The psychological concepts of over- and underachievement defined operationally in terms of residual achievement. *Psychological Studies, 19*(1), 43-45.

Dickenson, W. A., & Truax, C. B. (1966). Group counseling with college underachievers. *Personnel & Guidance Journal, 45*(3), 243-247.

Dicks, H. V. (1972). *Licensed mass murder.* New York: Basic Books.

Diener, C. L. (1957). A comparison of over-achieving and under-achieving students at the University of Arkansas. *Dissertation Abstracts, 17,* 1692.

Diener, C. L. (1960). Similarities and differences between over-achieving and under-achieving students. *Personnel and Guidance Journal, 38,* 396-400.

Diener, R. G., & Maroney, R. J. (1974). Relationship between Quick Test and WAIS for black male adolescent underachievers. *Psychological Reports, 34*(3, Pt. 2), 1232-1234.

Diethelm, O., & Jones, M. R. (1947). Influence of anxiety on attention, learning, retention and thinking. *Archives of Neurology and Psychiatry, 58,* 325-336.

Digna, S. (1953). Motivation in guiding the child. *Education, 74,* 138-142.

Dinger, M. A. (1974). Effectiveness of individual counseling using reinforcement techniques in raising the grade point averages of under-achieving eleventh-grade students in the five high schools of Augusta County, Virginia. *Dissertation Abstracts International, 34*(9-A, Pt. 1), 5623.

DiVesta, F. J., Woodruff, A. D., & Hertel, J. P. (1949). Motivation as a predictor of college success. *Educational & Psychological Measurement, 9,* 339-348.

Dixon, J. L. (1977). Other-directedness and academic underachievement in bright adolescent girls. *Dissertation Abstracts International, 37*(8-A), 4979-4980.

Dodge, P. (1984). Sociological realism and educational achievement. *International Social Science Review, 59,* 134-138.

Dodson, D. W. (1947). The community and child development. *Journal of Educational Sociology, 20,* 264-271.

Dolan, L. (1978). The affective consequences of home support, instructional quality, and achievement. *Urban Education, 13,* 323-344.

Doll, E. A. (1953). Varieties of slow learners. *Exceptional Children, 20,* 61-64.

Dolph, E. J. (1966). A comparative study of the ordinal position of the child and his school achievement. *Dissertation Abstracts International, 26,* 6509A.

Domino, G. (1970). Interactive effects of achievement orientation and teaching styles on academic achievement. *ACT Research Reports, 39,* 1-9.

Donahue, W. T., Coombs, C. H., & Travers, R. M. W. (Eds.). (1949). ***The measurement of student adjustment and achievement***. Ann Arbor, MI: University of Michigan Press.

D'Orazio, D. E. (1968). Under-achieving: Slow learners in primary schools. *Scientia Paedagogica Experimentalis, 5*(2), 187-191.

Douvan, E. (1956). Social status and success strivings. *Journal of Abnormal and Social Psychology, 52,* 219-223.

Dowd, E. T., & Moerings, B. J. (1975). The underachiever and teacher consultation: A case study. *School Counselor, 22,* 263-265.

Dowdall, C. B., & Colangelo, N. (1982). Underachieving gifted students: Review and implications. *Gifted Child Quarterly, 26*(4), 179-184.

Doyle, R. E. (1978). Group-counseling and counselor-teacher consultation with poorly achieving ninth grade students. *Dissertation Abstracts International, 38*(II-A), 6531-6532.

Doyle, R. E., Gottlieb, B,. & Schneider, D. (1979). Underachievers achieve—A case for intensive counseling. *School Counselor, 26,* 134-143.

Drake, L. E. (1962). MMPI patterns predictive of unerachievement. *Journal of Counseling Psychology, 9*(2), 164-167.

Drakeford, G. C. (1971). Intensity of cross-modal meaning discrimination in academic achievers and under-achievers. *Dissertation Abstracts International, 31*(7-B), 4308.

Drasgow, J. (1957). Underachievers. *Journal of Counseling Psychology, 4,* 210-211.

Drevlow, R. R., & Krueger, A. H. (1972). Behavior modification of underachieving mathematics students. *Pupil Personnel Services Journal, 1*(3), 31-35.

Drews, E. M., & Teahan, J. E. (1957). Parental attitudes and academic achievement. *Journal of Clinical Psychology, 13,* 328-332.

Driscoll, J. A. (1952). ***Factors in intelligence and achievement***. Washington, DC: The Catholic University of America Press.

Duckworth, J., & Anderson, W. (1984). ***MMPI: Interpretation manual for counselors and clinicians (3rd ed.)***. Muncie, IN: Accelerated Development, Inc.

Duclos, C. M. (1976). The effects of a model of systematic human relations training on a volunteer group of freshman underachievers. *Dissertation Abstracts International, 37*(4-A), 2011-2012.

Dudek, S. Z., & Lester, E. P. (1968). The good child facade in chronic underachievers. *American Journal of Orthopsychiatry, 38*(1), 153-160.

Duff, O. L., & Siegel, L. (1960). Biographical factors associated with academic over- and under-achievement. *Journal of Educational Psychology, 51,* 43-46.

Duke, M. P., & Nowicki, S. (1974). Locus of control and achievement: The confirmation of a theoretical expectation. *Journal of Psychology, 87,* 263-267.

Dullaert, K. (1971). A holistically oriented twelve year longitudinal examination of negative-discrepant achievement. *Dissertation Abstracts International, 31,* 6189A.

Dunn, J. (1983). Relationship between birth category, achievement, and interpersonal orientation. *Journal of Personality and Social Psychology, 41,* 121-131.

Durrell, D. D. (1954). Learning difficulties among children of normal intelligence. *Elementary School Journal, 55,* 201-208.

Dusek, J. (1975). Do teachers bias children's learning? *Review of Educational Research, 45,* 661-684.

Dusek, J., & Joseph, S. (1983). The bases of teacher expectancies: A meta analysis. *Journal of Educational Psychology, 75,* 327-346.

Dweck, C. S., & Elliot, E. S. (1983). Achievement motivation. In E. M. Hetherington (Ed.), ***Socialization, personality, and social development***. New York: Wiley.

Dziuban, C. D., Harrow, T. L., & Thompson, R. A. (1972). An experimental assessment of a language arts development program. *Southern Journal of Educational Research, 6*(4), 203-208.

Easton, J. (1959). Some personality traits of underachieving and achieving high school students of superior ability. *Bulletin of the Maritime Psychological Association, 8,* 34-39.

Easton, R. H. (1968). A model for counseling and its trial with a group of low-achieving high school students. *Dissertation Abstracts, 29*(6-A), 1752.

Eckhardt, E. P. (1975). Self-concept and achievement after counseling and remediation with upper elementary underachievers. *Dissertation Abstracts International, 35*(12, Pt. 1), 6091.

Edgerly, R. F. (1971). Parent counseling in Norwell Junior High School. *Journal of Education, 154,* 54-59.

Edgington, E. S. (1964). A normative approach to measurement of underachievement. *Journal of Experimental Education, 33*(2), 197-200.

Edmiston, R. W., & Jackson, L. A. (1949). The relationship of persistence to achievement. *Journal of Educational Psychology, 40,* 47-51.

Edwards, A. B. (1968). An analysis of the creative ability levels of the potential dropout in the average mental ability range. *Dissertation Abstracts, 29,* 3828-A.

Ehrbright, R. M. (1969). A descriptive study of underachievers as represented by students participating in the Upward Bound Program at the University of Montana.

Dissertation Abstracts International, 30(6-A), 2246-2247.

Eichman, N. F. (1971). Academic achievement and student perception of importance of noncognitive correlates. *Dissertation Abstracts International, 32*(1-A), 89-90.

Eisenman, R., & Platt, J. J. (1968). Underachievement and creativity in high school students. *Psychology, 5*(4), 52-55.

Eklof, K-R. (1973). Validation of a component theory of motivation to achieve in school among adolescents. *Dissertation Abstracts International, 33*(7-A), 3375-3376.

Elder, J. B. (1974). The ameliorative effects of reading and study methods courses on underachievers. *Dissertation Abstracts International, 35*(4-A), 2046-2047.

Eller, R. D. (1971). A comparison of the extent to which personal counseling and environmental manipulation affect the achievement and the adjustment of selected underachieving students attending a large suburban high school. *Dissertation Abstracts International, 32*(4-A), 1849.

Elliott, K. K. (1967). A cross-cultural study of non-intellectual correlates of achieving and low achieving boys. *Dissertation Abstracts International, 27,* 6872-6873-B

Elliott, J. L., & Elliott, D. H. (1970). Effects of birth order and age gap on aspiration level. *Proceedings of the Annual Convention of the American Psychological Association, 5,* 369-370.

Ellis, A., & Grieger, R. (Eds.). (1977). *Handbook of rational-emotive therapy.* New York: Springer.

Entin, E. (1968). The relationship between the theory of achievement motivation and performance on a simple and complex task. *Dissertation Abstracts, 29*(3-B), 1160-1161.

Entwistle, N. J. (1968). Academic motivation and school attainment. *British Journal of Educational Psychology, 38*(2), 181-188.

Entwistle, N. J., & Welsh, J. (1969). Correlates of school attainment at different levels. *British Journal of Educational Psychology, 39*(1), 57-63.

Enzer, N. B. (1975). Parents as partners in behavior modification. *Journal of Research & Development in Education, 8*(2), 24-33.

Epps, E. G. (1969a). Correlates of academic achievement among Northern and Southern urban Negro students. *Journal of Social Issues, 25*(3), 55-70.

Epps, E. G. (1969b). Negro academic motivation and performance: An overview. *Journal of Social Issues, 25*(3), 5.

Epstein, M. H. (1976). Modification of impulsivity and arithmetic performance in underachieving children. *Dissertation Abstracts International, 36*(7-A), 4398-4399.

Erdewyk, Z. M. (1968). Academic and non-academic variables related to persistence, transfer, and attrition of engineering students. *Dissertation Abstracts, 28*(11-A), 4453-4454.

Erickson, M. H. (1980). *The collected papers of Milton H. Erickson* (E. L. Rossi, Ed.). New York: Irvington.

Erickson, M. H., Rossi, E. L., & Rossi, S. I. (1976). *Hypnotic Realities.* New York: Irvington.

Erickson, M. R., & Cromack, T. (1972). Evaluating a tutoring program. *Journal of Experimental Education, 41*(2), 27-31.

Erikson, E. (1963). *Childhood and society.* New York: Norton.

Esposito, R. A. (1968). Comparison of teacher and standardized test classification of students as under- and over-achievers. *Dissertation Abstracts, 29*(6-A), 1752-1753.

Estabrooks, G. H., & May, J. R. (1965). Hypnosis in integrative motivation. *American Journal of Clinical Hypnosis, 7*(4), 346-352.

Esterson, H., Feldman, C., Krigsman, N., & Warshaw, S. (1975). Time-limited group counseling with parents of pre-adolescent underachievers: A pilot program. *Psychology in the Schools, 12*(1), 79-84.

Etaugh, C. (1974). Effects of maternal employment on children. *Merrill-Palmer Quarterly, 20,* 71-80.

Evans, F. B., & Anderson, J. G. (1973). The psychocultural origins of achievement and achievement motivation: The Mexican-American family. *Sociology of Education, 46,* 396-416.

Exner, J. E., Jr. (1974). *The Rorschach* (Vol. 3). New York: Wiley.

Fagot, B., & Littman, I. (1976). Relation of preschool sex-typing to intellectual performance in elementary school. *Psychological Reports, 36,* 699-704.

Falbo, T. (1981). Relationships between birth category, achievement, and interpersonal orientation. *Journal of Personality and Social Psychology, 41,* 121-131.

Fanning, J. F. (1969). Effects of selected reporting practices on reading achievement, reading attitude, and anxiety of below average readers in grades three through six. *Dissertation Abstracts International, 30*(5-A), 1746.

Farls, R. J. (1967). High and low achievement of intellectually average intermediate grade students related to the self-concept and social approval. *Dissertation Abstracts International, 28*(4), 1205-A.

Farquhar, W. W., & Payne, D. A. (1964). A classification and comparison of techniques used in selecting under- and over-achievers. *Personnel & Guidance Journal, 42*(9), 874-884.

Farson, M. R. (1945). A program for low ability children in the regular grade; With special reference to the reading problem. *American Journal of Mental Deficiency, 50,* 107-114.

Fazel, M. K. (1969). Child's perception of parental attitude and its relationship to academic achievement and problem awareness. *Dissertation Abstracts, 29*(8-B), 3084-3085.

Fearn, L. (1982). Underachievement and rate of acceleration. *Gifted Child Quarterly, 26*(3), 121-125.

Feidi-Maskell, T. (1980). The problem of the underachievement of the English working class at school: Special reference to the "community school." *The Greek Review of Social Research, 38,* 53-63.

Feinberg, H. (1947). Achievement of a group of socially maladjusted boys as revealed by the Stanford Achievement Test. *Journal of Social Psychology, 26,* 203-212.

Felton, G. S. (1972). Changes in measured intelligence of academic low achievers in a process-oriented learning program. *Psychological Reports, 30*(1), 89-90.

Felton, G. S. (1973a). A brief scale for assessing affective correlates of academic low achievement. *College Student Journal, 7*(1), 58-63.

Felton, G. S. (1973b). Changes in I.Q. scores of Block low achievers in a process-oriented learning program. *College Student Journal, 7*(1), 83-86.

Felton, G. S. (1973c). Use of the MMPI Underachievement scale as an aid in counseling academic low achievers in college. *Psychological Reports, 32*(1), 151-157.

Fenner, E. D., Jr. (1966). An investigation of the concept of underachievement. *Dissertation Abstracts, 27*(3-A), 600.

Ferinden, W. E., & Seaber, J. A. (1971). Adlerian psychology as a basis for group counseling of socially maladjusted students. *National Catholic Guidance Conference Journal, 15*(2), 106-112.

Feshbach, N. (1969). Student teacher preferences for elementary school pupils varying in personality characteristics. *Journal of Educational Psychology, 60,* 126-132.

Feuerstein, R,. Rand, Y., Jensen, M., Kaniel, S., Tzuriel, D., Benshacher, N., & Mintzker, Y. (1985-86). Learning potential assessment. *Special Services in the Schools, 2,* 85-106.

Fifer, G. (1952). Grade placement of secondary school pupils in relation to age and ability. *California Journal of Educational Research, 3,* 31-36.

Fikso, A. (1970). Vicarious vs. participant group psychotherapy of underachievers. *Dissertation Abstracts International, 31*(2-B), 912.

Finch, F. H. (1946). Enrollment increases and changes in the mental level of the high school population. *Appl. Psychol. Monogr., 10,* 75.

Fine, M. J. (1977). Facilitating parent-child relationships for creativity. *Gifted Child Quarterly, 21*(4), 487-500.

Fine, M. J., & Pitts, R. (1980). Intervention with underachieving gifted children: Rationale and strategies. *Gifted Child Quarterly, 24,* 51-55.

Fink, M. (1962). Self-concept as it relates to academic underachievement. *California Journal of Educational Research, 13,* 57-62.

Fink, M. (1963). Cross validation of an underachievement scale. *California Journal of Educational Research, 14*(4), 147-152.

Finkelstein, N. W., & Ramey, C. T. (1980). Information from birth certificates as a risk index for educational handicap. *American Journal of Mental Deficiency, 84,* 546-552.

Finlayson, D. S. (1970). How high and low achievers see teachers' and pupils' role behaviour. *Research in Education, 3,* 38-52.

Finn, J. D. (1972). Expectations and the educational environment. *Review of Educational Research, 42*(3), 387-410.

Finn, J. D., Gaier, E. L., Peng, S. S., & Banks, R. E. (1975). Teacher expectations and pupil achievement. A naturalistic study. *Urban Education, 10*(2), 175-197.

Finney, B. C., & Van Dalsem, E. (1969). Group counseling for gifted underachieving high school students. *Journal of Counseling Psychology, 16*(1), 87-94.

Fitzpatrick, J. L. (1978). Academic underachievement, other-direction, and attitudes toward women's roles in bright adolescent females. *Journal of Educational Psychology, 70*(4), 645-650.

Fitzpatrick, N. (1984). Secondary III core programs is for underachieving average ability students. *NASSP Bulletin, 68,* 94-97.

Flaman, F., & McLaughlin, T. F. (1986). Token reinforcement: Effects for accuracy of math performance and generalization to social behavior with an adolescent student. *Technique, 2,* 39-47.

Flanders, N. A., Anderson, J. P., & Amidon, E. J. (1961). Measuring dependence proneness in the classroom. *Educational and Psychological Measurement, 21*(3), 575-587.

Flaugher, R. L., & Rock, D. A. (1969). A multiple moderator approach to the identification of over- and underachievers. *Journal of Educational Measurement, 6*(4), 223-228.

Fleming, R. S. (1951). Parents, too, can meet children's needs. *Understanding the Child, 20,* 74-75.

Fliegler, L. A. (1957). Understanding the underachieving gifted child. *Psychological Reports, 3,* 533-536.

Flory, M. D., & Symmes, C. B. (1964). Academic and emotional problems of college women: Low-effort and high-effort syndromes. *Psychiatry, 27*(3), 290-294.

Foreman, F. S. (1969). Study of self-reinforcement and study skills programs with bright college underachievers. *Dissertation Abstracts International, 30*(4-A), 1430.

Forlano, G., & Wrightstone, J. W. (1955). Measuring the quality of social acceptability within a class. *Educational & Psychological Measurement, 15,* 127-136.

Forrest, D. V. (1966). A comparative study of male secondary school underachievers matriculating at the University of South Dakota. *Dissertation Abstracts, 27*(3-A), 671-

672.

Forsyth, D. R., & Strong, S. R. (1986). The scientific study of counseling and psychotherapy: A unificationist view. *American Psychologist, 41*(2), 113-119.

Fotheringham, J. B., & Creal, D. (1980). Family socio-economic and educational-emotional characteristics as predictors of school achievement. *Journal of Educational Research, 73,* 311-317.

Fowler, J. W., & Peterson, P. L. (1981). Increasing reading persistence and altering attributional style of learned helpless children. *Journal of Educational Psychology, 73,* 251-260.

Fowler, P. C., & Richards, H. C. (1978). Father absence, educational preparedness, and academic achievement. *Journal of Educational Psychology, 70*(4), 595-601.

Fox, R. G. (1975). The effects of peer tutoring on the oral reading behavior of underachieving fourth grade pupils. *Dissertation Abstracts International, 36*(2-A), 817.

Frankel, E. (1960). A comparative study of achieving and underachieving high school boys of high intellectual ability. *Journal of Educational Research, 53,* 172-180.

Frankel, E. (1964). Characteristics of working and non-working mothers among intellectually gifted high and low achievers. *Personnel & Guidance Journal, 42*(8), 776-780.

Frankl, A., & Snyder, M. L. (1978). Poor performance following unsolvable problems: Learned helplessness or egotism? *Journal of Personality and Social Psychology, 36,* 1415-1423.

Fransen, F. (1948). Les facteurs caracteriels dans le rendement pratique de l'intélligence [Character factors in practical intellectual achievement]. *Miscellanea psychologica Albert Michotte* (pp. 412-428).

Fraser, P. (1987). *The Non-achievement Syndrome in a Canadian West Indian high school sample.* Unpublished master's thesis, York University, Toronto, ON.

Fraser, P. (1988). *A comparison of interrater reliability between male and female clinicians in differentially diagnosed high school underachievers.* Unpublished doctoral proposal, Department of Psychology, York University, Toronto, ON.

Frederick, R. M. (1977). Self-selected versus randomly assigned programs for underachieving college students. *Dissertation Abstracts International, 37*(9-A), 5697.

Free, J., Marcus, S., Mandel, H., & Morrill, W. (1981). Student attrition and retention. *Proceedings of the 30th Conference of University and College Counseling Center Directors* (pp. 41-46). WI: AUCCCD.

Freedman, A. M., Kaplan, H. I., & Sadock, B. J. (1976). *Modern synopsis of comprehensive textbook of psychiatry/II.* Baltimore, MD: Williams & Wilkins.

Freeman, R-A. (1984). *Screening for learning disabilities in a Non-achievement Syndrome high school sample.* Unpublished undergraduate thesis, York University, Toronto, ON.

Freeman, W. J. (1970). Turning on brigh underachievers. *Today's Education, 59,* 52-53.

Frelow, R. D., Charry, J., & Freilich, B. (1974). Academic progress and behavioral changes in low achieving pupils. *Journal of Educational Research, 67*(6), 263-266.

French, J. L. (Ed.). (1959). *Educating the gifted: A book of readings.* New York: Henry Holt.

Freud, S. (1966). *Standard edition of the complete psychological works of Sigmund Freud.* London: Hogarth Press.

Friedland, J. G. (1972). Intellective and personality variables in the differential diagnosis of underachievement. *Dissertation Abstracts International, 32,* 5512-B.

Friedland, J. G., & Marcus, S. I. (1986a). *The Developmental Inventory (DPI).* Unpublished psychological test, Chicago: Friedland & Marcus.

Friedland, J. G., & Marcus, S. I. (1986b). *The Motivational Analysis Inventory (MAI).* Unpublished psychological test, Chicago: Friedland & Marcus.

Friedman, S. B. (1971). Medical considerations in adolescent underachievement. *Journal of School Psychology, 9*(3), 235-240.

Froehlich, G. J. (1944). Mental development during the preadolescent and adolescent periods. *Review of Educational Research, 14,* 401-412.

Froehlich, H. P., & Mayo, G. D. (1963). A note on under- and overachievement measurement. *Personnel & Guidance, 41*(7), 621-623.

Fuchs, E. (1972). How teachers learn to help children fail. In J. M. Hunt (Ed.), *Human intelligence* (pp. 108-122). New Brunswick, NJ: Transaction Books.

Funke, T. M. (1970). The effectiveness of individual and multiple counseling approaches on the academic self-concept of older elementary school children with social, emotional, and learning problems. *Dissertation Abstracts International, 31*(5-A), 2103.

Gadzella, B. M., & Fournet, G. P. (1976). Differences between high and low achievers on self-perceptions. *Journal of Experimental Education, 44*(3), 44-48.

Galante, M. B., Flye, M. E., & Stephens, L. S. (1972). Cumulative minor deficits: A longitudinal study of the relation of physical factors to school achievement. *Journal of Learning Disabilities, 5*(2), 75-80.

Gale, A. (1974). Underachievement among Black and White male junior college students. *Dissertation Abstracts International, 35*(12-B, Pt. 1), 6070-6071.

Galton, F. (1874). *English men of science: Their nature and nurture.* London: Macmillan.

Gardner, J. B. (1968). A study of dropouts at Northwest Mississippi Junior College. *Dissertation Abstracts, 29*(4-A), 1104.

Garfield, S. J. (1967). *Creativity, mental health, and psychotherapy.* Unpublished doctoral dissertation, Illinois Institute of Technology, Chicago, IL.

Garfield, S. J., Cohen, H. A., & Roth, R. M. (1971). Creativity and mental health. *Journal of Educational Research, 63*(4), 147-149.

Garfield, S. J., Cohen, H. A., Roth, R. M., & Berenbaum, H. A. (1971). Effects of group counseling on creativity. *Journal of Educational Research, 64*(5), 235-237.

Garms, J. D. (1968). Predicting scholastic achievement with nonintellectual variables. *Dissertation Abstracts, 28,* 3460.

Gaudry, E,. & Spielberger, C. D. (1971). *Anxiety and educational achievement.* Sydney, Australia: Wiley.

Geer, F. C. (1970). The experience of underachievement at the college level. *Dissertation Abstracts International, 31*(1-A), 219.

Gehman, W. S. (1955). Problems of college sophomores with serious scholastic difficulties. *Journal of Counseling Psychology, 2,* 137-141.

Gerler, E. R., Kenney, J., & Anderson, R. F. (1985). The effect of counseling on classroom performance. *Journal of Humanistic Education and Development, 23,* 155-165.

Gerolamo, N. C. (1976). A study of the relationship between academic underachievement and affective inhibition. *Dissertation Abstracts International, 36*(11-B), 5760.

Ghosh, S. N. (1972). Non-cognitive characteristics of over- and under-achievers: A review of studies. *Indian Educational Review, 7*(2), 78-91.

Gilbreath, S. H. (1967). Group counseling, dependence, and college male underachievement. *Journal of Counseling Psychology, 14*(5), 449-453.

Gilbreath, S. H. (1968). Appropriate and inappropriate group counseling with academic underachievers. *Journal of Counseling Psychology, 15*(6), 506-511.

Gilbreath, S. H. (1971). Comparison of responsive and nonresponsive underachievers to counseling service aid. *Journal of Counseling Psychology, 18*(1), 81-84.

Gilhousen, M. R. (1978). Psychological characteristics of the underachiever: A vocational approach. *Dissertation Abstracts International, 38*(8-A), 4770.

Gjesme, T. (1971). Motive to achieve success and motive to avoid failure in relation to school performance for pupils of different ability levels. *Scandanavian Journal of Educational Research, 15,* 81-89.

Glasser, W. (1971). Reaching the unmotivated. *Science Teacher, 38,* 18-22.

Glavach, M., & Stoner, D. (1970). Breaking down the failure pattern. *Journal of Learning Disabilities, 3*(2), 103-105.

Glavin, J. P., & Annesley, F. R. (1971). Reading and arithmetic correlates of conduct-problem and withdrawn children. *Journal of Special Education, 5*(3), 213-219.

Glenn, H. (1979). Investigation of factors related to academic underachievement among sixth grade pupils. *Dissertation Abstracts International, 39*(11-A), 6651.

Gnagney, T. (1970). The myth of underachievement. *Education Digest, 35,* 49-52.

Goebel, M. E. (1967). A comparison of the relative effectiveness of three types of counseling with high school underachievers. *Dissertation Abstracts, 27*(9-A), 2827.

Goldburgh, S. J., & Penney, J. F. (1962). A note on counseling underachieving college students. *Journal of Counseling Psychology, 9*(2), 133-138.

Golicz, H. J. (1982). Use of attutide scales with gifted underachievers. *Reoper, 4*(4), 22-23.

Good, T. (1980). Classroom expectations: Teacher-pupil, interactions. In J. McMillan (Ed.), *The Social Psychology of School Learning,* New York: Academic Press.

Good, T., & Brophy, J. (1977). *Educational Psychology: A Realistic Approach.* New York: Holt, Rhinehart, & Winston.

Good, T., Cooper, H., & Blakey, S. (1980). Classroom interaction as a function of teacher expectations, student sex, and time of year. *Journal of Educational Psychology, 72,* 378-385.

Goodenough, F. L. (1946). The measurement of mental growth in childhood. In L. Carmichael (Ed.), *Manual of child psychology* (pp. 450-475). New York: Wiley.

Goodstein, L., & Crites, J. (1961). Brief counseling with poor college risks. *Journal of Counseling Psychology, 8,* 318-321.

Goodstein, M. A. (1969). The relationship of personality change to therapeutic system and diagnosis. *Dissertation Abstracts International, 30,* 2419-B.

Goodstein, M. A. (1980). The diagnosis and treatment of underachievement. *Journal of the International Association of Pupil Personnel Workers, 24,* 102-109.

Gopal, R. (1970). A study of some factors related to scholastic achievement. *Indian Journal of Psychology, 45,* 99-120.

Gordon, E., & Thomas, A. (1967). Children's behavioral style and teachers' appraisal of their intelligence. *Journal of School Psychology, 5,* 292-300.

Gordon, M. T. (1976). A different view of the IQ-achievement gap. *Sociology of Education, 49*(1), 4-11.

Gottsegen, M. G., & Gottsegen, G. B. (Eds.). (1969). *Professional school psychology* (Vols. 2 & 3). New York: Grune & Stratton.

Gough, H. G. (1946). The relationship of SES to personality inventory and achievement test scores. *Journal of Educational Psychology, 37,* 527-540.

Gough, H. G. (1953). What determines the academic achievement of high school students? *Journal of Educational Research, 46,* 321-331.

Gourley, M. H. (1971). The effects of individual counseling, group guidance, and verbal reinforcement on the academic progress of underachievers. *Dissertation Abstracts International, 31*(8-A), 3873.

Gowan, J. C. (1957). Intelligence, interests, and reading ability in relation to scholastic achievement. *Psychology Newsletter, 8,* 85-87.

Graaf, A. de (1951). [Some major causes of the decrease in achievement level of secondary school students.] *Psychol. Achtergr., 15/16,* 22-36.

Granlund, E., & Knowles, L. (1969). Child-parent identification and academic underachievement. *Journal of Consulting & Clinical Psychology, 33*(4), 495-496.

Granzow, K. R. (1954). A comparative study of under-, normal-, and overachievers in reading. *Dissertation Abstracts, 14,* 631-632.

Grau, P. N. (1985). Two causes of underachievement: The scapegoat phenomenon and the Peter Pan Syndrome. Part I. *Gifted Child Today, 8*(41), 47-50.

Grau, P. N. (1986). Two causes of underachievement: The scapegoat phenomenon and the Peter Pan Syndrome. Part II. *Gifted Child Today, 9*(1), 9-11.

Green, C. W. (1953). The relationship between intelligence and ability. *Journal of Educational Research, 47,* 191-200.

Greenberg, J. W., & Davidson, H. H. (1972). Home background and school achievement of Black urban ghetto children. *American Journal of Orthopsychiatry, 42*(5), 803-810.

Greenberg, M. (1970). Musical achievement and the self-concept. *Journal of Research in Music Education, 18*(1), 57-64.

Greenblatt, E. L. (1950). Relationship of mental health and social status. *Journal of Educational Research, 44,* 193-204.

Greenspan, S. B. (1975). Effectiveness of therapy for children's reversal confusions. *Academic Therapy, 20*(3), 169-178.

Greenwald, H. (1974). Treatment of the psychopath. In H. Greenwald (Ed.), *Active Psychotherapy* (pp. 363-377). New York: Jason Aronson.

Griffin, P. A. (1979). Coping styles and life events: Etiological factors in adolescent adjustment. *Dissertation Abstracts International, 40*(3-A), 1278.

Griffiths, G. R. (1945). The relationship between scholastic achievement and personality adjustment of men college students. *Journal of Applied Psychology, 29,* 360-367.

Grimes, J. W., & Wesley, A. (1961). Compulsivity, anxiety, and school achievement. *Merrill-Palmer Quarterly, 7,* 247-273.

Grosenbach, M. J. (1977). An assessment of personality types of students who chose challenge curricula and students who are underachievers. *Dissertation Abstracts International, 37*(10-A), 6274.

Grossman, B. J. (1971). Counseling parent of senior high school students. *Journal of Education, 154,* 60-64.

Grossman, F. M. (1981). Cautions in interpreting WRAT standard scores as criterion measures of achievement in young children. *Psychology in the Schools, 18*(2), 144-146.

Grover, P. L., & Tessier, K. E. (1978). Diagnosis and treatment of academic frustration syndrome. *Journal of Medical Education, 53*(9), 734-740.

Growing up socially and emotionally in the elementary school. (1947). *Understanding the Child, 16,* 116-118.

Gruen, E. W. (1945). Level of aspiration in relation to personality factors in adolescents. *Child Development, 16,* 181-188.

Guay, J. (1974). Poverty and intellectual underachievement: A critical review and a suggested intervention. *Dissertation Abstracts International, 34*(10-B), 5167.

Gurman, A. S. (1969). Group counseling with underachievers: A review and evaluation of methodology. *International Journal of Group Psychotherapy, 19*(4), 463-474.

Gurman, A. S. (1970). The role of the family in underachievement. *Journal of School Psychology, 8*(1), 48-53.

Guth, P. S. (1977). A study of the characteristics of the fourth, fifth, and sixth grade subjects of two school districts who are underachievers in reading. *Dissertation Abstracts International, 37*(9-A), 5560-5561.

Guttman, J., & Bar-Tal, D. (1982). Stereotypic perceptions of teachers. *American Educationl Research Journal, 19,* 519-528.

Haggerty, M. (1971). The effects of being a tutor and being a counselee in a group of self concept and achievement level of underachieving adolescent males. *Dissertation Abstracts International, 31*(9-A), 4460.

Haider, S. J. (1971). Parental attitudes and child-rearing practices as related to academic underachievement. *Dissertation Abstracts International, 31*(12-A), 6402.

Hale, R. L. (1979). The utility of WISC-R subtest scores in discriminating among adequate and underachieving children. *Multivariate Behavioral Research, 14*(2), 245-253.

Haley, J. (1969). *The power tactics of Jesus Christ.* New York: Grossman.

Hall, E. (1983). Recognizing gifted underachievers. *Roeper Review, 5,* 23-25.

Halpern, H. M. (1969). Psychodynamic correlates of underachievement. In M. G. Gottsegen & G. B. Gottsegen (Eds.), *Professional school psychology* (Vol. 3) (pp. 318-337). New York: Grune & Stratton.

Halsted, D. W. (1967). An initial survey of the attitudinal differences between the mothers of over-achieving and under-achieving eleventh-grade Puerto Rican students. *Dissertation Abstracts, 27*(12-A), 4127-4128.

Hammer, E. F. (Ed.). (1970). *Achievement perspectives on school dropouts.* Los Angeles, CA: Western Psychological Services.

Hanley, D. E. (1971). The effects of short-term counseling upon high school underachievers' measured self-concepts, academic achievement, and vocational maturity. *Dissertation Abstracts International, 31*(10-A), 5125-5126.

Harlow, H. F., & Harlow, M. K. (1962). The effect of rearing conditions on behavior. *Bulletin of the Menninger Clinic, 26,* 213-224.

Harari, H. and McDavid, J. (1973). Name stereotypes and teacher expectations. *Journal of Educational Psychology, 65,* 222-225.

Harris, B. R,. Muir, R., Lester, E. P., Dudek, S. Z., & Goldberg, J. (1968). Intelligence, personality and achievement. *Canadian Psychiatric Association Journal, 13*(4), 335-339.

Harris, D. (1940). Factors affecting college grades: A review of the literature, 1930-1937. *Psychological Bulletin, 37,* 125-161.

Harris, M. (1969). Motivating underachievers. *Instruction, 78,* 138.

Harris, P., & Trotta, F. (1962). An experiment with underachievers. *Education, 82,* 347-349.

Harris, R. B. (1971). The effects of praise and/or reproof on serial learning in underachievers. *Dissertation Abstracts International, 32*(3-A), 1336.

Harrison, F. (1968). Aspirations as related to school performance and socioeconomic status. *Sociometry, 32*(1), 70-79.

Harrison, P. J. (1976). Intelligence and classroom behavior as predictors of achievement in the underachieving child. *Dissertation Abstracts International, 36*(7-B), 3607.

Hartley, L. (1985). *Academic underachievement in female high school students: A comparative analysis in differential diagnosed samples*. Unpublished doctoral dissertation, York University, Toronto, ON.

Hartman, R. D. (1969). An assessment of a program for underachievers. *Exceptional Children, 36*(1), 44-45.

Hartmann, H. (1958). *Ego psychology and the problem of adaptation*. New York: International Universities Press.

Hartmann, R. S. (1970). The effects of experimenetally induced cognitive dissonance on the grade point average of selected underachievers. *Dissertation Abstracts International, 31*(4-A), 1621.

Harvey, W. A. (1966). In L. A. Pervin, L. E. Reik, & W. Dalrymple (Eds.), *Identity and depression in students who fail* (pp. 223-236). Princeton, NJ: Princeton University Press.

Hastings, J. M. (1982). A program for gifted underachievers. *Roeper Review, 4,* 42.

Haun, K. W. (1965). A note on the prediction of academic performance from personality tests scores. *Psychological Reports, 16,* 294.

Havinghurst, R. J., & Breese, F. H. (1947). Relation between ability and social status in a midwestern community: III. Primary mental abilities. *Journal of Educational Psychology, 38,* 241-247.

Hawkins, D. B., & Horowitz, H. (1971). Variations in body image as a function of achievement level in school performance. *Perceptual & Motor Skills, 33*(3, Pt. 2), 1229-1302.

Hawkins, J. L. (1974). A comparison of the effects of two types of reinforcement technique on academic and nonacademic classroom behaviors of underachieving elementary students. *Dissertation Abstracts International, 35*(5-B), 2404.

Haywood, H. C. (1968). Motivational orientation of overachieving and underachieving elementary school children. *American Journal of Mental Deficiency, 72*(5), 667.

Heck, R. A. (1972). Need for approval and its relationship to under, expected and over achievement. *Dissertation Abstracts International, 32*(7-A), 3688.

Hedley, W. H. (1968). Freshman survival and attrition at a small, private, liberal-arts college: A discriminant analysis of intellectual and nonintellectual variables. *Dissertation Abstracts, 29*(2-A), 461.

Heilbrun, A. B., Jr., Waters, D. B. (1968). Underachievement as related to perceived maternal child rearing and academic conditions of reinforcement. *Child Development, 39*(3), 913-921.

Helfenbein, L. N. (1970). Differences among differentially defined types of underachievers. *Dissertation Abstracts International, 30*(9-A), 3785-3786.

Henderson, E. H., & Long, B. H. (1971). Personal-social correlates of academic success among disadvantaged school beginners. *Journal of School Psychology, 9*(2), 101-113.

Hendin, H. (1972). The psychodynamics of flunking out. *Journal of Nervous and Mental Disease, 155*(2), 131-143.

Hepner, E. M. (1970). Self-concepts, values, and needs of Mexican-American underachievers. *Dissertation Abstracts International, 31*(6-A), 2736.

Hershenson, D. (1967). The Hershenson Occupational Plans Questionnaire. Unpublished test, Illinois Institute of Technology, Department of Psychology, Chicago.

Hess, T. (1970). A comparison of group counseling with individual counseling in the modification of self-adjustment and social adjustment of fifteen year old males identified as potential dropouts. *Dissertation Abstracts International, 31*(3-A), 998-999.

Heyneman, S. P., & Loxley, W. A. (1983). The effect of primary-school quality on academic achievement across twenty-nine high- and low-income countries. *American Journal of Sociology, 88,* 1162-1194.

Hieronymus, A. N. (1951). A study of social class motivation: relationship between anxiety for education and certain socio-economic and intellectual variables. *Journal of Educational Psychology, 42,* 193-205.

High, B. H. (1971). Group counseling with underachieving tenth graders. *Dissertation Abstracts International, 31*(10-A), 5127.

Hilgard, E. R. (1946). Aspirations after learning. *Childhood Education, 23,* 115-118.

Hill, A. H., & Grieneeks, L. (1966). An evaluation of academic counseling of under- and over-achievers. *Journal of*

Counseling Psychology, 13(3), 325–328.

Hilliard, L. T. (1949). Educational types of mentally defective children. *Journal of Mental Science, 95,* 860–866.

Hilliard, T., & Roth, R. M. (1969). Maternal attitudes and the nonachievement syndrome. *Personnel & Guidance Journal, 47*(5), 424–428.

Himmel-Rossi, B., & Merrifield, P. (1977). Students' personality factors related to teacher reports of their interactions with students. *Journal of Educational Psychology, 69,* 375–380.

Himmelweit, H. T. (1950). Student selection—an experimental investigation: I. *British Journal of Sociology, 1,* 328–346.

Himmelweit, H. T., & Summerfield, A. (1951a). Student selection—an experimental investigation: II. *British Journal of Sociology, 2,* 59–75.

Himmelweit, H. T., & Summerfield, A. (1951b). Student selection—an experimental investigation: III. *British Journal of Sociology, 2,* 340–351.

Hinkelman, E. A. (1955). Relationship of intelligence to elementary school achievement. *Educational Administrative Supervisor, 41,* 176–179.

Hirsch, J. G., & Costello, J. (1970). School achievers and underachievers in an urban ghetto. *Elementary School Journal, 71*(2), 78–85.

Hobart, C. W. (1963). Underachievement among minority group students: An analysis and a proposal. *Phylon, 24,* 184–196.

Hocker, M. E. (1971). Visual-motor characteristics of retarded readers and the relationship to their classroom behavior. *Dissertation Abstracts International, 31*(9-A), 4383.

Hoeffel, E. C. (1978). The antiachieving adolescent. *Dissertation Abstracts International, 39*(5-A), 2867–2868.

Hoffman, J. L., Wasson, F. R., & Christianson, B. P. (1985). Personal development for the gifted underachiever. *Gifted Child Today, 38,* 12–14.

Hoffman, L. W. (1972). Early childhood experiences and women's achievement motives. *Journal of Social Issues, 28,* 129–155.

Hoffman, M. S. (1971). Early indications of learning problems. *Academic Therapy, 7*(1), 23–35.

Hogan, R., & Schroeder, D. (1980). The ambiguities of educational achievement. *Sociological Spectrum, 1,* 35–45.

Hoge, R. D. (1977). The use of observational data in elementary counseling. *Canadian Counsellor, 11*(2), 93–96.

Hollon, T. H. (1970). Poor school performance as a symptom of masked depression in children and adolescents. *American Journal of Psychotherapy, 25*(2), 258–263.

Holmstrom, E. I. (1973). Low achievers: Do they differ from "typical" undergraduates? *ACE Research Reports, 8*(6), 1–44.

Holt, M. F. (1978). Guilford's structure of intellect model applied to underachievement in gifted children. *Dissertation Abstracts International, 39*(2-A), 812.

Honor, S. H. (1971). TAT and direct methods of obtaining educational attitudes of high and low achieving high school boys. *Dissertation Abstracts International, 32*(2-B), 1213.

Hoopes, M. H. (1969). The effects of structuring goals in the process of group counseling for academic improvement. *Dissertation Abstracts International, 30,* 1012-A.

Hoover, B. (1967). College students who did not seek counseling during a period of academic difficulty. *Dissertation Abstracts, 28*(4-A), 1298-A.

Horace Mann-Lincoln Institute of School Experimentation. (1948). Child development and the curriculum. *Teach. Coll. Rec., 49,* 314–324.

Hornbostel, L. K., & McCall, J. N. (1980). Sibling differences in need-achievement associated with birth order, child-spacing, sex, and sibling's sex. *Journal of Individual Psychology, 36,* 36–43.

Horowitz, L. J. (1967). Parents' intervention in behavior modification of underachievers. *Dissertation Abstracts International, 27*(12-A), 4129.

Horrall, B. M. (1957). Academic performance and personality adjustment of highly intelligent college students. *Genetic Psychological Monograph, 55,* 3–83.

House, G. (1972). Orientations to Achievement. *Unpublished Doctoral Dissertation,* University of Michigan.

Howell, W. L. (1972). The correlates of change in school integration with the academic achievement of eighth grade students. *Dissertation Abstracts International, 32*(12-B), 7292.

Hoyser, E. E. (1971). Therapeutic non-directive play with low achievers in reading. *Dissertation Abstracts International, 31*(8-A), 3875.

Hoyt, D. P., & Norman, W. T. (1954). Adjustment and academic predictability. *Journal of Counseling Psychology, 1,* 96–99.

Hughes, H. H. (1961). Expectancy, reward, and Differential Aptitude Tests performance of low and high achievers with high ability. *Dissertation Abstracts, 21,* 2358.

Hunter, M. C. (1973). Helping underachievers. *Educational Horizons, 52,* 23–25.

Hussain, M. D. (1971). A comparison of treatment methods for underachieving elementary students. *Dissertation Abstracts International, 32*(3-B), 1846.

Hvozdik, J. [Basic psychological problems of pupils failing in school]. (1972). *Jednotna Skota, 24*(6), 543–553.

Hymes, J. L., Jr. (1954). But he CAN learn facts.... *Education, 74,* 572–574.

Iddiols, J. (1985). ***The relationship between different teacher helping strategies and different personality types of underachieving students***. Unpublished undergraduate thesis, York University, Toronto, ON.

Ignas, E. (1969). A comparison of the relative effectiveness of four different counseling approaches in short-term counseling with junior and senior high school underachieving students. *Dissertation Abstracts, 29*(10-A), 3419-3420.

Irvine, D. W. (1966). Relationship between the STEP tests and overachievement/underachievement. *Journal of Educational Research, 59*(7), 294-296.

Iscoe, I. (1964). "I told you so": The logical dilemma of the bright underachieving child. *Psychology in the Schools, 1,* 282-284.

Ivey, A. E. (1962). The academic performance of students counseled at a university counseling service. *Journal of Counseling Psychology, 9*(4), 347-352.

Izzo, T. E. (1976). Home parental assistance for underachieving readers in third grade using read-at-home program kits. *Dissertation Abstracts International, 37*(6-A), 3473.

Jack, R. M. (1975). The effect of reinforcement value in mixed and unmixed lists on the learning style of overachieving and underachieving female college students. *Dissertation Abstracts International, 35*(11-B), 5619.

Jackson, B. (1985). Lowered expectations: How schools reward incompetence. *Phi Delta Kappan, 67,* 304-305.

Jackson, K. R., & Clark, S. G. (1958). Thefts among college students. *Personnel & Guidance Journal, 36,* 557-562.

Jackson, R. M. (1968). In support of the concept of underachievement. *Personnel & Guidance Journal, 47*(1), 56-62.

Jackson, R. M., Cleveland, J. C., & Merenda, P. R. (1968-1969). The effects of early identification and counseling of underachievers. *Journal of School Psychology, 7*(2), 42-49.

Jackson, R. M., Cleveland, J. C., & Merenda, P. F. (1975). The longitudinal effects of early identification and counseling of underachievers. *Journal of School Psychology, 13*(2), 119-128.

Jain, S. K., & Robson, C. J. (1969). Study habits of high, middle, and low attainers. *Proceedings of the 77th Annual Convention of the American Psychological Association, 4*(2), 633-634.

Janes, G. D. (1971). Student perceptions, parent perceptions, and teacher perceptions of student abilities, aspirations, expectations, and motivations: Their relationship to under- and over-achievement. *Dissertation Abstracts International, 31*(9-A), 4548-4549.

Janos, P. M. (1986). "Underachievement" among markedly accelerated college students. *Journal of Youth and Adolescence, 15,* 303-313.

Janssen, J. W. (1970). The relative effectiveness of students at several college levels to lead small groups of low-achieving freshmen in academic adjustment counseling. *Dissertation Abstracts International, 31*(3-A), 1012.

Jeter, J. T. (1975). Can teacher expectations function as self-fulfilling prophecies? *Contemporary Education, 46,* 161-165.

Jhaj, D. S., & Grewal, J. S. (1983). Occupational aspirations of the achievers and underachievers in mathematics. *Asian Journal of Psychology and Education, 11*(1), 36-39.

Johnson, A. A. (1968). A study of the relationship between nonpromotion and the male student's self-concept of academic ability and his perceived parental, friends', and teachers' evaluations of his academic ability. *Dissertation Abstracts, 29*(2-A), 409.

Johnson, C. (1981). Smart kids have problems, too. *Today's Education, 70,* 26-27.

Johnson, E. G., Jr. (1967). A comparison of academically successful and unsuccessful college of education freshmen on two measures of "self." *Dissertation Abstracts, 28*(4-A), 1298-1299.

Johnson, E. K. (1968). The effects of client-centered group counseling utilizing play media on the intelligence, achievement, and psycho-linguistic abilities of under-achieving primary school children. *Dissertation Abstracts, 29*(5-A), 1425-1426.

Johnson, R. W. (1969). The development of an instrument to distinguish among four high school achievement groups in terms of their behavior. *Dissertation Abstracts, 29*(10-A), 3420.

Johnston, P. H., & Winograd, P. N. (1985). Passive failure in reading. *Journal of Reading Behavior, 17*(4), 279-301.

Jones, H. E. (1946). Environmental influences on mental development. In L. Carmichael (Ed.), *Manual of child psychology* (pp. 582-632). New York: Wiley.

Jordan, C. (1985). Translating culture: From ethnographic information to educational program. *Anthropology and Education Quarterly, 16,* 104-123.

Joyce, J. (1972). *Portrait of the artist as a young man.* New York: Viking Press. (Original work published 1916).

Joyce, J. F. (1970). An investigation of some personality characteristics of achieving high school students from lower socioeconomic environments. *Dissertation Abstracts International, 31*(4-A), 1623.

Kaess, W., & Long, L. (1954). An investigation of the effectiveness of vocational guidance. *Educational and Psychological Measurement, 14,* 423-433.

Kafka, F. (1947). *The trial.* London: Secker and Warburg.

Kahler, T. (1973). Predicting academic underachievement in ninth and twelfth grade males with the Kahler Transactional Analysis Script Checklist. *Dissertation Abstracts International, 33*(9-A), 4838-4839.

Kambly, A. H. (1967). Psychiatric treatment of adolescent underachievers. *Psychotherapy & Psychosomatics, 15*(1), 32.

Kaminska, A. (1984). *MMPI profiles in the Non-achievement Syndrome high school student.* Unpublished undergraduate thesis, York University, Toronto, ON.

Kanner, L. (1971). The integrative aspect of ability. *Acta*

Paedopsychiatrica, 38(5-6), 134-144.

Kanoy, R. C., Johnson, B. W., & Kanoy, K. W. (1980). Locus of control and self-concept in achieving and underachieving bright elementary students. *Psychology in the Schools, 17*(3), 395-399.

Kanter, V. F. (1970). A study of the relationship between birth order and achievement by overachieving early school starters and underachieving late school starters at the sixth grade level. *Dissertation Abstracts International, 31*(1-A), 70-71.

Karlsen, B. (1955). A comparison of some educational and psychological characteristics of successful and unsuccessful readers at the elementary school level. *Dissertation Abstracts, 15,* 456-457.

Karnes, M. B., McCoy, G., Zehrbach, R. R., Wollersheim, J. P., & Clarizio, H. F. (1963). The efficacy of two organizational plans for underachieving intellectually gifted children. *Exceptional Children, 29*(9), 438-446.

Karolchuck, P. A., & Worell, L. (1956). Achievement motivation and learning. *Journal of Abnormal & Social Psychology, 53,* 255-257.

Katz, I. (1967). The socialization of academic motivation in minority group children. *Nebraska Symposium on Motivation, 15,* 133-191.

Kauffman, J. M., & Weaver, S. J. (1971). Age and intelligence as correlates of perceived family relationships of underachievers. *Psychological Reports, 28*(2), 522.

Kaul, L. (1971). Differences in some Edwards Personal Preference Schedule needs related with academic achievement among rural and urban adolescents. *Education and Psychology Review, 11,* 11-14.

Kearney, R. (1971). Erikson's concept of epigenesis: A statistical exploration. *Dissertation Abstracts International, 31*(12-B), 7600.

Kehle, T. J. (1972). Effect of student's physical attractiveness, sex, race, intelligence, and SES on teacher's expectation for student personality and academic performance. *Unpublished Doctoral Dissertation,* University of Kentucky.

Keimowitz, R. I., & Ansbacher, H. L. (1960). Personality and achievement in mathematics. *Journal of Individual Psychology, 16,* 84-87.

Keisler, E. R. (1955). Peer group rating of high school pupils with high and low school marks. *Journal of Experimental Education, 23,* 369-373.

Kemp, L. C. D. (1955). Environmental and other characteristics determining attainment in primary schools. *British Journal of Educational Psychology, 25,* 67-77.

Kender, J. P., et al. (1985). WAIS-R performance patterns of 565 incarcerated adults characterized as underachieving readers and adequate readers. *Journal of Learning Disabilities, 181,* 379-383.

Kennet, K. F,. & Cropley, A. J. (1970). Intelligence, family size, and socioeconomic status. *Journal of Biosocial Science, 2,* 227-236.

Keogh, J., & Benson, D. (1964). Motor characteristics of underachieving boys. *Journal of Educational Research, 57*(7), 339-344.

Keppers, G. L., & Caplan, S. W. (1962). Group counseling with academically able underachieving students. *New Mexico Social Studies Education and Educational Research Bulletin, 1,* 12-17.

Kester, S. W., & Lethworth, G. A. (1972). Communication of teacher expectations and their effects on achievement and attitudes of secondary school students. *Journal of Educational Research, 66,* 51-55.

Ketchum, E. G. (1947). School disabilities. *Philadelphia Medicine, 42,* 1250-1256.

Khan, S. B. (1969). Affective correlates of academic achievement. *Journal of Educational Psychology, 60*(3), 216-221.

Kifer, E. (1975). Relationships between academic achievement and personality characteristics: A quasi-longitudinal study. *American Educational Research Journal, 12,* 191-210.

Kilmann, P. R., Henry, S. E., Scarbro, H., & Laughlin, J. E. (1979). The impact of affective education on elementary school underachievers. *Psychology in the Schools, 16*(2), 217-223.

Kim, Y. C. (1971). Factorial analysis of intellectual interest and measurement of its validity in the prediction of college success. *Dissertation Abstracts International, 32*(6-A), 3094.

Kimball, B. (1952). The sentence completion technique in a study of scholastic achievement. *Journal of Consulting Psychology, 16,* 353-358.

Kimball, B. (1953). Case studies in educational failure during adolescence. *American Journal of Orthopsychiatry, 23,* 406-415.

Kincaid, D. (1969). A study of highly gifted elementary pupils. *Gifted Child Quarterly, 13*(4), 264-267.

Kintzi, R. (1976). Successful management of specific ninth grade social and academic behavior. *SALT: School Applications of Learning Theory, 8*(2), 28-37.

Kipnis, D., & Resnick, J. H. (1969). *Experimental prevention of underachievement among intelligent impulsive college students.* Philadelphia, PA: Temple University Press.

Kipnis, D., & Resnick, J. H. (1971). Experimental prevention of underachievement among intelligent impulsive college students. *Journal of Consulting & Clinical Psychology, 36*(1), 53-60.

Kirk, B. (1952). Test versus academic performance in malfunctioning students. *Journal of Consulting Psychology, 16,* 213-216.

Kirkendall, D. R., & Gruber, J. J. (1970). Canonical relationships between motor and intellectual achievement domains in culturally deprived high school pupils. *Research*

Quarterly, 41(4), 496-502.

Kisch, J. M. (1968). A comparative study of patterns of underachievement among male college students. *Dissertation Abstracts, 28*(8-B), 3461-3462.

Klausmeier, H. J. (1958). Physical, behavioral, and other characteristics of high- and low-achieving children in favored environments. *Journal of Education Research, 51,* 573-581.

Klein, J. P., Quarter, J. J., & Laxer, R. M. (1969). Behavioral counseling of underachievers. *American Educational Research Journal, 6*(3), 415-424.

Klein, C. L. (1972). The adolescents with learning problems. How long must they wait? *Journal of Learning Disabilities, 5*(5), 262-284.

Klinge, V., Rennick, P. M., Lennox, K., & Hart, Z. (1977). A matched-subject comparison of underachievers with normals on intellectual, behavioral, and emotional variables. *Journal of Abnormal Child Psychology, 5,* 61-68.

Klinglehofer, E. L. (1954). The relationship of academic advisement to the scholastic performance of failing college students. *Journal of Counseling Psychology, 1,* 125-131.

Klohr, M. C. (1948). Personal problems of college students. *Journal of Home Economics, 40,* 447-448.

Klonsky, K. (1987). The psychology of school failure. *Forum: The Magazine for Secondary School Educators, 13*(1), 22-26.

Knauer, F. E. (1969). A study of the relationship of selected variables to persistence of academically capable former students of the University of South Dakota, *Dissertation Abstracts, 29*(8-A), 2527-2528.

Koch, H. L. (1954). The relation of "primary mental abilities" in five- and six-year-olds to sex of child and characteristics of his siblings. *Child Development, 25,* 209-233.

Koelsche, C. L. (1956). A study of the student drop-out problem at Indiana University. *Journal of Educational Research, 49,* 357-364.

Kohl, H. (1979). Changing the "Wanting-to-Fail" syndrome. *Teacher, 97,* 14, 20, 22.

Kolb, D. (1965). Achievement motivation training for underachieving high school boys. *Journal of Personality and Social Psychology, 2,* 783-792.

Kornrich, M. (Ed.). (1965). *Underachievement*. Springfield, IL: Charles C. Thomas.

Kort, J. (1975). Underachievers and group counseling. *Journal of the International Association of Pupil Personnel Workers, 11,* 152-155.

Kosky, R. (1983). Childhood suicidal behavior. *Journal of Child Psychology & Psychiatry & Allied Disciplines, 24*(3), 457-468.

Kowitz, G. T. (1965). An analysis of underachievement. In M. Kornrich (Ed.), *Underachievement* (pp. 464-473). Springfield, IL: Charles C. Thomas.

Kozuch, J. A., & Garrison, H. H. (1980). A sociology of social problems approach to the literature on the decline in academic performance. *Sociological Spectrum, 1,* 115-136.

Kraft, A. (1969). A class for academic underachievers in high school. *Adolescence, 4*(15), 295-318.

Kraft, I. A. (1972). A child and adolescent in group therapy. In H. I. Kaplan & B. J. Sadock (Eds.), *Group treatment of mental illness* (pp. 47-77). New York: E. P. Dutton.

Krause, E. A. (1968). Trust, training, and the school dropout's world view. *Community Mental Health Journal, 4*(5), 369-375.

Kreutzer, V. O. (1973). A study of the use of underachieving students as tutors for emotionally disturbed children. *Dissertation Abstracts International, 34*(6-A), 3145.

Krige, P. (1976). Patterns of interaction in family triads with high-achieving and low-achieving children. *Psychological Reports, 39*(Pt. 2), 1291-1299.

Kroft, S. B., Ratzlaff, H. C., & Perks, B. A. (1986). Intelligence and early academic underachievement. *British Journal of Clinical Psychology, 25*(2), 147-148.

Krouse, J. H., & Krouse, H. J. (1981). Toward a multimodal theory of academic underachievement. *Educational Psychologist, 16*(3), 151-164.

Krout, M. H. (1946). Psychological standards in measuring achievement. *Sch. Sci. Math., 46,* 803-806.

Krug, R. E. (1959). Over- and under-achievement and the Edwards Personal Prefernece Schedule. *Journal of Applied Psychology, 43,* 133-136.

Krutop, J. O. (1971). An educational model to break the failure cycle. *Dissertation Abstracts International, 32*(4-A), 1918.

Kubany, E. S., & Sloggett, B. (1971). The role of motivation in test performance and remediation. *Journal of Learning Disabilities, 4,* 426-428.

Kukla, A. (1972). Attributional determinants of achievement-related behavior. *Journal of Personality and Social Psychology, 21*(2), 166-174.

Kunz, P. R., & Peterson, E. T. (1977). Family size, birth order, and academic achievement. *Social Biology, 24,* 144-148.

Lacher, M. (1971). The life styles of underachieving, overachieving and normal achieving college students. *Dissertation Abstracts International, 31*(8-B), 4999.

Lacher, M. (1973). The life styles of udnerachieving college students. *Journal of Counseling Psychology, 20*(3), 220-226.

Ladouceur, R., & Armstrong, J. (1983). Evaluation of a behavioral program for the improvement of grades among high school students. *Journal of Counseling Psychology, 30,* 100-103.

Laing, R. D. (1965). *The divided self.* Baltimore, MD: Penguin.

Laird, A. W. (1980). A comprehensive and innovative attack

of action programs for delinquency prevention and classroom success. *Education, 101,* 118-122.

Laitman, R. J. (1975). Family relations as an intervening variable in the relationship of birth order and self-esteem. *Dissertation Abstracts International, 36,* 3051B.

Landsman, T., & Sheldon, W. D. (1949). Nondirective group psychotherapy with failing college students. *American Psychologist, 4,* 287.

Lane, M. E. (1971). Achievement motivation, level of academic achievement and therapy outcome. *Dissertation Abstracts International, 31*(11-B), 6906-6907.

Lantz, B. (1945). Some dynamic aspects of success and failure. *Psychological Monographs, 59*(1), vi-40.

Lardizabal, E. T. (1986). The ethnic home environment—Its impact on school attitudes and academic achievement. *Dissertation Abstracts International, 46,* 3553-A.

Larkin, M. A. (1975). A comparison of the differences on conventional audiological measures and selected auditory instruments between reading achievers and underachievers. *Dissertation Abstracts International, 35*(9-A), 5970-5971.

Larkin, R. W. (1980). *Sympathy for the devil: Student motivation and the socio-characterological revolution.* Paper presented at the annual meeting of the Society for the Study of Social Problems, New York.

Larsen, S. C., & Ehly, S. (1978). Teacher-student interactions: A factor in handicapping conditions. *Academic Therapy, 13*(3), 267-273.

Lauer, G. R. (1969). A comarison of attitudes of male underachievers and normal male high school students toward their teachers. *Dissertation Abstracts International, 30*(4-A), 1469.

Lavin, D. E. (1965). *The prediction of academic performance: A theoretical analysis and review of research.* New York: Russell Sage Foundation.

Lawrence, A. (1985). *The relationship between family stability and academic achievement in high school students.* Unpublished undergraduate thesis, York University, Toronto, ON.

Laxer, R. M., Kennedy, D. R,. Quarter, J., & Isnor, C. (1966). Counselling small groups of underachievers in secondary schools: An experimental study. *Ontario Journal of Educational Research, 9*(1), 49-57.

Layton, J. R., & Chappell, L. (1976). An analysis of teacher opinion regarding student academic achievement and teacher ability to cope with underachievement. *Colorado Journal of Educational Research, 15,* 17-27.

Leland, B. (1948). Distinguishing the remedial child from the child in need of special education. *Journal of Exceptional Children, 14,* 225-230.

LeMay, M. L., & Damm, V. J. (1968). The Personal Orientation Inventory as a measure of the self-actualization of underachievers. *Measurement & Evaluation in Guidance, 1*(2), 110-114.

Lenn, T. I., Lane, P. A., Merritt, E. T., & Silverstone, L. (1967). Parent group therapy for adolescent rehabilitation. *V.O.C. Journal of Education, 7*(3), 17-26.

Lens, W. (1983). Achievement motivation, test anxiety, and academic achievement. *University of Leuven Psychological Reports,* (No. 2).

Leonard, G. E. (1968). Counselor—Being? *National Catholic Guidance Conference Journal, 13*(1), 33-38.

Lesnick, M. (1972). Reading and study behavior problems of college freshmen. *Reading World, 11*(4), 296-319.

Leverett, G. (1985). *Am I my brother's/sister's keeper? Sibling achievement patterns of overachieving, average achieving, and underachieving grade 9 high school students.* Unpublished undergraduate thesis, York University, Toronto, ON.

Levin, M. L., Van Loon, M., & Spitler, H. D. (1978). *Marital disruption and cognitive development and achievement in children and youth.* Paper presented at the Annual Meeting of the Society for the Study of Social Problems, New York.

Levin, W. J. (1972). The effectiveness and generalization of ability-oriented reinforcement for improving the academic performance of underachievers. *Dissertation Abstracts International, 32*(11-B), 6652.

Levine, E. M. (1980). The declining educational achievement of middle-class students, the deterioration of educational and social standards, and parents' negligence. *Sociological Spectrum, 1,* 17-34.

Levine, E. M. (1983). Why middle class students aren't learning. *Journal of Social, Political and Economic Studies, 8,* 411-425.

Levinson, D. J. (1978). *The seasons of a man's life.* New York: Knopf.

Levinson, E. A. (1965). Why do they drop out? *Teaching & Learning,* 25-32.

Levy, M. F. (1972). An analysis of a program designed to modify self concept and school of sentiment of low achieving students. *Dissertation Abstracts International, 33*(3-A), 930-931.

Lewis, B. (1969). Underachievers measure up. *American Education, 5,* 27-28.

Lewis, W. D. (1945). Influence of parental attitudes on children's personal inventory scores. *Journal of Genetic Psychology, 67,* 195-201.

Lichter, S. J. (1966). A comparison of group counseling with individual counseling for college underachievers: Effect on self concept and academic achievement. *Dissertation Abstracts, 27*(6-B), 2138-2139.

Liddicoat, J. P. (1972). Differences between under- and overachievers at a small liberal arts women's college. *Dissertation Abstracts International, 32*(11-A), 6133-6134.

Liebman, O. B. (1953). Relationship of personal and social adjustment to academic achievement in the elementary school. *Unpublished Doctoral Dissertation*, Columbia University.

Light, L. L., & Alexakos, C. E. (1970). Effect of individual and group counseling on study habits. *Journal of Educational Research, 63*, 450-454.

Lightfoot, G. F. (1951). Personality characteristics of brigh and dull children. *Teach. Coll. Contr. Educ., 9*, 69-136.

Limbrick, E., McNaughton, S., & Glynn, T. (1985). Reading gains for underachieving tutors and tutees in a cross-age tutoring programme. *Journal of Child Psychology and Psychiatry and Allied Disciplines, 26*, 939-953.

Lindenbaum, L. (1978). The relationship of background factors to cognitive change in anti-achieving adolescents following one year's experience at the Center for Alternative Education. *Dissertation Abstracts International, 38*(12-A), 7234.

Lindgren, H. C., & Mello, M. J. (1965). Emotional problems of over- and underachieving children in a Brazilian elementary school. *Journal of Genetic Psychology, 106*(1), 59-65.

Lindner, R. M. (1944). *Rebel without a cause*. New York: Grune & Stratton.

Lindquist, E. F. (1949). Norms of achievement by schools. *Proc. 1948 Conf. Test. Probl., Educ. Test. Serv.*, 95-97.

Long, T. E. (1967). An experimental investigation of the effects of single contact problem counseling which included the first formal appraisal of ability and achievement data for underachieving high school boys. *Dissertation Abstracts, 27*(11-A), 3626.

Lowe, T. O. (1973). The utilization of verbal reinforcement by cadet teachers in the treatment of underachieving fourth-grade boys. *Dissertation Abstracts International, 33*(11-A), 6093-6094.

Lowe, T. O., & McLaughlin, E. C. (1974). The use of verbal reinforcement by paraprofessionals in the treatment of underachieving elementary school students. *Journal of the Student Personnel Association for Teacher Education, 12*(3), 95-101.

Lowell, E. L. (1952). The effect of need for achievement on learning and speed of performance. *Journal of Psychology, 33*, 31-40.

Lowenstein, L. F. (1976a). Helping children to achieve. *Journal of the Parents' National Educational Union, 11*(1), 20-21.

Lowenstein, L. F. (1976b). Helping children to achieve: II. *Journal of the Parents' National Educational Union, 11*(2), 59-61.

Lowenstein, L. F. (1979). Recent research in the identification, prevention and treatment of underachieving academic children. *Community Home & School Gazette, 73*(6), 243-246.

Lowenstein, L. F. (1982). An empirical study of the incidence, diagnosis, treatment and follow-up of academically under-achieving children. *School Psychology International, 3*(4), 219-230.

Lowenstein, L. F. (1983a). Could do better if he tried, or could he? *School Psychology International, 4*(2), 65-68.

Lowenstein, L. F. (1983b). Case study: The diagnosis, treatment and follow-up of an underachieving child. *School Psychology International, 4*(2), 113-118.

Lowenstein, L. F., Meza, M., & Thorne, P. E. (1983). A study in the relationship between emotional stability, intellectual ability, academic attainment, personal contentment and vocational aspirations. *Acta Psychiatrica Scandinavica, 67*(1), 13-20.

Lowman, J. (1981). Love, hate, and the family: Measures of emotion. In E. Filsinger & R. Lewis (Eds.), *Assessing marriage: New behavioral approaches*. Beverly Hills, CA: Sage Publications.

Lowman, R. P., & Spuck, D. W. (1975). Predictors of college success for the disadvantaged Mexican-American. *Journal of College Student Personnel, 16*(1), 40-48.

Ludwig, S. (1981). [Are the concepts of over- and underachievement outdated?] *Psychologie in Erziehung und Unterricht, 28*(5), 282-292.

Lunneborg, P. W. (1968). Birth order, aptitude, and achievement. *Journal of Consulting and Clinical Psychology, 32*, 101.

Lynn, R. (1959). The relation between educational achievement and school size. *British Journal of Sociology, 10*, 129-136.

Maginnis, G. H. (1972). Measuring underachievement in reading. *Reading Teacher, 25*(8), 750-753.

Mahler, M. S. (1974). Symbiosis and individuation. *Psychoanalytic study of the child, 29*, 89-106.

Malloy, J. (1954). An investigation of scholastic over and underachievement among female college freshmen. *Journal of Counseling Psychology, 1*, 260-263.

Malpass, L. F. (1953). Some relationships between students' perception of school and their achievement. *Journal of Educational Psychology, 44*, 475-482.

Mandel, H. P. (1969). Validation of a developmental theory of psychopathology: Diagnostic categorization versus symptomatology. *Dissertation Abstracts International, 30*, 2911-2912-B.

Mandel, H. P. (1981). *Short-term psychotherapy and brief treatment techniques: An annotated bibliography: 1920-1980*. New York: Plenum.

Mandel, H. P. (1984). *The Durham County Achievement Research Project: Phase I: A sample description*. Toronto: Institute on Achievement and Motivation, York University.

Mandel, H. P. (1986). [Academic performance histories of differentially diagnosed high school underachievers of equal intellectual capacity]. Unpublished data.

Toronto: Institute on Achievement and Motivation, York University.

Mandel, H. P., & Marcus, S. I. (1983). [Inter-judge rater reliability from diagnostic interviews of 28 underachieving high school students]. Unpublished data. Toronto: Institute on Achievement and Motivation, York University.

Mandel, H. P., & Marcus, S. I. (1984a). *Helping the Non-achievement Syndrome student: A clinical training manual*. Toronto: Institute on Achievement and Motivation, York University.

Mandel, H. P., & Marcus, S. I. (1984b). [Inter-judge rater reliability from diagnostic interviews of underachieving high school student]. Unpublished study. Toronto: Institute on Achievement and Motivation, York University.

Mandel, H. P., & Marcus, S. I. (1984c). [Parent checklist—Child focussed]. Unpublished paper. Toronto: Institute on Achievement and Motivation, York University.

Mandel, H. P., & Marcus, S. I. (1984d). [Student self-rating checklist]. Unpublished paper. Toronto: Institute on Achievement and Motivation, York University.

Mandel, H. P., & Marcus, S. I. (1985). *Identifying personality and motivational types of underachieving students: A clinical training manual*. Toronto: Institute on Achievement and Motivation, York University.

Mandel, H. P., Marcus, S. I., Hartley, L., McRoberts, P., & Phillips, B. (1984). [Classroom behavior checklist—Teacher form]. Unpublished paper. Toronto: Institute on Achievement and Motivation, York University.

Mandel, H. P., Marcus, S. I., Roth, R. M., & Berenbaum, H. L. (1971). Early infantile autism: A pre-ego psychopathology. *Psychotherapy: Theory, Research and Practice, 8*(2), 114-119.

Mandel, H. P., Roth, R. M., & Berenbaum, H. L. (1968). Relationship between personality change and achievement change as a function of psychodiagnosis. *Journal of Counseling Psychology, 15,* 500-505.

Mandel, H. P., & Uebner, J. (1971). "If you never chance for fear of losing..." *Personnel and Guidance Journal, 50,* 192-197.

Mandel, H. P., Weizmann, F., Millan, B., Greenhow, J., & Speirs, D. (1975). Reaching emotionally disturbed children: "Judo" principles in remedial education. *American Journal of Orthopsychiatry, 45,* 867-874.

Manhas, L. (1974). Guidance programme for underachievers. *Journal of Vocational & Educational Guidance, 16*(1-2), 33-38.

Manley, R. O. (1977). Parental warmth and hostility as related to sex differences in children's achievement orientation. *Psychology of Women Quarterly, 1,* 229-246.

Marcus, I. W. (1966). Family interaction in adolescents with learning difficulties. *Adolescence, 1*(3), 261-271.

Marcus, S. I. (1969). Diagnostic classification of alcoholics according to a developmental theory model. *Dissertation Abstracts International, 30,* 2424-B.

Marcus, S. I. (1971). Why some kids fail. *Newsletter: Council for Children with Behavior Disorder, 8,* 11-19.

Marcus, S. I. (1985). [Combined frequency distributions of 57 selected studies on underachievement from 1963-1985]. Unpublished data. Toronto: Institute on Achievement and Motivation, York University.

Marcus, S. I. (1986). [Frequency distribution by year of published articles and books on non-intellective factors and academic achievement]. Unpublished data. Toronto: Institute on Achievement and Motivationa, York University.

Marcus, S. I., & Friedland, J. G. (1987). [Relationship between the Motivational Analysis Inventory and GPA in high school and college students]. Unpublished study.

Marcus, S. I., & Steele, C. (1985). Counseling services for students in engineering and the technological sciences. *Proceedings of the Association of University and College Counseling Center Directors* (pp. 102-103). Binghamton, NY: AUCCCD.

Margolis, H., Muhlfelder, C., & Brannigan, G. G. (1977). Reality therapy and underachievement: A case study. *Education, 98*(2), 153-155.

Marjoribanks, K. (1981). Family environments and children's academic achievement: Sex and social group differences. *The Journal of Psychology, 109,* 155-164.

Marshall, S. E. (1945). Solving individual problems of adjustment. *Journal of Educational Sociology, 19,* 36-39.

Martin, G. C. (1952). Interviewing the failing student. *Journal of Educational Research, 46,* 53-60.

Martin, J., Marx, R. W., & Martin, E. W. (1980). Instructional counseling for chronic underachievers. *School Counselor, 28,* 109-118.

Martin, J. G., & Davidson, J. (1964). Recall of completed and interrupted tasks by achievers and underachievers. *Journal of Educational Psychology, 55*(6), 314-316.

Martinez, D. H. (1974). A comparison of the behavior, during reading instruction, of teachers of high and low achieving first grade classes. *Dissertation Abstracts International, 34*(12-A, Pt. 1), 7520-7521.

Martz, E. W. (1945). Phenomenal spurt of mental development in a young child. *Psychiatric Quarterly, 19,* 52-59.

Masih, L. K. (1974). Manifest needs of high ability achieving and underachieving elementary school children in a culturally disadvantaged setting. *New York State Personnel and Guidance Journal, 9,* 55-61.

Maslow, A. (1954). *Motivation and Personality.* New York, Harper & Row.

Mason, R. L., Richmond, B. O., & Wheeler, E. E. (1972). Expressed needs of academically excluded students. *Journal of the Student Personnel Association for Teacher Education, 10*(3), 74-80.

Masterson, M. L. (1971). Family structure variables and need approval. *Journal of Consulting and Clinical Psychology, 36,* 12-13.

Matsunage, A. S. (1972). A comparative study of ninth grade male underachievers and achievers on selected factors related to achievement. *Dissertation Abstracts International, 32*(10-A), 5614.

Maxwell, J. (1951). Intelligence and family size of college students. *Eugen. Review, 42,* 209-210.

Mayo, G. D., & Manning, W. (1961). Motivation measurement. *Education and Psychological Measurement, 21,* 73-83.

McArthur, C. (1965). The validity of the Yale Strong at Harvard. *Journal of Counseling Psychology, 12*(1), 35-38.

McCall, J. N., & Johnson, O. G. (1972). The independence of intelligence from size and birth order. *Journal of Genetic Psychology, 121,* 207-213.

McCandless, B. R., & Castenada, A. (1956). Anxiety in children, school achievement, and intelligence. *Child Development, 27,* 379-382.

McClelland, D. C., Atkinson, J. W., & Clark, R. A., & Lowell, E. L. (1953). *The achievement motive.* New York: Appleton-Century Crofts.

McClelland, D. C. (1985a). How motives, skills, and values determine what people do. *American Psychologist, 40*(7), 812-825.

McClelland, D. C. (1985b). *Human motivation.* Glenview, IL: Scott Foresman.

McClelland, D. C., & Alschuler, A. S. (1971). *Final Report of Achievement Motivation Development Project,* Washington, DC: U.S. Office of Education, Bureau of Research.

McCloud, T. E. (1968). Persistency as a motivational factor of vocational interest in the prediction of academic success of twelfth-grade superior students. *Psychology, 5*(4), 34-46.

McClure, R. F. (1969). Birth order and school related attitudes. *Psychological Reports, 25,* 657-658.

McCord, W., & McCord, J. (1964). *The psychopath.* Princeton, NJ: D. Van Nostrand Reinhold.

McCrone, W. P. (1979). Learned helplessness and level of underachievement among deaf adolescents. *Psychology in the Schools, 16,* 430-434.

McCurdy, B., Ciucevich, M. T., & Walker, B. A. (1977). Human-relations training with seventh-grade boys identified as behavior problems. *School Counselor, 24*(4), 248-252.

McDermott, P. A. (1980). A computerized system for the classification of developmental, learning, and adjustment disorders in school children. *Educational & Psychological Measurement, 40*(3), 761-768.

McDonald, A. P. (1971). Birth order and personality. *Journal of Consulting and Clinical Psychology, 108,* 133-136.

McGhearty, L., & Womble, M. (1970). Case analysis: Consultation and counseling. *Elementary School Guidance and Counseling, 5,* 141-147.

McGillivray, R. H. (1964). Differences in home background between high-achieving and low-achieving gifted children. *Ontario Journal of Educational Research, 6*(2), 99-106.

McGowan, R. J. (1968). Group counseling with underachievers and their parents. *School Counselor, 16,* 30-45.

McGraw, J. J. (1966). A comparison of mean subtest raw scores on the Wechsler Intelligence Scale for Children of regular and over-achieving readers with under-achieving readers. *Dissertation Abstracts International, 27*(6-K), 1552.

McGuigan, D. E. (1976). Academic underachievement of Mexican-American secondary students. *Dissertation Abstracts International, 37*(1-A), 75-76.

McGuire, D. E., & Lyons, J. S. (1985). A transcontexual model for intervention with problems of school underachievement. *American Journal of Family Therapy, 13,* 37-45.

McGuire, J. M. (1972). A study of the relationship between academic motivation and a counseling letter treatment on help-seeking behavior of low achieving college students, *Dissertation Abstracts International, 32*(7-B), 4190-4191.

McGuire, J. M., & Noble, F. C. (1973). Motivational level and response to academic encouragement among low-achieving college males. *Journal of Counseling Psychology, 20*(5), 425-430.

McKay, H., Sinisterra, L., McKay, A., Gomez, H., & Lloreda, P. (1978). Improving cognitive ability in chronically deprived children. *Science, 200,* 270-278.

McKay, J. (1985). *The relationships among sex, age, ability, and achievement patterns in differentially diagnosed high school students.* Unpublished master's thesis, York University, Toronto, ON.

McKeachie, W. J. (1951). Anxiety in the college classroom. *Journal of Educational Research, 45,* 153-160.

McKenzie, J. D., Jr. (1961). An attempt to develop Minnesota Multiphasic Personality Inventory scales predictive of academic over- and underachievement. *Dissertation Abstracts, 22,* 632.

McKenzie, J. D., Jr. (1964). The dynamics of deviant achievement. *Personnel & Guidance Journal, 42*(7), 683-686.

McKinney, F. (1947). Case history norms of unselected students and students with emotional problems. *Journal of Consulting Psychology, 11,* 258-269.

McLaughlin, R. E. (1977). Behaviorally oriented techniques for the remediation of academic underachievement in high potential intermediate school students. *Dissertation Abstracts International, 37*(11-A), 7046.

McLoed, J. (1979). Educational underachievement: Toward a defensible psychometric definition. *Journal of Learning Disabilities, 12*(5), 322-330.

McPherson, M. W. (1948). A survey of experimental studies of learning in individuals who achieve subnormal ratings on standardized psychometric measures. *American Journal of Mental Deficiency, 52,* 232-254.

McQuaid, M. L. (1971). The development and evaluation of a program designed to strengthen the secondary school underachiever in twenty work-study skills. *Dissertation Abstracts International, 32*(4-A), 1946.

McQuarry, J. P. (1953). Some relationships between non-intellectual characteristics and academic achievement. *Journal of Educational Psychology, 44,* 215-228.

McQuarry, J. P., & Truax, W. E., Jr. (1955). An under-achievement scale. *Journal of Educational Research, 48,* 393-399.

McReynolds, W. T., & Church, A. (1973). Self-control, study skills development and counseling approaches to the improvement of study behavior. *Behavior Research & Therapy, 11*(2), 233-235.

McRoberts, P. (1985). *Affective parent-child relationships and personalities of parents of high school students of varying achievement levels.* Unpublished doctoral dissertation, York University, Toronto, ON.

McWilliams, S. A., & Finkel, N. J. (1973). High school students as mental health aides in the elementary school setting. *Journal of Consulting and Clinical Psychology, 40*(1), 39-42.

Meacham, R., & Lindemann, J. E. (1975). A summer program for underachieving adolescents. *American Journal of Occupational Therapy, 29,* 280-283.

Meeth, L. R. (1972). Expending faculty support for underachievers. *Junior College Journal, 42,* 25-28.

Mehdi, B. (1965a). What research has to say about under-achievement among the gifted. *Guidance Review, 2,* 6-23.

Mehdi, B. (1965b). Prediction of academic success: A review of research. *Guidance Review, 3,* 9-19.

Mehta, P. H. (1968). The self-concept of bright underachieving male high school students. *Indian Educational Review, 3*(2), 81-100.

Mehta, P., & Dandia, P. C. (1970). Motivation training for educational development: a follow-up study of bright underachievers. *Indian Educational Review, 5*(2), 64-73.

Meiselman, J. R. (1970). Variables related to the identification of underachievers. *Dissertation Abstracts International, 31*(1-A), 230.

Meltzer, M. L., & Levy, B. I. (1970). Self-esteem in a public school. *Psychology in the Schools, 7*(1), 14-20.

Meyer, E. D. (1972). The relationship between self-concept and underachievement. *llinois Journal of Education, 63,* 63-68.

Meyer, R. G., Osborne, Y. (1987). *Case studies in abnormal behavior* (2nd ed.). Newton, MA: Allyn & Bacon.

Mezzano, J. (1968). Group counseling with low-motivated high school students-comparative effects of two uses of counselor time. *Journal of Educational Research, 61,* 222-224.

Michelson, L., and Ascher, L. M. (Eds.). (1987). *Anxiety and stress disorders: Cognitive-behavioral assessment and treatment.* New York: Guilford Press.

Michielutte, W. L. (1977). The use of group tutorial and group counseling methods in the investigation of causal relationships between self concept and reading achievement among underachieving sixth-grade boys. *Dissertation Abstracts International, 37*(8-B), 4156.

Middleton, G. (1958). Personality syndromes and academic achievement. *Dissertation Abstracts, 19,* 1439.

Miller, G. W. (1970). Factors in school achievement and social class. *Journal of Educational Psychology, 61,* 260-269.

Miller, L. M. (Ed.). (1961). *Guidance for the underachiever with superior ability.* Washington, DC: U.S. Department of Health, Education, and Welfare.

Milligan, E. E., Lins, L. J., & Little, K. (1948). The success of non-high school graduates in degree programs at the University of Wisconsin. *School and Society, 67,* 27-29.

Mince-Ennis, J. A. (1980). The effect of parent training on academic achievement of low achieving adolescents. *Dissertation Abstracts International, 41*(4-A), 1409.

Mirsky, A. F., & Ricks, N. L. (1974). Sustained attention and the effects of distraction in underachieving second grade children. *Journal of Education, 156,* 4-17.

Mishne, J. (1971). Group therapy in an elementary school. *Social Casework, 52*(1), 18-25.

Missildine, W. H. (1946). The emotional background of thirty children with reading disabilities with emphasis on its coercive aspects. *Nerv. Child., 5,* 263-272.

Mitchell, C. E. (1975). Use of self-actualization scales as a predictor of academic success with underachievers. *Dissertation Abstracts International, 35*(11-A), 7084.

Mitchell, K. R., Hall, R. F., & Piatkowska, O. E. (1975a). A group program for the treatment of failing college students. *Behavior Therapy, 6*(3), 324-336.

Mitchell, K. R., Hall, R. F., & Piatkowska, O. E. (1975b). A group program for bright failing underachievers. *Journal of College Student Personnel, 16,* 306-312.

Mitchell, K. R., & Piatowska, O. E. (1974a). Effective non-study methods for college students. *College Student Journal, 9*(3), 19-41.

Mitchell, K. R., & Piatowska, O. E. (1974b). Effects of group treatment for college underachievers and bright failing underachievers. *Journal of Counseling Psychology, 21*(6), 494-501.

Mohan, V. (1974). Guidance for the underachiever. *Journal of Vocational and Educational Guidance, 16*(1-2), 39-43.

Moldowski, T. F. (1962). The effect of reinforcement upon level of expectancy of achievers and underachievers.

Dissertation Abstracts, 23(3), 1075-1076.

Mondani, M. S., & Tutko, T. A. (1969). Relationship of academic underachievement to incidental learning. *Journal of Consulting & Clinical Psychology, 33*(5), 558-560.

Monderer, J. H., & Fenchel, G. H. (1950). The effect of college grades on motivation and status. *Journal of the Intercollegiate Psychological Association, 2,* 16-24.

Moon, R. A. (1951). The problem of success and failure in the school age child. *Journal of the Kansas Medical Society, 52,* 45-48.

Moore, J. E. (1950). Educational ajdefendants of the unstable boy. *Journal of Correctional Education, 2,* 17-21.

Mora, G., Talmadge, M., Bryant, F., & Brown, E. M. (1967). Psychiatric syndromes and neurological findings as related to academic underachievement: Implications for educational and treatment. *American Journal of Orthopsychiatry, 37*(2), 346-347.

Morgan, E. R. (1971). Behavior theory counseling with culturally disadvantaged, underachieving youth. *Dissertation Abstracts International, 31*(7-A), 3274-3275.

Morgan, H. H. (1952). A psychometric comparison of achieving and nonachieving college students of high ability. *Journal of Consulting Psychology, 16,* 292-298.

Morgan, J. W. (1974). The differences between underachieving institutionalized male delinquents and nondelinquents as measured by psychological tests, scales and inventories. *Dissertation Abstracts International, 34*(7-B), 3471.

Morgan, R. R. (1975). Prediction of college achievement using the need achievement scale from the Edwards Personal Preference Schedule. *Educational & Psychological Measurement, 35*(2), 387-392.

Morrison, E. (1967). Academic underachievement among preadolescent boys considered as a manifestation of passive aggression. *Dissertation Abstracts International, 28*(4-A), 1304-1305.

Morrison, E. (1969). Underachievement among preadolescent boys considered in relationship to passive aggression. *Journal of Educational Psychology, 60*(3), 168-173.

Morrow, W. R. (1970). Academic underachievement. In C. C. Costello (Ed.), *Symptoms of psychopathology.* New York: Wiley.

Morrow, W. R., & Wilson, R. (1961a). Family relations of bright high-achieving and under-achieving high school boys. *Child Development, 32,* 501-510.

Morrow, W. R., & Wilson, R. (1961b). The self-reported personal and social adjustment of bright high-achieving and under-achieving high school boys. *Journal of Child Psychology and Psychiatry, 2,* 230-209.

Motto, J. L. (1959). A reply to Drasgow on underachievers. *Journal of Counseling Psychology, 6,* 245-247.

Moulin, E. K. (1971). The effects of client centered group counseling using play media on the intelligence, achievement, and psycholinguistic abilities of underachieving primary school children. *Elementary School Guidance and Counseling, 5,* 85-95.

Mukherjee, S. C. (1972). A comparative study of the parents of low and high achieving students. *Dissertation Abstracts International, 32*(11-B), 6624-B.

Mullen, F. A. (1950). Truancy and classroom disorder as symptoms of personality problems. *Journal of Educational Psychology, 41,* 97-109.

Mumpower, D. L., & Riggs, S. (1970). Overachievement in word accuracy as a result of parental pressure. *Reading Teacher, 23*(8), 741-747.

Munger, P. F., & Goeckerman, R. W. (1955). Collegiate persistence of upper- and lower-third high school graduates. *Journal of Counseling Psychology, 2,* 142-145.

Murakawa, N. (1968). Intellectual ability of underachievers. *Psychologia: An International Journal of Psychology in the Orient, 11*(1-2), 67-80.

Murakawa, N., & Pierce-Jones, J. (1969). Thinking and memory of underachievers. *Psychologia: An International Journal of Psychology in the Orient, 12*(2), 93-106.

Murphy, J. (1974). Teacher expectations and working-class under-achievement. *British Journal of Sociology, 25*(3), 326-344.

Murphy, L. B., & Ladd, H. (1944). *Emotional factors in learning.* New York: Columbia University Press.

Murray, C. B., & Jackson, J. S. (1982). The conditional failure model of Black educational underachievement. *Humboldt Journal of Social Relations, 10*(1), 276-300.

Murray, H. A. (1971). *Thematic Apperception Test Manual.* Boston: Henry Alexander Murray.

Murray, M. A. (1983). Instructional strategies as part of the content domain of a criterion-referenced test. *Florida Journal of Educational Research, 25,* 15-31.

Muthayya, B. C. (1966-67). Some personal data and vocational choices of high and low achievers in the scholastic field. *Psychology Annual, 1*(1), 21-25.

Mutimer, D., Loughlin, L., & Powell, M. (1966). Some differences in the family relationships of achieving and underachieving readers. *Journal of Genetic Psychology, 109*(1), 67-74.

Myers, D. C. (1978). An analysis of specified attributes and characteristics of selected high and low achieving students affecting students' perception of teacher effectiveness. *Dissertation Abstracts International, 39*(4-A), 2037-2038.

Myers, E. J. (1971). Counseling the parents of sixth grade underachievers. *Journal of Education, 154,* 50-53.

Myers, J. E. (1944). Problems of dull and bright children. *Smith College Studies of Social Work, 15,* 123.

Mykelbust, H. R. (1973). Identification and diagnosis of children with learning disabilities: An interdisciplinary study of criteria. *Seminars in Psychiatry, 5*(1), 55-77.

Myrick, R. D., & Haight, D. A. (1972). Growth groups: An encounter with underachievers. *School Counselor, 20*(2), 115-121.

Nagaraja, J. (1972). The failing student. *Child Psychiatry Quarterly, 5*(3), 12-16.

Nam, C. B. (1965). Family patterns of educational attainment. *Sociology of Education, 38,* 393-403.

Narayana, R. S. (1964). A study of the sense of responsibility and its relation to academic achievement. *Psychological Studies, 9*(2), 109-118.

Neber, H. (1974). [Structure and intensity of spontaneous learning of under- and overachievers]. *Psychologie in Erziehung und Unterricht, 21*(6), 335-344.

Nelson, D. D. (1968). A study of school achievement and personality adjustment among adolescent children with working and non-working mothers. *Dissertation Abstracts, 29*(1-A), 153.

Nelson, D. E. (1971). The college environment: Its meaning to academically successful and unsuccessful undergraduates. *Journal of Educational Research, 64*(8), 355-358.

Nelson, M. O. (1967). Individual psychology as a basis for the counseling of low achieving students. *Personnel & Guidance Journal, 46*(3), 283-287.

Nemecek, F. D. (1972). A study of the effect of the human potential seminar on the self-actualization and academic achievement of college underachievers. *Dissertation Abstracts International, 33,* 6766-A.

Neubauer, W. (1981). [How teachers and psychologists do explain academic achievement: A critical discussion]. *Psychologie in Erziehung und Unterricht, 28*(2), 97-106.

Newman, A. P. (1972). Later achievement study of pupils underachieving in reading in first grade. *Reading Research Quarterly, 7*(3), 477-508.

Newman, C. (1969). A study of underachievement in an average college population. In M. G. Gottsegen, & G. B. Gottsegen (Eds.), *Professional school psychology* (Vol. 2, pp. 338-358). New York: Grune & Stratton.

Newman, C. J., Dember, C. F., & Krug, O. (1973). "He can but he won't": A psychodynamic study of so-called "gifted underachievers." *Psychoanalytic Stuyd of the Child, 28,* 83-129.

Newman, R. C., & Pollack, D. (1973). Proxemics in deviant adolescents. *Journal of Consulting and Clinical Psychology, 40*(1), 6-8.

Nicholls, J. G. (1979). Development of perception of own attainment and causal attributions for success and failure in reading. *Journal of Educational Psychology, 71,* 94-99.

Nicholson, C. L. (1977). Correlations between the Quick Test and the Wechsler Intelligence Scale for Children: Revised. *Psychological Reports, 40*(2), 523-526.

Nixon, D. (1972). *A comparison of measures of psychological dependency and internal-external control of reinforcement among three categories of underachieving high school students.* Unpublished master's thesis, York University, Toronto, ON.

Noel, L. (1970). Selected factors related to underachievement of superior students in Illinois colleges. *Dissertation Abstracts International, 30*(7-A), 2808.

Noel, L., Levitz, R., & Saluri, D. (Eds.). (1985). *Increasing student retention.* San Francisco: Jossey-Bass.

Noland, S. A., Arnold, J., & Clement, W. (1980). Self-reinforcement by under-achieving, under-controlled girls. *Psychological Reports, 4,* 671-678.

Norfleet, M. A. (1968). Personality characteristics of achieving and underachieving high ability senior women. *Personnel & Guidance Journal, 46*(10), 976-980.

Norman, R. D., Clark, B. P., & Bessemer, D. W. (1962). Age, sex, IQ, and achievement patterns in achieving and nonachieving gifted children. *Exceptional Children, 29*(3), 116-123.

Nowakowski, J. A. (1980). The human factor. *Momentum, 11,* 20-22.

Nowicki, S., & Strickland, B. R. (1973). A locus of control scale for children, as related to achievement. *Journal of Consulting and Clinical Psychology, 40,* 148-154.

Noy, S. (1969). Comparison of three psychotherapies in promoting growth in behavior disorders. *Dissertation Abstracts International, 29,* 3919-B.

Nuttall, E. V., Nuttall, R. L., Polit, D., & Hunter, J. B. (1976). Effects of family size, birth order, sibling separation and crowding on the achievement of boys and girls. *American Educational Research Journal, 13*(3), 217-223.

Oak-Bruce, L. (1948). What do we know... for sure? *Childhood Education, 24,* 312-316.

Oakland, J. A. (1969). Measurement of personality correlates of academic achievement in high school students. *Journal of Counseling Psychology, 16*(5, Pt. 1), 452-457.

Obler, M., Francis, K., & Wishengrad, R. (1977). Combining of traditional counseling, instruction, and mentoring functions with academically deficient college freshmen. *Journal of Educational Research, 70*(3), 142-147.

O'Donnell, P. I. (1968). Predictors of freshman academic success and their relationship to attrition. *Dissertation Abstracts, 29*(3-A), 798.

Ogden, K. W. (1971). An evaluation of nonpromotion as a method of improving academic performance. *Dissertation Abstracts International, 32*(2-A), 795-796.

Ohlsen, M. M., & Gazda, G. M. (1965). Counseling underachieving bright pupils. *Education, 86,* 78-81.

Olsen, C. R. (1969). The effects of enrichment tutoring upon self-concept, educational client-centered, and measured intelligence of male underachievers in an inner-city elementary school. *Dissertation Abstracts International, 30*(6-A), 2404.

O'Neil, M. B. (1974). The effect of Glasser peer group counseling upon academic performance, self satisfaction, personal worth, social interaction and self esteem of low achieving female college freshmen. *Dissertation Abstracts International, 34*(10-A), 6389.

Ono, K. (1958). Shōgakkō ni okeru gakugyō fushinji no kenkyū: (I) [An investigation on the underachievers in the elementary school]. *Japanese Journal of Educational Psychology, 5,* 234-243.

Onoda, L. (1976). Personality characteristics and attitudes toward achievement among mainland high achieving and underachieving Japanese-American Sanseis. *Journal of Educational Psychology, 68*(2), 151-156.

Onoda, L. (1977). Neurotic-stable tendencies among Japanese-American Sanseis and Caucasian students. *Journal of Non-White Concerns in Personnel and Guidance, 5,* 180-185.

Ontario Ministry of Community and Social Services. (1986). *Ontario child health study: Summary of initial findings.* Toronto: Queen's Printer for Ontario.

Orlando, C., & Lynch, J. (1974). Learning disabilities of educational casualties: Where do we go from here? *Elementary School Journal, 74*(8), 461-467.

Orlofsky, J. L. (1978). Identity formation, Achievement, and fear of success in college men and women. *Journal of Youth and Adolescence, 7,* 49-62.

Osborne, R. T., & Sanders, W. B. (1949). Multiple choice Rorschach responses of college achievers and non-achievers. *Educational & Psychological Measurement, 9,* 685-691.

O'Shea, A. J. (1968). Differences on certain non-intellective factors between academically bright junior high school male high and low achievers. *Dissertataion Abstracts, 28*(9-A), 3515.

Osuala, E. C. (1981). Parental influences on academic achievement of students. *Asian Journal of Psychology & Education, 7*(1), 1-7.

Otop, J. (1977). Sources of school failure in gifted pupils as revealed by teachers' ratings. *Pollish Psychological Bulletin, 8*(2), 107-113.

Ott, J. S., et al. (1982). Childhood cancer and vulnerability for significant academic underachievement. *Journal of Learning Disabilities, 15*(6), 363-364.

Owens, W. A., & Johnson, W. C. (1949). Some measured personality traits of collegiate underachievers. *Journal of Educational Psychology, 40,* 41-46.

Palermo, D. S., Castenada, A., & McCandless, B. R. (1956). The relationship of anxiety in children to performance in a complex learning task. *Child Development, 27,* 333-337.

Palkovitz, G. M. (1971). Differences between self-perceived academic achievers and academic non-achievers and the effects of a treatment program on increasing the level of achievement of self-perceived academic non-achievers. *Dissertation Abstracts International, 32*(6-A), 3037.

Palubinskas, A. L., & Eyde, L. D. (1961). SVIB patterns in medical school applicants. *Journal of Counseling Psychology, 8,* 159-163.

Parks, J. B. (1969). A working model for increasing self-awareness and achievement of junior high school students. *Dissertation Abstracts, 29*(10-A), 3468.

Paschel, B. J. (1968). The role of self concept in achievement. *Journal of Negro Education, 37,* 392-396.

Passi, B. K., & Lalithamma, M. S. (1973). Self-concept and creativity of over, normal and underachievers amongst grade ten students of Baroda. *Indian Journal of Psychometry & Education, 4*(1), 1-11.

Pathak, R. D. (1972). Comparative study of the scholastic achievement of various sociometric groups of children. *Indian Journal of Social Work, 33,* 199-203.

Pattie, F. A. (1946). Howells on the hereditary differential in learning—a criticism. *Psychological Review, 53,* 53-54.

Payne, D. A., & Farquhar, W. W. (1962). The dimensions of an objective measure of academic self-concept. *Journal of Educational Psychology, 53*(4), 187-192.

Payne, J. (1973). Counselling and academic achievement. *British Journal of Guidance and Counselling, 1*(2), 19-25.

Peaker, G. (1979). Assessing children's performance. *Special Education: Forward Trends, 6,* 31-34.

Pelton, L. H. (1978). Child abuse and neglect: The myth of classlessness. *American Journal of Orthopsychiatry, 48*(4), 608-617.

Pentecoste, J. C. (1975). An experiment relating locus of control to reading success for Black bright underachievers. *Reading Improvement, 12,* 81-86.

Pentecoste, J. C., & Nelson, N. J. (1975). Effects of small group counseling on cognitive growth of bright underachievers in an atypical educational situation. *Education, 96*(1), 89-94.

Pepinsky, P. H. (1960). A study of productive nonconformity. *Gifted Child Quarterly, 4,* 81-85.

Peppin, B. H. (1963). Parental understanding, parental acceptance, and the self concept of children as a function of academic over- and under-achievement. *Dissertation Abstracts, 23*(11), 4422-4423.

Perkins, D. N. (1981). *The Mind's Best Work.* Cambridge, MA: Harvard University Press.

Perkins, H. R. (1976). Gifted underachievers. *North Carolina Association for the Gifted and Talented Quarterly Journal, 2,* 39-44.

Perkins, J. A. (1970). Group counseling with bright underachievers and their mothers. *Dissertation Abstracts International, 30*(7-A), 2809.

Perkins, J. A., & Wicas, E. A. (1971). Group counseling bright underachievers and their mothers. *Journal of Counseling Psychology, 18*(3), 273-278.

Pervin, L. A., Reik, L. E., & Dalrymple, W. (1966). *The college dropout and the utilization of talent*. Princeton, NJ: Princeton University Press.

Peters, D. M. (1968). The self concept as a factor in over- and under-achievement. *Dissertation Abstracts, 29*(6-A), 1792-1793.

Peterson, D. J. (1972). The relationship between self-concept and self-disclosure of under-achieving college students in group counseling. *Dissertation Abstracts International, 33*(5-B), 2354.

Peterson, J. F. (1966). A study of the effects of giving teachers personal information about high-ability, low-performing, secondary school students. *Dissertation Abstracts, 27*(4-A), 963-964.

Phelps, M. O. (1957). An analysis of certain factors associated with under-achievement among high school students. *Dissertation Abstracts, 17,* 306-307.

Phillips, B. (1987). *The correlates of achievement: Relationships among achievement level, intellective, demographic, and personality factors in differentially categorized high school students*. Unpublished doctoral dissertation, York University, Toronto, ON.

Piacere, J., & Piacere, A. (1967). Une expérience d'observation psychologie et de rééducation préventive contre l'échec scolaire au cours préparatoire [Psychological observation experiment and preventive reeducation in contrast to academic underachievement at the preparatory level]. *Bulletin de Psychologie, 20,* 670-680.

Pigott, H. E., Fantuzzo, J. W., & Clement, P. W. (1986). The effects of reciprocal peer tutoring and group contingencies on the academic performance of elementary school children. *Journal of Applied Behavior Analysis, 19*(1), 93-98.

Pigott, H. E., Fantuzzo, J. W., Heggie, D. L., & Clement, P. W. (1984). A student-administered group-oriented contingency intervention: Its efficacy in a regular classroom. *Child & Family Behavior Therapy, 6*(4), 41-55.

Pigott, K. M. (1971). Parent counseling—Three case studies. *Journal of Education, 154,* 86-92.

Pines, S. F. (1981). A procedure for predicting underachievement in mathematics among female college students. *Educational and Psychological Measurement, 41,* 1137-1146.

Pippert, R., & Archer, N. S. (1963). A comparison of two methods for classifying underachievers with respect to selected criteria. *Personnel & Guidance, 41*(9), 788.

Pirozzo, R. (1982). Gifted underachievers. *Roeper Review, 4*(4), 18-21.

Pomp, A. M. (1969). *Self-concept, achievement level, and diagnostic category*. Unpublished master's thesis, Illinois Institute of Technology, Chicago, IL.

Pomp, A. M. (1971). Psychodiagnosis and psychosexual development in an adolescent population. *Dissertation Abstracts International, 31,* 6266-B.

Potter, S. R. (1968). A study of factors related to academic success in a selected population of 7th grade students. *Dissertation Abstracts, 29*(6-A), 1829.

Powell, C. A. (1972). Simulated corporation shakes apathy in underachievers in agriculture. *American Vocational Journal, 47,* 75-76.

Powell, W. J., & Jourard, S. M. (1963). Some objective evidence of immaturity in under-achieving college students. *Journal of Counseling Psychology, 10*(3), 276-282.

Powers, S., & Rossman, M. H. (1984). Attributions for school achievement of low-achieving Indian and Caucasian community college students. *Psychological Reports, 55*(2), 423-428.

Powers, W. J. (1971). An analysis and interpretation of the effects of vistherapy on the academic performance and attitude of a selected number of academically low-achieving adolescents in a public junior high school. *Dissertation Abstracts International, 32*(3-B), 1857-1858.

Prawat, R. S., Byers, J. L., & Anderson, A. H. (1983). An attributional analysis of teachers' affective reactions to students success and failure. *American Education Research Journal, 20,* 137-152.

Prieto, A., & Zucker, S. (1980). The effects of race on teachers' perceptions of educational placement of behaviorally disorder children. *Resources in Education, 15,* ED 188427.

Propper, M. M., & Clark, E. T. (1970). Alienation: Another dimension of underachievement. *Journal of Psychology, 75*(1), 13-18.

Pugh, M. D. (1976). Statistical assumptions and social reality: A critical analysis of achievement models. *Sociology of Education, 49,* 34-40.

Purkey, W. W. (1969). Project Self Discovery: Its effect on bright but underachieving high school students. *Gifted Child Quarterly, 13*(4), 242-246.

Quigley, J. H. (1970). The effect of order of success reinforcement on problem-solving persistence of achievers and underachievers. *Dissertation Abstracts International, 30*(8-A), 3332-3333.

Quilter, J. M. (1979). The psychological processing of symbolic information by arithmetic underachievers. *Dissertation Abstracts International, 39*(8-B), 4049-4050.

Rachman, S. (1980). *Obsessions and compulsions*. Englewood Cliffs, NJ: Prentice-Hall.

Radin, S. S., & Masling, J. (1963). Tom: A gifted underachieving child. *Journal of Child Psychology & Psychiatry, 4*(3-4), 183-197.

Rand, M. E. (1970a). Rational-emotive approaches to academic underachievement. *Rational Living, 4*(2), 16-18.

Rand, M. E. (1970b). The use of didactic group therapy with academic achievers in a college setting. *Dissertation Abstracts International, 30*(9-B), 4379.

Ratchick, I. (1953). Achievement and capacity: a comparative study of pupils with low achievement and high intelligence quotients with pupils of high achievement and high intelligence quotients in a selected New York high school. *Dissertation Abstracts, 13,* 1049-1050.

Rausch, O. P. (1948). The effects of individual variability on achievement. *Journal of Educational Psychology, 39,* 469-478.

Rawson, H. E. (1973). Academic remediation and behavior modification in a summer-school camp. *Elementary School Journal, 74*(1), 34-43.

Raynor, J. O. (1970). Relationships between achievement-related motives, future orientation, and academic performance. *Journal of Personality and Social Psychology, 15,* 28-33.

Reck, M. (1968). The prediction of achievement in a college science curriculum. *Educational & Psychological Measurement, 28*(3), 943-944.

Redmond, N. J. (1971). Rorschach correlates of underachievement and cognitive deficits of underachievers. *Dissertation Abstracts International, 32*(5-B), 3015.

Redl, F., & Wineman, D. (1951). *Children who hate.* New York: Free Press.

Reed, C. E. (1955). A study of three groups of college preparatory students who differ in relative achievement. *Dissertation Abstracts, 15,* 2106.

Rehberg, R. A., Sinclair, J., & Schafer, W. E. (1970). Adolescent achievement behavior, family authority structure, and parental socialization practices. *American Journal of Sociology, 75,* 1012-1034.

Reich, W. (1945). *Character analysis.* New York: Orgone Institute Press.

Reid, W. H., Dorr, D., Walker, J. I., & Bonner, J. W., III. (Eds.). (1986). *Unmasking the psychopath: Antisocial personality and related syndromes.* New York: Norton.

Reisel, A. (1971). A comparison of group and individual factors in scholastic underachievement. *Dissertation Abstracts International, 31*(7-A), 3350.

Riss, S. (1973). Transfer effects of success and failure training from one reinforcing agent to another. *Journal of Abnormal Psychology, 82*(3), 435-445.

Reiter, H. H. (1973). Some personality differences between under- and over-achievers. *International Review of Applied Psychology, 22*(2), 181-184.

Rennick, P. M., Klinge, V., Hart, Z., & Lennox, K. (1978). Evaluation of intellectual, linguistic, and achievement variables in normal, emotionally disturbed, and learning disabled children. *Adolescence, 13,* 755-766.

Resnick, J. (1951). A study of some relationships between high school grades and certain aspects of adjustment. *Journal of Educational Research, 44,* 321-340.

Reyes, R., & Clarke, R. B. (1968). Consistency as a factor in predicting grades. *Personnel & Guidance Journal, 47*(1), 50-55.

Richards, H. C., Gaver, D., & Golicz, H. (1984). Academically unpredictable school children: Their attitudes towards school subjects. *Journal of Educational Research, 77,* 273-276.

Richardson, C. M. (1981). Learning disability procedures: A human rights perspective. *Journal of Learning Disabilities, 14*(1), 7-8, 47.

Rickard, G. (1954). *The relationship between parental behavior and children's achievement behavior.* Unpublished doctoral dissertation, Harvard University, Cambridge, Ma.

Ricks, N. L. (1974). Sustained attention and the effects of distraction in underachieving second grade children. *Dissertation Abstracts International, 35*(3-A), 1535-1536.

Ricks, N. L., & Mirsky, A. F. (1974). Sustained attention and the effects of distraction in underachieving second grade children. *Journal of Education, Boston, 156*(4), 4-17.

Ridding, L. W. (1967). An investigation of personality measures associated with over and underachievement in English and arithmetic. *Journal of Education Psychology, 37*(3), 397-398.

Rie, H. E., Rie, E. D., Stewart, S., & Ambuel, J. P. (1976). Effects of methylphenidate on underachieving children. *Journal of Consulting & Clinical Psychology, 44*(2), 250-260.

Rie, H. E., Rie, E. D., Stewart, S., & Ambuel, J. P. (1976). The effects of ritalin on underachieving children: A replication. *American Journal of Orthopsychiatry, 46,* 313-322.

Riedel, R. G., Grossman, J. H., & Burger, G. (1971). Special Incomplete Sentences Test for underachievers: Further research. *Psychological Reports, 29*(1), 251-257.

Riggs, R. O. (1970). A study of non-intellective characteristics associated with differential levels of academic over- and under-achievement. *Dissertation Abstracts International, 31*(6-A), 2745-2746.

Rimm, S. (1985a). Identifying underachievement: The characteristics approach. *Gifted Child Today, 41,* 2-5.

Rimm, S. (1985b). How to reach the underachiever. *Instructor, 95,* 73-74.

Ringness, T. A. (1965). Affective differences between successful and non-successful bright ninth grade boys. *Personnel & Guidance Journal, 43*(6), 600-606.

Ringness, T. A. (1970). Identifying figures, their achievement values and children's values as related to actual and predicted achievement. *Journal of Educational Psychology, 61*(3), 174-185.

Rittenhouse, J., Stephan, W. G., & Levine, E. (1984). Peer attributions and action plans for underachievement: Implications for peer counseling. *Personnel and*

Guidance Journal, 62, 391-397.

Robbins, J. E. (1948). The home and family background of Ottawa public school children in relation to their IQ's. *Canadian Journal of Psychology, 2,* 35-41.

Robey, D., & Cody, J. (1966). A differential diagnosis of low and average academic 9th grade male students. *Journal of Experimental Education, 34,* 38-43.

Robin, A. L., Martello, J., Foxx, R. M., & Archable, C. (1977). Teaching note-taking skills to underachieving college students. *Journal of Educational Research, 71*(2), 81-85.

Robinowitz, R. (1956). Attributes of pupils achieving beyond their level of expectancy. *Journal of Personality, 24,* 308-317.

Robins, L. (1978). Sturdy childhood predictors of adult antisocial behaviour: replications from longitudinal studies. *Psychological Medicine, 8,* 611-622.

Robyak, J. E., & Downey, R. G. (1979). A discriminant analysis of the study skills and personality types of underachieving and nonunderachieving study skills students. *Journal of College Student Personnel, 20*(4), 306-309.

Rocks, S. (1985). Effects of counselor-directed relationship enhancement training on underachieving, poorly communicating students and their teachers. *School Counselor, 32*(3), 231-238.

Rodgers, B. (1983). The identification and prevalence of specific reading retardation. *British Journal of Educational Psychology, 53*(3), 369-373.

Rodgers, J. L. (1984). Confluence effects: Not here, not now! *Developmental Psychology, 20,* 321-331.

Rodick, J. D., & Henggeler, S. W. (1980). The short-term and long-term amelioration of academic and motivational deficiencies among low-achieving inner-city adolescents. *Child Development, 51*(4), 1126-1132.

Roesslein, C. G. (1953). *Differential patterns of intelligence traits between high achieving and low achieving high school boys.* Washington, DC: Catholic University of America Press.

Rogers, C. M. (1951). *Client-centered therapy.* Boston: Houghton Mifflin.

Rogers, C. M., Smith, M. D., & Coleman, J. M. (1978). Social comparison in the classroom: The relationship between academic achievement and self-concept. *Journal of Educational Psychology, 70*(1), 50-57.

Rogers, K. D., & Reese, G. (1965a). Health studies—presumably normal high school students: II. Absence from school. *American Journal of Diseases of Children, 109*(1), 9-27.

Rogers, K. D., & Reese, G. (1965b), Health studies—presumably normal high school students: III. Health room visits. *American Journal of Diseases of Children, 109*(1), 28-42.

Rolick, J. W. (1965). Scholastic achievement of teenagers and parental attitudes toward and interest in school-work. *Family Life Coordinator, 14,* 158-160.

Rollins, B, C., & Calder, C. (1975). Academic achievement, situational stress, and problem-solving flexibility. *Journal of Genetic Psychology, 126*(1), 93-105.

Romine, P. G., & Crowell, O. C. (1981). Personality correlates of under- and over-achievement at the university level. *Psychological Reports, 48*(3), 787-792.

Rosebrook, W. (1945). Identifying the slow learning child. *American Journal of Mental Deficiency, 50,* 307-312.

Rosen, B. C. (1959). Race, ethnicity, and the achievement syndrome. *American Sociological Review, 24,* 47-60.

Rosen, B. C. (1961). Family structure and achievement motivation. *American Sociological Review, 26,* 574-585.

Rosenbaum, J. E. (1980). Declining achievement: Lower standards or changing priorities? *Sociological Spectrum, 1,* 103-113.

Rosenberg, B. G., and Sutton-Smith, B. (1966). Sibling association, family size, and cognitive abilities. *Journal of Genetic Psychology, 109,* 271-279.

Rosenberg, B. G. & Sutton-Smith, B. (1969). Sibling age spacing effects upon cognition. *Developmental Psychology, 1,* 661-668.

Rosenfeld, H. M. (1966). Relationship of ordinal position to affiliation and achievement motives: Direction and generality. *Journal of Personality, 34,* 467-480.

Rosenshine, B. (1970). Enthusiastic teaching: A research review. *School Review, 78,* 499-514.

Rosenthal, R. & Jacobson, L. (1968). *Pygmalion in the classroom: Teacher expectations and pupil intellectual development.* New York: Holt, Rinehart, & Winston.

Rosentover, I. F. (1974). Group counseling of the underachieving high school student as related to self-image and academic success. *Dissertation Abstracts International, 35*(6-A), 3433-3434.

Rosmarin, M. S. (1966). Reaction to stress and anxiety in chronically underachieving high ability students. *Dissertation Abstracts, 27*(5-B), 1630.

Rosner, S. L. (1969). An investigation of certain aspects of self-related concept and personality of achieving readers and mildly underachieving readers and their mothers. *Dissertation Abstracts International, 30*(6-B), 2898-2899.

Rossi, A. O. (1968). The slow learner. *New York State Journal of Medicine, 68*(24), 3123-3128.

Rotella, R. J. (1985). Motivational concerns of high level gymnasts. In B. Bloom (Ed.), *Developing talent in young people* (pp. 67-85). New York: Ballantine Books.

Roth, R. M. (1959). The role of self-concept in achievement. *Journal of Experimental Education, 27,* 265-281.

Roth, R. M. (1970). *Underachieving students and guidance.* Boston: Houghton Mifflin.

Roth, R. M., Berenbaum, H. L., & Hershenson, D. (1967). *A developmental theory of psychotherapy: A systematic eclecticism*. Unpublished paper, Department of Psychology, Illinois Institute of Technology, Chicago, IL.

Roth, R. M., Mauksch, H. O., & Peiser, K. (1967). The non-achievement syndrome, group therapy, and achievement change. *Personnel & Guidance Journal, 46*(4), 393-398.

Roth, R. M., & Meyersburg, H. A. (1963). The Non-achievement syndrome. *Personnel & Guidance Journal, 41,* 535-540.

Roth, R. M., & Puri, P. (1967). Direction of aggression and the Non-achievement Syndrome. *Journal of Counseling Psychology, 14,* 277-281.

Rothburt, M., Dalfen, S. & Barrett, R. (1971). Effects of teacher expectancy on student-teacher interaction. *Journal of Educational Psychology, 62,* 49-54.

Rotheram, M. J. (1982). Social skills training with underachievers, disruptive, and exceptional children. *Psychology in the Schools, 19*(4), 532-539.

Rotter, J. (1966). Generalized expectancies for internal versus external control of reinforcement. *Psychological Monographs, 80*(1).

Rowan, B,, & Miracle, A. W. (1983). Systems of ability grouping and the stratification of achievement in elementary schools. *Sociology of Education, 56,* 133-144.

Rowland, J. K. (1959). A psychometric study of student attitudes as a measure of academic motivation. *California Journal of Educational Research, 10,* 195-199.

Rowland, M. K., & Smith, J. L. (1966). Toward more accurate prediction of achievement. *Elementary School Journal, 67*(2), 104-107.

Rowzee, J. M. (1977). The effects of communication skill training on low socio-economic level underachieving secondary students' facilitative communication and self concept skills. *Dissertation Abstracts International, 37*(11-A), 7048-7049.

Rubin, D. S. (1968a). A comparison of the mother and father schemata of achievers and underachievers: A study of primary grades and achievement in arithmetic. *Dissertation Abstracts, 29*(6-A), 1794.

Rubin, D. S. (1968b). Mother and father schemata of achievers and underachievers in primary school arithmetic. *Psychological Reports, 23*(3, Pt. 2), 1215-1221.

Rubin, D. S. (1969). A comparison of the mother and father schemata of achievers and underachievers: A study of primary grades and achievement in arithmetic. *Journal of Social Psychology, 78*(2), 295-296.

Rubin, H. S., & Cohen, H. A. (1974). Group counseling and remediation: A two-faceted intervention approach to the problem of attrition in nursing education. *Journal of Educational Research, 67,* 195-198.

Ruckhaber, C. J. (1967). Differences and patterns of low achieving and high achieving intellectually able fourth grade boys on seventeen non-intellectual variables. *Dissertation Abstracts, 28*(1-A), 132.

Rugel, R. P. (1974). WISC subtest scores of disabled readers: A review with respect to Bannatyne's recategorization. *Journal of Learning Disabilities, 7*(1), 57-64.

Ruhland, D., & Feld, S. (1977). The development of achievement motivation in Black and White children. *Child Development, 48,* 1362-1368.

Rutter, M. (1980). *Changing youth in a changing society.* Cambridge, MA: Harvard University Press.

Rutter, M. (Ed.). (1980). *Scientific foundations of developmental psychiatry.* London: Hinemann Medical.

Rvals, K. (1975). Achievement motivation training for low-achieving eighth and tenth grade boys. *Journal of Experimental Education, 44*(2), 47-51.

Ryan, E. B., Ledger, G. W., Short, E. J., & Weed, K. A. (1982). Promoting the use of active comprehension strategies by poor readers. *Topics in Learning & Learning Disabilities, 2*(1), 53-60.

Ryan, E. D. (1963). Relative academic achievement and stabilometer performance. *Res. Quart. Amer. Ass. Hlth. Phys. Educ. Rec., 34*(2), 185-190.

Ryan, F. (1951). Personality differences between under and overachievers in college. *Dissertation Abstracts, 11,* 967-968.

Rychlak, J. F., & Tobin, T. J. (1971). Order effects in the affective learning styles of overachievers and underachievers. *Journal of Educational Psychology, 62*(2), 141-147.

Ryker, M. J. E., Rogers, C., & Beaujard, P. (1971). Six selected factors influencing educational achievement of children from broken homes. *Education, 91*(3), 200-211.

Safer, D. J. (1984). Subgrouping conduct disordered adolescent by early risk factors. *American Journal of Orthopsychiatry, 54*(4), 603-611.

Salend, S. J., & Henry, K. (1981). Response cost in mainstreamed settings. *Journal of School Psychology, 19*(3), 242-249.

Salvia, J., Algozinne, R., & Sheare, J. B. (1977). Attractiveness and school achievement. *Journal of School Psychology, 15*(1), 60-67.

Samph, T. (1974). Teacher behavior and the reading performance of below-average achievers. *Jouranl of Educational Research, 67*(6), 268-270.

Sampson, E., & Hancock, F. T. (1967). An examination of the relationship between ordinal position, personality, and conformity: An extension, replication, and partial verification. *Journal of Personality and Social Psychology, 5,* 398-407.

Sams, L. B. (1968). The relationship between anxiety, stress and the performance of nursing students. *Dissertation Abstracts, 29*(5-A), 1456.

Samson, J. E. (1976). Differential effects of task difficulty and reward contingencies on cheating and performance scores of academic underachievers and normal achievers. *Dissertation Abstracts International, 36*(9-B), 4707.

Sanders, W. B., Osborne, R. T., & Greene, J. E. (1955). Intelligence and academic performance of college students of urban, rural, and mixed backgrounds. *Journal of Educational Research, 49,* 185-193.

Sandin, A. A. (1944). Social and emotional adjustment of regularly promoted and non-promoted pupils. *Child Development Monograph, 32*, ix-142.

Sandler, I. N., Reich, J. W., & Doctolero, J. (1979). Utilization of college students to improve inner-city school children's academic behavior. *Journal of School Psychology, 171,* 283-291.

Sanford, E. G. (1952). The brigh child who fails. *Understanding the Child, 21,* 85-88.

Sarnoff, I., & Raphael, T. (1955). Five failing college students. *American Journal of Orthopsychiatry, 25,* 343-372.

Sartain, A. Q. (1945). Relation of marks in college courses to the interestingness, value, and difficulty of the courses. *Journal of Educational Psychology, 36,* 561-566.

Saurenmann, D. A., & Michael, W. B. (1980). Differential placement of high-achieving and low-achieving gifted pupils in grades four, five, and six on measures of field dependence-field independence, creativity, and self-concept. *Gifted Child Quarterly, 24,* 81-86.

Savage, R. D. (1974). Personality and achievement in higher education professional training. *Educational Review, 27,* 3-15.

Sawyer, A. R. (1974). The effectiveness of token reinforcement, modeling, and traditional teaching techniques on achievement and self-concept of underachievers. *Dissertation Abstracts International, 34*(7-A), 3888.

Saxena, P. C. (1978). Adjustment of over and under achievers. *Indian Journal of Psychometry & Education, 9*(1-2), 25-33.

Schachter, M. (1949). La motivation psychodynamique dans un cas de "paresse" scolaire [The psychodynamic motivation in a case of scholastic "laziness"]. *Z. Kinderpsychiat., 16,* 83-85.

Schacter, F. F. (1982). Sibling deidenfication and split-parent identification: A family tetrad. In M. E. Lamb & B. Sutton-Smith (Eds.), *Sibling relationships: Their nature and significance across the lifespan*. Hillsdale, NJ: Erlbaum.

Schacter, S. (1963). Birth order, eminence, and high education. *American Sociological Review, 28,* 757-768.

Schaefer, C. E. (1977). Motivation: A major cause of school underachievement. *Devereux Forum, 12*(1), 16-29.

Schaefer, H. D. (1968). Group counseling of students exhibiting a significant discrepancy between ability and grade-point averages. *Dissertation Abstracts, 29*(4-A), 1138.

Schaeffer, B., Harris, A., & Greenbaum, M. (1968-1969). The treatment of socially oriented underachievers: A case study. *Journal of School Psychology, 7*(4), 70-73.

Scharf, M. C. (1969). Study of differences in selected personality and academic characteristics of low achieving college males. *Dissertation Abstracts International, 30*(4-A), 1405-1406.

Schilling, F. C. (1969). A description of the development and implementation of a curriculum-materials package for teaching mathematics to low achievers. *Dissertation Abstracts International, 30*(5-A), 1925-1926.

Schillo, R. J. (1964). Concept learning of achievers and underachievers as a function of task expectancy. *Dissertation Abstracts, 24*(9), 3841.

Schindler, A. W. (1948). Readiness for learning. *Childhood Education, 24,* 301-304.

Schlesser, G. E. (1946). Development of special abilities at the junior high school age. *Journal of Educational Research, 40,* 39-51.

Schmidt, B. G. (1945). The rehabilitation of feeble-minded adolescents. *School and Society, 62,* 409-412.

Schmidt, V. S. (1972). A comparison of children's aspirations and of parental expectations as a function of underachievement in the child. *Dissertation Abstracts International, 33*(5-A), 2181.

Schmieding, O. A. (1966). Efficacy of counseling and guidance procedures with failing junior high school students. *School Counselor, 14,* 74-80.

Schneider, J. M., Glasheen, J. D., & Hadley, D. W. (1979). Secondary school participation, institutional socialization, and student achievement. *Urban Education, 14,* 285-302.

Schoenhard, G. H. (1958). Home visitation put to a test. *Personnel & Guidance Journal, 36,* 480-485.

Schooler, C. (1972). Birth order effects: Not here, not now! *Psychological Bulletin, 78,* 161-175.

Schoonover, S. M. (1959). The relationship of intelligence and achievement to birth order, sex of sibling, and age interval. *Journal of Educational Psychology, 50,* 143-146.

Schreiber, P. R. (1945). Measurements of growth and adjustment after four years in high school. *Journal of Educational Research, 39,* 210-219.

Schroder, R. (1963). Academic achievement of the male college student. *Marriage and Family Living, 25,* 420-423.

Schultz, D. V. (1969). An evaluation of the effect of a United States Office of Education Talent Search Project on the academic performance of M-Scale-Identified low-motivated ninth grade Michigan students. *Dissertation Abstracts, 29*(10-A), 3398-3399.

Schwab, F. J. (1969). A comparison of personality profiles of over- and under-achieving students at South Dakota State University. *Dissertation Abstracts International, 30*(6-A), 2343-2344.

Schwab, M. R., & Lundgren, D. C. (1978). Birth order, perceived appraisals by significant others, and self-esteem. *Psychological Reports, 43,* 443-454.

Schwartz, R. L. (1968). Effects of aggression and of evaluative instructions upon test performance of achievers and underachievers. *Dissertation Abstracts, 29*(1-B), 380-381.

Schwartzbein, D. (1981). ***An analysis of family systems in differentially categorized underachievers.*** Unpublished doctoral proposal, Department of Psychology, York University, Toronto, ON.

Scruggs, T. E., & Cohn, S. J. (1983). A university-based summer program for a highly able but poorly achieving Indian child. *Gifted Child Quarterly, 27*(2), 90-93.

Seabrooks, G. C. (1974). Factors related to admissions, low achievement, and early attrition of the disadvantaged student at the University of Notre Dame. *Dissertation Abstracts International, 35*(4-A), 1993.

Seagull, E. A., & Weinshank, A. B. (1984). Childhood depression in a selected group of low-achieving seventh-graders. *Journal of Clinical Child Psychology, 13*(2), 134-140.

Sears, W. J. (1968). The relation between the size high school and academic success of selected students at the University of Alabama. *Dissertation Abstracts, 29*(5-A), 1407.

Seaver, W. B. (1973). Effects of naturally induced teacher expectancies. *Journal of Personality and Social Psychology, 28,* 333-342.

Seeley, K. (1985). Gifted adolescents: Potential and problems. *NASSP Bulletin, 69,* 75-78.

Segel, D. (1951). Frustration in adolescent youth; its development and implications for the school program. *Office of Education Bulletin* (#1). Washington, DC: U.S. Office of Education.

Seiden, D. S. (1969). Some variables predictive of low achievement by high ability students. *Dissertation Abstracts, 29*(9-A), 3009.

Seipt, I. S. (1945). Sociological foundations of the psychiatric disorders of childhood. *Proc. Inst. Child Res. Clin. Woods Schs., 12,* 125.

Seltzer, C. C. (1948). Academic success in college of public and private school students: Freshman year at Harvard. *Journal of Psychology, 25,* 419-431.

Semke, C. W. (1968). A comparison of the outcomes of case study structured group counseling with high ability, underachieving freshmen. *Dissertation Abstracts, 29*(1-A), 128.

Sepie, A. C., & Keeling, B. (1978). The relationship between types of anxiety and underachievement in mathematics. *Journal of Educational Research, 72*(1), 15-19.

Sewell, W. H., Haller, A. O., & Strauss, M. A. (1957). Social status and educational aspiration. *American Sociological Review, 22,* 67-73.

Shah, G. B. (1966). Causes of underachievement in mathematics. *Education & Psychology Review, 6*(2), 79-87.

Shanner, W. M. (1944). ***Primary mental abilities and academic achievement.*** Unpublished doctoral dissertation, University of Chicago.

Shapiro, B. K., Palmer, F. B., Wachtel, R. C., & Capute, A. J. (1984). Issues in the early identification of specific learning disability. *Journal of Development & Behavioral Pediatrics, 5*(1), 15-20.

Sharma, K. L. (1975). Rational group counseling with anxious underachievers. *Canadian Counsellor, 9*(2), 132-137.

Sharma, L. (1972). Academic underachievement: A reformulation and rectification. *Canadian Counselor, 6,* 205-213.

Sharma, V. P. (1970). Efficacy of evaluation procedures in relation to pupils' scholastic attainment. *Indian Psychological Review, 6*(2), 107-109.

Shavelson, R. J., & Stern, P. (1981). Research on teachers' pedagogical thoughts, judgements, decisions, and behavior. *Review of Educational Research,* 455-498.

Shaver, J. P., & Nuhn, D. (1971). The effectiveness of tutoring underachievers in reading and writing. *Journal of Educational Research, 65*(3), 107-112.

Shaw, D. C. (1949). A study of the relationships between Thurstone primary mental abilities and high school achievement. *Journal of Educational Psychology, 40,* 239-249.

Shaw, J. S. (1970). When Johnnie wants to fail. *Nation's Schools, 86,* 41-45.

Shaw, M. (1961a). Definition and identification of academic underachievers. In L. Miller (Ed.), ***Guidance for underachievers with superior ability*** (pp. 15-17). Washington, DC: U.S. Department of Mental Health, Education and Welfare.

Shaw, M. (1961b). Need achievement scales as predictors of academic success. *Journal of Educational Psychology, 52*(6), 282-285.

Shaw, M. C. (1964). Note on parent attitudes toward independence training and the academic achievement of their children. *Journal of Educational Psychology, 55*(6), 371-374.

Shaw, M. C. (1986). The prevention of learning and interpersonal problems. *Journal of Counseling and Development, 64,* 624-627.

Shaw, M. C., & Alves, G. J. (1963). The self-concept of bright academic underachievers: II. *Personnel & Guidance, 42*(4), 401-403.

Shaw, M. C., & Black, M. D. (1960). The reaction to frustration of bright high school underachievers. *California Journal of Educational Research, 11,* 120-124.

Shaw, M. C., & Brown, D. J. (1957). Scholastic underachievement of bright college students. *Personnel & Guidance Journal, 36,* 195-199.

Shaw, M. C., & Dutton, B. E. (1962). The use of the Parent Attitude Research Inventory with the parents of bright academic underachievers. *Journal of Educational*

Psychology, 53(5), 203–208.

Shaw, M. C., Edson, K., & Bell, H. M. (1960). The self-concept of bright underachieving high school students as revealed by an adjective check list. *Personnel & Guidance Journal, 39,* 193–196.

Shaw, M. C., & Grubb, J. (1958). Hostility and able high school underachievers. *Journal of Counseling Psychology, 5,* 263–266.

Shaw, M. C., & McCuen, J. T. (1960). The onset of academic underachievement in bright children. *Journal of Educational Psychology, 51,* 103–109.

Shaw, M. C., & White, D. L. (1965). The relationship between child-parent identification and academic underachievement. *Journal of Clinical Psychology, 21*(1), 10–13.

Sheldon, W., & Landsman, T. (1950). An investigation of non-directive group therapy with students in academic difficulty. *Journal of Consulting Psychology, 14,* 210–215.

Sher, E. O. (1974). The underachiever: A comparison of high and low achieving high IQ boys. *Dissertation Abstracts International, 34*(7-B), 3509–3510.

Sherman, M., & Bell, E. (1951). The measurement of frustration: An experiment in group frustration. *Personality, 1,* 44–53.

Sherman, S. R., Zuckerman, D., & Sostek, A. B. (1975). The antiachiever: Rebel without a future. *School Counselor, 22*(5), 311–324.

Sherman, S. R., Zuckerman, D., & Sostek, A. B. (1979). The antiachiever: Rebel without a future. *Devereux Forum, 14*(1), 1–15.

Shore, M. F., & Lieman, A. (1965). Parental perception of the student as related to academic achievement in junior college. *Journal of Experimental Education, 33,* 391–394.

Shove, G. R. (1972). A test battery for the assessment of school learning difficulties, and its relationship to reflection-impulsivity in second and third grade boys. *Dissertation Abstracts International, 32*(9-A), 5049–5050.

Siegel, S. (1956). *Nonparametric statistics for the behavioral sciences*. New York: McGraw-Hill.

Silverman, H. J. (1974). Design and evaluation of a unit about measurement as a vehicle for changing attitude toward mathematics and self-concept of low achievers in the intermediate grades. *Dissertation Abstracts International, 34*(8-A, Pt. 1), 4717.

Silverman, H. W. (1969). The prediction of learning difficulties and personality trends in preschool children. *Dissertation Abstracts, 29*(8-B), 3094–3095.

Silverman, M. (1976). The achievement motivation group: A counselor-directed approach. *Elementary School Guidance & Counseling, 11*(2), 100–106.

Silvern, S. B., & Brooks, D. M. (1980). Frustration as a factor in the height of low achievers' self-portraits. *50*(1), 225–226.

Simometti, N. (1968). Il problema dell'insuccesso scolastico [The problem of school failure]. *Difesa Sociale, 47*(4), 137–156.

Simons, R. H., & Bibb, J. (1974). Achievement motivation, text anxiety, and underachievement in the elementary school. *Journal of Educational Research, 67*(8), 366–369.

Simpson, R. L. (1970). Reading tests versus intelligence tests as predictors of high school graduation. *Psychology in the Schools, 7*(4), 363–365.

Simrall, D. (1947). Intelligence and the ability to learn. *Journal of Psychology, 23,* 27–43.

Sims, G. K., & Sims, J. M. (1973). Does face-to-face contact reduce counselee responsiveness with emotionally insecure youth? *Psychotherapy: Theory, Research & Practice, 10*(4), 348–351.

Sinha, N. C. (1972). Personality factors and scholastic achievement of school students. *Behaviorometric, 2*(1), 9–12.

Skeels, H. M., & Harms, I. (1948). Children with inferior social histories; their mental development in adoptive homes. *Journal of Genetic Psychology, 72,* 283–294.

Slavina, L. S. (1954). Specific features of the intellectual work of unsuccessful scholars. *SCR Psychological Bulletin, 8,* 1–11.

Sloggett, B. B., Gallimore, R., & Kubany, E. S. (1970). A comparative analysis of fantasy need achievement among high and low achieving male Hawaiian-Americans. *Journal of Cross-Cultural Psychology, 1*(1), 53–61.

Smail, B. (1985). An attempt to move mountains: The "girls into science and technology" (GIST) project. *Journal of Curriculum Studies, 17,* 351–354.

Small, L. (1979). *The briefer psychotherapies* (2nd ed.). New York: Brunner/Mazel.

Small, L. B. (1976). A comparison of an extended individualized reading instructional program with the regular reading instructional program and its effects upon reading skills of selected Black junior high school students who are underachieving in reading. *Dissertation Abstracts International, 37*(4-A), 1967.

Smith, C. P. (Ed.). (1969). *Achievement Related Motives in Children*. New York: Russell-Sage.

Smith, C. P., & Winterbottom, M. T. (1970). Personality characteristics of college students on academic probation. *Journal of Personality, 38*(3), 230.

Smith, H. C., & Dunbar, D. S. (1951). The personality and achievement of the classroom participant. *Journal of Educational Psychology, 42,* 65–84.

Smith, J. L. (1951). *Multiple-choice Rorschach responses of over and under achievers among college women*. Unpublished master's thesis, Catholic University of America, Washington, DC.

Smith, L. (1971). A 5-year follow-up study of high ability

achieving and non-achieving college freshmen. *Journal of Educational Research, 64*(5), 220–222.

Smith, M. D., Coleman, J. M., Dokecki, P. R., & Davis, E. E. (1977). Recategorized WISC-R scores of learning disabled children. *Journal of Learning Disabilities, 10*(7), 48–54.

Smith, M. D., & Rogers, C. M. (1977). Item instability on the Piers-Harris Children's Self-Concept Scale for academic underachievers with high, middle, and low self-concepts: Implications for construct validity. *Educational & Psychological Measurements, 37*(2), 553–558.

Smith, M. D., Zingale, S. A., & Coleman, J. M. (1978). The influence of adult expectancy/child performance discrepancies upon children's self-concept. *American Educational Research Journal, 15,* 259–265.

Smith, S. L. (1972). The effectiveness of different reinforcement combinations on expectancy of success in achieving and underachieving elementary school boys. *Dissertation Abstracts International, 32*(8-B), 4907.

Smith, T. M. (1977). The facilitative effect of a modified contract instructional method on underachieving students. *Journal of Classroom Interaction, 13*, 44–47.

Smykal, A., Jr. (1962). A comparative investigation of home environmental variables related to the achieving and underachieving behavior of academically able high school students. *Dissertation Abstracts, 23*(1), 315.

Snider, J. G., & Drakeford, G. C. (1971). Intensity of meaning discrimination in academic achievers and underachievers. *Psychological Reports, 29*(3, Pt. 2), 1139–1145.

Snider, J. G., & Linton, T. E. (1964). The predictive value of the California Psychological Inventory in discriminating between the personality patterns of high school achievers and underachievers. *Ontario Journal of Educational Research, 6*(2), 107–115.

Snow, R. E. (1969). Unfinished pygmalion. *Contemporary Psychology, 14,* 197–199.

Snow, R. E. (1986). Individual differences and the design of educational programs. *American Psychologist, 41*(10), 1029–1039.

Soli, S., & Devine, V. T. (1976). Behavioral correlates of achievements: A look at high and low achievers. *Journal of Educational Psychology, 68*(3), 335–341.

Solursh, S. (1988). *The relationship between personality categorization and learning disabilities*. Unpublished honours thesis proposal, Department of Psychology, York University, Toronto, ON.

Sontakey, G. R. (1975). An experimental study of bright under-achievers. *Scientia Paedagogica Experimentalis, 12*(2), 231–247.

Southworth, R. S. (1966). A study of the effects of short-term group counseling on underachieving sixth grade students. *Dissertation Abstracts, 27*(5-A), 1241.

Specter, G. A. (1971). Underachieving high school boys' perceptions of their parents, friends, and educators. *Dissertation Abstracts International, 32*(6-B), 3653.

Speedie, S., et al. (1971). Evaluation of a battery of noncognitive variables as long-range predictors of academic achievement. *Proceedings of the American Psychological Association, 6*(Pt. 2), 517–518.

Spence, J. T. (1985). Achievement American style. *American Psychologist, 40*(12), 1285–1295.

Sperry, B., Staver, N., Reiner, B. S., & Ulrich, D. (1958). Renunciation and denial in learning difficulties. *American Journal of Orthopsychiatry, 28,* 98–111.

Spina, D. J., & Crealock, C. M. (1985). Identification of and programming for the gifted student and the gifted underachiever. *Canadian Journal for Exceptional Children, 2,* 8–13.

Spino, W. D. (1970). Semantic differential patterns of selected college freshmen as a basis for achievement differentiation. *Dissertation Abstracts International, 31*(1-A), 165.

Spionek, H., & Dyga, M. (1971). Kliniczna analiza zwiazku niepowodzen szkolnych z tzw. nerwowośćia uczniow [Clinical analysis of the connection between school failure and so-called nervousness in pupils]. *Psychologia Wychowawcza, 14*(2), 178–182.

Spitz, R. A. (1972). Hospitalism. In S. I. Harrison, & J. F. McDermott, Jr. (Eds.). *Childhood psychopathology* (pp. 237–257). New York: International Universities Press.

Sprinthall, N. A. (1964), A comparison of values among teacher, academic underachievers, and achievers. *Journal of Experimental Education, 33*(2), 193–196.

Srivastava, A. K. (1976). Motivational variables and discrepant achievement patterns. *Psychologia: An International Journal of Psychology in the Orient, 19*(1), 40–46.

Srivastava, A. K. (1977). A study of inter-correlation between some variables found to be significantly related to underachievement. *Indian Journal of Behavior, 1*(3), 26–28.

Stafford, K. P. (1978). The use of reinforcement differences on normal and underachieving children. *Dissertation Abstracts International, 38*(9-B), 4483.

Stainback, W. C., & Stainback, S. B. (1972). Effects of student to student tutoring on arithmetic achievement and personal social attitudes of low achieving tutees and high achieving tutors. *Education & Training of the Mentally Retarded, 7*(4), 169–172.

Staker, J. E. (1949). *A preliminary study of factors related to overachievement and underachievement*. Unpublished master's thesis, Illinois State University, Normal, IL.

Stalnaker, E. M. (1951). A study of several psychometric tests as a basis for guidance on the junior high school level. *Journal of Experimental Education, 20,* 41–66.

Standridge, C. G. (1968). The predictive value of nonintellectual factors and their influence on academic achievement.

Dissertation Abstracts, 29(5-A), 1458.

Stangel, G. F. (1974). Intervention procedures in reading underachievement: The development of a teacher-school psychologist consultation model. *Dissertation Abstracts International, 34*(7-A), 3891.

Stanland, M. (1945). Educational achievements of parents and abilities of children. *Proc. Inst. Child Res. Clin. Woods Schs., 12,* 47-58.

Start, A., & Start, K. B. (1974). The relation between birth order and effort or conscientiousness among primary school children. *Research in Education, 12,* 1-8.

Steckel, M. L. (1930). Intelligence and birth order in family. *Journal of Social Psychology, 1,* 329-344.

Stedman, J., & Van Hevningen, R. (1982). Educational underachievement and epilepsy: A study of children from normal schools, admitted to a special hospital for epilepsy. *Early Child Development & Care, 9*(1), 65-82.

Stein, F. (1968). Consistency of cognitive, interest, and personality variables with academic mastery: A study of field-dependence-independence, verbal comprehension, self-perception, and vocational interest in relation to academic performance among male juniors attending an urban university. *Dissertation Abstracts, 29*(5-A), 1483-1484.

Steisel, I. M., & Cohen, B. D. (1951). The effects of two degrees of failure on level of aspiration and performance. *Journal of Abnormal and Social Psychology, 46,* 79-82.

Stendler, C. B. (1949). Building secure children in our schools. *Childhood Education, 25,* 216-220.

Stephens, G. (1949). Psychiatric problems in the educational sphere. *Understanding the Child, 18,* 13-14.

Stetter, D. (1971). Into the classroom with behavior modification. *School Counselor, 19*(2), 110-114.

Stevenson, H. C., & Fantuzzo, J. W. (1986). The generality and social validity of a competency-based self-control training intervention for underachieving students. *Journal of Applied Behavior Analysis, 19,* 269-276.

Stewart, M. (1985). Aggressive conduct disorder. *Aggressive Behavior, 11,* 323-331.

Stillwell, C., Harris, J. W., & Hall, R. V. (1972). Effects of provision for individual differences and teacher attention upon study behavior and assignments completed. *Child Study Journal, 2*(2), 75-81.

Stimpson, D. V., & Pedersen, D. M. (1970). Effects of a survival training experience upon evaluation of self and others for underachieving high school students. *Perceptual & Motor Skills, 31*(1), 337-338.

St. John, N. H., & Lewis, R. (1971). The influence of school racial context on academic achievement. *Social Problems, 19,* 68-79.

Stockard, J., & Wood, J. W. (1984). The myth of female underachievement: A reexamination of sex differences in academic underachievement. *American Educational Research Journal, 21*(4), 825-838.

Stoll, Lynn J. (1978). Teacher perceptions of reading practices in overachieving and underachieving Florida elementary schools. *Dissertation Abstracts International, 38*(8-A), 4559.

Stone, P. A. (1972). Comparative effects of group encounter, group counseling and study skills instruction on academic performance of underachieving college students. *Dissertation Abstracts International, 33*(6-A), 2724-2725.

Stoner, W. G. (1957). Factors related to the underachievement of high school students. *Dissertation Abstracts, 17,* 96-97.

Strang, H. R. (1974). Changing disadvantaged children's learning tempos through automated techniques. *Journal of Genetic Psychology, 124*(1), 91-98.

Strauss, C. C., Lahey, B. B., & Jacobsen, R. H. (1982). The relationship of three measures of childhood depression to academic underachievement. *Journal of Applied Developmental Psychology, 3*(4), 375-380.

Strodbeck, F. (1958). Family interaction, values, and achievement. In D. McClelland, et al., *Talent and Society.* Princeton, NJ: Van Nostrand Reinhold.

Stromswold, S. A., & Wrenn, C. G. (1948). Counseling students toward scholastic adjustment. *Educational & Psychological Measurement, 8,* 57-63.

Su, C. (1976). The perceived parental attitudes of high-achieving and under-achieving junior high school students. *Bulletin of Education Psychology, 9,* 21-32.

Sugarman, B. (1967). Involvement in youth culture, academic achievement, and conformity in school. *British Journal of Sociology, 18,* 151-164.

Sullivan, H. S. (1954). *The collected works of Harry Stack Sullivan.* New York: Norton.

Sumner, F. C., & Johnson, E. (1949). Sex differences in levels of aspiration and in self-estimates of performance in a classroom situation. *Journal of Psychology, 27,* 483-490.

Sutherland, B. K. (1952). Case studies in educational failure during adolescence. *Journal of Consulting Psychology, 16,* 353-358.

Sutton, R. S. (1961). An analysis of factors related to educational achievement. *Journal of Genetic Psychology, 98,* 193-201.

Sutton-Smith, B. (1982). Birth order and sibling status effects. In M. E. Lamb & B. Sutton-Smith (Eds.), *Sibling relationships: Their nature and significance across the lifespan.* Hillsdale, NJ: Erlbaum.

Sutton-Smith, B., & Rosenberg, B. G. (1970). *The sibling.* New York: Holt, Rinehart, & Winston.

Swift, M., & Back, L. (1973). A method for aiding teachers of the troubled adolescent. *Adolescence, 8*(29), 1-16.

Swift, M. S., & Spivack, G. (1969). Clarifying the relationship between academic success and overt classroom behavior. *36*(2), 99-104.

Sylvester, E. (1949). Emotional aspects of learning. *Quarterly Journal of Child Behavior, 1,* 133-139.

Taber's Medical Cyclopedia (15th ed.). (1983). Philadelphia: F. A. Davis.

Talbot, M., & Henson, I. (1954). Pupils psychologically absent from school. *American Journal of Orthopsychiatry, 24,* 381-390.

Talmadge, M., Hayden, B. S., & Mordock, J. B. (1970). Evaluation: Requisite for administrative acceptance of school consultation. *Professional Psychology, 1*(3), 231-234.

Tamagini, J. E. (1969). A comparative study of achievement motivation in achieving and underachieving grade school boys. *Dissertation Abstracts, 29*(12-A), 4339.

Taylor, R. (1955). Personality traits and discrepant achievement: A review. *Journal of Counseling Psychology, 19*(3), 205.

Taylor, R. G., & Farquhar, W. W. (1966). The validity and reliability of the human trait inventory designed to measure under- and over-achievement. *Journal of Educational Research, 59*(5), 227-230.

Tefft, B. M. (1977). Underachieving high school students as mental health aides with maladapting primary grade children: The effect of a helper-helpee relationship on behavior, sociometric status, and self-concept. *Dissertation Abstracts International, 28*(9), 700-702.

Tefft, B. M., & Kloba, J. A. (1981). Underachieving high school students as mental health aides with maladapting primary-grade children. *American Journal of Community Psychology, 9*(3), 303-319.

Teicher, J. D. (1972). The alienated, older, isolated male adolescent. *American Journal of Psychotherapy, 26*(3), 401-407.

Teigland, J. J., Winkler, R. C., Munger, P. F., & Kranzler, G. D. (1966). Some concomitants of underachievement at the elementary school level. *Personnel & Guidance Journal, 44*(9), 950-955.

Tesser, A. (1980). Self-esteem maintenance in family dynamics. *Journal of Personality and Social Psychology, 39,* 77-91.

Thelen, M. H., & Harris, C. S. (1968). Personality of college underachievers who improve with group psychotherapy. *Personnel & Guidance Journal, 46*(6), 561-566.

Thiel, R., & Thiel, A. F. (1977). A structural analysis of family interaction patterns, and the underachieving gifted child: A three case exploratory study. *Gifted Child Quarterly, 21*(2), 267-275.

Thom, D. A., & Newell, N. (1945). Hazards of the high IQ. *Mental Hygiene, 29,* 61-77.

Thoma, M. (1964). Group psychotherapy with underachieving girls in a public high school. *Journal of Individual Psychology, 20*(1), 96-100.

Thomas, A., & Chess, S. (1968). *Temperament and behavior disorders.* New York: New York University Press.

Thomas, A., & Chess, S. (1977). *Temperament and development.* New York: Brunner/Mazel.

Thomas, A., & Chess, S. (1980). *The dynamics of psychological development.* New York: Brunner/Mazel.

Thomas, G. P. (1971). The identification of potential underachievers on the basis of color preference. *Dissertation Abstracts International, 31*(9-A), 4476-4477.

Thomas, N. L. (1974). The effects of a sensitivity-encounter group experience upon self-concept and school achievement in adolescent underachieving girls. *Dissertation Abstracts International, 35*(2-B), 1066-1067.

Thommes, M. J. (1970). Changes in values, perceptions, and academic performance of college freshmen underachievers in a remedial program. *Dissertation Abstracts International, 31*(5-B), 2969-2970.

Thompson, C. S. (1970). The effect of selected painting experiences on the self-concept, visual expression and academic achievement of third and fourth grade underachievers. *Dissertation Abstracts International, 31*(4-A), 1634-1635.

Thompson, G. N. (1945). Psychiatric factors influencing learning. *Journal of Nervous and Mental Disorders, 101,* 347-356.

Thompson, J. G., Griebstein, M. G., & Kuhlenschmidt, S. L. (1980). Effects of EMG bio-feedback and relaxation training in the prevention of academic underachievement. *Journal of Counseling Psychology, 27*(2), 97-106.

Thompson, R. H., White, K. R., & Morgan, D. P. (1982). Teacher-student interaction patterns in classrooms with mainstreamed mildly handicapped students. *American Educational Research Journal, 19*(2), 220-236.

Thorndike, R. L. (1963). *The Concepts of Over- and Underachievement,* Columbia University Teacher's College, New York Bureau of Publications.

Thornton, S. M. (1975). An investigation of the attitudes of students, teachers and parents toward achievers and low achievers at the Grade 7 level. *Dissertation Abstracts International, 35*(7-A), 4265.

Tibbetts, J. R. (1955). The role of parent-child relationships in the achievement of high school pupils: a study of the family relationships associated with under-achievement and high achievement of high school pupils. *Dissertation Abstracts, 15,* 232.

Tilton, J. W. (1946). Unevenness of ability and brightness. *American Psychologist, 1,* 261.

Tilton, J. W. (1948). The definition of intelligence as ability to learn. *American Psychologist, 3,* 294-295.

Tilton, J. W. (1949). Intelligence test scores as indicative of ability to learn. *Educational & Psychological Measurement, 9,* 291-296.

Tirman, R. J. (1971). A scale for the clinical diagnosis of underachievement. *Dissertation Abstracts International,*

31(12-B), 7583.

Tobias, S., & Weissbrod, C. (1980). Anxiety and mathematics: An update. *Harvard Educational Review, 50*(1), 63-70.

Todd, F. J., Terrell, G., & Frank, C. E. (1962). Differences between normal and underachievers of superior ability. *Journal of Applied Psychology, 46,* 183-190.

Tolor, A. (1969). Incidence of underachievement at the high school level. *Journal of Educational Research, 63*, 63-65.

Tolor, A. (1970). An evaluation of a new approach in dealing with high school underachievement. *Journal of Learning Disabilities, 3*, 520-529.

Topol, P., & Reznikoff, M. (1979). Achievers and underachievers: A comparative study of fear of success, education and career goals, and conception of woman's role among high school senior girls. *Sex Roles, 5*(1), 85-92.

Torrance, E. P. (1980). Lessons about giftedness and creativity from a nation of 115 million overachievers. *Gifted Child Quarterly, 24,* 10-14.

Torrence, P. (1950). Effect of mental and educational retardation on personality development in children. *American Journal of Mental Deficiency, 55*, 208-212.

Travers, R. M. W. (1949). Significant research on the prediction of academic success. In W. T. Donahue, C. H. Coombs, & R. M. W. Travers (Eds.), *The measurement of student adjustment and achievement* (pp. 147-190). Ann Arbor, MI: University of Michigan Press.

Traxler, A. E. (1946). Evaluation of aptitude and achievement in a guidance program. *Educational and Psychological Assessment, 6,* 3-16.

Treadwell, V. (1975). Counselor education: Minority underachievers. *Journal of Non-white Concerns in Personnel and Guidance, 3*, 82-84.

Trotter, H. D. (1971). The effectiveness of group psychotherapy in the treatment of academic underachievement in college freshmen. *Dissertation Abstracts International, 32*(1-B), 573-574.

Troyer, M. E. (1948). How does marking on the basis of ability affect learning and interests? *American Psychologist, 3*, 297.

Troyna, B. (1984). Fact or artifact? The 'educational underachievement' of Black pupils. *British Journal of Sociology of Education, 5*, 153-166.

Turner, H. M. (1972). An experiment to alter "achievement motivation" in low-achieving male adolescents by teaching the game of chess. *Dissertation Abstracts International, 32*(10-B), 6040-6041.

Turner, J. H. (1972). Structural conditions of achievement among Whites and Blacks in the rural south. *Social Problems, 19,* 496-508.

Tuttle, H. S. (1946). Two kinds of learning. *Journal of Psychology, 22*, 267-277.

Tyler, R. W. (1948). Educability in the schools. *Elementary School Journal, 49*, 200-212.

Ulin, R. O. (1968). Ethnicity and school performance: An analysis of variables. *California Journal of Educational Research, 19*(4), 190-197.

Valine, W. J. (1974). Focused feedback with video tape as an aid in counseling underachieving college freshmen. *Small Group Behavior, 5*(2), 131-143.

Valine, W. J. (1976). A four-year follow-up study of underachieving college freshmen. *Journal of College Student Personnel, 17*(4), 309-312.

Valverde, L. A. (1984). Underachievement and underrepresentation of Hispanics in mathematics and mathematics-related careers. *Journal of Research in Mathematics Education, 15*(2), 123-133.

VandenBos, G. R. (1986). Psychotherapy research: A special issue. *American Psychologist, 41*(2), 111-112.

Vanderhoof, T. J. (1970). The effects of group counseling on low achieving students' perception of their college environment. *30*(10-A), 4237-4238.

Verniani, F. (1971). A comparison of selected child rearing activities used with achieving and nonachieving male school children. *Dissertation Abstracts International, 31*(9-A), 4895-4896.

Vernon, P. E. (1948). Changes in abilities from 14 to 20 years. *Advanc. Sci., 5*, 138.

Volberding, E. (1949). Characteristics of successful and unsuccessful eleven-year old pupils. *Elementary School Journal, 49*, 405-410.

von Klock, K. B. (1966). An investigation of group and individual counseling as remedial methods for working with junior-high-school underachieving boys. *Dissertation Abstracts, 27*(5-A), 1276-1277.

Vriend, J., & Dyer, W. W. (1973). Counseling the reluctant client. *Journal of Counseling Psychology, 20,* 240-246.

Vriend, T. J. (1969). High-performing inner-city adolescents assist low-performing peers in counseling groups. *Personnel & Guidance Journal, 47*(9), 897-904.

Wagman, M. (1964). Persistence in ability-achievement discrepancies and Kuder scores. *Personnel & Guidance Journal, 43*(3), 383-389.

Wagner, M. E., & Schubert, H. (1977). Sibship variables and the United States Presidency. *Journal of Individual Psychology, 33*, 78-85.

Wagner, M. E., Schubert, H., & Schubert, D. (1979). Sibship constellation effects on psychological development, creativity, and health. *Advances in Child Development and Behaviour, 14*, 57-148.

Walberg, H. J., & Anderson, G. J. (1968). Classroom climate and individual learning. *Journal of Educational Psychology, 59,* 414-419.

Walsh, A. (1956). *Self concepts of bright boys with learning difficulties*. New York: Teacher's college, Columbia University.

Walsh, B. R. (1975). On needing and giving help: The underachiever. *Independent School Bulletin, 34,* 31-32.

Walter, L. M., Marzolf, S. S. (1951). The relation of sex, age and school achievement to levels of aspiration. *Journal of Educational Psychology, 42,* 285-292.

Warburton, F. W. (1951). Relationship between intelligence and size of family. *Eugen. Rev., 43,* 36-37.

Warner, W. L. (1950). Réussite scolaire et classes sociales aux États-Unis [School success and social classes in the United States]. *Enfant, 3,* 405-410.

Washington, B. B. (1951). *Background factors and adjustment.* Washington, DC: Catholic University of America Press.

Wass, H. L. (1969). Relationships of social-psychological variables to school achievement for high and low achievers. *Dissertation Abstracts, 29*(8-A), 2578.

Waters, C. W. (1959). Construction and validation of a forced-choice over- and under-achievement scale. *Dissertation Abstracts, 20,* 2379.

Waters, C. W. (1964). Construction and validation of a forced-choice over- and under-achievement scale. *Educational & Psychological Measurement, 24*(4), 921-928.

Watley, D. J. (1966). Counselor confidence and accuracy of prognoses of success or failure. *Personnel & Guidance Journal, 45*(4), 342-348.

Wattenberg, W. W. (1948). Mobile children need help. *Educational Forum, 12,* 335-342.

Watts, D. B. (1966). A study of the social characteristics affecting certain over-achieving and under-achieving rural high school senior boys as compared to their urban counterparts. *Dissertation Abstracts International, 30*(7-A), 2735-2736.

Weber, C. O. (1946). Levels of aspiration. In P. L. Harriman, *Encyclopedia of Psychology* (pp. 45-46). New York Philosophical Library.

Webster's deluxe unabridged dictionary (1983). New York: Dorset & Baber.

Webster's encyclopedia of dictionaries (1978). New York: Literary Press.

Wechsler, J. D. (1971). Improving the self-concepts of academic underachievers through maternal group counseling. *California Journal of Educational Research, 22*(3), 96-103.

Weider, A, (1973). The science teacher assays the underachiever. *Science Teacher, 40*(1), 19-21.

Weigand, G. (1953). Goal aspiration and academic success. *Personnel & Guidance Journal, 31,* 458-461.

Weigand, G. (1957). Adaptiveness and the role of parents in academic success. *Personnel & Guidance Journal, 35,* 518-522.

Weiner, B. (1968). Motivated forgetting and the study of repression. *Journal of Personality, 36,* 213-234.

Weiner, B, (1972), Attribution theory, achievement motivation, and the educational process. *Review of Educational Research, 42,* 203-215.

Weiner, B. (1976). An attributional approach to educational psychology. In L. Shulman (Ed.), *Review on Research in Education, 4,* 179-209.

Weiner, B., Frieze, I., Kukla, A., Reed, L., Rest, S., & Rosenbaum, R. M. (1971). *Perceiving the causes of success and failure.* New York: General Learning Press.

Weiner, B., & Potepan, P. A. (1970). Personality characteristics and affective reactions toward exams of superior and failing college students. *Journal of Educational Psychology, 61*(2), 144-151.

Weiner, I. B. (1970). *Psychological disturbance in adolescence.* New York: Wiley.

Weiner, I. B. (1971). Psychodynamic aspects of learning disability: The passive-aggressive underachiever. *Journal of School Psychology, 9*(3), 246-251.

Weiss, P., Wertheimer, M., & Groesbeck, B. (1959). Achievement motivation, academic aptitude and college grades. *Educational & Psychological Measurement, 19,* 663-666.

Wells, F. L. (1950a). Psychometric patterns in adjustment problems at upper extremes of test "intelligence": Cases XXXIX-LVI. *Journal of Genetic Psychology, 76,* 3-37.

Wells, F. L. (1950b). College survivals and non-survivals at marginal test levels: Cases LVII- LXXXIV. *Journal of Genetic Psychology, 77,* 153-185.

Wells, H. M., & Bell, D. M. (1962). Binocular perceptual discriminations of authority and peer group figures among over, under and equal achievers. *Journal of Psychology, 54*(1), 113-120.

Wenger, M. A., Holzinger, K. J., & Harman, H. H. (1948). The estimation of pupil ability by three factorial solutions. *University of California Publications, in Psychology, 5*(8), 1-252.

Werner, E. E. (1966). CPQ personality factors of talented and underachieving boys and girls in elementary school. *Journal of Clinical Psychology, 22*(4), 461-464.

Werner, R. S. (1972). Group counseling with underachievers in a community college. *Dissertation Abstracts International, 32*(7-A), 3708-3709.

West, C., & Anderson, T. (1976). The question of preponderant causation in teacher expectancy research. *Review in Educational Research, 46,* 613-630.

Westman, J. C., & Bennett, T. M. (1985). Learning impotence and the Peter Pan fantasy. *Child Psychiatry and Human Development, 15*(3), 153-166.

Wexler, F. (1969). The antiachiever. Dynamics and treatment of a special clinical problem. *Psychoanalytic Review, 56*(3), 461-466.

Wheelis, A. (1966). *The illusionless man.* New York: Harper & Row.

White, D. R. (1969). The selection and experimental study of poor readers in a reversal-nonreversal shift paradigm.

Dissertation Abstracts, 29(10-B), 3926.

White, K. (1972). The effect of source of evaluation on the development of internal control among young boys. *Psychology in the Schools, 9*(1), 56-61.

Whiting, A. (1970). Independence concepts held by parents of successful and unsuccessful elementary school boys. *Dissertation Abstracts International, 31*(1-B), 387.

Whitmore, J. R. (1980). *Giftedness, conflict, and underachievement*. Boston: Allyn & Bacon.

Whitmore, J. R. (1986). Understanding a lack of motivation to excel. *Gifted Child Quarterly, 30,* 66-69.

Whittier, M. W. (1970). No flunking allowed. *College Management, 5*, 34-35.

Wicker, A. W. (1985). Getting out of our conceptual ruts: Strategies for expanding conceptual frameworks. *American Psychologist, 40*(10), 1094-1103.

Widlak, P. A. (1986). Family configuration, family interaction, and intellectual attainment. *Dissertation Abstracts International, 46*, 3504-A.

Wiegers, R. (1975). Cognitive mediation of achievement-related behavior. *Dissertation Abstracts International, 36*(6-B), 3132-3133.

Wigell, W. W., & Ohlsen, M. M. (1962). To what extent is affect a function of topic and referent in group counseling? *American Journal of Orthopsychiatry, 32*(4), 728-735.

Williams, J. (1947). *Educational attainment by economic characteristics and marital status*. Washington, DC: U.S. Government Printing Office.

Williams, T. D. (1969). Comparisons of college dropouts, returnees, and graduates on selected high school variables. *Dissertation Abstracts, 29*(9-A), 2972.

Williamson, E. (1936). The role of faculty counseling in scholastic motivation. *Journal of Applied Psychology, 20*, 324-366,

Willingham, W. W. (1964). The interpretation of relative achievement. *American Educational Research Journal, 1*(2), 101-112.

Wills, B. (1970). The influence of teacher expectation on teachers' classroom interaction with selected students. *Dissertation Abstracts International, 30,* 5072-A.

Willis, J., & Seymour, G. (1978). CPQ Validity: The relationship between children's personality questionnaire scores and teacher ratings. *Journal of Abnormal Child Psychology, 6,* 107-113.

Wills, I. H. (1969). The vulnerable child. *Academic Therapy, 5*(1), 63-65.

Wilson, J. A. (1959). Achievement, intelligence, age, and promotion characteristics of students scoring below the 10th percentile on the California Test of Personality. *Journal of Educational Research, 52*, 283-292.

Wilson, J. A. (1975). Over- and under-achievement in reading and mathematics. *Irish Journal of Education, 9*(1-2), 69-76.

Wilson, J. D. (1971). Predicting levels of first year university performance. *British Journal of Educational Psychology, 41*(2), 163-170.

Wilson, M. R., Jr., Soderquist, R., Zemke, R. L., & Swenson, W. M. (1967). Underachievement in college: Evaluation of the psychodynamics. *Psychiatry, 30*(2), 180-186.

Wilson, N. S. (1986). Counselor interventions with low-achieving and underachieving elementary, middle, and high school students: A review of the literature. *Journal of Counseling and Development, 64*, 628-634.

Wilson, R. C., & Morrow, W. R. (1962). School and career adjustment of bright high-achieving and underachieving high school boys. *Journal of Genetic Psychology, 101,* 91-103.

Winborn, B., & Schmidt, L. G. (1962). The effectiveness of short-term group counseling upon the academic achievement of potentially superior but underachieving college freshmen. *Journal of Educational Research, 55*(4), 169-173.

Winkelman, S. L. (1963). California psychological inventory profile patterns of underachievers average achievers, and overachievers. *Dissertation Abstracts, 23*(8), 2988-2989.

Winkler, R. C., Teigland, J. J., Munger, P. F., & Kranzler, G. D. (1965). The effects of selected counseling and remedial techniques on underachieving elementary school students. *Journal of Counseling Psychology, 12*(4), 384-387.

Winnicott, D. W. (1951). *Collected papers*. London: Tavistock Publications.

Winnicott, D. W. (1957). *The child and the family*. London: Tavistock Publications.

Winthrope, S. (1988). *Underachieving personality styles in the workplace: Implications for management*. Unpublished doctoral proposal, Department of Psychology, York University, Toronto, ON.

Witherspoon, P., & Melberg, M. (1959). The relation between GPA and sectional scores on the Guilford-Zimmerman Temperament Survey. *Educational Psychology Measurement, 19*, 673-674.

Wittmaier, B. C. (1976). Low test anxiety as a potential indicator of underachievement. *Measurement & Evaluation in Guidance, 9*(3), 146-151.

Wittmer, J. (1969). The effects of counseling and tutoring on the attitudes and achievement of seventh grade underachievers. *School Counselor, 16,* 287-290.

Wittmer, J., & Ferinden, F. (1971). The effects of group counseling on the attitude and GPA of deprived Negro underachievers: With a profile of the counselor's activity. *Comparative Group Studies, 2*(1), 43-52.

Woerner, M. G., Pollack, M., Rogalski, C., Pollack, Y., & Klein, D. F. (1972). A comparison of the school records of personality disorders, schizophrenics, and their sibs. In M. Roff, N. Robins, & M. Pollack (Eds.), *Life History Research in Psychopathology* (Vol. 2, pp. 47-65).

Minneapolis: University of Minnesota Press.

Wold, R. M. (Ed.). (1969). *Visual and perceptual aspects for the achieving and underachieving child*. Seattle, WA: Special Child Publications.

Wolfe, J. A., Fantuzzo, J., & Wolter, C. (1984). Student-administered group-oriented contingencies: A method of combining group-oriented contingencies and self-directed behavior to increase academic productivity. *Child & Family Behavior Therapy, 6*(3), 45-60.

Wolkon, G. H., & Levinger, G. (1965). Birth order and need for achievement. *Psychological Reports, 16,* 73-74.

Wolpe, J., & Lazarus, A. A. (1966). *Behavior therapy techniques: A guide to the treatment of neuroses*. London: Pergamon Press.

Wolpe, J., & Reyna, L. J. (Eds.). (1976). *Behavior therapy in psychiatric practice*. New York: Pergamon Press.

Wong, B. (1980), Activating the inactive learner. *Learning Disability Quarterly, 3,* 29-37.

Wood, R. (1984). Doubts about "underachievement," particularly as operationalized by Yule, Lansdown & Urbanowicz. *British Journal of Clinical Psychology, 23*(3), 231-232.

Woodrow, H. (1946). The ability to learn. *Psychological Review, 53,* 147-158.

Woodruff, A. D. (1949). Motivation theory and educational practice. *Journal of Educational Psychology, 40,* 33-40.

Wrightstone, J. W. (1948). Evaluating achievement. *Childhood Education, 24,* 253-259.

Wunderlich, R. C. (1974). Children and what they do. *Academic Therapy, 9*(6), 403-405.

Wyer, R. S., Jr. (1967). Behavioral correlates of academic achievement: Conformity under achievement- and affiliation-incentive conditions. *Journal of Personality & Social Psychology, 6*(3), 255-263.

Yabuki, S. (1971). [An ego-psychological approach to underachievement: Case studies on learning blocks as ego-defense]. *Japanese Journal of Educational Psychology, 19*(4), 210-220.

Yelvington, J. A. (1968). An exploratory study of the effects of interactions between cognitive abilities and instructional treatments upon attitudes, achievements, and retention. *Dissertation Abstracts, 29*(5-A), 1460-1461.

Ysseldyke, J. E., Algozzine, B., Shinn, M. R., & McGue, M. (1982). Similarities and differences between low achievers and students classified learning disabled. *Journal of Special Education, 16*(1), 73-85.

Yule, W. (1984). The operationalizing of "underachievement": Doubts dispelled. *British Journal of Clinical Psychology, 23*(3), 233-234.

Zajonc, R. B. (1983). Validating the confluence model. *Psychological Bulletin, 93,* 457-480.

Zajonc, R. B., & Bargh, J. (1980). The confluence model: Parameter estimation for six divergent data sets on family factors and intelligence. *Intelligence, 4,* 349-361.

Zajonc, R. B., Markus, H., & Markus, G. B. (1979). The birth order puzzle. *Journal of Personality and Social Psychology, 37,* 1325-1341.

Zani, L. P. (1969). Intensive vs. protracted counselor directed group counseling with under-achieving secondary school students. *Dissertation Abstracts International, 30*(5-A), 1834-1835.

Zeeman, R. D. (1978). Academic self-concept and school behavior in alienated secondary pupils. *Dissertation Abstracts International, 39*(3-A), 1452-1453.

Zeeman, R. D. (1982). Creating change in academic self-concept and school behavior in alienated school students. *School Psychology Review, 11*(4), 459-461.

Zeff, S. B. (1977). A humanistic approach to helping underachieving students. *Social Casework, 58,* 359-365.

Zerfoss, K. P. (1946). A note on the diagnosis and treatment of scholastic difficulties. *Educational and Psychological Measurement, 6,* 269-272.

Zilli, M. G. (1971). Reasons why the gifted adolescent underachieves and some implications of guidance and counseling to this problem. *Gifted Child Quarterly, 15*(4), 279-292.

Ziv, A., Rimon, J., & Doni, M. (1977). Parental perception and self-concept of gifted and average underachievers. *Perceptual & Motor Skills, 44*(2), 563-568.

Zuccone, C. F., & Amerikaner, M. (1986). Counseling gifted underachievers: A family systems approach. *Journal of Counseling and Development, 64,* 590-592.

저자 소개

Harvey P. Mandel, Ph.D.

캐나다 토론토에 거주 중인 공인임상심리학자이자 요크 대학교 심리학과 교수 겸 성취와 동기연구소(Institute on Achievement and Motivation) 소장이다. 교사, 진로상담사, 심리전문가, 사회복지사들을 대상으로 학습부진 관련 주제로 강연을 해 왔으며, 그 공로를 인정받아 다양한 수상 경력이 있다.

Sander I. Marcus, Ph.D.

미국 일리노이주 시카고에 거주 중인 공인임상심리학자이자 Friedland & Marcus 컨설팅회사의 운영 파트너이다. 여러 대학에서 전문적인 강의를 하였으며, 다양한 내담자 및 회사를 대상으로 상담과 컨설팅을 진행하였다.

역자 소개

김동일(Dongil Kim, Ph.D.)

서울대학교 교육학과를 졸업하였으며, 교육부 국비유학생으로 선발되어 미국 미네소타 대학교 교육심리학과에서 석사 및 박사 학위를 취득하였다. 현재 서울대학교 사범대학 교육학과 교육상담 전공교수 및 동 대학원 특수교육 전공 주임교수, 서울대학교 대학생활문화원 원장, 장애학생지원센터 상담교수로 재직 중이다. 또한 한국아동 · 청소년상담학회 회장, 한국인터넷융합학회 부회장, (사)한국교육심리학회 회장 등으로 봉직하고 있다.

Developmental Studies Center, Research Associate, 한국청소년상담원 상담교수, 경인교육대학교 교육학과 교수, 한국학습장애학회 회장, 서울대학교 사범대학 기획실장, 여성가족부 국가청소년보호위원회 위원, BK21 미래교육디자인연구사업단 단장 등을 역임하였고, 국가수준의 인터넷중독 척도와 개입연구를 진행하여 정보화역기능예방사업에 대한 공로로 행정안전부 장관 표창 및 한국상담학회 학술상(2014-2)을 수상하였다.

저 · 역서로는 『DSM-5에 기반한 학습장애아동의 이해와 교육』(3판, 공저, 학지사, 2016), 『학습상담』(공저, 학지사, 2011), 『다중지능과 교육』(역, 학지사, 2014)을 비롯하여 50여 권이 있으며, SSCI/KCI 등재 전문학술논문 250여 편과 30여 개 표준화 심리검사를 발표하였다.

학습부진 심리상담

– 성격장애 기반 감별진단 및 처치 –

The Psychology of Underachievement:
Differential Diagnosis and Differential Treatment

2020년 1월 20일 1판 1쇄 인쇄
2020년 1월 30일 1판 1쇄 발행

지은이 • Harvey P. Mandel · Sander I. Marcus
옮긴이 • 김동일
펴낸이 • 김진환
펴낸곳 • (주) 학지사
04031 서울특별시 마포구 양화로 15길 20 마인드월드빌딩
대표전화 • 02)330-5114 팩스 • 02)324-2345
등록번호 • 제313-2006-000265호

홈페이지 • http://www.hakjisa.co.kr
페이스북 • https://www.facebook.com/hakjisa

ISBN 978-89-997-2022-2 93370

정가 23,000원

이 도서의 국립중앙도서관 출판시도서목록(CIP)은 서지정보유통지원시스템 홈페이지(http://seoji.nl.go.kr)와 국가자료공동목록시스템(http://www.nl.go.kr/kolisnet)에서 이용하실 수 있습니다.
(CIP 제어번호: CIP2020001003)